汽车控制系统：发动机、传动系和整车控制

QICHE KONGZHI XITONG:
FADONGJI, CHUANDONGXI HE ZHENGCHE KONGZHI

(第2版 翻译版)

Automotive Control Systems For Engine, Driveline, and Vehicle

(Second Edition)

U. Kiencke L. Nielsen 著
李道飞 俞小莉 译

高等教育出版社·北京
HIGHER EDUCATION PRESS BEIJING

内容提要

为提高汽车的节能环保性、安全性和舒适性，汽车控制系统在其中扮演了关键的角色。本书从基本概念入手，有机结合汽车系统理论与自动控制理论，详细讨论发动机、传动系及整车系统的控制系统设计方法。书中实例均来自于原著者及其团队的一线实战经历，对于汽车控制系统开发具有重要的借鉴价值。

本书内容包括：发动机热力学循环、发动机管理系统、柴油机建模及其控制、发动机车载诊断，传动系的建模、速度控制、换挡控制以及防冲击控制，车辆动力学建模及参数估计辨识，防抱死制动和横摆动力学控制，道路模型和驾驶员模型等。

本书可作为高等学校机械类、电气信息类专业的硕士、博士研究生和高年级本科生的教材，也可供汽车行业（尤其汽车动力学、汽车电子控制方面）的技术人员参考。

译者序

未来汽车技术创新主要体现在节能、环保、安全、舒适、智能等方面，这其中 70% ~ 80% 的创新都与汽车电子控制技术相关。在当前国内汽车行业蓬勃发展的形势下，急需汽车电子控制技术方面的相关专业人才。

为此，我们真诚地向国内读者推荐并翻译了这本由德国 U.Kiencke 教授和瑞典 L.Nielsen 教授合著的名作。该书自 2000 年推出第一版后，在欧美高等院校得到迅速推崇，经原作者增补，于 2005 年推出了第二版，至今一直畅销。该书将汽车系统理论与自动控制理论进行有机结合，紧密联系工程实际，内容具体翔实，数学推导严谨，论述清晰而不繁杂。书中的工程应用实例都来自于作者及其团队的一线实战经历，第一作者曾在著名汽车零部件供应商 BOSCH 公司担任重要职务，主持 CAN 总线的开发，而且两位作者曾先后担任国际自动控制联合会“汽车控制技术委员会”主席。因此，该书不仅具有较高的理论水平，对于国内企业的汽车控制系统开发实践也具有重要的借鉴价值。

本书可作为汽车类、其他机械类和电子电气工程类专业的研究生或高年级本科生相关课程教材，也可作为汽车电子控制系统研发工程师及相关技术人员的参考书。毫无疑问，本书对于提高国内相关管理人员和技术人员汽车电子控制方面的水平也是非常有帮助的。

本书第 2 ~ 5 章由俞小莉翻译，第 11 章由李道飞和徐琳 (杭州电子科技大学) 翻译，其他部分的翻译与全书统稿由李道飞负责。本书也是浙江大学动力机械及车辆工程研究所团队合作的成果：翻译过程中得到了吴锋教授的大力支持，课题组成员钟勋、刘晓俊、方奕栋、叶锦、王雷、徐焕祥、姚栋伟等人在文字排版和图表方面做了很多工作，2006 级汽车专业本科生姜耀、王贝、毛杰、顾轶平、凌鑫晨、胡安庆、黄韬、高佳峰等同学在公式输入方面做了大量繁杂的工作。

原版中存在少量错误，在原著者 U.Kiencke 教授的帮助下，本书中用脚注形式加以标明。为符合国家出版物规范，对变量符号格式、参考文献格式等进行了适当的修改和补充。为了与原著保持一致，书中的部分变量符号表示并不符合国内习惯，也请读者朋友注意。

承蒙上海交通大学喻凡教授百忙之中对全书进行了仔细审阅，并提出许多修改建议，为本书译文增色不少，在此表示诚挚的谢意。

译者力求保持英文版中的原汁原味，翻译时尽量仔细推敲斟酌，但由于水平有限，其中翻译不足之处，敬请读者不吝批评指正！

李道飞
俞小莉

于浙江大学玉泉校区

2010 年 4 月

英文第二版前言

自本书第一版出版至今已有五年之久，这期间，汽车控制领域的研究工作日趋活跃，成果在工业界的推广应用与产业化规模也急剧增长。因此，本书第二版素材选择有了更广的范围。新版对第一版中的重要内容进行了深化，并加入了一些新的内容。由于篇幅限制，新版删去了原版中相对不太重要的部分内容。

新版素材选择重点考虑的是当前备受关注且十分重要的主题。此外，也包括那些有利于进一步理解汽车系统基本工作过程和原理的内容。新增了“柴油机建模”和“诊断”两个章节。

新版在“传动系控制”中增加了“乘用车动力传动系防冲击控制”内容，重写了“车辆控制系统”章节中的大部分内容。此外，为了方便读者，还修正了第一版中所出现的错误，核查了符号对照表，添加了名词索引。

本书内容适合于本科高年级或研究生低年级的学生。当前，博洛尼亚进程 (Bologna process, 即欧洲教育体制改革“欧洲教育一体化进程”) 正影响着欧洲的高等教育。从这点来看，本书适用于两年制硕士课程。

感谢 Dara Torkzadeh 和 Thomas Rambow 在“柴油机建模”部分所作的贡献，感谢 Mattias Nyberg 博士在“诊断”部分所做的工作，感谢 Julian Baumann 参与了“乘用车动力传动系防冲击控制”部分的写作。Marcus Hiemer 博士和 Jörg Barrho 对“车辆控制系统”部分作出了贡献并审阅了本书，对他们表示感谢。

2004 年 11 月

乌维 · 金恩科 (Uwe Kiencke)

拉尔斯 · 尼尔森 (Lars Nielsen)

英文第一版前言

在过去的 25 年里, 控制技术已成为汽车创新的推动力。为使汽车满足日益严格的经济性和排放标准, 并提高其安全性、舒适性和方便性, 必须采用汽车控制技术。

不论哪个技术领域中的控制系统设计, 都要涉及实际系统、物理学、建模和设计方法等多个不可分割、相互作用的方方面面。汽车控制领域也不例外, 在适用于控制的各种系统描述、建模和设计方法等方面, 前人都已经做了许多广泛的研究和开发工作。

本书主旨

撰写这本关于"汽车控制"的书, 就是为了阐述热力学、发动机基本工作原理、车辆动力学及其参数估计、汽车控制方法之间的相互影响关系。

在热力学、车辆动力学等专业领域, 已出版了许多较好的专著 (一些主要文献为德文专著)。但迄今为止, 还未能找到一本对汽车实际系统、数据测量、建模和控制设计之间的联系进行深入讨论的专著。

很自然地, 我们要把汽车控制的各个主要方面放到一本书中讨论。这就是说, 内容要涉及发动机、传动系以及整车。原因之一是, 在分析和设计方法论方面, 针对这三者的控制系统存在相似之处, 例如建立模型时如何在复杂程度和精度两方面之间取得平衡。另外一个也许更重要的原因是, 当前发动机、传动系以及整车均采用独立控制, 而未来趋势是要对三者进行集成控制, 以便实现车辆总体优化。

实际测量结果也十分重要。这可使读者知道如何简化实际系统以建立模型, 了解如何判断建模假设的合理性。因此, 我们在书中所讨论的都是与实车情形接近的系统, 并非是纯粹的数学推导模型, 所给的结果也并不纯粹是理论性的结果。

本书读者

对于控制工程师, 本书有助于理解控制器设计所需的发动机和车辆模型；而机械工程师阅读本书, 则可了解车辆应用领域中信号处理和自动控制方面的内容。

事实上, 这也是促使我们写作本书的动力。我们两位都是国际自动控制联合会"汽车控制技术委员会" (IFAC Technical Committee on Automotive Control) 的成员, 第一作者为该委员会的现任主席。我们经常在该委员会以及 SAE 会议中碰面, 也由此看到架起两个领域之间沟通桥梁的潜在意义。然而, 对于我们来说, 更重要的是通过本书来分享我们在"汽车控制系统"领域内所经历的乐趣与激动, 并使这个领域得到人们应有的重视。

本书内容

本书按照发动机、传动系、整车的顺序来写作。

第 2~4 章讨论发动机的基础知识、热力学、模型、控制以及先进的发动机设计理念,内容涉及主要的发动机控制系统及其设计。第 2 章中的热力学模型讨论发动机循环过程中的变化参数 (精确到 1° 曲轴转角)。发动机平均值模型中,一个到多个发动机循环内关键变量的变化用平均值来考虑。有了这些模型作为基础,才易于理解影响发动机的工作、效率和排放的各种复杂因素。此外,这些模型也描述了对发动机控制设计与性能 (第 3、5 章中) 存在影响的特性。

第 7 章讨论的是动力传动系,包括发动机、离合器、变速器、传动轴 / 驱动轴以及车轮等部分。由于其弹性,传动系存在机械共振。消除这种共振,无论对于提升传动系功能和驱动能力,还是减小传动系零部件机械应力和噪声,都非常重要。本章讨论两种重要的传动系控制模式,即传动系速度控制和转矩控制,可分别应用于巡航控制系统和自动换挡控制系统。

车辆动力学控制系统可帮助驾驶员安全地控制车辆。这些系统通常面向安全性,仅在预防事故发生时才启用,但要求在短时间内就矫正车辆的动态响应。还有一些系统用来改善乘员舒适性。与加速、制动、转弯相关的性能以及平顺性,主要取决于施加到车辆上的轮胎-路面作用力。许多车辆动力学研究都围绕着轮胎作用力的产生机制,以及如何在简化模型中对其有效地考虑和处理等问题。这些模型的基本理论和一些相关控制系统在第 8~10 章进行讨论。

本书讨论的系统和原理都尽可能接近于实车应用,而第 11 章的内容则是一个例外。这主要是由于道路和驾驶员建模是汽车系统仿真设计的一部分,但不是车辆的一部分。然而,需要注意的是,由于先进仿真技术的重要性,道路和驾驶员模型已成为汽车系统设计循环中的重要部分。

本书背景以及如何使用本书

本书素材曾在德国卡尔斯鲁厄大学 (University Karlsruhe) 和瑞典林雪平大学 (Linköping University) 相关课程中使用。它比较适用于技术学院中工程学项目——文凭工程师 (diploma-engineer) 以及理科硕士 (master of science) 的后期教学 (第 3~4 年)。

本书已经包含大部分的相关基础知识,但假如读者拥有自动控制、信号与系统、力学与物理学等方面的本科基础课程知识,则更易于阅读本书。

使用本书时,课程规划可包括问题求解和实验两部分。实验作业包括的内容一般有试验测量、建模、控制器设计以及仿真。假如学生了解更多的现代控制理论等方面知识,可实现更精细的控制系统设计。当用于介绍性的研究生课程时,也是如此。

本书作者

Kiencke 博士于 20 世纪 70 年代早期开始本领域的研究,最初在罗伯特·博世公司 (Robert Bosch Corporation) 进行自适应空燃比控制和爆震控制系统的研发。在接下来的几年中,他发表了在发动机建模 [2,22] 和控制器设计 [63] 方面更加复杂的方法的论文。那时,他是车载通信网络——控制器局域网络 (controller area network, CAN) 开发组的领导。利用车载网络,原先独立的控制系统可整合为车辆集成控制。在 20 世纪 90 年代早期,他加入卡尔斯鲁厄大学,在发动机和车辆动力学控制方面开展了深入的研究。

Nielsen 博士在机电领域已有 15 年以上的研究经历。起初，他在瑞典隆德大学 (Lund University) 自动控制系进行研究工作。这段时间内，他与产业界不断合作，同 Scania AB、Mercel AB、Saab Automobile AB、Volvo AB 以及 DaimlerChrysler 开展联合研究项目。自 1992 年起，他开始在瑞典林雪平大学工作，并拥有车辆系统领域的 Sten Gustafsson 荣誉教授职位。

致谢

本书所提出的控制系统，大多数是由研究小组成员所共同开发的。因此，第一作者要特别感谢下列企业界合作者：Martin Zechall 博士 (空燃比 Lambda 控制)、Böning 博士 (爆震控制和发动机 Map 图优化)、Alfred Schutz(发动机怠速控制)、Heinz Leiber(ABS 制动控制)、Michael Henn 博士 (失火检测)、Achim Daiss 博士 (车辆建模与辨识) 以及 Rajjid Majjad 博士 (道路和驾驶员建模)。第一作者与他们的合作十分愉快，并由此建立了深厚的友谊。第二作者要特别感谢 Magnus Petterssson(在传动系控制方面进行合作研究) 和 Lars Eriksson(在发动机建模和控制方面进行合作研究)。此外，还要特别感谢来自工业界的合作伙伴，他们是 Lars-Gunnar Hedström、Jan Nytomt 以及 Jan Dellrud。

我们两位还要感谢 Christopher Riegel、Jochen Schöntaler、Dara Torkzadeh、Tracy Dalton 博士在翻译和修改本书部分内容时所作出的巨大努力，感谢本书的出版者 Dietrich Merkle 博士。

最后，要感谢的是我们的家庭成员，特别是第一作者的夫人 Margarete 和第二作者的夫人 Ingrid。在许多周末和假期中，作者因撰写本书而无法陪伴，感谢她们的宽容和理解。

乌维 · 金恩科 (Uwe Kiencke)
拉尔斯 · 尼尔森 (Lars Nielsen)

目　录

第 1 章 引言

现代汽车已成为计算机化的机器 (computerized machine)。这一事实已经给汽车多方面功能的实现带来了巨大影响。在客户要求和社会需求不断升级的同时, 计算机化给汽车研发过程带来了巨大的变化。

1.1 汽车的总体要求

作为一种交通工具, 汽车的总体要求是安全、舒适、环保和经济。这意味着汽车控制系统的三个主要目标为:

① 效率高——保证经济性。

② 排放低——保护环境。

③ 安全性高。

此外, 还包括舒适性好、驱动能力强、耐磨损、实用性好和功能寿命长等设计目标。

1.2 汽车控制系统的历史

许多现在看来很先进、很新颖的技术其实在很久之前就有了。一个有趣的问题是:"为什么这些很久以前就有的技术到现在才变成了商业化产品?"汽油机直喷技术就是一个例子。实际上, 直喷的概念早就提出来了 (即使有时它显得很新颖), 但当前直喷技术产品的创新之处在于: 通过采用**适当的控制**可实现更具竞争力的功能和性能。

因此, 计算机控制技术的突破可以说正是汽车控制系统的推动力。又比如 ABS(anti-lock braking system, 防抱死制动系统), ABS 的概念早已提出, 但那时采用机械式控制或者模拟电子技术都无法实现满意的功能。而如今, ABS 系统已得到了广泛采用。

1.3 汽车控制系统的前景

本书重点针对上述三个总体目标来讨论汽车控制系统。当前，在汽车排放及先进诊断功能方面，来自立法机构和产品客户的要求都日益严格。因此，控制单元中的算法及诊断功能是产品开发中的关键。要保证产品的可靠性和耐用性，而不仅仅在新车状况下可满足功能要求。另外一些汽车控制的例子包括：通过操纵动力学控制提高车辆稳定性；通过驱动转矩控制提高车辆驱动能力，同时减少离合器磨损。

在控制设计方法论方面，数学建模尤其重要。它将用于基于模型的控制及诊断系统设计，同时它也是传感器信息融合、自适应控制以及监控系统的基础。

机械与控制的联合设计

汽车电子控制不仅可对现有机械设计进行性能改进，在很大程度上还会影响传统设计方法，从而启发创新的机械系统设计。这种创新设计方案需要结合或依靠电控系统来实现。

因此，汽车设计已经演变为机械－控制联合设计模式。采用这种方法时，开发目标可以设得更高。因此，未来的汽车控制系统将要解决下面这个具有启发性的难题。

技术难题

未来的汽车也许可以作为城镇的空气净化器，这种可能性不能排除。在工业化城镇中，空气污染源一般包括车辆、住宅采暖以及工业等。利用未来的减排技术，将污染物充分燃烧或收集在催化剂中，废气经过催化处理后的污染物浓度可能比空气污染物浓度还要低。

这种理想的燃烧过程只产生水和二氧化碳，因此减少二氧化碳排放就是提高经济性。

若这些都可能实现，在各种环境／负荷条件以及行驶条件下，车辆都必须像空气净化器一样。开发这种车辆将需要依赖于汽车控制系统。这是我们所面对的技术难题，而理解本书内容则是该技术难题解决过程的第一步。

第 2 章　发动机热力学循环

本章分析讨论发动机理论循环的热力学特性，主要内容包括热力学第一定律和各种发动机理论循环的热力学模型及其热效率分析计算。

2.1 导论

2.1.1 热力学第一定律

理想气体状态方程为

$$pV = mR\vartheta \tag{2.1}$$

式中：p——气体的压力，Pa (N/m^2)；

V——气体的体积，m^3；

m——气体的质量，kg；

R——气体常数，R=287.4 $m^2/(s^2 \cdot K)$；

ϑ——气体的热力学温度，K。

根据上式，pV 的单位是 J(焦耳)，其数值大小取决于气体的质量和温度。

热量的定义为

$$q = cm\vartheta \tag{2.2}$$

式中：q——热量，J；

c——比热容，J/(kg·K)。

式 (2.2) 适用于任何物体，包括固态、液态和气态物体，其中比热容是物体的材料属性。对于气体，比热容还与气体状态有关。

1. 热力学第一定律

对于闭系循环中的微元过程, 热力学第一定律的微分形式为:

$$\mathrm{d}q = \mathrm{d}u + \mathrm{d}w \tag{2.3}$$

式中: $\mathrm{d}q$——热量的微分, 定义气体工质吸收热量时为正;

$\mathrm{d}u$——内能的微分, 定义气体工质内能增加时为正;

$\mathrm{d}w$——机械功的微分, 定义气体工质对外作功时为正。

根据式 (2.3), 对于质量一定的理想气体工质, 其吸收热量 $\mathrm{d}q$ 的一部分导致工质内能增加 $\mathrm{d}u$, 其余部分以机械功方式向外界输出。可见, 能量不会凭空产生, 也不会自行消失。对式 (2.3) 进行积分可以计算状态变化过程中的能量转换。

2. 体积变化

体积变化或压力变化是热力系统与外界进行机械功传递的两种基本方式。

在发动机 (内燃机) 中, 一定数量的压缩气体在气缸内膨胀, 所作的机械功 $\mathrm{d}w_v$ 取决于作用在活塞上的力 F 和活塞的位移 $\mathrm{d}s$:

$$\mathrm{d}w_v = F\mathrm{d}s = pA\mathrm{d}s$$

式中: A——气缸的横截面面积;

p——气缸内部气体的压力。

通常, 上式可以写为:

$$\mathrm{d}w_v = p\mathrm{d}V \tag{2.4}$$

这里的机械功 $\mathrm{d}w_v$ 等于气缸内气体膨胀而传递给机械系统的动能。定义外界对缸内气体所作的机械功为负: 如压缩过程 $\mathrm{d}V < 0$, 则 $\mathrm{d}w_v < 0$; 缸内气体对外界所作的功为正: 如膨胀过程 $\mathrm{d}V > 0$, 则 $\mathrm{d}w_v > 0$。图 2.1 反映了热力系统体积变化与机械功传递之间的关系。

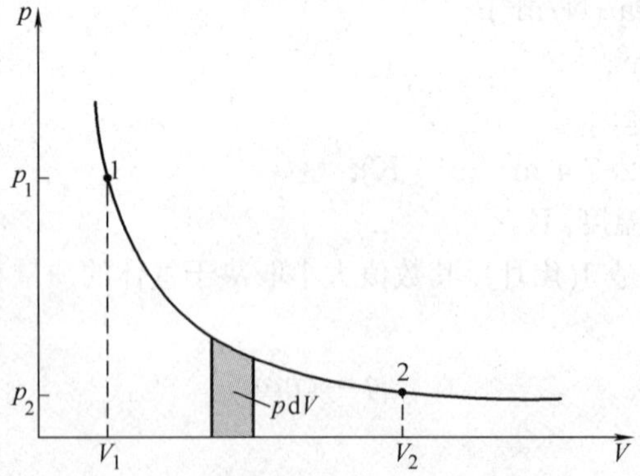

图 2.1 体积变化产生的机械功

3. 压力变化

在燃气轮机中, 动能的传递是由于气体工质连续流经两个截面时的压力变化而产生的, 即

$$\mathrm{d}w_p = -V\mathrm{d}p \tag{2.5}$$

这里的机械功 dw_p 等于工质的势能损失。图 2.2 所示的 pV 图表示了这种机械功传递与热力系统状态变化之间的关系。若 $dp < 0$, 即工质流动过程中压力降低 (膨胀过程), 则机械功为正, $dw_p > 0$, 这时工质对外作功, $dp < 0$, $dw_p > 0$。

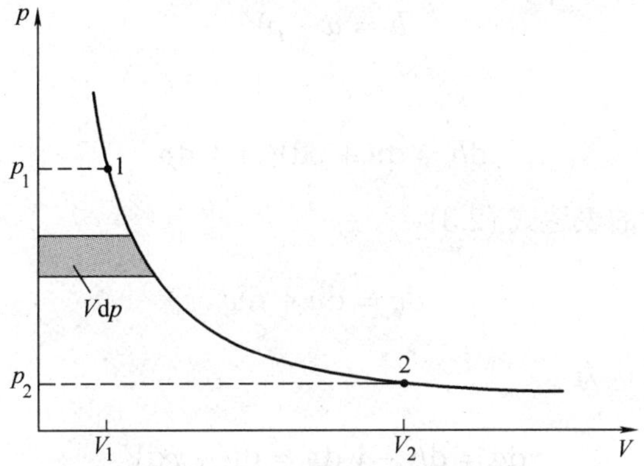

图 2.2　压力变化产生的机械功

如图 2.3 所示, 上述两种机械功之间的关系满足:

$$\omega_v = \int_1^2 p\mathrm{d}V = -\int_1^2 V\mathrm{d}p - p_1V_1 + p_2V_2 \tag{2.6}$$

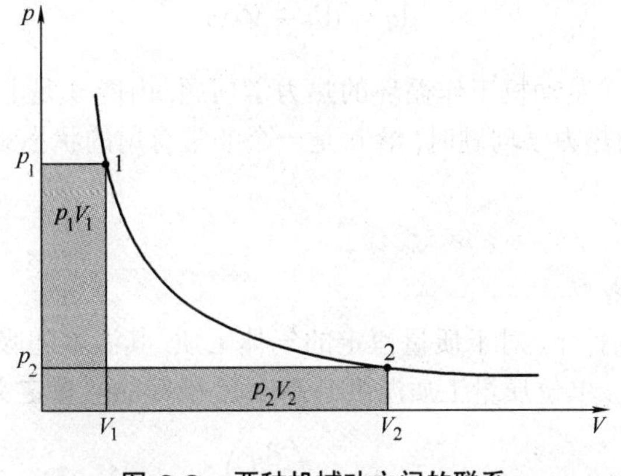

图 2.3　两种机械功之间的联系

假设气体工质的质量和温度均恒定不变, 根据理想气体状态方程, 有 $p_1V_1 = p_2V_2$, 则上述两种机械功的数值相等。

4. 焓

气体的状态可以通过若干状态参数加以描述:

① 气体的内能 (u)　内能的大小等于给定温度下由于原子运动产生的热力学能。

② 气体的状态 (pV)　气体的状态取决于气体的体积与压力, 与气体的内能有关。

可见, 压力或者体积变化都可以导致气体状态的改变。

$$\mathrm{d}(pV) = p\mathrm{d}V + V\mathrm{d}p \tag{2.7}$$

式中: pdV——由气体体积变化产生的动能;

Vdp——由气体压力变化产生的势能。

焓是另一个气体状态参数, 可表达为

$$h = u + pV \tag{2.8}$$

焓的微分为

$$\mathrm{d}h = \mathrm{d}u + p\mathrm{d}V + V\mathrm{d}p \tag{2.9}$$

结合热力学第一定律的表达式 (2.3)

$$\mathrm{d}q = \mathrm{d}u + \mathrm{d}w$$

热功转换关系可以表达为

$$\mathrm{d}q = \mathrm{d}h - V\mathrm{d}p = \mathrm{d}u + p\mathrm{d}V \tag{2.10}$$

对于等压膨胀过程, $\mathrm{d}w_v = p\mathrm{d}V$ 和 $V\mathrm{d}p = 0$, 则 $\mathrm{d}q = \mathrm{d}h$, 因此

$$\mathrm{d}q = \mathrm{d}u + p\mathrm{d}V \tag{2.11}$$

对于等容降压过程, $\mathrm{d}w_p = -V\mathrm{d}p$ 和 $p\mathrm{d}V = 0$, 则 $\mathrm{d}q = \mathrm{d}u$, 因此

$$\mathrm{d}q = \mathrm{d}h - V\mathrm{d}p \tag{2.12}$$

可见, 对于分析活塞式发动机工作循环的热力学问题, 内能 u 是非常重要的状态参数; 而在分析燃气轮机工作循环的热力学问题时, 焓 h 是一个非常有用的状态参数。

2.1.2 比热容

1. 定容状态下的吸热

在体积保持不变的条件下, 对于质量恒定的气体工质, 其温度随吸收热量 q 的增加而升高。在体积保持不变的条件下, 单位质量工质温度升高 1 K 所需的热量定义为比定容热容 c_v, 即

$$c_v = \frac{1}{m}\left(\frac{\mathrm{d}q}{\mathrm{d}\vartheta}\right)_V \tag{2.13}$$

内能的微分表达式为

$$\mathrm{d}u = \left(\frac{\partial u}{\partial V}\right)_\vartheta \mathrm{d}V + \left(\frac{\partial u}{\partial \vartheta}\right)_V \mathrm{d}\vartheta$$

将上式代入式 (2.11)(热力学第一定律), 则有

$$\mathrm{d}q = \left(\frac{\partial u}{\partial V}\right)_\vartheta \mathrm{d}V + \left(\frac{\partial u}{\partial \vartheta}\right)_V \mathrm{d}\vartheta + p\mathrm{d}V \tag{2.14}$$

$$= \left(\frac{\partial u}{\partial \vartheta}\right)_V \mathrm{d}\vartheta + \left(\left(\frac{\partial u}{\partial V}\right)_\vartheta + p\right)\mathrm{d}V \tag{2.15}$$

$$= \left(\frac{\partial u}{\partial \vartheta}\right)_V \mathrm{d}\vartheta \tag{2.16}$$

当体积不变时, 有 $\mathrm{d}V = 0$。将上式除以 $\mathrm{d}\vartheta$, 则有

$$\left(\frac{\mathrm{d}q}{\mathrm{d}\vartheta}\right)_V = \left(\frac{\partial u}{\partial \vartheta}\right)_V$$

式 (2.13) 可写成

$$c_v = \frac{1}{m}\left(\frac{\partial u}{\partial \vartheta}\right)_V \tag{2.17}$$

可见, 在体积不变的情况下, 气体热量变化 $\mathrm{d}q$ 与气体内能变化 $\mathrm{d}u$ 相等。

2. 定压状态下的吸热

同样, 对于质量恒定的气体工质, 在其压力保持不变的条件下, 当其吸收 q 的热量时, 气体工质的温度也会上升。由此可得出, 比定压热容 c_p 的定义为

$$c_p = \frac{1}{m}\left(\frac{\partial q}{\partial \vartheta}\right)_p \tag{2.18}$$

引入焓的微分表达式为

$$\mathrm{d}h = \left(\frac{\partial h}{\partial \vartheta}\right)_p \mathrm{d}\vartheta + \left(\frac{\partial h}{\partial p}\right)_\vartheta \mathrm{d}p$$

将上式代入式 (2.10), 并进行化简 ($\mathrm{d}p = 0$):

$$\mathrm{d}q = \left(\frac{\partial h}{\partial \vartheta}\right)_p \mathrm{d}\vartheta + \left(\frac{\partial h}{\partial p}\right)_\vartheta \mathrm{d}p - V\mathrm{d}p \tag{2.19}$$

$$= \left(\frac{\partial h}{\partial \vartheta}\right)_p \mathrm{d}\vartheta + \left[\left(\frac{\partial h}{\partial p}\right)_\vartheta - V\right] \mathrm{d}p \tag{2.20}$$

$$= \left(\frac{\partial h}{\partial \vartheta}\right)_p \mathrm{d}\vartheta \tag{2.21}$$

将式 (2.21) 除以 $\mathrm{d}\vartheta$

$$\left(\frac{\mathrm{d}q}{\mathrm{d}\vartheta}\right)_p = \left(\frac{\partial h}{\partial \vartheta}\right)_p$$

与上一节类似, 式 (2.18) 也可以写成

$$c_p = \frac{1}{m}\left(\frac{\partial h}{\partial \vartheta}\right)_p \tag{2.22}$$

可见, 对于质量恒定的气体工质, 在其保持压力不变的条件下, 当其吸收 q 的热量时, 热力系统的焓会发生变化。当气体工质的热量增加 $\mathrm{d}q$ 时, 不仅使得气体工质增加了内能 $\mathrm{d}u$, 同时还导致了热力系统对外输出功 $p\mathrm{d}V$。

3. 气体常数和绝热系数

通过对焓方程 [式 (2.8)] 及理想气体状态方程 [式 (2.1)] 进行推导, 可以得出比定容热容 c_v 和比定压热容 c_p 之间的关系:

$$h = u + pV \tag{2.23}$$

$$\mathrm{d}h = \mathrm{d}u + \mathrm{d}(pV) \tag{2.24}$$

$$mc_p\mathrm{d}\vartheta = mc_v\mathrm{d}\vartheta + mR\mathrm{d}\vartheta \tag{2.25}$$

$$c_p = c_v + R \tag{2.26}$$

定义理想气体常数 R, 其值为比定压热容 c_p 和比定容热容 c_v 之间的差:

$$R = c_p - c_v \tag{2.27}$$

定义比定压热容 c_p 和比定容热容 c_v 的比值为绝热系数:

$$\kappa = \frac{c_p}{c_v} \tag{2.28}$$

在标准状态下, 空气的等熵指数 $\kappa_{\text{air}} = \dfrac{3.5}{2.5} = 1.4$。

2.1.3　理想气体的状态变化

1. 等温过程—— ϑ=const

假设气体的温度不变, 理想气体方程 $pV = mR\vartheta$ 可写成

$$p = \frac{mR\vartheta}{V} = \frac{\text{const}}{V}$$

式中 pV=const。图 2.4 中的双曲线即为等温过程状态变化示意图。气体工质的等温过程满足理想气体方程

$$p_1V_1 = p_2V_2 \tag{2.29}$$

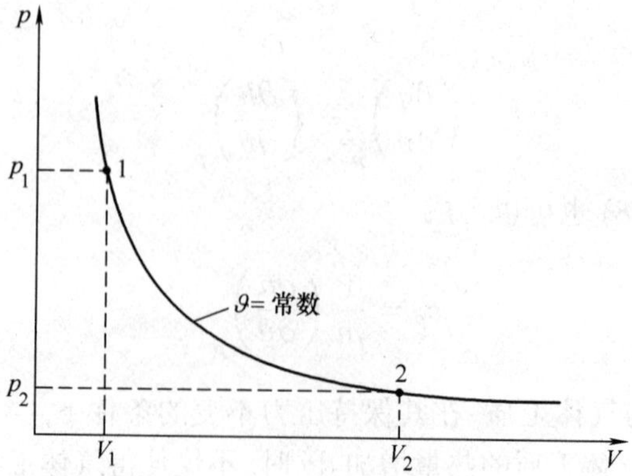

图 2.4　等温过程状态变化图

pV 图中曲线的斜率为

$$\frac{\mathrm{d}p}{\mathrm{d}V}=-\frac{p}{V} \tag{2.30}$$

在等温过程中, 气体工质的内能保持恒定, 可表示为

$$\mathrm{d}u=mc_v\mathrm{d}\vartheta=0$$

因此, 对于等温过程, 热力学第一定律可以改写成

$$\mathrm{d}q=\mathrm{d}u+\mathrm{d}w=\mathrm{d}w$$

由于 pV=const 以及 $\mathrm{d}(pV)=0$, 热力系统的焓保持一定:

$$\mathrm{d}h=\mathrm{d}u+\mathrm{d}\left(pV\right)=0$$

气体工质的状态变化所产生的动能可以按以下步骤推导:

$$\mathrm{d}\left(pV\right)=p\mathrm{d}V+V\mathrm{d}p=0$$

简化后可得

$$\mathrm{d}w=p\mathrm{d}V=-V\mathrm{d}p$$

对上式进行积分

$$w_{1,2}=\int_1^2 p\mathrm{d}V=-\int_1^2 V\mathrm{d}p$$

最后, 根据理想气体状态方程, 有

$$w_{1,2}=q_{1,2}=mR\vartheta\int_1^2\frac{1}{V}\mathrm{d}V=mR\vartheta\ln\frac{V_2}{V_1}$$

在等温过程中, 气体工质膨胀使得热力系统对外输出功 $w_{1,2}$, 为了补偿这部分功, 并且使系统温度保持恒定, 必须对热力系统输入相同大小的热量 $q_{1,2}$。

2. 等压过程—— p=const

根据理想气体方程, 气体工质的等压变化可描述为

$$p=\frac{mR\vartheta}{V}=\text{const}$$

因此, 有

$$\frac{\vartheta_1}{\vartheta_2}=\frac{V_1}{V_2} \tag{2.31}$$

气体工质的等压变化过程如图 2.5 中的水平线所示。在压力不变的条件下, 气体工质从状态 1 变化到状态 2。在此过程中, 由于气体工质的膨胀, 热力系统对外输出功 $w_{1,2}$, 同时由于温度的上升, 气体工质的内能也有所增加。此外, 气体工质吸收的热量 q 等于其焓 h 的增加量。

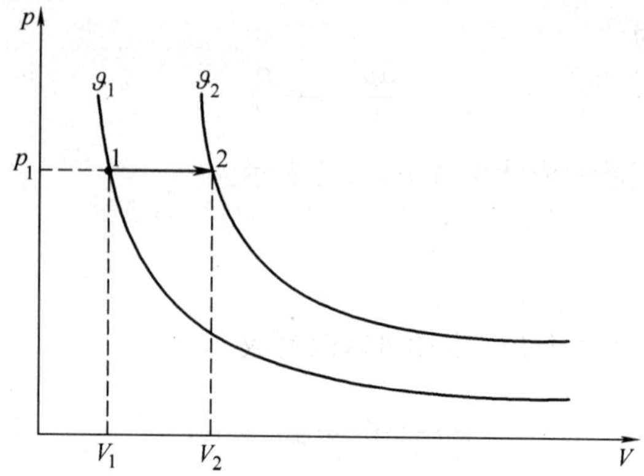

图 2.5 等压过程状态变化图

对于等压过程, $\mathrm{d}p = 0$, 热力学第一定律可以改写成

$$\mathrm{d}q = \mathrm{d}h - V\mathrm{d}p = \mathrm{d}h$$

气体工质热量变化的微分表达式为

$$\mathrm{d}q = mc_p\mathrm{d}\vartheta$$

对上式积分, 可得

$$q_{1,2} = mc_p\int_1^2 \mathrm{d}\vartheta = mc_p(\vartheta_2 - \vartheta_1) \tag{2.32}$$

根据 $\mathrm{d}q = \mathrm{d}h$ 以及 $\mathrm{d}h = \mathrm{d}u + p\mathrm{d}V$, 可以推导出功的表达式为

$$\mathrm{d}q = \mathrm{d}u + p\mathrm{d}V$$

因为 $\mathrm{d}w_v = p\mathrm{d}V$, 则动能的变化为

$$\mathrm{d}w_v = p\mathrm{d}V = \mathrm{d}h - \mathrm{d}u \tag{2.33}$$

$$= mc_p\mathrm{d}\vartheta - mc_v\mathrm{d}\vartheta \tag{2.34}$$

$$= mR\mathrm{d}\vartheta \tag{2.35}$$

对上式积分, 可得

$$w_{1,2} = mR\vartheta\int_1^2 \mathrm{d}\vartheta = mR\,(\vartheta_2 - \vartheta_1)$$

此处仅有一部分的热量 q 被转化成了动能 w。热力系统对外输出的功与气体工质吸收热量的比值为

$$\frac{\mathrm{d}w}{\mathrm{d}q} = \frac{m\,(c_p - c_v)\,\mathrm{d}\vartheta}{mc_p\mathrm{d}\vartheta} = \frac{c_p - c_v}{c_p} = \frac{\kappa - 1}{\kappa}$$

对于空气, 该值为 0.29。

3. 等容过程—— V=const

根据理想气体方程, 气体工质的等容过程可描述成

$$V = \frac{mR\vartheta}{p} = \text{const}$$

因此

$$\frac{\vartheta_1}{\vartheta_2} = \frac{p_1}{p_2} \tag{2.36}$$

等容过程如图 2.6 中的竖直线所示。在等容过程中, 由于气体工质的体积保持一定, 因此在气体从状态 1 变化到状态 2 的过程中, 没有功输出。气体吸收的热量 dq 等于内能的增量 du。

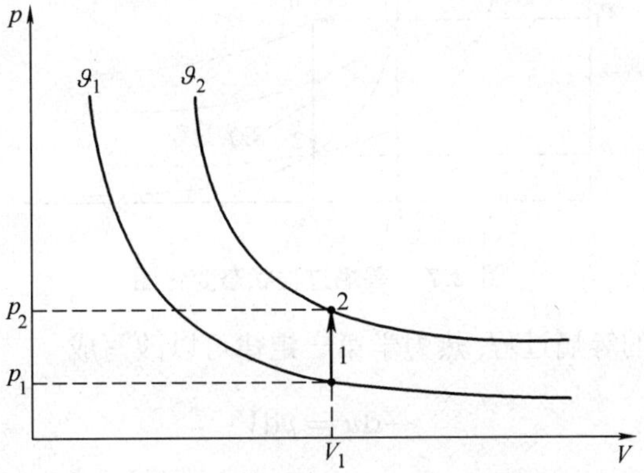

图 2.6 等容过程状态变化图

因为 $\mathrm{d}q = \mathrm{d}u + p\mathrm{d}V = \mathrm{d}u$, 则热量的表达式可以写成

$$\mathrm{d}q = mc_v\mathrm{d}\vartheta \tag{2.37}$$

$$q_{1,2} = mc_v\int_1^2 \mathrm{d}\vartheta = mc_v(\vartheta_2 - \vartheta_1) \tag{2.38}$$

整个过程中, 气体工质焓的增量大于其内能的增量, 可以表示为

$$\mathrm{d}h = \mathrm{d}u + p\mathrm{d}V + V\mathrm{d}p$$

式中: $p\mathrm{d}V = 0$;

$V\mathrm{d}p = mR\mathrm{d}\vartheta$。

因此, 气体工质焓的变化为

$$\mathrm{d}h = mc_v\mathrm{d}\vartheta + mR\mathrm{d}\vartheta = mc_p\mathrm{d}\vartheta$$

内能的表达式为 $\mathrm{d}u = \mathrm{d}h - V\mathrm{d}p$, 其值与气体工质吸收的热量值相等:

$$\mathrm{d}u = m\left(c_p - R\right)\mathrm{d}\vartheta = mc_v\mathrm{d}\vartheta = \mathrm{d}q$$

4. 等熵或绝热过程—— q=const

假设气体被密封在一个绝热容器中, 那么气体的热能始终保持恒定。在从状态 1 到状态 2 的绝热过程中, 气体发生膨胀并对外输出功, 同时气体的内能减少。从图 2.7 中可以看出, 由于气体工质在整个过程中没有吸收热量, 因此等熵线比等温线陡峭。

$$\mathrm{d}q = \mathrm{d}u + p\mathrm{d}V = 0$$

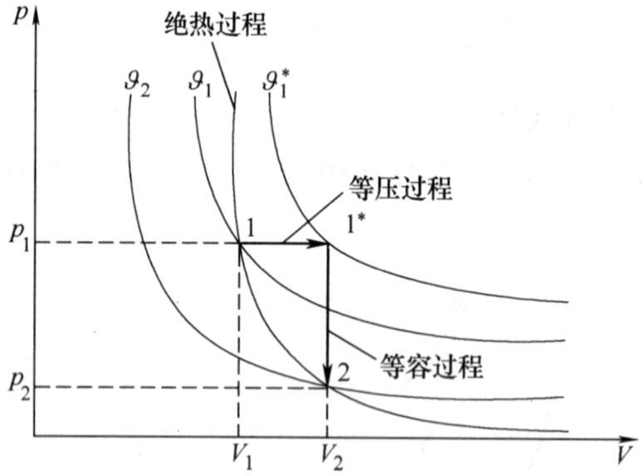

图 2.7 等熵过程状态变化图

因此, 对于气体工质的等熵过程, 热力学第一定律可以改写成

$$-\mathrm{d}u = p\mathrm{d}V$$

上式表明, 气体工质对外输出的机械功等于其内能的损失。

由于 $\mathrm{d}q = \mathrm{d}u + p\mathrm{d}V = 0$, 热力系统的焓变为

$$\mathrm{d}h = \mathrm{d}u + p\mathrm{d}V + V\mathrm{d}p = V\mathrm{d}p$$

气体工质的等熵过程可以被分解成两种状态变化:

① 等压过程—— $\mathrm{d}q_p = mc_p\mathrm{d}\vartheta_p = \mathrm{d}h$

② 等容过程—— $\mathrm{d}q_v = mc_v\mathrm{d}\vartheta_v = \mathrm{d}u$

整个过程中所交换的热量为零:

$$\mathrm{d}q = \mathrm{d}q_p + \mathrm{d}q_v = 0 \tag{2.39}$$

$$c_p\mathrm{d}\vartheta_p + c_v\mathrm{d}\vartheta_v = 0 \tag{2.40}$$

对于气体工质的等压变化和等容变化, 有

$$\text{等压过程}: \mathrm{d}\vartheta_p = \frac{p\mathrm{d}V}{mR} \tag{2.41}$$

$$\text{等容过程}: \mathrm{d}\vartheta_v = \frac{V\mathrm{d}p}{mR} \tag{2.42}$$

将上两式代入式 (2.40), 可得

$$c_p\frac{p\mathrm{d}V}{mR} + c_v\frac{V\mathrm{d}p}{mR} = 0$$

整理后, 即可得到图 2.7 所示等熵线的斜率:

$$\frac{\mathrm{d}p}{\mathrm{d}V}=-\frac{c_p}{c_v}\frac{p}{V}=-\kappa\frac{p}{V} \tag{2.43}$$

其值是等温线斜率的 κ 倍, 如式 (2.30) 所示。

对式 (2.43) 积分, 可得

$$\ln p=-\kappa\ln V+\mathrm{const}$$

即

$$p_1V_1^{\kappa}=p_2V_2^{\kappa} \tag{2.44}$$

气体工质的等熵变化 1→2 满足

$$p_1V_1^{\kappa}=p_2V_2^{\kappa}$$

对上式积分, 可得动能 $w_{1,2}$:

$$w_{1,2}=\int_1^2 p\mathrm{d}V$$

将上式中的 p 用 $p=\mathrm{const}V^{-\kappa}$ 代入, 可得

$$w_{1,2}=\mathrm{const}\int_1^2 V^{-\kappa}\mathrm{d}V=\frac{\mathrm{const}}{1-\kappa}\left(V_2^{1-\kappa}-V_1^{1-\kappa}\right)$$

再将 $p_1V_1^{\kappa}=\mathrm{const}$ 代入, 有

$$w_{1,2}=p_1V_1^{\kappa}\frac{1}{1-\kappa}\left(V_2^{1-\kappa}-V_1^{1-\kappa}\right)=p_1V_1\frac{1}{1-\kappa}\left[\left(\frac{V_1}{V_2}\right)^{\kappa-1}-1\right]$$

简化后可得

$$\left(\frac{V_1}{V_2}\right)^{\kappa-1}=\frac{p_1V_1^{\kappa}p_2V_2}{p_2V_2^{\kappa}p_1V_1}=\frac{p_2V_2}{p_1V_1}=\frac{\vartheta_2}{\vartheta_1}$$

因此, 功的表达式为

$$w_{1,2}=p_1V_1\frac{1}{1-\kappa}\left(\frac{\vartheta_2}{\vartheta_1}-1\right)$$

将理想气体方程 $p_1V_1=mR\vartheta_1=m(c_p-c_v)\vartheta_1$, 以及 $\kappa=c_p/c_v$ 代入上式, 可得

$$w_{1,2}=m(c_p-c_v)\vartheta_1\frac{1}{\kappa-1}\left(1-\frac{\vartheta_1}{\vartheta_2}\right) \tag{2.45}$$

$$=m(c_p-c_v)\frac{1}{\dfrac{c_p}{c_v}-1}(\vartheta_1-\vartheta_2) \tag{2.46}$$

最后, 等熵过程中热力系统对外界的输出功为

$$w_{1,2}=mc_v(\vartheta_1-\vartheta_2) \tag{2.47}$$

5. 多变过程

实际上, 在等熵过程中, 热力系统与外界之间不可能完全没有热交换, 因此对多变过程的研究是必不可少的。同样因为这个原因, 多变指数 n 的值小于绝热指数 κ 的值, 气体工质的多变过程可描述为

$$pV^n = \text{const}$$

式中: $n < \kappa$。

2.1.4 热力学循环

1. 熵

对于热力学过程, 必须区分两种不同的概念: 可逆过程和不可逆过程。这两种过程分别具有如下特点。

(1) 可逆过程

① 热力系统在经历可逆过程后, 可以返回其初始状态。

② 在热力系统返回其初始状态的过程中, 不需要外界对其提供能量。

③ 在热力系统返回初始状态的过程中, 不会留下状态变化的痕迹。

(2) 不可逆过程

① 只能沿一个方向进行, 例如分子会扩散到更大体积。

② 需要外界对热力系统输入能量, 并且这部分能量最终将转化成热量, 例如下落中的石块。

③ 热力系统在经历不可逆过程后, 不能返回其初始状态。

熵的定义为

$$S = \frac{q}{\vartheta} \tag{2.48}$$

为解释熵的定义, 举例如下。

有两个具有不同温度 ϑ 的物体, 热量 q 通过热传导从高温物体 (温度为 ϑ_1) 传向低温物体 (温度为 ϑ_2)。在发生热传递后, 系统的熵变为

$$\Delta S = \frac{q_2}{\vartheta_2} - \frac{q_1}{\vartheta_1} \tag{2.49}$$

由于热量从高温物体传向低温物体的过程是不可逆过程, 因此, 即便 $q_1 = q_2$, 热力系统的熵变 ΔS 也为正值。

对于可逆过程, 有

$$\Delta S = 0 \tag{2.50}$$

而不可逆过程则满足

$$\Delta S > 0 \tag{2.51}$$

上式也被称为热力学第二定律。热力学第二定律指出, 在实际状态变化过程中, 热力系统的熵总是增加的。

2. 理想过程

假设热力系统的状态变化过程是可逆的, 那么该理想过程可描述为: 初始温度为 ϑ_1 的气体工质, 首先经历一等温可逆过程。在该过程中吸收热量 q_1。之后, 气体工质释放热量 q_2, 其温度下降为 ϑ_2。然后, 气体工质再经历一等温可逆过程。这个理想循环输出的功 $w_{1,2}$ 与气体吸收和放出的热量相同, 即 $w_{1,2} = q_1 - q_2$, 如图 2.8 所示。整个过程中, 热力系统的熵变应该为零:

$$\Delta S = \frac{q_2}{\vartheta_2} - \frac{q_1}{\vartheta_1} = 0$$

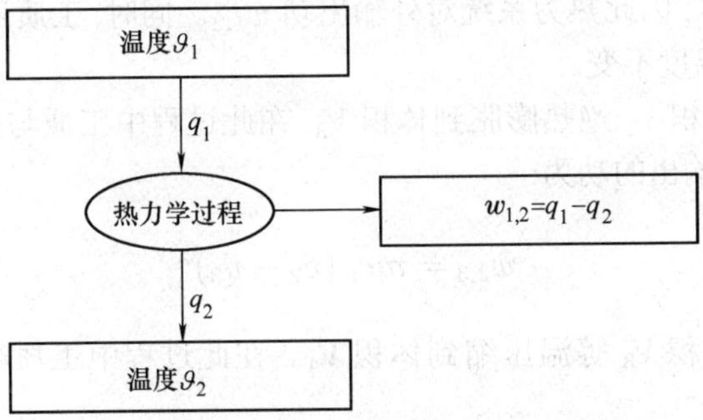

图 2.8 理想循环过程

因此, 可得

$$\frac{q_1}{\vartheta_1} = \frac{q_2}{\vartheta_2} \tag{2.52}$$

热力系统的输出功 $w_{1,2}$ 与气体工质吸收热量 q_1 之间的比值为该过程的热效率:

$$\eta = \frac{w_{1,2}}{q_1} = \frac{q_1 - q_2}{q_1} = \frac{\vartheta_1 - \vartheta_2}{\vartheta_1} = 1 - \frac{\vartheta_2}{\vartheta_1} \tag{2.53}$$

由上式可见, 热效率 η 仅取决于热力学 (绝对) 温度 ϑ_1 与 ϑ_2 的比值, 并且 η 的值总是小于 1。对于非理想循环, 系统熵变总是大于零, 即 $\Delta S > 0$。

3. 卡诺循环

卡诺循环 (Carnot cycle) 由四个状态变化过程组成。在一个循环结束后, 工质返回到初始状态, 这与发动机的热力过程相似。首先, 要区分以下两种不同的循环:

① 封闭燃烧室中的反应 例如, 发动机的燃烧过程具有周期性, 因此发动机对外输出功是周期性的。

② 开放燃烧室中的工质流动 例如, 燃气轮机的燃烧过程是连续性的, 因此其对外输出功是连续性的。

卡诺循环被认为是热力学过程的参考模型。图 2.9 给出了卡诺循环的示意图。

卡诺循环的具体过程如下:

① 1→2 工质从体积 V_1 等温膨胀到体积 V_2, 在此过程中工质温度保持不变 $\vartheta_1 = \vartheta_2$。

$$w_{1,2} = q_{1,2} = mR\vartheta_1 \ln\frac{V_2}{V_1}$$

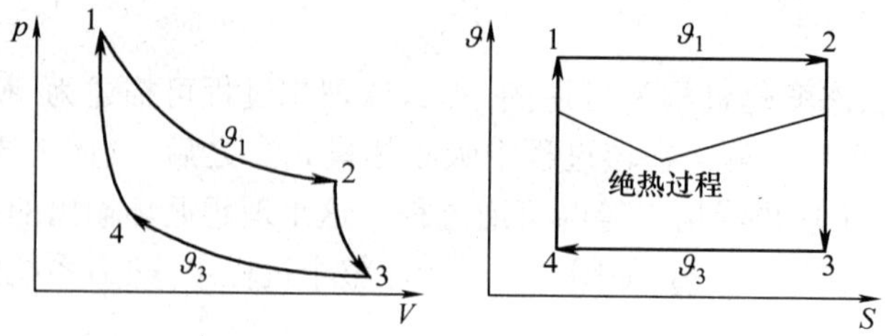

图 2.9 卡诺循环的 pV 图及 ϑS 图

由于工质发生了膨胀, 因此热力系统对外输出功 $w_{1,2}$。同时, 工质还从外界吸收等量的热量 $q_{1,2}$, 从而保持热力系统温度不变。

② 2→3 工质从体积 V_2 绝热膨胀到体积 V_3, 在此过程中工质与外界没有热量交换, 因此 $q_{2,3} = 0$。热力系统对外输出的功为:

$$w_{2,3} = mc_v (\vartheta_2 - \vartheta_3)$$

③ 3→4 工质从体积 V_3 等温压缩到体积 V_4。在此过程中工质温度保持不变, $\vartheta_3 = \vartheta_4$。此外, 机械功为

$$w_{3,4} = q_{3,4} = mR\vartheta_3 \ln \frac{V_4}{V_3}$$

由于外界对系统作功, 因此其值为负 ($V_4 < V_3$)。

④ 4→1 工质从体积 V_4 绝热压缩到体积 V_1。在此过程中没有热量交换, $q_{4,1} = 0$。由于 $\vartheta_1 > \vartheta_4$, 机械功同样为负值, 可以表示为

$$w_{4,1} = mc_v (\vartheta_4 - \vartheta_1)$$

系统在整个循环中对外输出的功

$$w = w_{1,2} + w_{2,3} + w_{3,4} + w_{4,1} \tag{2.54}$$

$$= mR\vartheta_1 \ln \frac{V_2}{V_1} + mc_v(\vartheta_2 - \vartheta_3) + mR\vartheta_3 \ln \frac{V_4}{V_3} + mc_v(\vartheta_4 - \vartheta_1) \tag{2.55}$$

由于 $\vartheta_1 = \vartheta_2$, $\vartheta_3 = \vartheta_4$, 绝热过程输出的功 $w_{2,3}$ 和 $w_{4,1}$ 互相抵消, 从而有

$$w = mR\left(\vartheta_1 \ln \frac{V_2}{V_1} + \vartheta_3 \ln \frac{V_4}{V_3}\right)$$

为了简化这个方程, 引入绝热过程 2→3 及 4→1 的特征方程:

$$pV^{\kappa} = pVV^{\kappa-1} = mR\vartheta V^{\kappa-1} = \text{const} \tag{2.56}$$

$$\vartheta_2 V_2^{\kappa-1} = \vartheta_3 V_3^{\kappa-1}, \qquad \vartheta_1 V_1^{\kappa-1} = \vartheta_4 V_4^{\kappa-1} \tag{2.57}$$

$$\left(\frac{V_4}{V_1}\right)^{\kappa-1} = \frac{\vartheta_1}{\vartheta_4} \tag{2.58}$$

由 $\vartheta_1 = \vartheta_2$, $\vartheta_3 = \vartheta_4$, 可得

$$\left(\frac{V_2}{V_1}\right)^{\kappa-1} = \left(\frac{V_3}{V_4}\right)^{\kappa-1} \tag{2.59}$$

$$\frac{V_2}{V_1} = \frac{V_3}{V_4} \tag{2.60}$$

$$\ln\frac{V_4}{V_3} = -\ln\frac{V_2}{V_1} \tag{2.61}$$

因此有

$$w = mR\left(\vartheta_1 - \vartheta_3\right)\ln\frac{V_2}{V_1}$$

由此可得卡诺循环的热效率为

$$\eta = \frac{w}{q_{1,2}} = \frac{mR(\vartheta_1 - \vartheta_2)\ln\dfrac{V_2}{V_1}}{mR\vartheta_1\ln\dfrac{V_2}{V_1}} \tag{2.62}$$

$$= \frac{\vartheta_1 - \vartheta_3}{\vartheta_1} = 1 - \frac{\vartheta_3}{\vartheta_1} \tag{2.63}$$

可见热效率仅取决于温度 ϑ_3 与 ϑ_1 的比值。若引入压缩比

$$\varepsilon = \frac{V_4}{V_1} \tag{2.64}$$

则热效率表达式可以改写为

$$\eta = 1 - \frac{\vartheta_4}{\vartheta_1} = 1 - \left(\frac{V_1}{V_4}\right)^{\kappa-1} \tag{2.65}$$

$$= 1 - \frac{1}{\varepsilon^{\kappa-1}} \tag{2.66}$$

图 2.9 解释了热效率的意义: 卡诺循环的热效率等于循环曲线所围面积与 1→2 段曲线下方积分面积的比值。当循环曲线所围面积增加时, 效率就会提高。在实际情况中, 只有提高压缩比或温度比, 才会提高热效率。

例如, 假设 $\kappa = 1.4$, 并定义气体温度 ϑ_1 与 ϑ_3:

$$\vartheta_1 = 2\ 800\ \mathrm{K} \tag{2.67}$$

$$\vartheta_3 = 300\ \mathrm{K} \tag{2.68}$$

则热效率值为

$$\eta = 0.89$$

压缩比

$$\varepsilon = 266$$

实际上, 发动机的压缩比不可能这么高, 现实中的压缩比至少比这个值小 10 倍。

2.2 发动机理论循环

车用发动机一般为四冲程发动机。其工作过程由两个阶段组成: 第一阶段, 工质被压缩, 燃烧, 膨胀; 第二阶段, 进行工质的交换。为简化数学推导, 本节不讨论第二阶段。第二阶段相关内容将在第三章中讨论。

首先区分两种不同的车用发动机:

① 点燃式发动机　通过电火花点火的方式实现工质的燃烧。

② 压燃式发动机　通过工质压缩产生的热量实现自燃, 完成燃烧。

在本书大部分章节中, p 为发动机气缸内部工质压力, V 为气缸容积, ϑ 为气缸内部工质温度, S 为熵, q、 u、 h 分别表示工质的热能、内能和焓。

2.2.1 点燃式发动机

1862 年, 尼古拉斯 · 奥托 (Nikolaus Otto) 发明了第一台点燃式发动机。其燃烧过程可看成等容过程, 在燃烧过程中工质的体积是定值。如图 2.10 所示的 pV 图, 工质的体积在步骤 2 和步骤 3 之间保持不变。工质的最大体积和最小体积的比值

$$\varepsilon = \frac{V_1}{V_2} \tag{2.69}$$

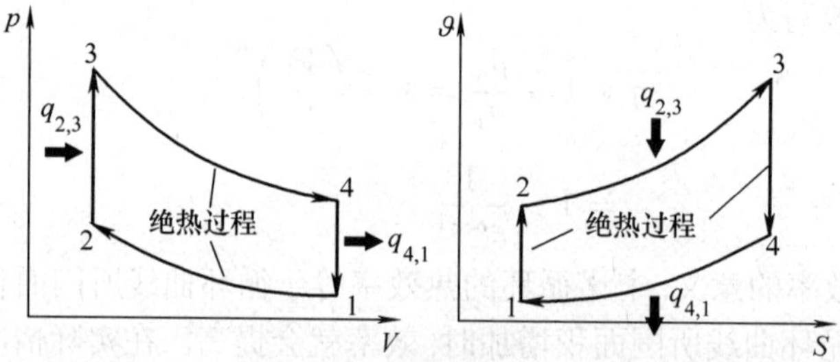

图 2.10　点燃式发动机工作循环的 pV 图及 ϑS 图

比值 ε 即为发动机的压缩比。点燃式发动机的工作循环如图 2.10 所示, 该循环可以描述如下:

① $1 \to 2$　绝热压缩过程, $\mathrm{d}q = 0$

$$\begin{aligned}
&\mathrm{d}q = \mathrm{d}u + \mathrm{d}w = 0\\
&q_{1,2} = 0\\
&\mathrm{d}w = -\mathrm{d}u = -mc_v\mathrm{d}\vartheta\\
&w_{1,2} = -\int_1^2 mc_v\mathrm{d}\vartheta = -mc_v\left(\vartheta_2 - \vartheta_1\right)
\end{aligned}$$

在此过程中, 由于压缩工质, 需要对系统输入功 $w_{1,2}$, 因此 $w_{1,2}$ 为负值。

② $2 \rightarrow 3$ 等容吸热过程, $\mathrm{d}V = 0$

$$
\begin{aligned}
&\mathrm{d}w = p\mathrm{d}V = 0 \\
&w_{2,3} = \int_2^3 p\mathrm{d}V = 0 \\
&\mathrm{d}q = \mathrm{d}u = mc_v \mathrm{d}\vartheta \\
&q_{2,3} = mc_v \int_2^3 \mathrm{d}\vartheta = mc_v\left(\vartheta_3 - \vartheta_2\right)
\end{aligned}
$$

由于工质的燃烧, 系统吸收热量 $q_{2,3}$。

③ $3 \rightarrow 4$ 绝热膨胀过程, $\mathrm{d}q = 0$

$$
\begin{aligned}
&q_{3,4} = 0 \\
&\mathrm{d}w = -\mathrm{d}u = -mc_v \mathrm{d}\vartheta \\
&w_{3,4} = -\int_3^4 mc_v \mathrm{d}\vartheta = -mc_v\left(\vartheta_4 - \vartheta_3\right)
\end{aligned}
$$

这就是发动机对外输出功的过程, $w_{3,4}$ 是工质对外界输出的动能, 其值为正 $(\vartheta_4 > \vartheta_3)$。

④ $4 \rightarrow 1$ 等容放热过程, $\mathrm{d}V = 0$

$$
\begin{aligned}
&\mathrm{d}w = p\mathrm{d}V = 0 \\
&w_{4,1} = \int_4^1 p\mathrm{d}V = 0 \\
&\mathrm{d}q = \mathrm{d}u + \mathrm{d}w = mc_v \mathrm{d}\vartheta \\
&q_{4,1} = mc_v \int_4^1 \mathrm{d}\vartheta = mc_v\left(\vartheta_1 - \vartheta_4\right)
\end{aligned}
$$

上式中, 热损失 $q_{4,1}$ 是由于工质的交换造成的。此时, 已燃混合气被排出气缸, 燃烧室中充满了低温、未燃的混合气 (因为 $\vartheta_1 < \vartheta_4$, 所以 $q_{4,1}$ 为负值)。

整个循环的热效率等于所有输出动能与燃烧过程吸收热能 $q_{2,3}$ 的比值:

$$
\begin{aligned}
\eta_{\mathrm{th}} &= \frac{w_{1,2} + w_{2,3} + w_{3,4} + w_{4,1}}{q_{2,3}} \\
&= \frac{mc_v(-\vartheta_2 + \vartheta_1 - \vartheta_4 + \vartheta_3)}{mc_v\left(\vartheta_3 - \vartheta_2\right)} \\
&= 1 - \frac{\vartheta_4 - \vartheta_1}{\vartheta_3 - \vartheta_2} \\
&= 1 - \frac{\vartheta_1}{\vartheta_2}\frac{\vartheta_4/\vartheta_1 - 1}{\vartheta_3/\vartheta_2 - 1}
\end{aligned}
$$

应用等熵过程 1→2 和 3→4 的关系式, 上式可简化为

$$\frac{\vartheta_4}{\vartheta_3}=\left(\frac{V_3}{V_4}\right)^{\kappa-1}=\frac{1}{\varepsilon^{\kappa-1}}=\frac{\vartheta_1}{\vartheta_2} \tag{2.70}$$

即

$$\eta_{\text{th}}=1-\frac{1}{\varepsilon^{\kappa-1}} \tag{2.71}$$

注意, 热效率 η_{th} 并不取决于绝对温度值, 而主要由压缩比 ε 决定。例如, 对于压缩比 $\varepsilon=11$ 及绝热系数 $\kappa=1.4$ 的循环, 其理论热效率

$$\eta_{\text{th}}=0.617$$

2.2.2 压燃式发动机

1893 年至 1897 年间, 鲁道夫 · 狄塞尔 (Rudolph Diesel) 设计了压燃式发动机。压燃式发动机的燃烧发生在活塞下行的过程中, 为等压过程。燃烧开始时, 通过燃油喷射对燃烧进行控制, 使得工质的压力在从状态 2 到状态 3 的过程中保持不变。图 2.11 给出了等压变化 2→3 的示意图。在该过程中, 喷射的燃油越多, 状态 2 到状态 3 之间的距离就越长, 体积比 ρ 也越大:

$$\rho=\frac{V_3}{V_2}=\frac{\vartheta_3}{\vartheta_2} \tag{2.72}$$

这个比值称为初始膨胀比。狄塞尔循环 (Diesel cycle) 具体过程如下所述, 通过分析狄塞尔循环的各个步骤, 可得到初始膨胀比 ρ 对热效率的影响。

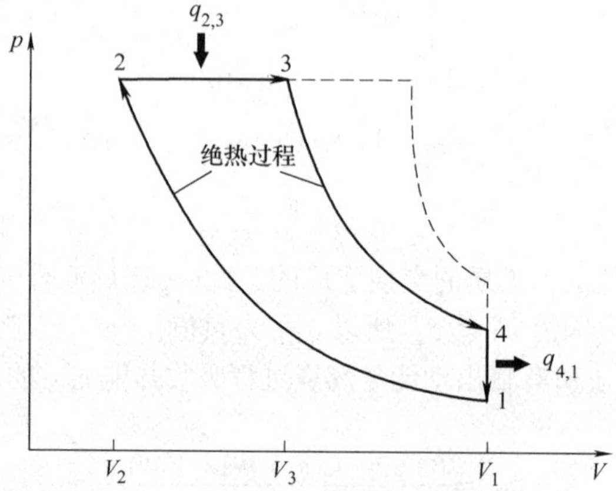

图 2.11　压燃式发动机工作循环的 pV 图

① $1\rightarrow 2$　绝热压缩过程, $\mathrm{d}q=0$

$$\begin{aligned}&\mathrm{d}q=\mathrm{d}u+\mathrm{d}w=0\\&q_{1,2}=0\\&\mathrm{d}w=-\mathrm{d}u=-mc_v\mathrm{d}\vartheta\\&w_{1,2}=-mc_v\left(\vartheta_2-\vartheta_1\right)\end{aligned}$$

与点燃式发动机类似, 该过程中, 由于压缩工质, 需要对系统输入功 $w_{1,2}$, 因此 $w_{1,2}$ 为负值。

② $2 \to 3$　等压吸热过程, $\mathrm{d}p = 0$

$$\begin{aligned} \mathrm{d}q &= \mathrm{d}h - V\mathrm{d}p = mc_p\mathrm{d}\vartheta \\ q_{2,3} &= mc_p\left(\vartheta_3 - \vartheta_2\right) \\ \mathrm{d}w &= p\mathrm{d}V = mR\mathrm{d}\vartheta \\ w_{2,3} &= mR\left(\vartheta_3 - \vartheta_2\right) \end{aligned}$$

在此过程中, 工质的燃烧产生热量 $q_{2,3}$, 并且产生动能 $w_{2,3}$。

③ $3 \to 4$　绝热膨胀过程, $\mathrm{d}q = 0$

$$\begin{aligned} q_{3,4} &= 0 \\ \mathrm{d}w &= -\mathrm{d}u = -mc_v\mathrm{d}\vartheta \\ w_{3,4} &= -mc_v\left(\vartheta_4 - \vartheta_3\right) \end{aligned}$$

由于 $\vartheta_4 < \vartheta_3$, $w_{3,4}$ 为正值。

④ $4 \to 1$　等容放热过程, $\mathrm{d}V = 0$

$$\begin{aligned} \mathrm{d}w &= p\mathrm{d}V = 0 \\ w_{4,1} &= \int_4^1 p\mathrm{d}V = 0 \\ \mathrm{d}q &= \mathrm{d}u + \mathrm{d}w = mc_v\mathrm{d}\vartheta \\ q_{4,1} &= mc_v\int_4^1 \mathrm{d}\vartheta = mc_v\left(\vartheta_1 - \vartheta_4\right) \end{aligned}$$

注意, 由于 $\vartheta_1 < \vartheta_4$, $q_{4,1}$ 为负值。

根据关系式 $\kappa = \dfrac{c_p}{c_v}$ 及 $R = c_p - c_v$, 可得压燃式发动机的热效率为

$$\begin{aligned} \eta_{\mathrm{th}} &= \frac{w_{1,2} + w_{2,3} + w_{3,4} + w_{4,1}}{q_{2,3}} \\ &= \frac{-mc_v(\vartheta_2 - \vartheta_1) + m\left(c_p - c_v\right)\left(\vartheta_3 - \vartheta_2\right) - mc_v(\vartheta_4 - \vartheta_3)}{mc_p\left(\vartheta_3 - \vartheta_2\right)} \\ &= 1 - \frac{1}{\kappa}\frac{\vartheta_1}{\vartheta_2}\frac{\vartheta_4/\vartheta_1 - 1}{\vartheta_3/\vartheta_2 - 1} \end{aligned}$$

再根据绝热过程和等压过程的关系式以及等容放热的关系式, 可简化热效率表达式为

$$\frac{\vartheta_4}{\vartheta_1} = \frac{p_4}{p_1} = \frac{p_4}{p_3}\frac{p_2}{p_1} = \frac{V_3^\kappa}{V_4^\kappa}\frac{V_1^\kappa}{V_2^\kappa}$$

式中: $p_2 = p_3$。因此

$$\frac{\vartheta_4}{\vartheta_1} = \left(\frac{\vartheta_4}{\vartheta_3}\right)^{\kappa/\kappa-1}\left(\frac{\vartheta_2}{\vartheta_1}\right)^{\kappa/\kappa-1} = \left(\frac{\vartheta_4}{\vartheta_1}\right)^{\kappa/\kappa-1}\left(\frac{\vartheta_2}{\vartheta_3}\right)^{\kappa/\kappa-1}$$

简化后可得 $\vartheta_4/\vartheta_1=(\vartheta_3/\vartheta_2)^\kappa=\rho^\kappa$, 则压燃式发动机的热效率为

$$\eta_{\text{th}}=1-\frac{1}{\varepsilon^{k-1}}\frac{1}{\kappa}\frac{\rho^{\kappa-1}}{\rho-1} \tag{2.73}$$

可见, 效率 η_{th} 随着初始膨胀比 ρ 的上升而下降。假设点燃式发动机与压燃式发动机具有相同的压缩比 ε, 则在高负荷条件下, 压燃式发动机的热效率小于点燃式发动机 (图 2.13)。为提高热效率, 压燃式发动机的压缩比要远高于点燃式发动机。

2.2.3 双燃烧循环

相比于先前所述的点燃式发动机及压燃式发动机循环, 采用双燃烧循环 (Seiliger cycle, 又称为混合加热循环) 的发动机性能要更加优良。如图 2.12 所示, 双燃烧循环的燃烧过程分为两个阶段: 第一阶段, 工质经过一等容过程被加热 ($2\rightarrow3$); 第二阶段, 工质进行等压膨胀 ($3\rightarrow3'$)。双燃烧循环有以下特征参数: 压缩比 $\varepsilon=V_1/V_2$, 初始膨胀比 $\rho=V_{3'}/V_3$, 以及压力升高比

$$\chi=\frac{p_3}{p_2} \tag{2.74}$$

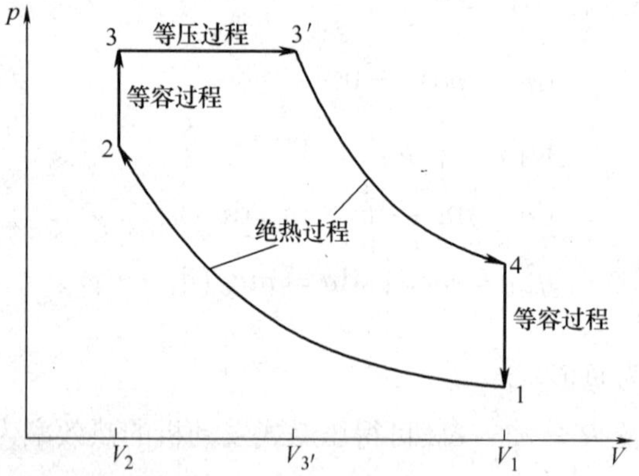

图 2.12 双燃烧循环的 pV 图

双燃烧循环可分为以下步骤:

① $1\rightarrow2$ 绝热压缩过程, $\mathrm{d}q=0$

$$\begin{aligned}
\mathrm{d}q&=\mathrm{d}u+\mathrm{d}w=0\\
q_{1,2}&=0\\
\mathrm{d}w&=-\mathrm{d}u=-mc_v\mathrm{d}\vartheta\\
w_{1,2}&=-mc_v\left(\vartheta_2-\vartheta_1\right)
\end{aligned}$$

② $2\rightarrow3$ 等容吸热过程, $\mathrm{d}V=0$

$$\begin{aligned}
\mathrm{d}w&=p\mathrm{d}V=0\\
w_{2,3}&=0\\
\mathrm{d}q&=\mathrm{d}u=mc_v\mathrm{d}\vartheta\\
q_{2,3}&=mc_v\left(\vartheta_3-\vartheta_2\right)
\end{aligned}$$

③ $3 \to 3'$ 等压吸热过程, $\mathrm{d}p = 0$

$$\begin{aligned} \mathrm{d}q &= \mathrm{d}h - V\mathrm{d}p = mc_p\mathrm{d}\vartheta \\ q_{3,3'} &= mc_p\left(\vartheta_{3'} - \vartheta_3\right) \\ \mathrm{d}w &= p\mathrm{d}V = mR\mathrm{d}\vartheta \\ w_{3,3'} &= mR\left(\vartheta_{3'} - \vartheta_3\right) \end{aligned}$$

④ $3' \to 4$ 绝热膨胀过程, $\mathrm{d}q = 0$

$$\begin{aligned} q_{3',4} &= 0 \\ \mathrm{d}w &= -\mathrm{d}u = -mc_v\mathrm{d}\vartheta \\ w_{3',4} &= -mc_v\left(\vartheta_4 - \vartheta_{3'}\right) \end{aligned}$$

⑤ $4 \to 1$ 等容放热过程, $\mathrm{d}V = 0$

$$\begin{aligned} \mathrm{d}w &= p\mathrm{d}V = 0 \\ w_{4,1} &= 0 \\ \mathrm{d}q &= \mathrm{d}u + \mathrm{d}w = mc_v\mathrm{d}\vartheta \\ q_{4,1} &= mc_v\left(\vartheta_1 - \vartheta_4\right) \end{aligned}$$

双燃烧循环的热效率可按下式计算:

$$\begin{aligned} \eta_{\mathrm{th}} &= \frac{w_{1,2} + w_{2,3} + w_{3,3'} + w_{3',4} + w_{4,1}}{q_{2,3}} \\ &= 1 - \frac{\vartheta_4/\vartheta_1 - 1}{\vartheta_3/\vartheta_1 - \vartheta_2/\vartheta_1 + \kappa\left(\vartheta_{3'}/\vartheta_1 - \vartheta_3/\vartheta_1\right)} \end{aligned}$$

双燃烧循环中的绝热过程满足下式:

$$\frac{\vartheta_2}{\vartheta_1} = \varepsilon^{\kappa-1}$$

即

$$\begin{aligned} \frac{\vartheta_4}{\vartheta_{3'}} &= \left(\frac{V_{3'}}{V_4}\right)^{\kappa-1} \\ &= \left(\frac{V_{3'}}{V_3}\frac{V_3}{V_4}\right)^{\kappa-1} = \left(\frac{V_{3'}}{V_3}\frac{V_2}{V_1}\right)^{\kappa-1} \\ &= \left(\frac{\rho}{\varepsilon}\right)^{\kappa-1} \end{aligned}$$

双燃烧循环中的等容过程满足下式:

$$\frac{\vartheta_3}{\vartheta_2} = \frac{p_3}{p_2} = \chi$$

等压过程的温度比可按下式计算:

$$\frac{\vartheta_{3'}}{\vartheta_3} = \frac{V_{3'}}{V_3} = \rho$$

综上, 各温度比的表达式如下:

$$\frac{\vartheta_3}{\vartheta_1}=\frac{\vartheta_3}{\vartheta_2}\frac{\vartheta_2}{\vartheta_1}=\chi\varepsilon^{\kappa-1}$$
$$\frac{\vartheta_{3'}}{\vartheta_1}=\frac{\vartheta_{3'}}{\vartheta_3}\frac{\vartheta_3}{\vartheta_1}=\rho\chi\varepsilon^{\kappa-1}$$
$$\frac{\vartheta_4}{\vartheta_1}=\frac{\vartheta_4}{\vartheta_{3'}}\frac{\vartheta_{3'}}{\vartheta_1}=\left(\frac{\rho}{\varepsilon}\right)^{\kappa-1}\rho\chi\varepsilon^{\kappa-1}=\chi\rho^{\kappa}$$

因此, 双燃烧循环的热效率也可以被简化为

$$\eta_{\mathrm{th}}=1-\frac{1}{\varepsilon^{\kappa-1}}\frac{\chi\rho^{\kappa}-1}{\chi-1+\kappa\chi(\rho-1)} \tag{2.75}$$

式中: 当 $\rho=1$ 时, 为点燃式发动机热效率的表达式;

当 $\chi=1$ 时, 为压燃式发动机热效率的表达式 (图 2.13)。

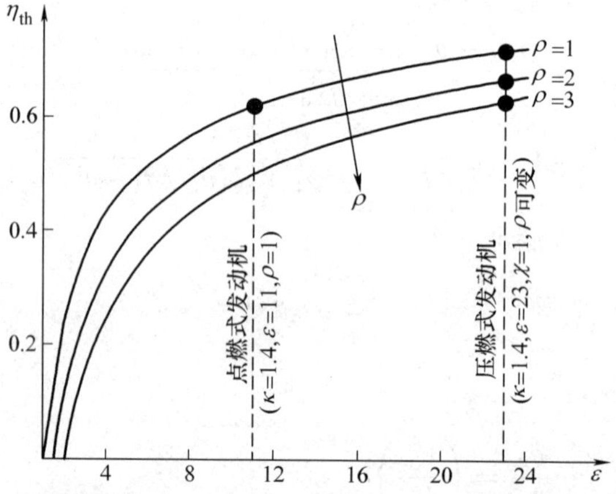

图 2.13　热效率 η_{th} 随压缩比 ε 与负荷 ρ 的变化曲线

2.2.4　不同发动机的比较

图 2.14 给出了燃烧过程中缸内压力与曲轴转角 α_{cs} 的关系。点燃式发动机的压缩比 ε 受到燃烧过程中最大允许压力 p_3 的限制。对于点燃式发动机, 其输出功率的变化可通过节气门开度 (即进气压力 p_1) 进行调节, 因此在部分负荷工况下, 最大缸内压力远低于该限值 (图 2.15)。同时, 较低的压缩比 ε 也有助于降低发动机的爆震概率, 以满足其对材料强度的需求。与点燃式发动机相反, 压燃式发动机的最高压力与最大允许压力 p_3 接近。由于压燃式发动机没有节气门, 其可以承受比点燃式发动机更高的压缩比 $\varepsilon=V_1/V_2$(图 2.16)。

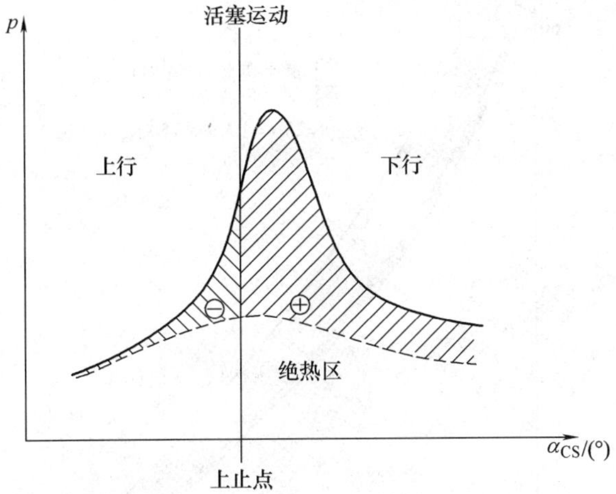

图 2.14　燃烧过程中缸内压力随曲轴转角变化曲线

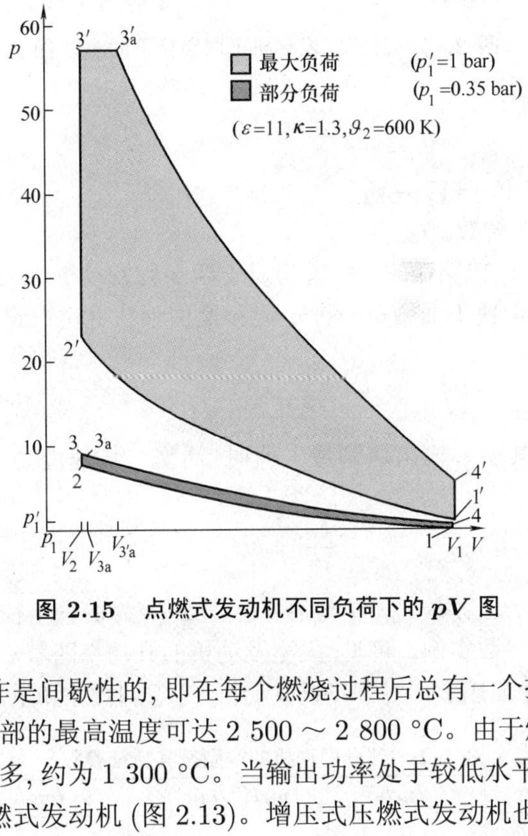

图 2.15　点燃式发动机不同负荷下的 pV 图

四冲程发动机的工作是间歇性的, 即在每个燃烧过程后总有一个换气过程。在四冲程发动机的燃烧过程中, 气缸内部的最高温度可达 2 500 ~ 2 800 °C。由于燃气轮机的燃烧过程是连续的, 其燃烧温度要低得多, 约为 1 300 °C。当输出功率处于较低水平或中等水平时, 压燃式发动机的热效率要高于点燃式发动机 (图 2.13)。增压式压燃式发动机也可以对进气压力 p_1 进行调节。为使燃烧温度不高于最大允许温度, 增压式压燃式发动机的压缩比 ε 比普通压燃式发动机低。发动机的有效输出功率取决于气缸的工作容积 V_d、每个作功行程的输出功 w_e 以及曲轴转速 n:

$$P_e = w_e V_d \frac{n}{2} \tag{2.76}$$

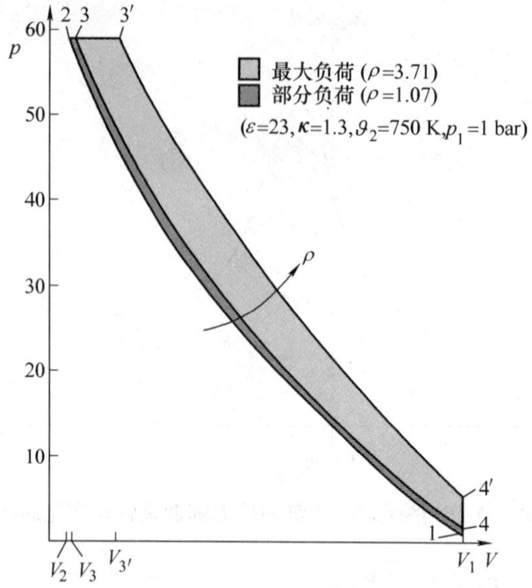

图 2.16　压燃式发动机不同负荷下的 pV 图

式中: P_e——发动机有效输出功率;

w_e——输出功;

V_d——工作容积, 即 $V_d = V_1 - V_2$;

n——曲轴每分钟的转数。

式 (2.76) 中的系数 “1/2” 不可省略, 因为对于四冲程发动机, 每两个循环才对外输出一次动力。活塞的平均速度 $\bar{\dot{s}}$ 取决于曲轴每分钟转数 n 及曲轴从上止点到下止点的最大行程 $2r$, 活塞平均速度的表达式如下:

$$\bar{\dot{s}} = 4nr \tag{2.77}$$

对于汽车发动机, 在其功率输出达到最大值时, 活塞平均速度为 $\bar{\dot{s}}$=15 m/s。式 (2.76) 可写成

$$\frac{P_e}{V_d} = w_e \frac{\bar{\dot{s}}}{8r} \tag{2.78}$$

从式 (2.78) 可以看出, 升功率 P_e/V_d 与活塞行程 $2r$(r 为曲轴半径) 成反比。表 2.1 给出了部分发动机类型及其特征参数实例。可见, 大型发动机的升功率随着 r 的上升而减少, 由于其热效率的关系, 大多被装备在船舶上。对于飞机发动机, 考虑到尺寸和重量, 燃气轮机更受重用。

表 2.1　部分发动机的类型及其特征参数

发动机类型	$\bar{\dot{s}}$/(m/s)	w_e/(J/cm^3)	$2r$/cm	P_e/V_d/(kW/dm^3)
轿车发动机	15	1.5	8	75
货车发动机	11	1.9	14	37
大型四冲程压燃式发动机	9	2.0	32	14
大型二冲程压燃式发动机	7	1.8	60	5

2.3 其他形式的动力装置

2.3.1 燃气轮机

燃气轮机的燃烧是一个连续过程。工质在进入燃烧室前被压缩。燃油被喷入燃烧室中进行燃烧, 使工质吸收热量从而发生膨胀, 膨胀过程中产生的功则用于推动燃气轮机的转轴。因此, 燃气轮机的有效动力输出等于燃气轮机的总动力减去消耗在压缩机上的动力。燃气轮机的工作循环是布雷敦循环 (Brayton cycle, 或称为 Joule process, 即焦耳过程), 如图 2.17 所示。布雷敦循环的具体过程如下。

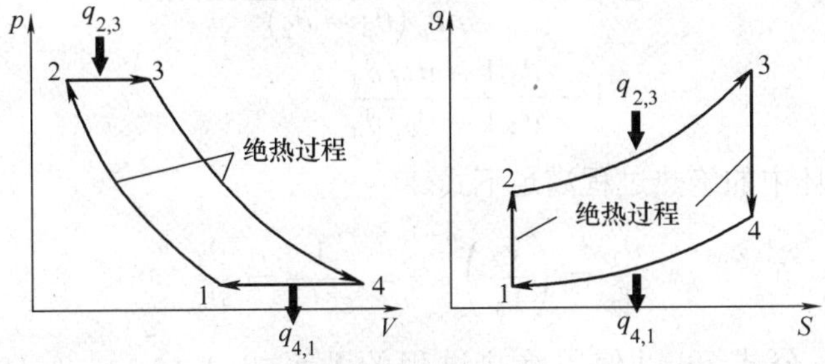

图 2.17 布雷敦循环的 pV 图及 ϑS 图

① 1→2 绝热压缩过程, $\mathrm{d}q = 0$

$$\begin{aligned} \mathrm{d}q &= \mathrm{d}u + \mathrm{d}w = 0 \\ q_{1,2} &= 0 \\ \mathrm{d}_w &= -\mathrm{d}h = -mc_p\mathrm{d}\vartheta \\ w_{1,2} &= -mc_p\left(\vartheta_2 - \vartheta_1\right) \end{aligned}$$

式中, 动能 $w_{1,2}$ 由压缩机提供。

② 2→3 等压吸热过程, $\mathrm{d}p = 0$

$$\begin{aligned} \mathrm{d}q &= \mathrm{d}h - V\mathrm{d}p = mc_p\mathrm{d}\vartheta \\ q_{2,3} &= mc_p\left(\vartheta_3 - \vartheta_2\right) \\ \mathrm{d}w &= p\mathrm{d}V = mR\mathrm{d}\vartheta \\ w_{2,3} &= mR\left(\vartheta_3 - \vartheta_2\right) \end{aligned}$$

③ 3→4 绝热膨胀过程, $\mathrm{d}q = 0$

$$\begin{aligned} q_{3,4} &= 0 \\ \mathrm{d}w &= -\mathrm{d}h = -mc_p\mathrm{d}\vartheta \\ w_{3,4} &= -mc_p\left(\vartheta_4 - \vartheta_3\right) \end{aligned}$$

④ 4→1 等压放热过程, $\mathrm{d}p=0$

$$\begin{aligned}\mathrm{d}q &= \mathrm{d}h - V\mathrm{d}p = mc_p\mathrm{d}\vartheta\\ q_{4,1} &= mc_p(\vartheta_1-\vartheta_4)\\ \mathrm{d}w &= mR\mathrm{d}\vartheta = 0\\ w_{4,1} &= mR(\vartheta_1-\vartheta_4)\end{aligned}$$

式中, 由于 $\vartheta_1<\vartheta_4$, 热量 $q_{4,1}$ 和功 $w_{4,1}$ 均为负值。

燃气轮机的热效率为

$$\begin{aligned}\eta_{\mathrm{th}} &= \frac{q_{2,3}+q_{4,1}}{q_{2,3}}\\ &= \frac{mc_p(\vartheta_3-\vartheta_2)+mc_p(\vartheta_1-\vartheta_4)}{mc_p(\vartheta_3-\vartheta_2)}\\ &= 1-\frac{\vartheta_4}{\vartheta_3}\frac{1-\vartheta_1/\vartheta_4}{1-\vartheta_2/\vartheta_3}\end{aligned}$$

燃气轮机工作循环中的绝热过程满足下式:

$$\frac{\vartheta_1}{\vartheta_2}=\left(\frac{V_2}{V_1}\right)^{\kappa-1}=\frac{1}{\varepsilon^{\kappa-1}}=\frac{\vartheta_4}{\vartheta_3}$$

为了简化热效率公式, 可以使用绝热过程的关系式 $\vartheta_1/\vartheta_4=\vartheta_2/\vartheta_3$, 以及初始膨胀比 $\rho=\vartheta_3/\vartheta_2$, 因此有

$$\eta_{\mathrm{th}}=1-\frac{1}{\rho}\frac{\vartheta_4}{\vartheta_2} \tag{2.79}$$

可见, 燃气轮机的热效率取决于温度比 ϑ_4/ϑ_2。如果将燃气轮机排气中的热量 $q_{4,4'}$ 回收, 利用这些热量在工质进入压缩机前对其进行加热, 则燃气轮机的热效率可以更高。图 2.18 给出了带有余热回收利用的焦耳循环的 ϑS 图。假设 $\vartheta_2=\vartheta_{4'}$, $\vartheta_{2'}=\vartheta_4$, 则每个工作循环所需要的能量即可减少为

$$q_{2',3}=mc_p(\vartheta_3-\vartheta_{2'})=mc_p(\vartheta_3-\vartheta_4) \tag{2.80}$$

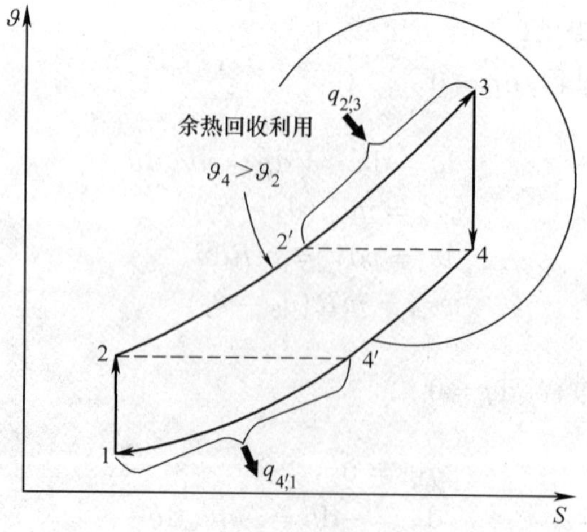

图 2.18 带有余热回收利用过程的焦耳循环的 ϑS 图

此外, 每个循环的热损失也会减少:

$$q_{4',1} = mc_p(\vartheta_1 - \vartheta_{4'}) = mc_p(\vartheta_1 - \vartheta_2) \tag{2.81}$$

对于带有余热回收利用的布雷敦循环, 热效率表达式 (式 2.79) 可改写为

$$\begin{aligned}\eta_{\text{th}} &= \frac{q_{2',3} + q_{4',1}}{q_{2',3}} \\ &= 1 - \frac{\vartheta_2}{\vartheta_3}\frac{1 - \vartheta_1/\vartheta_2}{1 - \vartheta_4/\vartheta_3}\end{aligned}$$

代入各温度值之间的关系, 最后得出有余热回收利用过程的燃气轮机热效率表达式为

$$\eta_{\text{th}} = 1 - \frac{1}{\rho} \tag{2.82}$$

可见, 对于有余热回收利用过程的燃气轮机, 其热效率取决于初始膨胀比 $\rho = \vartheta_3/\vartheta_2$, 初始膨胀比越高, 其热效率就越高。燃气轮机工作过程中的最高温度 ϑ_3 受到燃气轮机制造材料的限制。对于负荷极小的工况, 由于余热回收利用不起作用, 因此式 (2.82) 不再适用。燃气轮机的主要优点如下:

① 体积比四冲程活塞式发动机更小, 且质量更小: 其比质量 (即单位输出功率的质量) 为 0.3~0.5 kg/kW, 而四冲程活塞式发动机的比质量则为 1.0 ~ 1.5 kg/kW。

② 即便转速很低, 也可以对外输出较大的转矩。

③ 燃烧过程可以采用多种燃料。

④ 环境温度较低时也可以顺利完成起动。

⑤ 由于燃气轮机的连续燃烧过程及其旋转运动方式, 其工作过程中的振动较小。

⑥ 燃气轮机的污染物排放较少, ECE 测试结果是: 每一个测试循环中, CO=20 g, HC=0.8 g, $NO_x = 2 \sim 3$ g。

然而, 燃气轮机也有以下缺点:

① 当负荷较低时其热效率也较低。

② 瞬态工况下动态特性较差。

由于燃气轮机质量较小, 因此经常被用于飞机上。若提升最大允许温度, 可以进一步提高燃气轮机的热效率。为了承受更高的温度, 燃气轮机的材料通常采用陶瓷 (如 Al_2O_3) 或碳化硅薄片。表 2.2 给出了两种材料的燃气轮机的各点温度参数。

表 2.2 金属及陶瓷燃气轮机的各部分温度值 °C

测点位置	金属燃气轮机	陶瓷燃气轮机
压缩机入口	230	250
换热器出口 (空气侧)	700	950
燃烧室出口	1 000~ 1 100	1 250~ 1 350
换热器入口 (燃气侧)	750	1 000
换热器出口 (燃气侧)	270	300

2.3.2 斯特林发动机

斯特林发动机是一种采用连续热量供给方式的活塞式发动机, 它由罗伯特 · 斯特林 (Robert Stirling) 于 1816 年发明。理论上, 斯特林发动机的工作循环的热效率很高, 足可以与卡诺循环相比。 1938 年, Philips Corporation 对斯特林发动机进行了重新设计, 最近又有其他公司对其进行了优化设计。然而, 斯特林发动机依然存在机械上的问题。图 2.19 所示为斯特林发动机机械结构示意图, 它由三个主要部分组成。

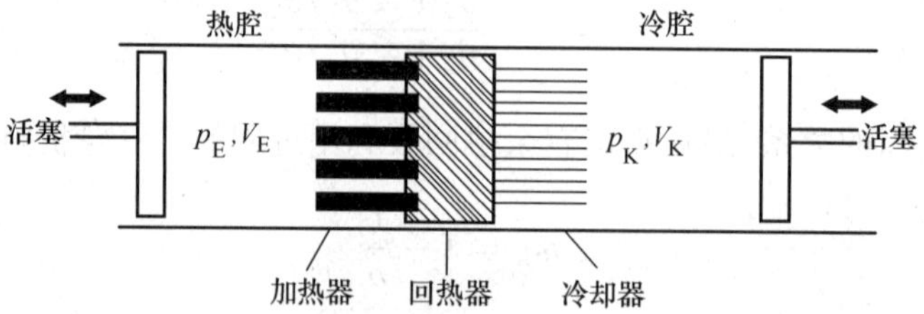

图 2.19　斯特林发动机机械结构示意图

图中, 加热器 (H)——通过外界对工质进行加热;

回热器 (R)——用于储存热量;

冷却器 (C)——通过外界对工质进行冷却。

加热器、回热器和冷却器位于中间, 位于左右两端的活塞通过机械结构相连。如图 2.20 和图 2.21 所示, 斯特林发动机的工作循环由以下步骤组成。

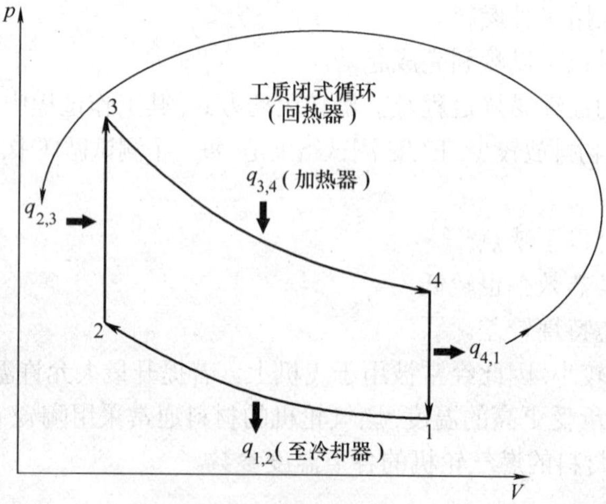

图 2.20　斯特林循环的 pV 图

① 1→2　等温压缩过程, $\vartheta_1 = \vartheta_2$。

活塞向左移动, 压缩工质, 同时工质中的热量被冷却器吸收。

$$w_{1,2} = mR\vartheta_1 \ln \frac{V_2}{V_1}$$

$$q_{1,2} = w_{1,2}$$

该过程中放出的热量 $q_{1,2}$ 等于对热力系统输入的功 $w_{1,2}$。

② 2→3 等容吸热过程, $V_2 = V_3$。

两个活塞同时向左移动, 工质通过回热器被加热, 工质的温度和压力均上升。

$$q_{2,3} = mc_v(\vartheta_3 - \vartheta_2)$$

③ 3→4 等温膨胀过程, $\vartheta_3 = \vartheta_4$。

加热器提供热量使工质膨胀, 同时活塞向右移动。

$$w_{3,4} = mR\vartheta_3 \ln \frac{V_4}{V_3}$$

$$q_{3,4} = w_{3,4}$$

功 $w_{3,4}$ 等于热能 $q_{3,4}$。

④ 4→1 等容放热过程, $V_4 = V_1$。

由于两个活塞同时向右移动, 热量被存入回热器中。工质的温度和压力下降到较低水平。

$$q_{4,1} = mc_v(\vartheta_1 - \vartheta_4)$$

根据等温过程的关系式 $\vartheta_1 = \vartheta_2$、$\vartheta_3 = \vartheta_4$ 以及等容过程的关系式 $V_2 = V_3$、$V_4 = V_1$, 斯特林发动机的热效率可写为

$$\eta_{\text{th}} = \frac{q_{1,2} + q_{3,4}}{q_{3,4}} = 1 - \frac{\vartheta_1}{\vartheta_3} \tag{2.83}$$

可见, 其效率仅取决于温度比 ϑ_1/ϑ_3。例如, 对于温度比为 80 °C/600 °C 工作循环, 其热效率为

$$\eta_{\text{th}} = 0.87 \tag{2.84}$$

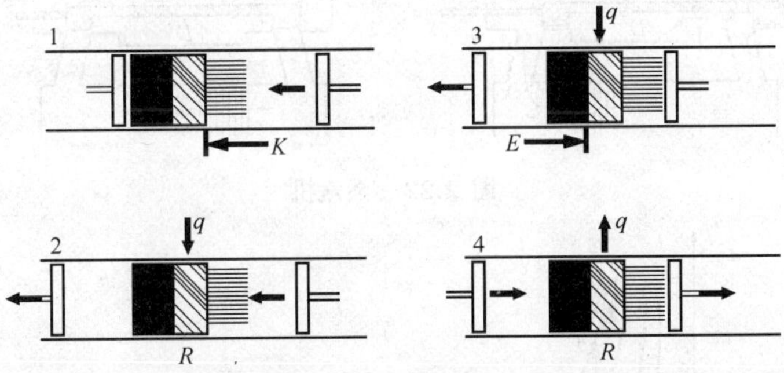

图 2.21 斯特林发动机的四个工作步骤

该热效率值接近于卡诺循环的热效率。斯特林发动机的主要优点有:

① 发动机和热源是相互独立的。与采用石油燃料的发动机不同, 斯特林发动机可以采用多种热源, 包括太阳能。

② 理论热效率高。

③ 工作噪声小。

④ 污染物排放少。ECE 测试结果: 在每个测试循环中, CO = 4 ~ 6 g, HC = 0.5 ~ 2 g, NO_x = 0.6 ~ 2.0 g。

而另一方面, 斯特林发动机也有缺点:

① 造价昂贵。

② 回热器中热量的储存和传导难以兼顾。

③ 需要热阻材料。

④ 为了提升效率, 需要采用一个换热器作为冷却器, 这会使发动机的体积和成本有所上升。

实验中, 采用最低温度 40~80 °C、最高温度 600~650 °C 的斯特林发动机, 其有效热效率为

$$\eta_{\text{eff}} = 0.35 \sim 0.40 \tag{2.85}$$

该值远比理论热效率小。

2.3.3 蒸汽机

在所有采用连续燃烧方式的发动机中, 由詹姆斯 · 瓦特 (James Watt) 改良的蒸汽机的历史最为悠久。蒸汽从锅炉中被传递到汽缸, 蒸汽膨胀推动活塞运动, 连杆将活塞的往复运动转化成曲轴的旋转运动。图 2.22 和图 2.23 给出了蒸汽机的工作步骤。

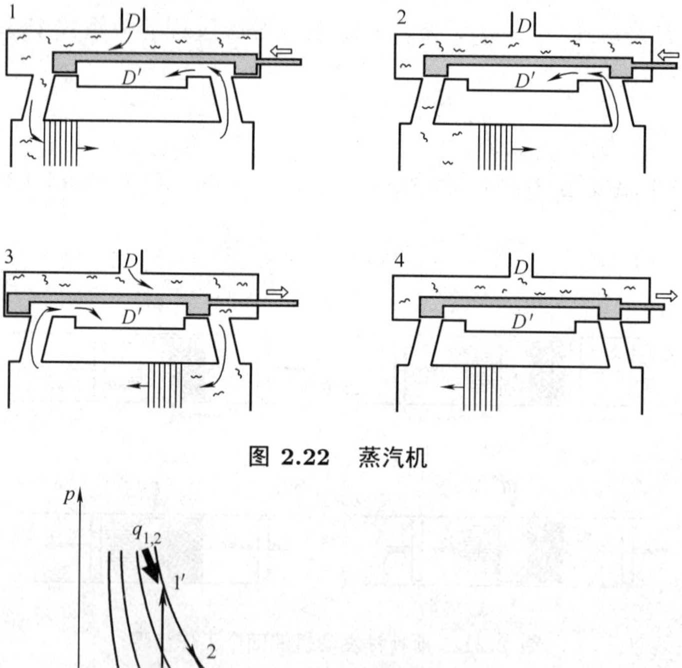

图 2.22　蒸汽机

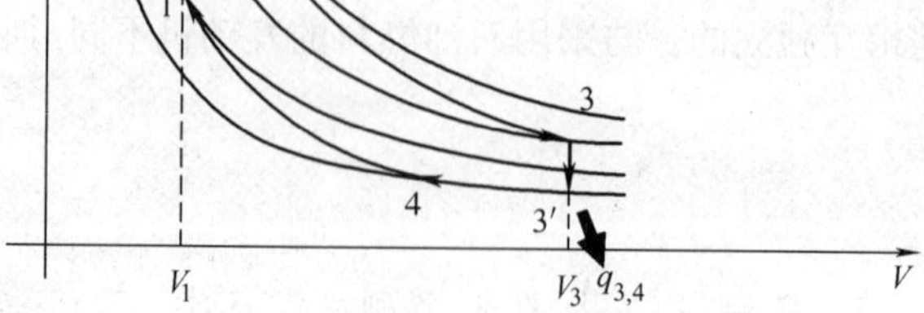

图 2.23　蒸汽机工作循环的 *pV* 图

蒸汽机的工作循环可分为以下步骤。

① $1 \rightarrow 2$　等容压缩过程，之后为等温膨胀过程。

这个过程可被分为两个部分：首先，高温蒸汽通过开启的阀门进入汽缸，此过程为等容过程 $(V_{1'} = V_1)$；接着，蒸汽在等温状态下膨胀，$\vartheta_{1'} = \vartheta_2$。

$$\begin{aligned}
&w_{1,1'} = 0 \\
&q_{1,1'} = mc_v\left(\vartheta_{1'} - \vartheta_1\right) = mc_v\left(\vartheta_2 - \vartheta_1\right) \\
&w_{1',2} = mR\vartheta_{1'}\ln\frac{V_2}{V_{1'}} = mR\vartheta_2\ln\frac{V_2}{V_1} \\
&q_{1',2} = w_{1',2}
\end{aligned}$$

② $2 \rightarrow 3$　绝热膨胀过程。

在阀门关闭后，蒸汽持续膨胀，直至达到最大体积。

$$\begin{aligned}
&q_{2,3} = 0 \\
&w_{2,3} = mc_v\left(\vartheta_2 - \vartheta_3\right)
\end{aligned}$$

③ $3 \rightarrow 4$　等容放热过程及等温压缩过程。

这个过程可被分为两个步骤：在阀门再次打开后，蒸汽的压力下降，而体积则保持不变，$V_3 = V_{3'}$；然后，蒸汽被等温压缩，$\vartheta_{3'} = \vartheta_4$。

$$\begin{aligned}
&w_{3,3'} = 0 \\
&q_{3,3'} = mc_v\left(\vartheta_{3'} - \vartheta_3\right) = mc_v\left(\vartheta_4 - \vartheta_3\right) \\
&w_{3',4} = mR\vartheta_{3'}\ln\frac{V_4}{V_{3'}} = mR\vartheta_4\ln\frac{V_4}{V_3} \\
&q_{3',4} = w_{3',4}
\end{aligned}$$

④ $4 \rightarrow 1$　绝热压缩过程，即在阀门关闭后，蒸汽再次被压缩。

$$\begin{aligned}
&q_{4,1} = 0 \\
&w_{4,1} = mc_v\left(\vartheta_4 - \vartheta_1\right)
\end{aligned}$$

式中：功 $w_{4,1}$ 为负值。

蒸汽机的热效率表达式为：

$$\begin{aligned}
\eta_{\text{th}} &= \frac{w_{1',2} + w_{2,3} + w_{3',4} + w_{4,1}}{q_{1,1'} + q_{1',2}} \\
&= 1 - \frac{\vartheta_3 - \vartheta_4 + (\kappa - 1)\,\vartheta_4\ln\left(V_3/V_4\right)}{\vartheta_2 - \vartheta_1 + (\kappa - 1)\,\vartheta_2\ln\left(V_2/V_1\right)}
\end{aligned}$$

将压缩比 $\varepsilon = V_3/V_1$，部分压缩比 $\rho = V_2/V_1 = V_3/V_4$，以及压力升高比 $\chi = p_{1'}/p_1$ 代入，可得：

$$\eta_{\text{th}} = 1 - \frac{1}{\varepsilon^{\kappa-1}}\frac{\rho^{\kappa-1}(\kappa - 1)(1 + \ln\rho)}{(\chi - 1) + (\kappa - 1)\ln\rho} \tag{2.86}$$

当 $\rho = 2$，$\chi = 10$ 时

$$\eta_{\text{th}} = 1 - \frac{1.005}{\varepsilon^{\kappa-1}} \tag{2.87}$$

当 $\kappa=1.4$, $\varepsilon=3$ 时, 可求得 $\eta_{\mathrm{th}}=0.31$。

蒸汽机的优点如下:

① 蒸汽机可以使用多种燃料。

② 燃烧过程连续, 污染物排放较少。

③ 低转速下输出转矩较高。

蒸汽机的缺点:

① 重量较大。

② 热效率低。

③ 在蒸汽机起动前锅炉中的水必须被加热。

2.3.4 不同二次能源和动力系统的潜力

如表 2.3 所示*, 对于一定能量, 不同存储介质的体积和质量差距很大。普通**铅酸电池**的重量过大, 其他电池虽然重量轻, 但是仍无法与普通燃料相提并论。此外, 在电池充电与放电的过程中也有能量损失, 使其总体效率有所下降。由于尺寸空间限制, 电池驱动的汽车一般用于特殊场合及短途行驶。相对而言, 混合动力汽车的研究有着广阔的前景。混合动力汽车通常采用一台内燃机及一台电动机作为动力系统, 采用电动机来优化发动机及传动系的某些欠优工况, 从而降低污染物排放。在部分负荷工况下, 内燃机还可为电池充电, 因此电池的重量和体积可显著下降。**氢气**的体积过于庞大, 不适合作为车载储能装置。它需要储存在低温 (20 K) 或高温高压条件下, 而氢气的密封问题也始终难以解决。此外, 氢元素还可以以金属氢化物的形式储存。由于氢气的燃烧温度较高, 氮氧化物 (NO_x) 的排放也是一个问题。

表 2.3 不同能量存储介质的体积及重量对比 (每 1 000 kWh)

能量形式	体积 V/l	存储介质质量 m_1/kg	存储容器质量 m_2/kg	总质量 (m_1+m_2)/kg
汽油	117	83	21	104
柴油	102	85	17	102
甲醇	224	180	41	221
液化石油气	153	78	90	168
甲烷	259	72	500	572
氢 (液态)	426	30	142	172
金属氢化物	200	30	970	1 000
锂电池	5 000	0	10 000	10 000

燃料电池可在较低的温度下直接输出电能。对于使用氢气和氧气作为介质的燃料电池, 其热效率可达 70%。然而, 氢气的存储仍然是个难点: 若从天然气或甲醇中制取氢气, 整个动力系统的效率会有很大下降。燃料电池面临的主要问题还有, 需要针对不同的发动机工况需求制取相应量的氢气。为此, 可基于状态空间方法对燃料转化的过程进行建模, 从而实时估计转化过程中所需氢气的质量, 并以此作为状态空间控制器设计的基础。因此, 燃料电池作为发动机的替代物, 其前景相当广阔。图 2.24 给出了采用不同动力装置的汽车行驶 100 km 所需的能量。

*译者注: 原表中, "汽油" 误为 "fuel"。

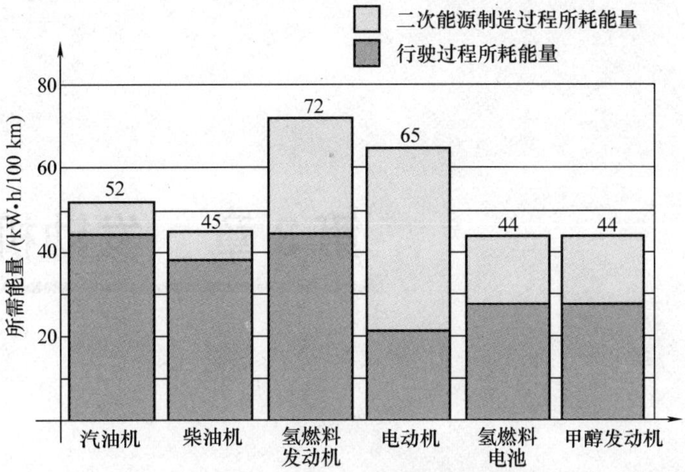

图 2.24 不同车用动力装置的能量消耗对比

第 3 章 发动机管理系统

3.1 发动机基本工作过程

3.1.1 有效功

四冲程发动机的工作过程可以分为两个阶段: 第一阶段, 即发动机的第一冲程和第二冲程, 工质被压缩, 燃烧及膨胀; 第二阶段, 即发动机的第三冲程和第四冲程, 已燃工质被排放到排气管中, 而新鲜工质从进气歧管被吸入气缸。图 3.1 给出了这两个阶段的示意图, 每个阶段对应的曲轴转角均为 360°。点燃式发动机和压燃式发动机的控制是不同的: 对于压燃式发动机, 燃油被直接喷入燃烧室中, 每冲程的喷油量与发动机的转矩成比例。因此, 若发动机转速一定, 空气的总量基本保持不变。对于点燃式发动机, 空气和燃油的质量都是可控的。燃油在进入进气歧管后, 与空气混合形成均匀的混合气, 然后吸入气缸。燃烧循环所作功可通过在 pV 图上积分求得。将其与气缸的工作容积 V_d 联立, 即可求得指示功如下:

$$w_\mathrm{i}=\frac{1}{V_\mathrm{d}}\sum_{j=1}^{CYL}\oint(p_j\left(V_j\right)-p_0)\,dV_j \tag{3.1}$$

式中: $V_\mathrm{d}=CYL(V_1-V_2)$——所有气缸的总工作容积;

CYL——气缸数;

w_i——比指示功（归一化后）。

通过测量整个工作循环中的缸内压力, 即可求得 w_i 的值。$\bar{p}=10$ bar 的平均压力即对应 1 J/cm^3 的比指示功。指示转矩（又称为燃烧扭矩）可按下列运动方程求解。

活塞离上止点的距离为

$$s\left(\alpha_\mathrm{CS}\right)=l(1-\cos\beta)+r(1-\cos\alpha_\mathrm{CS})$$

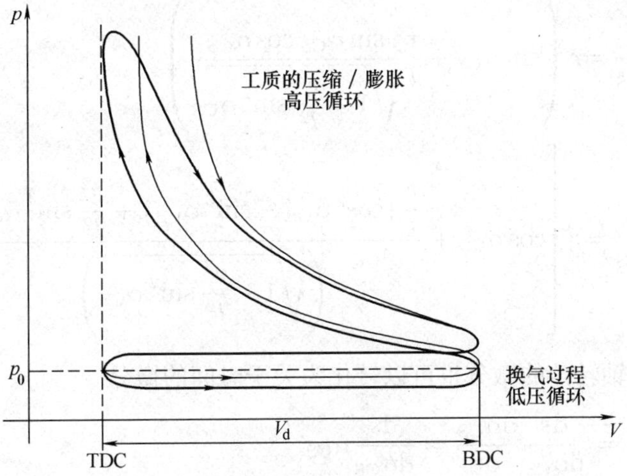

图 3.1 发动机工作循环的 pV 图

由图 3.2 可得

$$\begin{aligned} l\sin\beta &= r\sin\alpha_{CS}, \\ \cos\beta &= \sqrt{1-\frac{r^2}{l^2}\sin^2\alpha_{CS}} \end{aligned} \tag{3.2}$$

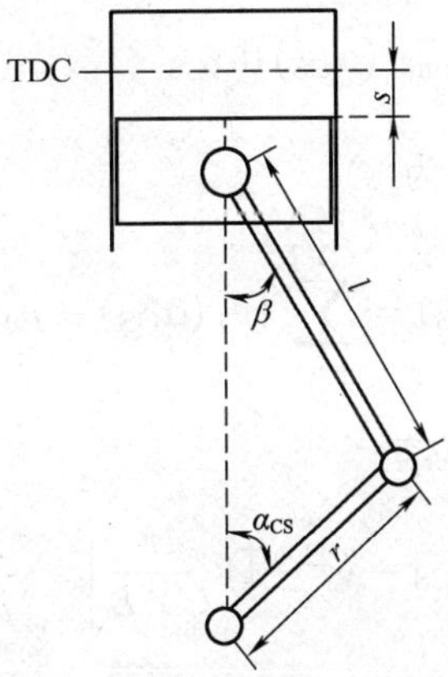

图 3.2 活塞与曲轴运动示意图

s—活塞行程;r—曲轴半径;α_{CS}—曲轴转角;l—连杆长度

则活塞行程可写为

$$s(\alpha_{CS}) = r\left[1-\cos\alpha_{CS}+\frac{1}{r}\left(1-\sqrt{1-\frac{r^2}{l^2}\sin^2\alpha_{CS}}\right)\right] \tag{3.3}$$

在上止点, $\alpha_{CS}=0$, $s(\alpha_{CS})=0$; 在下止点, $\alpha_{CS}=\pi$, $s(\alpha_{CS})=2r$。活塞行程的一阶和二阶微分分别为

$$\begin{aligned}\frac{\mathrm{d}s}{\mathrm{d}\alpha_{\mathrm{CS}}} &= r\left(\sin\alpha_{\mathrm{CS}} + \frac{r}{l}\frac{\sin\alpha_{\mathrm{CS}}\cos\alpha_{\mathrm{CS}}}{\sqrt{1-\frac{r^2}{l^2}\sin^2\alpha_{\mathrm{CS}}}}\right)\\ \frac{\mathrm{d}^2s}{\mathrm{d}\alpha_{\mathrm{CS}}^2} &= r\left[\cos\alpha_{\mathrm{CS}} + \frac{\frac{r}{l}\left(\cos^2\alpha_{\mathrm{CS}}-\sin^2\alpha_{\mathrm{CS}}\right)+\frac{r^2}{l^2}\sin^4\alpha_{CS}}{\left(\sqrt{1-\frac{r^2}{l^2}\sin^2\alpha_{\mathrm{CS}}}\right)^3}\right]\end{aligned} \tag{3.4}$$

活塞行程关于曲轴转角的微分也可以转化为关于时间的微分:

$$\begin{aligned}\dot{s} &= \frac{\mathrm{d}s}{\mathrm{d}t} = \frac{\mathrm{d}s}{\mathrm{d}\alpha_{\mathrm{CS}}}\frac{\mathrm{d}\alpha_{\mathrm{CS}}}{\mathrm{d}t} = \frac{\mathrm{d}s}{\mathrm{d}\alpha_{\mathrm{CS}}}\dot{\alpha}_{\mathrm{CS}}\\ \ddot{s} &= \frac{\mathrm{d}^2s}{\mathrm{d}t^2} = \frac{\mathrm{d}}{\mathrm{d}t}\left(\frac{\mathrm{d}s}{\mathrm{d}\alpha_{\mathrm{CS}}}\frac{\mathrm{d}\alpha_{\mathrm{CS}}}{\mathrm{d}t}\right) = \frac{\mathrm{d}}{\mathrm{d}t}\left(\frac{\mathrm{d}s}{\mathrm{d}\alpha_{\mathrm{CS}}}\right)\frac{\mathrm{d}\alpha_{\mathrm{CS}}}{\mathrm{d}t} + \frac{\mathrm{d}s}{\mathrm{d}\alpha_{\mathrm{CS}}}\frac{\mathrm{d}^2\alpha_{\mathrm{CS}}}{\mathrm{d}t^2}\\ &= \frac{\mathrm{d}^2s}{\mathrm{d}\alpha_{\mathrm{CS}}^2}\dot{\alpha}_{\mathrm{CS}}^2 + \frac{\mathrm{d}s}{\mathrm{d}\alpha_{\mathrm{CS}}}\ddot{\alpha}_{\mathrm{CS}}\end{aligned} \tag{3.5}$$

则比指示功即可写为

$$\begin{aligned}w_{\mathrm{i}} &= \frac{1}{V_{\mathrm{d}}}\oint\sum_{j=1}^{CYL}\left(p_j\left(\alpha_{\mathrm{CS}}\right)-p_0\right)A_p\frac{\mathrm{d}s_j\left(\alpha_{\mathrm{CS}}\right)}{\mathrm{d}\alpha_{\mathrm{CS}}}\mathrm{d}\alpha_{\mathrm{CS}}\\ &= \frac{1}{V_{\mathrm{d}}}\oint T_{\mathrm{comb}}\left(\alpha_{\mathrm{CS}}\right)\mathrm{d}\alpha_{\mathrm{CS}}\end{aligned} \tag{3.6}$$

因此, 传递到曲轴上的指示转矩为

$$T_{\mathrm{comb}}\left(\alpha_{\mathrm{CS}}\right) = \sum_{j=1}^{CYL}\left(p_j\left(\alpha_{\mathrm{CS}}\right)-p_0\right)A_p\frac{\mathrm{d}s_j}{\mathrm{d}\alpha_{\mathrm{CS}}} \tag{3.7}$$

各气缸的活塞行程之间存在相位差

$$s_j\left(\alpha_{\mathrm{CS}}\right) = s\left[\alpha_{\mathrm{CS}}-(j-1)\frac{4\pi}{CYL}\right],\quad j=1,\ldots,CYL \tag{3.8}$$

平均指示转矩为

$$\bar{T}_{\mathrm{comb}} = \frac{1}{4\pi}\oint T_{\mathrm{comb}}\left(\alpha_{\mathrm{CS}}\right)\mathrm{d}\alpha_{\mathrm{CS}} = \frac{P_{\mathrm{i}}}{\dot{\alpha}_{\mathrm{CS}}} \tag{3.9}$$

式中: P_{i}——平均指示功率。

对于发动机稳态工况点, 指示功 $w_{\mathrm{i}}V_{\mathrm{d}}$ 为

$$w_{\mathrm{i}}V_{\mathrm{d}} = 4\pi\bar{T}_{\mathrm{comb}} = 4\pi\frac{P_{\mathrm{i}}}{\dot{\alpha}_{\mathrm{CS}}} = \frac{4\pi P_{\mathrm{i}}}{2\pi n} = \frac{2P_{\mathrm{i}}}{n}$$

归一化后的功为

$$w_{\mathrm{i}} = \frac{2P_{\mathrm{i}}}{V_{\mathrm{d}}n} \tag{3.10}$$

式中,$n = \dot{\alpha}_{\mathrm{CS}}/(2\pi)$ 为发动机转速。在实际工作中,发动机单位体积的有效功 w_e 要远低于指示功 w_i（图 3.3)。当每个工作循环进入气缸的燃油量一定时,发动机的有效热效率为

$$\eta_\mathrm{e} = \frac{P_\mathrm{e}}{\dot{m}_\mathrm{f} H_\mathrm{f}} = \frac{w_\mathrm{e} V_\mathrm{d} n}{2 m_\mathrm{f} n H_\mathrm{f}} \frac{2}{CYL} = \frac{w_\mathrm{e}}{m_\mathrm{f} H_\mathrm{f}} \frac{V_\mathrm{d}}{CYL} \tag{3.11}$$

式中:P_e——有效功率;

w_e——比有效功,J/cm^3;

m_f——每缸的燃油质量,kg;

$\dot{m}_\mathrm{f}$——燃油流量,kg/s;

H_f——燃料的比燃烧焓,J/kg;

V_d——气缸总工作容积,dm^3;

V_d/CYL——单个气缸的工作容积。

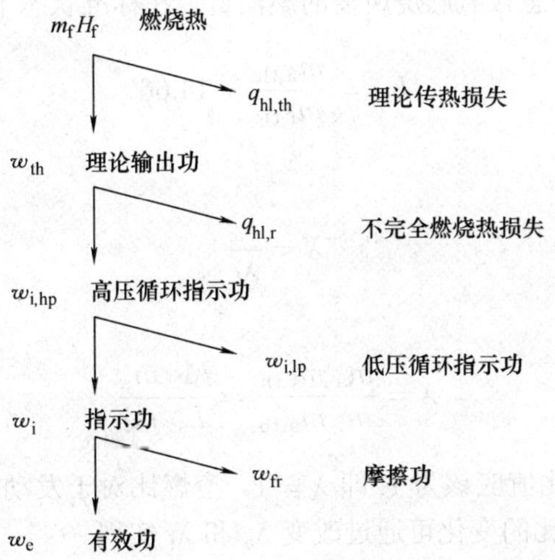

图 3.3 发动机的有效功与工质燃烧产生的能量对比

若不考虑摩擦损失,发动机的指示热效率为

$$\eta_\mathrm{i} = \frac{w_\mathrm{i}}{2 m_\mathrm{f} H_\mathrm{f}} \frac{V_\mathrm{d}}{CYL} \tag{3.12}$$

表 3.1 给出了几种典型发动机的指示效率值（对应于指示功 w_i)。

表 3.1 相对于燃料热值 (100%),指示功 w_i、理论传热损失 $q_{\mathrm{hl,th}}$ 和实际传热损失 $q_{\mathrm{hl,r}}$ 所占的百分比

发动机类型	点燃式发动机	压燃式发动机	大型压燃式发动机
w_i	33%～35%	40%～43%	45% ～48%
$q_{\mathrm{hl,th}}$	23%～28%	22%～25%	12%～14%
$q_{\mathrm{hl,r}}$	37%～44%	35%～40%	26%～33%

3.1.2 空燃比

空燃比对于内燃机燃烧过程非常重要。影响每个循环进入气缸空气量的主要因素包括节气门的节流作用、进气歧管的扰动阻力及共振、已燃工质的回流等。在标准状态下（大气压力 $p_0 = 1.013$ bar, 空气密度 $\rho_0 = 1.29\ \mathrm{kg/m^3}$），与气缸工作容积 V_d 对应的理论空气量表达式为 $m_\mathrm{a,th} = \rho_0 V_\mathrm{d}$。实际空气量与理论空气量的比值即为充气系数 (relative air supply):

$$\lambda_\mathrm{a} = \frac{m_\mathrm{a}}{m_\mathrm{a,th}} \tag{3.13}$$

相应的, 实际燃油量和理论燃油量的比值即为供油系数 (relative fuel supply):

$$\lambda_\mathrm{f} = \frac{m_\mathrm{f}}{m_\mathrm{f,th}} \tag{3.14}$$

理论燃油量 $m_\mathrm{f,th}$ 是理想含氧燃烧所需的燃油量。在标准状态下, 汽油的化学计量比为

$$L_\mathrm{st} = \frac{m_\mathrm{a,th}}{m_\mathrm{f,th}} = 14.66 \tag{3.15}$$

空燃比*的定义为

$$\lambda = \frac{\lambda_\mathrm{a}}{\lambda_\mathrm{f}} \tag{3.16}$$

上式也可以写成

$$\lambda = \frac{m_\mathrm{a}}{m_\mathrm{f}} \frac{m_\mathrm{f,th}}{m_\mathrm{a,th}} = \frac{1}{L_\mathrm{st}} \frac{m_\mathrm{a}}{m_\mathrm{f}} \tag{3.17}$$

式中: 对于理想燃烧, 这个比值应该为 1, 即 $\lambda = 1$。空燃比对于发动机的有效功 w_e 和有效热效率 η_e 有重要的影响。空燃比的变化可通过改变 λ_a 和 λ_f 实现。

1. 给定 λ_a, 改变 λ_f

典型应用是以化学计量空燃比工作的点燃式发动机。驾驶员的操作决定了充气系数 λ_a 的大小。

① 稀混合气 ($\lambda > 1$)　喷入气缸的燃油量少于化学计量燃烧所需的燃油量（λ_f 减小）。由于高压循环指示功 $w_\mathrm{i,hp}$ 减小, 有效功 w_e 下降。当 $1 < \lambda < 1.1$ 时, 热效率 η_e 有所增加, 但同时导致最高燃烧温度的上升, 使得氮氧化物 NO_x 的排放增加。如果 λ 进一步增加,η_e 就会下降, 这是因为对于给定的低压循环指示功 $w_\mathrm{i,lp}$, 高压循环指示功 $w_\mathrm{i,hp}$ 比原先有所下降。

② 浓混合气 ($\lambda < 1$)　喷入气缸的燃油量大于化学计量燃烧所需的燃油量（λ_f 增大）。较多的燃油导致了高压循环指示功 $w_\mathrm{i,hp}$ 和有效功 w_e 的增大。当 $\lambda < 0.9$ 时, 燃油的不完全燃烧使得碳氢化合物 HC 的排放上升, 同时有效功 w_e 下降。在 $\lambda < 1$ 的情况下, 热效率 η_e 总是呈下降趋势。

---

*译者注: 本书中的“空燃比”即“相对空燃比”, 对应于国内技术资料中的“过量空气系数 ϕ_a ”, 后文中若无特殊说明,“空燃比”均表示过量空气系数。

2. 给定 λ_f, 改变 λ_a

压燃式发动机以及处于部分负荷工况的点燃式发动机的工作符合这种情况。供油系数 λ_f 由驾驶员操作决定。

① 稀混合气 ($\lambda > 1$) 进入气缸的空气量大于化学计量燃烧所需的空气量（λ_a 增大）。因此, 高压循环指示功 $w_{i,hp}$ 增大, 同时低压循环指示功 $w_{i,lp}$ 保持不变。有效功 w_e 和热效率均上升。注意, 稀混合气不易着火。在点燃式发动机中, 在火花塞点火和混合气完全着火之间, 存在着火延迟期。

火花塞点火时, 必须避免发动机发生失火。例如采用燃油分层喷射, 提高火花塞附近的燃油浓度。这使点燃式发动机的工作接近于压燃式发动机, 两者分别由火花塞点火或者高压缩比引起自燃来触发燃烧。发动机只能在最大进气量（最大 λ_a）范围内工作。在稀混合气条件下, 与发动机排量相对应的最大功率是无法达到的。

② 浓混合气 ($\lambda < 1$) 进入气缸的空气量小于化学计量燃烧所需的空气量（λ_a 减小）。这使得热效率 η_e 和有效功 w_e 均有所下降。燃油的不完全燃烧使得碳氢化合物 HC 的排放上升, 此外高压循环指示功 $w_{i,hp}$ 下降。

图 3.4 给出了在燃油喷射控制及点火提前角均为最佳时, 有效功和有效热效率关于 λ 的变化趋势。

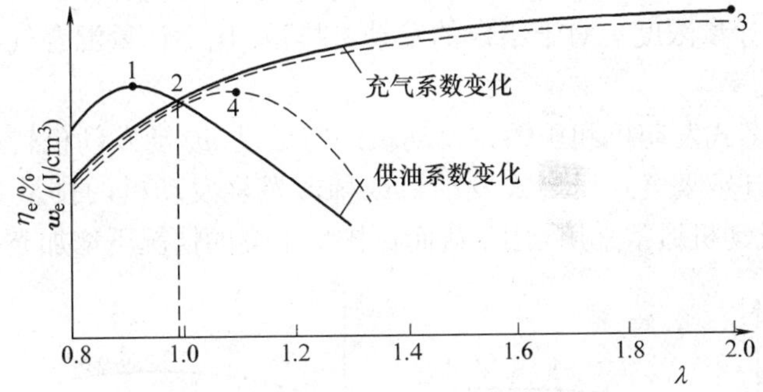

图 3.4 有效功 w_e 与热效率 η_e 随充气系数 λ_a 和供油系数 λ_f 的变化曲线

1—最大输出功时点燃式发动机特性; 2—化学计量空燃比时点燃式发动机特性;
3—柴油机及稀燃发动机特性; 4—稀燃点燃式发动机特性

发动机还可以通过废气再循环, 增加充气系数 λ_a。只要燃烧所需的空气供给充足, 废气再循环就可以增大发动机的空燃比。废气再循环还可通过降低最高燃烧温度, 减少 NO_x 的排放。

3.1.3 发动机类型

1. 点燃式发动机

点燃式发动机的工作取决于充气系数 λ_a。其进气量由节气门控制, 通过改变进气量达到改变充气系数的目的。同时, 发动机管理系统对供油系数 λ_f 进行控制, 使得发动机的空燃比总是保持在期望值附近。此外, 发动机的空燃比还受到火花塞点火能力的限制。传统的点燃式发动机一般采用近似均匀混合气 ($0.9 < \lambda < 1.3$)。稀薄燃烧发动机与压燃式发动机一样, 采用稀混合气。通过在火花塞周围分层喷射燃油, 可以保证混合气的充分燃烧。

2. 压燃式发动机

压燃式发动机的工作取决于供油系数 λ_f。压燃式发动机没有节气门, 其充气系数始终处于较高水平。因此, 压燃式发动机的空燃比 λ 的变化范围很大。即使混合气极稀, 由于燃烧室内的燃油分布不均匀, 混合气也能完成燃烧, 不均匀混合气燃烧火焰为黄色。为避免产生炭烟, 压燃式发动机的平均空燃比不能低于 1.3。由于发动机的有效功 w_e 基本取决于喷油量, 当转速达到最大时, 必须减小燃油供给量; 否则, 功率会随着转速的增加不断上升, 最终导致发动机的损坏。压燃式发动机的喷油过程分为几个阶段: 首先, 喷入少量的燃油, 使得燃烧过程平顺; 第二次喷油使得最高燃烧温度降低, 以减少 NO_x 的排放, 并且降低燃烧噪声; 燃烧过程终了时的喷油用于加热排气管和排气后处理系统（如颗粒物过滤器）。当压燃式发动机采用较高的废气再循环率时, 其有害排放物很少 [28]。

3. 稀薄燃烧发动机

稀薄燃烧发动机综合了压燃式发动机和点燃式发动机的优点。当发动机工作在部分负荷时, 混合气非常稀。通过合理设定喷油压力、喷雾锥角和进气湍流, 可以使得火花塞附近高浓度燃油实现分层分布。其燃烧过程与压燃式发动机相同（混合气不均匀, 黄色火焰）。稀薄燃烧发动机的喷油可分为两个阶段。首先, 喷入燃油总量的 1/4, 在燃烧室中形成较稀的均匀混合气, 降低发动机爆震的概率。接着, 喷入其余 3/4 的燃油, 形成燃油分层。在浓混合气燃烧之后, 稀混合气继续燃烧, 呈现出蓝色火焰, 同时降低污染物排放。在高负荷工况下, 发动机的混合气浓度就从极稀变为化学计量浓度。对于给定的发动机排量, 化学计量混合气可以使得更多的燃油充分燃烧, 增加输出功率。

图 3.5 给出了点燃式发动机和压燃式发动机的有效功 w_e 随发动机转速的变化趋势。假设最大输出功率相同, 自然吸气式压燃式发动机或稀薄燃烧发动机的排量要比点燃式发动机大 60%。因此, 压燃式发动机通常采用增压, 从而在排量不变的情况下增加充气系数 λ_a。

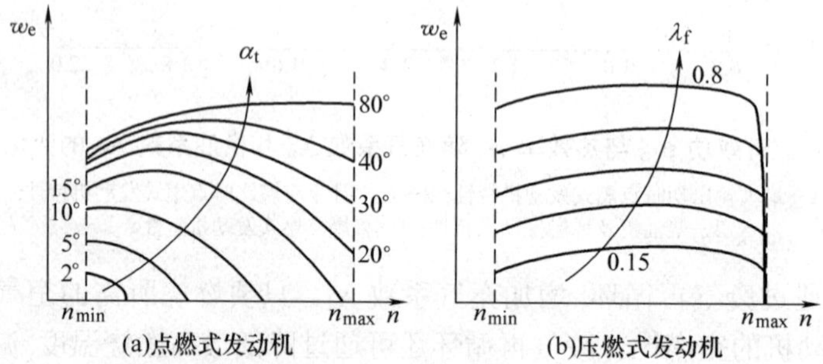

图 3.5 点燃式发动机和压燃式发动机的有效功与发动机转速的关系

3.1.4 混合气着火

根据气体分子运动论的描述, 气体是具有一定速度分布的分子集合, 其速度分布与温度相关。若气体分子的动能大于其活化能 E, 不同气体分子之间的碰撞会引起链式反应。分子有效碰撞的相对量 A 可以根据阿伦尼乌斯 (Arrhenius) 定理求得:

$$A = e^{-E/R\vartheta} \tag{3.18}$$

自由基（非饱和分子）的活化能较低。分子的聚集或者温度的提升都会使分子碰撞的概率增加。化学反应的发生需要一个较高的温度。在链式反应过程中会产生更多的自由基，这些自由基随后又消亡。在适当的条件下，火花塞点火就足以在火花塞周围触发燃烧。此时，空燃比必须在某个范围内 ($0.9 < \lambda < 1.3$)，且混合气的压力（或其温度）必须在一段时间内高于某个限值。若忽略热传导，混合气的压缩过程为绝热过程。图 3.6 给出了在不同条件下，混合气温度和压力随时间的变化对着火的影响。

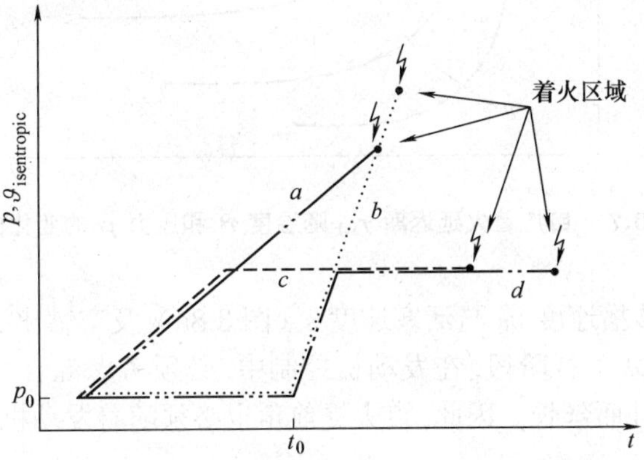

图 3.6　绝热温度 $\vartheta_{\text{isentropic}}$ 和压力的变化曲线

① 在曲线 a 中，混合气的压力和温度迅速上升。在曲线 b 中，仅当混合气的压力高于曲线 a 的压力时，混合气才发生着火。同时，温度和压力的上升延迟，直至时刻 t_0。

② 在曲线 c 中，温度和压力迅速上升，但之后保持在一个较低水平，着火发生在一段较长的时间之后。在曲线 d 中，温度和压力的上升延迟，直至时刻 t_0。

由此可见，混合气的着火取决于其压力或温度随时间的变化趋势。自燃着火时刻要晚于 c，例如燃烧室中火花塞的位置等。 Woschni[130] 给出了自燃着火延迟期的经验公式，自燃着火延迟期仅取决于平均温度 ϑ（单位为 K）和平均压力 p，没有其他因素的影响。

$$\tau_{\text{id}} = 0.44\text{e}^{4\ 650\ \text{K}/\vartheta}\left(\frac{p}{p_0}\right)^{-1.19} \tag{3.19}$$

图 3.7 给出了自燃着火延迟期 τ_{id} 随温度 ϑ 和压力 p 的变化趋势。在高温高压条件下，自燃着火延迟期 τ_{id} 减小，因此，增压式压燃式发动机的喷油提前角比自然吸气式压燃式发动机的喷油提前角推迟 10°（曲轴转角）左右。

3.1.5 火焰传播

火焰传播速度 v_{fl} 取决于如下两个因素:

① **燃烧速度**　燃烧在混合气中以一定的速度传播，例如传播速度为 1 m/s。

② **混合气的传播速度**　活塞的上行会在燃烧室内形成湍流，在这个过程中混合气也会形成涡流。混合气的传播速度与活塞速度 $\dot{s}$ 成正比，而活塞速度 $\dot{s}$ 又正比于发动机转速 n。当发动机转速较低时，通过布置螺旋气道组织进气湍流，增加混合气传播速度，从而使燃烧速度加快。

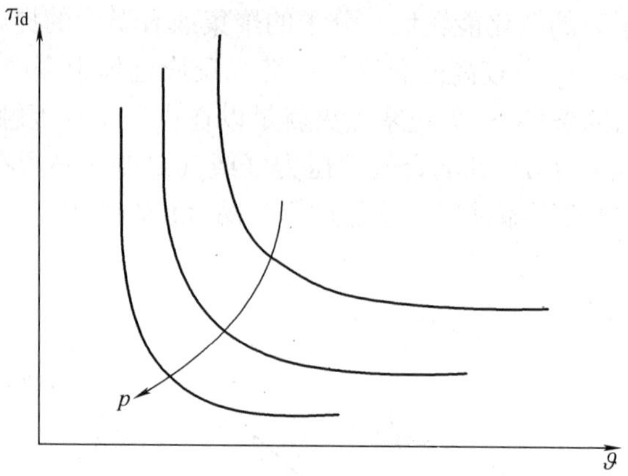

图 3.7　自燃着火延迟期 τ_{id} 随温度 ϑ 和压力 p 的变化曲线

图 3.8 给出了火焰传播速度 v_{fl} 与活塞速度 $\dot{s}$（图 3.8a）及空燃比 λ（图 3.8b）的关系。为了使燃烧过程发生在活塞下行阶段, 在发动机控制中, 必须考虑混合气的自燃着火延迟期 τ_{id}。着火延迟期随转速的上升而延长。因此, 点火提前角也必须随着发动机转速的升高而增大。

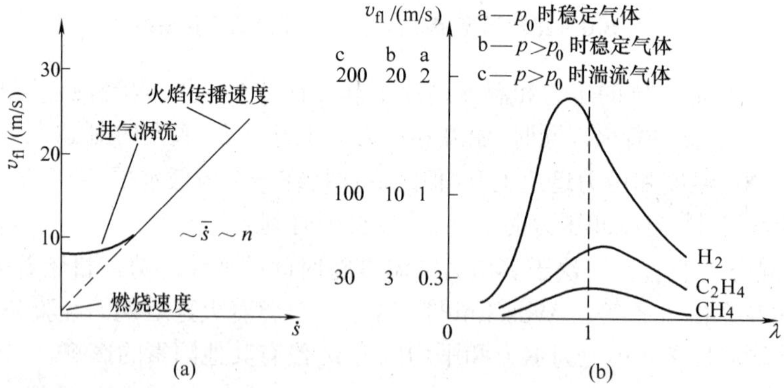

图 3.8　火焰传播速度与活塞速度和空燃比的关系

然而, 燃烧过程对应的曲轴转角是保持恒定的。这是因为火焰传播速度大多数情况下由混合气的传播速度决定, 所以燃烧过程对应的曲轴转角与发动机转速无关。当发动机转速上升时, 火焰传播速度也上升, 燃烧过程加速, 然而其对应的曲轴转角却始终不变。

3.1.6　能量转化

图 3.9 给出了缸内压力与曲轴转角的关系, 此外还可以得到缸内压力与时间的关系, 图中 360° 曲轴转角代表一个高压循环*。

在该循环中, 工质的压缩可视为绝热过程。在曲轴转角为 α_i 时, 火花塞点火, 经过延迟期 τ_{id} 后, 缸内压力上升。每个循环的最高压力都是变化的。如前部分所述, 着火延迟期 τ_{id} 取决于温度、压力、空燃比以及自燃时间（见前文所述）, 此外还与燃油种类有关。图 3.10 给出了不

*译者注: 原图中横坐标刻度误为 −120° 和 120°。

同燃料的着火延迟期与温度的关系曲线。石油供应商会根据天气情况（夏季、冬季）调节燃料成分。

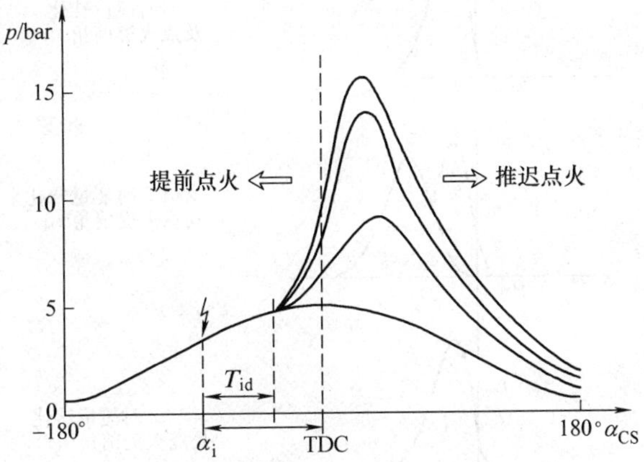

图 3.9 缸内压力与曲轴转角的关系

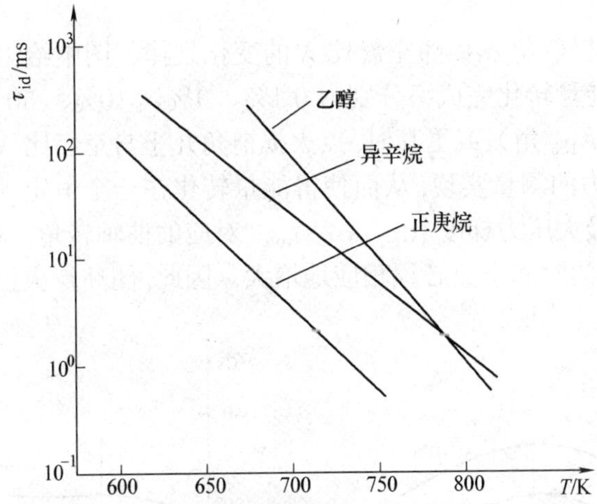

图 3.10 不同燃料的着火延迟期随温度的变化

活塞上行引起的湍流对着火延迟期 τ_{id} 没有影响。要获得一个正确的点火提前角，就必须考虑着火延迟期。着火延迟期可以转化为曲轴转角的形式，与发动机转速成正比。然而，转速的增加会使缸内的湍流加剧，从而加快混合气的传播，因此转速对于能量转化的开始位置没有影响。

图 3.11 给出了不同空燃比条件下，由燃烧引起的能量转化示意图。热量关于转角的微分 $dQ/d\alpha_{CS}$（梯度）被转化成燃烧能 Q_{comb} 的形式，因此相对能量转化曲线的形状是相同的。

如图 3.11 所示，若空燃比增加（增加到 $\lambda = 1.2$），着火延迟期 τ_{id} 也会延长。若点火提前角 α_{i1} 不变，能量转化就会滞后。因此，必须增大点火提前角到 α_{i2}，用于补偿着火延迟期的延长，则能量转化曲线就会恢复至初始状态。此处必须指出，高空燃比也会增加着火延迟期 τ_{id} 的变化。

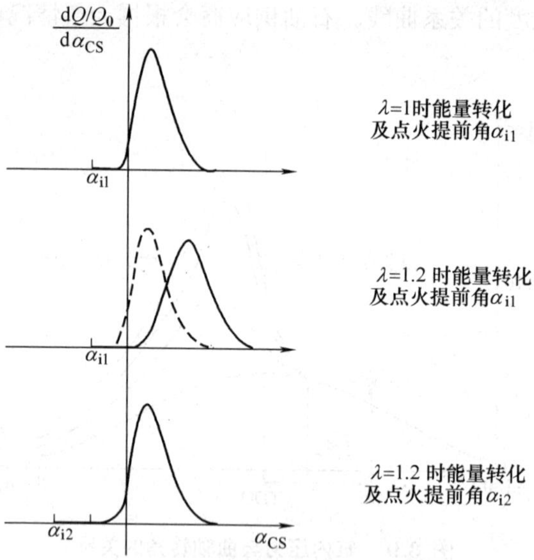

图 3.11 能量转化随空燃比的变化

图 3.12 给出了点火提前角 α_{CS} 随空燃比 λ 的变化规律。图中给出了点火提前角与能量转化完成率之间的关系（能量转化完成率分别为 0.1%、1%、10%、50%、90%）。能量转化完成率为 1%（对应图中 $\alpha_{Q1\%}$ 角）或更高时, 点火提前角几乎与空燃比 λ 无关。点火提前角的闭环控制可以通过缸内压力的测量实现, 从而使得能量转化在一个恒定的位置发生, 如图 3.13 所示。控制变量可以选择最大压力梯度 $(\mathrm{d}p/\mathrm{d}\alpha_{CS})_{max}$ 对应的曲轴转角。在连续循环中, 着火延迟期会有改变, 因此控制器的时间常数必须相应地增大。因此, 闭环点火控制对于发动机的动态响应过慢。

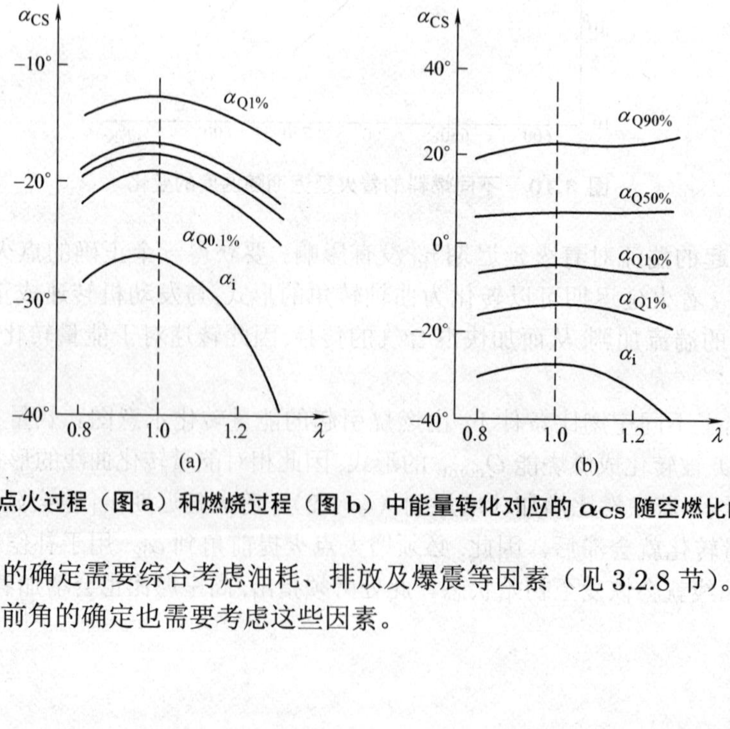

图 3.12 点火过程（图 a）和燃烧过程（图 b）中能量转化对应的 α_{CS} 随空燃比的变化关系

点火提前角的确定需要综合考虑油耗、排放及爆震等因素（见 3.2.8 节）。同样的, 压燃式发动机的喷油提前角的确定也需要考虑这些因素。

3.2 发动机控制

3.2.1 内燃机排放

混合气的形成由进气歧管中或通过缸内喷射实现。若时间充足, 混合气可以在气缸内均匀分布, 一般空燃比的范围为 $0.9 < \lambda < 1.3$。当 $\lambda > 1.3$ 时, 极稀的分层混合气必须集中分布在燃烧室的某个区域。

点燃式发动机通过火花塞点火引燃混合气, 而压燃式发动机的燃烧则通过混合气的自燃实现。如前所述, 混合气的着火存在延迟期。

① 均匀混合气、化学计量空燃比　燃烧火焰颜色为蓝色, 燃烧过程几乎不产生炭烟（炭颗粒)。

② 极稀混合气、分层燃烧　火焰颜色为黄色, 有炭烟产生。

③ 混合气在燃烧室某一点开始燃烧。

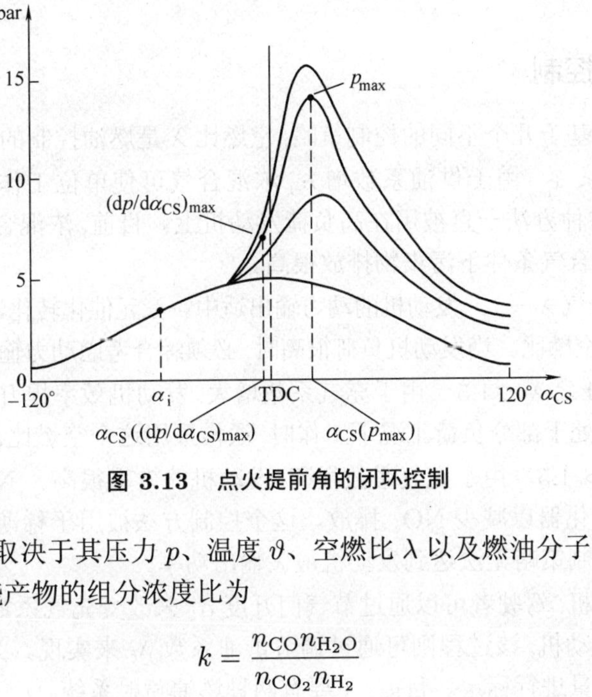

图 3.13　点火提前角的闭环控制

混合气的着火过程取决于其压力 p、温度 ϑ、空燃比 λ 以及燃油分子的活化能 E。对于空燃比 $\lambda < 1$ 的情况, 燃烧产物的组分浓度比为

$$k = \frac{n_{CO} n_{H_2O}}{n_{CO_2} n_{H_2}} \tag{3.20}$$

这个比值与温度有关, 一般当 $\vartheta = 1\ 850$ K 时, $k = 3.6$。

污染物的排放, 如 CO、 HC、 NO_x, 与空燃比密切相关, 如图 3.14 所示。空燃比 λ 与污染物排放的关系描述如下:

① $\lambda < 1$　碳氢化合物 HC 及一氧化碳 CO 排放上升。

② $\lambda = 1$　化学计量燃烧, 经过三元催化转化器后, 污染物排放很少。

③ $\lambda \approx 1.1$　该空燃比下, 最高燃烧温度达到最大值, 氮氧化物 NO_x 排放最大。

④ $\lambda > 1.1$　燃烧温度降低, NO_x 排放减少, 由于存在失火, HC 排放上升。

⑤ $\lambda > 1.5$ 稀混合气, 排放很低, 此外需要催化转化器对 NO_x 进行转化以减少其排放。采用氧传感器可以测量排气中的氧含量, 从而在 $\lambda \geqslant 1$ 条件下确定空燃比。

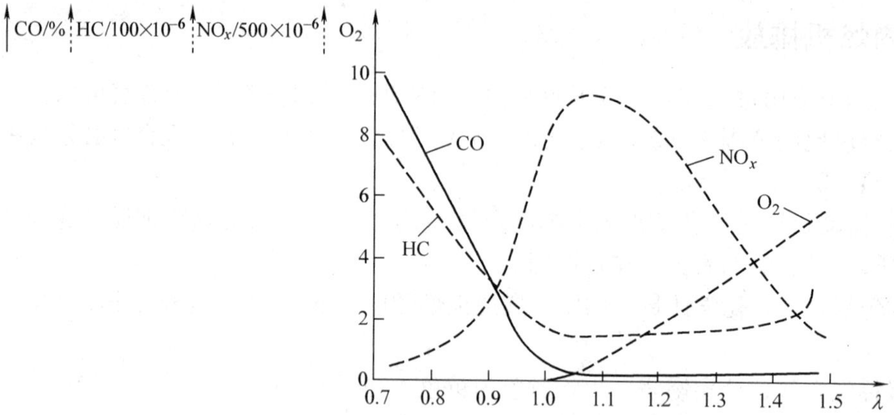

图 3.14 点燃式发动机的排放与空燃比的关系

3.2.2 燃油供给控制

发动机燃油控制基于几个不同的控制策略, 空燃比 λ 是燃油控制的一个重要变量。

① 浓混合气 $\lambda < 1$ 由于供油系数增大, 浓混合气可使单位工作容积的输出功率达到最大。 1970 年之前, 这种方法一直被用在高负荷发动机上。目前, 浓混合气只有在发动机冷机起动时才会使用。浓混合气条件下污染物排放很高。

② 化学计量混合气 $\lambda = 1$ 发动机的动力输出适中。三元催化转化器的正常工作要求发动机空燃比处于化学计量空燃比。当发动机负荷很高时, 必须综合考虑动力输出和排放的影响。

③ 较稀混合气 $1 < \lambda < 1.5$ 由于充气系数增大, 发动机效率提升, 但 NO_x 的排放较高。1980 年前, 当发动机处于部分负荷工况下工作时, 通常采用这个空燃比。

④ 稀混合气 $\lambda > 1.5$ 由于充气系数很高, 发动机的效率很高。 NO_x 排放依然很高, 因此需要相应设置催化转化器以减少 NO_x 排放。这个控制方法被用于稀薄燃烧发动机及压燃式发动机中。采用这种控制策略无法达到发动机最大输出功率。

对于点燃式发动机, 驾驶者可以通过节气门开度 α_t 来改变充气系数 λ_a, 以获得理想的输出转矩。对于压燃式发动机, 该过程则可通过调节供油系数 λ_f 来实现。为获得理想的空燃比, 燃油控制系统会对喷油量进行标定。目前, 主要有两种燃油喷射系统。

① 进气歧管喷射 燃油被喷到每个气缸进气道前的进气管内。每个气缸至少有一个进气门。当发动机怠速时, 由于流入气缸的空气流速较低, 燃油蒸发不完全, 因此会产生各种问题。此外, 每个进气管内的空气流动分布会改变。由于喷油电磁阀以时间为控制参数, 怠速时的喷油量会变得不精确——不同的电磁阀上升和下降时刻所导致的误差, 对短时间内的燃油喷射量有很大影响。进气歧管喷射的优点是可以在气缸内形成均匀的混合气分布, 这些混合气燃烧时呈蓝色火焰。此外, 若采用进气歧管喷射, 进气管的设计局限很少, 且可以在不影响燃油喷射系统的前提下, 对配气机构进行优化。此外, 当发动机转速较低时, 进气管内还可以产生声共振, 这

可以在没有涡轮增压的条件下增加充气系数 λ_α 和有效功 w_e。燃油的蒸发使进气门温度降低,混合气温度的降低使得爆震的概率减小, 并且可以使发动机有更高的压缩比, 从而获得更高的效率。每个气缸的喷油时刻之间存在一定相位差。为了避免炭烟的产生, 喷油必须在进气门开启前终止。如果需要限制发动机转速和车速, 每个气缸的喷油和燃油供给都可单独切断; 当汽车滑行或者多缸发动机灭缸时, 也可以切断燃油供给。

② 缸内喷射 燃油被直接喷入气缸。在化学计量空燃比下, 由于燃油蒸发带来的冷却效果, 发动机压缩比可以更高, 达到 12 ~ 13。若混合气较稀, 燃烧室的某一区域形成足够浓的混合气, 例如对于点燃式内燃机而言, 即在点火时使火花塞周围的混合气浓度足够大。在每个发动机工况点, 都会对喷油量、喷油压力（影响燃油的雾化）、喷雾锥角以及喷油定时进行调整。活塞顶部的几何结构可以实现对缸内涡流的控制。

当处于部分负荷时, 为使极稀的混合气完成燃烧, 可采用多次喷射。通过早期喷射, 混合气通过进气涡流在点火前均匀分布到整个燃烧室。第二次喷射则实现浓混合气的分层分布, 这些混合气的燃烧速度较快, 且每个循环之间的变化较小。由于在分层燃烧时, 燃油量较少, 最高燃烧温度也随之降低。第一次喷射形成的稀薄均匀混合气在此之后也发生燃烧。由于混合气较稀, 燃烧时间也更长, 从而限制了发动机的最大转速。在分层燃烧过程中, 会产生炭烟, 而均匀混合气燃烧火焰呈蓝色, 可有效减少炭烟的产生。

燃油喷射量取决于下列参数:

① 空气流量 $\dot{m}_a$。

② 点燃式发动机进气歧管压力 p_m。

③ 点燃式发动机的节气门开度 α_t 及其时间微分。

④ 发动机转速 n。

⑤ 发动机曲轴转角 α_{CS} 及上止点信号。

⑥ 发动机温度 ϑ_e。

⑦ 工作环境温度 ϑ_a。

⑧ 蓄电池电压 U_b。

燃油控制的主要功能如下:

① 根据期望的空燃比 λ 及空气流量 $\dot{m}_a$, 控制喷油量 $\dot{m}_f$。

② 点燃式发动机暖机时, 喷入浓混合气。

③ 当发动机冷机起动时, 增大充气系数 λ_a 或供油系数 λ_f, 以克服较大的摩擦力。

④ 进气歧管喷射时, 补偿油膜动态特性（与温度有关）。

⑤ 汽车滑行时切断供油, 使总燃油消耗减少约 5%。

⑥ 针对环境温度 ϑ_a 和大气压力 p_0 的变化, 修正空气流量。

⑦ 发动机怠速控制。

⑧ 在需要限制发动机转速时, 切断燃油供给。

⑨ 空燃比控制。

⑩ 废气再循环控制。

⑪ 根据热效率 η_e 的 Map 图, 近似计算发动机转矩。

3.2.3 燃油间歇喷射

由于精度要求不同, 燃油间歇喷射比连续喷射具有更好的成本优势。发动机的功率输出可在很大范围内变化。怠速输出功率 $P_{\min}$ 与最大输出功率 $P_{\max}$ 的比值约为 1:100, 即

$$\frac{P_{\max}}{P_{\min}} = 100 \tag{3.21}$$

发动机转速的变化范围为

$$\frac{n_{\max}}{n_{\min}} = 10 \tag{3.22}$$

在稳定工况下, 若忽略进气管内空气的脉动影响, 每次喷射的燃油量 $\dot{m}_{\mathrm{f}}$ 与发动机的有效输出功率 P_{e} 成正比, 见式 (3.12)。

假设燃油喷射 $\dot{m}_{\mathrm{f}}$ 是连续的, 低负荷下开环燃油喷射控制的相对误差为

$$\frac{\Delta \dot{m}}{\dot{m}_{\min}} < 3\% \tag{3.23}$$

相对于最大燃油流量, 这个相对误差引起的绝对误差即为

$$\frac{\Delta \dot{m}}{\dot{m}_{\max}} = \frac{\dot{m}_{\min}}{\dot{m}_{\max}} \frac{\Delta \dot{m}}{\dot{m}_{\min}} = \frac{P_{\min}}{P_{\max}} \frac{\Delta \dot{m}}{\dot{m}_{\min}} < 3 \times 10^{-4} \tag{3.24}$$

因此, 在怠速时, 绝对误差比相对误差小 100 倍。连续燃油喷射系统在设计时必须考虑绝对误差的大小。绝对误差的控制必须很精确, 因此其制造成本也较高。

间歇喷射也可实现燃油控制。对于每个燃烧循环, 需要喷入 m_{f} 的燃油, 喷射的次数与发动机转速成正比, 每缸每个工作循环喷入的燃油量为

$$m_{\mathrm{f}} = \int_0^{\frac{2}{nCYL}} \dot{m}_{\mathrm{f}} \mathrm{d}t \tag{3.25}$$

式中: CYL 是发动机缸数, 系数 2 的存在是由于对于四冲程发动机而言, 曲轴每转两圈, 混合气才完成一次燃烧。假设在稳定工况下燃油流量 $\dot{m}_{\mathrm{f}}$ 不变, 上式积分结果为

$$m_{\mathrm{f}} = \frac{\dot{m}_{\mathrm{f}}}{n} \frac{2}{CYL} \tag{3.26}$$

每个循环最大喷油量和最小喷油量的比值为

$$\frac{m_{\max}}{m_{\min}} = \frac{P_{\max}}{P_{\min}} \frac{n_{\min}}{n_{\max}} = 10 \tag{3.27}$$

假设最小负荷时的相对误差为

$$\frac{\Delta m}{m_{\min}} < 3\% \tag{3.28}$$

相对于最大燃油量的绝对误差为

$$\frac{\Delta m}{m_{\max}} < 3 \times 10^{-3} \tag{3.29}$$

绝对误差比相对误差小 10 倍, 因此多次喷射的控制精度需求更低, 所以其制造成本也更低。

3.2.4 喷油时间计算

燃油供给由**喷油时间** $t_{\rm inj}$ 控制, 在 $t_{\rm inj}$ 时间内喷油阀保持开启。因此, 当空气流量 $\dot{m}_{\rm a}$ 恒定时, 每次喷入气缸的燃油量可以用下式计算:

$$m_{\rm f}=\frac{m_{\rm a}}{L_{\rm st}\lambda}=\frac{1}{L_{\rm st}\lambda}\frac{\dot{m}_{\rm a}}{n}\frac{2}{CYL} \tag{3.30}$$

式中:$L_{\rm st}=14.66$。喷油量 $m_{\rm f}$ 与喷油时间 $t_{\rm inj}$ 成正比, 与压力差 Δp 的平方根成正比。对于进气管喷射,Δp 为供油轨和进气歧管之间的压差; 对于缸内直喷,Δp 为供油轨和燃烧室之间的压差 [69]。燃油密度 $\rho_{\rm f}$ 和喷油阀有效开启面积 $A_{\rm eff}$ 均假设为恒定。

$$m_{\rm f}\sim\rho_{\rm f}A_{\rm eff}\sqrt{2\frac{\Delta p}{\rho_{\rm f}}}t_{\rm inj} \tag{3.31}$$

对于进气歧管喷射, 压差 Δp 约为 5 bar。而对于缸内喷射, 点燃式内燃机的压差 Δp 可达 400 bar, 压燃式发动机的压差 Δp 则可达 2 000 bar。

稳定工况下, 喷油时间与下列因素成正比:

$$t_{\rm inj}\sim\frac{1}{\lambda}\frac{\dot{m}_{\rm a}}{n}\frac{2}{CYL} \tag{3.32}$$

而对于一个参考空燃比 λ_0, 喷油时间 t_0 满足

$$t_0\sim\frac{1}{\lambda_0}\frac{\dot{m}_{\rm a}}{n}\frac{2}{CYL} \tag{3.33}$$

对于任意的空燃比 λ, 则有

$$t_{\rm inj}\approx\frac{\lambda_0}{\lambda}t_0 \tag{3.34}$$

每个燃烧循环的喷油时间 $t_{\rm inj}$ 与下列因素有关:

① 空气流量 $\dot{m}_{\rm a}$　必须测量空气流量。通过考虑空气密度和温度, 可以减小系统测量误差。

② 每个循环的空气质量 $m_{\rm a}$　可以通过式 (3.40) 计算。

③ 参考空燃比 λ_0　必须确定参考空燃比, 例如化学计量空燃比。通过设置 Map 图, 可以补偿传感器和执行机构可能的误差,$\lambda_0=\lambda_0(\dot{m}_{\rm a},n)$。

④ 实际空燃比 λ　实际空燃比取决于多种因素, 例如温度。实际空燃比决定了暖机时的混合气浓度以及针对动态误差的修正。压燃式发动机的空燃比总是大于 1.3。

⑤ 蓄电池电压 $U_{\rm b}$　对电磁阀驱动的喷嘴而言, 电压对其上升和下落时刻有影响。通过增加一个与电压有关的时间修正项 $\Delta t(U_{\rm b})$, 即可补偿这个影响。补偿后的喷油时间为

$$t_{\rm inj}+\Delta t\left(U_{\rm b}\right) \tag{3.35}$$

点燃式内燃机中的空气流量 $\dot{m}_{\rm a}$ 不需要直接测量, 而可以通过进气歧管压力 $p_{\rm m}$ 及节气门开度 $\alpha_{\rm t}$ 进行估计。进入气缸的空气流量也取决于进气歧管内的动态压力变化, 其函数为

$$\dot{m}_{\rm a}=f_0\left(p_{\rm m},\dot{p}_{\rm m},n\right) \tag{3.36}$$

式中, 对于稳定工况下所有可能的空气流量 $\dot{m}_{\mathrm{a}}$, 都必须找出 f_0, 并根据压力变化进行修正（详见 3.2.6 节）。

图 3.15 是高压电磁阀喷油时间 t_{inj} 关于期望的喷油量 m_{f} 及喷油压力差 Δp 的 Map 图。

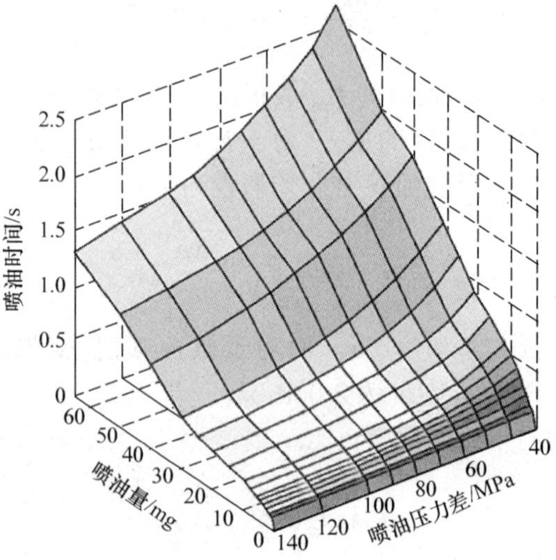

图 3.15 电子喷油 Map 图

3.2.5 循环进气量

当发动机转速较低时, 进气管内空气的声共振会提高充气系数。进气门的开启和关闭是周期性的, 这种周期运动会激发这种共振现象。当发动机转速较低时, 设计进气管几何结构以引发声共振。一般情况下, 共振引起的压力需在进气门开启时达到最大值, 使得更多的空气进入燃烧室, 从而增加充气系数 λ_{a} 和有效功 w_{e}。共振出现在发动机转速 2 000 ~3 000 r/min 范围内。若需更低的共振频率, 则要求进气管的几何尺寸会更大。进气管内空气的振动频率为

$$f_{\mathrm{p}} = \frac{nCYL}{2} \tag{3.37}$$

式中, 分母中 2 的存在是由于在四冲程发动机中, 每两个循环才完成一次进气。例如, 一台六缸发动机 ($CYL = 6$) 在转速为每分钟 6 000 转 ($n = 6\ 000$ r/min) 时, 进气管内的空气振动频率 $f_{\mathrm{p}} = 300$ Hz。每个气缸的空气量可以通过对一个振动周期内的空气流量积分进行计算:

$$m_{\mathrm{a}} = \int_{t_{\mathrm{a}}}^{t_{\mathrm{b}}} \dot{m}_{\mathrm{a}} \mathrm{d}t \tag{3.38}$$

积分上下限（从 t_{a} 到 t_{b}）为

$$t_{\mathrm{b}} - t_{\mathrm{a}} = \frac{1}{f_{\mathrm{p}}} = \frac{2}{nCYL} \tag{3.39}$$

因此, 每个循环进入气缸的空气量为

$$m_\mathrm{a} = \int_0^{1/f_\mathrm{p}} \dot{m}_\mathrm{a} \mathrm{d}t \tag{3.40}$$

空气量 m_a 可以通过对空气流量信号进行积分计算 (图 3.16)。为了避免信号失真, 采样频率必须足够高, 一般采样频率是空气振动频率的 $5 \sim 10$ 倍。最后, 在积分计算前还要对空气流量计的非线性特性进行补偿, 比如将传感器特性与其倒数相乘, 得到传感器的线性特性, 从而避免积分带来的计算结果偏差 [68]。

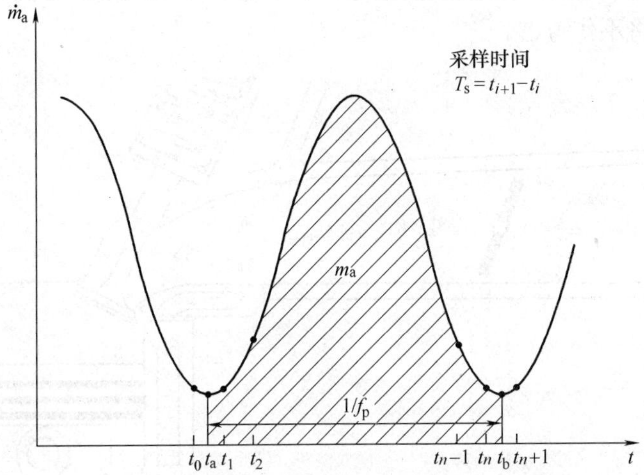

图 3.16 由空气流量积分计算所得的空气量

积分区间 $(t_\mathrm{a}, t_\mathrm{b})$ 可以通过曲轴转角信号 α_CS 推导。例如, 若曲轴转角传感器有 60 个齿, 在六缸发动机中,$t_\mathrm{a} - t_\mathrm{b} = 1/f_\mathrm{p}$ 时间段等价于 $\Delta\alpha_\mathrm{CS} = 120°$ 转角段, 曲轴转角传感器的齿数也相互错开 20 个齿。但是, 空气流量与曲轴转角 α_CS 无关, 仅与时间同步。由于在起始时刻 t_a 和终止时刻 t_b 没有对空气流量 $\dot{m}_\mathrm{a}$ 进行采样, 因此这两个时刻的空气流量必须通过插值计算:

$$\dot{m}_\mathrm{a}(t_\mathrm{a}) = \dot{m}_\mathrm{a}(t_0)\frac{t_1 - t_\mathrm{a}}{T_\mathrm{s}} + \dot{m}_\mathrm{a}(t_1)\left(1 - \frac{t_1 - t_\mathrm{a}}{T_\mathrm{s}}\right)$$

$$\dot{m}_\mathrm{a}(l_\mathrm{b}) - \dot{m}_\mathrm{a}(t_0)\frac{t_{n+1} - t_\mathrm{b}}{T_\mathrm{s}} + \dot{m}_\mathrm{a}(t_{n+1})\left(1 - \frac{t_{n+1} - t_\mathrm{b}}{T_\mathrm{s}}\right)$$

根据梯形法则 (trapezoidal rule) 即可近似求得积分结果为

$$\begin{aligned} m_\mathrm{a} \approx \frac{T_\mathrm{s}}{CYL} \Bigg\{ & [\dot{m}_\mathrm{a}(t_\mathrm{a}) + \dot{m}_\mathrm{a}(t_1)]\frac{t_1 - t_\mathrm{a}}{T_\mathrm{s}} + \dot{m}_\mathrm{a}(t_1) + 2\dot{m}_\mathrm{a}(t_2) + \\ & \cdots + 2\dot{m}_\mathrm{a}(t_{n-1}) + \dot{m}_\mathrm{a}(t_n) + [\dot{m}_\mathrm{a}(t_n) + \dot{m}_\mathrm{a}(t_\mathrm{b})]\left(1 - \frac{t_{n+1} - t_\mathrm{b}}{T_\mathrm{s}}\right) \Bigg\} \end{aligned}$$

简化后可得

$$m_{\mathrm{a}} \approx \frac{T_{\mathrm{s}}}{CYL}\left[\dot{m}_{\mathrm{a}}(t_0)\frac{(t_1-t_{\mathrm{a}})^2}{T_{\mathrm{s}}^2} - \dot{m}_{\mathrm{a}}(t_1)\left(1-\frac{(t_1-t_{\mathrm{a}})^2}{T_{\mathrm{s}}^2}\right) + 2\sum_{i=1}^{n}\dot{m}_{\mathrm{a}}(t_i) - \dot{m}_{\mathrm{a}}(t_n)\frac{(t_{n+1}-t_{\mathrm{b}})^2}{T_{\mathrm{s}}^2} + \dot{m}_{\mathrm{a}}(t_{n+1})\left(1-\frac{(t_{n+1}-t_{\mathrm{b}})^2}{T_{\mathrm{s}}^2}\right)\right]$$

3.2.6 进气歧管动态特性

图 3.17 为进气歧管的剖面图。节气门开度控制进入进气歧管的空气流量 $\dot{m}_{\mathrm{a,in}}$。压燃式发动机没有节气门, 或者仅在某些工况点设置适当的节流装置以保证足够的废气再循环。在下列模型中, 废气再循环将不作考虑。

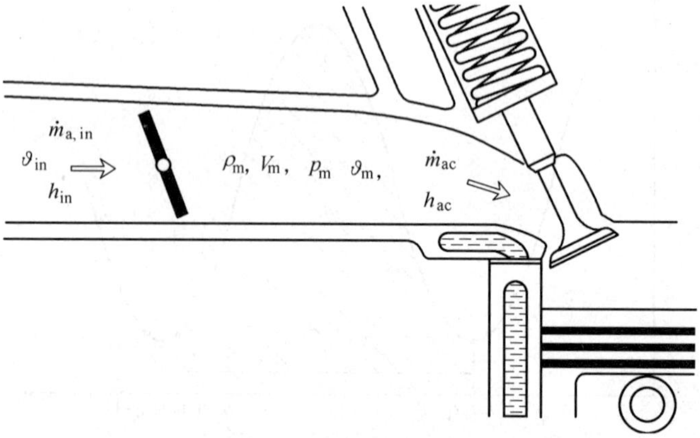

图 3.17 进气歧管剖面图

从进气歧管进入气缸的空气流量 $\dot{m}_{\mathrm{ac}}$ 取决于进气歧管的压力 p_{m} 以及缸内压力 p_{c}。为了在动态过程也能精确控制空燃比 λ, 喷油量必须根据进入气缸的空气流量 $\dot{m}_{\mathrm{ac}}$ 进行调节, 而不取决于进气歧管内的空气流量 $\dot{m}_{\mathrm{a,in}}$。

在下列推导中, 不考虑 3.1.6 节*所述的压力波动, 即采用平均值模型。空气流量 $\dot{m}_{\mathrm{a}}$ 的变化引起进气歧管压力 p_{m} 变化。进气歧管内空气的内能变化包括流入流出的能量以及工质体积变化所作的功 pV。根据能量守恒定律, 可推导出微分方程, 再由比内能 $u = U/m$ 及比焓 $h = H/m$ 的定义, 微分方程可以写成

$$\frac{\mathrm{d}}{\mathrm{d}t}(m_{\mathrm{m}}u_{\mathrm{m}}) = \dot{m}_{\mathrm{a,in}}u_{\mathrm{in}} - \dot{m}_{\mathrm{ac,air}}u_{\mathrm{ac}} + p_{\mathrm{a}}\dot{V}_{\mathrm{in}} - p_{\mathrm{m}}\dot{V}_{\mathrm{ac}} \tag{3.41}$$

在这个模型中, 由于假设了节气门和进气歧管处的压力 p_{m} 是相等的, 因此进气歧管内的共振被忽略了†。此外, 假设发动机的热辐射也与燃油蒸发所需的热量刚好相匹配, 因此下式中没有额外项。入口处和出口处的焓为

$$\dot{m}_{\mathrm{a,in}}h_{\mathrm{in}} = \dot{m}_{\mathrm{a,in}}u_{\mathrm{in}} + p_{\mathrm{a}}\dot{V}_{\mathrm{in}} \tag{3.42}$$

*译者注: 原书误为 “Figure 3.16”。

†这参考了平均压力模型, 研究表明, 此模型对于瞬态空气流动足够精确。

$$\dot{m}_{\mathrm{ac,air}}h_{\mathrm{ac}} = \dot{m}_{\mathrm{ac,air}}u_{\mathrm{ac}} + p_{\mathrm{m}}\dot{V}_{\mathrm{ac}} \tag{3.43}$$

将式 (3.43) 代入式 (3.42), 可得

$$m_{\mathrm{m}}\dot{u}_{\mathrm{m}} + \dot{m}_{\mathrm{m}}u_{\mathrm{m}} = \dot{m}_{\mathrm{a,in}}h_{\mathrm{in}} - \dot{m}_{\mathrm{ac,air}}h_{\mathrm{ac}} \tag{3.44}$$

根据比定容热容 $c_v = \partial u/\partial\vartheta$、比定压热容 $c_p = \partial h/\partial\vartheta$ 以及空气密度 $\rho = m/V$, 可得

$$\rho_{\mathrm{m}}V_{\mathrm{m}}c_v\dot{\vartheta}_{\mathrm{m}} + c_v\vartheta_{\mathrm{m}}\dot{\rho}_{\mathrm{m}}V_{\mathrm{m}} = \dot{m}_{\mathrm{a,in}}c_p\vartheta_{\mathrm{a}} - \dot{m}_{\mathrm{ac,air}}c_p\vartheta_{\mathrm{m}} \tag{3.45}$$

左右同除以 c_vV_{m}, 即有

$$\rho_{\mathrm{m}}\dot{\vartheta}_{\mathrm{m}} + \dot{\rho}_{\mathrm{m}}\vartheta_{\mathrm{m}} = \frac{c_p}{c_v}\frac{\vartheta_{\mathrm{a}}}{V_{\mathrm{m}}}\left(\dot{m}_{\mathrm{a,in}} - \frac{\vartheta_{\mathrm{m}}}{\vartheta_{\mathrm{a}}}\dot{m}_{\mathrm{ac,air}}\right) \tag{3.46}$$

将等熵指数 $\kappa = c_p/c_v$ 及理想气体方程 $pV = mR\vartheta$ 代入, 可求得压力导数为

$$\dot{p}_{\mathrm{m}} = \frac{\kappa R\vartheta_{\mathrm{a}}}{V_{\mathrm{m}}}\left(\dot{m}_{\mathrm{a,in}} - \frac{\vartheta_{\mathrm{m}}}{\vartheta_{\mathrm{a}}}\dot{m}_{\mathrm{ac,air}}\right) \tag{3.47}$$

从进气歧管流入气缸的进气流量 $\dot{m}_{\mathrm{ac,air}}$ 很难测量。空气流量 $\dot{m}_{\mathrm{ac,air}}$ 的动态响应远快于进气歧管压力的动态响应, 因此, 在 Map 图 $f_1(n, p_{\mathrm{m}})$ 中只需考虑空气流量 $\dot{m}_{\mathrm{ac,air}}$ 的稳态特性。$\dot{m}_{\mathrm{ac,air}}$ 与转速 n、进气歧管压力 p_{m} 有关。当发动机处于稳定工况时, 进气歧管的压力导数 $\dot{p}_m = 0$, 空气流量可以根据 $\dot{m}_{\mathrm{a,in}}$ 计算:

$$\dot{m}^*_{\mathrm{ac,air}} = \dot{m}_{\mathrm{ac,air}}\frac{\vartheta_{\mathrm{m}}}{\vartheta_{\mathrm{a}}} = f_1(n, p_{\mathrm{m}}) = \dot{m}_{\mathrm{a,in}}, \quad \dot{p}_{\mathrm{m}} = 0 \tag{3.48}$$

进气歧管压力的导数为

$$\dot{p}_{\mathrm{m}} = \frac{1}{\tau}\left[\dot{m}_{\mathrm{a,in}} - f_1(n, p_{\mathrm{m}})\right] \tag{3.49}$$

式中: 积分常数 τ 可表示为

$$\tau = \frac{V_{\mathrm{m}}}{\kappa R\vartheta_{\mathrm{a}}} \tag{3.50}$$

当发动机处于稳定工况点运转, 即可测量得出 Map 图, 其中进气歧管平均压力的导数为零。在这些工况点, 进气流量 $\dot{m}_{\mathrm{a,in}}$ 等于 Map 图中 $\dot{m}^*_{\mathrm{ac,air}}$ 的值。图 3.18 所示为进气歧管压力模型的框图。通过对式 (3.49) 积分可以实时计算进气歧管平均压力, 然后用于发动机怠速控制 (5.2 节)。该模型的另一个应用是, 根据进气歧管压力 p_m 和发动机转速 n 估计进气流量 $\dot{m}_{\mathrm{a,in}}$:

$$\dot{m}_{\mathrm{a,in}} = \tau\dot{p}_{\mathrm{m}} + f_1(n, p_{\mathrm{m}}) \tag{3.51}$$

导数 $\dot{p}_{\mathrm{m}}$ 的计算始终存在一定滞后。在一些控制模型中, 采用节气门开度的导数 $\dot{\alpha}_{\mathrm{t}}$ 作为额外的变量。

在工况点 $p_{\mathrm{m},0}$ 及 $\dot{m}_{\mathrm{a},0}$, 时间常数可以被归一化:

$$\tau_n = \frac{p_{\mathrm{m},0}}{\dot{m}_{\mathrm{a},0}}\tau \tag{3.52}$$

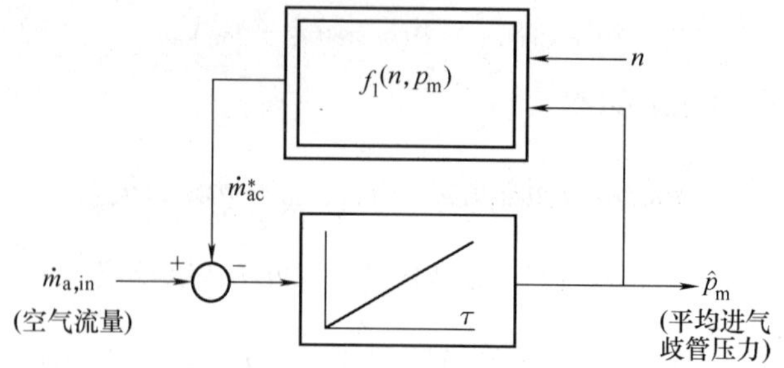

图 3.18 进气歧管的动态模型

归一化后的时间常数即可表示积分常数（单位为 s）。压力变化 $\dot{p}_m$ 即可写成:

$$\tau_n \frac{d}{dt}\left(\frac{p_m}{p_{m,0}}\right) = \frac{\dot{m}_{a,in}}{\dot{m}_{a,0}} - \frac{f_1(n, p_m)}{\dot{m}_{a,0}} \tag{3.53}$$

时间常数 τ_n 主要取决于空气流量 $\dot{m}_{a,0}$。例如, 假设进气歧管体积 $V_m = 4.25$ L, 温度 $\vartheta_a = 300$ K, 等熵指数 $\kappa = 1.4$, 当发动机输出功率最大或最小时, 时间常数为

① 功率最大时, 进气歧管压力为 $p_{m,0} = 1$ bar, 空气流量 $\dot{m}_{a,0} = 600$ kg/h, 时间常数为

$$\tau_{n,1} = 21 \text{ ms} \tag{3.54}$$

② 功率最小时（例如怠速）, 进气歧管压力 $p_{m,0} = 0.35$ bar, 空气流量 $\dot{m}_{a,0} = 6$ kg/h, 时间常数为

$$\tau_{n,2} = 740 \text{ ms} \tag{3.55}$$

由此可见, 进气歧管内的空气流动情况对发动机动态响应性能有影响, 尤其在低功率输出时（例如怠速工况）。

3.2.7 点火提前角控制

点火正时对发动机的油耗和排放有重要影响, 因此非常重要。气缸内部的燃烧可分为两个阶段:

① **着火延迟期（与时间成比例）** 在这个阶段, 缸内压力和温度不会迅速上升。着火延迟期 τ_{id} 的长短取决于温度、压力和空燃比。这个延迟期可以被换算成对应的曲轴转角, 并随发动机转速的上升而延长。

② **燃烧（与曲轴转角成比例）** 在发动机转速范围内, 燃烧过程对应的曲轴转角几乎保持不变。活塞上下运动引起的湍流随发动机转速加快而加强, 也使燃烧过程进行得更快。

若点火提前角过小, 燃烧开始得过晚, 发动机碳氢化合物 HC 排放就会上升; 点火提前角过大时, 缸内压力波动很大, 导致 NO_x 排放增加。推迟点火可使 NO_x 排放减少, 但会使油耗上升*。点火提前角控制会用到下列参数:

① 进气歧管压力 p_m。

*总而言之, 点火正时的确定是综合考虑不同因素之后的折中结果。

② 空气流量 $\dot{m}_{\mathrm{a}}$。

③ 发动机转速 n。

④ 节气门开度 α_{t}。

⑤ 空燃比 λ。

⑥ 曲轴转角 α_{CS} 及上止点信号。

⑦ 环境温度 ϑ_{a}。

⑧ 发动机温度 ϑ_{e}。

⑨ 蓄电池电压 U_{b}。

这些参数与前文“燃油供给控制”相同。点火提前角 α_{i} 受到以下诸多因素的影响。

① 点火提前角是发动机负荷及转速的函数。负荷可通过喷油时间 $t_{\mathrm{inj}} \sim \dot{m}_{\mathrm{a}}/(n\lambda)$[式(3.32)] 估算, 则点火提前角的 Map 图为 $\alpha_{\mathrm{i}} = f(t_{\mathrm{i}}, n)$。Map 图也考虑了由发动机负荷和转速变化引起的混合气着火变化。若需要减少污染物排放并降低爆震发生的概率, 可选择推迟点火。通过台架试验, 可测得每个发动机工况点的点火提前角 α_{i}。

② 空燃比 λ 对着火延迟期 τ_{id} 有影响。

③ 当环境温度 ϑ_{a} 较高时, 可通过推迟点火提前角 α_{i} 避免爆震, 此时可采用关于喷油时间 t_{inj} 和环境温度 ϑ_{a} 的 Map 图。

④ 当发动机处于暖机阶段时, 温度 ϑ_{e} 较低。此时若推迟点火, 能量转化过程会被推迟, 导致排气门在燃烧冲程开启, 使排气管和催化转化器被迅速加热。

⑤ 当发动机怠速时, 可增大点火提前角使发动机转速稳定, 从而使转矩上升。

⑥ 通过推迟点火和切断供油, 可限制发动机转速。

⑦ 在加速过程中推迟点火, 可避免发生爆震。

⑧ 闭环爆震控制。

⑨ 蓄电池电压 U_{b} 对点火能量有影响。

图 3.19 所示为关于发动机转速和负荷的点火提前角 Map 图。其中, 在上止点前的 α_{i} 定义为正。

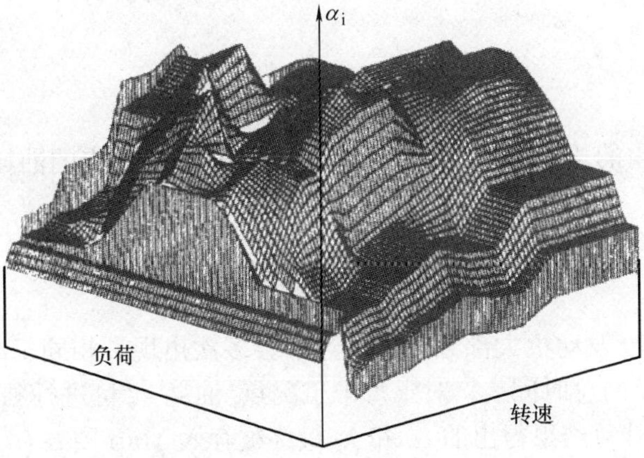

图 3.19 点火提前角 Map 图

3.2.8 发动机 Map 图优化

如 3.1.2 节和 3.1.6 节所述, 喷油量和点火提前角是发动机油耗和污染物排放的重要影响参数。如图 3.20 所示, 在降低油耗和抑制污染物排放之间存在冲突。

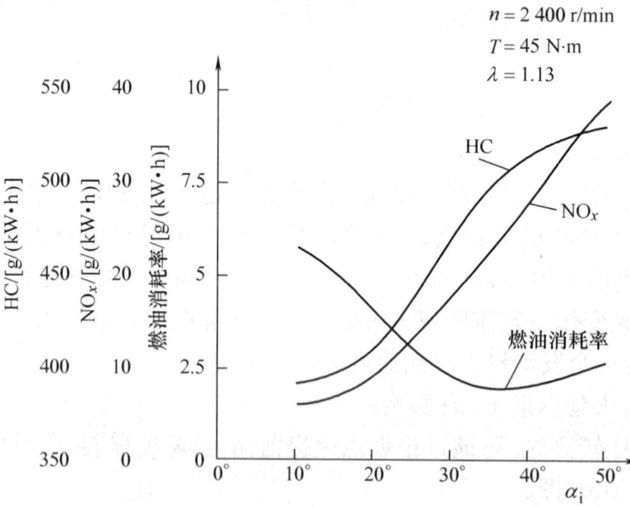

图 3.20 发动机油耗及排放随点火提前角的变化

若增大点火提前角使油耗降到最低, 发动机的 NO_x 和 HC 排放会很高。另一方面, 若推迟点火使污染物排放最少, 发动机的油耗就会上升。因此, 在任何一个工况点, 都必须综合考虑油耗和排放两个因素。在某些特定的工况, 排放会变得很高, 在这种情况下必须优先考虑降低排放; 而另一些工况点的排放在理想范围内, 就应该考虑降低油耗。

发动机的油耗和排放水平可在特定的驾驶循环工况中测量, 例如 ECE 测试或 FTP 测试。测试循环中规定车速, 并将车速换算成发动机转速, 一个测试循环就包含不同的发动机工况点。每个工况点由不同的发动机转速和负荷定义。

发动机油耗被定义为某一段时间内燃烧的燃油体积 $\dot{V}$。优化目标——最低油耗即为对整个测试循环的积分。

$$V = \int_0^T \dot{V}(t)\,\mathrm{d}t \to \min \tag{3.56}$$

整个循环时间 T 内的总油耗 V 也可通过对所有发动机工作点的油耗求和计算得到:

$$V = \sum_{i=1}^{N} \dot{V}_i(\alpha_i, \lambda_i)\, t_i \to \min \tag{3.57}$$

测试循环的分析中, 发动机大部分的工况点都会多次出现。相同工况点 i 的测试时间可通过求和计算成该工况点的总时间 t_i。对于每个工况点, 油耗 $\dot{V}_i$ 可进行独立优化, 使其达到最小值。对于每个工况点, 计算结果得出的 α_i 和 λ_i 最终被存入 Map 图 $\alpha_i(t_{\mathrm{inj}}, n)$ 和 $\lambda_i(t_{\mathrm{inj}}, n)$ 中。

在对油耗进行优化时, 允许的最大排放为优化约束。允许的最大排放由法规制定, 为一个测试循环内不同污染物排放的总质量。

$$HC = \sum_{i=1}^{N} \dot{HC}\left(\alpha_i, \lambda_i\right) t_i \leqslant \hat{HC} \tag{3.58}$$

$$CO = \sum_{i=1}^{N} \dot{CO}\left(\alpha_i, \lambda_i\right) t_i \leqslant \hat{CO} \tag{3.59}$$

$$NO_x = \sum_{i=1}^{N} \dot{NO}_x\left(\alpha_i, \lambda_i\right) t_i \leqslant \hat{NO}_x \tag{3.60}$$

每个工况点 i 的 α_i 和 λ_i 值会影响单位时间内污染物的排放量 $\dot{HC}$、$\dot{CO}$、$\dot{NO}_x$。排放法规给出的限值仅仅针对整个测试循环排放物质量总和。因此, 单个工况点 α_i 和 λ_i 的调整对整个测试循环的影响并不明显。类似这样的优化问题可通过拉格朗日乘数法解决。将实际得到的结果与规定的排放指标相减, 所得的差乘以拉格朗日乘数 L, 即可将式 (3.57)、式 (3.58)~ 式 (3.60) 组合成为一个新的优化指标:

$$W = V + L_{\mathrm{HC}}\left(HC - \hat{HC}\right) + L_{\mathrm{CO}}\left(CO - \hat{CO}\right) + L_{\mathrm{NO}_x}\left(NO_x - \hat{NO}_x\right) \rightarrow \min \tag{3.61}$$

只需要将代价函数 W 最小化, 以实现油耗和排放的优化。例如, 如果所有的排放物指标都等于所允许的最大值（例如 $HC=\hat{HC}$）, 除油耗 V 以外的项都被消去, 即可对 V 进行最小化。函数 W 的值可以分为两个部分: 与工况点 i 无关的常数 W_0, 以及一个关于 α_i 和 λ_i 的变量。

$$\begin{aligned} W = & \sum_{i=1}^{N} \dot{V}_i\left(\alpha_i, \lambda_i\right) t_i + \sum_{i=1}^{N}\left[L_{\mathrm{HC}} \dot{HC}\left(\alpha_i, \lambda_i\right) t_i + L_{\mathrm{CO}} \dot{CO}\left(\alpha_i, \lambda_i\right) t_i + L_{\mathrm{NO}_x} \dot{NO}_x\left(\alpha_i, \lambda_i\right) t_i\right] \\ & - L_{\mathrm{HC}} \hat{HC} - L_{\mathrm{CO}} \hat{CO} - L_{\mathrm{NO}_x} \hat{NO}_x \end{aligned}$$

$$W = \sum_{i=1}^{N} Z\left(\alpha_i, \lambda_i\right) t_i - W_0$$

式中:

$$W_0 = L_{\mathrm{HC}} \hat{HC} + L_{\mathrm{CO}} \hat{CO} + L_{\mathrm{NO}_x} \hat{NO}_x = \mathrm{const} \tag{3.62}$$

$$Z\left(\alpha_i, \lambda_i\right) = \dot{V}\left(\alpha_i, \lambda_i\right) + L_{\mathrm{HC}} \dot{HC}\left(\alpha_i, \lambda_i\right) + L_{\mathrm{CO}} \dot{CO}\left(\alpha_i, \lambda_i\right) + L_{\mathrm{NO}_x} \dot{NO}_x\left(\alpha_i, \lambda_i\right)$$

如果在每个工况点 i 使 $Z(\alpha_i, \lambda_i)$ 达到最小值, 即可使整个函数 W 达到最小值:

$$Z\left(\alpha_i, \lambda_i\right) \rightarrow \min \tag{3.63}$$

图 3.21 给出了在每个工况点 i,$\dot{V}(\alpha_i, \lambda_i)$(图 3.21a) 和 $\dot{NO}_x(\alpha_i, \lambda_i)$(图 3.21b) 随点火提前角 α_i 和空燃比 λ_i 的变化趋势。这些值均通过台架试验测得。当 $Z(\alpha_i, \lambda_i)$ 为最小值时, 在图中框出了 $\alpha_i(\alpha_i, \lambda_i)$ 对应点。

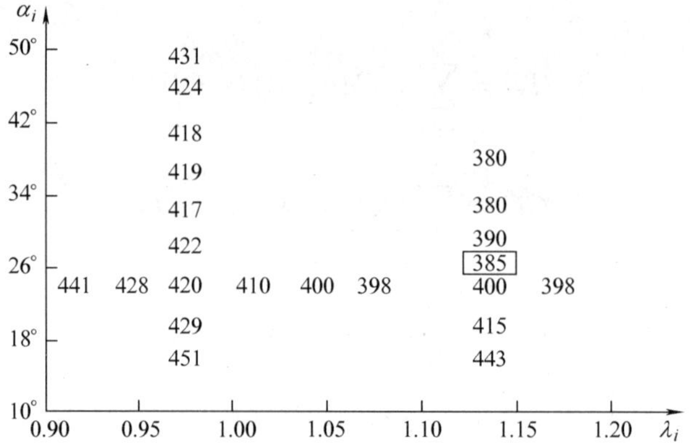

(a) 燃油消耗率/[g/(kW·h)]

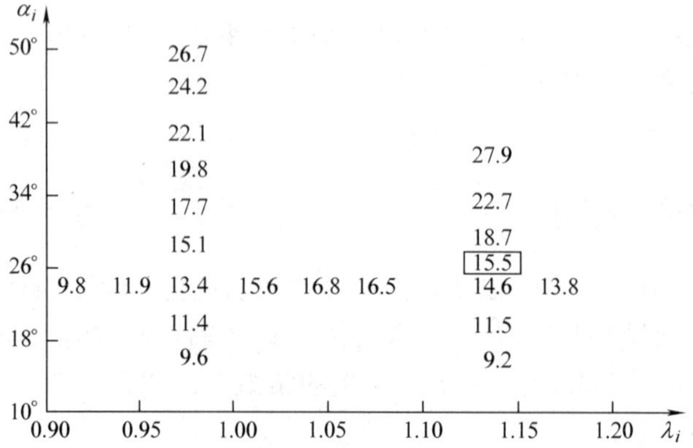

(b) NO_x/[g/(kW·h)]

图 3.21 燃油消耗率及 NO_x 排放随点火提前角 α_i 和空燃比 λ_i 的变化趋势

由此可见, 由于必须考虑 $\dot{NO}_x(\alpha_i, \lambda_i)$ 的影响,$\dot{V}(\alpha_i, \lambda_i)$ 所能取到的最小值要略微高于其绝对最小值。若合理选择拉格朗日乘数 L_{HC}、 L_{CO} 和 L_{NO_x} 的值, 即可使整个测试循环的代价函数 W 达到最小值。在实际情况中, 有时必须对某些拉格朗日乘数进行迭代修正, 使 W 达到最小值并且符合排放法规的要求。例如, 在第一次迭代中, 油耗 V 达到最小值, 然而排放指标却接近或者超过法规限制, 因此在下一次迭代中, 需要增加拉格朗日乘数 L。实践经验表明, 仅在某些有代表性的工况点 i 需要通过一些迭代使函数 Z 达到最小值, 其他工况点的值可以通过插值得到。图 3.22 即为点火提前角 α_i 和空燃比 λ_i 的 Map 图。当发动机工作在化学计量空燃比 $(\lambda = 1)$ 时, 仅需要计算点火提前角 α_i。这种优化方法也可拓展到其他参数的优化, 例如废气再循环率。

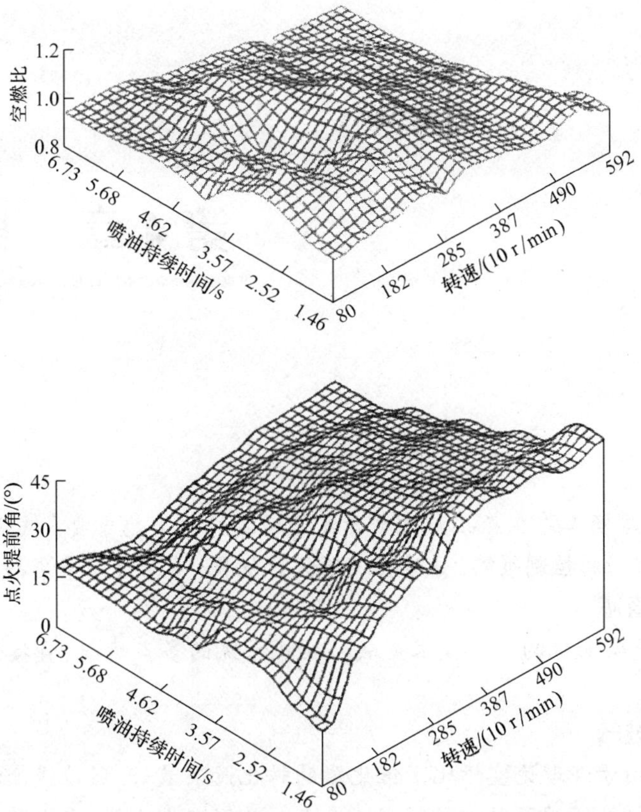

图 3.22 点火提前角 α_i 和空燃比 λ_i 的 Map 图

第 4 章　柴油机建模

近年来，发动机建模工作在产品和技术开发领域变得越来越重要。尤其是在初期开发阶段，利用模型就可以测试新的控制策略，并对其进行设计优化，从而可以节省昂贵的台架试验费用。

1. 柴油机多点直喷

直接燃油喷射是柴油机的一大技术突破。共轨系统的多点喷射，直接影响蒸发过程以及随后的燃烧过程。

2. 汽油机分层进气

如 5.1 节所述，由于在理论空燃比下催化器的转化效果最好，所以汽油机使用理论空燃比的混合气。在部分负荷时，直喷汽油机使用稀混合气。为了安全燃烧，在火花塞附近装有分层进气装置。对于这些发动机，进气混合、燃烧室湍流和喷射过程都必须进行建模。

3. 废气计算

一个主要问题是建立比较精确的废气产生模型。最大许可排放由法规规定，为了满足这些法规，现在同时在开发两种策略。一种是在燃烧过程中抑制氮氧化物的生成，另一种是在后处理系统中用催化器净化处理。这两种方法都需要复杂的控制系统和相关化学过程的动态模型。

本章以柴油机为对象，重点讨论柔性燃料喷射系统、能量转化和蒸发过程的建模，同时介绍一个颗粒捕集器的模型。

4.1 柴油机的四冲程循环

气缸内活塞的上下运动称为冲程。曲轴由连杆同活塞相连，这样就将活塞的直线运动转化为了旋转运动。曲轴连接所有的活塞并输出发动机转矩。大部分柴油机使用四冲程循环，活塞上下运动两次完成一个完整的作功循环，相应的，曲轴旋转 720°。柴油机工作循环四冲程如图 4.1 所示。

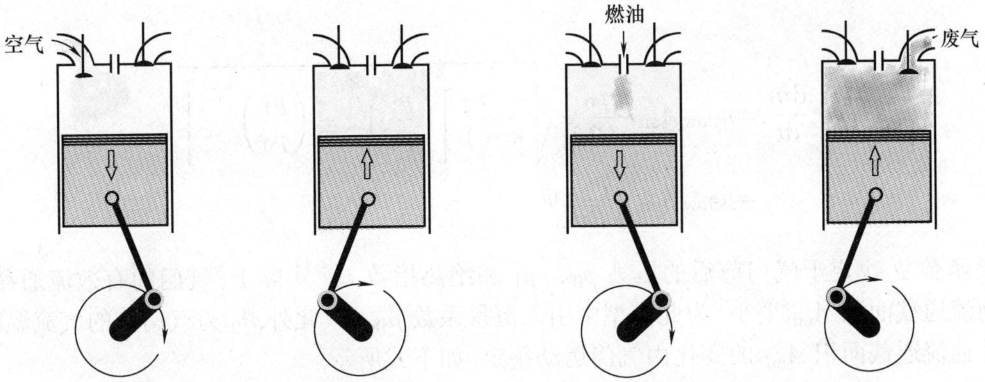

图 4.1 柴油机工作循环四冲程

1. 进气冲程 (图 4.1a)

进气冲程始于上止点, 当活塞下行时, 进气门打开, 活塞的向下运动将新鲜空气通过进气门引入燃烧室。

2. 压缩冲程 (图 4.1b)

压缩冲程时, 活塞从下止点开始向上运行, 压缩缸内气体。由于进气门和排气门都关闭, 因此缸内气体被压缩而使温度升高。

3. 作功冲程 (图 4.1c)

压缩冲程结束后, 活塞开始第二次下行运动, 喷入缸内的燃料遇到高温气体后, 自燃、膨胀作功, 推动活塞下行。

4. 排气冲程 (图 4.1d)

最后一个冲程称之为排气冲程。在这一冲程里, 废气经排气门被排出气缸。

在下列四冲程柴油机模型中, 采用曲轴转角 α_{CS}（而非时间 t）作为独立变量。两者之间的关系为

$$\alpha_{\mathrm{CS}} = \omega t = 2\pi n t \tag{4.1}$$

$$\mathrm{d}\alpha_{\mathrm{CS}} = \omega \mathrm{d}t \tag{4.2}$$

式中: n——发动机转速。

4.2 换气流动

根据文献 [82], 通过气门进出气缸的气体质量流量为

$$
\begin{aligned}
\frac{\mathrm{d}m}{\mathrm{d}t} &= \mu_{\mathrm{flow}} A_{\mathrm{eff}} \frac{p_0}{\sqrt{R\vartheta_0}} \sqrt{\frac{2\kappa}{\kappa-1}\left[\left(\frac{p_1}{p_0}\right)^{\frac{2}{\kappa}} - \left(\frac{p_1}{p_0}\right)^{\frac{\kappa+1}{\kappa}}\right]} \\
&= \mu_{\mathrm{flow}} A_{\mathrm{eff}} \frac{p_0}{\sqrt{R\vartheta_0}} \Psi
\end{aligned} \tag{4.3}
$$

流函数 Ψ 决定于气门前后的压力 p_0、 p_1 和绝热指数 κ。实际上, 气门的有效流通截面积比几何流通截面积 A_{eff} 要小, 为此模型中引入流量系数 μ_{flow}。此外,ϑ_0 为气门前的气流温度。

几何流通截面积 A_{eff} 的变化由气门运动决定, 如下式所示:

$$
A_{\mathrm{eff}} = n_0 \pi h_v \cos\sigma (d_v + h_v \sin\sigma \cos\sigma) \tag{4.4}
$$

式中: n_0——气门数量;

h_v——气门行程;

σ——气门座面角;

d_v——气门座圈内径。

图 4.2a 表示的是气门及其座圈的几何参数。图 4.2b 是进、排气门的升程曲线, 变化规律接近正弦函数。

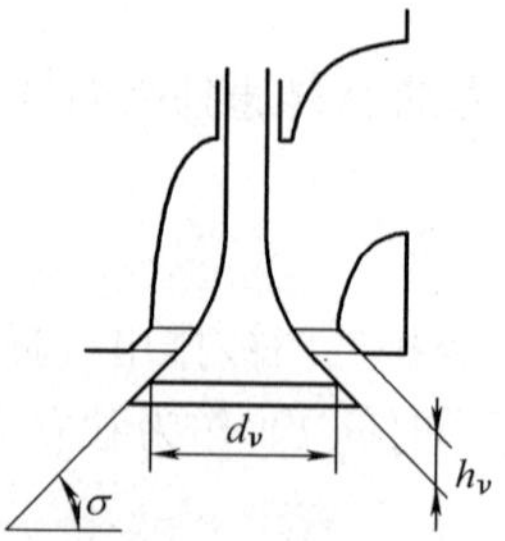

(a) 几何尺寸

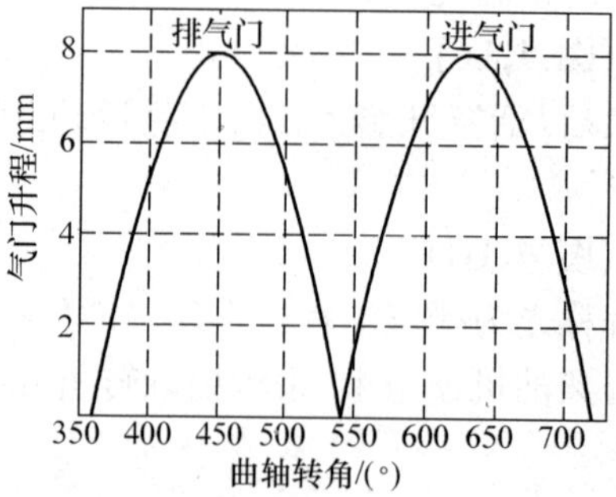

(b) 气门升程

图 4.2 气门流通截面积

4.2.1 排气流动

燃烧过程结束后, 废气被推出气缸, 进入排气管。在排气初期, 气缸内的废气包含了空气和已燃燃油的均质混合物。排气过程排出气缸的废气质量必须考虑空气质量 m_{a} 和已燃燃油质量 $m_{\mathrm{f,burnt}}$。根据式 (4.1) 和式 (4.3), 可计算出通过排气门排出的废气流量 $\dfrac{\mathrm{d}m_{\mathrm{out}}}{\mathrm{d}\alpha_{\mathrm{CS}}}$

$$
\frac{\mathrm{d}m_{\mathrm{out}}}{\mathrm{d}\alpha_{\mathrm{CS}}} = \frac{10^5}{2\pi n} \mu_{\mathrm{flow,out}} A_{\mathrm{eff,out}} \frac{p}{\sqrt{R\vartheta}} \sqrt{\frac{2\kappa}{\kappa-1}\left[\left(\frac{p_{\mathrm{out}}}{p}\right)^{\frac{2}{\kappa}} - \left(\frac{p_{\mathrm{out}}}{p}\right)^{\frac{\kappa+1}{\kappa}}\right]} \tag{4.5}
$$

式中: p_{out}——排气管压力;

p——缸内压力;

ϑ——缸内温度。

将式 (4.5) 对排气过程进行积分, 可得 m_{out}。一些残留气体 m_{rem} 将在排气门关闭后继续留在燃烧室中。

$$m_{\text{rem}} = m_{\text{a}} + m_{\text{f,burnt}} - m_{\text{out}} \tag{4.6}$$

这些残留气体包含空气 $m_{\text{rem,air}}$[式 (4.14)] 和已燃燃油 $m_{\text{rem,burnt}}$[式 (4.15)]。由于假设废气为均质混合物, 残留气体的空燃比与上一燃烧过程的混合气相同。

4.2.2 进气流动

根据式 (4.3), 将时间 t 写成对曲轴转角 α_{CS} 和发动机转速 n 的形式, 可得到从进气歧管进入燃烧室的气流量 $\dfrac{\mathrm{d}m_{\text{ac}}}{\mathrm{d}\alpha_{\text{CS}}}$

$$\frac{\mathrm{d}m_{\text{ac}}}{\mathrm{d}\alpha_{\text{CS}}} = \frac{10^5}{2\pi n}\mu_{\text{flow,in}}A_{\text{eff,in}}\frac{p_{\text{m}}}{\sqrt{R\vartheta_{\text{m}}}}\sqrt{\frac{2\kappa}{\kappa-1}\left[\left(\frac{p}{p_{\text{m}}}\right)^{\frac{2}{\kappa}} - \left(\frac{p}{p_{\text{m}}}\right)^{\frac{\kappa+1}{\kappa}}\right]} \tag{4.7}$$

式中: p_{m}——进气歧管压力;

p——缸内压力。

此外, 在进气过程中必须考虑气体成分, 比如缸内残留气体和再循环气体（废气再循环,EGR）。对于给定的 EGR 率 X_{EGR}, 从进气管来的气流量为

$$m_{\text{ac,air}} = m_{\text{ac}}(1 - X_{\text{EGR}}) \tag{4.8}$$

再循环气流量为

$$m_{\text{EGR}} = m_{\text{ac}}X_{\text{EGR}} \tag{4.9}$$

每一冲程的新鲜空气充量 m_{ac} 可通过式 (4.7) 对进气过程积分求得。由于构成再循环气体的空气和已燃燃油质量比例与排气冲程结束时的残留气体相同, 可求得再循环气体量

$$m_{\text{EGR,air}} = \frac{m_{\text{rem,air}}}{m_{\text{rem}}}X_{\text{EGR}}m_{\text{ac}} \tag{4.10}$$

因此, 进入下个燃烧过程的燃烧室内空气量 m_{a} 为进气管进气量 $m_{\text{ac,air}}$、再循环空气量 $m_{\text{EGR,air}}$ 和排气后缸内残留气体的空气成分 $m_{\text{rem,air}}$ 的和。

$$m_{\text{a}} = m_{\text{ac}}(1 - X_{\text{EGR}}) + m_{\text{EGR,air}} + m_{\text{rem,air}} \tag{4.11}$$

对应于式 (4.10) 中的再循环气体量, 再循环的已燃燃油量 $m_{\text{EGR,burnt}}$ 为

$$m_{\text{EGR,burnt}} = X_{\text{EGR}}m_{\text{ac}} - m_{\text{EGR,air}} = X_{\text{EGR}}m_{\text{ac}}\frac{m_{\text{rem,burnt}}}{m_{\text{rem}}} \tag{4.12}$$

因此, 燃烧开始阶段的已燃燃油量 $m_{\text{f,burnt}}$ 为再循环已燃燃油量 $m_{\text{EGR,burnt}}$ 与上一次排气后缸内残留气体中的已燃燃油成分 $m_{\text{rem,burnt}}$ 之和, 可以表示为

$$m_{\text{f,burnt}} = m_{\text{EGR,burnt}} + m_{\text{rem,burnt}} \tag{4.13}$$

在喷射时, 喷入燃油还没有燃烧。图 4.3 显示了换气过程中的所有质量成分。

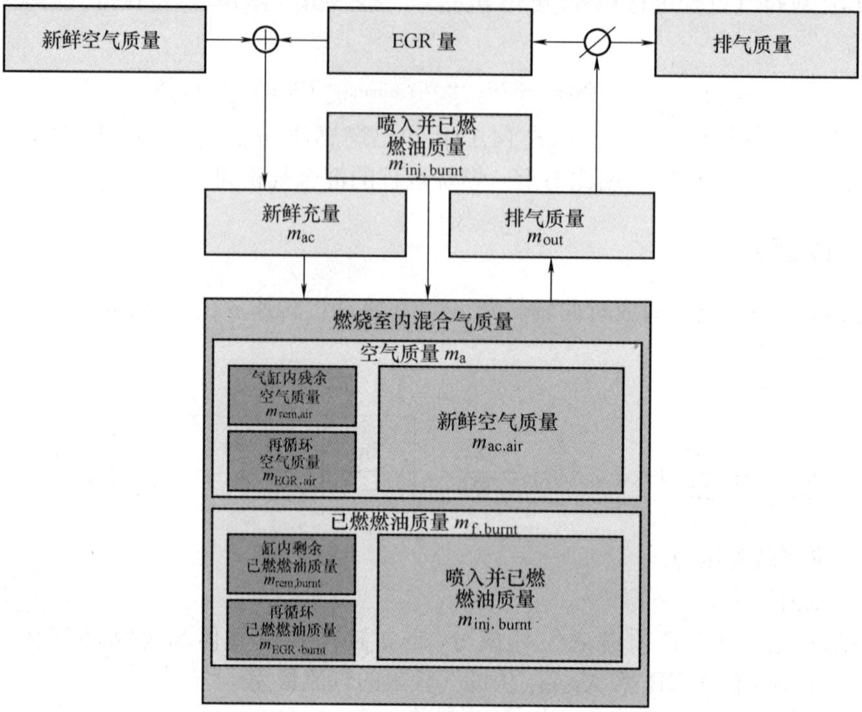

图 4.3 换气流动过程中质量计算图

4.3 空燃比

化学计量比 L_{st} 对应于所有燃烧物质成分既没有不足也没有过量情况下的空燃比。空燃比 λ_c 是当前空气与燃油比值除以化学计量比得出的值。在该模型中忽略空燃比空间分布的差异, 假设混合气为均质。

4.3.1 排气冲程

在柴油机循环的这个阶段, 气缸内废气的空燃比 λ_c 应该与上一次燃烧冲程结束时的空燃比相同 (4.3.3 节)。由于假设废气为均质, 在排气冲程中 λ_c 保持恒定, 可得出缸内空气质量 $m_{rem,air}$ 和已燃燃油质量 $m_{rem,burnt}$ 分别为

$$m_{rem,air} = \frac{\lambda_c L_{st}}{\lambda_c L_{st}+1} m_{rem} \tag{4.14}$$

$$m_{rem,burnt} = \frac{1}{\lambda_c L_{st}+1} m_{rem} \tag{4.15}$$

4.3.2 进气冲程

在燃油喷射前, 燃烧室内充满了新鲜空气和再循环废气, 由于燃烧室吸入了新鲜空气, 空燃比 λ_c 提高, 由此得出的空燃比为

$$\lambda_c = \frac{m_a}{m_{f,burnt}L_{st}} = \frac{m_{ac}(1 - X_{EGR}) + m_{EGR,air} + m_{rem,air}}{(m_{EGR,burnt} + m_{rem,burnt})L_{st}} \tag{4.16}$$

式中, $m_{rem,air}$ 和 $m_{rem,burnt}$ 是上一次排气冲程后的残存气体质量（4.3.1 节）。进气冲程中空燃比 λ_c 的变化可表示为

$$\frac{d\lambda_c}{d\alpha_{CS}} = \frac{1}{m_{f,burnt}^2 L_{st}}\left(\frac{dm_a}{d\alpha_{CS}}m_{f,burnt} - m_a\frac{dm_{f,burnt}}{d\alpha_{CS}}\right) \tag{4.17}$$

4.3.3 压缩与燃烧

空燃比 λ_c 在燃烧过程中也是不断变化的。燃烧室内气体质量的变化是由于燃油的燃烧造成的, 这也导致了空燃比 λ_c 的下降。可以计算出当前空气与已燃燃油比为

$$\lambda_c = \frac{m_a}{m_{f,burnt}L_{st}} = \frac{m_{ac}(1 - X_{EGR}) + m_{EGR,air} + m_{rem,air}}{(m_{EGR,burnt} + m_{rem,burnt} + m_{inj,burnt})L_{st}} \tag{4.18}$$

式中, m_a 代表新鲜空气的质量和气缸内燃烧产物中空气的质量, 在进气门关闭后, m_a 在压缩和作功冲程中保持不变。已燃燃油量 $m_{f,burnt}$ 包括残留气体中的已燃燃油量 $m_{rem,burnt}$、再循环的已燃燃油量 $m_{EGR,burnt}$ 以及喷入的已燃燃油量 $m_{inj,burnt}$, 在当前燃烧过程中, $m_{f,burnt}$ 存在变化。空燃比 λ_c 相对于曲轴转角的变化为

$$\begin{aligned}\frac{d\lambda_c}{d\alpha_{CS}} &= -\frac{\lambda_c}{m_{f,burnt}}\frac{dm_{inj,burnt}}{d\alpha_{CS}} \\ &= -\frac{\lambda_c}{m_{EGR,burnt} + m_{rem,burnt} + m_{inj,burnt}}\frac{dm_{inj,burnt}}{d\alpha_{CS}}\end{aligned} \tag{4.19}$$

燃烧过程最后的空燃比可由式 (4.14) 和式 (4.15) 得到。

4.4 质量守恒

气缸内气体质量的增量 dm 是进气质量增量 dm_{ac} 与喷入燃油增量的和, 喷入燃油增量为已燃增量 $dm_{inj,burnt}$ 减去排气增量 dm_{out}。现代柴油机中, 气门和活塞的窜气效应 (blow–by effect) 可以忽略。

$$\frac{dm}{d\alpha_{CS}} = \frac{dm_{ac}}{d\alpha_{CS}} + \frac{dm_{inj,burnt}}{d\alpha_{CS}} - \frac{dm_{out}}{d\alpha_{CS}} \tag{4.20}$$

在进气冲程中, 气体质量有

$$\frac{dm}{d\alpha_{CS}} = \frac{dm_{ac}}{d\alpha_{CS}} \tag{4.21}$$

在燃烧和作功冲程中, 气门关闭, 质量增量 $\mathrm{d}m$ 为已燃燃油质量增量 $\mathrm{d}m_{\mathrm{inj,burnt}}$

$$\frac{\mathrm{d}m}{\mathrm{d}\alpha_{\mathrm{CS}}}=\frac{\mathrm{d}m_{\mathrm{inj,burnt}}}{\mathrm{d}\alpha_{\mathrm{CS}}} \tag{4.22}$$

在排气冲程中, 质量变化决定于排出气缸的废气流量

$$\frac{\mathrm{d}m}{\mathrm{d}\alpha_{\mathrm{CS}}}=-\frac{\mathrm{d}m_{\mathrm{out}}}{\mathrm{d}\alpha_{\mathrm{CS}}} \tag{4.23}$$

由于燃烧过程只与混合气相关, 燃烧室内的液体燃油在该过程中忽略不计。

4.5 燃油喷射

能量转换是由喷射过程决定的, 即在一段时间内喷射了多少燃油。喷射过程受喷射压力、每个燃烧循环的喷射次数、每次喷射时间、喷油嘴几何形状和缸内压力的影响。

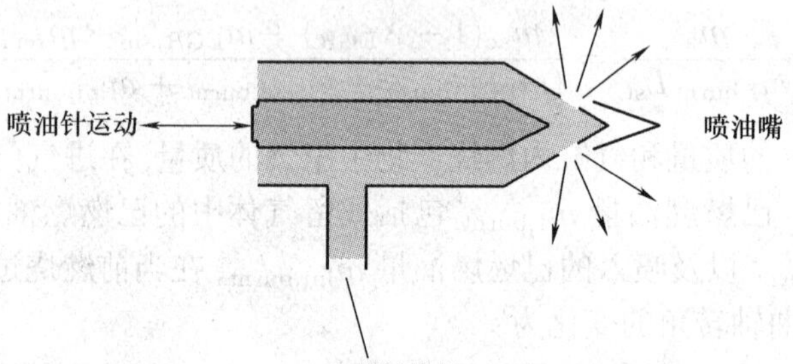

图 4.4　喷油器结构示意图

图 4.4 表示的是一个喷油器的结构示意图。喷油器内的燃油压力与轨腔压力相同, 随着针阀的运动, 喷嘴打开, 由于轨腔与燃烧室的压力差燃油被喷入气缸。根据不可压缩物质的伯努利方程 [98,121], 可以计算得到喷入燃油质量流量随曲轴转角 α_{CS} 的变化为

$$\frac{\mathrm{d}m_{\mathrm{f}}}{\mathrm{d}\alpha_{\mathrm{CS}}}=\frac{\mu_{\mathrm{inj}}}{2\pi n}A_{\mathrm{n}}\sqrt{2\rho_{\mathrm{f}}(p_{\mathrm{rail}}-p)} \tag{4.24}$$

式中, 随着曲轴旋转运动, 燃油质量由喷嘴有效截面积 A_{n}、燃油密度 ρ_{f} 和喷射压力 p_{rail} 与缸内压力 p 的差决定。喷嘴有效截面积 A_{n} 由针阀运动决定。为将燃油质量计算值与每个工况点的实测值对应, 引入因子 μ_{inj}。由于针阀的运动往往是未知的, 采用一个不包括针阀运动的模型。根据文献 [121], 直喷柴油机进入燃烧室的燃油量随曲轴旋转运动的关系可以假定为抛物线形的。

该抛物线方程为

$$\frac{\mathrm{d}m_{\mathrm{f}}(\alpha_{\mathrm{CS}})}{\mathrm{d}\alpha_{\mathrm{CS}}}=a\alpha_{\mathrm{CS}}^2+b\alpha_{\mathrm{CS}}+c \tag{4.25}$$

它必须开口向下, 即 $a<0$。最大值 $\left(\alpha_{\mathrm{CS,max}},\dfrac{\mathrm{d}m_{\mathrm{f,\ max}}}{\mathrm{d}\alpha_{\mathrm{CS}}}\right)$ 计算得出为

$$\alpha_{\mathrm{CS,max}}=-\frac{b}{2a};\qquad \frac{\mathrm{d}m_{\mathrm{f,max}}}{\mathrm{d}\alpha_{\mathrm{CS}}}=\frac{4ac-b^2}{4a} \tag{4.26}$$

如果在 $\alpha_{\mathrm{CS}}=0$ 时开始喷射, 喷入流量为

$$\frac{\mathrm{d}m_{\mathrm{f}}(\alpha_{\mathrm{CS}})}{\mathrm{d}\alpha_{\mathrm{CS}}}=a\alpha_{\mathrm{CS}}^2+b\alpha_{\mathrm{CS}},\quad 0\leqslant\alpha_{\mathrm{CS}}\leqslant\alpha_{\mathrm{CS,inj}} \tag{4.27}$$

当曲轴转角为 $\alpha_{\mathrm{CS,inj}}$ 时, 喷射结束。根据式 (4.24) 可得出最大截面积 $A_{\mathrm{n,max}}$ 下的最大流量为

$$\frac{\mathrm{d}m_{\mathrm{f,max}}}{\mathrm{d}\alpha_{\mathrm{CS}}}=\frac{\mu_{\mathrm{inj}}}{2\pi n}A_{\mathrm{n,max}}\sqrt{2\rho_{\mathrm{f}}(p_{\mathrm{rail}}-p)} \tag{4.28}$$

最大燃油流量对应的曲轴转角为

$$\alpha_{\mathrm{CS,max}}=\frac{\alpha_{\mathrm{CS,inj}}}{2} \tag{4.29}$$

当 $\alpha_{\mathrm{CS}}=\alpha_{\mathrm{CS,inj}}$ 时, 喷射过程结束。参数 a 在喷射结束时可以计算得到, 此时式 (4.27) 中 $\mathrm{d}m_{\mathrm{f}}/\mathrm{d}\alpha_{\mathrm{CS}}$ 为 0。

$$a=\frac{-b}{\alpha_{\mathrm{CS,inj}}} \tag{4.30}$$

利用式 (4.28) 中的最大流量 $\mathrm{d}m_{\mathrm{f,max}}/\mathrm{d}\alpha_{\mathrm{CS}}$、角度 $\alpha_{\mathrm{CS,max}}$ 和式 (4.27)、式 (4.30), 可得到抛物线方程的系数为

$$a=-\frac{4}{\alpha_{\mathrm{CS,inj}}^2}\frac{\mu_{\mathrm{inj}}}{2\pi n}A_{\mathrm{n,max}}\sqrt{2\rho_{\mathrm{f}}(p_{\mathrm{rail}}-p)} \tag{4.31}$$

$$b=\frac{4}{\alpha_{\mathrm{CS,inj}}}\frac{\mu_{\mathrm{inj}}}{2\pi n}A_{\mathrm{n,max}}\sqrt{2\rho_{\mathrm{f}}(p_{\mathrm{rail}}-p)} \tag{4.32}$$

将式 (4.24) 对喷射转角段 $\alpha_{\mathrm{CS,inj}}$ 积分, 可得到一个燃烧冲程的喷入燃油总量 m_{f} 为

$$m_{\mathrm{f}}=\frac{4}{\alpha_{\mathrm{CS,inj}}}\frac{\mu_{\mathrm{inj}}}{2\pi n}A_{\mathrm{n,max}}\sqrt{2\rho_{\mathrm{f}}(p_{\mathrm{rail}}-p)}\int_0^{\alpha_{\mathrm{CS,inj}}}\left(\alpha_{\mathrm{CS}}-\frac{\alpha_{\mathrm{CS}}^2}{\alpha_{\mathrm{CS,inj}}}\right)\mathrm{d}\alpha_{\mathrm{CS}} \tag{4.33}$$

该积分为分步积分, 可得到在 $0\leqslant\alpha_{\mathrm{CS}}i\leqslant\alpha_{\mathrm{CS,inj}}$ 范围内对应于每个时间微元 $\Delta\alpha_{\mathrm{CS}}$ 的燃油量 $m_{\mathrm{f},i}$ 为

$$m_{\mathrm{f},i}=\frac{4A_{\mathrm{n,max}}}{\alpha_{\mathrm{CS,inj}}}\frac{\mu_{\mathrm{inj}}}{2\pi n}\sqrt{2\rho_{\mathrm{f}}(p_{\mathrm{rail}}-p)}\int_{\Delta\alpha_{\mathrm{CS}}(i-1)}^{\Delta\alpha_{\mathrm{CS}}i}\left(\alpha_{\mathrm{CS}}-\frac{\alpha_{\mathrm{CS}}^2}{\alpha_{\mathrm{CS,inj}}}\right)\mathrm{d}\alpha_{\mathrm{CS}} \tag{4.34}$$

若喷入燃油质量总量 m_{f} 已知, 可以计算出喷射转角段 $\alpha_{\mathrm{CS,inj}}$

$$\alpha_{\mathrm{CS,inj}}=m_{\mathrm{f}}\frac{3\pi n}{\mu_{\mathrm{inj}}A_{\mathrm{n,max}}\sqrt{2\rho_{\mathrm{f}}(p_{\mathrm{rail}}-p)}} \tag{4.35}$$

为了参数化燃油喷射模型, 对不同工况点建立了关于 μ_{inj} 的 Map 图。针对预喷射和主喷射, 图 4.5 给出了喷射时间 $t_{\mathrm{inj}}=\alpha_{\mathrm{CS,inj}}/2\pi n$ 测量值与计算值的对比。

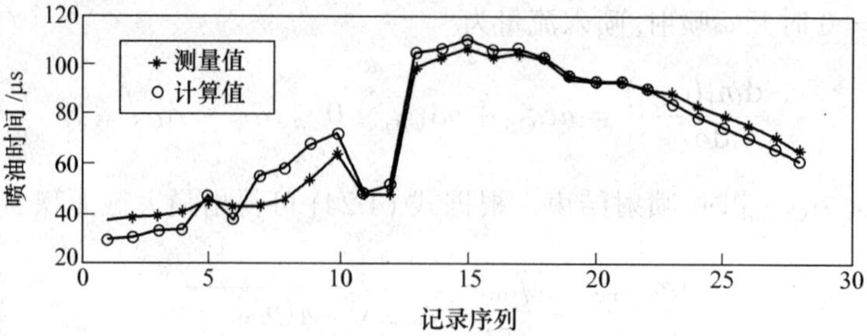

图 4.5 预喷射与主喷射期中喷射持续时间测量值与计算值的对比

4.6 燃油蒸发

Piezo 电控喷射技术可以确定喷射和燃油蒸发过程。喷射曲线可以有多种设计方案, 如图 4.6 所示。预喷射可以减少柴油机燃烧噪声。在燃烧冲程开始时, 通过一次少量的燃油喷射可以减小压力梯度。主喷射及其喷射规律可以用来优化发动机的动力输出。最后, 燃油微量后喷可以加热废气, 并在排气管的催化转化器中燃烧颗粒物。

因此, 仿真模型必须能够模拟这些特性。类似于韦伯函数 (Vibe function) 或者是双韦伯函数 (double−Vibe function)[86,98,125] 的简单能量转化模型是不够的, 本书中采用现象学模型 [20] 来仿真能量转化过程。

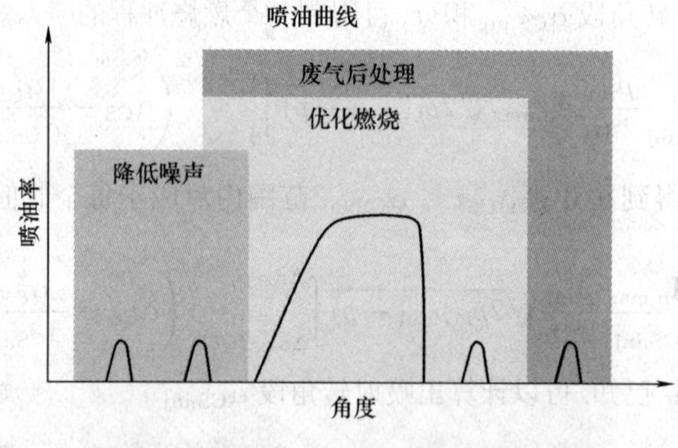

图 4.6 现代柴油喷射系统喷油曲线示意图

在喷射过程中, 燃油喷入燃烧室并蒸发, 蒸发过程取决于喷射压力、燃油密度、喷油嘴几何形状和缸内压力。在燃烧室内空燃比是不均匀的, 因此在喷射过程中产生了稀混合气和浓混合气的不同区域。

喷入的燃油蒸发为油滴和油雾, 并在油滴周围产生了气态区域。油滴的温度从中心到表面逐步升高, 其表面温度达到了燃烧室的温度。除了压力, 燃油蒸气的自燃还决定于温度和油雾周围的空燃比。燃烧开始时, 油雾温度升高并且氧气开始变少, 油雾周围的空燃比在 0 到无穷大之间。

根据文献 [20,122], 燃烧室内的油滴数量、油滴表面以及燃油蒸气量可以估算, 这些数据对于计算能量转化过程是必需的。图 4.7 给出了燃油蒸发过程的时序示意图, 图 4.7a 描述了预喷射和主喷射的喷射过程。假设燃油以离散的质量单元 $m_{\mathrm{f},i}$ 喷入燃烧室, 对于每个燃油单元, 液体、气体和已燃燃油的成分随时间不断变化。下面讨论以曲轴转角表示的时间微元 $\Delta\alpha_{\mathrm{CS}}\cdot j$ 内任一燃油单元 $m_{\mathrm{f},i}$ 的状态变化。

图 4.7b 显示了曲轴转角 $\alpha_{\mathrm{CS},1}$ 时刻燃烧室内燃油的瞬时状态, 不同的灰度代表喷入燃油的液态、气态和已燃部分。

如图 4.7c 所示, 在曲轴转角 $\alpha_{\mathrm{CS},2}$ 时刻, 燃油喷射过程接近结束。这时, 几乎所有的燃油已经燃烧, 尤其是预喷射的部分。$\alpha_{\mathrm{CS},1}$ 时刻喷射的燃油单元只有少量的气态燃油残留。

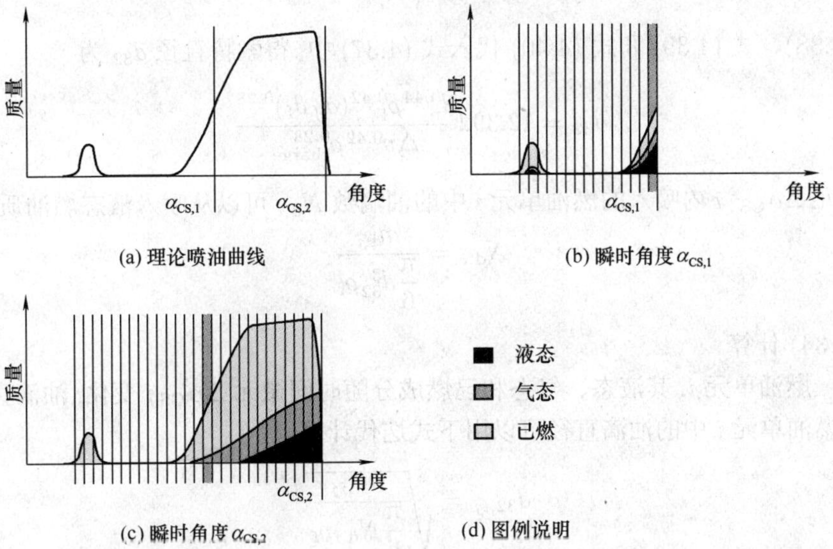

图 4.7 燃油蒸发过程时序示意图

下面计算油滴数和油滴的表面积。油滴直径较难以解析式形式表达, 这里采用取决于喷射压力和燃油单元质量的平均油滴直径 d_{32}。根据索特 (Sauter) 方法 [20],d_{32} 由所有油滴体积除以所有油滴面积计算得到

$$d_{32}=\frac{(\sum\limits_{r} d_{dr}^{3})H_r}{(\sum\limits_{r} d_{dr}^{2})H_r} \tag{4.36}$$

式中, H_r 为具有相同直径 d_{dr} 的油滴数目。由于 d_{dr} 和 H_r 未知, 所以索特直径 d_{32} 也可以根据 Varde/Popa/Varde[45] 方法进行计算

$$d_{32}=16.58(Re\cdot We)^{-0.28} \tag{4.37}$$

式中: Re——雷诺数;

We——韦伯数。

雷诺数 Re 由喷油嘴处的燃油流速 v_{n}、喷油嘴直径 d_{n} 和燃油运动学速度 ϑ_{f} 计算得到

$$Re = \frac{v_{\mathrm{n}} d_{\mathrm{n}}}{\vartheta_{\mathrm{f}}} \tag{4.38}$$

韦伯数 We 由燃烧室内气体密度 ρ_{charge} 和燃油表面张力 σ_{f} 计算得到

$$We = \frac{v_{\mathrm{n}}^2 d_{\mathrm{n}} \rho_{\mathrm{charge}}}{\sigma_{\mathrm{f}}} \tag{4.39}$$

为获得喷油嘴处的燃油流速 v_{n}，需要喷油器和燃烧室之间的压差 Δp 和燃油密度 ρ_{f}

$$v_{\mathrm{n}} = \sqrt{\frac{2\Delta p}{\rho_{\mathrm{f}}}} \tag{4.40}$$

将式 (4.38)、式 (4.39) 和式 (4.40) 代入式 (4.37) 中，得索特直径 d_{32} 为

$$d_{32} = 12.392 \frac{d_{\mathrm{n}}^{0.44} \rho_{\mathrm{f}}^{0.42} (\sigma_f \vartheta_{\mathrm{f}})^{0.28}}{\Delta p^{0.42} \rho_{\mathrm{charge}}^{0.28}} \tag{4.41}$$

时间微元 $\Delta\alpha_{\mathrm{CS}} \cdot i$ 内喷入的燃油单元 i 中的油滴数 $N_{\mathrm{d},i}$ 可以从喷入液态燃油质量 $m_{\mathrm{f},i}$ 得到

$$N_{\mathrm{d},i} = \frac{m_{\mathrm{f},i}}{\dfrac{\pi}{6} d_{32}^3 \rho_{\mathrm{f}}} \tag{4.42}$$

$m_{\mathrm{f},i}$ 由式 (4.34) 计算。

对于任一燃油单元 i，其液态、气态和已燃成分随时间微元 $\Delta\alpha_{\mathrm{CS}} j$ 变化，油滴直径 $d_{32,ij}$ 也随之变化。燃油单元 i 中的油滴直径可以用下式迭代计算：

$$d_{32,ij} = \sqrt[3]{\frac{m_{\mathrm{f},ij}}{\dfrac{\pi}{6} N_{\mathrm{d},i} \rho_{\mathrm{f}}}} \tag{4.43}$$

当 $\Delta\alpha_{\mathrm{CS}} j = \Delta\alpha_{\mathrm{CS}} i$ 时，液态燃油质量初始值 $m_{\mathrm{f},ij} = m_{\mathrm{f},i}$，见式 (4.34)。

在时间微元 $\Delta\alpha_{\mathrm{CS}} j$ 内，燃油单元 i 中所有的油滴表面积 $A_{\mathrm{f},ij}$ 和已蒸发燃油质量 $\Delta m_{\mathrm{f,ev},ij}$ 分别为

$$A_{\mathrm{f},ij} = N_{\mathrm{d},i} \pi d_{32,ij}^2 \tag{4.44}$$

$$\Delta m_{\mathrm{f,ev},ij} = C_{\mathrm{diff}} A_{\mathrm{f},ij} p^{m_p} \frac{\Delta\alpha_{\mathrm{CS}}}{n d_{32,ij}} \tag{4.45}$$

式中：p——燃烧室内工质压力；

n——发动机转速；

C_{diff}—— 4.8 节中确定的扩散常数。

通过指数 m_p 可以确定蒸发过程与缸内压力的相对关系。变量 $\Delta\alpha_{\mathrm{CS}}$ 是曲轴转角离散增量。

下一时间微元 $j+1$ 中燃油单元 i 的液态燃油部分，可以通过把式 (4.45) 中的已蒸发燃油质量 $\Delta m_{\mathrm{f,ev},ij}$ 从上一步 j 中液态部分质量 $m_{\mathrm{f},ij}$ 中减去得到

$$m_{\mathrm{f},i\,j+1} = m_{\mathrm{f},ij} - \Delta m_{\mathrm{f,ev},ij} \tag{4.46}$$

从 j 到 $j+1$ 时, 油滴直径 $d_{32,ij+1}$ 和表面积 $A_{\mathrm{f},ij+1}$ 可以通过式 (4.43) 和式 (4.44) 计算得到。

为描述已蒸发燃油到已燃燃油的转变过程, 在每一步 j 中引入自燃着火延迟期 $\tau_{\mathrm{id},j}$。着火延迟期 $\tau_{\mathrm{id},j}$ 可以通过经验方法 [20] 近似得到。这种近似方法取决于缸内平均压力 $\bar{p}_j$ 和瞬时转角段 $\Delta\alpha_{\mathrm{CS}}i$ 与 $\Delta\alpha_{\mathrm{CS}}j$ 间的平均温度 $\overline{\vartheta}_j$。

$$\tau_{\mathrm{id},j} = 2.1\bar{p}_j^{-1.02}\mathrm{e}^{\frac{2\ 100\ \mathrm{K}}{\vartheta_j}} \tag{4.47}$$

假设在着火延迟期 $\tau_{\mathrm{id},j}$ 之后, 完全燃烧的燃油质量包括第 j 步开始时燃油单元 i 的已蒸发燃油质量 $m_{\mathrm{f,ev},ij}$, 以及第 j 步中已蒸发燃油质量 $\Delta m_{\mathrm{f,ev},ij}$。

$$\Delta m_{\mathrm{f,burnt},ij} = m_{\mathrm{f,ev},ij} + \Delta m_{\mathrm{f,ev},ij} \tag{4.48}$$

这对应于转角段 $\Delta\alpha_{\mathrm{CS}}j \geqslant \Delta\alpha_{\mathrm{CS}}i + 2\pi n\tau_{\mathrm{id},j}$。在迭代下一步 $j+1$ 之前, 设 $m_{\mathrm{f,ev},i\,j+1}$ 为 0, 这是因为新的燃油将在 $j+1$ 时蒸发。如果着火延迟期还没到, 燃油单元 i 所有的已蒸发燃油质量 $m_{\mathrm{f,ev},i\,j+1}$ 在下一个迭代步 $j+1$ 开始时发生了变化

$$m_{\mathrm{f,ev},i\,j+1} = m_{\mathrm{f,ev},ij} + \Delta m_{\mathrm{f,ev},ij} \tag{4.49}$$

迭代步 j 时的所有已燃燃油质量 $m_{\mathrm{f,burnt},j}$ 为不同喷油单元 i 所有已燃部分的和

$$m_{\mathrm{f,burnt},j} = \sum_i \Delta m_{\mathrm{f,burnt},ij} \tag{4.50}$$

喷入并已燃的燃油质量为所有已燃燃油质量 $m_{\mathrm{inj,burnt}}$ 的和

$$m_{\mathrm{inj,burnt}} = \sum_j m_{\mathrm{f,burnt},j} \tag{4.51}$$

4.7 燃烧过程

燃烧过程建模是为了了解一台发动机在不同运行工况下的气缸内部情况, 此外还可以简化发动机控制策略和标定程序的开发。根据不同的要求, 可以建立不同的模型。零维模型的应用可用于硬件在环的设置, 文献 [122] 中介绍了一个更为复杂的二维模型。

这两种模型都是基于式 (2.1) 的理想气体热力学方程。对于燃烧过程本身的计算, 热力学平衡方程为

$$\mathrm{d}w_{\mathrm{t}} + \mathrm{d}Q + \sum_r \mathrm{d}m_r(h_r + e_r) = \mathrm{d}U + \mathrm{d}E_{\mathrm{ext}} \tag{4.52}$$

式中: w_{t}——技术功;

Q——外部热量;

$\mathrm{d}m_r$——通过系统边界（燃烧室）的无穷小质量（其焓为 h_r、外部比能为 e_r）。

式 (4.52) 的右边部分表示系统内部的能量:

U——内能;

E_{ext}——外部能量, 比如系统的动能和势能。

这两种方法都采用了 4.6 节中的现象学蒸发模型 (phenomenological evaporation model) 以及 4.5 节中针对可变能量转化率的燃油喷射模型。

4.7.1　零维模型

在零维模型中, 将燃烧室看做只有一个反应区的封闭系统。假定内部气体是理想混合的, 也忽略计算变量的局部差异、流动和涡流。图 4.8 给出了包含主要状态变量的燃烧室系统。以下介绍相关计算模型

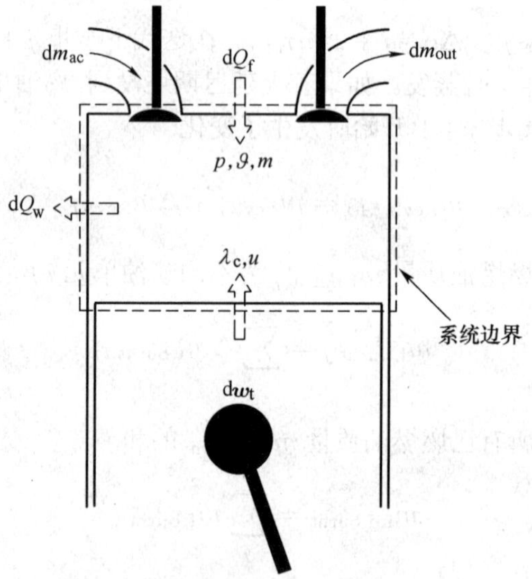

图 4.8　进气与燃烧模型

4.7.2　热力学方程

以曲轴转角为时间变量, 对理想气体状态方程式 (2.1) 进行微分有

$$p\frac{\mathrm{d}V}{\mathrm{d}\alpha_{\mathrm{CS}}}+V\frac{\mathrm{d}p}{\mathrm{d}\alpha_{\mathrm{CS}}}=mR\frac{\mathrm{d}\vartheta}{\mathrm{d}\alpha_{\mathrm{CS}}}+m\vartheta\frac{\mathrm{d}R}{\mathrm{d}\alpha_{\mathrm{CS}}}+R\vartheta\frac{\mathrm{d}m}{\mathrm{d}\alpha_{\mathrm{CS}}} \tag{4.53}$$

根据文献 [98]、[111], 只有在温度超过 1 800 K 或是空燃比低于 1.2 的情况下, 气体常数 R 的变化才能影响热力学状态方程。柴油机燃烧室中的温度一般都低于 1 800 K, 而空燃比高于 1.4, 因此可以将气体常数 R 看做恒定, 即 $\mathrm{d}R/\mathrm{d}\alpha_{\mathrm{CS}}=0$。

4.7.3　能量守恒

根据式 (4.52), 如果通过系统边界有外部热量 ($\mathrm{d}Q$)、技术功 ($\mathrm{d}w_{\mathrm{t}}$) 和焓 ($\mathrm{d}H$) 的变化, 气缸内内能 U 也会发生变化。由于外部能量 $\mathrm{d}E_{\text{ext}}$ 的影响很小, 所以可以忽略不计。

$$-\frac{\mathrm{d}w_{\mathrm{t}}}{\mathrm{d}\alpha_{\mathrm{CS}}}-\frac{\mathrm{d}Q_{\mathrm{w}}}{\mathrm{d}\alpha_{\mathrm{CS}}}-h_{\mathrm{out}}\frac{\mathrm{d}m_{\mathrm{out}}}{\mathrm{d}\alpha_{\mathrm{CS}}}+h_{\mathrm{ac}}\frac{\mathrm{d}m_{\mathrm{ac}}}{\mathrm{d}\alpha_{\mathrm{CS}}}+\frac{\mathrm{d}Q_{\mathrm{comb}}}{\mathrm{d}\alpha_{\mathrm{CS}}}=\frac{\mathrm{d}U}{\mathrm{d}\alpha_{\mathrm{CS}}} \tag{4.54}$$

式中:$\frac{\mathrm{d}w_{\mathrm{t}}}{\mathrm{d}\alpha_{\mathrm{CS}}}$ 是活塞的体积功,通过气缸壁的传热损失为 $\frac{\mathrm{d}Q_{\mathrm{w}}}{\mathrm{d}\alpha_{\mathrm{CS}}}$,$h_{\mathrm{out}}\frac{\mathrm{d}m_{\mathrm{out}}}{\mathrm{d}\alpha_{\mathrm{CS}}}$ 是流出燃烧室物质的焓的变化。对应的,通过进气管进入气缸的物质焓的变化为 $h_{\mathrm{ac}}\frac{\mathrm{d}m_{\mathrm{ac}}}{\mathrm{d}\alpha_{\mathrm{CS}}}$,$\frac{\mathrm{d}Q_{\mathrm{comb}}}{\mathrm{d}\alpha_{\mathrm{CS}}}$ 为燃料燃烧放出的热量。以上各项之和就是气体内能的变化 $\mathrm{d}U/\mathrm{d}\alpha_{\mathrm{CS}}$。

4.7.4 体积功

在燃烧过程中,燃烧室是一个封闭系统,体积功驱动活塞运动。式 (2.4) 给出了体积变化与功的关系。为计算体积功,必须知道活塞的位置,式 (3.4) 给出了取决于曲轴转角 α_{CS} 的活塞位置 s。在上止点时,体积是最小的,称之为余隙容积 V_{TDC}。当前缸内容积由活塞表面积 A_{piston}、排量 V_{d} 和活塞位置 $s(\alpha_{\mathrm{CS}})$ 来计算

$$\begin{aligned}V(\alpha_{\mathrm{CS}}) &= V_{\mathrm{TDC}}+s(\alpha_{\mathrm{CS}})A_{\mathrm{piston}}\\ &=\frac{V_{\mathrm{d}}}{\varepsilon-1}+s(\alpha_{\mathrm{CS}})\frac{V_{\mathrm{d}}}{2r}\end{aligned} \tag{4.55}$$

将式 (4.55) 对曲轴转角 α_{CS} 微分后,可以得到燃烧室容积的变化率

$$\frac{\mathrm{d}V}{\mathrm{d}\alpha_{\mathrm{CS}}}=V_{\mathrm{d}}\left[\frac{\sin\alpha_{\mathrm{CS}}}{2}+\frac{r}{4l}\frac{\sin(2\alpha_{\mathrm{CS}})}{\sqrt{1-\frac{r^2}{l^2}\sin^2\alpha_{CS}}}\right] \tag{4.56}$$

对一个给定的燃烧室压力 p,可由式 (2.4) 计算得到体积功

$$\frac{\mathrm{d}w_{\mathrm{t}}}{\mathrm{d}\alpha_{\mathrm{CS}}}=p\frac{\mathrm{d}V}{\mathrm{d}\alpha_{\mathrm{CS}}} \tag{4.57}$$

4.7.5 热量损失

缸内气体与燃烧室壁面的传热取决于换气过程和燃烧室内的气体运动。燃烧时,热流密度达到最高 [116]。传热量取决于燃烧室平均温度和平均压力。传热方式包括:

① 导热　由于温度非均匀分布,热能通过分子运动传递。

② 对流换热　由高温到低温的宏观粒子运动。

③ 辐射传热　电磁波是辐射能的载体,因此辐射传热可以不需要物理介质而在真空中传播。

根据文献 [98],燃烧室内气体与其壁面之间的热量交换可通过下式来描述:

$$\frac{\mathrm{d}Q_{\mathrm{w}}}{\mathrm{d}\alpha_{\mathrm{CS}}}=\frac{\mathrm{d}t}{\mathrm{d}\alpha_{\mathrm{CS}}}(\vartheta-\vartheta_{\mathrm{m}})\sum_{k=1}^{3}k_kA_k \tag{4.58}$$

式中: $\vartheta-\vartheta_{\mathrm{m}}$——缸内气体与壁面之间的温度差;

A_k——表面积;

下标 k——燃烧室壁面;

k_k——传热系数。

三个表面积为活塞顶面面积 $A_{\rm piston}$、缸盖表面积 $A_{\rm CYL}$ 和取决于活塞位置的燃烧室侧面积 $A_{\rm ch}$。假定换热系数 k_k 对于所有表面是一样的, 它取决于燃烧室壁面的传热系数 $\alpha_{\rm ch}$ 和冷侧介质的传热系数 $\alpha_{\rm co}$, 可表示为

$$k_k=\frac{1}{\dfrac{1}{\alpha_{\rm ch}}+\dfrac{1}{\alpha_{\rm co}}+\dfrac{s_{\rm ch}}{\lambda_{\rm ch}}} \tag{4.59}$$

式中:$s_{\rm ch}$——燃烧室壁面厚度;

$\lambda_{\rm ch}$——导热系数。

$\alpha_{\rm co}$ 可以近似为水流绕圆管流动的对流换热系数值 [112], 此处将其忽略不计。燃烧室壁面的传热系数 $\alpha_{\rm ch}$ 包含对流项和辐射项:

$$\alpha_{\rm ch}=\alpha_{\rm conv}+\alpha_{\rm rad} \tag{4.60}$$

根据 Hohenberg[98], 对流项 $\alpha_{\rm conv}$ 可以计算为

$$\alpha_{\rm conv}=130V^{-0.06}p^{0.8}\vartheta^{-0.4}(v_{\rm p}+1.4)^{0.8} \tag{4.61}$$

其中, 体积 V、温度 ϑ、压力 p 以及活塞速度 v_p 都可通过计算得到。

忽略 $\alpha_{\rm rad}$、 $\alpha_{\rm co}$ 和 $\dfrac{s_{\rm ch}}{\lambda_{\rm ch}}$, 因为它们对换热系数 k_k 影响很小。最后可以将式 (4.59) 简化为

$$k_k=\alpha_{\rm conv} \tag{4.62}$$

4.7.6 能量转化

燃烧过程中燃料燃烧产生的放热量 $Q_{\rm comb}$ 由已燃燃油 $m_{\rm inj,burnt}$ 和低热值 $H_{\rm low}$ 计算, 即

$$Q_{\rm comb}=H_{\rm low}m_{\rm inj,burnt} \tag{4.63}$$

放热量对曲轴转角的微分为

$$\frac{{\rm d}Q_{\rm comb}}{{\rm d}\alpha_{\rm CS}}=H_{\rm low}\frac{{\rm d}m_{\rm inj,burnt}}{{\rm d}\alpha_{\rm CS}} \tag{4.64}$$

对照式 (4.51), 可得任一时间微元 j 对应的能量转化 $\dfrac{{\rm d}Q_{{\rm comb},j}}{{\rm d}\alpha_{\rm CS}}$ 为

$$\frac{{\rm d}Q_{{\rm comb},j}}{{\rm d}\alpha_{\rm CS}}=H_{\rm low}\frac{{\rm d}m_{{\rm f,burnt},j}}{{\rm d}\alpha_{\rm CS}} \tag{4.65}$$

4.7.7 流体的焓

换气过程中焓的变化可以通过式 (2.1) 和式 (2.8) 计算得到, 对进气和排气有

$$h_{\rm ac}\frac{{\rm d}m_{\rm ac}}{{\rm d}\alpha_{\rm CS}}=(u_{\rm ac}+R\vartheta_{\rm ac})\frac{{\rm d}m_{\rm ac}}{{\rm d}\alpha_{\rm CS}} \tag{4.66}$$

$$h_{\mathrm{out}}\frac{\mathrm{d}m_{\mathrm{out}}}{\mathrm{d}\alpha_{\mathrm{CS}}}=(u+R\vartheta)\frac{\mathrm{d}m_{\mathrm{out}}}{\mathrm{d}\alpha_{\mathrm{CS}}} \tag{4.67}$$

缸内气体的温度 ϑ 和内能 u 可以用来计算废气的焓 h_{out}。若还需对增压器建模, 这步计算就是必须的。

4.7.8 气体充量的内能

气体充量的内能取决于燃烧室内的压力 p、温度 ϑ 和空燃比 λ_{c}, 其微分形式为

$$\begin{aligned}\frac{\mathrm{d}U}{\mathrm{d}\alpha_{\mathrm{CS}}}&=m\frac{\mathrm{d}u}{\mathrm{d}\alpha_{\mathrm{CS}}}+u\frac{\mathrm{d}m}{\mathrm{d}\alpha_{\mathrm{CS}}}\\&=m\frac{\partial u}{\partial\vartheta}\frac{\mathrm{d}\vartheta}{\mathrm{d}\alpha_{\mathrm{CS}}}+m\frac{\partial u}{\partial\lambda_{\mathrm{c}}}\frac{\mathrm{d}\lambda_{\mathrm{c}}}{\mathrm{d}\alpha_{\mathrm{CS}}}+m\frac{\partial u}{\partial p}\frac{\mathrm{d}p}{\mathrm{d}\alpha_{\mathrm{CS}}}+u\frac{\mathrm{d}m}{\mathrm{d}\alpha_{\mathrm{CS}}}\end{aligned} \tag{4.68}$$

根据文献 [58], 缸内压力对内能的影响可以忽略不计, $\dfrac{\partial u}{\partial p}$ 为 0。数值计算时, 将式 (4.68) 转化为参考温度 ϑ_0 邻域内的泰勒级数公式 [58]($\vartheta_0=273.15\ \mathrm{K}$)。由此得到的内能 $u(\vartheta,\lambda_{\mathrm{c}})$ 为

$$\begin{aligned}u(\vartheta,\lambda_{\mathrm{c}})=144.5\Bigg[&-\left(0.097\,5+\frac{0.048\,5}{\lambda_{\mathrm{c}}^{0.75}}\right)(\vartheta-\vartheta_0)^3\times10^{-6}+\\&\left(7.768+\frac{3.36}{\lambda_{\mathrm{c}}^{0.80}}\right)(\vartheta-\vartheta_0)^2\times10^{-4}+\\&\left(489.6+\frac{46.4}{\lambda_{\mathrm{c}}^{0.93}}\right)(\vartheta-\vartheta_0)\times10^{-2}+1\,356.8\Bigg]\end{aligned} \tag{4.69}$$

将式 (4.69) 进行偏微分, 就可得到内能相对于温度的变化率 $\partial u/\partial\vartheta$ 以及内能相对于空燃比的变化率 $\partial u/\partial\lambda_{\mathrm{c}}$。

4.7.9 状态变量计算

最后, 燃烧室内的温度 ϑ 可以通过能量守恒 [式 (4.54)] 计算得到。将 $\mathrm{d}U/\mathrm{d}\alpha_{\mathrm{CS}}$ 代入式 (4.68), 考虑质量守恒 [式 (4.20)], 并假设 $\partial u/\partial p=0$, 即得

$$\begin{aligned}&-\frac{\mathrm{d}w_{\mathrm{t}}}{\mathrm{d}\alpha_{\mathrm{CS}}}-\frac{\mathrm{d}Q_{\mathrm{w}}}{\mathrm{d}\alpha_{\mathrm{CS}}}+\frac{\mathrm{d}Q_{\mathrm{comb}}}{\mathrm{d}\alpha_{\mathrm{CS}}}+h_{\mathrm{ac}}\frac{\mathrm{d}m_{\mathrm{ac}}}{\mathrm{d}\alpha_{\mathrm{CS}}}-h_{\mathrm{out}}\frac{\mathrm{d}m_{\mathrm{out}}}{\mathrm{d}\alpha_{\mathrm{CS}}}\\=&m\frac{\partial u}{\partial\vartheta}\frac{\mathrm{d}\vartheta}{\mathrm{d}\alpha_{\mathrm{CS}}}+m\frac{\partial u}{\partial\lambda_{\mathrm{c}}}\frac{\mathrm{d}\lambda_{\mathrm{c}}}{\mathrm{d}\alpha_{\mathrm{CS}}}+u\left(\frac{\mathrm{d}m_{\mathrm{ac}}}{\mathrm{d}\alpha_{\mathrm{CS}}}+\frac{\mathrm{d}m_{\mathrm{inj,burnt}}}{\mathrm{d}\alpha_{\mathrm{CS}}}-\frac{\mathrm{d}m_{\mathrm{out}}}{\mathrm{d}\alpha_{\mathrm{CS}}}\right)\end{aligned}$$

由 $\dfrac{\mathrm{d}m_{\mathrm{inj,burnt}}}{\mathrm{d}\alpha_{\mathrm{CS}}}=\dfrac{1}{H_{\mathrm{low}}}\dfrac{\mathrm{d}Q_{\mathrm{comb}}}{\mathrm{d}\alpha_{\mathrm{CS}}}$, 焓 $h_{\mathrm{ac}}=u_{\mathrm{ac}}+R\vartheta_{\mathrm{ac}}$, 以及式 (4.66) 和式 (4.67) 中流量的 $h_{\mathrm{out}}=u+R\vartheta$, 可得温度变化率为

$$\begin{aligned}\frac{\mathrm{d}\vartheta}{\mathrm{d}\alpha_{\mathrm{CS}}}=&\frac{1}{m\dfrac{\partial u}{\partial\vartheta}}\Bigg[\frac{\mathrm{d}Q_{\mathrm{comb}}}{\mathrm{d}\alpha_{\mathrm{CS}}}\left(1-\frac{u}{H_{\mathrm{low}}}\right)-\frac{\mathrm{d}Q_w}{\mathrm{d}\alpha_{\mathrm{CS}}}-\frac{\mathrm{d}w_t}{\mathrm{d}\alpha_{\mathrm{CS}}}-\\&(R\vartheta)\frac{\mathrm{d}m_{\mathrm{out}}}{\mathrm{d}\alpha_{\mathrm{CS}}}+(u_{\mathrm{ac}}-u+R\vartheta_{\mathrm{ac}})\frac{\mathrm{d}m_{\mathrm{ac}}}{\mathrm{d}\alpha_{\mathrm{CS}}}-m\frac{\partial u}{\partial\lambda_{\mathrm{c}}}\frac{\mathrm{d}\lambda_{\mathrm{c}}}{\mathrm{d}\alpha_{\mathrm{CS}}}\Bigg]\end{aligned} \tag{4.70}$$

根据理想气体微分方程式 (4.53), 可得压力变化率 $\mathrm{d}p/\mathrm{d}\alpha_{\mathrm{CS}}$ 为

$$\frac{\mathrm{d}p}{\mathrm{d}\alpha_{\mathrm{CS}}}=\frac{mR\dfrac{\mathrm{d}\vartheta}{\mathrm{d}\alpha_{\mathrm{CS}}}+m\vartheta\dfrac{\mathrm{d}R}{\mathrm{d}\alpha_{\mathrm{CS}}}+R\vartheta\dfrac{\mathrm{d}m}{\mathrm{d}\alpha_{\mathrm{CS}}}-p\dfrac{\mathrm{d}V}{\mathrm{d}\alpha_{\mathrm{CS}}}}{V} \tag{4.71}$$

式中, 还要代入体积变化率 $\mathrm{d}V/\mathrm{d}\alpha_{\mathrm{CS}}$[式 (4.56)]、温度变化率 $\mathrm{d}\vartheta/\mathrm{d}\alpha_{\mathrm{CS}}$[式 (4.70)] 以及质量变化率 $\mathrm{d}m/\mathrm{d}\alpha_{\mathrm{CS}}$[式 (4.20)], 并假设 $\mathrm{d}R/\mathrm{d}\alpha_{\mathrm{CS}}=0$。

4.8 模型参数拟合

这一节将讨论燃烧模型重要参数的拟合。模型应当在不同的运行工况下进行校正, 发动机模型的几何参数和发动机测试台架上获得的测试数据都是必需的。

能量转化过程的重要参数是自燃着火延迟期 τ_{id} 和扩散常数 C_{diff}[122], 为了获得这两个参数需要使用解析方法。在燃烧过程中测量缸内压力和温度, 由 $\dfrac{\mathrm{d}m_{\mathrm{ac}}}{\mathrm{d}\alpha_{\mathrm{CS}}}=0$、$\dfrac{\mathrm{d}m_{\mathrm{out}}}{\mathrm{d}\alpha_{\mathrm{CS}}}=0$ 和 $\dfrac{\mathrm{d}m}{\mathrm{d}\alpha_{\mathrm{CS}}}=\dfrac{\mathrm{d}m_{\mathrm{inj,burnt}}}{\mathrm{d}\alpha_{\mathrm{CS}}}$, 并假设 $\dfrac{\mathrm{d}R}{\mathrm{d}\alpha_{\mathrm{CS}}}=0$, 则理想气体微分方程式 (4.53) 可以写成

$$p\frac{\mathrm{d}V}{\mathrm{d}\alpha_{\mathrm{CS}}}+V\frac{\mathrm{d}p}{\mathrm{d}\alpha_{\mathrm{CS}}}=mR\frac{\mathrm{d}\vartheta}{\mathrm{d}\alpha_{\mathrm{CS}}}+R\vartheta\frac{\mathrm{d}m_{\mathrm{inj,burnt}}}{\mathrm{d}\alpha_{\mathrm{CS}}} \tag{4.72}$$

将 $\dfrac{\mathrm{d}\vartheta}{\mathrm{d}\alpha_{\mathrm{CS}}}$ 用式 (4.70) 代入, 可得

$$\begin{aligned}p\frac{\mathrm{d}V}{\mathrm{d}\alpha_{\mathrm{CS}}}+V\frac{\mathrm{d}p}{\mathrm{d}\alpha_{\mathrm{CS}}}=&\frac{R}{\dfrac{\partial u}{\partial\vartheta}}\left[\frac{\mathrm{d}Q_{\mathrm{comb}}}{\mathrm{d}\alpha_{\mathrm{CS}}}\left(1-\frac{u}{H_{\mathrm{low}}}\right)-\frac{\mathrm{d}Q_{\mathrm{w}}}{\mathrm{d}\alpha_{\mathrm{CS}}}-\frac{\mathrm{d}w_{\mathrm{t}}}{\mathrm{d}\alpha_{\mathrm{CS}}}-\right.\\&\left.m\frac{\partial u}{\partial\lambda_{\mathrm{c}}}\frac{\mathrm{d}\lambda_{\mathrm{c}}}{\mathrm{d}\alpha_{\mathrm{CS}}}\right]+R\vartheta\frac{\mathrm{d}m_{\mathrm{inj,burnt}}}{\mathrm{d}\alpha_{\mathrm{CS}}}\end{aligned} \tag{4.73}$$

将式 (4.57) 中的 $\dfrac{\mathrm{d}w_{\mathrm{t}}}{\mathrm{d}\alpha_{\mathrm{CS}}}$、式 (4.19) 中的 $\dfrac{\mathrm{d}\lambda_{\mathrm{c}}}{\mathrm{d}\alpha_{\mathrm{CS}}}$ 和式 (4.64) 中的 $\dfrac{\mathrm{d}m_{\mathrm{inj,burnt}}}{\mathrm{d}\alpha_{\mathrm{CS}}}$ 代入式 (4.73), 得到

$$\begin{aligned}p\frac{\mathrm{d}V}{\mathrm{d}\alpha_{\mathrm{CS}}}+V\frac{\mathrm{d}p}{\mathrm{d}\alpha_{\mathrm{CS}}}m=&\frac{R}{\dfrac{\partial u}{\partial\vartheta}}\left[\frac{\mathrm{d}Q_{\mathrm{comb}}}{\mathrm{d}\alpha_{\mathrm{CS}}}\left(1-\frac{u}{H_{\mathrm{low}}}\right)-\frac{\mathrm{d}Q_{\mathrm{w}}}{\mathrm{d}\alpha_{\mathrm{CS}}}-p\frac{\mathrm{d}V}{\mathrm{d}\alpha_{\mathrm{CS}}}+\right.\\&\left.m\frac{\partial u}{\partial\lambda_{\mathrm{c}}}\frac{\lambda_{\mathrm{c}}}{m_{\mathrm{f,burnt}}}\frac{1}{H_{\mathrm{low}}}\frac{\mathrm{d}Q_{\mathrm{comb}}}{\mathrm{d}\alpha_{\mathrm{CS}}}\right]+R\vartheta\frac{1}{H_{\mathrm{low}}}\frac{\mathrm{d}Q_{\mathrm{comb}}}{\mathrm{d}\alpha_{\mathrm{CS}}}\end{aligned} \tag{4.74}$$

因此, 能量转化方程为

$$\frac{\mathrm{d}Q_{\mathrm{comb}}}{\mathrm{d}\alpha_{\mathrm{CS}}}=H_{\mathrm{low}}\frac{\dfrac{\mathrm{d}Q_{\mathrm{w}}}{\mathrm{d}\alpha_{\mathrm{CS}}}+p\dfrac{\mathrm{d}V}{\mathrm{d}\alpha_{\mathrm{CS}}}\left[1+\dfrac{1}{R}\dfrac{\partial u}{\partial\vartheta}\right]+\dfrac{V}{R}\dfrac{\partial u}{\partial\vartheta}\dfrac{\mathrm{d}p}{\mathrm{d}\alpha_{\mathrm{CS}}}}{H_{\mathrm{low}}-u+\vartheta\dfrac{u}{\partial\vartheta}+\dfrac{\lambda_{\mathrm{c}}}{m_{\mathrm{f,burnt}}}m\dfrac{\partial u}{\partial\lambda_{\mathrm{c}}}} \tag{4.75}$$

根据文献 [98], 喷射开始与能量转化开始之间的时间差就是自燃着火延迟期。图 4.9 给出了能量转化计算值 $\dfrac{\mathrm{d}Q_{\mathrm{comb}}}{\mathrm{d}\alpha_{\mathrm{CS}}}$ 和相关的燃油喷射流量。式 (4.47) 中的自燃着火延迟期 τ_{id} 的估计式为

$$\tau_{\mathrm{id}} = a\bar{p}^{\mathrm{b}}\mathrm{e}^{\frac{c}{\vartheta}} \tag{4.76}$$

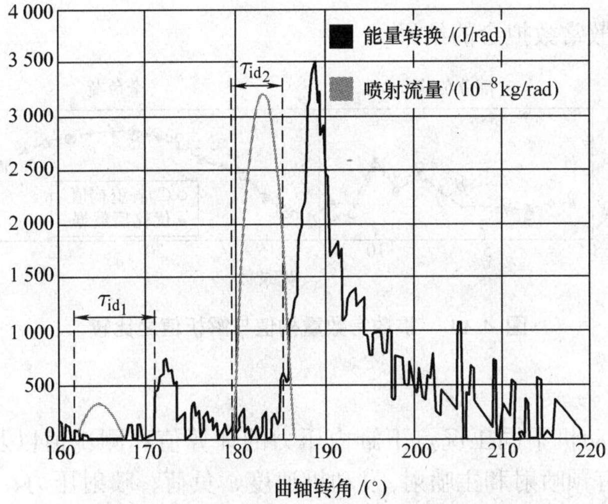

图 4.9　能量转化与自燃着火延迟期测量值

此外, 还需要增加喷入燃油质量 m_{f} 的相关项

$$\tau_{\mathrm{id}} = a\bar{p}^{\mathrm{b}}e^{\frac{c}{\vartheta}} - dm_{\mathrm{f}}^{e} \tag{4.77}$$

参数 a、b、c、d 和 e 需要不断调整, 直到式 (4.77) 可以适用于发动机所有的工况点, 在调整过程中使用 Levenberg–Marquardt 算法和文献 [122] 中给出的初始值。图 4.10 表示了发动机在不同工况点下自燃着火延迟期的测量值和计算值。

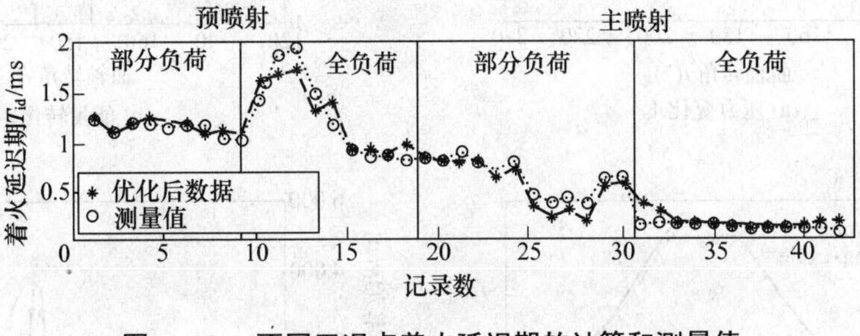

图 4.10　不同工况点着火延迟期的计算和测量值

第二个需要调整的变量是式 (4.45) 中的扩散常数 C_{diff}, 这里采用以活塞平均速度 $\bar{\dot{s}}$ 和燃烧室内空气质量 m_{a} 为变量的经验公式 [82,98]:

$$C_{\mathrm{diff}} = (a + b\bar{\dot{s}}m_{\mathrm{a}} - cm_{\mathrm{f}}) \times 10^{-5} \tag{4.78}$$

扩散常数不能直接测量得到, 因此对于一台发动机的扩散常数 C_{diff}, 需要采用以下两个步骤来调整式 (4.78) 中的参数 a、b、c:

① 在仿真过程中不断修改式 (4.45) 中的扩散常数 C_{diff}, 直到发动机不同工况点下的测量值和计算值拟合较好, 这就给出了不同工况点下的扩散常数重构值, 以备后用。

② 解析方法中的参数 a、 b 和 c 在发动机不同工况点下都与第一步中的扩散常数重构值相适应。初始值可在文献 [20] 中找到, 在这一过程中同样也用到了 Levenberg–Marquardt 算法。

图 4.11 给出了扩散常数拟合的结果。

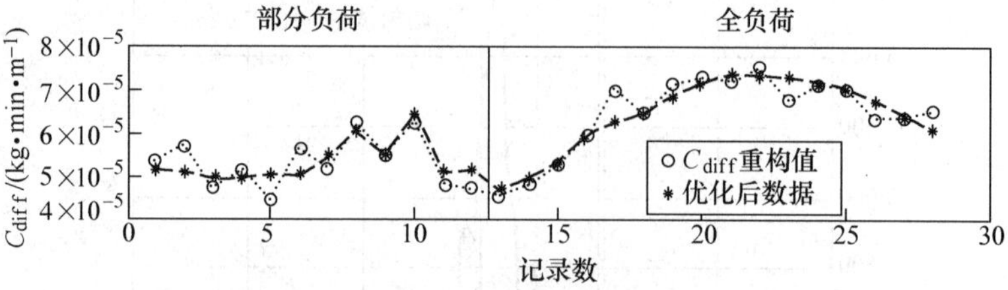

图 4.11 扩散常数重构值与解析值之比较

仿真结果

图 4.12 给出了发动机不同工况点下缸内压力的计算值和测试值以及能量转化率重构值。在所有的工况点下都有预喷射和主喷射, 发动机速度、负荷、喷射压力、缸内进气和喷入燃油质量都是变化的。根据压力和能量转化的测量值与解析计算值之间的对比, 表明模型足够精确, 在所有工况点下仿真值与真实压力值之间的偏差都在 5%以下, 只有在发动机低负荷且燃油喷射量较大时偏差上升到了 8%, 如图 4.12g 所示。

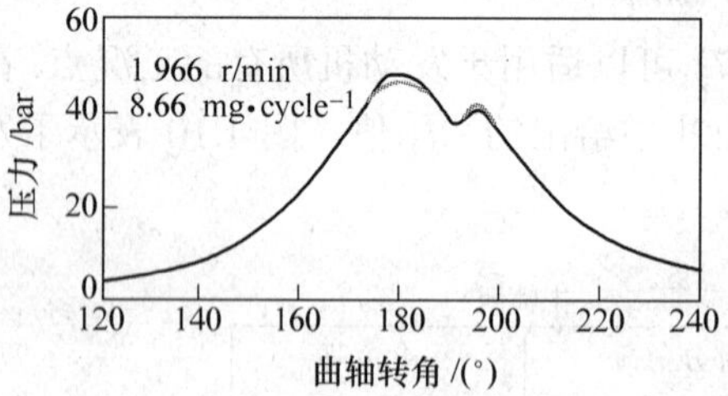

(a) 压力变化 1

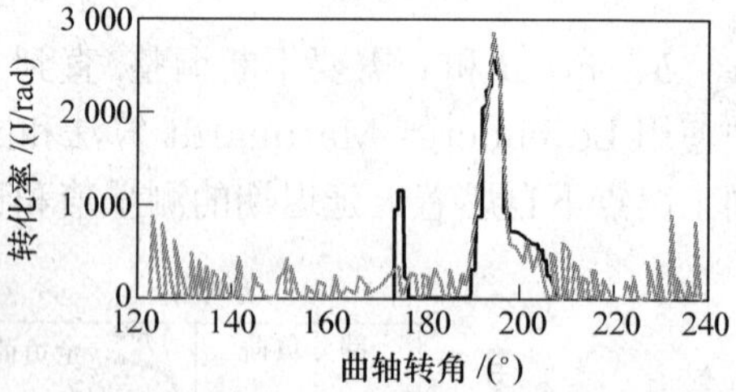

(b) 能量转化率 1

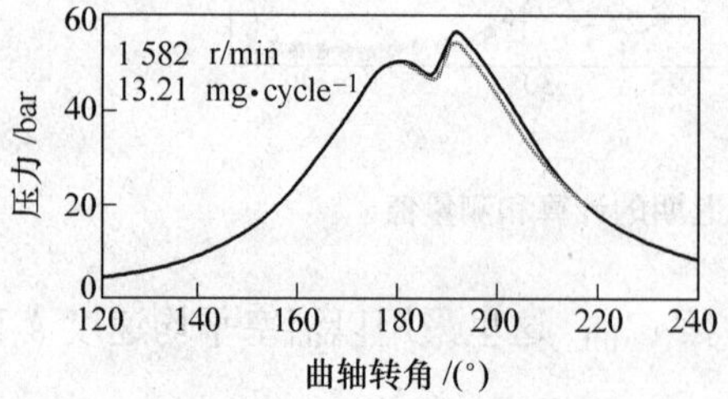

(c) 压力变化 2

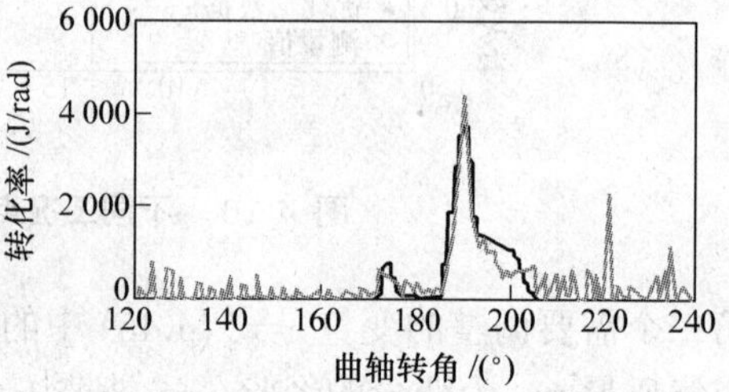

(d) 能量转化率 2

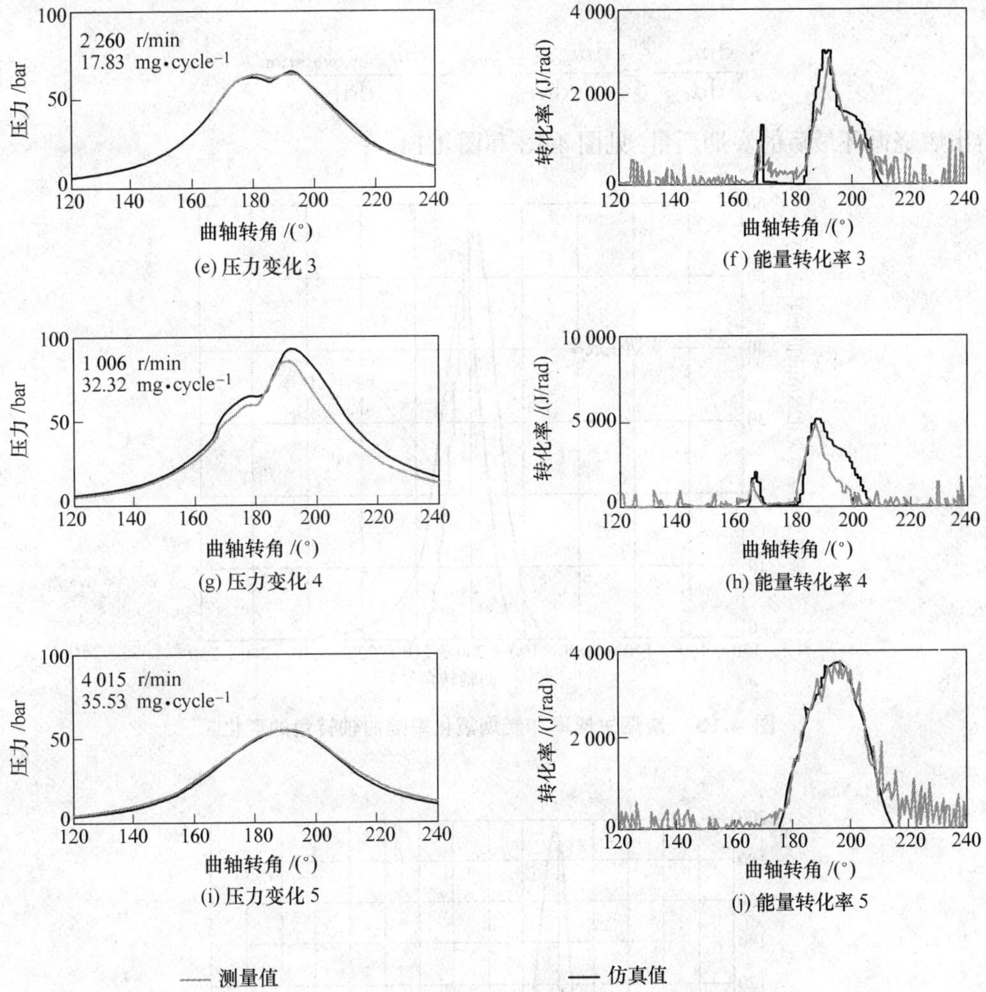

图 4.12 压力和能量转化率测量值与仿真值的对比

4.9 炭烟生成

炭烟是柴油机燃烧的主要问题, 柴油机 70%～ 90%的颗粒排放都是炭烟。它是由于非均质燃油空气混合物中的低氧率导致不完全燃烧而产生, 这种不完全燃烧主要出现于燃油直接喷射到火焰上的情形 [40]。由于燃烧温度升高使氧气密度下降, 柴油分子分裂, 释放出氢气而导致了聚合。聚合分子的燃烧速度很慢, 由此产生未燃炭烟。

炭烟产生于燃烧室内浓混合气区域, 这种区域内空燃比很低而且负荷不均匀。炭烟生成没有简单计算方法, 只能借助现象学方法 (phenomenological approach)。

Hiroyuki[50] 和 Boulouchos[113] 采用的现象学方法将炭烟产生与氧化联系起来。根据平衡

方程

$$\frac{\mathrm{d}m_{\mathrm{soot}}}{\mathrm{d}\alpha_{\mathrm{CS}}}=\frac{\mathrm{d}m_{\mathrm{soot,accrue}}}{\mathrm{d}\alpha_{\mathrm{CS}}}-\frac{\mathrm{d}m_{\mathrm{soot,oxidation}}}{\mathrm{d}\alpha_{\mathrm{CS}}} \tag{4.79}$$

可以得出燃烧循环最后的炭烟质量, 见图 4.13 和图 4.14。

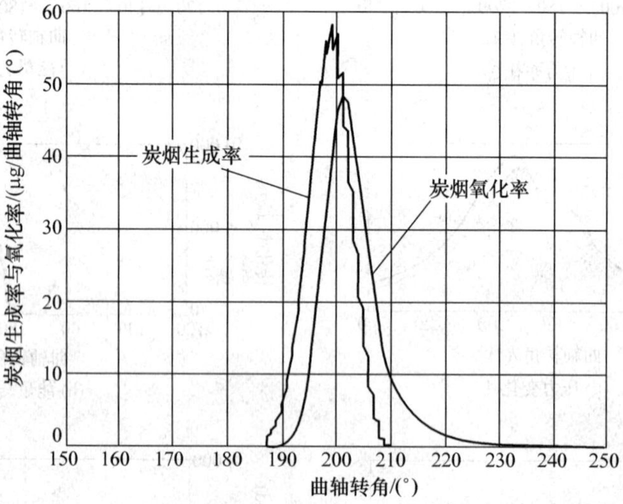

图 4.13 炭烟生成率和炭烟氧化率随曲轴转角的变化

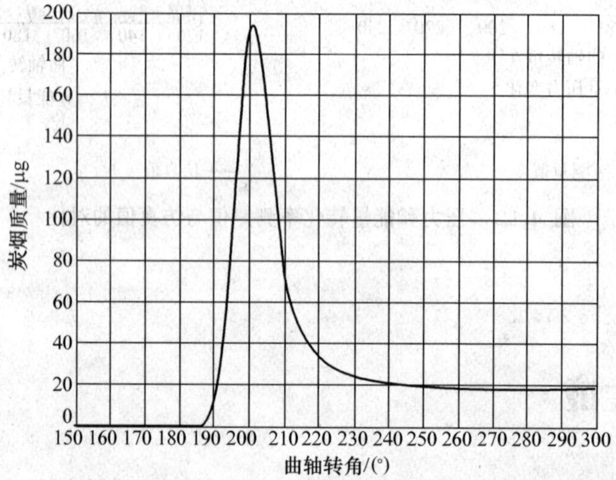

图 4.14 炭烟生成与氧化过程的质量差随曲轴转角的变化

炭烟生成率为

$$\frac{\mathrm{d}m_{\mathrm{soot,accrue}}}{\mathrm{d}\alpha_{\mathrm{CS}}}=A_{\mathrm{B}}\frac{\mathrm{d}m_{\mathrm{f}}}{\mathrm{d}\alpha_{\mathrm{CS}}}\left(\frac{p}{p_{\mathrm{ref}}}\right)^{n_1}\exp\frac{\vartheta_{\mathrm{soot,accrue}}}{\vartheta} \tag{4.80}$$

它取决于激活温度 $\vartheta_{\mathrm{soot,accrue}}$ 和燃烧室内的相对压力 p_{ref}, A_{B} 为炭烟生成常数。

炭烟氧化方程为

$$\frac{\mathrm{d}m_{\mathrm{soot,oxidation}}}{\mathrm{d}\alpha_{\mathrm{CS}}} = A_0 \frac{1}{\tau_{\mathrm{char}}} m_{\mathrm{soot}}^{n_2} \left(\frac{p_{\mathrm{O_2}}}{p_{\mathrm{O_2,ref}}} \right)^{n_3} \exp \frac{\vartheta_{\mathrm{oxidation}}}{\vartheta} \tag{4.81}$$

式中:A_0——炭烟氧化常数;

τ_{char}——特征混合时间;

$p_{\mathrm{O_2}}$——氧气压力;

$p_{\mathrm{O_2,ref}}$——氧气参考压力;

$\vartheta_{\mathrm{oxidation}}$——炭烟氧化的激活温度。

通过对燃烧过程的适当控制,提高燃烧后期的炭烟氧化率,可以降低炭烟排放。

第 5 章　发动机控制系统

5.1 空燃比控制

对基于化学计量比 (stoichiometric) 运行的发动机工况, 排放水平在很大程度上取决于空燃比 $\lambda = 1$ 的控制精度。由于测量和计算误差的存在, 发动机必须通过闭环控制来实现精确的混合气化学计量比控制。

5.1.1 点燃式发动机的化学计量比工况

对点燃式发动机而言, 部分负荷运行工况下混合气太稀, 空燃比 λ 偏大; 在中、高负荷工况下,λ 才达到化学计量比。空燃比为化学计量比时, $\lambda = 1$, 可实现理想燃烧。不同空燃比条件下的发动机排放情况如图 5.1 所示。当 $\lambda = 1$ 时, HC、 CO 和 NO_x 的排放较低。由于混合气存在湍流及局部混合不均匀性, 实际燃烧会同时产生 HC、 CO 和 NO_x。催化转化器能够有效减少此类初级排放物。

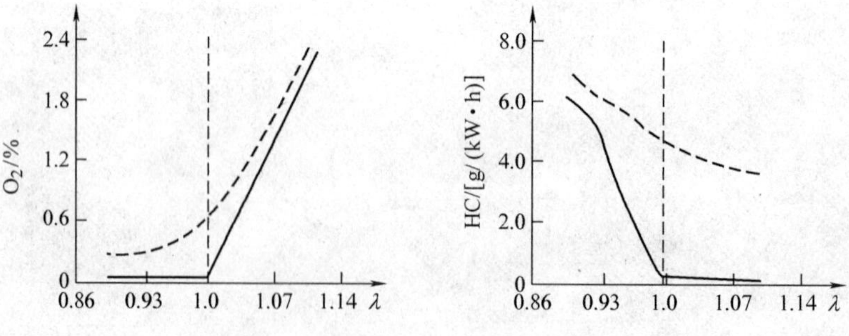

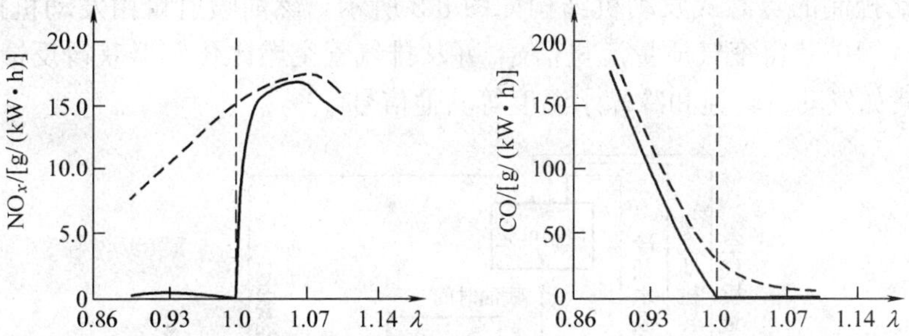

图 5.1 发动机尾气测量结果, 主要排放物有氧气 (O_2)、碳氢化合物 (HC)、氮氧化物 (NO_x) 和一氧化碳 (CO)。进入催化转化器前的浓度用虚线表示, 经过催化转化器后的浓度用实线表示

由图 5.2 可见, 经过催化转化器后的比排放随空燃比 λ 变化较大: 平均 $\overline{\Delta\lambda} = 0.1\%$ 的变动会使比排放加倍。所以必须采用准确的空燃比闭环控制, 以确保混合气空燃比均值维持在 $\lambda = 1$ 附近, 波动范围小于 0.1%。当发动机转速和转矩变化时, 允许在短时间内空燃比有 $2\% \sim 3\%$ 的控制偏差。若保证空燃比均值的精度, 控制偏差会时正时负。在催化转化器中, 空燃比在一个方向上的偏差会被相反方向的偏差补偿。短时间内几个百分点的空燃比偏差不会使得经过催化转化器后的发动机排放恶化。

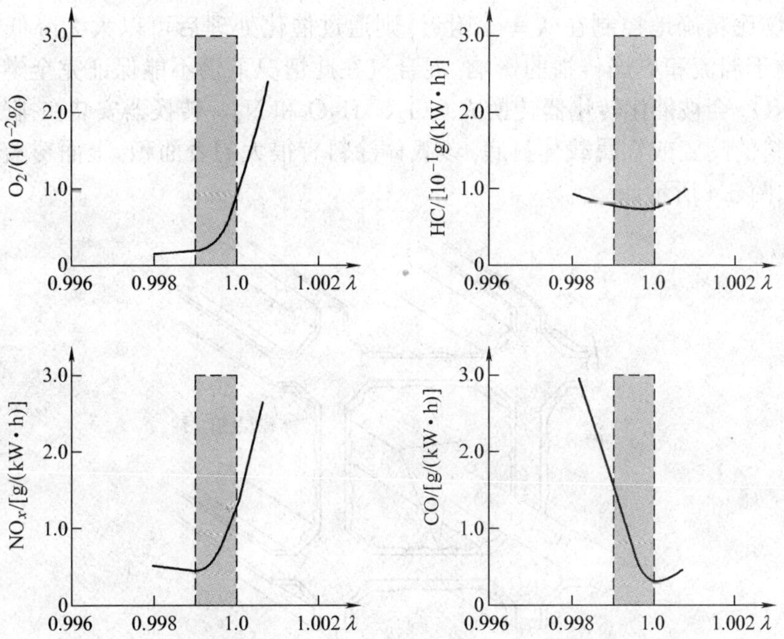

图 5.2 某稳态工况点下 (发动机转速 n=1 800 r/min, 转矩 T= 65 N · m), 经过催化转化器后的发动机比排放。空燃比均值 (500 个工作循环) 应维持在阴影窗口之内

采用空燃比控制的点燃式发动机结构如图 5.3 所示。燃油喷射量由发动机控制单元控制, 控制单元从进气管中获得空气质量流量信号, 并从排气管空燃比传感器获得反馈信号。控制方案中也使用了诸如发动机转速和冷却水温度等其他信号。

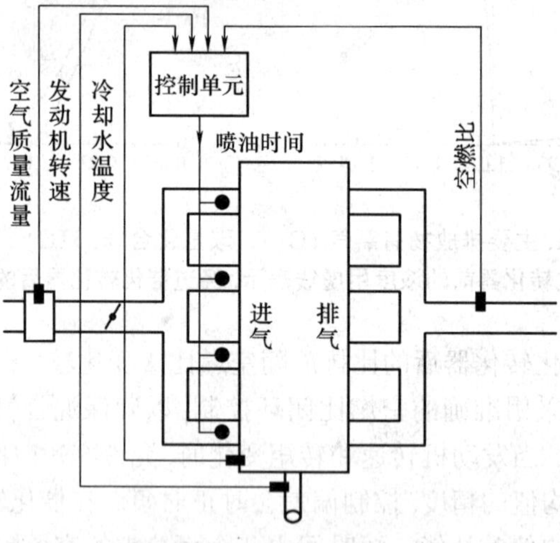

图 5.3 采用空燃比控制的点燃式发动机结构

催化转化器

若能将空燃比精确地控制在 $\lambda = 1$ 附近, 则通过催化处理后可以大大降低发动机的有害排放。但是, 由于湍流和火焰传播的影响, 混合气在此情况下仍不能保证完全燃烧。有害气体 HC、CO 和 NO_x 会被催化转化器转换成 CO_2、H_2O 和 N_2。转换器安装在排气管内, 它包括覆盖着载体涂料的陶瓷或金属载体衬底, 该载体涂料有很大的表面积, 上面覆盖着一层薄薄的铂铑合金层, 如图 5.4 所示。

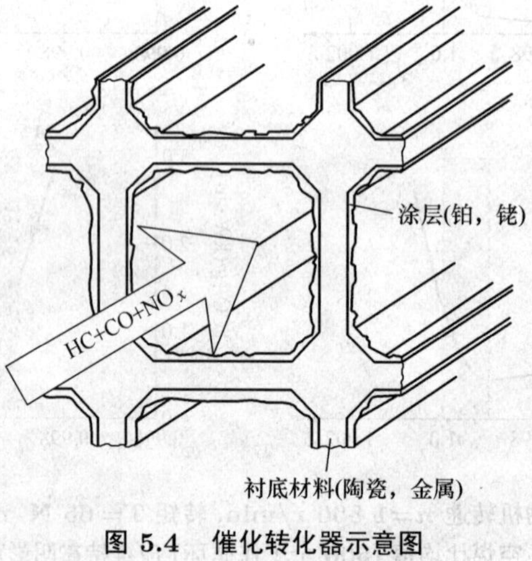

图 5.4 催化转化器示意图

铂和铑的比率约为 2:1。根据发动机尺寸不同, 此类贵重金属的使用量为 1~3 g 不等。两种金属会促进下述化学反应: 铂更有利于 CO 和 HC 的氧化反应, 而铑则更有利于氮氧化物

NO_x 的还原反应。

氧化和还原过程在催化转化器中同步进行。转化效率定义为排放气体在催化转换前后浓度的相对变化。

$$c_r = \frac{c_{in} - c_{out}}{c_{in}} \tag{5.1}$$

催化器转化效率一般为 $c_r > 90\%$。其中, 最重要的化学反应如下所示。

(1) HC 和 CO 的氧化反应

$$H_nC_m + \left(m + \frac{n}{4}\right) O_2 \to mCO_2 + \frac{n}{2}H_2O \tag{5.2}$$

$$H_nC + 2H_2O \to CO_2 + \left(2 + \frac{n}{2}\right) H_2 \tag{5.3}$$

$$CO + \frac{1}{2}O_2 \to CO_2 \tag{5.4}$$

$$CO + H_2O \to CO_2 + H_2 \tag{5.5}$$

(2) NO_x 的还原反应

$$CO + NO \to \frac{1}{2}N_2 + CO_2 \tag{5.6}$$

$$H_nC_m + 2\left(m + \frac{n}{4}\right) NO \to \left(m + \frac{n}{4}\right) N_2 + \frac{n}{2}H_2O + mCO_2 \tag{5.7}$$

$$H_2 + NO \to \frac{1}{2}N_2 + H_2O \tag{5.8}$$

(3) 其他催化转化反应

$$SO_2 + \frac{1}{2}O_2 \to SO_3 \tag{5.9}$$

$$SO_2 + 3H_2 \to H_2S + 2H_2O \tag{5.10}$$

$$\frac{5}{2}H_2 + NO \to NH_3 + H_2O \tag{5.11}$$

$$2NH_3 + \frac{5}{2}O_2 \to 2NO + 3H_2O \tag{5.12}$$

$$NH_3 + CH_4 \to HCN + 3H_2 \tag{5.13}$$

$$H_2 + \frac{1}{2}O_2 \to H_2O \tag{5.14}$$

转换效率受混合气空燃比和催化器容积的影响。若空燃比偏差 $\Delta\lambda < 3\%$, 能在短时间内得到补偿。在发动机稳态工况下, 即使转换器已有部分损伤, 仍能获得较高的转化效率。在瞬态工况下的空燃比偏差会导致较高的排放。暖机阶段发动机和排气管温度较低, 不利于化学反应, 导致转化效率较差。催化转化器必须加热到 300 °C 左右才能有效工作。以下措施可以加速发动机暖机过程, 从而改善暖机过程的转化效率。

① 推迟点火提前角 ($10° < \Delta\alpha_i < 20°$), 可使排气管快速升温, 燃烧过程将推迟, 此时排气门已经开启。

② 另外安装一个附加的暖机催化转化器, 使之距离排气门很近, 以被快速加热。暖机结束后则不再使用该转换器。

③ 用辅助空气泵在排气中加入新鲜空气。发动机运行于浓混合气 ($\lambda < 1$) 工况。排气管中的额外燃烧过程会加热催化转化器。

④ 电加热催化转化器。为了减少所需加热能量, 加热器应集中安装在转换器中放热反应刚开始的区域。

5.1.2 氧传感器

空燃比传感器用于测量排气管内氧气浓度。传感器安装在来自每个气缸的排气管所汇集的排气总管内。6 缸或更多气缸的发动机需使用 2 个空燃比传感器。在 $\lambda = 1$ 处, λ 的变化会导致空燃比传感器输出电压急剧变化, 如图 5.5 所示。通过这种特性可以检测判断化学计量空燃比状态点。

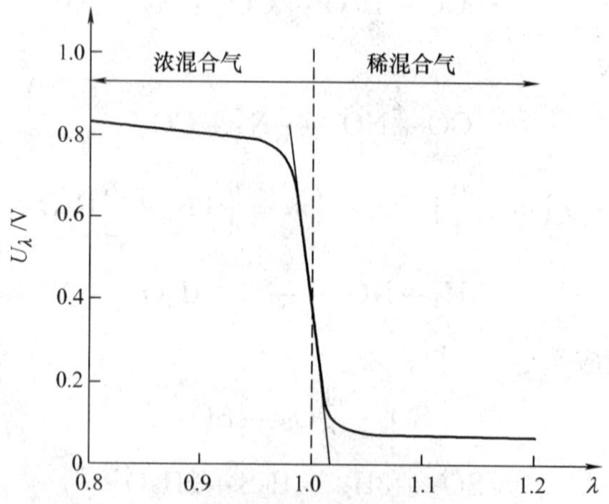

图 5.5 二氧化锆氧传感器的输出电压

1. 二氧化锆氧传感器

该传感器包含一个固态的陶瓷电解质 (二氧化锆), 能在温度超过 250 °C 时传导氧离子。外部电极由铂覆盖。陶瓷材料表面的氧气分压与催化转化器内的氧气分压相同。内部电极与周围空气直接接触。排气绕外部电极流过。图 5.6 给出了二氧化锆氧传感器的结构图。

由于排气管内外氧气的分压 $p(O_2)$ 不同, 使电极之间产生一个电压:

$$U_\lambda = k\vartheta_{\text{sensor}} \ln \frac{p(O_2)_{\text{ambient}}}{p(O_2)_{\text{exhaust}}} \tag{5.15}$$

内部电阻变化范围在 200 °C 时的 10^7 Ω 至 800 °C 时的 5×10^3 Ω 之间。从图 5.6 可以看出, 在 $\lambda = 1$ 附近氧传感器电压曲线出现了典型的阶跃。该阶跃的成因是: 在 $\lambda = 1$ 附近, 排气管内的氧气分压增加了几个数量级。典型开路电压

$$U_\lambda(\text{rich}) = 800 \sim 1\ 000 \text{ mV}$$

$$U_\lambda(\text{lean}) = 50 \sim 200 \text{ mV}$$

响应时间范围为 15 ~ 30 ms。

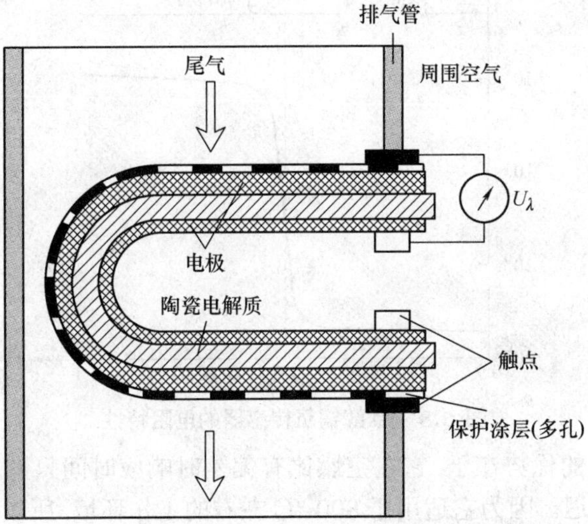

图 5.6 二氧化锆氧传感器

2. 钛酸锶氧传感器

钛酸锶是一种陶瓷半导体材料, 它的电导率取决于材料的温度和氧气的分压。与其他材料相比, 钛酸锶在高温下的电导率受表面效应的影响较小。探头电阻对温度的依赖性在较高温度下降低, 而只取决于空燃比 λ。钛酸锶传感器具有面状结构, 如图 5.7 所示。

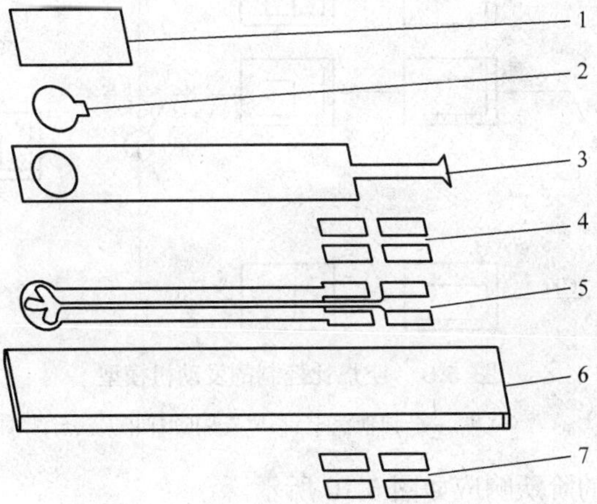

图 5.7 钛酸锶氧传感器的面状结构

1—覆盖层; 2—陶瓷传感器层; 3—覆盖层; 4—焊接接点; 5—加热电极层; 6—衬底; 7—焊接接点

钛酸锶氧传感器的电阻特性如图 5.8 所示。

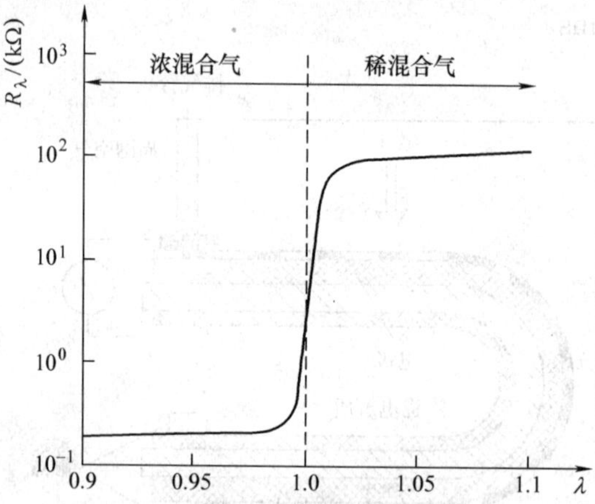

图 5.8 钛酸锶氧传感器的电阻特性

面状结构氧传感器的优势在于, 它在空燃比有偏差时响应时间只有几毫秒。但传感器周围的保护管却增加响应延迟。因为它适用于 800 °C 左右的工作环境, 所以可被安装在靠近发动机处。在发动机模型中 (见 5.1.3 节), 这会使排气门和空燃比传感器间的时间延迟 T_{exh} 更短。

5.1.3 基于空燃比控制的发动机模型

图 5.9 给出了一个适用于空燃比控制的发动机模型。

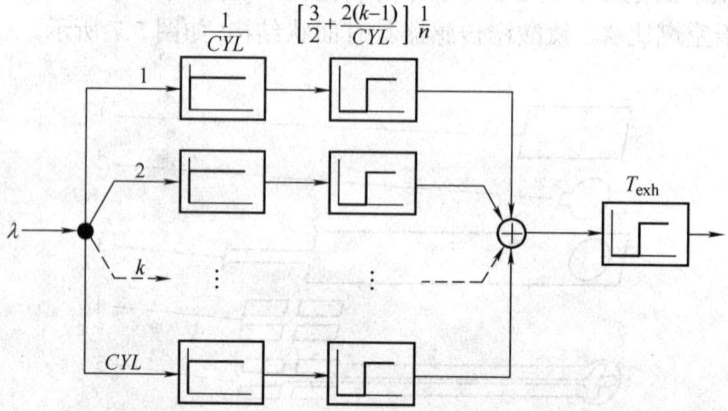

图 5.9 空燃比控制的发动机模型

CYL—气缸数量; k—对应气缸 1, …, CYL; $\frac{1}{n}$—曲轴转过一圈所需要的时间; T_{exh}—排气门和空燃比传感器间的时间延迟

对于该模型, 其简化的阶跃响应如图 5.10 所示。

燃油被喷入进气歧管, 滞留一段时间后被吸入气缸中, 这可以看成是非常简单的阶跃响应—— 阶梯特性。对控制器设计来说, 这些阶梯特性可采用具有下述结构的一阶延迟环节来近似 (也可参见图 5.10):

$$\frac{K_{\text{l,e}}}{1+T_{\text{l,e}}s} \tag{5.16}$$

燃烧过程可用持续至排气门开启的延迟时间 T_{burn} 来表示。另一个延迟时间 T_{exh} 表示排气到达空燃比传感器所需的时间。

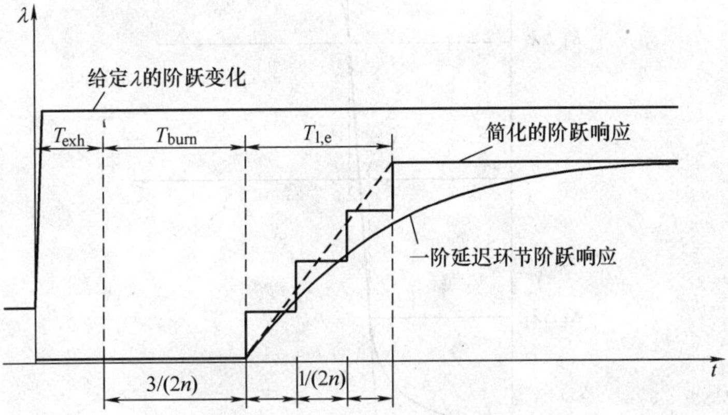

图 5.10　一阶延迟环节阶跃响应及其近似值 ($CYL = 4$)

图中, T_{exh}——其变化取决于进气质量流量, 变化范围为 20~500 ms;

T_{burn}——从进气门开启到排气门开启经过的时间;

$T_{\text{l,e}}$——近似表示为 $\dfrac{2(CYL-1)}{nCYL}$。

总的延迟时间

$$T_{\text{d,e}} = T_{\text{exh}} + T_{\text{burn}}$$

图 5.11 给出了只包含一个滞后时间 $T_{\text{l,e}}$ 和延迟时间 $T_{\text{d,e}}$ 的简化发动机模型。

这些参数的典型值为

$T_{\text{d,e}}$—— 100 ms ⋯⋯ 1.0 s;

$T_{\text{l,e}}$—— 50 ms ⋯⋯ 0.5 s。

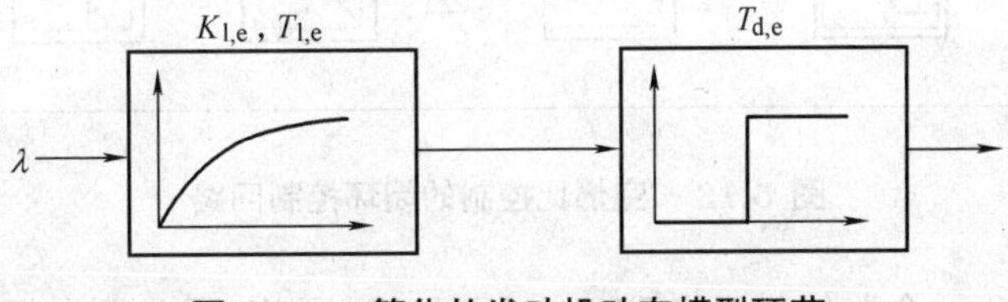

图 5.11　简化的发动机动态模型环节

鉴于模型参数随发动机运行工况变化很大, 空燃比控制参数需根据发动机工况点进行调整 (前馈自适应)。每个控制参数储存在覆盖发动机工况点的 Map 图中。

5.1.4 空燃比控制回路

输出电压 U_λ 和空燃比 λ 之间的关系是非线性的, 且随着工作年限的加长, 会发生一些老化。因此, 用于控制过程时, 必须使用该特性的最稳定可靠的测量范围, 如图 5.12 所示, 曲线的陡峭线性部分的灵敏度系数记为 K_{L}, 图中电压值符号与实际值相反。

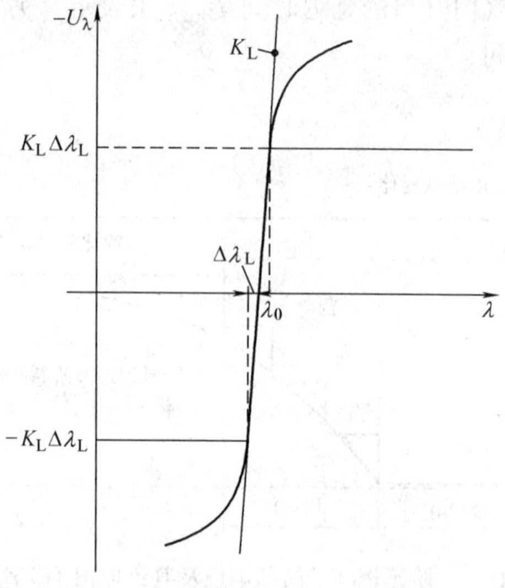

图 5.12 $\pm\Delta\lambda_L$ 范围内的 λ 特性

图 5.12 中去除了超出测量范围的特性曲线部分。测量范围的中心 λ_0 并不是期望参考值 λ_{ref}, 而是由传感器特性的稳定性单独决定的。 λ 参考值 λ_{ref} 必须落在 $[\lambda_0-\Delta\lambda_L, \lambda_0+\Delta\lambda_L]$ 内。 λ_0 相对于参考值 λ_{ref} 的偏移量可以通过诸如 PI 控制器的可变积分时间常数来补偿 (积分时间常数可与方向有关)。

为了得到控制环路的经典结构, 需要颠倒特性电压 $U_\lambda(\lambda)$ 的符号。控制器输入端采用一个非线性截止函数 $N(\Delta\lambda_g)$ 代表。

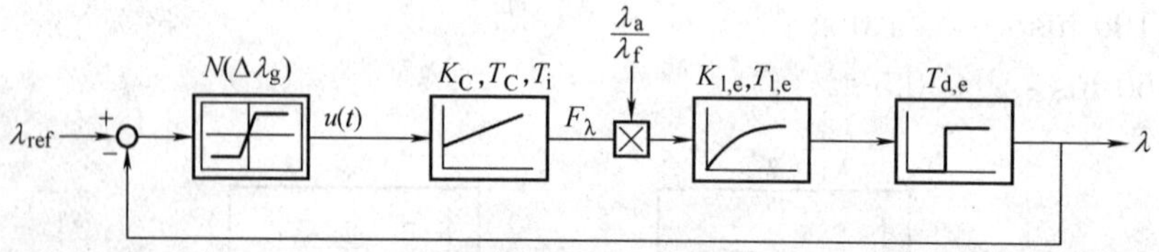

图 5.13 空燃比控制的闭环控制回路

闭环控制回路包含一个非线性环节和一个时间延迟环节, 因此存在极限环。采用谐波平衡方法进行解析计算, 即假定非线性环节输入为一个具有极限环振幅 $\Delta\lambda_g$ 的正弦函数:

$$\lambda(t)=\Delta\lambda_g\sin(\omega_g t) \tag{5.17}$$

将 $U(t)$ 傅里叶展开, 只取第一项 $U_1(t)$。这是因为傅里叶展开的高阶振荡项在控制环路中的衰减比第一项要大得多。$U_1(t)$ 的振幅等于傅里叶系数 U_1(图 5.14)。

$$U_1=\frac{4\omega_g}{\pi}K_L\left[\int_0^{t_0}\Delta\lambda_g\sin^2(\omega_g t)\mathrm{d}t+\int_{t_0}^{\frac{\pi}{2\omega_g}}\Delta\lambda_L\sin(\omega_g t)\mathrm{d}t\right]$$

其中, 时间 t_0 由 $\Delta\lambda_L$ 和 $\Delta\lambda_g$ 的比率算得:

$$t_0 = \frac{1}{\omega_g}\arcsin\left(\frac{\Delta\lambda_L}{\Delta\lambda_g}\right)$$

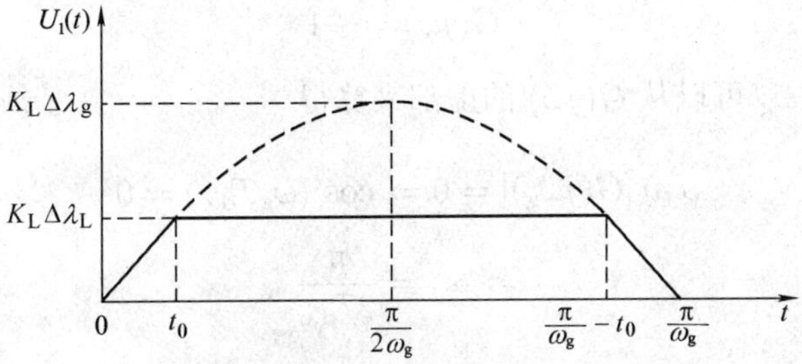

图 5.14 输出正弦函数 $U_1(t)$ 的限制值

将 U_1 的积分结果除以 $\Delta\lambda_g$, 可以得到非线性元件傅里叶展开第一项的增益 $N(\Delta\lambda_g)$:

$$N(\Delta\lambda_g) = \frac{U_1}{\Delta\lambda_g} = \frac{2}{\pi}K_L\left[\arcsin(\frac{\Delta\lambda_L}{\Delta\lambda_g}) + \frac{\Delta\lambda_L}{\Delta\lambda_g}\sqrt{1-(\frac{\Delta\lambda_L}{\Delta\lambda_g})^2}\right]$$

若输出范围严格限制为 $\Delta\lambda_L \ll \Delta\lambda_g$, 则增益可用下式近似:

$$N(\Delta\lambda_g) \approx \frac{4}{\pi}\left(\frac{\Delta\lambda_L}{\Delta\lambda_g}\right)K_L \tag{5.18}$$

假定控制器为具有下述结构的 PI 环节:

$$\frac{1+T_C s}{T_i s}\frac{1}{K_C} \tag{5.19}$$

式中, 因子 $1/K_C$ 代表控制器变量和空燃比 λ 之间的稳态关系。首先, 选择时间参数 T_C 来补偿发动机的滞后时间 $T_{l,e}$

$$T_C \approx T_{l,e} \tag{5.20}$$

由于 $T_{l,e}$ 在很大程度上取决于发动机的工况点, 所以必须使 T_C 对工况进行自适应。图 5.15 给出了经滞后补偿后的控制环路结构。开环传递函数变为

$$G(s) = N(\Delta\lambda_g)\frac{1}{sT_i}\frac{1}{K_C}e^{-T_{d,e}s} \tag{5.21}$$

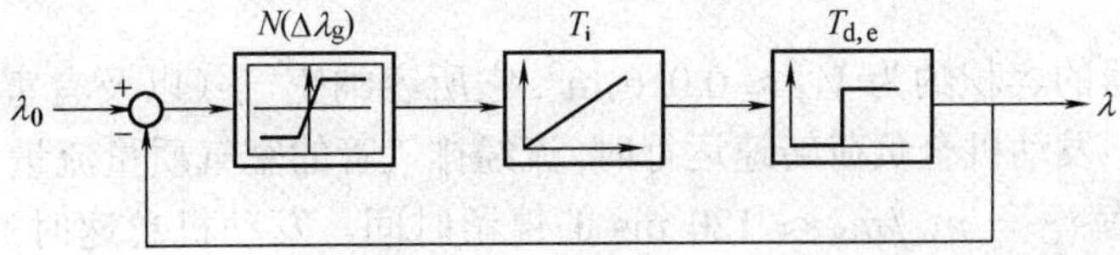

图 5.15 滞后补偿后的控制环路

开环频率响应为

$$G(j\omega) = N(\Delta\lambda_{\rm g})\frac{1}{j\omega T_{\rm i}}\frac{1}{K_{\rm C}}\left[\cos\,(\omega T_{\rm d,e}) - j\sin\,(\omega T_{\rm d,e})\right] \tag{5.22}$$

闭环系统的稳定极限为

$$G(j\omega) = -1 \tag{5.23}$$

因而, 极限环频率 $\omega_{\rm g}$ 可以从 $G(j\omega)$ 的虚部来算得

$$Im\,[G(j\omega_{\rm g})] = 0 \Rightarrow \cos\,(\omega_{\rm g} T_{\rm d,e}) = 0 \tag{5.24}$$

$$\Rightarrow \omega_{\rm g} = \frac{\pi}{2T_{\rm d,e}} \tag{5.25}$$

由 $\omega_{\rm g} = \frac{\pi}{2}T_{\rm d,e}$ 得到实部

$$Re\,[G(j\omega_{\rm g})] = -N(\Delta\lambda_{\rm g})\frac{2}{\pi}\frac{1}{K_{\rm C}}\frac{T_{\rm d,e}}{T_{\rm i}} \tag{5.26}$$

控制环路的稳定性判据为 (图 5.16)

$$|Re\,[G(j\omega_{\rm g})]| \leqslant 1 \tag{5.27}$$

将式 (5.26) 代入式 (5.27) 可得

$$T_{\rm i} > N(\Delta\lambda_{\rm g})\frac{2}{\pi}\frac{1}{K_{\rm C}}T_{\rm d,e} \tag{5.28}$$

结合式 (5.18) 可知

$$T_{\rm i} > \frac{8}{\pi^2}\frac{\Delta\lambda_{\rm L}}{\Delta\lambda_{\rm g}}\frac{K_{\rm L}}{K_{\rm C}}T_{\rm d,e} \tag{5.29}$$

式中, 延迟时间 $T_{\rm d,e}$ 对发动机工况点的依赖性需要积分时间常数 $T_{\rm i}$ 进行前馈自适应。极限环的最大振幅受到催化转化器 λ 窗函数约束, 即

$$\frac{\Delta\lambda_{\rm g}}{\lambda} \leqslant 3\% \tag{5.30}$$

式 (5.29) 决定了时间积分常数 $T_{\rm i}$ 的最小值, 致使空燃比控制环路对工况点之间转换的动态响应较慢 (也可参见图 5.20)。若响应时间较长, 空燃比值会偏离 3%的范围。在这种情况下, 催化转化器将无法有效降低有害排放。

5.1.5 测量结果

假定催化转化器的容积约为 $V_{\rm C} \approx 0.016\ {\rm m}^3$, 它所容纳空气（以及有害排放气体）的质量约为 $m_{\rm a} = 0.02$ kg。发动机全负荷转速运行时, 流经排气管的空气质量流量为 $\dot{m}_{\rm a} = 600$ kg/h。在催化转化器中会有 $t_{\rm C} = m_{\rm a}/\dot{m}_{\rm a} \approx 120$ ms 的停留时间。发动机怠速时, 若空气质量流量为 6 kg/s, 则催化器内空气停留时间 $t_{\rm C} \approx 12$ s。空燃比控制极限环的频率应该高于:

① 怠速时为 0.1 Hz。② 全负荷转速运行时为 10 Hz。

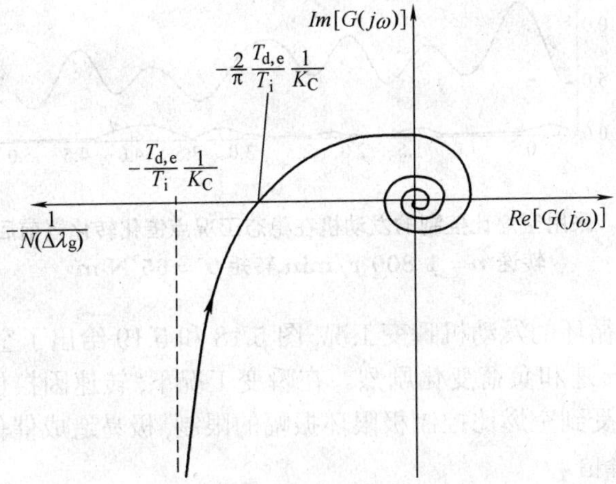

图 5.16 空燃比控制的根轨迹图

图 5.17 给出了在发动机准稳态工况下，空燃比控制因子 F_λ 的测量结果。催化转化器前后的有害排放和 λ 表示在同一张图中。可见，发动机稳态工况时催化转化器具有高转化效率。

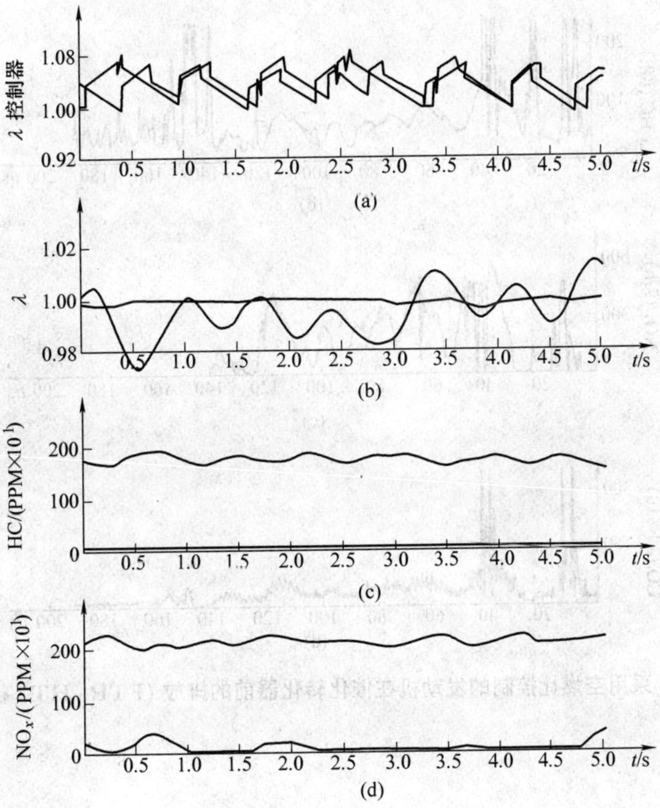

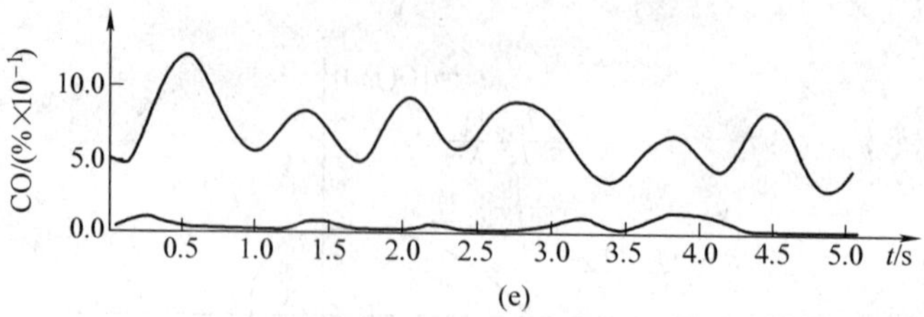

图 5.17 采用空燃比控制的发动机在稳态工况点催化转化器前后的排放，转速 $n=1\ 800$ r/min，转矩 $T=65$ N·m

针对某一驾驶试验循环的发动机瞬变工况，图 5.18 和 5.19 给出了空燃比控制的测量结果。在加速和减速过程中，转速和负荷变化剧烈。在瞬变工况下，转速因挡位变换等因素而迅速变化。由于积分时间常数受到空燃比控制极限环振幅的限制，极易造成催化转化器空燃比 λ 窗偏离，此时有害气体达到峰值。

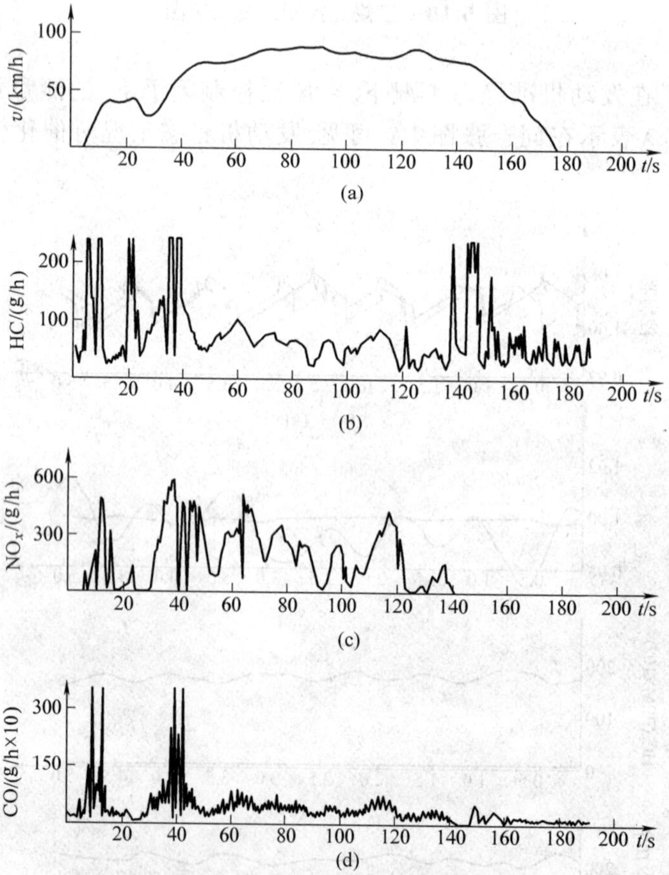

图 5.18 采用空燃比控制的发动机在催化转化器前的排放 (FTP−HT2 行驶循环)

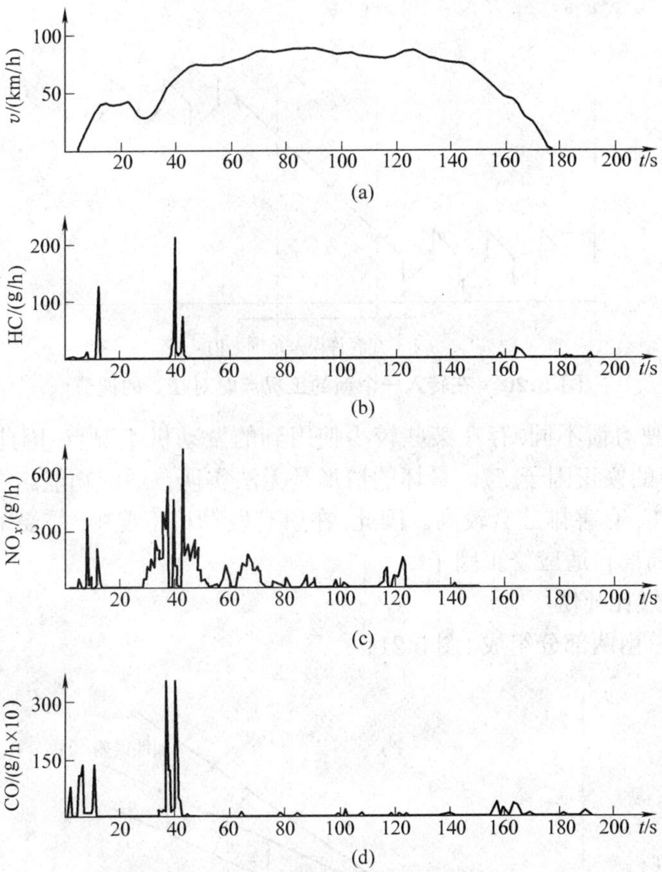

图 5.19 采用空燃比控制的发动机在催化转化器后的排放 (FTP–HT2 行驶循环)

5.1.6 自适应空燃比控制

空燃比控制的动态性能受到下述参数限制:

① 发动机滞后时间 $T_{\mathrm{d,e}}$(见 5.1.3 节)。

② 极限环振幅 $\Delta\lambda_{\mathrm{g}} < 3\ \%$[式 (5.30)]。

控制器时间积分常数 T_i 受限于式 (5.29) 给出的下限。发动机瞬变工况下, 实际的空燃比至少需要几秒钟才能返回到化学计量空燃比 (图 5.20)。

在该瞬变过程中, 空燃比偏离化学计量比。在本节中, 由此引起的控制偏差将通过一种自适应前馈控制策略来消除, 这样在设计原空燃比控制算法时, 无需考虑瞬变过程中催化转化器 lambda 窗的偏差补偿。

1. 前馈控制 Map 图的自适应

空燃比控制环路通过乘性修正因子 F_λ 对空燃比进行偏差补偿。这些空燃比修正因子储存在发动机全工况点的前馈控制 Map 图中。空燃比控制可以通过从前馈控制 Map 图中选择正确的 F_λ(没有时间延迟), 而不需采用原空燃比控制环路中的误差补偿。因此瞬变过程中出现的空燃比匹配不当也得到了解决。

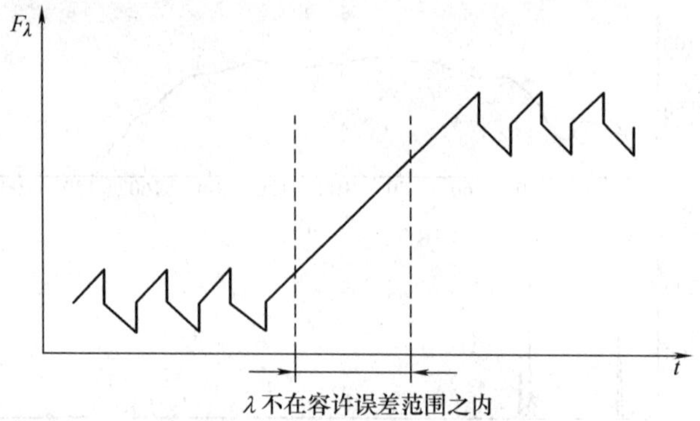

图 5.20 在转入一个新的工况点时对 F_λ 的调节

由于个人的驾驶习惯不同, 存在某些较少使用到的发动机工况点, 因此关键问题在于调整前馈控制 Map 图中的修正因子 F_λ。最坏的情形是无法实现自适应功能。在转换到这些非常用工况点的瞬变过程中, 有害排放会较高。因此, 在所有发动机工况中, 需要采用全局有效的空燃比补偿方法来代替局部自适应修正因子。

2. 全局有效空燃比补偿

假定空燃比偏差由两部分组成 (图 5.21):

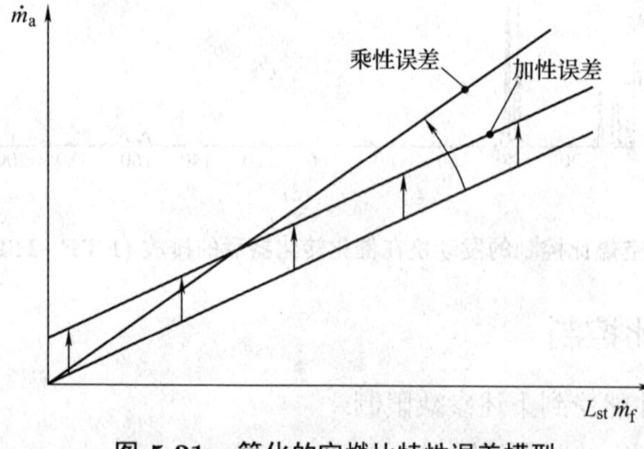

图 5.21 简化的空燃比特性误差模型

① 空燃比加性偏移误差 在发动机工况的全部范围内, 该偏移的绝对值是相同的, 因此在发动机低功率输出时影响最大。在中、高功率输出时, 偏移的相对误差可能会被忽略。例如, 空气质量流量计之后发生的空气泄漏。

② 空燃比乘性误差 由于燃油流量和空气质量流量间的线性斜率 λ 受到影响, 其对发动机任何工况的影响效果相同。例如翼片型空气流量计的空气密度误差。

这种简化的误差模型与发动机管理系统实际检验结果一致。

加性误差和乘性误差需加以补偿。正确的空气质量流量应为

$$\dot{m}_{a,0} = \lambda_0 L_{st} \dot{m}_f \tag{5.31}$$

包含误差的空气质量流量为

$$\begin{aligned}\dot{m}_a &= \lambda L_{st} \dot{m}_f + \Delta \dot{m}_a \\ &= \frac{\lambda}{\lambda_0} \dot{m}_{a,0} + \Delta \dot{m}_a\end{aligned} \tag{5.32}$$

补偿方案包括以下三个部分。

① 在发动机中高功率输出时, 可忽略加性误差

$$\frac{\dot{m}_\mathrm{a}}{\dot{m}_\mathrm{a,0}}=\frac{\lambda}{\lambda_0}+\underbrace{\frac{\Delta\dot{m}_\mathrm{a}}{\dot{m}_\mathrm{a,0}}}_{\approx 0}\approx\frac{\lambda}{\lambda_0} \tag{5.33}$$

剩下的空燃比乘性误差可以通过常规空燃比控制环路产生的控制输出因子 F_λ $\left(\text{与 } \frac{\lambda}{\lambda_0} \text{ 成反比}\right)$ 来补偿。将它取平均值来抑制极限环。

$$\bar{F}_\lambda=\frac{\lambda_0}{\lambda} \tag{5.34}$$

当没有误差时,F_λ 应为 1(化学计量比), 即

$$\bar{F}_\lambda\frac{\dot{m}_\mathrm{a}}{\dot{m}_\mathrm{a,0}}\approx 1 \tag{5.35}$$

式 (5.35) 的乘积表示已去除误差的空燃比。在发动机中高功率输出时, 控制输出经过低通滤波后为 $\overline{F}_\lambda$, 并储存在非易失性存储器中。

$$F_\mathrm{Hi}=\bar{F}_\lambda \tag{5.36}$$

利用补偿因子 F_Hi, 修正的空气质量流量 $\dot{m}_\mathrm{a,0}$ 可以通过测量值 $\dot{m}_\mathrm{a}$ 来算得, 表示为

$$F_\mathrm{Hi}\dot{m}_\mathrm{a}\approx\dot{m}_\mathrm{a,0} \tag{5.37}$$

通过使用 F_Hi, 空燃比特性曲线的斜率回归到 λ_0(图 5.21)。

② 发动机低功率输出时, 加性偏移误差 $\Delta\dot{m}_\mathrm{a}$ 不能忽略。

$$\dot{m}_\mathrm{a}=\frac{\lambda}{\lambda_0}\dot{m}_\mathrm{a,0}+\Delta\dot{m}_\mathrm{a} \tag{5.38}$$

代入式 (5.34) 和式 (5.36) 可得

$$\dot{m}_\mathrm{a,0}=F_\mathrm{Hi}\dot{m}_\mathrm{a}-F_\mathrm{Hi}\Delta\dot{m}_\mathrm{a} \tag{5.39}$$

在发动机低功率输出时, 空燃比控制环路会产生一个乘性修正因子 F_λ。将它取平均值来抑制极限环。

$$F_\mathrm{Lo}=\bar{F}_\lambda \tag{5.40}$$

正确的空气质量流量为

$$\dot{m}_\mathrm{a,0}=F_\mathrm{Lo}\dot{m}_\mathrm{a} \tag{5.41}$$

③ 设置一个用于补偿加性误差的附加控制环路。联合式 (5.39) 和式 (5.41) 可得

$$\frac{\Delta\dot{m}_\mathrm{a}}{\dot{m}_\mathrm{a}}=\frac{F_\mathrm{Lo}-F_\mathrm{Hi}}{F_\mathrm{Hi}} \tag{5.42}$$

若两个修正因子相同, 则偏移误差 $\Delta\dot{m}_{\mathrm{a}}$ 将被消除。

$$F_{\mathrm{Lo}}=F_{\mathrm{Hi}},\quad \Delta\dot{m}_{\mathrm{a}}=0 \tag{5.43}$$

这可以通过一个附加积分控制环节来实现 (图 5.22), 以 $F_{\mathrm{Hi}}-F_{\mathrm{Lo}}$ 之差为输入, 未知补偿 $\Delta\dot{m}_{\mathrm{a,corr}}$ 为输出。

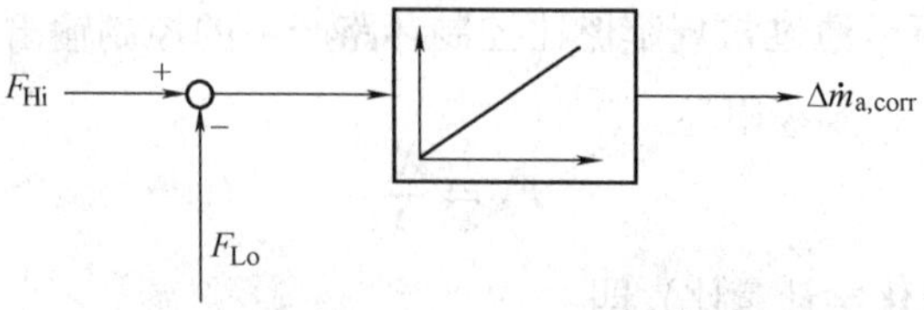

图 5.22 用于修正偏移误差的附加积分控制

现在可以通过减去 $\Delta\dot{m}_{\mathrm{a,corr}}$ 来获得空燃比特性。修正的空燃比特性为

$$F_{\mathrm{Hi}}\dot{m}_{\mathrm{a}}=\underbrace{F_{\mathrm{Hi}}\frac{\lambda}{\lambda_0}}_{\approx 1}\dot{m}_{\mathrm{a,0}}+F_{\mathrm{Hi}}\underbrace{(\Delta\dot{m}_{\mathrm{a}}-\Delta\dot{m}_{\mathrm{a,corr}})}_{\approx 0}\approx\dot{m}_{\mathrm{a,0}} \tag{5.44}$$

由于原空燃比控制环路已不再用于误差修正, 在发动机瞬变工况下不会再发生 λ 窗偏移。

F_{Hi} 和 $\Delta\dot{m}_{\mathrm{a,corr}}$ 被储存在非易失性存储器中, 因此即使在开环工况, 它们也能修正空燃比特性。

3. 全局有效补偿的效果

在图 5.23 中, 进气系统存在 0.1 mm^2 的旁通漏气。发动机在稳态工况下运行时, 控制输出因子 F_λ 会先去修正空燃比, 然后该修正方案从闭环控制慢慢变到自适应补偿方案中, 控制输出因子 F_λ 慢慢回到平均值约为 1 的极限环。

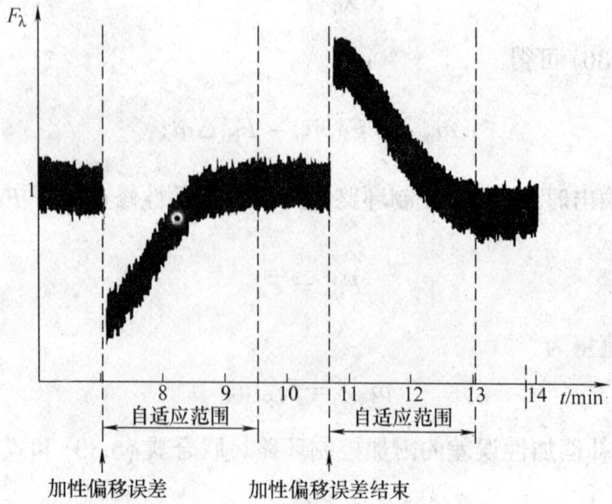

图 5.23 进气系统存在旁通漏气时的控制输出因子 F_λ

如图 5.24 所示, 当经过多个发动机瞬变工况后, 可得到全局补偿的真实增益结果。试验时, 车辆遵循某一排放测试的速度曲线。当不采用全局补偿时, 由于时间积分常数的最低值, 限制了自适应速度范围内的控制输出因子 F_λ。当所有空燃比误差的主要部分得到全局补偿时, 闭环控制就从误差修正任务中解放出来。F_λ 的瞬变速度受到限制, 不会再引起有害排放峰值产生。

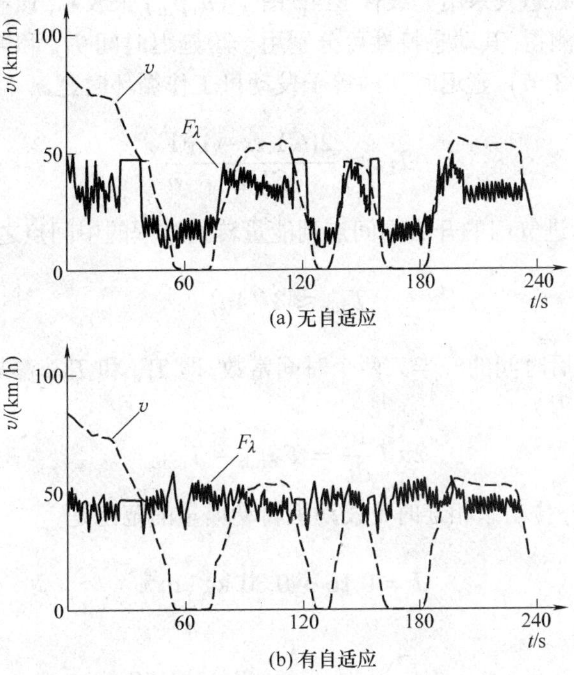

图 5.24　驾驶循环试验的全局有效空燃比补偿结果

5.2 怠速控制

实验表明, 怠速时内燃机的燃油消耗随发动机转速的增加而增加。因此, 怠速转速应尽可能维持在较低水平。降低后的发动机怠速可以通过较低的发动机功率输出来维持。与其相反, 负荷力矩的相关变量 (比如空调压缩机电动机的起动) 将保持不变。考虑负荷的变化, 保持发动机运行所需的基本转矩需求, 这正是怠速控制的研究内容。点燃式发动机的控制动作变量是进入发动机的空气质量流量, 而柴油机则为喷油量。

怠速时, 驾驶员的加速踏板动作是一个必须考虑的问题。驾驶员与控制执行器所调节的是同一个动作变量。例如, 当驾驶员慢慢增加进入点燃式发动机的空气质量流量时, 控制器会减小其执行器信号以调节转速至参考值。若接下来驾驶员又松开加速踏板, 控制执行器将需要一些时间来做出适应。若设计不合理, 发动机在这种情况下就会熄火。

本节所述的点燃式发动机控制方案中, 需要发动机转速并估计进气歧管压力。控制环路的动态特性由进气歧管 (见 3.2.6 节)、能量转换过程和曲轴转矩平衡来确定, 下一节会对这些因素进行建模。对柴油机而言, 省去了进气歧管模型和进气歧管压力反馈。

5.2.1 能量转换模型和转矩平衡

能量转换过程是相当复杂和高度非线性的。采用简化的方法, 将燃烧转矩 T_{comb} 与进气歧管压力和发动机转速的稳态关系用非线性 Map 图 $f_2(n, p_{\mathrm{m}})$ 来表示, 该非线性 Map 图可以通过发动机全工况点的试验测得, 其动态特性可分别用一阶延迟时间 $T_{\mathrm{l,e}}$ 和纯滞后时间 $T_{\mathrm{d,e}}$ 来表示。如空燃比控制所述 (5.1.3 节), 延迟时间约等于发动机工作循环时延。

$$T_{\mathrm{l,e}} \approx \frac{2(CYL-1)}{CYL}\frac{1}{n} \tag{5.45}$$

滞后时间 $T_{\mathrm{d,e}}$ 包含进气门的开启中间点到能量转换过程的中间点之间的延迟

$$T_{\mathrm{d,e}} \approx 3/(4n) \tag{5.46}$$

这仅为空燃比控制中滞后时间的一半。两个时间常数, 即 $T_{\mathrm{l,e}}$ 和 $T_{\mathrm{d,e}}$ 都与发动机转速成反比。

曲轴的力矩平衡方程为

$$2\pi J\frac{\mathrm{d}n}{\mathrm{d}t} = T_{\mathrm{comb}} - T_{\mathrm{load}} \tag{5.47}$$

当离合器分离时 (即不与传动系相连时), 发动机转动惯量的范围是

$$J = 0.15 \sim 0.30\ \mathrm{kg\cdot m^2}$$

对其归一化, 可得

$$\underbrace{2\pi\frac{Jn_0}{T_0}}_{T_{\mathrm{J}}}\frac{\mathrm{d}(n/n_0)}{\mathrm{d}t} = \frac{T_{\mathrm{comb}}}{T_0} - \frac{T_{\mathrm{load}}}{T_0} \tag{5.48}$$

式中, 时间常数为

$$T_{\mathrm{J}} = 2\pi\frac{Jn_0}{T_0} \tag{5.49}$$

在最大输出转矩和发动机转速时,

$$J = 0.3\ \mathrm{kg\cdot m^2}$$
$$n_0 = 6\ 000\ \mathrm{r/min}$$
$$T_0 = 300\ \mathrm{N\cdot m}$$

此时, 时间常数 $T_{\mathrm{J}} = 0.63$ s。当发动机用最大转矩从低转速开始加速时, 时间常数 T_{J} 要小一个数量级。相反的, 在发动机高转速和低转矩输出时,T_{J} 会大一个数量级, 如惯性滑行时。负荷力矩包含摩擦、附属机构驱动和干扰力矩。完整的怠速控制的控制对象模型如图 5.25 所示。

进入发动机的空气质量流量 $\dot{m}_{\mathrm{a}}$ 可以测量, 但平均进气歧管压力 $\hat{p}_{\mathrm{m}}$ 需通过式 (3.50) 的积分来计算。进气歧管压力测量值和计算值的比较如图 5.26 所示。考虑测量值与计算值曲线纵坐标刻度的差异, 计算模型对实际值的拟合精度较高。

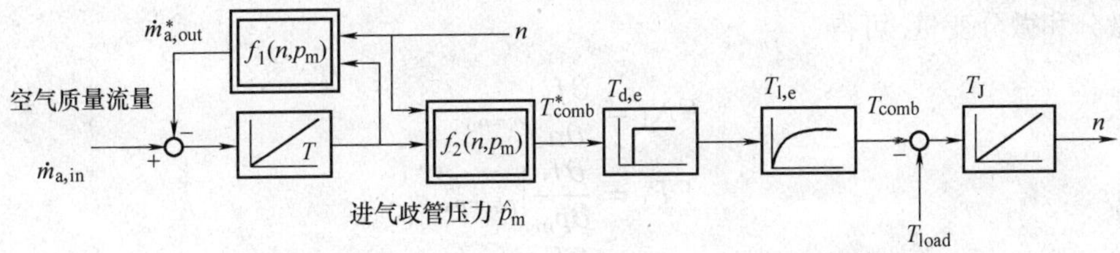

图 5.25 点燃式发动机怠速控制的控制对象模型

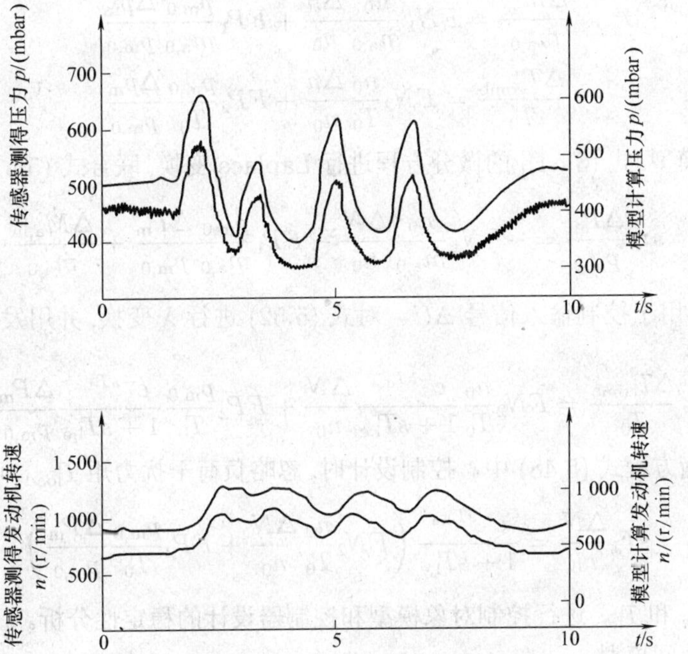

图 5.26 进气歧管压力测量值和模型计算值的比较

5.2.2 状态空间控制

在很多车辆中, 怠速控制实际上是用 PID 控制器来实现的。由于点火角提前/延迟和转矩响应之间的延迟较小, 微分部分 D 有时会改变点火角。本书将使用状态空间控制器, 其中反馈量包括模型压力 $\hat{p}_m$ 和测得的发动机转速 n。任何非驾驶员意图的空气质量流量变动会产生一个比发动机转速响应快得多的进气歧管压力响应。发动机滞后时间 $T_{d,e}$ 无法通过 PID 控制器的微分部分 D 来得到补偿。基于这个原因, 对点燃式发动机的怠速控制而言, 状态空间控制要优于 PID 控制。

第一步, 将 $f_1(n,p_m)$ 图和 $f_2(n,p_m)$ 图在怠速工况点的 $\dot{m}_{a,0}$、 n_0 和 p_{m0} 进行线性化, 并引

入一阶微分和微分变量, 可得

$$\begin{aligned} FN_1 &= \left.\frac{\partial f_1}{\partial n}\right|_{n=n_0} \\ FP_1 &= \left.\frac{\partial f_1}{\partial p_{\mathrm{m}}}\right|_{p_{\mathrm{m}}=p_{\mathrm{m}0}} \\ FN_2 &= \left.\frac{\partial f_2}{\partial n}\right|_{n=n_0} \\ FP_2 &= \left.\frac{\partial f_2}{\partial p_{\mathrm{m}}}\right|_{p_{\mathrm{m}}=p_{\mathrm{m}0}} \end{aligned} \tag{5.50}$$

$$\frac{\Delta\dot{m}_{\mathrm{ac}}^*}{\dot{m}_{\mathrm{a},0}} = FN_1\frac{n_0}{\dot{m}_{\mathrm{a},0}}\frac{\Delta n}{n_0} + FP_1\frac{p_{\mathrm{m},0}}{\dot{m}_{\mathrm{a},0}}\frac{\Delta p_{\mathrm{m}}}{p_{\mathrm{m},0}} \tag{5.51}$$

$$\frac{\Delta T_{\mathrm{comb}}^*}{T_0} = FN_2\frac{n_0}{T_0}\frac{\Delta n}{n_0} + FP_2\frac{p_{\mathrm{m},0}}{T_0}\frac{\Delta p_{\mathrm{m}}}{p_{\mathrm{m},0}} \tag{5.52}$$

对进气歧管模型 [式 (3.54)] 的微分方程进行 Laplace 变换, 联合式 (5.51) 可得

$$s\tau_{\mathrm{n}}\frac{\Delta P_{\mathrm{m}}}{p_{\mathrm{m},0}} = -FN_1\frac{n_0}{\dot{m}_{\mathrm{a},0}}\frac{\Delta N}{n_0} - FP_1\frac{p_{\mathrm{m},0}}{\dot{m}_{\mathrm{a},0}}\frac{\Delta P_{\mathrm{m}}}{p_{\mathrm{m},0}} + \frac{\Delta\dot{M}_{\mathrm{a,in}}}{\dot{m}_{\mathrm{a},0}} \tag{5.53}$$

进气流量 $\Delta\dot{M}_{\mathrm{a,in}}$ 用于控制输入信号 ΔU。对式 (5.52) 进行 λ 变换, 并用发动机滞后时间和延迟时间展开。

$$\frac{\Delta T_{\mathrm{comb}}}{T_0} = FN_2\frac{n_0}{T_0}\frac{e^{-sT_{\mathrm{d,e}}}}{1+sT_{\mathrm{l,e}}}\frac{\Delta N}{n_0} + FP_2\frac{p_{\mathrm{m},0}}{T_0}\frac{e^{-sT_{\mathrm{d,e}}}}{1+sT_{\mathrm{l,e}}}\frac{\Delta P_{\mathrm{m}}}{p_{\mathrm{m},0}} \tag{5.54}$$

将其代入力矩平衡方程式 (5.48) 中。控制设计时, 忽略负荷干扰力矩 T_{load}, 可得

$$sT_{\mathrm{J}}\frac{\Delta N}{n_0} = \frac{e^{-sT_{\mathrm{d,e}}}}{1+sT_{\mathrm{l,e}}}\left(FN_2\frac{n_0}{T_0}\frac{\Delta N}{n_0} + FP_2\frac{p_{\mathrm{m},0}}{T_0}\frac{\Delta P_{\mathrm{m}}}{p_{\mathrm{m},0}}\right) \tag{5.55}$$

忽略时间常数 $T_{\mathrm{d,e}}$ 和 $T_{\mathrm{l,e}}$, 进行控制对象模型和控制器设计的稳定性分析。因此, 将其简化为一个二阶线性状态空间模型

$$s\begin{pmatrix} \dfrac{\Delta p_{\mathrm{m}}}{p_{\mathrm{m},0}} \\ \dfrac{\Delta N}{n_0} \end{pmatrix} = \begin{pmatrix} -\dfrac{FP_1}{\tau_{\mathrm{n}}}\dfrac{p_{\mathrm{m},0}}{\dot{m}_{\mathrm{a},0}} & -\dfrac{FN_1}{\tau_{\mathrm{n}}}\dfrac{n_0}{\dot{m}_{\mathrm{a},0}} \\ \dfrac{FP_2}{T_{\mathrm{J}}}\dfrac{p_{\mathrm{m},0}}{T_0} & \dfrac{FN_2}{T_{\mathrm{J}}}\dfrac{n_0}{T_0} \end{pmatrix}\begin{pmatrix} \dfrac{\Delta p_{\mathrm{m}}}{p_{\mathrm{m},0}} \\ \dfrac{\Delta N}{n_0} \end{pmatrix} + \begin{pmatrix} \dfrac{1}{\tau_{\mathrm{n}}} \\ 0 \end{pmatrix}\frac{\Delta U}{\dot{m}_{\mathrm{a},0}} \tag{5.56}$$

从特征方程可求得开环系统的极点

$$\det(sI - A) = 0 \tag{5.57}$$

或

$$s^2 + \left(\frac{FP_1}{\tau_{\mathrm{n}}}\frac{p_{\mathrm{m},0}}{\dot{m}_{\mathrm{a},0}} - \frac{FN_2}{T_{\mathrm{J}}}\frac{n_0}{T_0}\right)s + \left(\frac{FN_1\cdot FP_2 - FP_1\cdot FN_2}{\tau_{\mathrm{n}}T_{\mathrm{J}}}\right)\frac{p_{\mathrm{m},0}}{\dot{m}_{\mathrm{a},0}}\frac{n_0}{T_0} = 0 \tag{5.58}$$

代入式 (5.49) 的 T_{J} 和式 (3.53) 的 τ_{n}, 得到

$$s^2 + \left(\frac{FP_1}{\tau} - \frac{FN_2}{2\pi J}\right)s + \left(\frac{FN_1\cdot FP_2 - FP_1\cdot FN_2}{\tau\cdot 2\pi J}\right) = 0 \tag{5.59}$$

上式表明, 特征方程与变量归一化无关。两个极点为

$$s_{1,2}=-\frac{1}{2}\left(\frac{FP_1}{\tau}-\frac{FN_2}{2\pi J}\right)\pm\sqrt{\frac{1}{4}\left(\frac{FP_1}{\tau}-\frac{FN_2}{2\pi J}\right)^2-\left(\frac{FN_1\cdot FP_2-FP_1\cdot FN_2}{\tau\cdot 2\pi J}\right)} \tag{5.60}$$

满足式 (5.61) 时, 极点为实数

$$\frac{FP_1}{\tau}-\frac{FN_2}{2\pi J}\geqslant 2\sqrt{\frac{FN_1\cdot FP_2-FP_1\cdot FN_2}{\tau\cdot 2\pi J}} \tag{5.61}$$

当满足式 (5.62) 时, 怠速开环系统将不稳定。

$$\frac{FN_2}{2\pi J}>\frac{FP_1}{\tau} \tag{5.62}$$

采用进气歧管压力和发动机转速的比例反馈作为控制输入信号。

$$\frac{\Delta U}{\dot{m}_{\mathrm{a},0}}=\begin{pmatrix}-K_{\mathrm{p}}, & -K_{\mathrm{N}}\end{pmatrix}\begin{pmatrix}\dfrac{\Delta p_{\mathrm{m}}}{p_{\mathrm{m},0}}\\ \dfrac{\Delta N}{n_0}\end{pmatrix} \tag{5.63}$$

于是闭环系统的二阶模型变为

$$s\begin{pmatrix}\dfrac{\Delta p_{\mathrm{m}}}{p_{\mathrm{m},0}}\\ \dfrac{\Delta N}{n_0}\end{pmatrix}-\underbrace{\begin{bmatrix}-\left(\dfrac{FP_1}{\tau_{\mathrm{n}}}\dfrac{p_{\mathrm{m},0}}{\dot{m}_{\mathrm{a},0}}+\dfrac{K_{\mathrm{P}}}{\tau_{\mathrm{n}}}\right) & -\left(\dfrac{FN_1}{\tau_{\mathrm{n}}}\dfrac{n_0}{\dot{m}_{\mathrm{a},0}}+\dfrac{K_{\mathrm{N}}}{\tau_{\mathrm{n}}}\right)\\ \dfrac{FP_2}{T_{\mathrm{J}}}\dfrac{p_{\mathrm{m},0}}{T_0} & \dfrac{FN_2}{T_{\mathrm{J}}}\dfrac{n_0}{T_0}\end{bmatrix}}_{A_{\mathrm{C}}}\begin{pmatrix}\frac{\Delta p_{\mathrm{m}}}{p_{\mathrm{m},0}}\\ \frac{\Delta N}{n_0}\end{pmatrix} \tag{5.64}$$

闭环控制系统动力学特性可通过极点配置来决定。闭环系统的特征方程为

$$\det(sI-A_{\mathrm{C}})=0$$

$$\begin{aligned}&s^2+\left(\frac{FP_1}{\tau_{\mathrm{n}}}\frac{p_{\mathrm{m},0}}{\dot{m}_{\mathrm{a},0}}+\frac{K_{\mathrm{P}}}{\tau_{\mathrm{n}}}-\frac{FN_2}{T_{\mathrm{J}}}\frac{n_0}{T_0}\right)s\\ &-\left[\left(\frac{FP_1}{\tau_{\mathrm{n}}}\frac{p_{\mathrm{m},0}}{\dot{m}_{\mathrm{a},0}}+\frac{K_{\mathrm{P}}}{\tau_{\mathrm{n}}}\right)\frac{FN_2}{T_{\mathrm{J}}}\frac{n_0}{T_0}-\left(\frac{FN_1}{\tau_{\mathrm{n}}}\frac{n_0}{\dot{m}_{\mathrm{a},0}}+\frac{K_{\mathrm{N}}}{\tau_{\mathrm{n}}}\right)\frac{FP_2}{T_{\mathrm{J}}}\frac{p_{\mathrm{m},0}}{T_0}\right]=0\end{aligned} \tag{5.65}$$

具有期望极点 s_1 和 s_2 的二阶系统的特征方程为

$$s^2-(s_1+s_2)\,s-s_1s_2=0 \tag{5.66}$$

通过比较, 可得控制参数为

$$K_{\mathrm{P}}=-\tau_{\mathrm{n}}\,(s_1+s_2)-FP_1\frac{p_{\mathrm{m},0}}{m_{\mathrm{a},0}}+\frac{\tau_{\mathrm{n}}}{T_{\mathrm{J}}}FN_2\frac{n_0}{T_0} \tag{5.67}$$

$$K_{\mathrm{N}}=\frac{T_{\mathrm{J}}\tau_{\mathrm{n}}}{FP_2\frac{p_{\mathrm{m},0}}{T_0}}(s_1s_2)-FN_1\frac{n_0}{m_{\mathrm{a},0}}-\frac{FN_2\frac{n_0}{T_0}}{FP_2\frac{p_{\mathrm{m},0}}{T_0}}\tau_{\mathrm{n}}(s_1+s_2)+\frac{\tau_{\mathrm{n}}}{T_{\mathrm{J}}}\frac{{FN_2}^2\frac{{n_0}^2}{{T_0}^2}}{FP_2\frac{p_{\mathrm{m},0}}{T_0}} \tag{5.68}$$

当针对实际发动机的怠速控制进行标定时, 可以调节这些参数以补偿被忽略的延迟时间 $T_{\mathrm{l,e}}$ 和滞后时间 $T_{\mathrm{d,e}}$。怠速控制完整的结构图如图 5.27 所示。

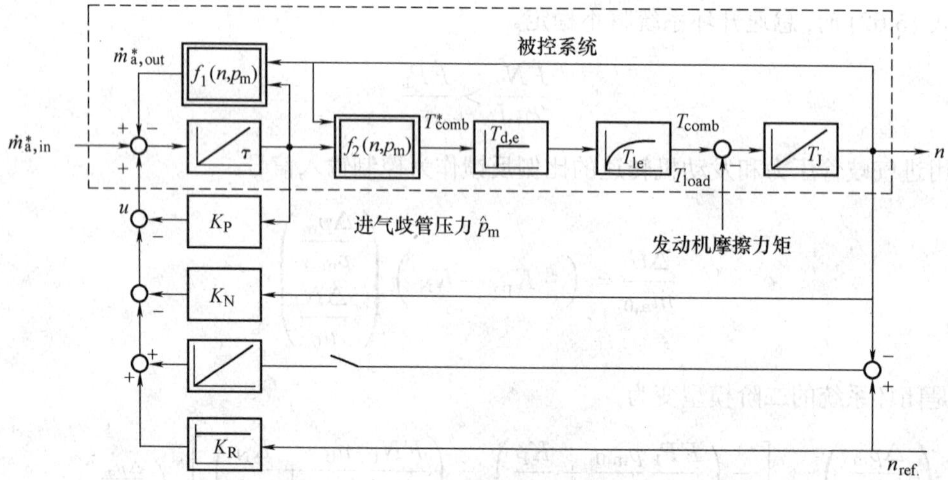

图 5.27 怠速控制方框图

选择 K_{R} 作为参考转速 n_{ref} 乘数因子, 可使闭环系统没有偏移误差, 即 $\Delta n=0$ 且 $\Delta p_{\mathrm{m}}=0$。这可在无负荷干扰力矩时使用。但是, 当有扰动输入或参数变化时, 比例控制仍然会有稳态误差。所以必须引入一个附加的积分控制器, 利用它消除稳态误差。积分控制器的问题在于, 来自驾驶员的扰动输入会使积分控制器一直积分到它的范围边界。一旦驾驶员停止输入, 发动机也许就会熄火。然而, 有许多方法可克服这个所谓的"积分饱和效应"(wind–up effect)。可采用启发式方法, 例如监视节气门位置, 当检测到驾驶员有扰动输入时停止积分。

若点燃式发动机采用调节进气门 (而非节气门体盘片) 来控制节流, 则可略去进气歧管模型, 从而简化控制器设计。这也同样适用于柴油机。

5.2.3 测量结果

将怠速控制器用于 2 L 4 缸点燃式发动机, 同时配有助力转向、自动变速器和空调系统等负荷。在没有负荷干扰力矩的情况下, 怠速转速 n_0 为 720 r/min。图 5.28 给出了驾驶员输入加速脉冲后, 转速响应呈现非周期性衰减。本试验中, 未使用附加的积分控制。在速度逐渐稳定到稳态值的过程中, 转速没有出现欠冲 (undershoot) 现象。

图 5.29 中, 在状态空间控制中使用了多种负荷扰动, 但未使用积分控制。速度稳定值随负荷力矩的增加而下降。稳态误差可通过附加积分控制和对扰动转矩前馈控制进行消除, 见图 5.30。

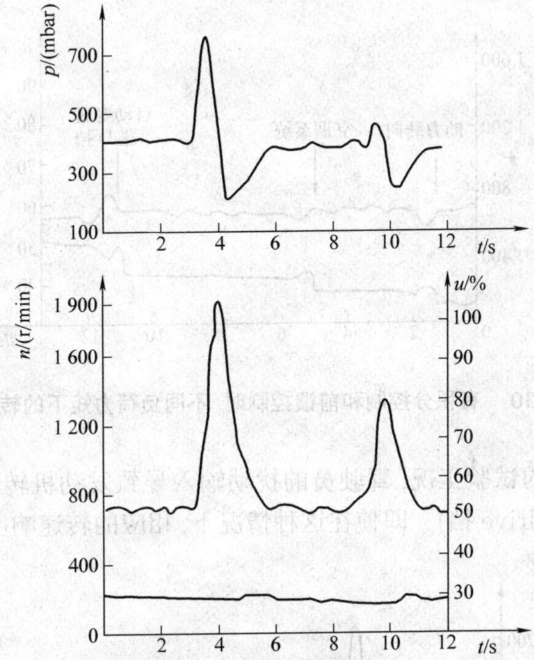

图 5.28 无积分控制时,驾驶员脉冲输入后发动机转速响应

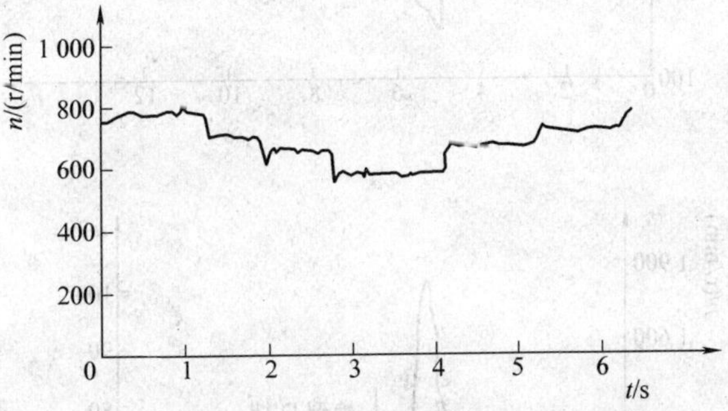

图 5.29 无积分控制时,不同负荷力矩下的怠速转速值

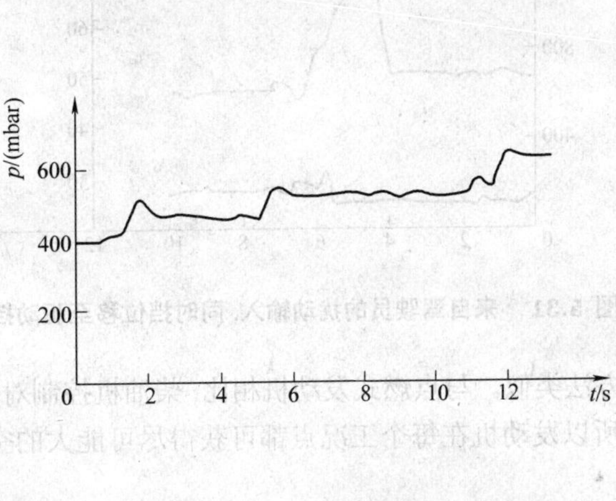

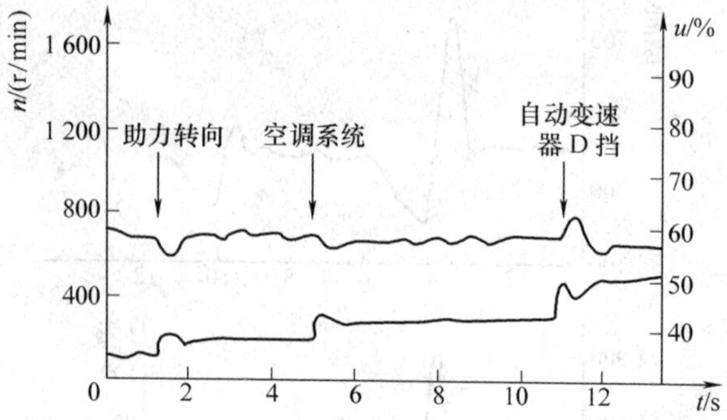

图 5.30 有积分控制和前馈控制时, 不同负荷力矩下的转速值

图 5.31 为更加苛刻的试验工况, 驾驶员的扰动输入导致发动机转速骤然降低, 比如自动变速器的挡位移至驱动挡 (drive 挡)。即使在这种情况下, 相应的转速响应也没有出现欠冲现象。

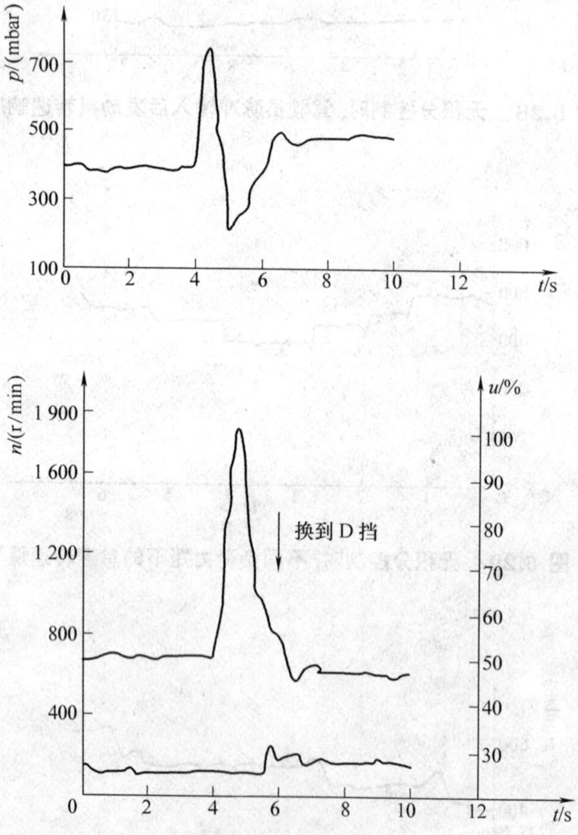

图 5.31 来自驾驶员的扰动输入, 同时挡位移至驱动挡

柴油机怠速控制的方法类似。与点燃式发动机相比, 柴油机控制对象主要有两点不同:

① 无进气管节流, 所以发动机在每个工况点都可获得尽可能大的空气质量流量 $\dot{m}_a$。

② 由于采用燃油直接喷射, 使延迟时间 $T_{\mathrm{l,e}}$ 大幅减少。

以上两点简化了控制系统设计。然而, 涡轮增压会带来新的问题, 它会使空气质量流量 $\dot{m}_{\mathrm{a}}$ 对加速踏板的瞬态响应大幅滞后。

5.3 爆震控制

5.3.1 点燃式发动机的爆震

在燃烧循环中, 一部分空气燃油混合物会在火花塞引燃的火焰前锋到达前发生自燃。发生这种情况的条件是自燃时间小于火焰前锋的传播时间。自燃延迟时间 τ_{id} 可以采用 Woschini 公式近似估计:

$$\tau_{\mathrm{id}} = 0.44\ \mathrm{ms}\ \exp(4\ 650\ \mathrm{K}/\vartheta)(p/p_0)^{-1.19} \tag{5.69}$$

混合气自燃通常发生在燃烧室内远离火花塞并且温度较高的位置。若在远处发生了自燃, 就会产生两个方向相对的火焰前锋 (图 5.32)。当两者相撞时, 所导致的压力峰值将会引起声学上的本征振动, 这取决于燃烧室的几何形状。这些共振将被叠加到正常的压力曲线上 (图 5.33)。由于压力梯度很高, 爆震会因气穴而对发动机产生严重破坏。在极端情况下, 整个发动机可能会在短时间内毁坏。

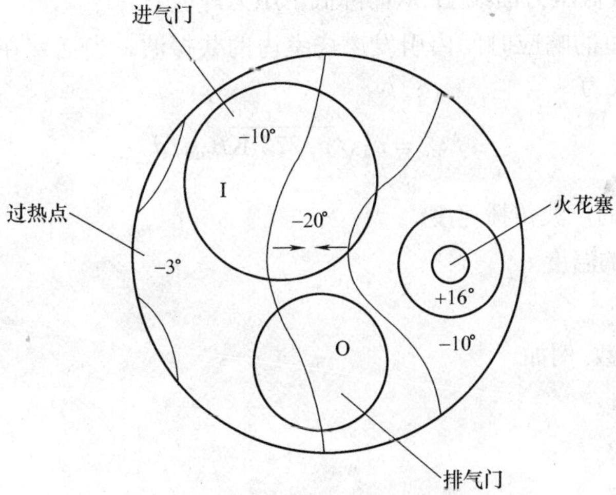

图 5.32 自燃导致两个火焰前锋碰撞

点燃式发动机的混合气自燃的敏感度取决于几个参数, 例如:

① 较高的环境温度会导致在燃烧过程中产生较高的温度峰值。

② 较高的负荷压力也会增高温度峰值。这可能是由较高的大气压力、较高的发动机负荷条件或涡轮增压引起的。

③ 较差的燃油质量, 例如, 低辛烷值的燃油。

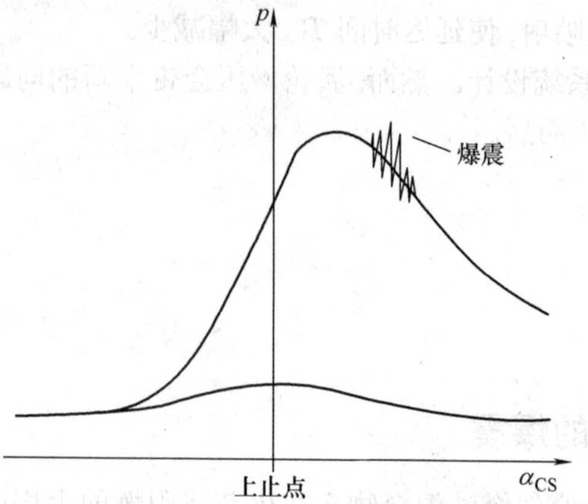

图 5.33 由自燃引起的共振

通过以下合理的设计可以降低发动机的爆震敏感度。

① 设计紧凑的燃烧室几何形状, 以防过热点的产生。

② 火花塞居中布置以减小火焰传播距离。

③ 增加涡流强度以加快火焰传播。

④ 限制或调节涡轮增压发动机的增压压力。

通过延迟点火角, 整个能量转换过程在发动机工作循环中将后移。由于燃烧压力被叠加到因绝热压缩而产生的较低压力曲线上, 从而降低了压力峰值。

燃气振动将在较短的响应时间内引发燃烧室内的共振波。当活塞在上止点 (TDC) 时, 主要的辐射共振频率模式为

$$f_{\mathrm{mn}} = c_0\sqrt{\vartheta/273\ \mathrm{K}}\beta_{\mathrm{mn}}/d \tag{5.70}$$

式中: c_0—— 273 K 时的声波传播速度;

ϑ——燃烧室内的温度;

d——气缸直径;

β_{mn}—— Bessel 函数, 例如

$\beta_{10} = 0.586\ 1$,

$\beta_{20} = 0.972\ 2$,

$\beta_{30} = 1.219\ 7$。

此处忽略了因活塞运动而引起的燃烧室形状变化。

举例:爆震共振频率

根据如下参数

$c_0 = 330\ \mathrm{m/s}$,

$\vartheta = 2\ 500\ \mathrm{K}$,

$\delta = 0.089\ \mathrm{m}$,

可以计算出

$$f_{10} = 6.6\ \text{kHz},$$
$$f_{20} = 10.9\ \text{kHz},$$
$$f_{30} = 13.7\ \text{kHz}$$

在实际发动机中测量到了 $f_{10} = 6.8\ \text{kHz}$ 的共振频率。

5.3.2 爆震传感器

有几种方法可以测量爆震振动。

(1) 燃烧压力传感器

直接的方法就是测量燃烧压力。叠加到压力曲线上的爆震振动可以被滤除, 比如通过带通滤波。特点如下:

① 优点　可以通过积分获得燃烧室内所有的振动。

② 缺点　在燃烧室内必须采用更可靠的压力传感器, 这会增加成本; 气缸盖的设计中, 可能没有空间来安装压力传感器。

(2) 安装于气缸体上的机械振动传感器

气缸体传递了来自不同气缸的爆震振动, 这些振动可用机械谐振器测量, 例子见图 5.34。当本征频率在 25 kHz 左右时, 可以检测到一些爆震振动。四缸发动机需要一或两个传感器, 六气缸以上的发动机至少需要两个传感器。特点如下:

① 优点　低成本; 便于安装。

② 缺点　活塞倾斜和气门关闭会产生强烈的干扰噪声。

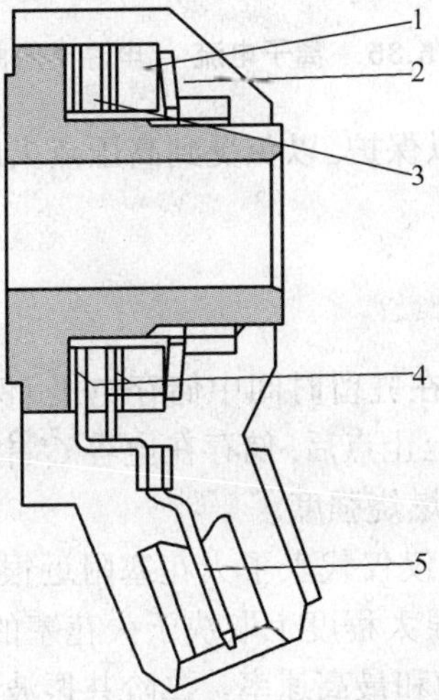

图 5.34　机械式爆震传感器

1—振动质量; 2—铸模树脂; 3—压电陶瓷; 4—接触面; 5—连接器

(3) 离子电流测量法

标准火花塞可用做传感器。碳氢化合物的燃烧过程会产生带电的离子和电子。化学反应和离子化的强度取决于火焰温度、空燃比和燃油质量。固定的正离子 H_3O^+ 质量约比负电子大了 30 000 倍。由此来选择火花塞间隙的电压极性, 即面积小的电极为正, 面积大的电极为负。与质量大的离子相比, 质量小的电子被加速后的速度会快得多, 每次加速后的电子将穿越一个较大的距离。因此, 相同数量的负电子能够到达火花塞上面积小的电极, 而正离子能到达面积大的电极。

当火花塞间隙 (宽度 s) 采用一个低电场 U/s 时, 离子电流密度 I/A 与电场 (一个电极区域) 成正比, 此时符合欧姆定律。燃烧过程中产生的但未被火花塞间隙吸引的离子和电子将进行重新结合。因此, 火花塞间隙处的离子电流必须在高电场里测量, 以使所有的离子和电子能够到达它们的电极, 这称为饱和状态。离子电流密度只取决于燃烧过程中的离子密度 ρ_{Ion} 和间隙距离 (图 5.35)。测量电路的电阻应当低于大约 0.5 MΩ。

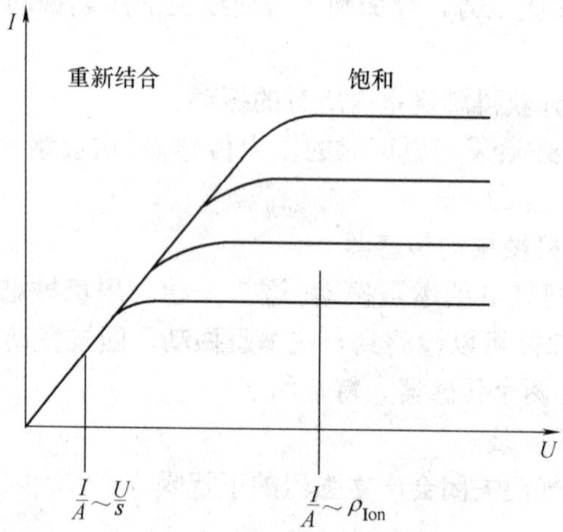

图 5.35　离子电流 – 电源电压曲线

离子电流的测量电路应当加以保护, 以免受到高压点火的影响。可以采用耐高压二极管来满足下述要求 (图 5.36):

① 传感时电阻低。

② 保护时电阻高。

一次点火线圈侧的电容 C 将在驻留时间中储存电压 (例如 300~400 V)。点火后, 二次点火电压 (来自针脚 4) 将会减弱。上止点后, 储存在电容 C 中的电压将启动离子测量电路, 流过 R_{m} 的电流大小代表了离子密度和燃烧强度。

离子电流测量的问题在于, 它仅仅代表了火花塞附近很小体积内的燃烧强度, 而不是整个燃烧室的情况。所以爆震检测在很大程度上取决于火花塞的位置。中央布置有利于爆震检测, 因为一阶共振波在那里有最低压力和最高速率。二阶共振波在燃烧室中心具有最高压力和最低速度, 离子电流测量不适用于离子电流的爆震检测, 但可用于间接的燃烧压力测量。离子电流测量法的特点如下:

① 优点　缸内测量, 没有机械扰动。

② 缺点　依赖于火花塞位置, 只能测量燃烧室内较小的区域。

(4) 燃烧过程的光强度

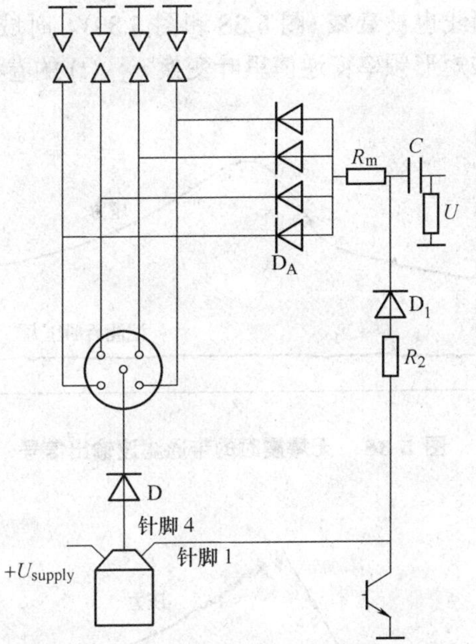

图 5.36 采用耐高压二极管测量离子电流

爆震振动会改变燃烧过程的强度, 从而导致燃烧室内光强度和颜色的改变。因此, 光测量就成为另一种测量爆震的方法, 它对燃烧室内的圆锥形区域进行监视。

将一根光纤穿过火花塞的中心电极, 光线将沿电缆传送到远程光电晶体管中。燃烧室中光测量存在一个严重问题, 光纤末端的石英玻璃窗口会被不同浓度的炭烟覆盖, 导致测量敏感度会有几个数量级的变化。特点如下:

① 优点 缸内测量, 无机械扰动。

② 缺点 灵敏度十分不稳定。

5.3.3 信号处理

若不考虑特定传感器所对应的电路, 爆震信号的处理方法可论述如下 (图 5.37)。

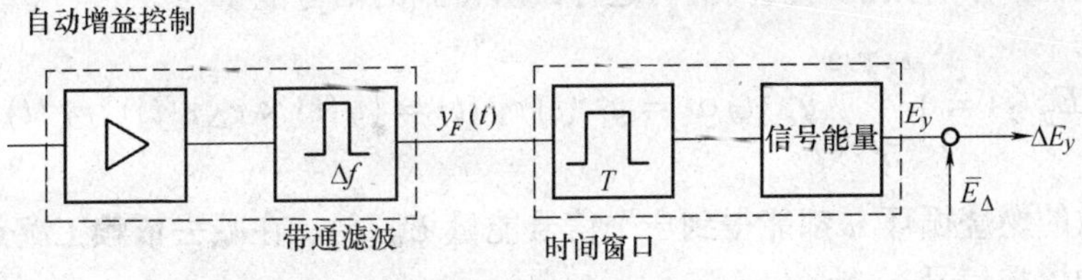

图 5.37 爆震信号处理

首先, 用自动增益控制把传感器信号振幅调节到一个恒定值。放大器输出信号 $y(t)$ 如图 5.38(无爆震燃烧) 和图 5.39(有爆震燃烧) 所示。

然后, 用带通滤波器 $r_{\Delta f}(f)$ 来衰减所有超出爆震共振频率范围 $[f_r - \Delta f/2, f_r + \Delta f/2]$ 之

外的频谱信息。绝热压力曲线也被衰减 (图 5.38 和图 5.39)。时域内经带通滤波后的信号是爆震原始信号 $y(t)$ 与带通滤波矩形频率窗逆傅里叶变换 $r_{\Delta f}(t)$ 的卷积。

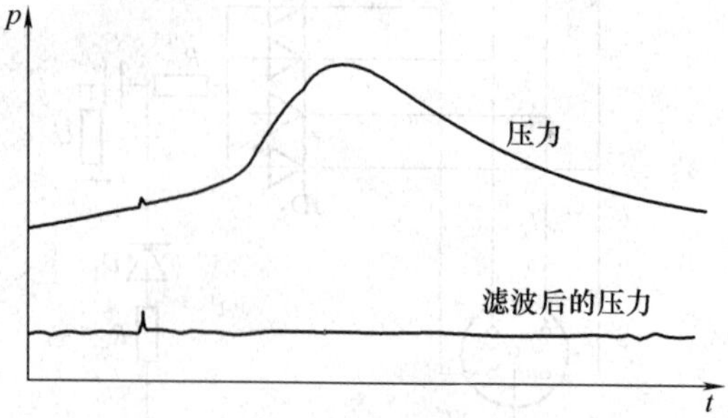

图 5.38 无爆震时的带通滤波输出信号

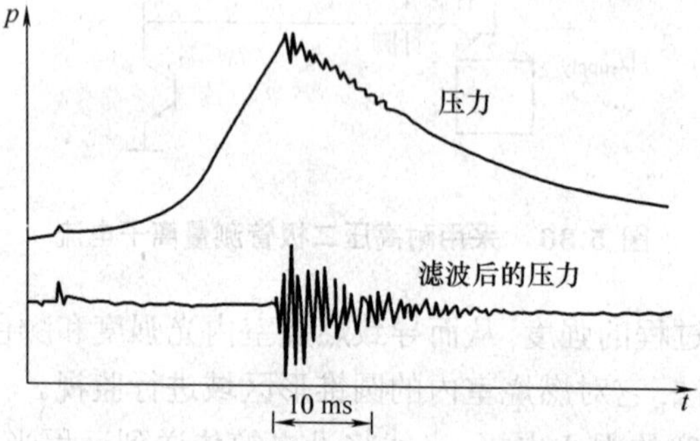

图 5.39 有爆震时的带通滤波输出信号

$$y_{F(t)} = y(t)\, r_{\Delta f}(t) \tag{5.71}$$

$$r_{\Delta f}(t) = \Delta f \frac{\sin(\pi \Delta f t)}{(\pi \Delta f t)} \exp(j 2\pi f_r t) \tag{5.72}$$

爆震只发生在燃烧过程的有限时间间隔内，因而信号 $y_F(t)$ 与时间窗函数相乘。首先，这是一个宽度为 T 的矩形时间窗 $r_T(t)$，为了提高精确度可使用更加复杂的窗函数。由于窗的限制，随后的积分只能在一个有限的时间间隔内进行。所得到的信号能量为

$$E_y(t) = \int_{t-T/2}^{t+T/2} y_F^2(t)\,\mathrm{d}t = y_F^2(t)\, r_T(t) = \left(y(t) \times r_{\Delta f}(t)\right)^2 r_T(t) \tag{5.73}$$

每一个离散的燃烧循环 n 都能得到一个信号能量 $E_y(n)$。在减去依赖工况点的阈值 E_0 后，可以得到所谓的爆震信号

$$\Delta E_y(n) = \begin{cases} E_y(n) - E_0 & E_y \geqslant E_0 \\ 0 & \text{其他} \end{cases} \tag{5.74}$$

可将 $E_y(n)$ 分为几个等级以简化爆震控制。

5.3.4 爆震控制

经典控制环路中，给定一个尽可能接近真实控制变量的参考值。但是，爆震控制没有这种参考值。鉴于几次连续高能量的缸内爆震就可能带来严重损害，因此一旦发生爆震就必须立即作出反应。

常用措施为推迟点火角，使能量转换过程后移，从而降低压力和温度的峰值，也可以通过降低涡轮增压器的升压来降低爆震倾向。每一个离散的燃烧循环 n 的爆震控制点火角可用下式计算

$$\alpha_k(n) = \alpha_k(n-1) + \Delta\alpha_k - \beta\Delta E_y(n) \tag{5.75}$$

式中: $\Delta\alpha_k$——固定的点火提前角；

$\beta\Delta E_y(n)$——发生爆震时的点火延迟角。

典型的控制循环如图 5.40 所示。爆震控制点火角 $\alpha_k(n)$ 被叠加到点火 Map 图中的点火角上 (参见 3.2.8 节)。

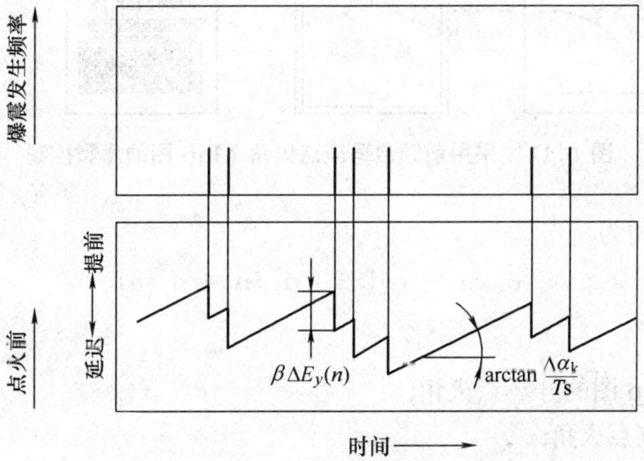

图 5.40 用改变点火角来控制爆震发生频率

$\Delta\alpha_k$ 和 β 决定了爆震发生频率。安全起见，把爆震控制提前角限制在

$$\alpha_k(n) \leqslant 0 \tag{5.76}$$

为了防止出错，点火角 Map 图选定了基本点火角。爆震控制弥补了下列参数变化所带来的影响:

① 环境温度。

② 不同海拔高度的气压变化。

③ 不同燃油品质的辛烷值。

④ 发动机制造公差和老化。

若采用爆震控制，发动机的压缩比可以至少增加 1，燃油消耗会降低约 7%。涡轮增压发动机的燃油经济性更高。

5.3.5　自适应爆震控制

发动机瞬变工况下, 点火角匹配不当将导致爆震发生频率增加。通过储存在自适应点火角 Map 图里的前馈控制角 $\alpha_l(n)$ 可以减少爆震控制的响应时间。与空燃比控制不同的是, 爆震控制中尚无有效的整体误差模型。因此, 点火角 Map 图中的数值必须与发动机每个工况点相适应, 如图 5.41 所示。

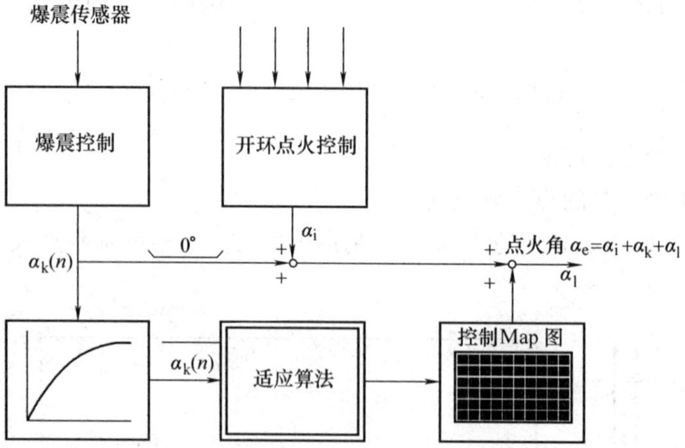

图 5.41　采用前馈自适应点火角 Map 图的爆震控制

单个气缸的点火角为

$$\alpha_e(n)=\alpha_i(n)+\alpha_k(n)+\alpha_l(n) \tag{5.77}$$

式中: α_e——有效点火角;

α_i——固定 Map 图的开环点火角;

α_k——爆震控制点火角;

α_l——自适应 Map 图的学习点火角。

平均爆震控制点火角 $\overline{\alpha}_k(n)$ 是自适应点火角 Map 图 $\alpha_l(n)$ 进行自学习的基础。固定的提前角 α_a 被叠加到学习过程中, 用于提供遗忘函数。学习点火角为

$$\alpha_l(n)=(1-k_l)\,\alpha_l(n-1)+k_l\left[\overline{\alpha}_k(n-1)+\alpha_a(n-1)\right] \tag{5.78}$$

因子 k_l 决定学习过程的速度。对该式进行 Z 变换可得

$$\alpha_l(z)=(1-k_l)\,z^{-1}\alpha_l(z)+k_lz^{-1}\left(\overline{\alpha}_k(z)+\alpha_a(z)\right) \tag{5.79}$$

$$\alpha_l(z)=\frac{k_lz^{-1}}{1-(1-k_l)\,z^{-1}}\left(\overline{\alpha}_k(z)+\alpha_a(z)\right) \tag{5.80}$$

为了评估学习过程的动态特性, 考察 $\alpha_l(n)$ 对输入阶跃函数的响应。

$$\overline{\alpha}_k(z)+\alpha_a(z)=\frac{\alpha_0}{1-z^{-1}} \tag{5.81}$$

$$\alpha_l(z) = \frac{k_l \alpha_0 z^{-1}}{(1-z^{-1})(1-(1-k_l)z^{-1})} = \alpha_0 \left(\frac{1}{1-z^{-1}} - \frac{1}{1-(1-k_l)z^{-1}} \right) \tag{5.82}$$

离散的响应函数为

$$\alpha_l(n) = \alpha_0 (1-(1-k_l)^n) \tag{5.83}$$

令 $t = nT_s$, 重新求得连续时间函数为

$$\alpha_l(t) \approx \alpha_0 [1 - \exp(-k_l t/T_s)] \tag{5.84}$$

学习时间常数等于采样时间除以因子 k_l, 可表示为

$$T_l \approx T_s/k_l \tag{5.85}$$

由于每次燃烧循环进行一次采样, 所以采样时间 T_s 与发动机转速成反比。使因子 k_l 也和发动机转速成反比, 可对其进行补偿。

自适应前馈控制对爆震控制的效果如图 5.42 所示。爆震控制角在平均值 $\overline{\alpha}_k$ 周围变动。为了防止发动机经常发生爆震, 加到固定点火角 Map 图上的 $\overline{\alpha}_k$ 取负值表示相对于固定点火角的一个延迟角。将平均爆震控制角 $\overline{\alpha}_k$ 传递进入自适应前馈控制 Map 图的 α_l, 爆震控制角会回到它的最大提前值 $\alpha_k = 0$。在图 5.42 中, 这传递步骤被简化成了一步阶跃。实际上传递响应为带时间常数 T_l 的一阶惯性环节。采用自适应前馈控制后, 当发生爆震时, 爆震控制 α_k 会发生延迟, 但是在最大值 $\alpha_k = 0$ 时限制了 $\Delta\alpha_k$ 的提前。因为提前量不可能超过限制值, 点火角波动减小, 所以与无自适应控制相比, 爆震发生频率有所降低。

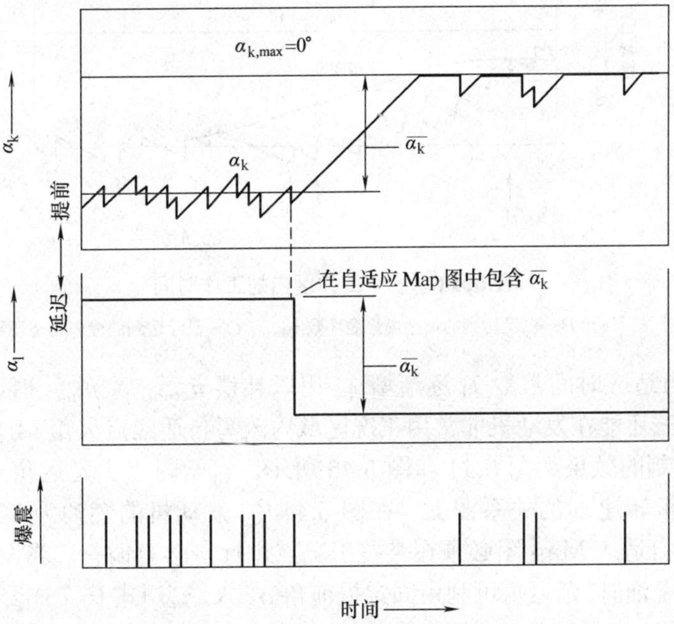

图 5.42 通过将 α_k 变换到学习角 α_l 来降低爆震发生频率

当发动机进入一个新的工作区时 (图 5.43), 平均爆震控制角 $\overline{\alpha}_k$ 也伴随某一瞬变过程逐渐稳定。经过 n_{max} 个燃烧循环后瞬变过程结束, 可以开始自适应学习。因为发动机处于工作区内

的时间可能短于 $n_{\max}$ 个循环时间, 所以允许自适应在 $n_{\min}$ 个燃烧循环后就开始。在这种情况下, 平均爆震控制角 $\overline{\alpha}_{\mathrm{k}}$ 可能还没到达稳态值。此时, 必须降低自适应因子 k_{l}。

$$k_{\mathrm{l}}=\begin{cases}0 & n_{\mathrm{comb}}<n_{\min}\\ \dfrac{n_{\mathrm{comb}}}{n_{\max}}k_{\mathrm{l0}} & n_{\min}\leqslant n_{\mathrm{comb}}\leqslant n_{\max}\\ k_{\mathrm{l0}} & n_{\mathrm{comb}}>n_{\max}\end{cases}\tag{5.86}$$

典型值为

$$n_{\min}=2...10$$
$$n_{\max}\leqslant 500$$

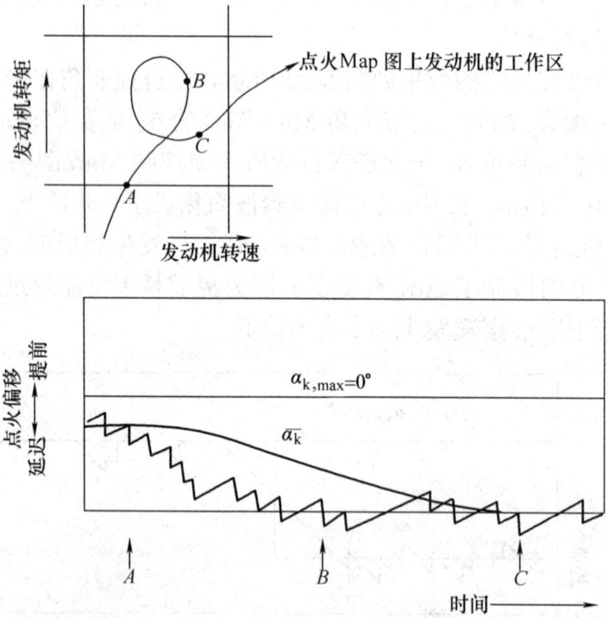

图 5.43　一个工作区内的工作时间

A—新工作区的开始; B—已经达到的最小燃烧循环数 $n_{\min}$; C—已经达到的最大燃烧循环数 $n_{\max}$

在中间区域, 自适应时间常数 T_{l} 逐渐增加, 用以补偿 $n_{\mathrm{comb}}\leqslant n_{\max}$ 时平均爆震控制角 $\overline{\alpha}_{\mathrm{k}}$ 的不确定性。该方法还能在发动机非常用工况区域内改写自适应点火角 Map 图。

自适应爆震控制的效果如图 5.44 和图 5.45 所示。自学习点火延迟角 ($-\alpha_{\mathrm{l}}$) 标于进气歧管压力 p_{m} 和发动机转速 n 的关系图上。在图 5.44 中, 发动机的燃油为 50: 50 的 91 号和 98 号辛烷混合燃油。自适应 Map 图必须在某些工况点进行自学习调整。当发动机燃油重新变为 100%的 98 号辛烷燃油时, 延迟角可利用固定提前角 α_{a} 来遗忘 [式 (5.78)]。

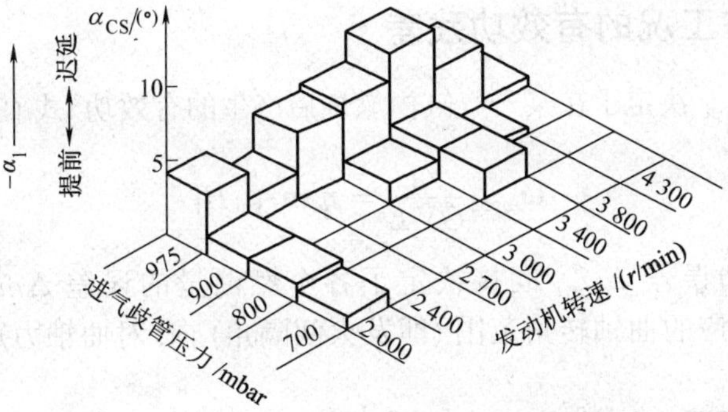

图 5.44 行驶路程 50 km、50：50 的 91 号和 98 号辛烷混合燃油的自适应点火角 α_l 的 Map 图

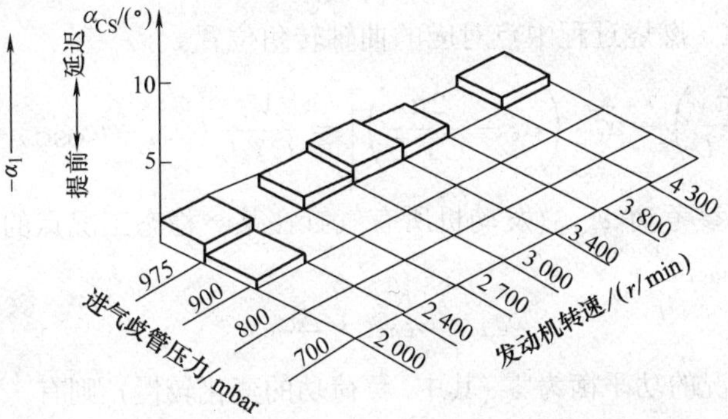

图 5.45 行驶路程 50 km、100%的 98 号辛烷混合燃油的自适应点火角 α_l 的 Map 图

5.4 气缸喷油量均衡补偿

本节将介绍对单个气缸 i 的喷油量进行误差补偿的方法。

$$\Delta m_{f,i} = m_{f,i} - m_{f,ref} \tag{5.87}$$

参考喷油量 $m_{f,ref}$ 由发动机管理系统计算得出并被换算成喷油时间 t_{inj}(见 3.2.4 节)。喷油时间 t_{inj} 被分解成几个非常短的时间段。喷油器开启和关闭时间的变化容易导致较大的喷油量误差。另一个引起误差的原因是喷射压力差 Δp。在喷射过程的第一个时间段, 燃油分配管内压力在喷油器处降低, 导致了压力波动。在接下来的喷油时间段, 压力差 Δp 将不再是标称值, 从而引起喷油量 $\Delta m_{f,i}$ 的误差。喷油嘴堵塞也会引发其他误差。在柴油机中, 该误差甚至可以达到 25%。

$$\frac{\Delta m_{f,i}}{m_{f,ref}} \leqslant 25\% \tag{5.88}$$

5.4.1 发动机稳态工况的有效功残差

确定的燃油量 $m_{\mathrm{f,ref}}$ 决定了在某一气缸内燃烧后产生的有效功 [式 (3.12)]。

$$\omega_{\mathrm{e,ref}}\frac{V_{\mathrm{d}}}{CYL}=\eta_{\mathrm{e}}m_{\mathrm{f,ref}}H_{\mathrm{f}} \tag{5.89}$$

因此, 气缸 i 的有效功误差 $\Delta\omega_{\mathrm{e},i}$ 间接决定了各个燃油量的误差 $\Delta m_{\mathrm{f},i}$。在气缸作功间隔 (cylinder segment) 对应的曲轴转角范围 (即发火间隔角) 内, 对曲轴力矩平衡方程 [式 (6.39)] 积分可得

$$J\int_{\alpha_i-\frac{2\pi}{CYL}}^{\alpha_i+\frac{2\pi}{CYL}}\dot{\alpha}_{\mathrm{CS}}\frac{\mathrm{d}\dot{\alpha}_{\mathrm{CS}}}{\mathrm{d}\alpha_{\mathrm{CS}}}\mathrm{d}\alpha_{\mathrm{CS}}=\int_{\alpha_i-\frac{2\pi}{CYL}}^{\alpha_i+\frac{2\pi}{CYL}}(T_{\mathrm{comb}}-T_{\mathrm{osc}}-T_{\mathrm{load}}^{*})\mathrm{d}\alpha_{\mathrm{CS}} \tag{5.90}$$

曲轴转角 α_i 代表了气缸 i 燃烧过程中点对应的曲轴转角位置。

$$\frac{J}{2}\left[\dot{\alpha}_{\mathrm{CS}}^{2}\left(\alpha_i+\frac{2\pi}{CYL}\right)-\dot{\alpha}_{\mathrm{CS}}^{2}\left(\alpha_i-\frac{2\pi}{CYL}\right)\right]=\frac{V_{\mathrm{d}}}{CYL}\left(\omega_{\mathrm{e},i}-\omega_{\mathrm{OSC},i}-\omega_{\mathrm{load},i}^{*}\right) \tag{5.91}$$

有效功可被分解成参考功 $\omega_{\mathrm{e,ref}}$(发动机所有气缸在某一稳态工况点的参考功是相同的) 和气缸 i 的有效功误差 $\Delta\omega_{\mathrm{e},i}$。

$$\omega_{\mathrm{e},i}=\omega_{\mathrm{e,ref}}+\Delta\omega_{\mathrm{e},i} \tag{5.92}$$

由于发动机稳态工况的功平衡为零 (其中, 负荷功的变化较慢), 则有

$$\omega_{\mathrm{e,ref}}-\omega_{\mathrm{OSC},i}-\omega_{\mathrm{load},i}^{*}=0 \tag{5.93}$$

得到有效功绝对误差为

$$\Delta\omega_{\mathrm{e},i}\frac{V_{\mathrm{d}}}{CYL}=\frac{J}{2}\left[\dot{\alpha}_{\mathrm{CS}}^{2}\left(\alpha_i+\frac{2\pi}{CYL}\right)-\dot{\alpha}_{\mathrm{CS}}^{2}\left(\alpha_i-\frac{2\pi}{CYL}\right)\right] \tag{5.94}$$

其相对误差 (残差) 为

$$R_i=\frac{2\eta_{\mathrm{e}}m_{\mathrm{f,ref}}H_{\mathrm{f}}}{J}\frac{\Delta\omega_{\mathrm{e},i}}{\omega_{\mathrm{e,ref}}}=\dot{\alpha}_{\mathrm{CS}}^{2}\left(\alpha_i+\frac{2\pi}{CYL}\right)-\dot{\alpha}_{\mathrm{CS}}^{2}\left(\alpha_i-\frac{2\pi}{CYL}\right) \tag{5.95}$$

在发动机稳态工况下, 每个气缸 i 都有一个典型残差 R_i(图 5.46), 所有残差之和为零。

$$\sum_{i=1}^{CYL}R_i=0 \tag{5.96}$$

这是对燃油量误差 $\Delta m_{\mathrm{f},i}$ 进行补偿的基础。

5.4.2 发动机瞬变工况的有效功残差

在发动机瞬变工况时, 式 (5.93) 的功平衡方程右侧不为零。这是因为一部分有效功 $\omega_{\mathrm{e,ref}}$ 被用于增加发动机转速, 例如转动动能 E_{kin}。若不考虑这一点, 残差计算会存在偏差, 不符合式 (5.96)。图 5.47 给出了在发动机非稳态工况下, 未补偿的有效功残差 R_i[式 (5.95)]。

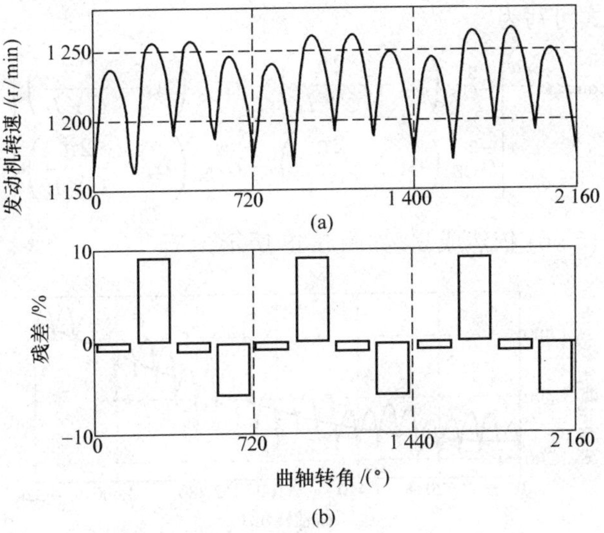

图 5.46 四缸发动机稳态工况下的发动机转速和残差

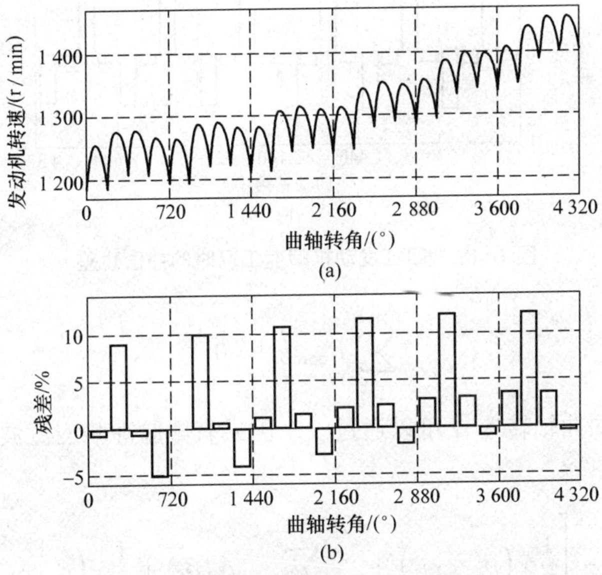

图 5.47 四缸发动机瞬变工况时的未补偿残差

在气缸作功间隔范围内，由于转速增加所导致的转动动能增量为

$$\Delta E_{\text{kin},i} = \frac{J}{2}\left[\bar{\dot{\alpha}}_{\text{CS}}^2\left(\alpha_i + \frac{2\pi}{CYL}\right) - \bar{\dot{\alpha}}_{\text{CS}}^2\left(\alpha_i - \frac{2\pi}{CYL}\right)\right] \tag{5.97}$$

由于稳态工况时发动机平均转速不变，这很容易得到验证。在这种情况下，动能将会保持不变，即 $\Delta E_{\text{kin},i} = 0$。

在发动机瞬变工况下，功平衡关系变为

$$\omega_{\text{e,ref}} - \Delta E_{\text{kin},i} - \omega_{\text{OSC},i} - \omega_{\text{load},i}^* = 0 \tag{5.98}$$

因此, 补偿残差的表达式可写为

$$R_{\mathrm{comp},i}=\left[\dot{\alpha}_{\mathrm{CS}}^{2}\left(\alpha_i+\frac{2\pi}{CYL}\right)-\dot{\alpha}_{\mathrm{CS}}^{2}\left(\alpha_i-\frac{2\pi}{CYL}\right)\right]-\left[\bar{\dot{\alpha}}_{\mathrm{CS}}^{2}\left(\alpha_i+\frac{2\pi}{CYL}\right)-\bar{\dot{\alpha}}_{\mathrm{CS}}^{2}\left(\alpha_i-\frac{2\pi}{CYL}\right)\right] \tag{5.99}$$

对此补偿残差, 式 (5.96) 依然成立, 如图 5.48 所示。

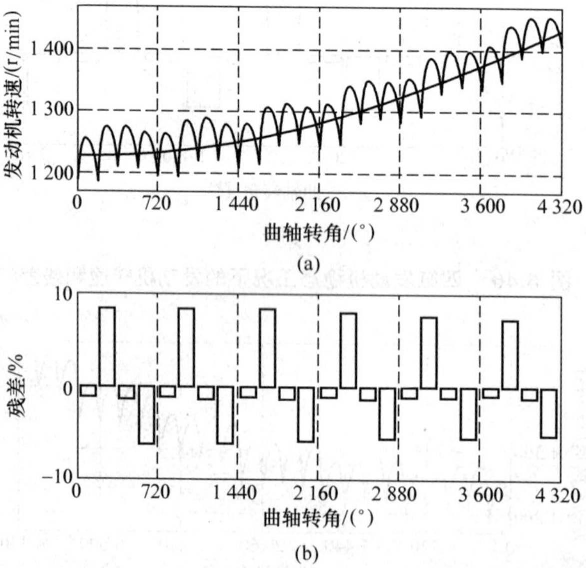

图 5.48 四缸发动机瞬变工况时的补偿残差

$$\sum_{i=1}^{CYL}R_{\mathrm{comp},i}=0 \tag{5.100}$$

式 (5.97) 中的平均曲轴转速 $\bar{\dot{\alpha}}$ 可以通过一个因果有限脉冲响应滤波器来计算。当气缸数为偶数时, 平均值为

$$\bar{\dot{\alpha}}\left(\beta_i\right)=\frac{1}{CYL}\left[\frac{1}{2}\dot{\alpha}\left(\beta_{i-\frac{CYL}{2}}\right)+\sum_{j=i-\frac{CYL}{2}+1}^{i+\frac{CYL}{2}-1}\dot{\alpha}\left(\beta_j\right)+\frac{1}{2}\dot{\alpha}\left(\beta_{i+\frac{CYL}{2}}\right)\right] \tag{5.101}$$

其中, 角 β_i 代表了燃烧中期点前后的两个角度:

$$\beta_i=\alpha_i\pm\frac{2\pi}{CYL} \tag{5.102}$$

式 (5.101) 中, 气缸 i 对应的滤波计算结果要延迟到气缸 $i+\dfrac{CYL}{2}$ 作功时。对四缸发动机来说, $\dfrac{CYL}{2}=2$,计算结果会延迟两个气缸作功间隔。但是, 该延迟不会产生任何问题, 因为只有在曲轴转动两圈之后重新计算气缸 i 的喷油量时 [式 (5.103)], 才会需要残差 R_i。

5.4.3 喷油 Map 图的自适应

3.2.4 节中的喷油 Map 图 (图 3.15) 应能够自适应, 从而利用上一节提到的残差喷油时间 t_{inj} 进行补偿。原始 Map 图 $t_{\mathrm{inj}}(m_{\mathrm{f}}, \Delta p)$ 对所有气缸而言都相同, 故可引入附加学习 Map 图 $F_i(m_{\mathrm{f}}, \Delta p)$ 来分别补偿每个气缸 i(图 5.49)。

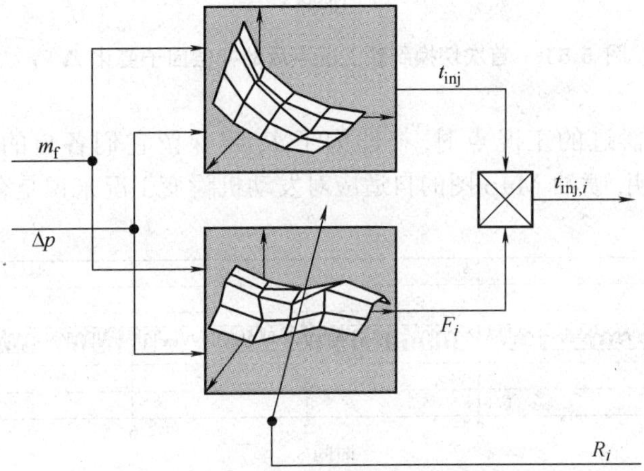

图 5.49 气缸 i 喷油正时的补偿 Map 图

气缸 i 的补偿因子为

$$F_i(n) = (1 - k_{\mathrm{l}}) F_i(n-1) + k_{\mathrm{l}}[1 - R_{\mathrm{comp},i}(n-1)] \tag{5.103}$$

式中,n 为离散迭代次数,$k_{\mathrm{l}} < 1$ 是权重因子, 它决定了学习速度时间常数 (见 5.3.5 节)。当对所有气缸的喷油时间进行补偿之后, 由式 (5.100) 可知, 发动机的总喷油量保持不变。若式 (5.103) 括号项符号为正, 则减小补偿因子 F_i, 这是因为已有太多的燃油被喷入气缸 i 中。图 5.50 给出了在发动机某一工况点补偿因子 F_i 的变化。上述自适应过程已经在发动机不同工况运行点下进行了验证, 此时气缸 i 需要不同的补偿因子 F_i。如图 5.51 所示, 发动机每隔 2 s 切换到新工况点, 在这过程中, 补偿因子 F_i 迅速变化并达到稳定值。

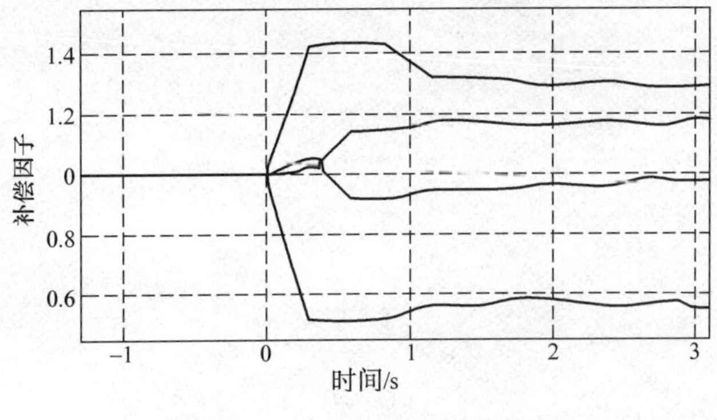

图 5.50 某一工况点补偿因子 F_i

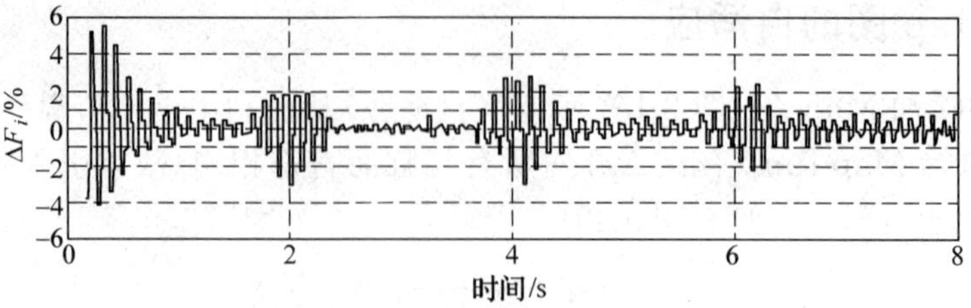

图 5.51 首次切换到新工况点后的补偿因子变化 ΔF_i

当再次运行在补偿过的工况点时, 补偿因子 F_i 将保留它们各自的先前值, 其误差小于 1%(图 5.52)。由此证明, 喷油 Map 图的自适应对发动机瞬变工况来说是有效的。

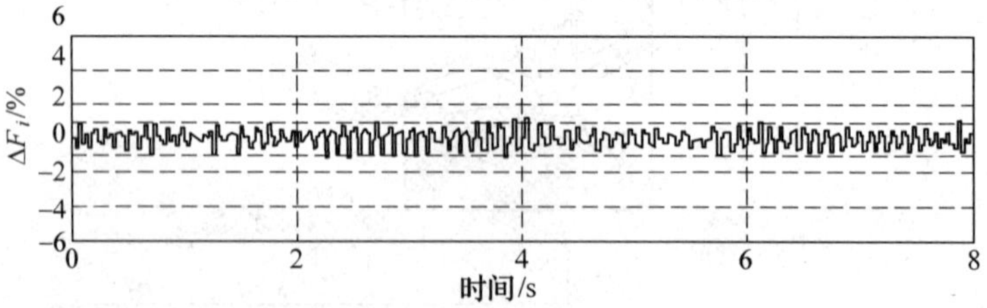

图 5.52 重新运行在补偿过的工况点时的补偿因子变化 ΔF_i

第6章 诊断

随着 OBDⅡ(on-board diagnostics-Ⅱ, 第二代车载诊断) 等相关环境法规的实施, 汽车发动机的车载诊断变得越来越重要 [17]。出于可维修性、可用性以及保护车辆方面的考虑, 也需要采用车载诊断系统。为满足法规要求, 现代发动机控制系统的大部分代码都是关于诊断的。

实际中使用的诊断方法有多种 [124,57], 具体方法的选择取决于法规要求。最简单的诊断形式是传感器极限检验 (limit checking) 和主动诊断。主动诊断是指将发动机控制在特定工况下 (一般为怠速), 以发现可能出现的故障。但这种简单诊断技术已不能满足日趋严格的法规要求。在某些情况下, 由于缺乏更好的诊断方案, 为适应诊断要求, 工程师们只能被迫选择次优的发动机控制方案。因此, 需要开发新型诊断技术, 功能更强而且不依赖于特定运行工况和主动诊断。针对此种情况, 基于模型的诊断应运而生, 其用到了更多关于系统对象模型的信息。

本章 6.1 节先介绍发动机诊断的相关背景。然后, 6.2 节对 OBDⅡ法规实例进行阐述, 该法规最先由加利福尼亚州空气资源委员会 (the California air resource board,CARB) 制定 [17]。6.3 节到 6.6 节介绍并讨论了诊断领域一些基本的概念和方法。接着, 讨论如何将本书前几章提到的模型运用于先进的诊断技术中。最后,6.7 节和 6.8 节分别对发动机进气系统诊断与失火检测两个诊断实例进行讨论。

6.1 汽车发动机的诊断

汽车发动机诊断有着很长的历史。从 19 世纪第一台汽车发动机开始, 就需要检测发动机故障。最初只能采用手动诊断方法, 直到 20 世纪中叶才开始出现诊断工具, 例如用于确定点火时刻的频闪观测仪。 20 世纪 60 年代, 排放测定已经成为诊断燃油系统的常规方法。 80 年代之前, 所有诊断都通过手动而且离线进行。自此, 电子和微处理器技术被逐步应用到汽车上, 车载诊断成为可能, 从而使机械师更容易检测到故障。

1988 年, 美国加利福尼亚州空气资源委员会出台了第一部关于车载诊断的法律法规——OBD。这些法规一开始只在加利福尼亚州推行, 随后美国联邦环境保护局 (EPA) 采用了类似法规并在全美推行。这迫使汽车制造商们必须提高它们所生产汽车的诊断能力。1994 年, 加利福尼亚州新推出了更加严格的 OBDⅡ法规。现在, 发动机控制系统的主要部分就是针对 OBDⅡ要求所开发的软件。在加利福尼亚州和美国联邦法规之后, 其他国家也推行了类似的法规。比如, 欧盟也推出了欧洲车载诊断 (European on−board diagnostics,EOBD) 法规。

为什么要车载诊断

采用车载诊断的原因包括:

① 机械师可根据储存的故障代码迅速更换故障部件, 使维修工作更加高效快捷。

② 如果在行驶过程中出现故障, 诊断系统在检测到故障后, 能够将发动机运行工况切换至“跛行回家” (limp home) 模式。将故障部件排除在发动机控制系统外, 在维修之前只采用次优的控制策略。

③ 根据发动机实际状况 (而不是保养日程) 实施保养, 从而节省维修费用。

④ 诊断系统能将发动机的潜在故障通知驾驶员, 使发动机得到及时维修。这也是提高**可靠性**的方法之一。

⑤ 发动机发生故障后, 通常会导致有害排放物增多。比如, 据 1990 年美国环境保护局估计, 轻型汽车碳氢排放总量的 60%来源于有严重排放控制系统故障的汽车 (这只占所有轻型汽车总数的 20%)[124]。为使汽车尽快得到修理, 类似的故障检测非常重要。

前三点是为了提高汽车的**可用性**。所有原因中, 与环境相关的排放问题最为重要, 正是排放问题促使在法律法规中加入了诊断系统方面的要求。这也使汽车发动机成为目前诊断应用的主要领域, 在汽车上运用的诊断系统数量要远远超过其他应用场合。此外, 由于汽车属于大批量生产商品, 即使很小的额外成本也会受到重视, 因此在汽车应用中诊断系统的成本限制十分特殊。总的来说, 汽车诊断系统是一个充满挑战的领域。

6.2 OBDⅡ

下面通过介绍 OBDⅡ法规, 了解现代车载诊断系统的需求。OBDⅡ是一种广泛使用的车载诊断法规, 欧洲的 EOBD 法规与 OBDⅡ也大致相当。OBDⅡ于 1994 年开始推行, 此后其要求逐步提高, 并且对所有乘用车、轻型卡车以及中型车辆都适用。

OBDⅡ法规主要针对火花点燃式发动机, 共分为三个子系统, 各自对应于不同的诊断需求。

① 进气系统　进气流量计、节气门、进气歧管压力传感器、发动机转速传感器。

② 燃油、燃烧系统　喷油器、火花塞、失火。

③ 排放后处理系统　空燃比传感器、催化转化器。

此外, 还有燃油蒸发系统和 EGR。根据 OBDⅡ的要求, 所有这些部件都需要进行诊断。

主要特点

OBDⅡ的主要构想是，当发生的故障将导致排放超标幅度超过 50%时，点亮故障指示灯 (malfunction indicator light,MIL)。当 MIL 点亮时，应该显示“检查发动机” (check engine) 或“尽快维修发动机” (service engine soon)。OBDⅡ的内容还包括 Scantool 标准、连接器、通信以及诊断系统数据交换协议。此外，它还要求对软件和数据进行加密，以免发动机控制系统受到未授权的更改。

制造商必须指定诊断系统能够检测故障的监测工况 (monitoring condition)。在联邦测试循环 FTP75 的第一部分中，即 phase Ⅰ和 Phase Ⅱ中，这些监测工况必须至少出现一次。FTP75 是一种在美国等国家使用的标准化测试循环。根据不同车速定义，它包括三个阶段 (phase)。phase Ⅰ和 phase Ⅱ如图 6.1 所示。phase Ⅲ的速度与 phase Ⅰ相同，但是要在 phase Ⅱ后再过 9~11 min 开始。

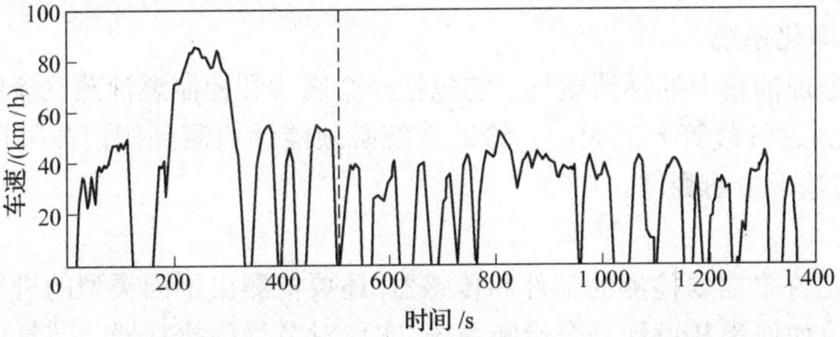

图 6.1　FTP75 测试循环 phase Ⅰ(虚线左侧) 与 phase Ⅱ(虚线右侧)

法规要求中的许多条款都基于“**驾驶循环**”这个术语。一个驾驶循环包括发动机起动、发动机关机以及正常行驶等部分。当检测到故障时，在下一个有监测工况的驾驶循环之前，必须点亮 MIL，并将故障代码储存到计算机上。储存在计算机内存中的信息称为“故障诊断代码” (diagnostic trouble code,DTC) 和“冻结帧数据” (freeze frame data)。冻结帧数据是发动机和控制系统当前状态下所有可获得的信息。在连续三个无故障驾驶循环后，应该熄灭 MIL。在 40 个无故障驾驶循环后,OBD 系统可清除该故障代码和冻结帧数据。

1. 一般诊断要求

总体上讲，需要 OBDⅡ诊断的部件包括所有执行器、传感器，以及连接到发动机控制系统且出现故障会影响排放的部件。传感器和执行器必须进行极限检验，确保信号在一定范围内，而且信号之间保持相互一致。执行器还必须通过主动测试的检查。例如，对于空气流量传感器、进气歧管压力传感器、发动机转速传感器以及节气门，都必须通过上述检查。除这些一般性要求外,OBDⅡ还包括针对发动机其他部件的特定要求和技术解决方案。下面介绍一些关键部件及其要求。此外,OBDⅡ中还有针对加热催化转化器、二级空气系统、空调冷凝系统、燃油系统以及废气再循环 (EGR) 等方面的细则。

2. 失火检测

失火检测是 OBDⅡ中最重要的部分之一。气缸失火时，未燃烧的汽油进入了催化转化器，会导致催化转化器过热，从而严重损坏。诊断系统必须能够检测到单次失火，并且确定发生失火的气缸。失火时,MIL 必须闪烁。

如 6.8 节所述, 目前主要通过处理发动机转速信号来实现失火检测 [123]。注意, 这是一种基于模型的方案。有时还会使用加速度计信号作为补充。研究表明, 采用 5.3.2 节中基于离子电流的方案, 也可成功地进行失火检测 [3,87]。

3. 催化转化器

催化转化器是排放控制的关键部件, 也是 OBDⅡ中的另一个关键部件。如果催化剂的效率下降到 60%以下, 诊断系统必须提示故障。目前, 一般使用两个氧传感器, 分别对应于上游催化剂和下游催化剂。对于工作正常的催化剂, 由于控制系统导致的极限环, 上游空燃比传感器信号的变化不应该体现在下游传感器信号中, 如图 5.17 所示。

4. 空燃比传感器

必须检测到空燃比传感器的时间常数变化和偏移误差。其检测步骤为: 检测频率, 比较两个传感器信号, 给定阶跃输入, 然后检测阶跃响应。

5. 燃油蒸气净化系统

该系统用于处理油箱中的燃油蒸气。它包括一个炭罐和控制燃油蒸气流向（从油箱流到炭罐以及从炭罐流到进气歧管）的阀门。诊断系统必须能够检测到阀门故障以及油箱泄漏。目前, 该项诊断主要基于主动测试。

6. 进气系统

进气系统包括许多需要检测的部件和传感器, 还要检测出不同类型的进气系统中气体的泄漏。 6.7 节将讨论如何为其设计一个诊断系统, 实现对节气门执行器、节气门传感器、空气流量传感器以及歧管压力传感器的故障诊断。

6.3 诊断简介

一般来说, 包括医学和工程技术等领域内的诊断都可解释如下: 针对一个系统过程, 通过变量或系统行为的观测, 以了解系统是否按照要求正常运行。如图 6.2 所示, 诊断的任务是根据观察结果和相关知识得出故障结论, 即判断是否存在故障并找出故障。因此, 诊断的基本问题就是考虑如何得出故障决策, 找出相关的系统参数和行为, 并获得表征“系统正常工作”的知识信息。

基本定义和概念

本节将给出诊断领域的关键定义和概念。为统一相关术语,IFAC 技术委员会 SAFEPROCESS 提议了该领域一些术语的初步定义 [56], 另外一些定义可参见文献 [4]。下面列出一些基本术语, 并给出解释。在术语解释方面, 部分参照了 IFAC 技术委员会 SAFEPROCESS 给出的定义。

① 故障 (fault) 至少一个系统变量或特性偏离了可接受的（或正常的、标准的、名义上的）行为。

② 失效 (failure) 发生某一故障时, 导致系统在特定工况下不能继续实现预定功能时, 称为失效。

③ 干扰 (disturbance) 作用于系统上的未知或不受控制的输入。

④ 故障检测 (fault detection) 确定系统是否存在故障, 并确定检测时间。

⑤ 故障隔离 (fault isolation) 找出故障位置, 比如确定失效部件。

⑥ 故障识别 (fault identification) 确定故障大小以及时变特征。

⑦ 故障调节 (fault accommodation) 重新配置系统, 以使系统在发生故障的情况下仍能运转。

⑧ 故障诊断 (fault diagnosis) 目前, 针对"故障诊断"这个术语的定义, 文献中有两种常见的观点。第一种观点 (例如文献 [31]) 认为, 故障诊断应包括故障检测、隔离和识别。第二种观点 (例如文献 [54]) 认为, 它仅包括故障隔离和识别。通常, 将"故障诊断"简称为"诊断"。

⑨ 虚警 (false alarm) 无故障时警报启动的事件, 或称为误报、误警。

⑩ 漏警 (missed alarm) 发生故障时未能启动警报的事件, 或称为漏检 (missed detection)。

⑪ 主动诊断 (active diagnosis) 主动给系统输入一个激励, 找出可能的故障。

⑫ 被动诊断 (passive diagnosis) 在不影响系统运行的情况下, 对系统进行研究, 从而实现诊断。

1. 术语说明

本书中提到的"故障诊断"指的是包括故障检测、隔离和识别在内的整个过程, 这也与文献中的第一种观点相一致。因此, "诊断"还可以表示与诊断有关的其他步骤和过程。类似于第二种观点, 若术语"诊断"中不包括故障检测, 就要另外采用一个术语来描述诊断相关的整个范畴。在持第二种观点的相关文献中, 一般用 FDI(fault detection and isolation, 故障检测与隔离) 来表示。在某些文献中,FDI 并不严格包括故障识别, 为此需要引入术语 FDII(fault detection, isolation and identification, 即故障检测、隔离与识别)。

2. 一般结构

诊断系统应用的一般结构如图 6.2 所示。诊断系统的输入信号是 $u(t)$ 和 $y(t)$, 它们可以是控制系统信号, 或是控制系统信号的一个扩展集。设备对象受到故障和干扰的影响, 而诊断系统的任务就是作出故障决策, 其中包含的信息有故障是否发生、故障发生的位置 (即哪个部件出现了故障) 等。

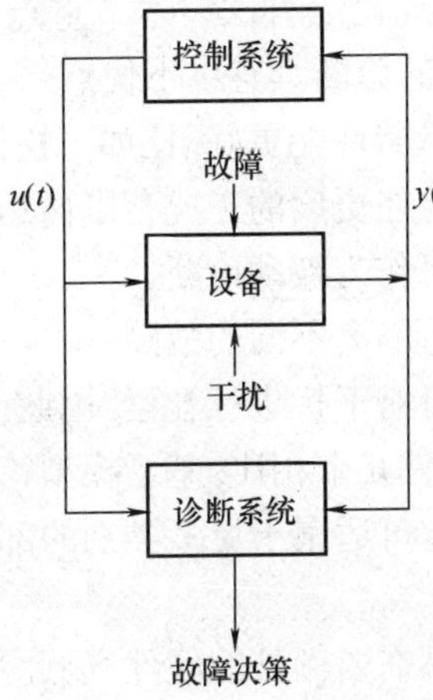

图 6.2 诊断应用的一般结构

6.4 基于模型的诊断

为提高发动机诊断系统的性能, 可使用基于模型的诊断 (model-based diagnosis, MBD), 这种方法中所采用的数学模型可包含系统的知识。若有合适的数学模型, 可更大程度地采用被动诊断, 适用的工况范围也更大。采用这种方法时, 也可考虑不同车辆的差异、老化或环境变化等问题, 例如大气条件的变化。

下面将介绍基于模型的工程技术系统诊断。

传统方法

传统的诊断主要只进行极限检验。例如, 传感器信号电平偏离其正常范围时, 警报就启动。这个正常范围要事先用阈值设定好, 该范围可与工况有关。例如, 飞机在不同运行工况下的高度和速度阈值可储存在一个表格中。这种方法使用的阈值与其他变量相关, 实际上也可看做是一种基于模型的诊断。除了检验信号电平, 一般也将信号趋势与阈值进行对比。

另一种传统的诊断方法是硬件复制 (两份或三份复制, 甚至更多), 称为**硬件冗余** (hardware redundancy)。使用硬件冗余, 会导致硬件成本、额外安装空间以及系统质量增加等问题。另外, 额外部件也增加了系统的复杂程度, 可能增加额外的诊断需求。

基于模型诊断的特点

研究表明, 不同于传统方法, 基于模型的诊断作为辅助系统或独立运行都非常有用[93,31,26,94]。在模型形式方面, 可以是逻辑运算模型, 也可以是基于微分方程的模型。根据不同模型形式, 可使用不同的基于模型诊断方法, 例如统计方法[5]、离散系统方法[110]、人工智能方法[102]以及基于控制理论的方法。本节重点讨论的是基于控制理论的诊断方法。与传统的极限检验相比, 基于模型的诊断具有以下优点:

① 诊断性能更好, 比如可检测到更小的故障, 检测时间更短。

② 可在更广的工况范围内运行。

③ 可作为被动诊断。

④ 可隔离不同的故障。

⑤ 可对干扰进行补偿, 因此, 在存在干扰的情况下诊断性能仍很好。

与硬件冗余相比, 基于模型诊断的优点在于:

① 它可适用于更多类别的部件。若用硬件冗余方法, 包括设备对象在内的一些硬件并不能被复制。

② 不需要额外的硬件, 因此生产成本低。

有些观点认为, 基于模型诊断需要的计算量较大。若更细致地研究诊断方法, 便知事实并非如此[90]。实际上, 在诊断性能差不多的条件下, 相比于传统方法, 基于模型的诊断计算量更小。

基于模型的诊断需要一个可靠的系统模型, 此外还需要一个诊断设计流程。用于诊断的系统模型可以借用控制设计时的模型, 从而减少诊断设计的工作量。此时, 模型精度是诊断性能的一个主要因素。与基于模型的控制 (model based control) 相比, 在基于模型的诊断中, 系统模型开环运行, 因此模型精度更为重要。相比于控制系统设计, 诊断系统设计时, 采用线性模型时的诊断性能往往存在不足。

6.5 故障

本书前几章已经给出了发动机动态特性的模型, 比如 3.2.6 节中的进气动力学模型。但是, 除这些无故障条件下的系统模型外, 还需要建立故障工况下的系统模型, 这就是故障建模所研究的内容。

如图 6.3 所示, 一个设备对象可以分成三个子系统: 执行器 (actuator)、过程 (process) 和传感器 (sensor)。根据故障发生在哪个子系统, 故障被分成执行器故障、过程故障和传感器故障。有时也将过程故障称为系统故障 (system fault) 或部件故障 (component fault)。

图 6.3 设备对象的一般结构

典型的传感器故障是连接器和线路的短路、开路, 以及传感器信号漂移 (即增益和偏差变化)。发生传感器故障时, 其时间响应特性会变差, 带宽减小。过程故障的例子包括摩擦变大、质量改变、泄漏、部件卡死或松动。执行器故障的例子包括连接器和线路的短路、开路。如果执行器包括电子放大器, 也可能出现增益和偏差故障。执行器自身就是一个相对复杂的系统, 它可能包括直流电动机、控制器和传感器等多个部件。因此, 执行器中也会存在上面提到的传感器和过程故障。

在故障诊断应用中, 隔离某个较大的故障部件 (如直流电动机) 有时还不能解决问题, 往往还需要了解更多的故障信息。例如, 需要找出直流电动机中出现故障的部件。因此, 在设计诊断系统时, 必须了解“存在哪些可能故障”、“哪种故障最常见”, 以及“不同故障如何影响系统”。这是因为, 对于不同的故障, 往往也需要特定的诊断方案。这些知识信息只能通过该领域内的专家或大量的试验获得。

不同的故障通常具有不同的时变特性。图 6.4 给出了三种不同类型的基本故障。

① 突发性故障 (实线)　突变、阶跃性故障, 例如一个突然制动的部件。

② 渐发性故障 (点画线)　逐渐发展的故障, 例如某个部件慢慢老化或传感器标定误差逐渐增加。

③ 间歇性故障 (虚线)　例如连接器松动。

上述这些典型故障类型也常用于诊断系统的测试或评估过程中。但是在实际应用中, 故障的时变特性往往更加复杂。

故障建模

故障建模是基于模型诊断的一个重要概念。故障模型需要描述的内容包括“可能发生的故障信息”、“该故障如何影响系统过程的运行”。一般而言, 故障模型越精确, 诊断性能越好。例如, 能检测出更小的故障, 就能隔离出更多的故障类型。

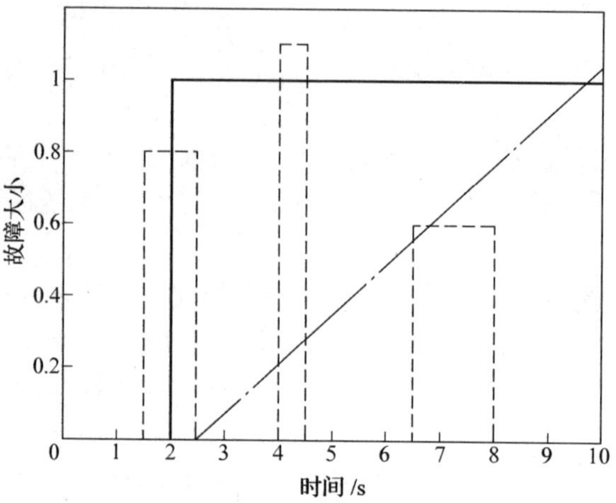

图 6.4 不同类型的故障时变特性

从根本上说, 可采用故障信号或系统参数变化来表示故障模型。根据不同故障, 要选用最能表征该特定故障特点的信号。特定的故障可表示为**标量的**故障信号。一般的, 所有故障都能表示为故障信号。在下面的例子中, 用传递函数 $G(s)$ 的变化 $\Delta G_{\mathrm{f}}(s)$ 来表示故障

$$y=(G(s)+\Delta G_{\mathrm{f}}(s))\,u$$

若定义故障信号为 $f=\Delta G(s)\,u$, 则有

$$y=G(s)\,u+f$$

因此, 系统参数变化可写为故障信号的形式, 但是故障信号有时并不能写成参数变化的形式。例如, 偏差故障就不能用参数的变化来表示。

有时还用到如下两个术语: 加性故障 (additive fault) 和乘性故障 (multiplicative fault), 如 5.1.6 节。加性故障将叠加到系统现有信号上, 例如执行器输入、传感器输出或状态。乘性故障就是可用参数变化表示的故障类型。

Example 6.1 考虑某过程的状态空间模型:

$$\dot{x}=Ax+Bu$$

$$y=Cx+Du$$

其中, 发生的故障包括加性的执行器故障 f_{a}、过程故障 f_{p}、加性的传感器故障 f_{s}, 将其表示为故障信号, 则可由下列状态空间形式来表示故障对过程的影响:

$$\dot{x}=Ax+Bu+Bf_{\mathrm{a}}+Ef_{\mathrm{p}}$$

$$y=Cx+Du+Df_{\mathrm{a}}+Ff_{\mathrm{p}}+f_{\mathrm{s}}$$

6.6 基于模型诊断的原理

前文建立了待诊断的发动机子系统模型和合适的故障模型, 本小节讨论诊断系统的设计。

基于模型诊断系统的设计方法有很多, 但最常见的是**残差** (residual) 分析法。残差的定义如下。

定义 1[残差]: 残差 $r(t)$ 是一个标量或者向量信号, 在无故障时 $r(t)$ 为零或很小的值, 发生故障时 $r(t)$ 不为零。

采用残差分析方法时, 基于模型的诊断可分为残差生成 (residual generation) 和残差评价 (residual evaluation) 两个部分。因此, 诊断系统的内部结构包括两个子系统, 如图 6.5 所示。残差产生器的作用是生成残差信号, 残差评价器的作用是评价残差并作出故障决策。

诊断时, 故障用故障信号表示。残差生成时, 基于解析冗余 (analytical redundancy, 又称为解析余度、解析冗余度)。解析冗余的正式定义如下:

定义 2[解析冗余]: 当确定某变量时, 可采用两种或更多方法 (各种方法之间并不一定等价), 若其中至少有一个过程数学模型为解析形式, 称之为解析冗余。

例如, 若某输出既可测量, 也可用模型的方法估算时, 表示存在解析冗余, 如图 6.6 所示。根据输出的量测量 $y(t)$ 和估计量 $\hat{y}(t)$, 残差可表示为

$$r(t) = y(t) - \hat{y}(t)$$

估算 $\hat{y}(t)$ 的模型可以是线性的或非线性的。当发生故障时, 输出测量值会受影响, 但估算值不受影响。此时, 残差就会相对零产生偏移, 从而检测到故障。解析冗余有两种形式:

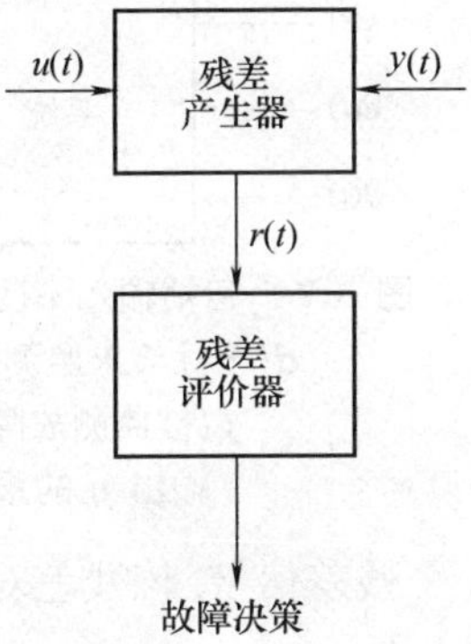

图 6.5 一个诊断系统的内部结构

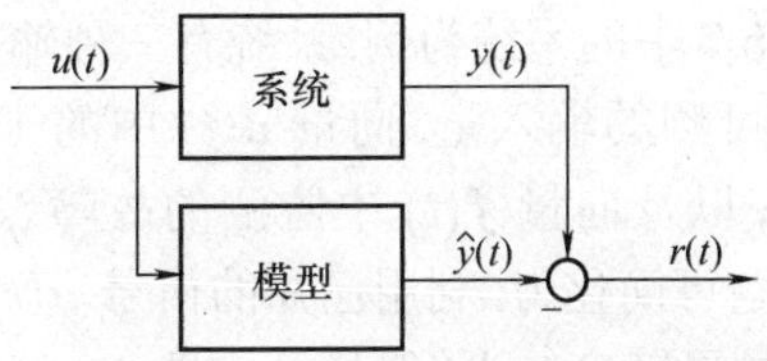

图 6.6 简单的故障检测系统

① 静态冗余 (static redundancy) 表示系统传感器输出和执行器输入之间的瞬时、静态关系。输出之间的静态冗余又称为直接冗余 (direct redundancy)。

② 时间冗余 (temporal redundancy) 表示传感器输出和执行器输入的历史值或其导数之间的关系。表示时间冗余的公式一般为微分方程或差分方程。

Example 6.2 考虑如下有 3 个输出和 1 个输入的系统

$$y_1 = g(u)$$
$$y_2 = G(s)\,u$$
$$y_3 = 2g(u) - G(s)\,u$$

对于该系统, 输入 u 和输出 y_1 间存在静态冗余, 输入 u 和输出 y_2 间存在时间冗余。将前两个公式代入第三个, 可得

$$y_3 = 2y_1 - y_2 \tag{6.1}$$

由上式可知, 输出之间存在直接冗余。

上面提到的各种解析冗余都可以用来设计残差生成器。基于这些冗余的残差可表示为

$$r_1 = y_1 - g(u)$$
$$r_2 = y_2 - G(s)\,u$$
$$r_3 = y_3 - 2y_1 + y_2$$

值得注意的是, 若系统存在动态, 而检测时间并不重要, 解析冗余通常可用静态冗余来近似。

6.6.1 残差产生器设计

首先给出残差产生器的定义。

定义 3[残差产生器]: 残差产生器是指将过程输入和输出作为输入并产生残差的系统。

若基于静态冗余, 残差产生器属于静态系统; 若基于时间冗余, 它是一个动态系统。设计残差产生器时, 要求有一定的残差结构, 具体如下所述。

图 6.7 包括输入 $\boldsymbol{u}$(已知或可测)、$\boldsymbol{d}$(干扰与未监测故障)、$\boldsymbol{f}$(被监测故障) 和输出 $\boldsymbol{y}$ 的系统

以图 6.7 中的系统为例, 系统有三种输入: 向量 $\boldsymbol{u}(t)$ 中已知或可测的输入量, 向量 $\boldsymbol{d}(t)$ 中的干扰或是未监测的故障, 以及向量 $\boldsymbol{f}(t)$ 中监测的故障。残差产生器的设计问题可简化为: 利用已知的信号 $\boldsymbol{u}(t)$ 和 $\boldsymbol{y}(t)$, 产生一个残差信号, 该残差对 $u(t)$、 $y(t)$ 和 $d(t)$ 信号的灵敏度较小, 但是对信号 $\boldsymbol{f}(t)$ 的灵敏度较大。

1. 残差产生器的一般表述

一般的, 残差产生器可看做一个滤波器。在线性情况下有:

$$r = H_y(s)\,y + H_u(s)\,u \tag{6.2}$$

式中,y 和 u 可以是标量或向量。令 $G(s)$ 和 $G_{\rm f}(s)$ 分别为从输入 u 和故障 f 到 y 的传递函数, 则系统输出为

$$y = G(s)\,u + G_{\rm f}(s)\,f$$

将上式代入式 (6.2), 可得

$$r=\left(H_y\left(s\right)G\left(s\right)+H_u\left(s\right)\right)u+H_y\left(s\right)G_{\mathrm{f}}\left(s\right)f=0 \tag{6.3}$$

在无故障的情况下, 根据定义, 残差必须为零, 即

$$\left(H_y\left(s\right)G\left(s\right)+H_u\left(s\right)\right)u=0 \tag{6.4}$$

若该等式对所有的 u 成立, 对于所有的线性残差产生器, 必须满足式 (6.5)。

$$H_y\left(s\right)G\left(s\right)+H_u\left(s\right)=0 \tag{6.5}$$

注意,H_u 可以为零, 例如在直接冗余的情况下。但是, 必须一直保持 H_y 不为零。

式 (6.2) 用输入和输出表示残差, 故称其为残差计算形式 (computational form), 它可用于定义残差产生器。

根据式 (6.4), 从式 (6.3) 中可以看出, 残差可表示为故障和干扰 (当干扰信号已知时)。因此, 若用 d 表示所有干扰信号, 残差可表示为

$$r=G_{\mathrm{rf}}\left(s\right)f+G_{\mathrm{rd}}\left(s\right)d$$

上述表达式只用故障和干扰表示残差, 称之为残差内部形式 (internal form)。根据内部形式可知, 若没有故障和干扰, 残差即为零。

Example 6.3 针对例 6.1 中的系统 (6.5 节)。假设可以设计一个理想的残差产生器, 以满足式 (6.4)。残差的内部形式如式 (6.2), 根据从不同故障 f_{a}、 f_{p} 和 f_{s} 到系统输出 y 的传递函数 (而不需要其他传递函数), 即可得出残差的内部形式为

$$r=H_y\left(C\left(sI-A\right)^{-1}B+D\right)f_{\mathrm{a}}+H_y\left(C\left(sI-A\right)^{-1}E+F\right)f_{\mathrm{p}}+H_yf_{\mathrm{s}}$$

---

2. 观测器表述

上文中用传递函数表示残差, 此外还可以使用观测器方程来获得残差表达式。例如, 若系统有两个可测的输出 y_1、 y_2, 则基于某一个输出 (例如 y_2) 的观测器可表述为

$$\dot{\hat{x}}\left(t\right)=g\left(\hat{x}\left(t\right),u\left(t\right)\right)+K\left(y_2-\hat{y}_2\right) \tag{6.6}$$

$$r\left(t\right)=y_2\left(t\right)-\hat{y}_2\left(t\right) \tag{6.7}$$

在该残差 $r(t)$ 中, 对第一个传感器进行了解耦。用于诊断的观测器称为诊断观测器 (diagnostic observer), 但它不需要估计任何状态。

3. 其他设计方法

式 (6.2) 中, 由两个传递函数 H_y 和 H_u 表达的残差还可写为

$$r\left(\sigma\right)=\frac{A_1\left(\sigma\right)y_1+\cdots+A_m\left(\sigma\right)y_m+B_1\left(\sigma\right)u_1+\cdots+B_k\left(\sigma\right)u_k}{C\left(\sigma\right)} \tag{6.8}$$

式中: m——输出维数;

k——输入维数;

$A_i(\sigma)$、$B_i(\sigma)$ 和 $C(\sigma)$——关于 σ 的多项式。

在连续情形中,σ 表示微分算子 p; 在离散情形中,σ 表示移位算子 q。

若满足式 (6.5), 残差产生器即可达到如下两个目标:

① 从待检测故障到残差的传递函数必须为非零。

② 从其他信号到残差的传递函数必须为零。

此外, 还可选择其他的设计方法。以上两个目标要求, 如式 (6.5) 所示, 只是对式 (6.8) 中分子多项式的约束。对于分母多项式 C, 唯一约束就是残差产生器必须可实现。因此, 分母多项式的 σ 次数必须不小于分子多项式中 $A_i(\sigma)$ 项和 $B_i(\sigma)$ 项的最高阶次。此外, 必须适当配置极点, 以使残差产生器稳定, 并进一步使其兼顾稳定性能和滤波性能。需要注意的是, 有时由于系统特性方面的原因, 可适当放宽第二个要求, 干扰和未检测故障只要近似解耦即可。

6.6.2 残差评价

残差评价器 (residual evaluator) 的作用是基于残差作出故障决策 (fault decision)。经过故障检测、隔离和识别等步骤, 所获得的故障决策包括"是否发生故障"方面的信息。若故障发生, 它包括的信息还有哪个部件在何时发生故障以及故障的严重程度。若存在建模误差和测量噪声引起的干扰, 残差评价也很重要。

本质上, 残差评价的目的是检验残差是否对故障作出反应。若残差能针对某故障作出反应, 则称残差**激活** (fire)。最简单的评价方法是为残差设定一个阈值 J_{th}, 假设 $|r(t)| > J_{\text{th}}$ 时, 表示故障发生。选择阈值 J_{th} 时, 一般它要略高于噪声水平。

另一种简单易懂的方法如图 6.8 所示。残差先通过低通滤波, 然后将其绝对值与阈值对比。若故障决策只要包括"发生什么故障"方面的信息, 可采用如下简单逻辑判断方法: 当残差符合残差结构中的某一个故障列时, 系统就发出警报。

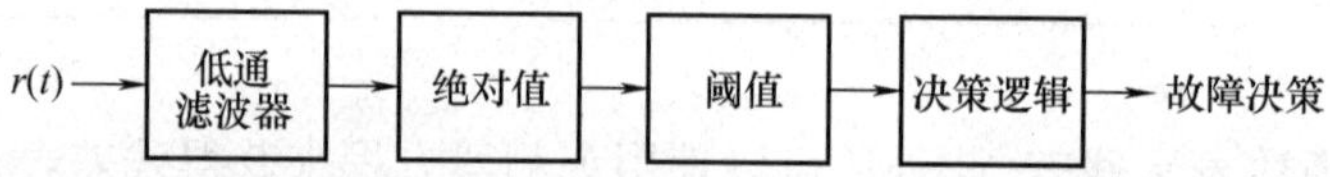

图 6.8 一个简单的残差评价示意图

阈值选择

虚警率和漏警率是诊断系统的两个重要指标。若阈值已选且残差概率分布已知, 可计算出虚警率和漏警率。

例如, 残差受叠加性高斯噪声 $n(t)$ 的影响, 其内部形式为

$$r(t) = G_{\text{f}}(s)\, f(t) + n(t)$$

式中: $G_{\text{f}}(s)$——故障到残差的传递函数。

图 6.9 给出了残差 (经滤波后) 的概率密度函数, 包括无故障情况 (实线) 和有故障情况 (虚线)。假定故障信号恒定, 即 $f(t) \equiv c$, 概率密度函数就集中于 $G_{\text{f}}(0)c = 4$。阈值 (绝对

值)$J_{\text{th}} = 2$, 在图中用两条竖线表示。在阈值范围内 (包括左侧和右侧两部分), 对实线下方面积进行积分, 可计算出虚警率。类似的, 在阈值范围内, 对虚线下方面积进行积分, 可计算出漏警率。

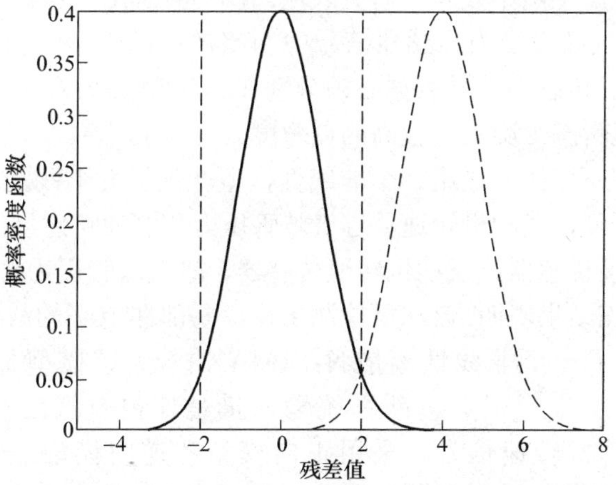

图 6.9　一个残差在无故障 (实线) 和恒定故障 (虚线) 时的概率密度函数

这种虚警率和漏警率计算方法, 只能用于残差为标量类型的诊断系统。若诊断系统包括多个残差, 概率计算就会更加复杂。随着残差数目增加, 计算愈加复杂。更重要的是, 残差的概率分布情况通常是未知的, 必须对其进行估计。

除设定阈值这种方法外, 对于突变型故障, 还可采用统计学检测方法, 例如**广义最大似然率检测** (generalized likelihood ratio test, GLRT), 详细讨论可参考文献 [5]。另一种方法是文献 [27] 中的**模糊阈值法** (fuzzy thresholding), 即设定的阈值为模糊量, 并用模糊规则计算得出故障决策。此时, 故障决策可包含“故障发生确定性”方面的信息。

6.6.3 基于模型诊断在汽油机中的应用实例

基于模型诊断方法在汽车诊断中的应用,20 世纪 80 年代末就有初步成果发表。早期有以 Rizzoni 和 Gertler 为首的研究团队发表的成果, 另外一些研究团队则积极研究该方法在汽车发动机上的应用, 如文献 [117]、 [83]、 [80]、 [104]、 [52]。

下面将对基于模型方法在汽车发动机诊断领域的一些应用成果进行回顾, 介绍一些相关方法, 例如扩展 Kalman 滤波器、检测滤波器 (detection filter) 以及残差分析法。此外, 也对使用时所遇到的问题及其解决办法进行讨论。

1. 扩展 Kalman 滤波器

Paolella 和 Cho 于 1990 年提出了一种基于非线性扩展 Kalman 滤波器的诊断方法 [18]。他们首先尝试了线性滤波器方法, 但是效果并不好。后来改用非线性方法, 并将其应用到汽车动力传动系诊断上, 检测发动机转速、变速器以及车轮速度传感器的故障, 这些转速信号也是诊断系统的输入量。他们首先用仿真验证了这一方法, 然后于 1991 年在实车上对该法进行检验 [92]。结果表明, 将传感器输出设为 0, 利用该法可检测到完全失效 (100%) 故障。

2. 检测滤波器

在获得 Ford 公司部分支持的情况下, 基于四阶线性状态空间发动机模型,Rizzoni[106,107] 于 1989— 1991 年设计了一个扩展型检测滤波器。基于测得的节气门开度、进气歧管压力和发动机转速信号, 该诊断系统产生两个残差。研究表明, 在一台 Ford 3.0 L 发动机上, 该法可诊断出节气门开度传感器和进气歧管压力传感器信号中 10%的故障误差。由于采用的发动机模型为线性, 限制了其适用范围, 传感器信号数据必须分别在 56~60 kPa 和 1 050~1 130 r/min 之间。结果表明, 残差对发动机瞬态工况具有较高的灵敏度。

1993 年, 基于奇偶方程, 他们采用一个非线性模型产生了五个残差 [105]。在一台 1.3 L4 缸发动机上, 测量节气门开度、发动机转速、进气歧管压力和燃油喷射量信号, 用于故障诊断。待诊断的部件为节气门开度传感器、发动机转速传感器、进气歧管压力传感器和燃油喷射器。发动机负荷得到解耦。残差结果表明, 该法可检测出待诊断部件 10%的故障误差。

1994 年, 他们采用了一个非线性离散 NARMAX 模型, 该模型是二阶多项式的线性组合, 因此对于参数是线性的 [71-73]。诊断系统输入量是期望节气门开度、喷射燃油量以及测得的进气流量和发动机转速信号。采用正向模型和逆向模型, 产生四个相应的奇偶方程残差。此处, 发动机负荷也得到解耦。在一台 Ford 3.0 L 发动机上, 用标准测试步骤对该方法进行测试。结果表明, 该法可检测出的部件故障情况为: 空气流量传感器 10%的故障误差、发动机转速传感器 20%的故障误差、节气门执行器 15%的故障误差和喷油器 40%的故障误差。

3. 残差

Gertel 和他的团队同 GM 公司合作开展项目。在 1991— 1993 年间, 他们完成了仿真研究[34,35]。由于线性模型在运行范围方面十分有限, 他们使用了一个核心部分为线性的混合模型。基于以奇偶方程形式表示的五个残差, 诊断内容包括节气门开度传感器、 EGR 阀、喷油器、进气歧管压力传感器、发动机转速传感器和氧传感器的故障, 这些传感器信号也是诊断系统的输入量。残差结构可区分除喷油器和氧传感器故障外的所有故障。其潜在的不足之处在于, 研究中假设氧传感器的特性已知。

1994— 1995 年间, 他们在一台量产型 3.1 L V6 发动机上对这个方案进行测试 [32,33]。研究中开发了离线和在线诊断系统两个版本。由于车载计算机在计算能力方面的不足, 所用算法较简单。残差产生过程中, 没有使用五个线性奇偶方程, 而使用六个非线性奇偶方程。利用该方案, 可检测出与之前研究中相同的故障, 新的残差结构还可隔离所有的故障。为提高鲁棒性, 残差都经过低通滤波器, 并且记录超过阈值的次数。研究表明, 该系统可以诊断 10%的故障误差。

6.7 诊断实例——汽油机进气系统

本节以汽油机进气系统为应用实例, 来说明基于模型诊断系统设计的一般原理。进气系统包括一系列部件和传感器, 这些部件和传感器之间的热力学和气体物性关系已有充分理解。设计该诊断系统时, 基于一个非线性半物理模型, 并且使用了多种不同的残差产生方法。需要注意的是, 由于进气子系统之间已解耦, 部分发动机变量不需要考虑。例如, 道路负荷、润滑、摩擦、磨损、点火正时、燃油品质、空燃比、冷却水温和油温, 这些变量都在其他子系统中。可能会影响进气系统的变量, 包括环境温度、大气压力和湿度。对于一般诊断系统设计时必须考虑的大气干扰, 进气系统中并不存在。

下面将基于建模、残差产生器和残差评价来设计一个诊断系统, 讨论其总体诊断性能和 6.7.3~6.7.6 节中的限制因素。6.7.1 和 6.7.2 节中, 建立了一个 SAAB 2.3 L 量产型发动机进气系统的模型。基于此模型, 在 6.7.3 和 6.7.6 节, 设计一个能够检测节气门执行器、节气门传感器、流量传感器和进气歧管压力传感器故障的诊断系统。 6.7.7 节中, 用一台实际量产型发动机对该诊断系统进行试验验证。

6.7.1 进气系统建模

本例中的研究对象为一台 2.3 L 4 缸 SAAB 量产型发动机, 其采用基于 PID 控制的 DC 伺服电控节气门 (drive−by−wire), 其测量变量与"发动机控制"章节所述相同。图 6.10 所示为汽油机示意图, 图中虚线左侧部分即为需要进行故障诊断的进气系统部件。由于发动机转速会影响吸入空气量, 必须加以考虑。汽油机是一个非线性系统, 已有研究表明, 若基于线性模型进行诊断设计, 发动机诊断系统的性能较差。关于这点, 还可参考文献 [35]、 [71]。因此, 本例选择一个非线性模型。

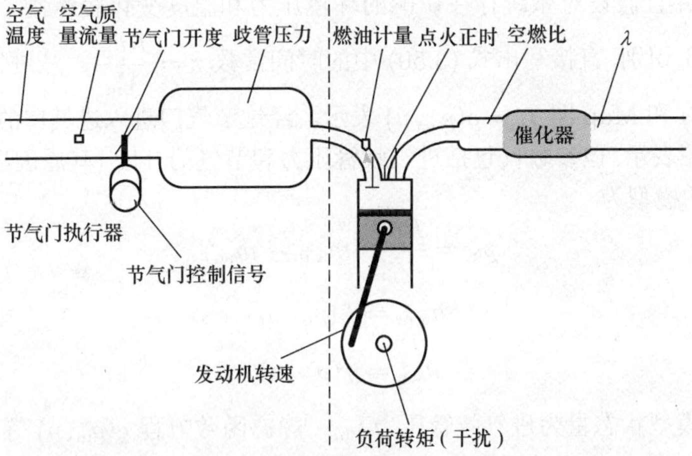

图 6.10 汽油机示意图 (虚线左侧的进气系统为需要故障诊断的部分)

进气系统模型为连续时间系统,它包括节气门模型和进气动力学两个部分。表6.1列出了模型的变量及其单位,各变量基本上都类似于前几章。一些小的改动,主要是为了便于参数识别。在节气门动力学模型中,采用标准的二阶线性电动伺服系统模型,系统状态量为节气门角速度和节气门开度。此外, 针对节流板上气流产生的负载转矩 T_{th}, 建模时采用 Map 图 (记为 h_{th} 函数)。设计节气门控制算法时, 并不需要考虑负载转矩, 因为一般可以用系统鲁棒性来对其加以考虑。但设计诊断系统时, 必须考虑负载转矩。描述节气门运动的方程如下:

$$\dot{\omega}_{\text{th}} = a\omega_{\text{th}} + b\left(u\left(t\right) - T_{\text{th}}\right) \tag{6.9}$$

$$\dot{\alpha}_{\mathrm{th}}=\omega \tag{6.10}$$

$$T_{\mathrm{th}}=h_{\mathrm{th}}\left(p_{\mathrm{m}},\dot{m}_{\mathrm{a,in}},\alpha_{\mathrm{t}}\right) \tag{6.11}$$

表 6.1 模型变量及其含义

u/V	节气门控制器输出
p_{m}/kPa	进气歧管压力
R/[J/(g·K)]	气体常量
ϑ_{m}/K	进气歧管空气温度 (假设与环境温度相同)
$V_{\mathrm{m}}/\mathrm{m}^3$	进气歧管容积
$\dot{m}_{\mathrm{a,in}}$/(kg/s)	进入进气歧管气流量 (假设与通过空气流量计的气流量相同)
$\dot{m}_{\mathrm{ac}}$/(kg/s)	流出进气歧管的气流量
f	描述经过节气门气流的静态函数
g	描述进入气缸气流的静态函数 (容积效率)
α_{t}/(°)	节气门开度
T_{th}	通过节气门的空气在节流板上产生的转矩
h_{th}	描述通过节气门的气流作用在节流板上的负载转矩的静态函数
n/(r/min)	发动机转速

对于进气系统, 故障诊断不必要非常快, 故可采用 3.2.6 节中的发动机平均值模型。该模型不考虑循环变动, 并且假设对系统存在影响的环境压力和温度变化较缓慢。此处, 以式 (3.49) 为基本模型, 为便于识别, 直接写出式 (3.50) 中的时间常数 $\tau=\dfrac{R\vartheta_{\mathrm{m}}}{V_{\mathrm{m}}}$。从进气口到气缸的气流量模型, 由式 (3.48) 和 Map 图 $f_1=g(p_{\mathrm{m}},n)$ 表示。经过节气门进入进气口的气流量模型, 用式 (3.36) 中的 Map 图表示, 但参数仅包括进气歧管压力和节气门开度 (其原因参见式 (3.36) 前的解释)。由此得到的模型为

$$\dot{p}_{\mathrm{m}}=\frac{R\vartheta_{\mathrm{m}}}{V_{\mathrm{m}}}\left(\dot{m}_{\mathrm{a,in}}-\dot{m}_{\mathrm{ac}}\right) \tag{6.12}$$

$$\dot{m}_{\mathrm{a,in}}=f\left(p_{\mathrm{m}},\alpha_{\mathrm{t}}\right) \tag{6.13}$$

$$\dot{m}_{\mathrm{ac}}=g\left(p_{\mathrm{m}},n\right) \tag{6.14}$$

因此, 进气动力学模型状态量为进气歧管压力 p_{m}。静态函数方程 $g(p_{\mathrm{m}},n)$ 等同于 3.2.6 节中的 $f_1(n,p_{\mathrm{m}})$。

在系统不存在故障时, 可得无故障模型方程为

$$\dot{\omega}_{\mathrm{th}}=a\omega_{\mathrm{th}}+b\left(u\left(t\right)-T_{\mathrm{th}}\right) \tag{6.15}$$

$$\dot{\alpha}_{\mathrm{th}}=\omega_{\mathrm{th}} \tag{6.16}$$

$$T_{\mathrm{th}}=h\left(p_{\mathrm{m}},\dot{m}_{\mathrm{a,in}},\alpha_{\mathrm{t}}\right) \tag{6.17}$$

$$\dot{p}_{\mathrm{m}}=\frac{R\vartheta_{\mathrm{m}}}{V_{\mathrm{m}}}\left(\dot{m}_{\mathrm{a,in}}-\dot{m}_{\mathrm{ac}}\right) \tag{6.18}$$

$$\dot{m}_{\mathrm{a,in}} = f\left(p_{\mathrm{m}}, \alpha_{\mathrm{t}}\right) \tag{6.19}$$

$$\dot{m}_{\mathrm{ac}} = g\left(p_{\mathrm{m}}, n\right) \tag{6.20}$$

最后进行故障建模，将传感器信息用系统输入和输出来定义。用于诊断系统的系统输入量为节气门控制信号 u 和发动机转速 n，输出量为节气门开度传感器信号 $\alpha_{\mathrm{t,s}}$、空气流量传感器信号 $\dot{m}_{\mathrm{a,in,s}}$ 和进气歧管压力传感器信号 $p_{\mathrm{m,s}}$。所有故障均为加性故障。由此得到的模型如图 6.11 所示。

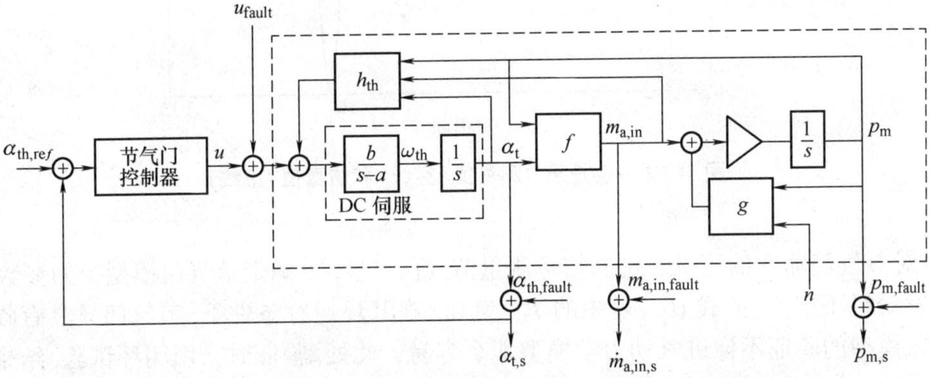

图 6.11 包括节气门控制器和待检测故障在内的进气系统模型

6.7.2 模型参数辨识

为确定静态函数方程 u、g 和 h_{th}，进行发动机稳态试验。将发动机安装在 Schenk AC 测功机台架上，在 12 个发动机转速 (1 500~3 000 r/min，等间距划分) 和 8 个进气歧管压力(35~60 kPa，等间距划分) 条件下，即一共 96 个不同的稳态运行工况下，试验获得 u、p_{m}、$\dot{m}_{\mathrm{a,in}}$、α_{t} 和 n 的 Map 图。为得到静态函数方程，可在 Map 图上进行插值或采用多项式拟合。此处，求取 g 采用插值方法，求取 f 和 h_{th} 时采用多项式拟合方法。根据相关系数来选择多项式项数，最终拟合结果要采用另外 96 个工况点数据来加以验证。

由此得到的多项式为

$$\begin{aligned}
f\left(p_{\mathrm{m}}, \alpha_{\mathrm{t}}\right) =& \eta_0 + \eta_1\alpha_{\mathrm{t}} + \eta_2\alpha_{\mathrm{t}}^2 + \eta_3\alpha_{\mathrm{t}}^3 + \\
& \eta_4\alpha_{\mathrm{t}}p_{\mathrm{m}} + \eta_5 p_{\mathrm{m}} \\
h_{\mathrm{th}}(p_{\mathrm{m}}, \dot{m}_{\mathrm{a,in}}, \alpha_{\mathrm{t}}) =& \nu_0 + \sqrt{p_{\mathrm{m}}} + \nu_1 p_{\mathrm{m}} + \nu_2 p_{\mathrm{m}}^2 + \\
& \nu_3 p_{\mathrm{m}}\sqrt{\alpha_{\mathrm{t}}} + \nu_4 p_{\mathrm{m}}^2\alpha_{\mathrm{t}} + \\
& \nu_5 p_{\mathrm{m}}\alpha_t + \nu_6 p_{\mathrm{m}}\sqrt{\dot{m}_{\mathrm{a,in}}}
\end{aligned}$$

对于进气动力学模型，还需要确定常数 V_{m}，为此进行动态测试。测试循环包括不同运行工况下输入 4 个油门阶跃信号，根据已知函数 f 和 g，得到歧管压力测量值和估计值间拟合效果最好时的 V_{m} 值。图 6.12 对进气动力学模型中的歧管压力测量值与仿真值进行了比较。

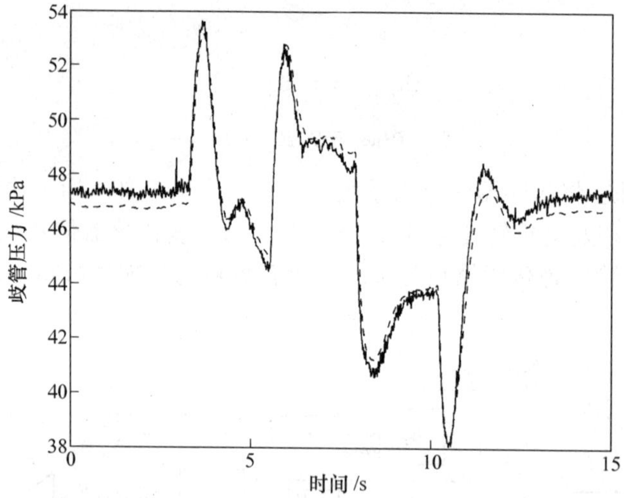

图 6.12 歧管压力测量值 (实线) 和仿真值 (虚线)

通过对节气门输入伪随机二进制信号测量节气门开度, 可确定节气门模型中的参数 a 和 b。测试时, 发动机不工作, 故式 (6.15) 中的 T_{th} 为 0。在开环运行条件下, 节气门只具有临界稳定性, 因此该模型的验证不像进气动力学模型那么容易。此处, 验证时采用闭环试验, 结果表明模型精度足以满足要求, 但不如进气动力学模型精确。这也反映在 6.7.7 节中的诊断性能结果中: 在可检测到的故障误差方面, 节气门为 20%, 而其他部件可达 10%。

6.7.3 诊断系统

诊断系统输入量为 $\dot{m}_{\mathrm{a,in,s}}$、 u、 $\alpha_{\mathrm{t,s}}$、 $p_{\mathrm{m,s}}$ 和 n, 待诊断部件包括节气门执行器、节气门开度传感器、空气流量计和进气歧管压力传感器。因此, 诊断时要考虑一个执行器故障和三个传感器故障, 但此处假定每次只发生一个故障。由于现有技术已可解决发动机转速传感器的诊断问题, 此处不对其进行诊断。对装在齿轮上的磁感应传感器发出的脉冲进行计数, 可测得转速, 根据脉冲序列偏移, 可方便地检测到该传感器的故障。但是, 根据诊断系统的残差结构 (见表 6.2), 也可以把发动机转速传感器纳入到诊断范围内。

6.7.4 残差产生

基于静态关系式 (即直接冗余) 和估计测量信号的诊断观测器, 可产生许多残差。但由于基于同一模型部分, 其中多数残差都是冗余的。因此, 需找到少数且无冗余的残差, 使之具有较好的故障隔离效果, 但不降低鲁棒性。在 18 个残差中, 残差产生器只选择了其中 6 个。

第一个残差是直接冗余残差:

$$r_1 = \dot{m}_{\mathrm{a,in,s}} - f\left(p_{\mathrm{m,s}}, \alpha_{\mathrm{t,s}}\right)$$

该残差基于模型中的一个静态关系, 可验证式 (6.19) 的一致性。

其他五个残差都根据时间冗余度得到。第二个残差验证式 (6.18) 和式 (6.20) 的一致性:

$$r_2 = \dot{m}_{\mathrm{a,in,s}} - g\left(p_{\mathrm{m,s}}, n\right) - \frac{V_{\mathrm{m}}}{R\vartheta_{\mathrm{m}}}\dot{\hat{p}}_{\mathrm{m}}$$

此处, 假设可足够精确地估算到 p_{m} 的导数。如果导数为差分运算, r_2 即为奇偶方程。注意, 静态函数方程 (此处的 g 函数) 并不需要解析表达式, 也可用 Map 图表示。

接下来是两个专用型观测器残差, 通过只测量一个输出 (此处不包括 $\alpha_{\mathrm{t,s}}$), 使残差只对一个传感器故障具有较高的灵敏度。r_3 对应于 p_{m} 的测量, r_4 对应于 $\dot{m}_{\mathrm{a,in}}$ 的测量。由此得出的残差为

$$\begin{aligned}
\dot{\hat{p}}_{\mathrm{m},3} =& \frac{R\vartheta_{\mathrm{m}}}{V_{\mathrm{m}}}\left[f\left(\hat{p}_{\mathrm{m},3}, \alpha_{\mathrm{t,s}}\right) - g\left(\hat{p}_{\mathrm{m},3}, n\right) + K_1\left(p_{\mathrm{m,s}} - \hat{p}_{\mathrm{m},3}\right)\right] \\
r_3 =& p_{\mathrm{m,s}} - \hat{p}_{\mathrm{m},3} \\
\dot{\hat{p}}_{\mathrm{m},4} =& \frac{R\vartheta_{\mathrm{m}}}{V_{\mathrm{m}}}\left[f\left(\hat{p}_{\mathrm{m},4}, \alpha_{\mathrm{t,s}}\right) - g\left(\hat{p}_{\mathrm{m},4}, n\right) + K_2\left(\dot{m}_{\mathrm{a,in,s}} - \hat{\dot{m}}_{\mathrm{a,in},4}\right)\right] \\
\hat{\dot{m}}_{\mathrm{a,in},4} =& f\left(\hat{p}_{\mathrm{m},4}, \alpha_{\mathrm{t,s}}\right) \\
r_4 =& \dot{m}_{\mathrm{a,in,s}} - \hat{\dot{m}}_{\mathrm{a,in},4}
\end{aligned}$$

进气歧管压力 p_{m} 通过一个非线性诊断观测器进行估计。先测量压力 p_{m}, 将估计误差反馈到观测器中, 残差 r_3 即等于估计误差。类似的, 第四个残差 r_4 等于反馈到观测器中的 $\dot{m}_{\mathrm{a,in}}$ 估计误差。

第五个残差 r_5 表示如下: 它也基于观测器产生, 但与 r_3 和 r_4 不同的是, r_5 并不等于估计误差。为计算 r_5, 需要测量 p_{m} 和 $\dot{m}_{\mathrm{a,in}}$。因此, r_5 不是一个专用型观测器残差, 它对进气歧管压力传感器和空气流量传感器故障都具有较高的灵敏度。

$$\begin{aligned}
\dot{\hat{p}}_{\mathrm{m},5} =& \frac{R\vartheta_{\mathrm{m}}}{V_{\mathrm{m}}}\left[f\left(\hat{p}_{\mathrm{m},5}, \alpha_{\mathrm{t,s}}\right) - g\left(\hat{p}_{\mathrm{m},5}, n\right) + K\left(\dot{m}_{\mathrm{a,in,s}} - \hat{\dot{m}}_{\mathrm{a,in},5}\right)\right] \\
\hat{\dot{m}}_{\mathrm{a,in},5} =& f\left(\hat{p}_{\mathrm{m},5}, \alpha_{\mathrm{t,s}}\right) \\
r_5 =& p_{\mathrm{m,s}} - \hat{p}_{\mathrm{m},5}
\end{aligned}$$

第六个残差也基于观测器, 用于节气门执行器的诊断:

$$\begin{aligned}
\dot{\hat{\omega}}_{\mathrm{th}} =& a\hat{\omega}_{\mathrm{th}} + b\left(u\left(t\right) - h\left(p_{\mathrm{m,s}}, \dot{m}_{\mathrm{a,in,s}}, \alpha_{\mathrm{t,s}}\right)\right) + k_1\left(\alpha_{\mathrm{t,s}} - \hat{\alpha}_{\mathrm{t}}\right) \\
\dot{\hat{\alpha}}_{\mathrm{t}} =& \hat{\omega}_{\mathrm{th}} + k_2\left(\alpha_{\mathrm{t,s}} - \hat{\alpha}_{\mathrm{t}}\right) \\
r_6 =& \alpha_{\mathrm{t,s}} - \hat{\alpha}_{\mathrm{t}}
\end{aligned}$$

通过极点配置, 选择观测器增益 k_1、 k_2、 K_1 以及 K_2。观测器极点就如低通滤波器, 极点配置时要在对故障的快速响应和对干扰及噪声的灵敏度之间进行折中考虑。

如表 6.2 所示, 上述六个残差构成一组残差结构, 不同残差对不同故障具有较高的灵敏度, 表 6.2 中的每列表示一个故障信号。根据模型方程, 一些残差应对特定的故障具有较高的灵敏度。但是试验结果表明, 故障对一些残差的影响效果不够明显, 无法保证诊断系统的鲁棒性, 如

表 6.2 中用 X 表示的情形。对标记为 X_1 的情形, 易于理解的物理解释是: 对于超音速气流, 通过节气门的气流量将不依赖于进气歧管压力 [46]。进气歧管压力在 50 kPa 以下时, 就会出现这种情况。与模型的其他部分相比, 节气门模型有更大的不确定性, 只要残差包括 u 项, 该残差的诊断性能都会变差。这就是在 u 栏中选择五个 0 的原因。在实际中, $\alpha_{\mathrm{t,s}}$、$\dot{m}_{\mathrm{a,in}}$ 或 $p_{\mathrm{m,s}}$ 的小故障都是 u 信号故障引起的。

表 6.2 诊断系统的残差结构

	u	$\alpha_{\mathrm{t,s}}$	$\dot{m}_{\mathrm{air,s}}$	$p_{\mathrm{man,s}}$	n
r_1	0	1	1	X_1	0
r_2	0	0	1	1	1
r_3	0	1	0	1	1
r_4	0	1	1	0	1
r_5	0	1	1	X	1
r_6	1	X	X	X	0

6.7.5 残差评价

发生故障时, 这六个残差应当依照表 6.2 作出响应, 无故障时取值为 0。残差评价就是要检验残差并作出故障决策。此外, 还应该考虑干扰的影响。表 6.2 中, 标有 X 的 3 列很重要。对于某特定故障, 用 X 标记的残差对应于不确定的响应, 此时不能根据这些残差作出故障决策。

此处选择的残差评价方法如图 6.13 所示。首先, 残差经过低通滤波器, 截止频率为 0.8 Hz, 然后将其除以无故障时的标准偏差, 实现幅值归一化。最后, 进行模糊化阈值处理 [27]。为使诊断系统的输出包含更多信息, 在常规阈值比较前采用模糊化阈值处理。采用模糊阈值后, 诊断输出就不仅仅为 "故障是否发生" 的信息, 而是故障发生的相对概率。

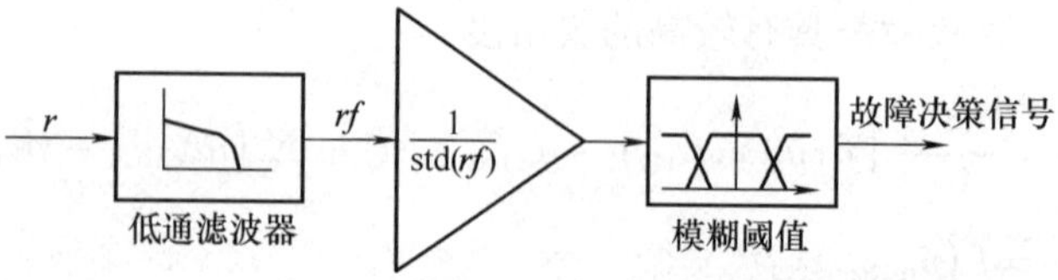

图 6.13 残差评价

如图 6.14 所示, 此处采用三个模糊集, 只需确定常数 γ。确定 γ 的标准是, 在无故障时不应该出现故障警报。发生故障时, 根据表 6.2 作出响应的所有残差必须达到模糊 "高" 值 (high), 而不应作出响应的残差必须是模糊 "低" 值 (low)。此处, 根据试验结果, 选择 $\gamma = 4$。由于残差已根据标准偏差进行归一化, 当 $\gamma = 4$ 时, 表示残差为其噪声标准偏差的四倍。

将表 6.2 转化成模糊规则, 例如对应于 $p_{\mathrm{man,s}}$ 有

IF r_2 为高 (high) AND r_3 为高 (high) AND r_4 为低 (low)

THEN 进气歧管压力传感器发生故障

根据对应于每个故障的规则推理, 即可作出故障决策。此处, AND 运算采用乘法。由于模糊规则的推理结果都是明确连续的数值, 不必要进行模糊化和解模糊化。注意, 由于每个规则对

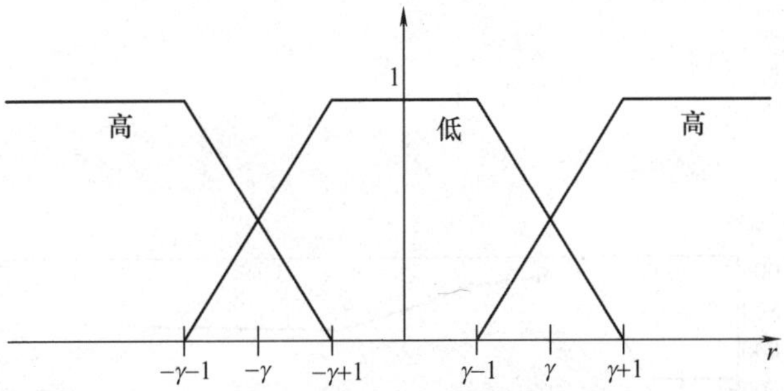

图 6.14 模糊阈值处理中的模糊集

应一个独立的模糊系统且独立运行, 也不必要进行规则综合。因此, 诊断系统的故障决策输出值就是四个决策信号, 每个决策信号对应于一个故障, 代表该故障已经发生的概率。

6.7.6 诊断系统实施

在 Matlab Simulink 环境下实施该诊断系统, 诊断在离线情况下进行。但是, 所有信号都从实际发动机测得, 采样频率为 240 Hz(先通过 40 Hz 的一阶抗锯齿滤波器)。根据 OBDⅡ要求, 采样频率其实不需要高达 240 Hz。

残差计算对计算能力的要求也是一个重要问题。根据残差方程, 若静态函数用 Map 图方式来实现, 则计算每个残差时大约有一次乘法、一些查表运算和加法运算。对量产型车辆, 根据上述计算能力要求, 完全可以实现在线诊断。

6.7.7 诊断系统验证

为验证诊断系统, 在台架上对一台发动机进行试验。选择测试循环时, 应能代表实际行驶, 并覆盖模型的大部分工作范围。测试循环持续 60 s, 如图 6.15 所示。

模拟故障时, 向相应信号中加入脉冲信号, 见图 6.11。该脉冲在 10 s 处开始, 并持续 40 s。节气门执行器发生故障时, 脉冲振幅为原信号均值的 20%。发生其他故障时, 脉冲振幅为原信号均值的 10%。此处, 节气门执行器故障误差比较大, 这是因为节气门模型中的模型不确定性更大。模拟节气门执行器故障时, 对节气门控制器输出信号中加入一个脉冲。由于节气门采用闭环控制, 脉冲出现后, 节气门开度很快就恢复到参考值。虽然节气门动作只受到故障的微弱影响, 但如图 6.17 所示, 诊断性能仍然很好。模拟传感器信号故障时, 在测量值信号中加入一个常量。关于如何加入故障信号, 可参见图 6.11。

验证结果

在无故障、u 故障、$\alpha_{\mathrm{t,s}}$ 故障、$\dot{m}_{\mathrm{air,s}}$ 故障和 $p_{\mathrm{man,s}}$ 故障条件下, 图 6.16 到图 6.20 分别给出了六个残差的响应 (其绝对值)。这些残差已经经过滤波并且归一化, 因此即为模糊阈值处理时的输入。图中纵轴只显示 0~8 范围内的残差值。由图可知, 残差存在干扰, 即使在无故障情况下也不为 0。其原因是模型误差, 其也是限制诊断系统性能的决定性因素。

图中的两条水平实线代表隶属度函数 (图 6.14) 中得到的 $\gamma \pm 1$ 值, 虚线对应于隶属度函数中“高”和“低”间的相交点。在每图的第 7 个小图中, 还给出了诊断系统的故障决策信号。

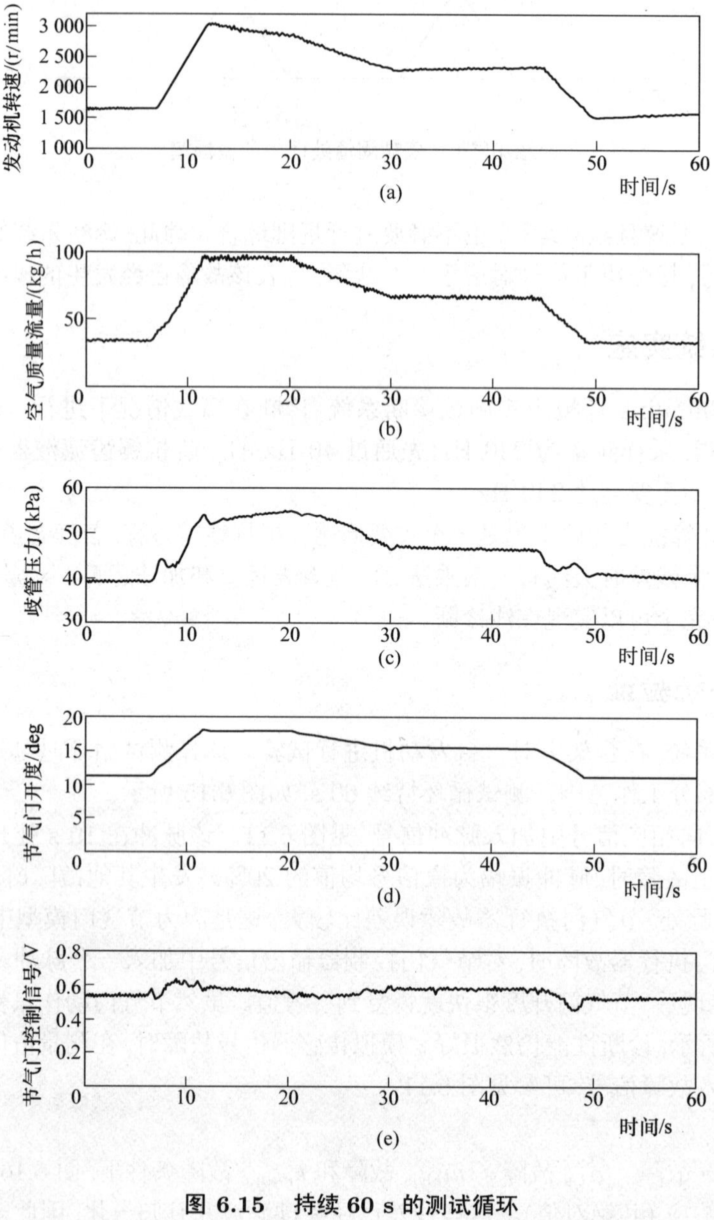

图 6.15 持续 60 s 的测试循环

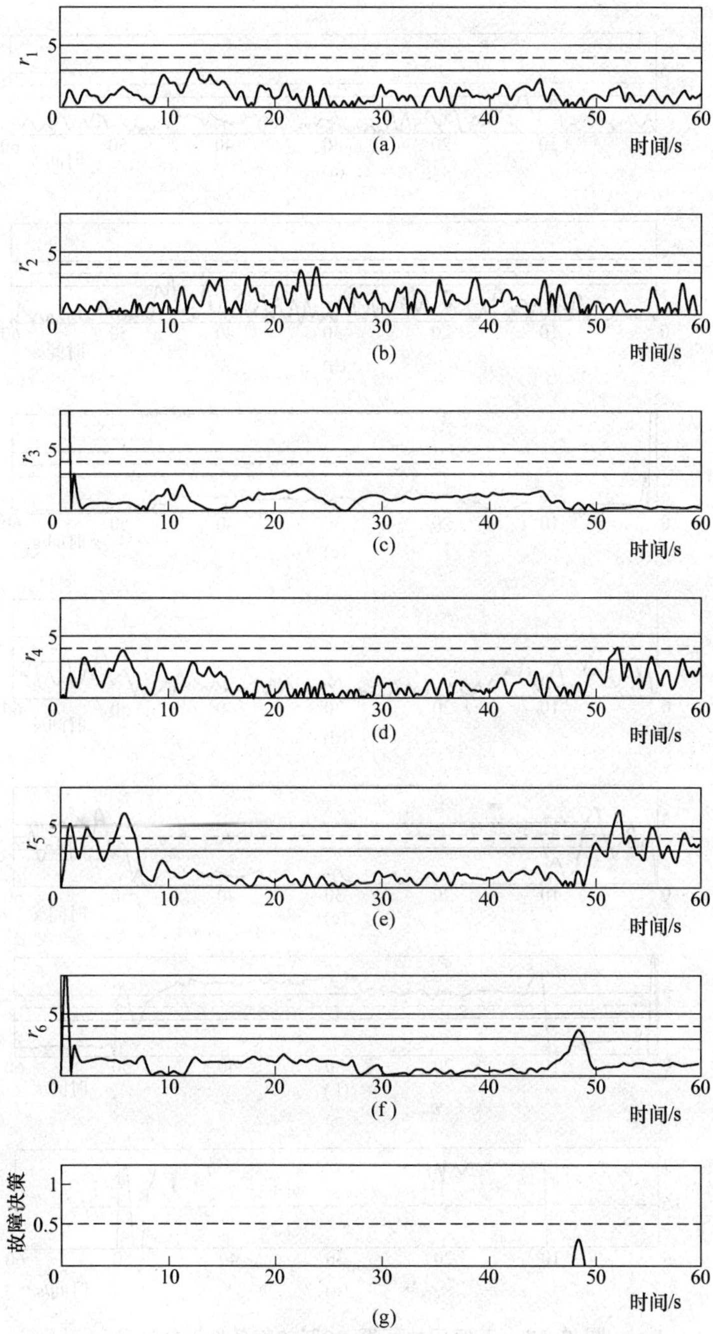

图 6.16　无故障条件下的残差

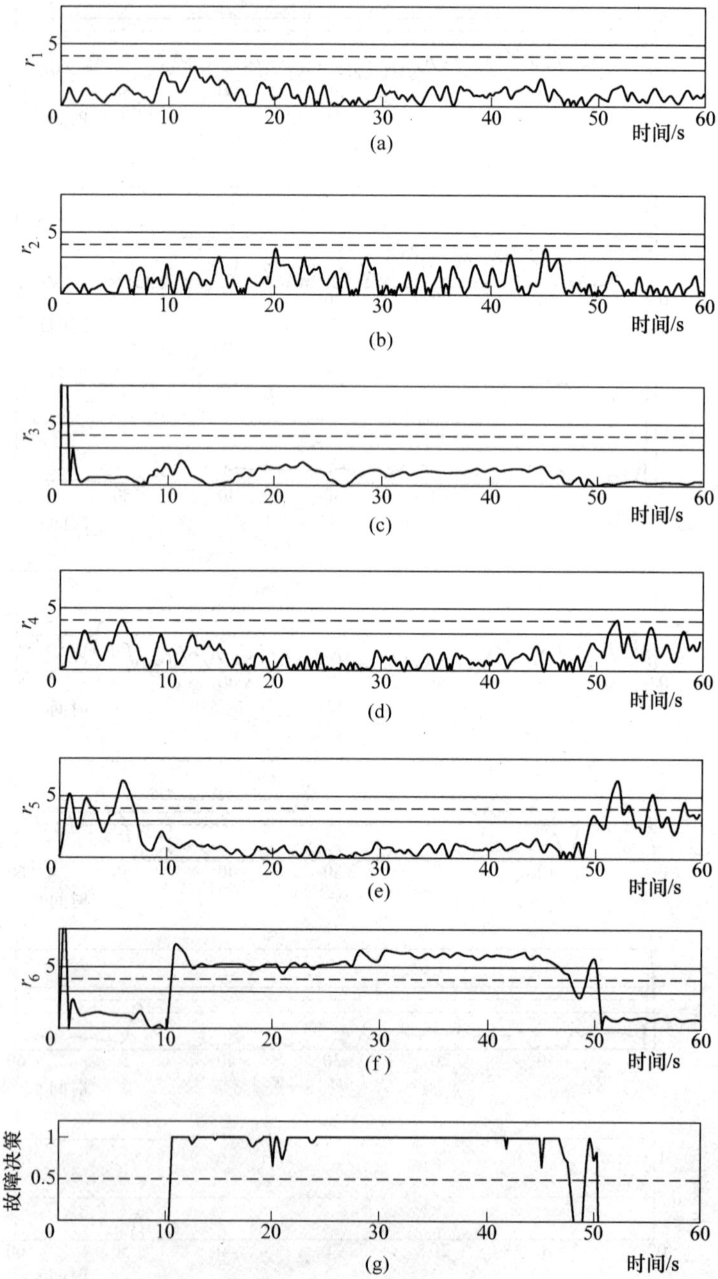

图 6.17 节气门执行器 20%故障条件下的残差

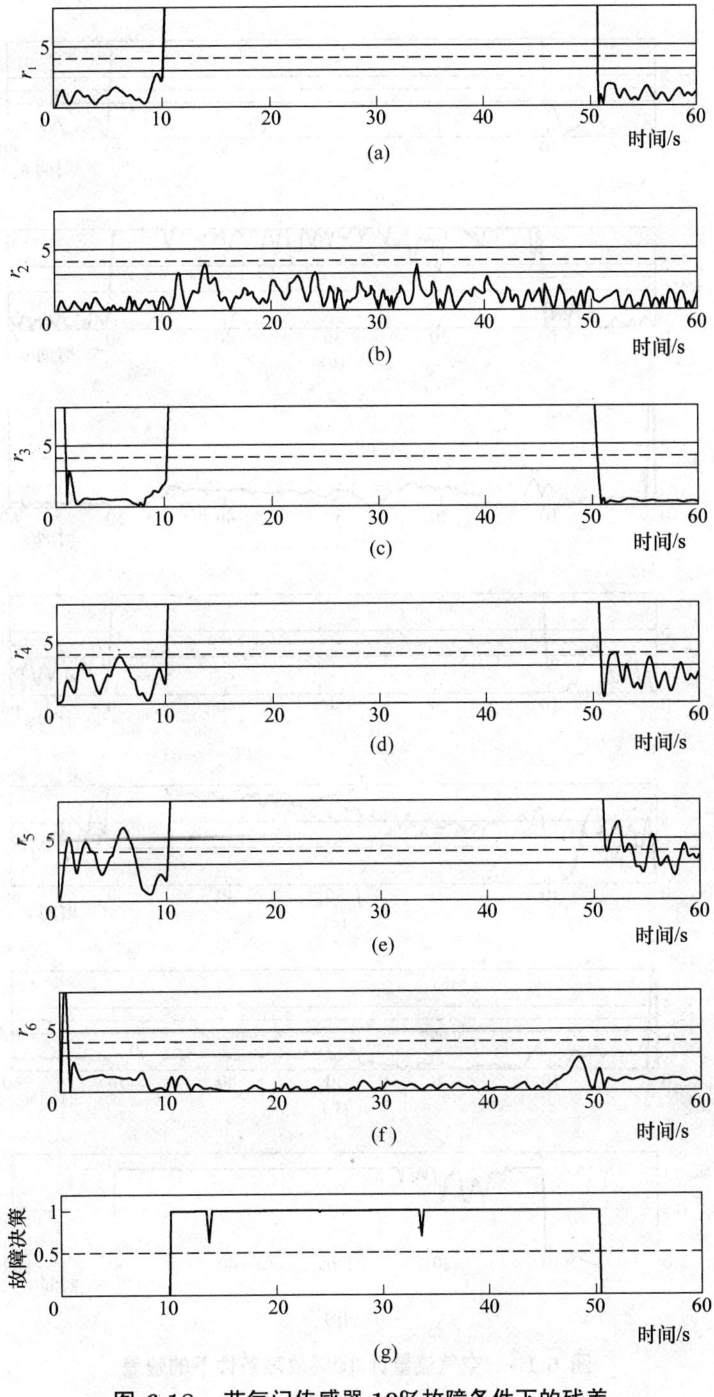

图 6.18　节气门传感器 10%故障条件下的残差

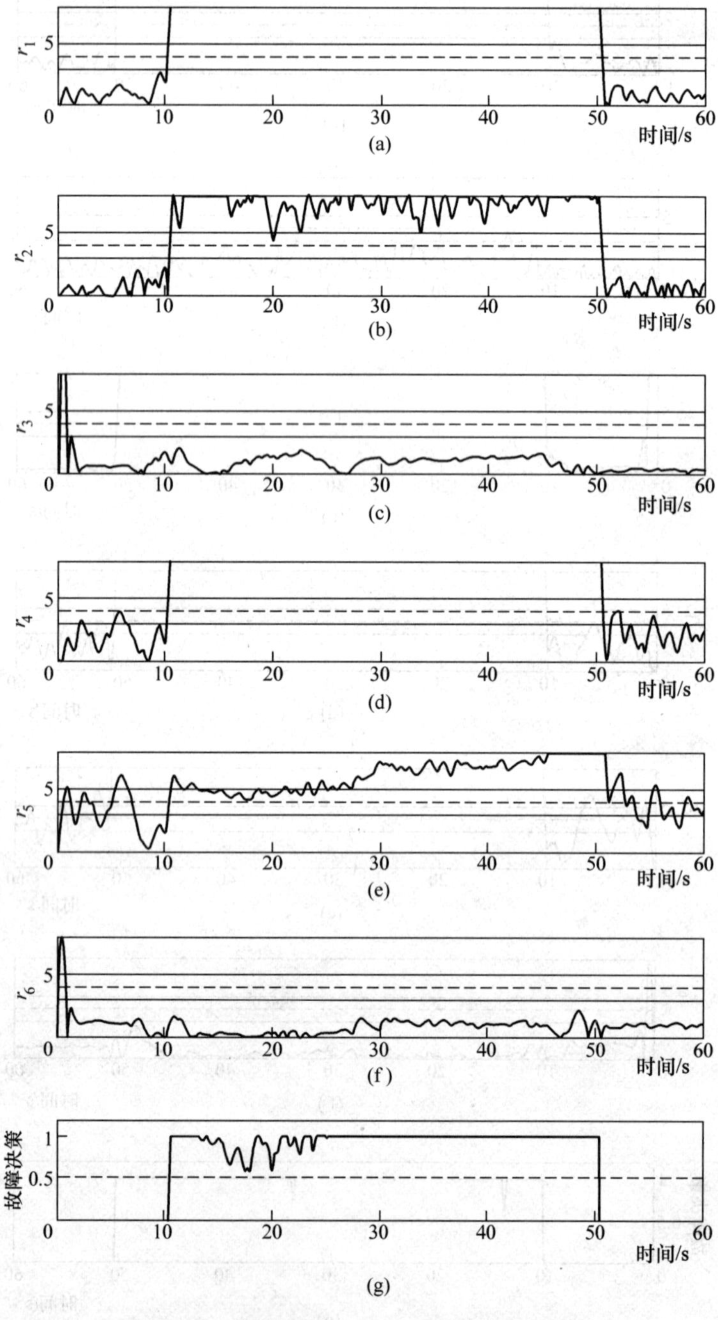

图 6.19 空气流量计 10%故障条件下的残差

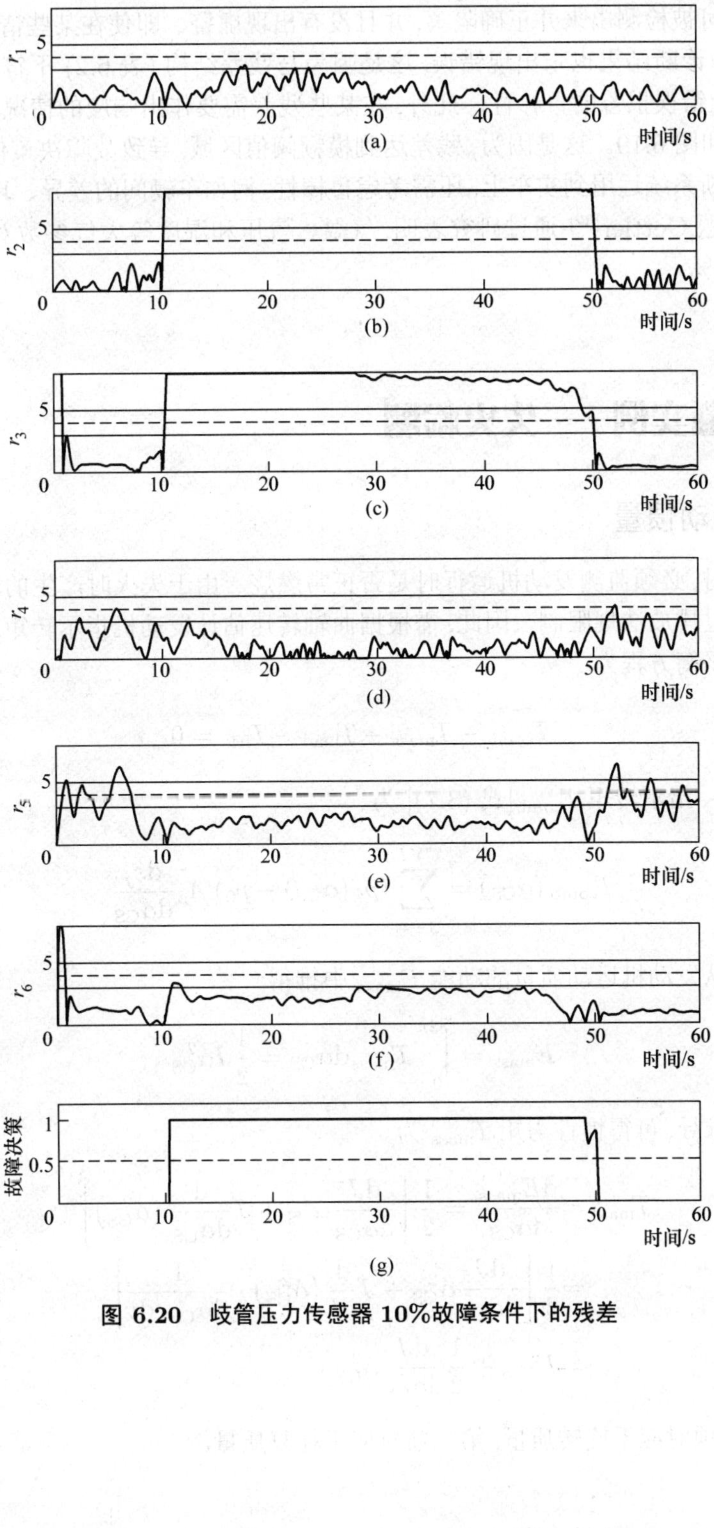

图 6.20 歧管压力传感器 10%故障条件下的残差

从中只能看到对应于模拟故障的故障决策信号, 而其他故障决策信号一直为 0。此处, 虚线设在 0.5 处, 它可作为启动故障警报的依据。由图可知, 对于 10%和 20%的故障误差, 诊断系统的响应是截然不同的。

所有故障都可被检测出来并正确隔离, 并且没有出现虚警。即使在某些情况下, 一两个残差错误地提示故障, 诊断结果也未出现错误, 这是因为与残差结构 (表 6.2) 不符。因此, 利用残差结构, 可提高防止错误报警的鲁棒性。此外, 在某些残差需要作出响应的情况下, 其值却不是很高, 例如图 6.17 和图 6.19。这是因为, 残差达到模糊阈值区域, 导致故障决策信号比较弱。

若要将该诊断系统运用到实车上, 还需考虑鲁棒性, 例如车辆间的差异、环境变化和车辆老化等。对这一问题,Gertler[32] 通过研究表明, 气温、气压和湿度等大气参数对残差的影响最大能达到 10%至 15%。

6.8 诊断实例——失火检测

6.8.1 曲轴转动惯量

发动机诊断时, 必须监测发动机运行时是否正常燃烧。由于失火时产生的未燃混合气, 将导致发动机尾气超过排放法规限制。因此, 需根据曲轴转速估计发动机指示转矩, 以检测失火。

曲轴的力矩平衡方程为

$$T_{\text{comb}} - T_{\text{mass}} - T_{\text{load}} - T_{\text{fric}} = 0 \tag{6.21}$$

在 3.1.1 节中, 指示转矩 T_{comb}[式 (3.7)] 为

$$T_{\text{comb}}\left(\alpha_{\text{CS}}\right) = \sum_{j=1}^{CYL}\left(p_j\left(\alpha_{\text{CS}}\right) - p_0\right) A_{\text{p}} \frac{\text{d}s_j}{\text{d}\alpha_{\text{CS}}}$$

惯性力矩可从发动机运动质量的动能 E_{mass} 中推得

$$E_{\text{mass}} = \int_0^{2\pi} T_{\text{mass}} \text{d}\alpha_{\text{CS}} = \frac{1}{2} J \dot{\alpha}_{\text{CS}}^2 \tag{6.22}$$

将 E_{mass} 对 α_{CS} 求导, 可得惯性力矩 T_{mass} 为

$$\begin{aligned} T_{\text{mass}} &= \frac{\text{d}E_{\text{mass}}}{\text{d}\alpha_{\text{CS}}} = \frac{1}{2}\left[\frac{\text{d}J}{\text{d}\alpha_{\text{CS}}}\dot{\alpha}_{\text{CS}}^2 + J\frac{\text{d}}{\text{d}\alpha_{\text{CS}}}\left(\dot{\alpha}_{\text{CS}}^2\right)\right] \\ &= \frac{1}{2}\left[\frac{\text{d}J}{\text{d}\alpha_{\text{CS}}}\dot{\alpha}_{\text{CS}}^2 + J\frac{\text{d}}{\text{d}t}\left(\dot{\alpha}_{\text{CS}}^2\right) \cdot \frac{1}{\text{d}\alpha_{\text{CS}}/\text{d}t}\right] \\ &= J\ddot{\alpha}_{\text{CS}} + \frac{1}{2}\frac{\text{d}J}{\text{d}\alpha_{\text{CS}}}\dot{\alpha}_{\text{CS}}^2 \end{aligned} \tag{6.23}$$

上式中, 第一项对应于旋转质量, 第二项对应于往复质量。

文献 [23] 给出了一个双质量的连杆模型, 即连杆质量 m_{rod} 被分为往复部分和旋转部分 (图 6.21)。

① 往复部分

$$m_{\text{rod,osc}} = m_{\text{rod}} \frac{l_{\text{osc}}}{l} \tag{6.24}$$

② 旋转部分

$$m_{\text{rod,rot}} = m_{\text{rod}} \frac{l_{\text{rot}}}{l} \tag{6.25}$$

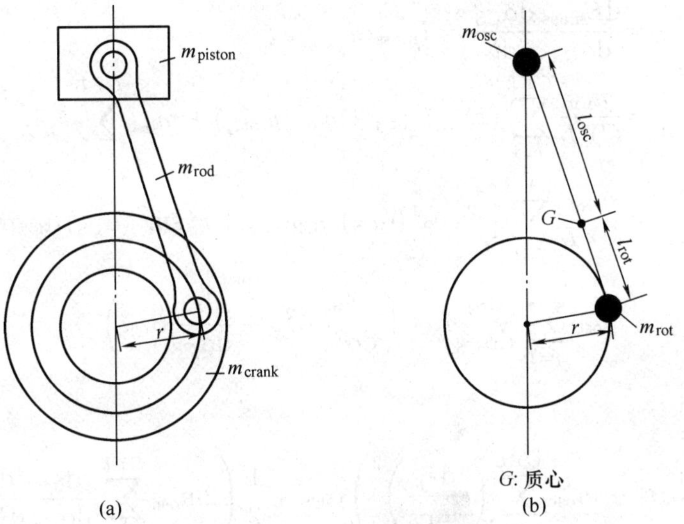

图 6.21 双质量连杆模型

根据连杆重心位置, 长度 l_{osc} 和 l_{rot} 的关系为

$$l_{\text{osc}} + l_{\text{rot}} = l$$

因此, 每个气缸对应的往复质量为

$$m_{\text{osc}} = m_{\text{piston}} + m_{\text{rod}} \frac{l_{\text{osc}}}{l} \tag{6.26}$$

每个气缸对应的旋转质量为

$$\frac{m_{\text{rot}}}{CYL} = \frac{m_{\text{crank}}}{CYL} + m_{\text{rod}} \frac{l_{\text{rot}}}{l} \tag{6.27}$$

其中, 曲轴质量可由其转动惯量推得

$$m_{\text{crank}} = \frac{J_{\text{crank}}}{r^2} \tag{6.28}$$

则可求得发动机运动质量的动能为

$$E_{\text{mass}} = \frac{1}{2} \frac{m_{\text{rot}}}{CYL} \sum_{j=1}^{CYL} v_{\text{rot},j}^2 + \frac{1}{2} m_{\text{osc}} \sum_{j=1}^{CYL} v_{\text{osc},j}^2 \tag{6.29}$$

式中, 往复质量的速度 $v_{\mathrm{osc},j}$ 为对应活塞行程 s_j 的导数, 见式 (3.8)

$$v_{\mathrm{osc},j} = \dot{s}_j(\alpha_{\mathrm{CS}}) = \dot{s}\left[\alpha_{\mathrm{CS}} - (j-1)\frac{4\pi}{CYL}\right] \quad j = 1, \ldots, CYL \tag{6.30}$$

旋转质量的速度由两个部分构成

$$\underline{v}_{\mathrm{rot},j} = (\dot{x}_{\mathrm{rot},j}, \dot{y}_{\mathrm{rot},j})^{\mathrm{T}}, \quad \left|\underline{v}_{\mathrm{rot},j}\right|^2 = \dot{x}^2_{\mathrm{rot},j} + \dot{y}^2_{\mathrm{rot},j} \tag{6.31}$$

动能 E_{mass} 对时间的导数为

$$\begin{aligned}\frac{\mathrm{d}E_{\mathrm{mass}}}{\mathrm{d}t} &= \frac{\mathrm{d}E_{\mathrm{mass}}}{\mathrm{d}\alpha_{\mathrm{CS}}}\frac{\mathrm{d}\alpha_{\mathrm{CS}}}{\mathrm{d}t} = T_{\mathrm{mass}}\dot{\alpha}_{\mathrm{CS}} \\ &= \frac{m_{\mathrm{rot}}}{CYL}\sum_{j=1}^{CYL}(\dot{x}_{\mathrm{rot},j}\ddot{x}_{\mathrm{rot},j} + \dot{y}_{\mathrm{rot},j}\ddot{y}_{\mathrm{rot},j}) + m_{\mathrm{osc}}\sum_{j=1}^{CYL}\dot{s}_j\ddot{s}_j \\ &= \frac{m_{\mathrm{rot}}}{CYL}\sum_{j=1}^{CYL}\left[r^2\cos^2(\alpha_{\mathrm{CS}})\dot{\alpha}_{\mathrm{CS}}\ddot{\alpha}_{\mathrm{CS}} + r^2\sin^2(\alpha_{\mathrm{CS}})\dot{\alpha}_{\mathrm{CS}}\ddot{\alpha}_{\mathrm{CS}}\right] + \\ &\quad m_{\mathrm{osc}}\sum_{j=1}^{CYL}\frac{\mathrm{d}s_j}{\mathrm{d}\alpha_{\mathrm{CS}}}\dot{\alpha}_{\mathrm{CS}}\left(\frac{\mathrm{d}^2 s_j}{\mathrm{d}\alpha^2_{\mathrm{CS}}}\dot{\alpha}^2_{\mathrm{CS}} + \frac{\mathrm{d}s_j}{\mathrm{d}\alpha_{\mathrm{CS}}}\ddot{\alpha}_{\mathrm{CS}}\right)\end{aligned} \tag{6.32}$$

$$\frac{\mathrm{d}E_{\mathrm{mass}}}{\mathrm{d}t} = \underbrace{\left[\underbrace{\left(m_{\mathrm{rot}}r^2 + m_{\mathrm{osc}}\sum_{j=1}^{CYL}\left(\frac{\mathrm{d}s_j}{\mathrm{d}\alpha_{\mathrm{CS}}}\right)^2\right)}_{J}\ddot{\alpha}_{\mathrm{CS}} + \frac{1}{2}\underbrace{\left(2m_{\mathrm{osc}}\sum_{j=1}^{CYL}\frac{\mathrm{d}s_j}{\mathrm{d}\alpha_{\mathrm{CS}}}\frac{\mathrm{d}^2 s_j}{\mathrm{d}^2\alpha_{\mathrm{CS}}}\right)}_{\frac{\mathrm{d}J}{\mathrm{d}\alpha_{\mathrm{CS}}}}\dot{\alpha}^2_{\mathrm{CS}}\right]}_{T_{\mathrm{mass}}}\dot{\alpha}_{\mathrm{CS}} \tag{6.33}$$

推导时用到了图 6.22 中的等式和 3.1.1 节中的式 (3.5)。转动惯量为

$$J(\alpha_{\mathrm{CS}}) = m_{\mathrm{rot}}r^2 + m_{\mathrm{osc}}\sum_{j=1}^{CYL}\left(\frac{\mathrm{d}s_j}{\mathrm{d}\alpha_{\mathrm{CS}}}\right)^2 \tag{6.34}$$

6.8.2 曲轴力矩平衡

摩擦力矩 T_{fric} 由库仑定律 (Coulomb's law) 求得

$$\begin{aligned}T_{\mathrm{fric}} &= \sum_{j=1}^{CYL}\underbrace{F_{\mathrm{fric},j}}_{c_f,\dot{s}_j}\frac{\mathrm{d}s_j}{\mathrm{d}\alpha_{\mathrm{CS}}} \\ &= \sum_{j=1}^{CYL}c_{\mathrm{f}}\mathrm{d}\frac{\mathrm{d}s_j}{\alpha_{\mathrm{CS}}}\frac{\mathrm{d}\alpha_{\mathrm{CS}}}{\mathrm{d}t}\frac{\mathrm{d}s_j}{\mathrm{d}\alpha_{\mathrm{CS}}} \\ &= c_{\mathrm{f}}\sum_{j=1}^{CYL}\left(\frac{\mathrm{d}s_j}{\mathrm{d}\alpha_{\mathrm{CS}}}\right)^2\dot{\alpha}_{\mathrm{CS}}\end{aligned} \tag{6.35}$$

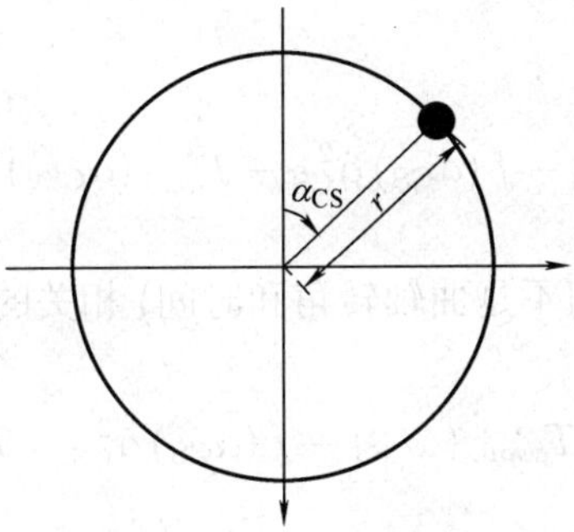

图 6.22　曲轴旋转运动

力矩平衡方程 [式 (6.21)] 可写为

$$\begin{aligned}&\sum_{j=1}^{CYL}(p_j(\alpha_{CS})-p_0)A_p\frac{\mathrm{d}s_j(\alpha_{CS})}{\mathrm{d}\alpha_{CS}}-\left[m_{rot}r^2+m_{osc}\sum_{j=1}^{CYL}\left(\frac{\mathrm{d}s_j(\alpha_{CS})}{\mathrm{d}\alpha_{CS}}\right)^2\right]\ddot{\alpha}_{CS}-\\&\frac{1}{2}\left[2m_{osc}\sum_{j=1}^{CYL}\frac{\mathrm{d}s_j(\alpha_{CS})}{\mathrm{d}\alpha_{CS}}\frac{\mathrm{d}^2s_j(\alpha_{CS})}{\mathrm{d}\alpha_{CS}^2}\right]\dot{\alpha}_{CS}^2-\\&c_f\sum_{j=1}^{CYL}\left(\frac{\mathrm{d}s_j(\alpha_{CS})}{\mathrm{d}\alpha_{CS}}\right)^2\dot{\alpha}_{CS}-T_{load}(\alpha_{CS})=0\end{aligned}\tag{6.36}$$

6.8.3 线性系统表示

为便于计算, 将力矩平衡方程重新整理为曲轴角度及其导数的微分方程

$$J(\alpha_{CS})\ddot{\alpha}_{CS}=T_{comb}(\alpha_{CS})-f(\alpha_{CS})\dot{\alpha}_{CS}^2-T_{load}^*(\alpha_{CS})\tag{6.37}$$

其中,

$$f(\alpha_{CS})=\sum_{j=1}^{CYL}\left(m_{osc}\frac{\mathrm{d}s_j(\alpha_{CS})}{\mathrm{d}\alpha_{CS}}\frac{\mathrm{d}^2s_j(\alpha_{CS})}{\mathrm{d}\alpha_{CS}^2}\right)\tag{6.38}$$

广义负荷力矩近似如下所示, 此外还需要包括摩擦力矩 T_{fric}。

$$T_{load}^*(\alpha_{CS})=T_{load}(\alpha_{CS})+\underbrace{c_f\sum_{j=1}^{CYL}\left(\frac{\mathrm{d}s_j(\alpha_{CS})}{\mathrm{d}\alpha_{CS}}\right)^2\dot{\alpha}_{CS}}_{T_{fric}}$$

指示转矩为

$$T_{comb}(\alpha_{CS})=\sum_{j=1}^{CYL}(p_j(\alpha_{CS})-p_0)A_p\frac{\mathrm{d}s_j(\alpha_{CS})}{\mathrm{d}\alpha_{CS}}$$

曲轴转角的二阶导数也可表示为

$$\ddot{\alpha}_{CS}=\frac{\mathrm{d}^2\alpha_{CS}}{\mathrm{d}t^2}=\frac{\mathrm{d}}{\mathrm{d}t}(\dot{\alpha}_{CS})=\frac{\mathrm{d}\dot{\alpha}_{CS}}{\mathrm{d}\alpha_{CS}}\frac{\mathrm{d}\alpha_{CS}}{\mathrm{d}t}=\frac{\mathrm{d}\dot{\alpha}_{CS}}{\mathrm{d}\alpha_{CS}}\dot{\alpha}_{CS}$$

综合式 (6.37), 则可得

$$\dot{\alpha}_{\mathrm{CS}}\mathrm{d}\dot{\alpha}_{\mathrm{CS}}=\frac{1}{J\left(\alpha_{\mathrm{CS}}\right)}\left(T_{\mathrm{comb}}\left(\alpha_{\mathrm{CS}}\right)-f\left(\alpha_{\mathrm{CS}}\right)\dot{\alpha}_{\mathrm{CS}}^{2}-T_{\mathrm{load}}^{*}\left(\alpha_{\mathrm{CS}}\right)\right)\mathrm{d}\alpha_{\mathrm{CS}} \tag{6.39}$$

两边积分, 可得如下与曲轴转速 $\dot{\alpha}_{\mathrm{CS}}$ 的平方 (而不是曲轴转角和时间) 相关的方程

$$\dot{\alpha}_{\mathrm{CS}}^{2}\left(n+1\right)-\dot{\alpha}_{\mathrm{CS}}^{2}\left(n\right)=\frac{2}{J\left(\alpha_{\mathrm{CS}}\right)}\int_{\alpha_{\mathrm{CS}}(n)}^{\alpha_{\mathrm{CS}}(n+1)}\left(T_{\mathrm{comb}}\left(\alpha_{\mathrm{CS}}\right)-f\left(\alpha_{\mathrm{CS}}\right)\dot{\alpha}_{\mathrm{CS}}^{2}-T_{\mathrm{load}}^{*}\left(\alpha_{\mathrm{CS}}\right)\right)\mathrm{d}\alpha_{\mathrm{CS}} \tag{6.40}$$

对于离散的角度增量 $\Delta\alpha_{\mathrm{CS}}=\alpha_{\mathrm{CS}}(n+1)-\alpha_{\mathrm{CS}}(n)$, 积分可近似为

$$\dot{\alpha}_{\mathrm{CS}}^{2}\left(n+1\right)-\dot{\alpha}_{\mathrm{CS}}^{2}\left(n\right)\approx\frac{2\Delta\alpha_{\mathrm{CS}}}{J\left(n\right)}\left(T_{\mathrm{comb}}\left(n\right)-f\left(n\right)\dot{\alpha}_{\mathrm{CS}}^{2}\left(n\right)-T_{\mathrm{load}}^{*}\left(n\right)\right) \tag{6.41}$$

若曲轴传感器轮齿数为 60, 角度增量 $\Delta\alpha_{\mathrm{CS}}$ 为 6°。注意, 上式 $T_{\mathrm{comb}}\left(n\right)$、$f\left(n\right)$、$T_{\mathrm{load}}^{*}\left(n\right)$ 和 $J\left(n\right)$ 各项中的 n, 表示 $n\Delta\alpha_{\mathrm{CS}}$, 而不是 n 倍采样时间 nT_{s}。将曲轴转速的平方 $\dot{\alpha}^{2}(n)$ 作为状态变量 x_1, 可得曲轴运动的线性离散状态空间模型如下:

$$x_{1}\left(n+1\right)=\left(1-\frac{2\Delta\alpha_{\mathrm{CS}}}{J\left(n\right)}f\left(n\right)\right)x_{1}\left(n\right)+\frac{2\Delta\alpha_{\mathrm{CS}}}{J\left(n\right)}x_{2}\left(n\right) \tag{6.42}$$

状态变量为

$$\begin{aligned}x_{1}\left(n\right)&=\dot{\alpha}_{\mathrm{CS}}^{2}\left(n\right)\\x_{2}\left(n\right)&=T_{\mathrm{comb}}\left(n\right)-T_{\mathrm{load}}^{*}\left(n\right)\\x_{3}\left(n\right)&=x_{2}\left(n+1\right)\end{aligned} \tag{6.43}$$

6.8.4 Kalman 滤波器设计

Kalman 滤波器采用 Markovian 系统模型, 即由白噪声激发的离散时间一阶线性系统。发动机缸数越多, 指示转矩和负荷力矩的波动越小, 这种效果不能用白噪声激励来体现。因此, 将转矩状态变量 x_2 [式 (6.43)] 表示为白噪声 $U\left(z\right)$ 激励下的二阶低通系统 $H\left(z\right)$ 的输出[44]。

$$x_{2}\left(z\right)=H\left(z\right)U\left(z\right) \tag{6.44}$$

滤波器输出 $x_{2}\left(n\right)$ 就是所谓的有色噪声, 其功率密度谱随着发动机缸数的增加而下降。由式 (6.45) 可知, $H\left(z\right)$ 在实轴上有一对极点。

$$H\left(z\right)=\frac{\left[1-\exp\left(-\delta\Delta\alpha_{\mathrm{CS}}\right)\right]^{2}}{\left[z-\exp\left(-\delta\Delta\alpha_{\mathrm{CS}}\right)\right]^{2}} \tag{6.45}$$

在离散角度域中, 状态变量 $x_{2}\left(n\right)$ 可表示为

$$\begin{aligned}&x_{2}\left(n+2\right)-2x_{2}\left(n+1\right)\exp\left(-\delta\Delta\alpha_{\mathrm{CS}}\right)+x_{2}\left(n\right)\exp\left(-2\delta\Delta\alpha_{\mathrm{CS}}\right)\\&=\left[1-\exp\left(-\delta\Delta\alpha_{\mathrm{CS}}\right)\right]^{2}u\left(n\right)\end{aligned} \tag{6.46}$$

引入另一个状态变量 $x_3(n) = x_2(n+1)$, 则可得系统的一阶状态空间形式, 作为 Kalman 滤波器设计的基础。

$$\underline{x}(n) = \left(\dot{\alpha}_{\mathrm{CS}}^2(n)\, T_{\mathrm{comb}}(n) - T_{\mathrm{load}}^*(n)\, T_{\mathrm{comb}}(n+1) - T_{\mathrm{load}}^*(n+1)\right)^{\mathrm{T}} \tag{6.47}$$

$$\underline{y}(n) = \dot{\alpha}_{\mathrm{CS}}^2(n) \tag{6.48}$$

$$\underline{A}(n) = \begin{pmatrix} 1 - \dfrac{2f(n)\,\Delta\alpha_{\mathrm{CS}}}{J(n)} & \dfrac{2\Delta\alpha_{\mathrm{CS}}}{J(n)} & 0 \\ 0 & 0 & 1 \\ 0 & -\exp(-2\delta\Delta\alpha_{\mathrm{CS}}) & 2\exp(-\delta\Delta\alpha_{\mathrm{CS}}) \end{pmatrix} \tag{6.49}$$

$$\underline{B}(n) = \begin{pmatrix} 0 & 0 & (1-\exp(-\delta\Delta\alpha_{\mathrm{CS}}))^2 \end{pmatrix}^{\mathrm{T}} \tag{6.50}$$

$$\underline{C}^{\mathrm{T}}(n) = \begin{pmatrix} 1 & 0 & 0 \end{pmatrix} \tag{6.51}$$

基于曲轴转速平方值 Kalman 估计时的线性化模型 (图 6.23), 可设计 Kalman 估计算法 [11]。选择合适的 δ 值、 $R_{\mathrm{uu}}(n) = \sigma_{\mathrm{u}}^2$ 以及 $R_{\mathrm{ee}}(n) = \sigma_{\mathrm{e}}^2$。利用曲轴转速测量值的平方 $y(n) = \dot{\alpha}_{\mathrm{CS}}^2(n)$, 可估计到转矩差状态量的估计值 $\hat{x}_2(n) = T_{\mathrm{comb}}(n) - T_{\mathrm{load}}^*(n)$。

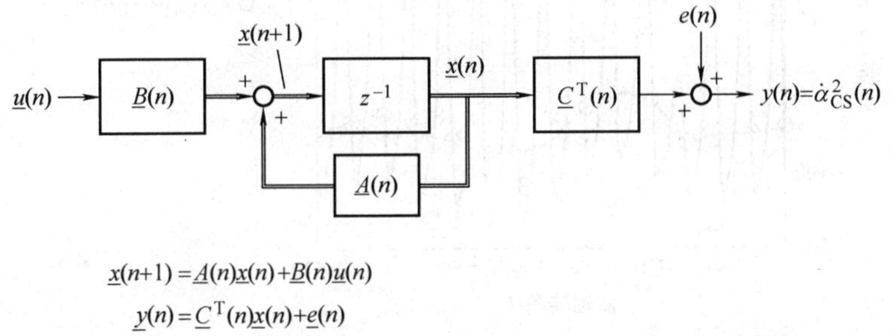

图 6.23 曲轴转速平方值 Kalman 估计时的线性模型

$$\underline{\hat{x}}(n+1) = \underline{H}(n)\,\underline{\hat{x}}(n) + \underline{K}(n)\,\underline{y}(n) \tag{6.52}$$

$$\underline{\hat{x}}(n+1) = \underline{A}(n)\,\underline{\hat{x}}(n) + \underline{K}(n)\left(\underline{y}(n) - \underline{\hat{y}}(n)\right) \tag{6.53}$$

当用于发动机失火检测等场合时, 必须知道指示转矩绝对值。对于四缸发动机, 上止点 (TDC) 和下止点 (BDC) 的指示转矩为 0, 因为此时活塞行程微分 $\mathrm{d}s_j(\alpha_{\mathrm{CS}})/\mathrm{d}\alpha_{\mathrm{CS}}$ 为 0。因此, 在上止点和下止点处, 负荷力矩可单独计算如下:

$$\hat{x}_2(n_{\mathrm{TDC,BDC}}) \approx -T_{\mathrm{load}}^*(n) \tag{6.54}$$

基于上式, 对转矩差值的估计值 $\hat{x}_2(n)$ 进行修正, 则也可单独计算指示转矩 $T_{\mathrm{comb}}(n)$。

6.8.5 结果

发动机气缸失火时, 动力传动系统就会产生振动。需要通过估计来区分曲轴转速和传动系的振动。图 6.24 给出了发动机 1 500 r/min 时测得的曲轴转速信号。在第一个循环末尾, 发生了失火。图 6.25 给出了利用 Kalman 滤波器估计的指示转矩以及上止点、下止点间插值获得的负荷力矩。图 6.26 给出了修正后的指示转矩。由图可知, 由动力传动系引起的扭矩波动影响得到了有效的抑制。

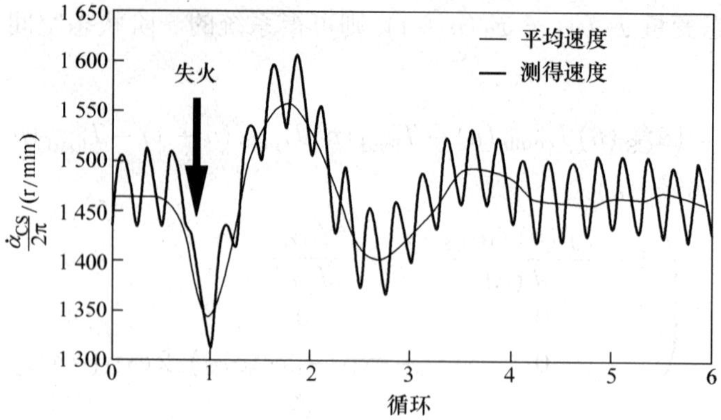

图 6.24 单次失火情况下测得的转速信号

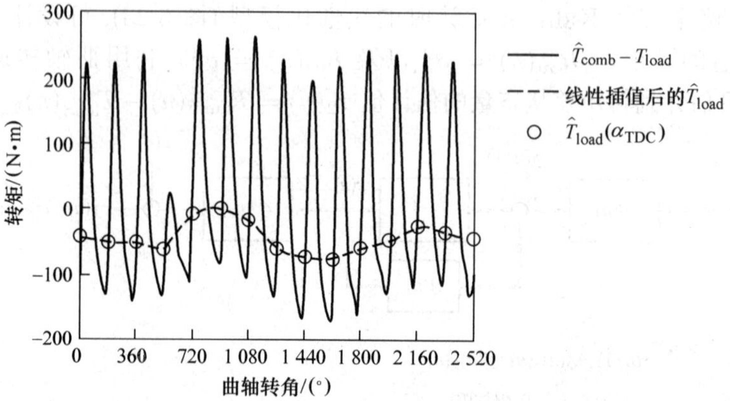

图 6.25 基于 Kalman 滤波器的指示转矩估计值

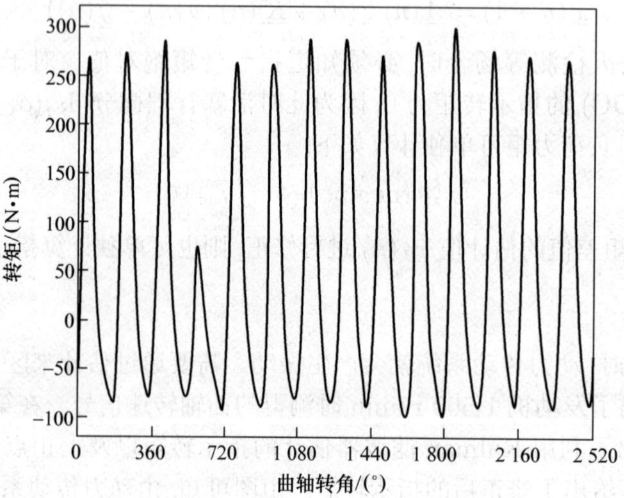

图 6.26 基于 Kalman 滤波器的指示转矩 T_{comb} 估计值 (经过负荷力矩修正后)

发动机转速更高时，由往复质量引起的惯性力矩 (即式 (6.23) 第二项) 增加，信噪比急速下降，导致 Kalman 滤波器的性能变差。该估计方法的有效转速范围在 3 000~4 000 r/min 之间。

6.9 诊断系统的工程应用

基于工程实际应用角度，本节将讨论基于模型诊断系统的设计。当针对实际工程应用来设计诊断系统时，除本章前文所述内容外，还必须考虑其他一些因素。例如，开发周期限制、市场要求以及成本限制。但总体来讲，基于模型诊断系统的设计流程大概为如下几步:

① 确定相关诊断要求。要诊断哪些故障，检测时间和隔离时间等时间限制，以及故障识别方面等要求。

② 研究并获取与待诊断系统相关的知识，尤其是需诊断的故障。

③ 建立系统过程模型，对故障和干扰如何影响系统进行建模。这一步包括三个部分，即选择模型结构、参数辨识以及模型验证。

④ 基于所建模型，设计满足故障隔离要求的残差。

⑤ 评价残差性能并选择最好的残差方程。若残差性能不能满足要求，则需要对模型进一步完善。

⑥ 设计残差评价方法，其中包括阈值的选择。

⑦ 在仿真和实际条件下，测试和验证诊断系统。

⑧ 诊断系统的实施。

第 ① 步和第 ② 步中，只有依靠试验结果、长期经验积累或者向有关专家请教，相关文献较少。所有步骤中，第 ③ 步中的建模可查文献最多。如前文所述，这也是诊断设计中的主要内容。在特定类型的系统以及一般型系统的建模方面，都可查到相关文献，例如系统辨识方面的文献。对于第 ④ 步，前人已开发了许多方法，但工程师还可选择其他设计思路。在第 ⑤ 步和第 ⑥ 步中，残差的选择和评价方法也有很多选择方案。作为开发过程中的关键步骤，第 ④~⑥ 步中工程师应采用系统化的方法。第 ⑦ 步中，已有文献也很少，需要通过实践来掌握技巧。总地来说，在设计开发诊断系统时，需要完成的步骤较多。

第 7 章　传动系控制

7.1 传动系建模

车辆动力传动系包括发动机和传动系两大部分。其中, 传动系主要包括离合器、变速器、传动轴和车轮等部件。针对不同的应用场合, 传动系的动力学建模可采用不同的方式。对控制来说, 比较重要的频率范围是包含传动系最低共振模态在内的频率范围 [85,95]。高频时振动和噪声比较显著, 但不在本文讨论范畴之内。

本章中, 7.1.1 节先推导传动系的基本方程。在 7.1.4 节中给出一个建模示例, 实车测试在 Scania 重型卡车上进行。建模的目标是要对发动机转速、变速器转速以及轮速等传动系速度波动进行解释。模型包括多个转动惯量, 各转动惯量之间由阻尼弹性轴相连接。推导方程时, 采用广义牛顿第二运动定律。实车测试主要用于低挡位时的传动系建模。这是因为, 挡位越低, 传动系驱动轴传递的转矩越大, 轴的扭转角越大, 由此引起的振动也越大。此外, 由于低挡传动比大, 轮速共振幅值在抵挡位时更大。

针对空挡或离合器分离情形, 7.2 节把传动系分成两个独立部分进行建模。

7.1.1 传动系基本方程

图 7.1 给出了后轮驱动车辆的传动系示意图, 它包括离合器、变速器、传动轴、主减速器、驱动轴和车轮等。注意, 传动轴 (propeller shaft) 有时也被称为驱动轴 (drive shaft), 但由于建模中传动轴和驱动半轴所承受的转矩不同, 此处必须加以区分。传动系基本公式将根据广义牛顿第二运动定律来推导 [81]。通过考虑整车动力学, 获得车轮作用力, 这样整车质量和挂车的影响也可体现在车轮运动方程中。针对本文所研究的后驱车辆传动系, 图 7.2 给出了各子系统的输入和输出变量符号, 输入量和输出量的关系将在下面逐一详细说明。

(1) 发动机

发动机的输出转矩可由缸内燃烧产生的驱动转矩 T_{e}、内部摩擦力矩 $T_{\mathrm{fric,e}}$ 以及离合器外部载荷 T_{c} 的关系来表示。由牛顿第二运动定律可得

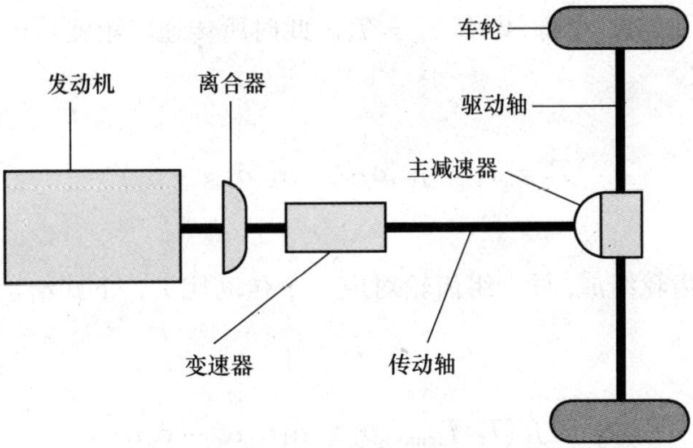

图 7.1 后轮驱动车辆的传动系

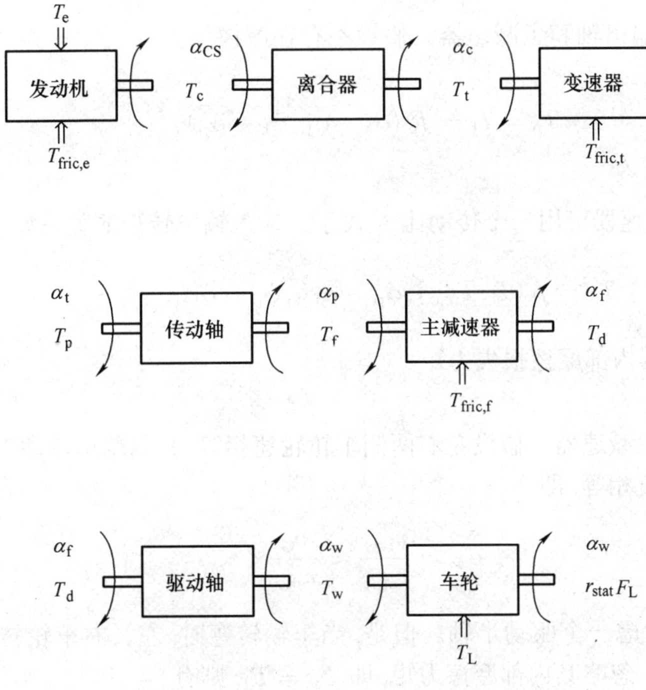

图 7.2 车辆传动系子系统的输入和输出量

$$J_e\ddot{\alpha}_{CS} = T_e - T_{fric,e} - T_c \tag{7.1}$$

式中: J_e——发动机转动惯量;

α_{CS}——曲轴转角;

$\dot{\alpha}_{CS}$——发动机角速度。

(2) 离合器

手动挡汽车中的摩擦式离合器包括连接发动机飞轮和变速器输入轴的离合器盘。当离合器接合之后，假设没有任何内部摩擦，即有 $T_c = T_t$。此时所传递转矩就是角度差 $\alpha_{CS} - \alpha_c$ 以及转速差 $\dot{\alpha}_{CS} - \dot{\alpha}_c$ 的函数。

$$T_c = T_t = f_c(\alpha_{CS} - \alpha_c, \dot{\alpha}_{CS} - \dot{\alpha}_c) \tag{7.2}$$

(3) 变速器

变速器由一系列齿轮组成，每一组齿轮对应一个传动比 i_t。下式给出了变速器输入轴和输出轴转矩的关系

$$T_p = f_t(T_t, T_{fric,t}, \alpha_c - \alpha_t i_t, \dot{\alpha}_c - \dot{\alpha}_t i_t, i_t) \tag{7.3}$$

式中：$T_{fric,t}$——变速器内部摩擦力矩。

由于变速器中可能存在扭转效应，上式也考虑了扭转角度差 $\alpha_c - \alpha_t i_t$。

(4) 传动轴

传动轴连接变速器输出轴和主减速器。假设不存在摩擦损失，即 $T_p = T_f$，则传递到主减速器的转矩输入为

$$T_p = T_f = f_p(\alpha_t - \alpha_p, \dot{\alpha}_t - \dot{\alpha}_p) \tag{7.4}$$

(5) 主减速器

类似于变速器，主减速器可用一个传动比 i_f 表示。输入输出转矩的关系如下：

$$T_d = f_f(T_f, T_{fric,f}, \alpha_p - \alpha_f i_f, \dot{\alpha}_p - \dot{\alpha}_f i_f, i_f) \tag{7.5}$$

式中：$T_{fric,f}$——主减速器内部摩擦损失力矩。

(6) 驱动轴

驱动轴连接车轮和主减速器。假设左右两侧车轮轮速相等，且忽略车轮动力学效应，则车轮等效转速与车身质心速度相等，即

$$\dot{\alpha}_w = \frac{v_{Rij}}{r_{stat}} \approx \frac{v_G}{r_{stat}}$$

此时，模型中只需考虑一个驱动半轴。但是，当车辆转弯时，左、右车轮转速不等，两侧驱动半轴要分别进行建模。忽略其内部摩擦力矩，即 $T_w = T_d$，则有

$$T_w = T_d = f_d(\alpha_f - \alpha_w, \dot{\alpha}_f - \dot{\alpha}_w) \tag{7.6}$$

(7) 车轮

图 7.3 给出了车辆纵向受力示意图。由牛顿第二运动定律可得

$$F_L = m_G \dot{v}_G + F_{wind} + F_R + m_G g \sin\chi_{road} \tag{7.7}$$

式中，附着力 F_L 为如下几个部分之和 [37]。

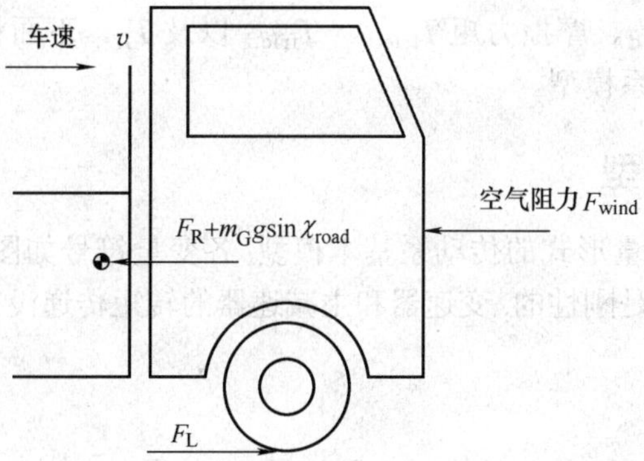

图 7.3 作用在车辆上的纵向力

① 空气阻力 F_{wind} 近似为

$$F_{\mathrm{wind}}=\frac{1}{2}c_{\mathrm{air}}A_{\mathrm{L}}\rho_{\mathrm{a}}v_{\mathrm{G}}^{2} \tag{7.8}$$

式中: c_{air}——空气阻力系数;

A_{L}——车辆迎风面积;

ρ_{a}——空气密度。

然而,车窗开闭对空气阻力的影响较难进行建模。

② 滚动阻力 F_{R} 可近似为

$$F_{\mathrm{R}}=m_{\mathrm{G}}\left(c_{\mathrm{r1}}+c_{\mathrm{r2}}v_{\mathrm{G}}\right) \tag{7.9}$$

其中 c_{r1} 和 c_{r2} 跟轮胎型号和胎压有关。

③ 重力分量 $m_{\mathrm{G}}g\sin\chi_{\mathrm{road}}$,其中 χ_{road} 为路面坡度。

由 F_{L} 形成的力矩等于 $F_{\mathrm{L}}r_{\mathrm{stat}}$,其中 r_{stat} 为轮胎静态半径。根据牛顿第二运动定律可得

$$J_{\mathrm{W}}\ddot{\alpha}_{\mathrm{w}}=T_{\mathrm{w}}-F_{\mathrm{L}}r_{\mathrm{stat}}-T_{\mathrm{L}} \tag{7.10}$$

式中: J_{W}——车轮转动惯量;

T_{w} 由式 (7.6) 计算;

T_{L}——摩擦力矩。

将式 (7.7)~ 式 (7.9) 代入式 (7.10), 又根据 $v_{\mathrm{R}}=r_{\mathrm{stat}}\omega_{\mathrm{ij}}$ 关系*, 可得

$$\begin{aligned}\left(J_{\mathrm{W}}+m_{\mathrm{G}}r_{\mathrm{stat}}^{2}\right)\ddot{\alpha}_{\mathrm{w}}=&\,T_{\mathrm{w}}-T_{\mathrm{L}}-\frac{1}{2}c_{\mathrm{air}}A_{\mathrm{L}}\rho_{\mathrm{a}}r_{\mathrm{stat}}^{3}\dot{\alpha}_{\mathrm{w}}^{2}-\\&r_{\mathrm{stat}}m_{\mathrm{G}}\left(c_{\mathrm{r1}}+c_{\mathrm{r2}}r_{\mathrm{stat}}\dot{\alpha}_{\mathrm{w}}\right)-r_{\mathrm{stat}}m_{\mathrm{G}}g\sin\left(\chi_{\mathrm{road}}\right)\end{aligned} \tag{7.11}$$

推导上式时,忽略了轮胎动力学效应。

*译者注: 原文误为 $v_{\mathrm{R}}=r_{\mathrm{stat}}\dot{\omega}_{ij}$。

当离合器接合时, 可由式 (7.1)∼ 式 (7.11) 来描述一个完整的传动系模型。至此, 未知函数包括 f_c、f_t、f_p、f_f、f_d、摩擦力矩 $T_{fric,t}$、$T_{fric,f}$ 以及 T_L。下面将基于一些假设, 推导出复杂程度不同的一系列传动系模型。

7.1.2 传动系基本模型

下面建立一个集中惯量形式的传动系基本模型, 各变量符号如图 7.2 所示。建模时假设离合器、传动轴和驱动轴都是刚性的, 变速器和主减速器的转矩传递没有损失。

(1) 发动机

模型同式 (7.1), 即

$$J_e\ddot{\alpha}_{CS} = T_e - T_{fric,e} - T_c \tag{7.12}$$

(2) 离合器

由刚性假设, 其转矩和转角满足

$$T_c = T_t, \quad \alpha_{CS} = \alpha_c \tag{7.13}$$

(3) 变速器

记其转动惯量为 J_t, 摩擦力矩用扭转阻尼系数 d_t 和转速的乘积表示。则由式 (7.3) 可得变速器模型为

$$\alpha_c = \alpha_t i_t \tag{7.14}$$

$$J_t\ddot{\alpha}_t = T_t i_t - d_t\dot{\alpha}_t - T_p \tag{7.15}$$

由式 (7.13) 和式 (7.14), 模型可重写为

$$J_t\ddot{\alpha}_{CS} = T_c i_t^2 - d_t\dot{\alpha}_{CS} - T_p i_t \tag{7.16}$$

上式是一般性的变速器方程, 若忽略转动惯量和阻尼损失, 即令 $J_t = 0, d_t = 0$, 可得

$$\alpha_c = \alpha_t i_t \tag{7.17}$$

$$T_t i_t = T_p \tag{7.18}$$

(4) 传动轴

根据刚性假设有

$$T_p = T_f, \quad \alpha_t = \alpha_p \tag{7.19}$$

(5) 主减速器

类似于变速器, 主减速器可用转动惯量 J_f 和阻尼系数 d_f 描述。令 $J_f = 0$ 和 $d_f = 0$, 则式 (7.5) 可写为

$$\alpha_p = \alpha_f i_f \tag{7.20}$$

$$T_f i_f = T_d \tag{7.21}$$

(6) 驱动轴

由刚性假设可得

$$T_w = T_d, \quad \alpha_f = \alpha_w \tag{7.22}$$

(7) 车轮

根据车辆纵向动力学特性, 模型如式 (7.11)。忽略摩擦力矩 ($T_{\mathrm{L}}=0$), 可得

$$\begin{aligned}\left(J_{\mathrm{W}}+m_{\mathrm{G}}r_{\mathrm{stat}}^{2}\right)\ddot{\alpha}_{\mathrm{w}}=T_{\mathrm{w}}-\frac{1}{2}c_{\mathrm{air}}A_{\mathrm{L}}\rho_{\mathrm{a}}r_{\mathrm{stat}}^{3}\dot{\alpha}_{\mathrm{w}}^{2}-\\ r_{\mathrm{stat}}m_{\mathrm{G}}\left(c_{\mathrm{r1}}+c_{\mathrm{r2}}r_{\mathrm{stat}}\dot{\alpha}_{\mathrm{w}}\right)-r_{\mathrm{stat}}m_{\mathrm{G}}g\sin\chi_{\mathrm{road}}\end{aligned} \tag{7.23}$$

7.1.3 模型方程综合

综合式 (7.12)~ 式 (7.23) 所描述的传动系部件模型 (从发动机到车轮), 即得完整的传动系模型。通过消去中间变量可求得刚性传动系的转角和转矩关系。例如, 转角关系为 $\alpha_{\mathrm{CS}}=\alpha_{\mathrm{c}}=i_{\mathrm{t}}\alpha_{\mathrm{t}}=i_{\mathrm{t}}\alpha_{\mathrm{p}}=i_{\mathrm{t}}i_{\mathrm{f}}\alpha_{\mathrm{f}}=i_{\mathrm{t}}i_{\mathrm{f}}\alpha_{\mathrm{w}}$, 转矩关系类似。

$$i_{\mathrm{t}}i_{\mathrm{f}}T_{\mathrm{c}}=T_{\mathrm{w}},\alpha_{\mathrm{CS}}=i_{\mathrm{t}}i_{\mathrm{f}}\alpha_{\mathrm{w}} \tag{7.24}$$

上式是完整的方程描述。将式 (7.12) 和式 (7.23) 重写如下*:

$$J_{\mathrm{e}}\ddot{\alpha}_{\mathrm{CS}}=T_{\mathrm{e}}-T_{\mathrm{fric,e}}-\frac{T_{\mathrm{w}}}{i_{\mathrm{t}}i_{\mathrm{f}}} \tag{7.25}$$

$$\begin{aligned}\left(J_{\mathrm{W}}+m_{\mathrm{G}}r_{\mathrm{stat}}^{2}\right)\ddot{\alpha}_{\mathrm{w}}=T_{\mathrm{w}}-\frac{1}{2}c_{\mathrm{air}}A_{\mathrm{L}}\rho_{\mathrm{a}}r_{\mathrm{stat}}^{3}\dot{\alpha}_{\mathrm{w}}^{2}-\\ r_{\mathrm{stat}}m_{\mathrm{G}}\left(c_{\mathrm{r1}}+c_{\mathrm{r2}}r_{\mathrm{stat}}\dot{\alpha}_{\mathrm{w}}\right)-r_{\mathrm{stat}}m_{\mathrm{G}}g\sin\chi_{\mathrm{road}}\end{aligned} \tag{7.26}$$

综合模型的变量可选择发动机转速或轮速, 此处选择轮速。因此, 将式 (7.24)~ 式 (7.26) 中的 T_{w}†、T_{f}、 α_{CS} 消去, 即得如下传动系基本模型。

Model 7.1 传动系基本模型

$$\begin{aligned}\left(J_{\mathrm{W}}+m_{\mathrm{G}}r_{\mathrm{stat}}^{2}+i_{\mathrm{t}}^{2}i_{\mathrm{f}}^{2}J_{\mathrm{e}}\right)\ddot{\alpha}_{\mathrm{w}}=i_{\mathrm{t}}i_{\mathrm{f}}\left(T_{\mathrm{e}}-T_{\mathrm{fric,e}}\right)-\\ m_{\mathrm{G}}c_{\mathrm{r2}}r_{\mathrm{stat}}^{2}\dot{\alpha}_{\mathrm{w}}-\frac{1}{2}c_{\mathrm{air}}A_{\mathrm{L}}\rho_{\mathrm{a}}r_{\mathrm{stat}}^{3}\dot{\alpha}_{\mathrm{w}}^{2}-\\ r_{\mathrm{stat}}m_{\mathrm{G}}\left(c_{\mathrm{r1}}+g\sin\chi_{\mathrm{road}}\right)\end{aligned} \tag{7.27}$$

低挡、低速时, 空气动力学效应较不明显, 可忽略式 (7.27) 中的 $\frac{1}{2}c_{\mathrm{air}}A_{\mathrm{L}}\rho_{\mathrm{a}}r_{\mathrm{stat}}^{3}\dot{\alpha}_{\mathrm{w}}^{2}$ 项, 这样该模型对于 $\dot{\alpha}_{\mathrm{w}}$ 而言为线性, 但是对模型参数是非线性的。

上述模型中, 发动机的有效转矩 $T_{\mathrm{e}}-T_{\mathrm{fric,e}}$ 项需要更详细的建模。发动机燃烧产生的转矩 T_{e} 可根据 SI(点燃式) 或 CI(压燃式) 发动机分别建模。发动机转矩损失 $T_{\mathrm{fric,e}}$ 跟多种因素有关 (其中包括泵气损失), 通常需要测量获得。下文将对 T_{e} 和 $T_{\mathrm{fric,e}}$ 这两项进行详细讨论。

*译者注: 原文式 (7.25) 中将 T_{w} 误为 T_{c}。

†译者注: 原文将 T_{w} 误为 T_{d}。

7.1.4 建模示例

试验时采用 Scania 144 L 6×2 重卡车, 如图 7.4 所示, 其结构如下所述。

① 采用 14 L 排量、 V8 型、涡轮增压柴油机 (图 7.5), 最大功率 530 Hp(马力), 最大转矩 2 300 N · m。采用直列式喷油泵系统 [10]。

② 发动机通过离合器匹配, 有手动型变速器 GRS900R(图 7.6), 该变速器有 14 挡位, 带有液压缓速器, 同时装备自动换挡系统 OptiCruise[91]。

③ 整车总质量 $m = 24\ 000$ kg。

图 7.4 Scania 144 L 卡车

图 7.5 Scania 14 L V8 DSC14 发动机

图 7.6 Scania GRS900R 手动变速器 (带有缓速器和 OptiCruise 自动换挡系统)

1. 发动机

该 V8 发动机采用直列泵系统, 由一个油泵为 8 个气缸供油。对于匹配不同发动机类型的传动系, 其建模受许多发动机子系统的影响。

① 最大转矩限制　喷油量受发动机条件 (如尺寸、气缸数等) 所限, 同时也受发动机控制系统的限制, 以使其工作在最好的工况。转速低于 1 100 r/min 或高于 1 500 r/min 时, 最大转矩均下降。

② 炭烟限制　若涡轮增压压力低, 而需求转矩高, 柴油机炭烟排放将会增加。低增压时, 通过限制喷油量, 可减少排放。

③ 从喷油量到发动机转矩的传递函数　发动机转矩来自缸内燃烧作功。由测功机试验可获得从喷油量到发动机转矩的一个静态函数映射。对柴油机而言, 该函数动态变化小, 因此本文未采用动态模型。

④ 发动机摩擦损失　输出到离合器的转矩等于发动机燃烧作功产生的转矩减去内部摩擦力矩。因此, 在进行传动系建模与控制之前, 需先考虑摩擦损失。

2. 传感器系统

轴的旋转速度可采用感应式传感器来测量 [89], 它监测小齿轮旋转的周期, 并由此获得转速信号。因此, 测量信号的带宽与转速、轮齿数目有关。由三个传感器分别测量发动机飞轮转速 $\dot{\alpha}_{\rm CS}$、变速器输出轴转速 $\dot{\alpha}_{\rm t}$ 以及驱动轮转速 $\dot{\alpha}_{\rm w}$。变速器传感器的轮齿数目比其他两个传感器要少, 因此其带宽更低。

通过测得进入气缸的喷油量 $\dot{m}_{\rm f}$, 由测功机可得到发动机转矩与 $\dot{m}_{\rm f}$ 的关系, 即 $T_{\rm e}(\dot{m}_{\rm f})$。输出转矩为 $T_{\rm e}$ 减去摩擦损失, 即 $u = T_{\rm e}(\dot{m}_{\rm f}) - T_{\rm fric,e}$, 表示作用在传动系上的转矩, 在每次气缸作功过程中存在转矩波动, 但是, 此处将 u 信号作为连续信号, 这在控制设计所考虑的频率范围内是合理的。8 缸发动机 1 200 r/min 转速下每秒有 80 个作功冲程, 因此可采用发动机平均值模型 (mean value model), 忽略发动机循环中的转矩变化。

该车装备由 CAN 总线相连的多个控制单元, 这些节点包括发动机控制节点、变速器节点以及 ABS 制动系统节点。每个节点测得多个变量信号, 并通过 CAN 总线传输。

3. 传动系建模试验

测试在 Scania 公司的试验路面上进行, 各种路面具有不同坡度 (坡度值已知)。测试过程中, 当出现传动系共振时记录表 7.1 中的数据。

表 7.1　CAN 总线上传输的测量变量

测量变量			
变量	节点	精度	采样时间
发动机转速 $\dot{\alpha}_{\text{CS}}$	发动机	0.013 rad/s	20 ms
发动机转矩 T_{e}	发动机	最大转矩的 1%	20 ms
发动机温度 ϑ_{e}	发动机	1 °C	1 s
轮速 $\dot{\alpha}_{\text{w}}$	ABS	0.033 rad/s	50 ms
变速器转速 $\dot{\alpha}_{\text{t}}$	变速器	0.013 rad/s	50 ms

如图 7.7 所示, 在 144 L 卡车某测试工况下, 加速踏板阶跃输入引起了传动系振动。由图可知, 由于变速器与车轮间的转速差最大, 传动系中弹性最大处应位于变速器输出轴和车轮之间。

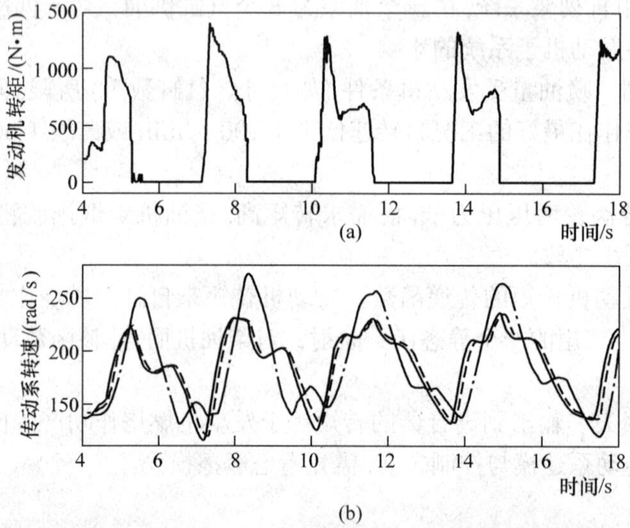

图 7.7　144 L 卡车加速踏板阶跃输入工况中 CAN 总线上记录的数据。变速器转速 (虚线) 和轮速 (点画线) 均已乘以传动系变速比, 发动机转速以实线表示。由于变速器与车轮转速测量值间存在最大差异, 传动系中弹性最大处应位于变速器输出轴和车轮之间。

4. 发动机摩擦力矩建模

$T_{\text{fric,e}}$ 可表示为发动机转速和温度的函数, 即

$$T_{\text{fric,e}} = T_{\text{fric,e}}\left(\dot{\alpha}_{\text{CS}}, \vartheta_{\text{e}}\right) \tag{7.28}$$

此处忽略负荷的影响。 144 L 卡车的摩擦力矩如图 7.8 所示。测试时, 变速器挂入空挡, 在 600 ~ 2 300 r/min 间的 20 个转速下, 获得发动机转矩与温度信号。

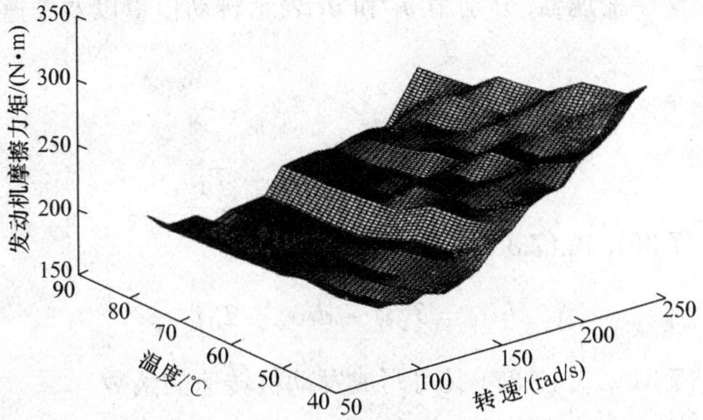

图 7.8 144 L 卡车的发动机摩擦力矩, 它为转速和温度的函数

记录发动机转矩值 $T_e(\dot{m}_f)$, 减去摩擦力矩, 即求得传动系输入转矩 u 如下:

$$u = T_e(\dot{m}_f) - T_{fric,e}(\dot{\alpha}_{CS}, \vartheta_e) \tag{7.29}$$

5. 传动系模型系列

测得的发动机转速、变速器转速以及轮速结果, 将由如下一系列复杂程度不同的传动系模型来解释。图 7.7 表明, 转速差主要体现在变速器和车轮间, 故传动系弹性主要位于变速器输出轴与车轮之间。由此建立的第一个模型将包括一个集中惯量的发动机, 以及通过弹性驱动轴连接的变速器和车轮转动惯量。考虑变速器和车轮间的弹性, 是因为传动系中相对位移最大点位于驱动轴。发动机转矩经由变速器速比 i_t 和主减速比 i_f 放大后, 转矩变化较大。最低挡时,$i_t i_f$ 值可能高达 60。下面将基于 7.1.1 节的基本方程来推导如下三个传动系模型。

6. 考虑驱动轴弹性的传动系模型

下面首先建立考虑驱动轴弹性的传动系模型。采用 7.1.1 节基本方程的假设, 所建模型包括集中惯量的发动机和变速器, 以及弹性驱动轴。各变量符号如图 7.2 所示。假设离合器和传动轴为刚性, 而驱动轴用带阻尼的弹性轴表示。假设变速器和主减速器传递转矩时没有转矩损失。

① 离合器 由刚性假设可得

$$T_c = T_t, \alpha_{CS} = \alpha_c \tag{7.30}$$

② 变速器 采用转动惯量 J_t 表示, 摩擦力矩用阻尼系数 d_t 描述, 则有

$$\alpha_c = \alpha_t i_t \tag{7.31}$$

$$J_t \ddot{\alpha}_t = T_t i_t - d_t \dot{\alpha}_t - T_p \tag{7.32}$$

由式 (7.30) 和式 (7.31), 可重写为

$$J_t \ddot{\alpha}_{CS} = T_c i_t^2 - d_t \dot{\alpha}_{CS} - T_p i_t \tag{7.33}$$

③ 传动轴 由刚性假设可得

$$T_p = T_f, \alpha_t = \alpha_p \tag{7.34}$$

④ 主减速器 类似于变速器, 分别用 J_{f} 和 d_{f} 表示转动惯量以及摩擦力矩阻尼系数。对应式 (7.5), 可得

$$\alpha_{\mathrm{p}} = \alpha_{\mathrm{f}} i_{\mathrm{f}} \tag{7.35}$$

$$J_{\mathrm{f}} \ddot{\alpha}_{\mathrm{f}} = T_{\mathrm{f}} i_{\mathrm{f}} - d_{\mathrm{f}} \dot{\alpha}_{\mathrm{f}} - T_{\mathrm{d}} \tag{7.36}$$

由式 (7.34) 和式 (7.35), 式 (7.36) 可重写为

$$J_{\mathrm{f}} \ddot{\alpha}_{\mathrm{t}} = T_{\mathrm{p}} i_{\mathrm{f}}^2 - d_{\mathrm{f}} \dot{\alpha}_{\mathrm{t}} - T_{\mathrm{d}} i_{\mathrm{f}} \tag{7.37}$$

由式 (7.30) 和式 (7.31), 式 (7.37) 又可写成发动机转速的函数

$$J_{\mathrm{f}} \ddot{\alpha}_{\mathrm{CS}} = T_{\mathrm{p}} i_{\mathrm{f}}^2 i_{\mathrm{t}} - d_{\mathrm{f}} \dot{\alpha}_{\mathrm{CS}} - T_{\mathrm{d}} i_{\mathrm{f}} i_{\mathrm{t}} \tag{7.38}$$

综合式 (7.37) 和式 (7.38), 包含发动机、变速器、传动轴和主减速器的传动系模型为

$$\left(J_{\mathrm{t}} i_{\mathrm{f}}^2 + J_{\mathrm{f}}\right) \ddot{\alpha}_{\mathrm{CS}} = T_{\mathrm{c}} i_{\mathrm{t}}^2 i_{\mathrm{f}}^2 - d_{\mathrm{t}} \dot{\alpha}_{\mathrm{CS}} i_{\mathrm{f}}^2 - d_{\mathrm{f}} \dot{\alpha}_{\mathrm{CS}} - T_{\mathrm{p}} i_{\mathrm{f}} i_{\mathrm{t}} \tag{7.39}$$

⑤ 驱动轴 记阻尼系数为 d, 刚度为 k。由式 (7.30)、式 (7.31)、式 (7.34) 及式 (7.35), 式 (7.6) 变为

$$\begin{aligned} T_{\mathrm{w}} = T_{\mathrm{d}} &= k\left(\alpha_{\mathrm{f}} - \alpha_{\mathrm{w}}\right) + d\left(\dot{\alpha}_{\mathrm{f}} - \dot{\alpha}_{\mathrm{w}}\right) \\ &= k\left(\alpha_{\mathrm{CS}}/i_{\mathrm{t}} i_{\mathrm{f}} - \alpha_{\mathrm{w}}\right) + d\left(\dot{\alpha}_{\mathrm{CS}}/i_{\mathrm{t}} i_{\mathrm{f}} - \dot{\alpha}_{\mathrm{w}}\right) \end{aligned} \tag{7.40}$$

综合式 (7.39) 与式 (7.40), 整个传动系的模型方程如下:

$$\begin{aligned} \left(J_{\mathrm{t}} i_{\mathrm{f}}^2 + J_{\mathrm{f}}\right) \ddot{\alpha}_{\mathrm{CS}} = {} & T_{\mathrm{c}} i_{\mathrm{t}}^2 i_{\mathrm{f}}^2 - d_{\mathrm{t}} \dot{\alpha}_{\mathrm{CS}} i_{\mathrm{f}}^2 - d_{\mathrm{f}} \dot{\alpha}_{\mathrm{CS}} - \\ & k\left(\alpha_{\mathrm{CS}} - \alpha_{\mathrm{w}} i_{\mathrm{t}} i_{\mathrm{f}}\right) - d\left(\dot{\alpha}_{\mathrm{CS}} - \dot{\alpha}_{\mathrm{w}} i_{\mathrm{t}} i_{\mathrm{f}}\right) \end{aligned} \tag{7.41}$$

⑥ 车轮 由式 (7.11) 和式 (7.40), 车轮方程如下:

$$\begin{aligned} \left(J_{\mathrm{W}} + m_{\mathrm{G}} r_{\mathrm{stat}}^2\right) \ddot{\alpha}_{\mathrm{w}} = {} & k\left(\alpha_{\mathrm{CS}}/i_{\mathrm{t}} i_{\mathrm{f}} - \alpha_{\mathrm{w}}\right) + d\left(\dot{\alpha}_{\mathrm{CS}}/i_{\mathrm{t}} i_{\mathrm{f}} - \dot{\alpha}_{\mathrm{w}}\right) - \\ & d_{\mathrm{w}} \dot{\alpha}_{\mathrm{w}} - \frac{1}{2} c_{\mathrm{air}} A_{\mathrm{L}} \rho_{\mathrm{a}} r_{\mathrm{stat}}^3 \dot{\alpha}_{\mathrm{w}}^2 - m_{\mathrm{G}} c_{\mathrm{r2}} r_{\mathrm{stat}}^2 \dot{\alpha}_{\mathrm{w}} - \\ & r_{\mathrm{stat}} m_{\mathrm{G}}\left(c_{\mathrm{r1}} + g \sin \chi_{\mathrm{road}}\right) \end{aligned} \tag{7.42}$$

综合式 (7.1)、式 (7.41) 及式 (7.42), 可得完整的传动系模型, 如图 7.9 所示, 其方程整理如下。由于仅考虑驱动轴弹性, 将该模型命名为“**驱动轴模型**”。

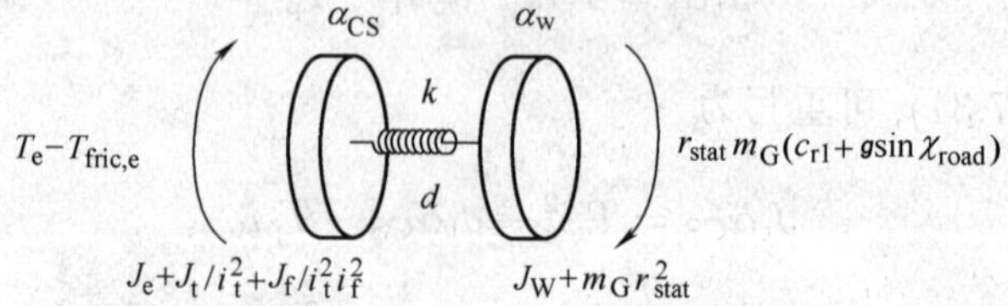

图 7.9 驱动轴模型包括集中惯量的发动机和变速器, 变速器通过弹性驱动轴与车轮惯量相连

Model 7.2 驱动轴模型

$$\begin{aligned}\left(J_{\mathrm{e}}+J_{\mathrm{t}}/i_{\mathrm{t}}^{2}+J_{\mathrm{f}}/i_{\mathrm{t}}^{2}i_{\mathrm{f}}^{2}\right)\ddot{\alpha}_{\mathrm{CS}}=&T_{\mathrm{e}}-T_{\mathrm{fric,e}}-\left(d_{\mathrm{t}}/i_{\mathrm{t}}^{2}+d_{\mathrm{f}}/i_{\mathrm{t}}^{2}i_{\mathrm{f}}^{2}\right)\dot{\alpha}_{\mathrm{CS}}-\\&k\left(\alpha_{\mathrm{CS}}/i_{\mathrm{t}}i_{\mathrm{f}}-\alpha_{\mathrm{w}}\right)/i_{\mathrm{t}}i_{\mathrm{f}}-\\&d\left(\dot{\alpha}_{\mathrm{CS}}/i_{\mathrm{t}}i_{\mathrm{f}}-\dot{\alpha}_{\mathrm{w}}\right)/i_{\mathrm{t}}i_{\mathrm{f}}\end{aligned}\tag{7.43}$$

$$\begin{aligned}\left(J_{\mathrm{W}}+m_{\mathrm{G}}r_{\mathrm{stat}}^{2}\right)\ddot{\alpha}_{\mathrm{w}}=&k\left(\alpha_{\mathrm{CS}}/i_{\mathrm{t}}i_{\mathrm{f}}-\alpha_{\mathrm{w}}\right)+d\left(\dot{\alpha}_{\mathrm{CS}}/i_{\mathrm{t}}i_{\mathrm{f}}-\dot{\alpha}_{\mathrm{w}}\right)-\\&\left(d_{\mathrm{w}}+m_{\mathrm{G}}c_{\mathrm{r2}}r_{\mathrm{stat}}^{2}\right)\dot{\alpha}_{\mathrm{w}}-\frac{1}{2}c_{\mathrm{air}}A_{\mathrm{L}}\rho_{\mathrm{a}}r_{\mathrm{stat}}^{3}\dot{\alpha}_{\mathrm{w}}^{2}-\\&r_{\mathrm{stat}}m_{\mathrm{G}}\left(c_{\mathrm{r1}}+g\sin\chi_{\mathrm{road}}\right)\end{aligned}\tag{7.44}$$

该模型是本书三个传动系模型中最简单的一个。系统状态量包括驱动轴扭转角位移、发动机转速以及轮速。

$$x_1=\alpha_{\mathrm{CS}}/i_{\mathrm{t}}i_{\mathrm{f}}-\alpha_{\mathrm{w}}, x_2=\dot{\alpha}_{\mathrm{CS}}, x_3=\dot{\alpha}_{\mathrm{w}}\tag{7.45}$$

系统的状态空间描述详见 7.3.5 节。低挡行驶时, 式 (7.44) 中的空气阻力较小, 可以忽略, 则模型对于系统状态而言为线性, 但与参数成非线性关系。

(1) **驱动轴模型**的参数估计

根据发动机转速及其转矩, 以及轮速测量值, 可估计系统参数, 并求得模型的初始条件。待估计参数包括:

$$\begin{aligned}i=&i_{\mathrm{t}}i_{\mathrm{f}}, l=r_{\mathrm{stat}}m_{\mathrm{G}}\left(c_{\mathrm{r1}}+g\sin\chi_{\mathrm{road}}\right)\\J_1=&J_{\mathrm{e}}+J_{\mathrm{t}}/i_{\mathrm{t}}^{2}+J_{\mathrm{f}}/i_{\mathrm{t}}^{2}i_{\mathrm{f}}^{2}, J_2=J_{\mathrm{W}}+m_{\mathrm{G}}r_{\mathrm{stat}}^{2}\\d_1=&d_{\mathrm{t}}/i_{\mathrm{t}}^{2}+d_{\mathrm{f}}/i_{\mathrm{t}}^{2}i_{\mathrm{f}}^{2}, d_2=d_{\mathrm{w}}+m_{\mathrm{G}}c_{\mathrm{r2}}r_{\mathrm{stat}}^{2}\end{aligned}\tag{7.46}$$

此外还有驱动轴的刚度 k 以及阻尼系数 d。估计得到的初始状态条件记为 (x_{10},x_{20},x_{30})。

图 7.10 给出了模型对测量数据的拟合结果。图中同时显示了传动系转速测量值与模型输出值 (x_1,x_2,x_3)。由离合器刚性假设, 发动机转速与变速器转速成速比 i_{t} 关系, 其模型值及实测值可在图中找到。由图可知, 传动系的主要动力学特性可通过一个线性“质量 – 刚度”形式的驱动轴弹性模型来表征。

(2) 参数估计结果

① 驱动轴是传动系传递转矩时动力学特性的主要原因, 这正好可以解释传动系的主谐振现象。

② 实际驱动轴扭转角 x_1 未知, 但模型估计值比较合乎常理, 这将在 7.5.6 节中继续加以验证。

③ 变速器输出转速 x_2/i_{t} 与实测值吻合较好, 但存在系统动态延迟。

(3) 传动轴弹性的影响

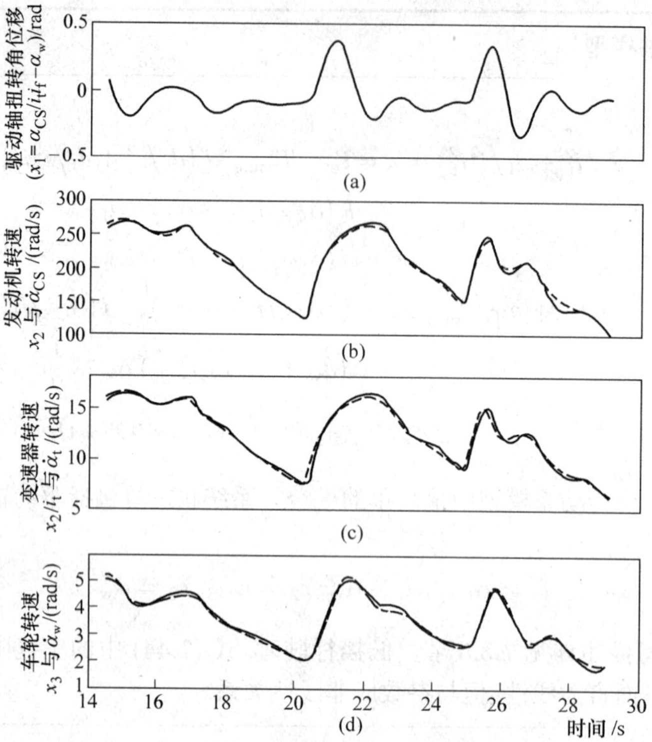

图 7.10 根据 1 挡下加速踏板阶跃输入工况数据进行驱动轴模型参数的估计。最上面的子图给出了驱动轴扭转角位移估计值, 下面 3 个子图为模型输出值 (x_2, x_3)(虚线) 及其测量值 (实线), 对测量数据的拟合结果。图中同时显示了传动系转速测量值与模型输出值 (x_1, x_2, x_3)。由图可知, 弹性驱动轴模型可表征传动系动力学的主要特性。

驱动轴模型中, 假设从发动机到主减速器的传动系部分是刚性的。传动轴与驱动轴间被主减速器隔开, 两者转动惯量比发动机转动惯量要小。本节讨论传动轴弹性对**驱动轴模型**的影响。

假设从发动机到变速器输出轴部分仍为刚性, 而传动轴和驱动轴都是有阻尼的弹性部件。如同**驱动轴模型**推导过程, 假设变速器和主减速器在传递转矩时没有损失。

此处将重复前文的**驱动轴模型**推导过程, 不同之处在于式 (7.34) 中的传动轴方程, 此处将考虑其刚度 k_p 和阻尼系数 d_p。由式 (7.30) 与式 (7.31) 可得

$$T_p = T_f = k_p(\alpha_t - \alpha_p) + d_p(\dot{\alpha}_t - \dot{\alpha}_p) = k_p(\alpha_{CS}/i_t - \alpha_p) + d_p(\dot{\alpha}_{CS}/i_t - \dot{\alpha}_p) \tag{7.47}$$

将式 (7.47) 代入式 (7.33), 可得

$$J_t\ddot{\alpha}_{CS} = T_c i_t^2 - d_t\dot{\alpha}_{CS} - [k_p(\alpha_{CS}/i_t - \alpha_p) + d_p(\dot{\alpha}_{CS}/i_t - \dot{\alpha}_p)]\, i_t \tag{7.48}$$

综合上式与式 (7.1), 可得描述发动机和变速器转速的方程如下:

$$\left(J_{\mathrm{e}}+J_{\mathrm{t}}/i_{\mathrm{t}}^{2}\right)\ddot{\alpha}_{\mathrm{CS}}=T_{\mathrm{e}}-T_{\mathrm{fric,e}}-d_{\mathrm{t}}/i_{\mathrm{t}}^{2}\dot{\alpha}_{\mathrm{CS}}-\frac{1}{i_{\mathrm{t}}}\left[k_{\mathrm{p}}\left(\alpha_{\mathrm{CS}}/i_{\mathrm{t}}-\alpha_{\mathrm{p}}\right)+d_{\mathrm{p}}\left(\dot{\alpha}_{\mathrm{CS}}/i_{\mathrm{t}}-\dot{\alpha}_{\mathrm{p}}\right)\right] \tag{7.49}$$

将式 (7.47) 代入式 (7.36), 综合式 (7.35), 对主减速器有

$$\alpha_{\mathrm{p}}=\alpha_{\mathrm{f}}i_{\mathrm{f}} \tag{7.50}$$

$$J_{\mathrm{f}}\ddot{\alpha}_{\mathrm{f}}=i_{\mathrm{f}}\left[k_{\mathrm{p}}\left(\alpha_{\mathrm{CS}}/i_{\mathrm{t}}-\alpha_{\mathrm{p}}\right)+d_{\mathrm{p}}\left(\dot{\alpha}_{\mathrm{CS}}/i_{\mathrm{t}}-\dot{\alpha}_{\mathrm{p}}\right)\right]-d_{\mathrm{f}}\dot{\alpha}_{\mathrm{f}}-T_{\mathrm{d}} \tag{7.51}$$

将式 (7.50) 代入式 (7.51) 可得

$$J_{\mathrm{f}}\ddot{\alpha}_{\mathrm{p}}=i_{\mathrm{f}}^{2}\left[k_{\mathrm{p}}\left(\alpha_{\mathrm{CS}}/i_{\mathrm{t}}-\alpha_{\mathrm{p}}\right)+d_{\mathrm{p}}\left(\dot{\alpha}_{\mathrm{CS}}/i_{\mathrm{t}}-\dot{\alpha}_{\mathrm{p}}\right)\right]-d_{\mathrm{f}}\dot{\alpha}_{\mathrm{p}}-i_{\mathrm{f}}T_{\mathrm{d}} \tag{7.52}$$

由式 (7.50) 可将式 (7.40) 中的驱动轴方程重新写为

$$T_{\mathrm{w}}=T_{\mathrm{d}}=k_{\mathrm{d}}\left(\alpha_{\mathrm{f}}-\alpha_{\mathrm{w}}\right)+d_{\mathrm{d}}\left(\dot{\alpha}_{\mathrm{f}}-\dot{\alpha}_{\mathrm{w}}\right)=k_{\mathrm{d}}\left(\alpha_{\mathrm{p}}/i_{\mathrm{f}}-\alpha_{\mathrm{w}}\right)+d_{\mathrm{d}}\left(\dot{\alpha}_{\mathrm{p}}/i_{\mathrm{f}}-\dot{\alpha}_{\mathrm{w}}\right) \tag{7.53}$$

则主减速器方程式 (7.52) 变为

$$J_{\mathrm{f}}\ddot{\alpha}_{\mathrm{p}}=i_{\mathrm{f}}^{2}\left[k_{\mathrm{p}}\left(\alpha_{\mathrm{CS}}/i_{\mathrm{t}}-\alpha_{\mathrm{p}}\right)+d_{\mathrm{p}}\left(\dot{\alpha}_{\mathrm{CS}}/i_{\mathrm{t}}-\dot{\alpha}_{\mathrm{p}}\right)\right]-d_{\mathrm{f}}\dot{\alpha}_{\mathrm{p}}-i_{\mathrm{f}}\left[k_{\mathrm{d}}\left(\alpha_{\mathrm{p}}/i_{\mathrm{f}}-\alpha_{\mathrm{w}}\right)+d_{\mathrm{d}}\left(\dot{\alpha}_{\mathrm{p}}/i_{\mathrm{f}}-\dot{\alpha}_{\mathrm{w}}\right)\right] \tag{7.54}$$

综合式 (7.11) 与式 (7.53), 可得车轮方程为

$$\left(J_{\mathrm{W}}+m_{\mathrm{G}}r_{\mathrm{stat}}^{2}\right)\ddot{\alpha}_{\mathrm{w}}=k_{\mathrm{d}}\left(\alpha_{\mathrm{p}}/i_{\mathrm{f}}-\alpha_{\mathrm{w}}\right)+d_{\mathrm{d}}\left(\dot{\alpha}_{\mathrm{p}}/i_{\mathrm{f}}-\dot{\alpha}_{\mathrm{w}}\right)-d_{\mathrm{w}}\dot{\alpha}_{\mathrm{w}}-\frac{1}{2}c_{\mathrm{air}}A_{\mathrm{L}}\rho_{\mathrm{a}}r_{\mathrm{stat}}^{3}\dot{\alpha}_{\mathrm{w}}^{2}-m_{\mathrm{G}}c_{\mathrm{r2}}r_{\mathrm{stat}}^{2}\dot{\alpha}_{\mathrm{w}}-r_{\mathrm{stat}}m_{\mathrm{G}}\left(c_{\mathrm{r1}}+g\sin\chi_{\mathrm{road}}\right) \tag{7.55}$$

式中采用阻尼 d_{w} 来描述摩擦力矩。图 7.11 给出了由此建立的传动系模型示意图, 其模型公式如下所示:

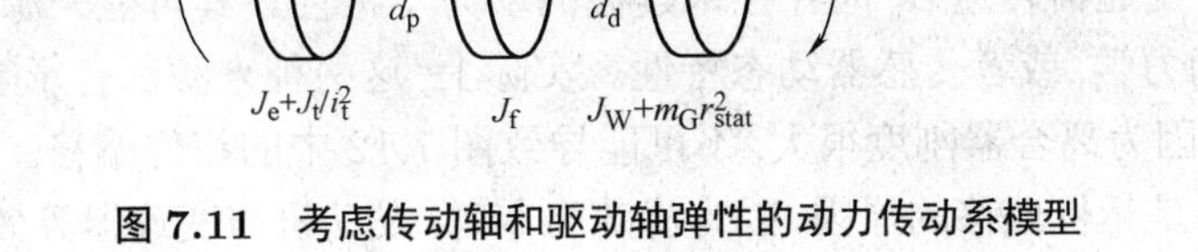

图 7.11 考虑传动轴和驱动轴弹性的动力传动系模型

$$
\begin{aligned}
\left(J_{\mathrm{e}}+J_{\mathrm{t}}/i_{\mathrm{t}}^{2}\right)\ddot{\alpha}_{\mathrm{CS}}=&T_{\mathrm{e}}-T_{\mathrm{fric,e}}-d_{\mathrm{t}}/i_{\mathrm{t}}^{2}\dot{\alpha}_{\mathrm{CS}}-\\
&\frac{1}{i_{\mathrm{t}}}\left[k_{\mathrm{p}}\left(\alpha_{\mathrm{CS}}/i_{\mathrm{t}}-\alpha_{\mathrm{p}}\right)+d_{\mathrm{p}}\left(\dot{\alpha}_{\mathrm{CS}}/i_{\mathrm{t}}-\dot{\alpha}_{\mathrm{p}}\right)\right]
\end{aligned}
\tag{7.56}
$$

$$
\begin{aligned}
J_{\mathrm{f}}\ddot{\alpha}_{\mathrm{p}}=&i_{\mathrm{f}}^{2}\left[k_{\mathrm{p}}\left(\alpha_{\mathrm{CS}}/i_{\mathrm{t}}-\alpha_{\mathrm{p}}\right)+d_{\mathrm{p}}\left(\dot{\alpha}_{\mathrm{CS}}/i_{\mathrm{t}}-\dot{\alpha}_{\mathrm{p}}\right)\right]-\\
&d_{\mathrm{f}}\dot{\alpha}_{\mathrm{p}}-i_{\mathrm{f}}\left[k_{\mathrm{d}}\left(\alpha_{\mathrm{p}}/i_{\mathrm{f}}-\alpha_{\mathrm{w}}\right)+d_{\mathrm{d}}\left(\dot{\alpha}_{\mathrm{p}}/i_{\mathrm{f}}-\dot{\alpha}_{\mathrm{w}}\right)\right]
\end{aligned}
\tag{7.57}
$$

$$
\begin{aligned}
\left(J_{\mathrm{W}}+m_{\mathrm{G}}r_{\mathrm{stat}}^{2}\right)\ddot{\alpha}_{\mathrm{w}}=&k_{\mathrm{d}}\left(\alpha_{\mathrm{p}}/i_{\mathrm{f}}-\alpha_{\mathrm{w}}\right)+d_{\mathrm{d}}\left(\dot{\alpha}_{\mathrm{p}}/i_{\mathrm{f}}-\dot{\alpha}_{\mathrm{w}}\right)-\\
&\left(d_{\mathrm{w}}+m_{\mathrm{G}}c_{\mathrm{r2}}r_{\mathrm{stat}}^{2}\right)\dot{\alpha}_{\mathrm{w}}-\frac{1}{2}c_{\mathrm{air}}A_{\mathrm{L}}\rho_{\mathrm{a}}r_{\mathrm{stat}}^{3}\dot{\alpha}_{\mathrm{w}}^{2}-\\
&r_{\mathrm{stat}}m_{\mathrm{G}}\left(c_{\mathrm{r1}}+g\sin\chi_{\mathrm{road}}\right)
\end{aligned}
\tag{7.58}
$$

以上三式为考虑传动轴弹性后的**驱动轴模型**。将式中的转动惯量简记如下:

$$
\begin{aligned}
J_1=&J_{\mathrm{e}}+J_{\mathrm{t}}/i_{\mathrm{t}}^{2}\\
J_2=&J_{\mathrm{f}}\\
J_3=&J_{\mathrm{W}}+m_{\mathrm{G}}r_{\mathrm{stat}}^{2}
\end{aligned}
\tag{7.59}
$$

由于主减速器惯量 J_{f} 比式中的 J_1、 J_2 要小得多, 模型就如两个阻尼弹簧相串联, 串联后的总刚度如下所示:

$$
k=\frac{k_{\mathrm{p}}i_{\mathrm{f}}^{2}k_{\mathrm{d}}}{k_{\mathrm{p}}i_{\mathrm{f}}^{2}+k_{\mathrm{d}}}
\tag{7.60}
$$

而总阻尼系数为

$$
d=\frac{d_{\mathrm{p}}i_{\mathrm{f}}^{2}d_{\mathrm{d}}}{d_{\mathrm{p}}i_{\mathrm{f}}^{2}+d_{\mathrm{d}}}
$$

前文讨论中, 由于未考虑传动轴弹性, 相当于低估了驱动轴阻尼系数和刚度值。当主减速比 i_{f} 越小, 这种效果将越显著。相比于实测数据, 由参数估计获得的刚度值有些偏小。

(4) 发动机与变速器等效转速差

如上所述, 模型输出中的 $u=T_{\mathrm{e}}-T_{\mathrm{fric,e}}$、 $\dot{\alpha}_{\mathrm{CS}}$ 以及 $\dot{\alpha}_{\mathrm{w}}$ 均与实测值吻合较好。变速器转速实测值与模型值有少许偏差。**驱动轴模型**中, 假设发动机与变速器刚性连接, 则发动机与变速器转速间是速比 i_{t} 关系。但如图 7.12 所示, 实测结果中发动机转速与变速器等效转速间存在偏差。该偏差特征主要体现在相位偏移和曲线平顺度, 而两转速的幅值与形状基本相符。这表明发动机转速 $\dot{\alpha}_{\mathrm{CS}}$ 与变速器转速 $\dot{\alpha}_{\mathrm{t}}$ 间存在未建模的动力学特性。其可能来源包括传动系中未建模的质量 – 弹簧动力学, 或者传感器动态特性。实际上, 这两种来源都有影响, 但传感器动态特性影响最为主要。因为离合器刚度很大, 不可能导致图 7.12 中的相位偏移。而变速器的齿隙效应 (backlash) 也不是相位偏移的原因, 因为齿隙为零时, 发动机与变速器等效转速应该相等。

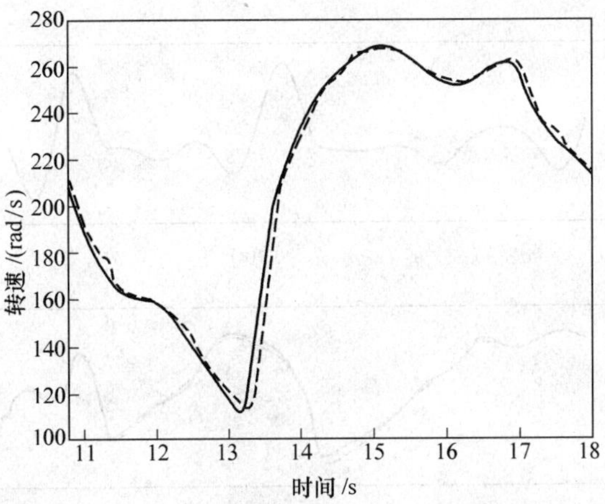

图 7.12　发动机转速 (实线) 与变速器等效转速 (虚线, 已乘以变速器传动比 i_t) 的实测结果

前面提到, 由于齿数较少, 变速器转速传感器带宽要低于发动机转速和轮速传感器。此处, 在所考虑的频率范围内, 可假设发动机转速和轮速传感器的动态特性对测量数据没有影响。忽略变速器转速传感器特性在不同转速下的差异, 假设各传感器动态特性如下:

$$\begin{aligned} f_{\mathrm{m}} &= 1 \\ f_{\mathrm{t}} &= \frac{1}{1+\gamma s} \\ f_{\mathrm{w}} &= 1 \end{aligned} \tag{7.61}$$

其中, 变速器传感器用一阶延迟滤波器来表示, 参数 γ 未知。带有传感器动态特性的**驱动轴模型**结构如图 7.13 所示, 其中滤波器输出记为 y_{m}、 y_{t} 及 y_{w}。

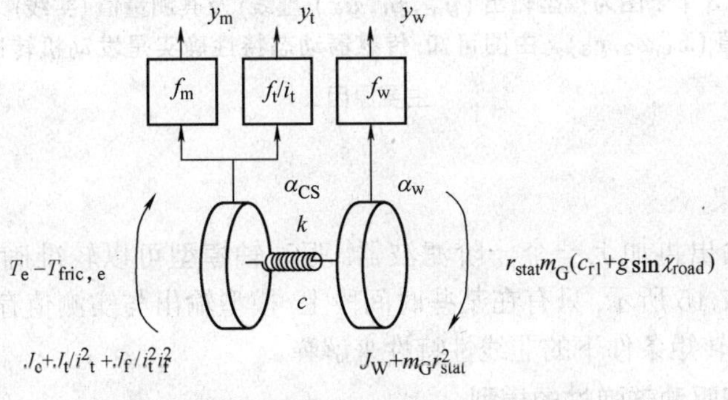

图 7.13　考虑传感器动态特性的驱动轴模型

由测量数据拟合模型输出 $(y_{\mathrm{m}}, y_{\mathrm{t}}, y_{\mathrm{w}})$, 可估计得到模型参数、初始条件以及 γ 值。1 挡工况下结果如图 7.14 所示, 由图可知, 传感器动态特性确实是发动机转速与变速器转速偏差的主要原因。图 7.15 是某段变速器转速的放大截图, 图中对有无传感器滤波效应下的**驱动轴模型**输出进行了对比。

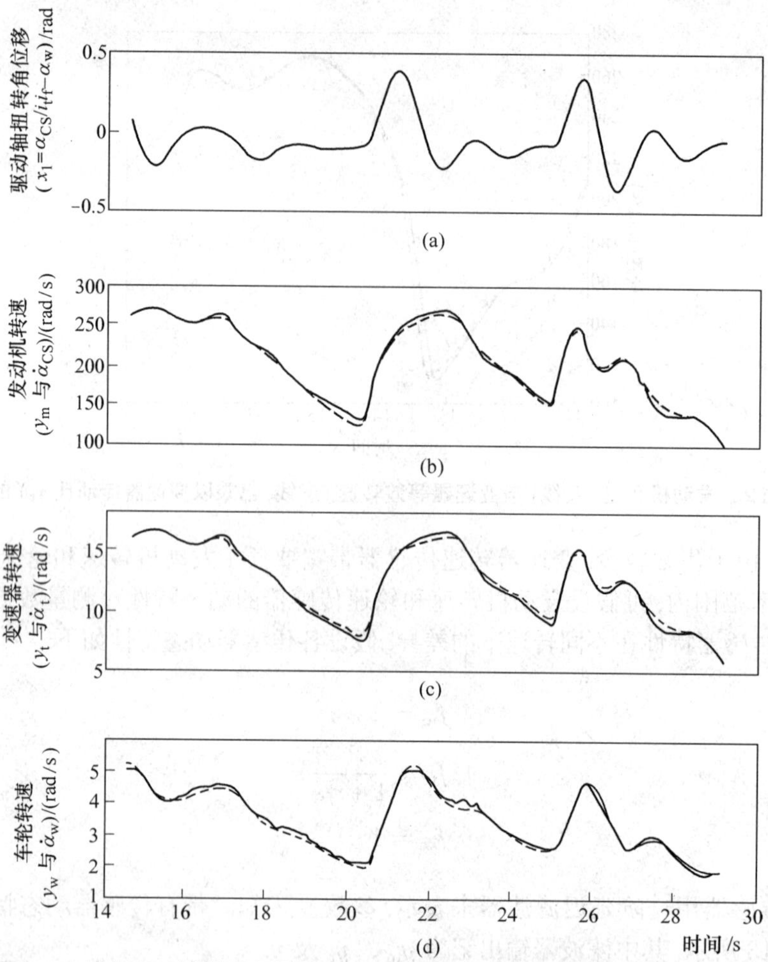

图 7.14　类似于图 7.10, 进行驱动轴模型参数估计, 但此处考虑传感器动态特性。最上面的子图给出了驱动轴扭转角位移估计值, 下面 3 个子图为模型输出 $(\boldsymbol{y_m}, \boldsymbol{y_t}, \boldsymbol{y_w})$(虚线) 及其测量值 (实线)。图中同时显示了传动系转速测量值与模型输出值 $(\boldsymbol{x_1}, \boldsymbol{x_2}, \boldsymbol{x_3})$。由图可知, 传感器动态特性确实是发动机转速与变速器转速偏差的主要原因。

(5) 参数估计结果

若变速器转速输出再加上一个一阶滤波器, **驱动轴模型**可以较准确地计算三个转速, 即 $(\dot{\alpha}_{CS}, \dot{\alpha}_t, \dot{\alpha}_w)$。如图 7.15 所示, 只有在某些时间段上, 模型输出与实测值存在偏差。下文中, 这些偏差将用离合器小转矩条件下的非线性特性来解释。

7. 考虑离合器和驱动轴弹性的模型

之前假设离合器为刚性, 认为低频振动主要来自于驱动轴弹性。但测试结果表明, 发动机转速与变速器转速间尚有未建模的动力学特性, 而其中最具弹性的是离合器。因此, 本节模型将包括驱动轴与离合器两个扭转弹性特性, 这样可分别解释传动系的一阶和二阶谐振模态。驱动轴对应一阶谐振, 离合器对应二阶谐振, 这是因为离合器刚度更大, 而驱动轴相对刚度经由传动比后变得更小。

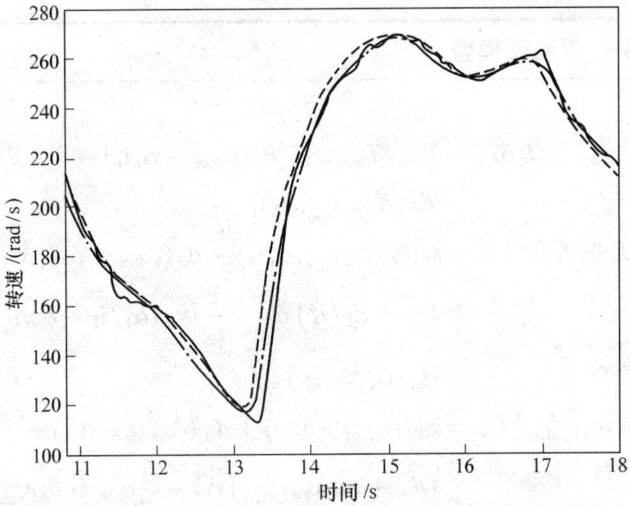

图 7.15 图 7.14 部分的放大截图。变速器转速测量值为实线, 未加传感器滤波效应的驱动轴模型输出为虚线, 加上传感器滤波效应的驱动轴模型输出为点画线。参数估计根据 1 挡测试数据进行。

类似前文推导过程, 建立的**传动系模型**可包含离合器线性弹性和驱动轴扭转弹性特性。与前文模型不同之处在于离合器模型采用刚度 k_c 和阻尼 d_c 来表示。

$$T_c = T_t = k_c(\alpha_{CS} - \alpha_c) + d_c(\dot{\alpha}_{CS} - \dot{\alpha}_c) = k_c(\alpha_{CS} - \alpha_t i_t) + d_c(\dot{\alpha}_{CS} - \dot{\alpha}_t i_t) \tag{7.62}$$

上式推导时采用了式 (7.31)。将式 (7.62) 代入式 (7.1), 写成发动机转速形式如下:

$$J_e\ddot{\alpha}_{CS} = T_e - T_{fric,e} - [k_c(\alpha_{CS} - \alpha_t i_t) + d_c(\dot{\alpha}_{CS} - \dot{\alpha}_t i_t)] \tag{7.63}$$

将式 (7.62) 代入式 (7.32), 写成变速器转速形式为

$$J_t\ddot{\alpha}_t = i_t[k_c(\alpha_{CS} - \alpha_t i_t) + d_c(\dot{\alpha}_{CS} - \dot{\alpha}_t i_t)] - d_t\dot{\alpha}_t - T_p \tag{7.64}$$

代入式 (7.37) 中的 T_p, 可得到包括变速器、传动轴及主减速器在内的传动系方程为

$$\left(J_t + J_f/i_f^2\right)\ddot{\alpha}_t = i_t[k_c(\alpha_{CS} - \alpha_t i_t) + d_c(\dot{\alpha}_{CS} - \dot{\alpha}_t i_t)] - \left(d_t + d_f/i_f^2\right)\dot{\alpha}_t - T_d/i_f \tag{7.65}$$

根据式 (7.34) 和式 (7.35), 驱动轴方程为

$$T_w = T_d = k_d(\alpha_f - \alpha_w) + d_d(\dot{\alpha}_f - \dot{\alpha}_w) = k_d(\alpha_t/i_f - \alpha_w) + d_d(\dot{\alpha}_t/i_f - \dot{\alpha}_w) \tag{7.66}$$

将式 (7.66) 代入式 (7.65) 和式 (7.11), 即可得图 7.16 所示的完整传动系模型, 简称为**离合器 – 驱动轴模型**。

Model 7.3 离合器 – 驱动轴模型

$$J_e\ddot{\alpha}_{CS} = T_e - T_{fric,e} - [k_c(\alpha_{CS} - \alpha_t i_t) + d_c(\dot{\alpha}_{CS} - \dot{\alpha}_t i_t)] \tag{7.67}$$

$$(J_t + J_f/i_f^2)\ddot{\alpha}_t = i_t[k_c(\alpha_{CS} - \alpha_t i_t) + d_c(\dot{\alpha}_{CS} - \dot{\alpha}_t i_t)] - (d_t + d_f/i_f^2)\dot{\alpha}_t - \frac{1}{i_f}[k_d(\alpha_t/i_f - \alpha_w) + d_d(\dot{\alpha}_t/i_f - \dot{\alpha}_w)] \tag{7.68}$$

$$(J_W + m_G r_{stat}^2)\ddot{\alpha}_w = k_d(\alpha_t/i_f - \alpha_w) + d_d(\dot{\alpha}_t/i_f - \dot{\alpha}_w) - (d_w + m_G c_{r2} r_{stat}^2)\dot{\alpha}_w - \frac{1}{2}c_{air}A_L\rho_a r_{stat}^3\dot{\alpha}_w^2 - r_{stat}m_G(c_{r1} + g\sin\chi_{road}) \tag{7.69}$$ *

模型状态包括离合器扭转角、驱动轴扭转角以及各传动系部件转速, 即

$$x_1 = \alpha_{CS} - \alpha_t i_t, x_2 = \alpha_t/i_f - \alpha_w, x_3 = \dot{\alpha}_{CS}, x_4 = \dot{\alpha}_t, x_5 = \dot{\alpha}_w \tag{7.70}$$

7.3.4 节将更详细地列出模型的状态空间表示及其参数。低挡位时, 式 (7.69) 中的空气阻力项$\frac{1}{2}c_{air}A_L\rho_a r_{stat}^3\dot{\alpha}_w^2$可以忽略, 则模型对状态而言为线性, 对参数而言为非线性。采用式 (7.61) 中的传感器滤波, 可获得更逼真的模型输出值 (y_m, y_t, y_w)。

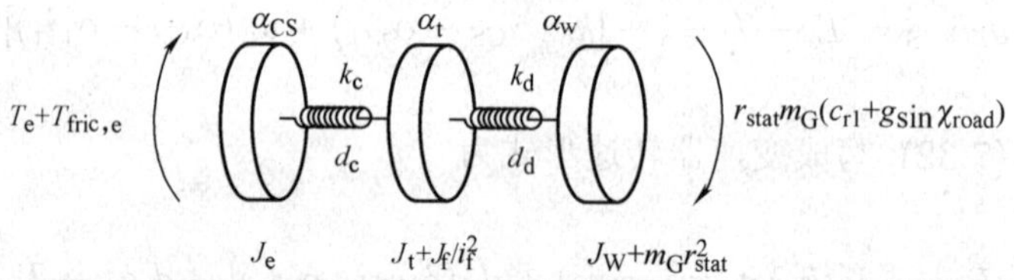

图7.16 离合器–驱动轴模型示意图, 它包含离合器线性弹性和驱动轴扭转弹性特性

(1) 离合器–驱动轴模型的参数估计

类似于**驱动轴模型**, 结合前文中的传感器动态特性, 估计**离合器–驱动轴模型**的参数和初始条件。估计时存在的问题是: 由于测量信号带宽较低, 不足以估计出离合器的刚度k_c。因此, 离合器刚度采用材料测试数据所得到的数值, 此处只估计其他参数。

图 7.17 给出了离合器扭转角位移x_1(图 7.17a) 和驱动轴扭转角位移x_2(图 7.17b) 的估计结果。虽然确切值未知, 但对比于材料测试数据, 驱动轴扭转角的估计值比较接近实际。然而, 对比于图 7.18 中的静态非线性, 离合器扭转角的估计值并不符合实际, 后文将对此作出解释。

对比于**驱动轴模型** (结合传感器动态特性的结果如图 7.14 所示), **离合器–驱动轴模型**的输出 $(\dot{\alpha}_{CS}, \dot{\alpha}_t, \dot{\alpha}_w)$ 并无明显改善。

*译者注: 原文中多出一个公式 (7.70), 在此删去, 后文中的部分公式序号与原文有所变化。

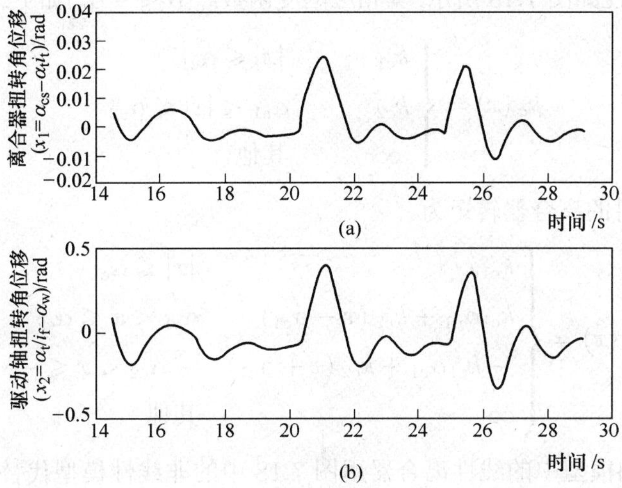

图7.17　基于1挡测试数据, 考虑传感器动态特性的离合器–驱动轴模型参数估计结果, 包括离合器扭转角位移x_1和驱动轴扭转角位移x_2。虽然扭转角真实值未知, 但结果表明驱动轴扭转角的估计值比较接近实际。

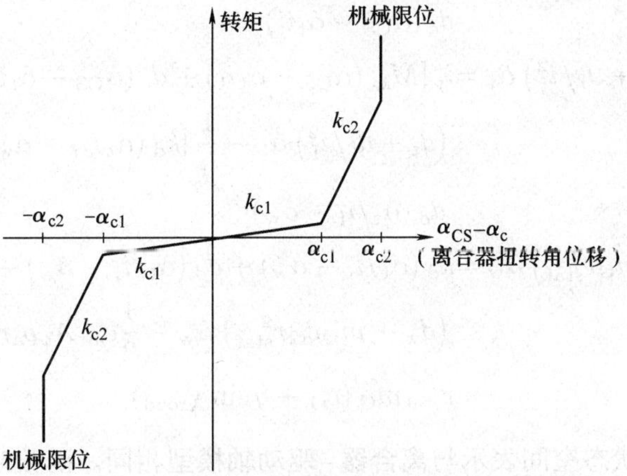

图7.18　离合器非线性弹性特性

(2) 参数估计结果

包含线性离合器的传动系模型未能改善数据拟合的精度。这可以解释为在测试数据的频率范围内, 线性的离合器模型并未能明显改善传动系模型的精度。

8. 离合器和驱动轴的非线性弹性

离合器的扭转弹性元件包括一些小弹簧以及与之串联的大刚度弹簧, 这种设计是为了减小扭转振动。当离合器主、从动盘角度之差逐渐增加时, 小弹簧 (刚度为k_{c1}) 先被压缩, 直至完全压缩时角度差达α_{c1}。若该角继续增加, 开始压缩刚度较大的弹簧 (k_{c2}), 直至完全压缩, 角度达到最大值α_{c2}。这种特性如图 7.18 所示, 其相应刚度函数$k_c(\alpha_{CS}-\alpha_c)$如下:

$$k_c(x)=\begin{cases} k_{c1} & |x|\leqslant\alpha_{c1} \\ k_{c2} & \alpha_{c1}<|x|\leqslant\alpha_{c2} \\ \infty & \text{其他} \end{cases} \tag{7.71}$$

考虑非线性刚度时的离合器转矩为

$$M_{k_c}(x)=\begin{cases} k_{c1}x & |x|\leqslant\alpha_{c1} \\ k_{c1}\alpha_{c1}+k_{c2}(x-\alpha_{c1}) & \alpha_{c1}<x\leqslant\alpha_{c2} \\ -k_{c1}\alpha_{c1}+k_{c2}(x+\alpha_{c1}) & -\alpha_{c2}<x\leqslant-\alpha_{c1} \\ \infty & \text{其他} \end{cases} \tag{7.72}$$

若**离合器–驱动轴模型**中的线性离合器用图 7.18 中的非线性模型代替, 即得如下“**非线性离合器–驱动轴模型**”。

Model 7.4 非线性离合器–驱动轴模型

$$\begin{aligned} J_e\ddot{\alpha}_{CS}=&T_e-T_{fric,e}-M_{k_c}(\alpha_{CS}-\alpha_t i_t)- \\ &d_c(\dot{\alpha}_{CS}-\dot{\alpha}_t i_t) \end{aligned} \tag{7.73}$$

$$\begin{aligned} (J_t+J_f/i_f^2)\ddot{\alpha}_t=&i_t[M_{k_c}(\alpha_{CS}-\alpha_t i_t)+d_c(\dot{\alpha}_{CS}-\dot{\alpha}_t i_t)]- \\ &(d_t+d_f/i_f^2)\dot{\alpha}_t-\frac{1}{i_f}[k_d(\alpha_t/i_f-\alpha_w)+ \\ &d_d(\dot{\alpha}_t/i_f-\dot{\alpha}_w)] \end{aligned} \tag{7.74}$$

$$\begin{aligned} (J_W+m_G r_{stat}^2)\ddot{\alpha}_w=&k_d(\alpha_t/i_f-\alpha_w)+d_d(\dot{\alpha}_t/i_f-\dot{\alpha}_w)- \\ &(d_w+m_G c_{r2} r_{stat}^2)\dot{\alpha}_w-\frac{1}{2}c_{air}A_L\rho_a r_{stat}^3\dot{\alpha}_w^2- \\ &r_{stat}m_G(c_{r1}+g\sin\chi_{road}) \end{aligned} \tag{7.75}$$

模型状态有 5 个, 状态空间表示与**离合器–驱动轴模型**相同。函数$M_{k_c}(\cdot)$如式 (7.72) 所示。模型输出经由式 (7.61) 中的滤波器后可输出较实际的传感器信号。

(1) **非线性离合器–驱动轴模型**的参数辨识

假设离合器非线性参数已知, 传感器滤波与前文相同, 其他参数均需辨识。

图 7.19 给出了离合器 (图 7.19a) 和驱动轴扭转角位移 (图 7.19b) 的计算结果。如前所述, 扭转角的真实值未知, 但图中结果与实际情况相符。与图 7.14 中的带传感器滤波的**驱动轴模型**结果相比, 模型输出中的$\dot{\alpha}_{CS}$、$\dot{\alpha}_t$以及$\dot{\alpha}_w$并未有改善。

由图 7.15 可知, 考虑传感器动态特性后, 原模型输出除在某些时段稍有偏差外, 吻合度基本可以。需要研究的是该偏差是否源自某些未建模非线性特性。图 7.20 给出了离合器扭转角位移 (图 7.20a) 与变速器转速 (7.20b) 的结果。由图可知, 当离合器扭转角, 处于小刚度弹簧压缩阶段时, 模型输出值与实测值间存在偏差。

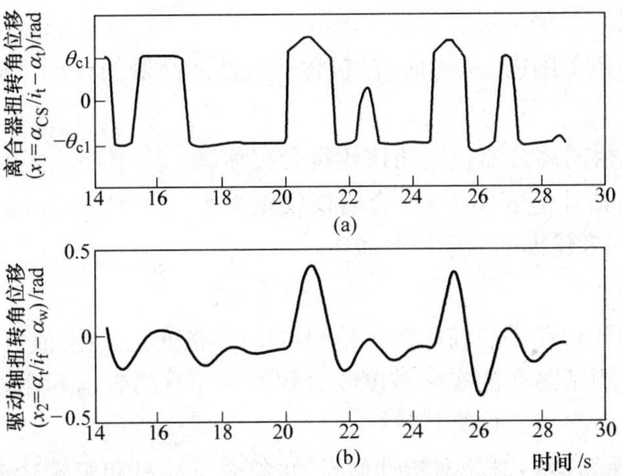

图7.19 基于1挡测试数据, 离合器和驱动轴扭转角计算结果: 离合器扭转角位移$\boldsymbol{x_1}$和驱动轴扭转角位移$\boldsymbol{x_2}$。虽然其真实值未知, 但结果表明两个扭转角位移估计值均比较接近实际。

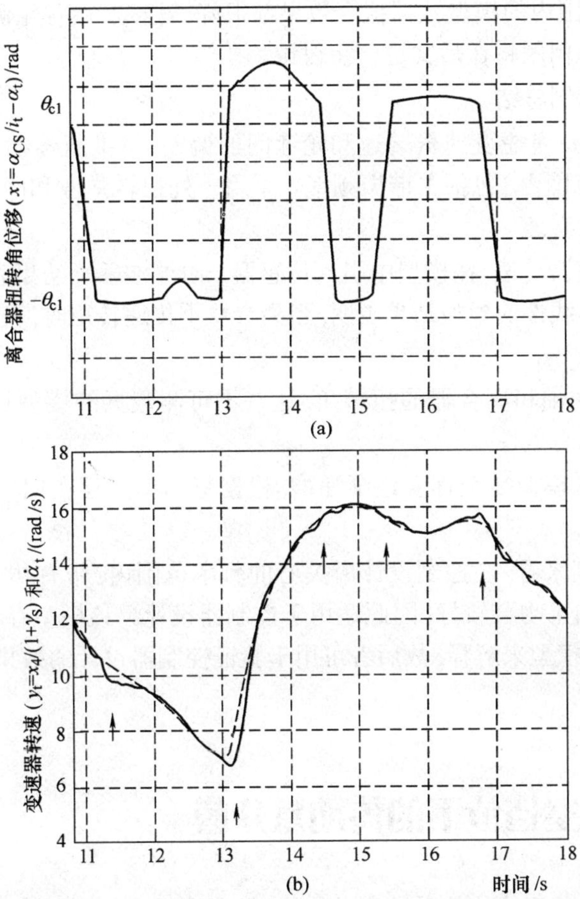

图7.20 基于1挡测试数据考虑传感器动态特性的非线性离合器–驱动轴模型参数估计结果: 离合器扭转角位移 (上图) 和变速器转速 (下图)。下图中, 变速器转速模型输出为虚线, 测量值为实线。当离合器扭转角处于小刚度弹簧压缩阶段时($|\boldsymbol{\theta}| < \boldsymbol{\theta_{c1}}$), 变速器转速模型输出值与实测值存在偏差。

(2) 参数估计结果

① 在测量数据频率范围内, 总体而言, 包含非线性离合器的传动系模型在数据拟合方面没有改善。

② 该模型估计所得的离合器扭转角比较符合实际。

③ 离合器扭转角估计值表明: 当离合器仅仅压缩小刚度弹簧时, 模型的数据偏差较大, 这由离合器转矩较低时的未建模动力学所导致[8]。

9. 模型有效性

参数估计时, 将估计传动系负荷l, 在各轮测试中l存在变化。由l值可估计得到路面坡度, 算得的坡度值与 Scania 测试路面的实际坡度吻合较好。而且离合器和驱动轴扭转角估计值也较符合实际, 说明了模型结构与参数的有效性。

模型中采用了变速器传感器动态特性假设, 也符合发动机和车轮转速传感器带宽远高于变速器传感器带宽这一事实。

当估计**驱动轴模型**参数时, 较难辨识阻尼系数d_1和d_2。模型输出对该阻尼系数的灵敏度较低, 阻尼系数在某一范围内的模型数据拟合效果都很好。但是, 在各轮测试中, $d_1 i^2 + d_2$项保持恒定。阻尼系数的辨识问题将在后文进一步讨论。

10. 传动系建模示例总结

参数估计结果表明, 考虑变速器转速和轮速间的偏差, 可推断传动系弹性主要处于驱动轴位置。在传动系频率范围内 (包括主谐振频率), 采用一处扭转弹性和两处集中惯量的模型能较好地拟合发动机和车轮转速。

为更好地拟合变速器转速, 在模型中引入传感器一阶滤波器。结果表明, 三个输出转速均拟合准确。包含离合器非线性的模型结果表明, 当离合器不传递转矩时, 模型输出与测量数据存在偏差。

模型可计算出驱动轴和离合器的扭转角, 这些不可测数据的模型计算值较符合实际情况, 这进一步说明了模型的有效性。

上述一系列传动系模型复杂程度逐渐递增, 根据每一模型存在偏差的主要原因, 在更详细的模型中将其加以考虑。

从模型的使用角度来看, 在控制设计所关心的频率范围内, 带有传感器动态特性的**驱动轴模型**输出结果与试验结果吻合较好, 因此适用于控制器设计。该模型存在的偏差可进一步采用**非线性离合器–驱动轴模型**来解释, 故后者可用于验证控制器设计的效果。

7.2 变速器空挡位下的传动系建模

充分理解换入空挡前后的传动系动力学特性, 是传动系控制设计的重要基础。在空挡时, 传动系被切断为前后两个部分, 本章将此时的传动系模型称为传动系解耦模型。本节将讨论该模型的建立, 以及如何将其用于分析解耦条件下的传动系振动现象。

解耦模型的应用很广,它也是换挡品质诊断系统的基础。通过解耦模型分析,可初步了解未控制条件下传动系的特殊振动现象。解耦模型也可用于说明反馈控制的效果。

7.2.1 静态换挡测试

首先,不使用传动系转矩控制系统,进行一系列静态换挡。转速控制器控制发动机转速达到期望值,当传动系转速达到稳态值时,挂入空挡。图 7.21 是平路面上初始挡位为 1 挡时,发动机转速分别在1 400 r/min和2 100 r/min下的换挡过程,图中给出了发动机、变速器以及车轮转速值。当$t = 14$ s时,开始挂入空挡,由气压换挡执行器实施挂挡。测试时,发现从换挡命令开始到换挡拨叉移动存在时间延迟。这主要源于执行器延迟以及克服摩擦建立气压过程中的延迟。换挡转速越高,该时间延迟越长。

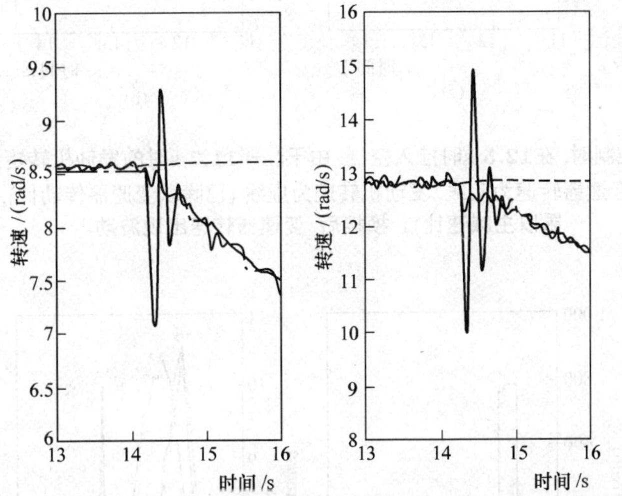

(a) 发动机转速在 1 400 r/min 时换挡 (b) 发动机转速在 2 100 r/min 时换挡

图7.21 平路面上、初始挡位为1挡时,发动机转速在1 400 r/min和2 100 r/min下的换挡过程($t = 14$ s时开始)。变速器转速为实线,发动机转速为虚线 (已除以变速器传动比),车轮转速为点画线 (已乘以主减速比)。一段时间延迟后,空挡挂入,传动系转速出现波动。换挡转速越高,变速器转速波动越大。

换挡后,传动系切断为两个部分,发动机转速与变速器、车轮转速无关。换挡后,发动机转速仍由转速控制器保持原值。而变速器和车轮转速仅与负荷相关 (例如滚动阻力、空气阻力及坡度阻力),从而开始下降。

然而,变速器与车轮转速的瞬态特性又有所不同。由图可见,传动轴和驱动轴中的转动动能对变速器转速的影响更大,使之出现波动。初始转速越高,波动幅度越大:1 400 r/min时为2.5 rad/s, 2 100 r/min时为5 rad/s。

7.2.2 动态换挡测试

上一节测试中不存在初始相对转速差,因为传动系处于静态模式。换挡前存在转速差时,转速波动的类型就存在不同。图 7.22 和图 7.23 给出了传动系无转矩控制时挂入空挡的测试结果。在$t = 11.7$ s处发动机转矩波动引起了图中的转速波动。

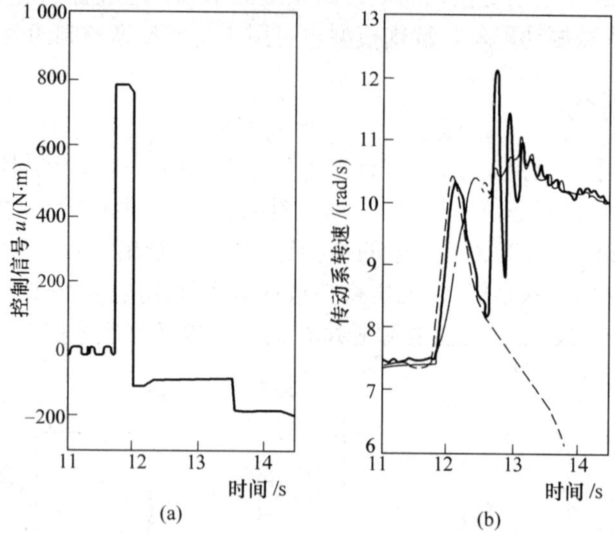

图7.22 传动系无转矩控制时, 在12.5 s时挂入空挡, 由于$t = 11.7$ s时的发动机转矩波动 (左图), 引起了传动系转速的波动。右图中, 变速器转速为实线, 发动机转速为虚线 (已除以变速器传动比), 车轮转速为点画线 (已乘以主减速比)。换挡后, 变速器转速出现波动。

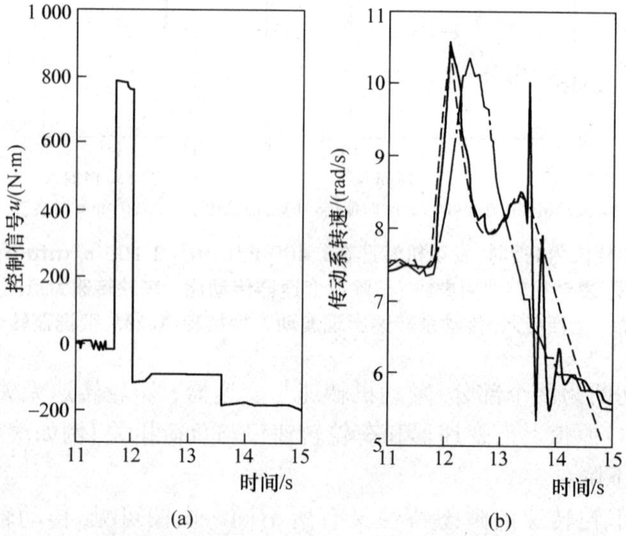

图7.23 在13.2 s时挂入空挡, 其他条件与图7.22相同。右图中, 变速器转速为实线, 发动机转速为虚线 (已除以变速器传动比), 车轮转速为点画线 (已乘以主减速比)。换挡后, 变速器转速出现波动。

换挡前, 发动机和变速器转速的计算值与实测值只有少许偏差, 在 7.1 节中将其归咎于传感器动态特性以及离合器弹性。换挡后, 传动系将释放储存的能量, 造成转速波动, 使变速器和车轮间转速差减小。由于行驶负荷阻力, 车轮与变速器转速开始下降。因此, 换挡时两者存在的转速差会造成变速器转速波动。转速差越大, 其转速波动幅度越大。

图 7.23 是在13.2 s开始换空挡时的测试结果。相对转速差符号与图 7.22 中相反。变速器转速将转移到轮速, 两者又由于负荷而开始减小。然而出人意料的是, 初始阶段中变速器转速并未根据转速差的符号来变化, 而是先沿着相反方向增大。

7.2.3 解耦模型

图 7.21、图 7.22 及图 7.23 中的转速波动将采用如下**解耦模型** (decoupled model) 来分析和解释。换入空挡前后的示意图如图 7.24 所示。换挡前, 系统可用前文所述的**驱动轴模型**来描述, 其中包括集中转动惯量的发动机和变速器模型。换入空挡后, 切断的传动系两部分独立转动。图中左边的发动机侧包括发动机、离合器以及变速器的一部分 (在 7.1.4 节中用J_{t1}和d_{t1}表示)。根据图 7.24, 发动机侧的参数用$\bar{J}_1$和$\bar{b}_1$ 表示。图中右边的车轮侧模型称为**解耦模型**, 包括变速器剩余部分 (用J_{t2}和b_{t2} 表示)、弹性驱动轴以及车轮。该模型方程将整理如下。

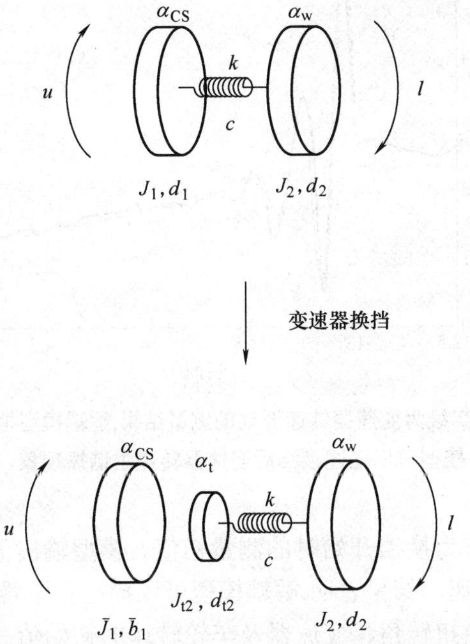

图7.24 换入空挡前后的传动系模型。换挡前为驱动轴模型, 换入空挡后, 传动系切断为两独立部分。左边的发动机侧包括发动机、离合器以及变速器的一部分。右边的车轮侧模型称为解耦模型, 包括变速器剩余部分、弹性驱动轴以及车轮。

Model 7.5 解耦模型

$$J_{t2}\ddot{\alpha}_t = -d_{t2}\dot{\alpha}_t - k(\alpha_t/i_f - \alpha_w)/i_f - d(\dot{\alpha}_t/i_f - \dot{\alpha}_w)/i_f \tag{7.76}$$

$$J_2\ddot{\alpha}_w = k(\alpha_t/i_f - \alpha_w) + d(\dot{\alpha}_t/i_f - \dot{\alpha}_w) - d_2\dot{\alpha}_w - l \tag{7.77}$$

模型采用式 (7.61) 中的传感器滤波器可输出较实际的传感器信号 (y_t,y_w)。

除未知参数J_{t2}和d_{t2}外, 其他参数的估计已经在 7.1.4 节中讨论。将模型写成状态空间形式, 状态变量为:x_1 =驱动轴扭转角、x_2 =变速器转速、x_3 =轮速。

注意, 与前述**驱动轴模型**相比, 该**解耦模型**具有相同的结构, 不同之处在于第一个转动惯量更小, 因为发动机及变速器的一部分不再包括在此模型中。

解耦模型的精度

若**解耦模型**受到足够的激励, 便可估计未知参数J_{t2}和d_{t2}。例如, 当变速器转矩非零时, 换入空挡将引起转速波动。如图 7.25 所示, 根据估计到的J_{t2}和d_{t2}, 以及初始驱动轴扭转角x_{10}, 图中给出了**解耦模型**计算得到的变速器转速。其他参数与**驱动轴模型**相同, 参见 7.1.4 节。

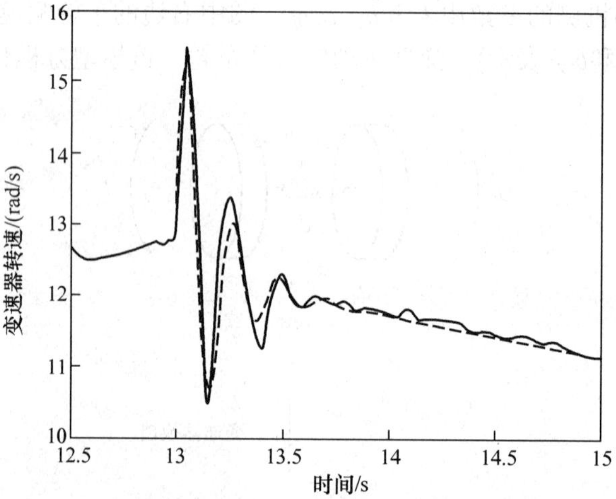

图7.25 在13.0 s时进行换挡, 实线为变速器转速波动的测量结果,解耦模型拟合得到的结果为虚线。利用解耦模型可以描述换挡后变速器转速主谐振现象。

变速器和车轮转速初值为换挡开始时的测量初值。模型输出值 (其中y_t与y_w经过传感器滤波) 拟合成变速器和车轮转速。结果表明,**解耦模型**可以描述变速器的主谐振现象。

若换空挡时已知驱动轴扭转角、变速器及车轮转速的初始值, 则由该模型可预测换挡后的转速值。测试中, 换挡后出现的不同波动现象可以用换挡时的驱动轴扭转角及转速差来解释。若这些转速初始值未知, 可用该**解耦模型**来预测。传动系不加控制时所存在的各种问题要求采用反馈控制来解决, 以减少换挡后的转速波动。

7.3 传动系控制

传动系控制时特别需要关注的变量有两类: 一是转速, 二是转矩。由于车辆传动系部件 (包括发动机、离合器、变速器、传动轴、驱动轴和车轮) 的弹性, 各部件的转速和转矩各不相同, 这意味着存在机械共振的可能。这些共振的处理涉及传动系的功能和驱动桥的驱动性能, 其对于降低机械应力和噪声也十分重要。随着各种新型传动系管理系统以及大功率发动机的应用，迫切需要研究发动机输出转矩的最优控制策略。

传动系控制有如下两大重要应用 (在后续部分将详细讨论): 一是传动系转速控制，二是换挡控制。当加速踏板角度变化时，或者由挂车和路面不平度引起传动系抖动时，就需要进行传动系转速控制。

第二个应用——换挡控制，可用于自动换挡系统的设计。鉴于当前的交通现状，重型卡车上也需要采用自动换挡系统。目前最先进的方法是通过发动机控制[91]来实现自动换挡。其原理是，离合器不分离，取而代之的是控制发动机，使其与变速器间不传递转矩，从而实现虚拟的离合器。空挡挂入后，控制发动机转速直至可以挂入新挡。变速器系统包括手动变速器以及自动换挡机构，而常规离合器只在起步和停车时使用。

换挡所需时间是一个重要的品质评价指标。这是因为换挡时车辆自由滑行，车轮上没有驱动转矩，这在载荷较大或大坡度行驶时非常危险。换挡前的发动机转矩值一般与变速器不传递转矩时的值相差较大。通常这个转矩差由离合器滑磨逐渐降为零。采用基于发动机控制的自动换挡系统时，要通过控制发动机来尽可能缩短这个过程。然而，发动机转矩的迅速变化可能会引起传动系统共振。若这些共振未能有效衰减，因为需要等待合适的换挡条件，挂入空挡的时间将会延长。此外，当在变速器仍传递转矩时换入空挡，会导致变速器转速波动，干扰驾驶员，并增加挂入新挡所需的时间。要解决上述问题，就要通过反馈控制来实现变速器传递零转矩。为此要解决如下两个关键问题: 一是变速器转矩的估计及验证; 二是设计控制策略，将变速器转矩降为零，且衰减传动系共振。

7.3.1 背景

1. 转速控制的喷油策略

如前所述，转速控制和转矩控制都对应有各自的喷油策略。对于柴油机，转速控制通常称为 RQV 控制，转矩控制称为 RQ 控制[6]。RQ 控制时，油门踏板位置作为期望转矩信号，而 RQV 控制时，油门踏板位置作为期望转速信号。本质上，根据实测发动机转速与期望值之差，RQV 采用比例控制法来计算喷油量。采用该控制结构的原因是传统的柴油机喷油泵控制通常采用机械式离心调速器。这意味着控制器的调节目标是驾驶员期望转速，但与期望值间存在静态偏差 (速度延迟)，该偏差与控制增益、负荷条件 (即滚动阻力、风阻及坡度阻力) 相关。若采用巡航控制，车辆将不受负荷条件影响，一直保持在某一车速上。这时，就需要在控制器中加入 RQV 控制所没有的积分环节了。

2. 重型卡车的自动换挡系统

传统的换挡步骤包括: 踏下离合器、挂入空挡、换入新挡、最后重新松开离合器。对于重型卡车所需的自动换挡系统，可用如下三种方法来实现:

① 自动变速器　由于自动变速器价格昂贵、寿命短，且传动效率不如手动变速器，一般较少用在超重型卡车上。

② 手动变速器+自动离合器　属较常见的方法，需要匹配自动离合器系统[88]，该系统应具有鲁棒性，不受离合器磨损程度的干扰。

③ 手动变速器+基于发动机控制的自动换挡系统　由发动机控制来代替自动离合器, 即实现“虚拟离合器”功能。相对于手动变速器, 只需要增加一个换挡执行器。该方案的特点是成本低, 但效率高。

最后一种换挡方案包括图 7.26 所示的几个过程, 图中也给出了整个换挡过程中的发动机转矩曲线。

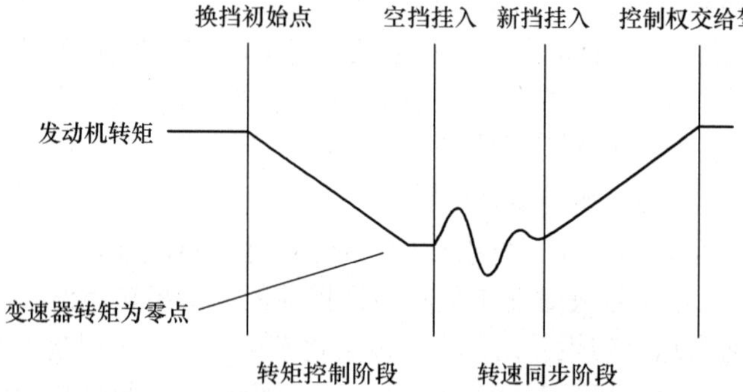

图7.26　基于发动机控制的自动换挡过程中, 发动机转矩的变化曲线。不采用离合器, 通过控制发动机转矩以使变速器传递零转矩, 然后挂入空挡。在转速同步阶段之后, 挂入新挡, 将控制权重新交给驾驶员。

7.3.2　实车测试和传动系控制问题

为更好地描述传动系共振对传动系控制和管理的影响, 进行一系列实车测试。

1. 传动系速度控制

图 7.27 给出了某 RQV 速度控制的性能示例。在加速踏板阶跃输入条件下, 发动机、车轮转速响应如图 7.27 所示, 其中发动机转速没有波动。当假设传动系为刚性时, 这等效于轮速波动也得到充分衰减。由于传动系弹性会导致轮速波动, 弹性越大, 发动机转速波动衰减越不足, 后文将对其详细讨论。

若要缩短 RQV 控制器的响应时间 (即增加带宽), 必须加大控制增益。但是, 轮速波动的幅值将会更高。

2. 传动系转矩控制

采用发动机控制实现换挡, 要完成图 7.26 的各个步骤。首先, 控制器按照驾驶员指令, 进入转矩控制阶段。控制发动机转矩, 使变速器不传递转矩。当换入空挡后进入转速同步阶段。然后控制发动机转速使其跟踪变速器转速 (后者要乘以新挡位下的变速比), 直至挂入新挡位。最后, 转矩值又变回到驾驶员期望值。

换挡过程所需时间应最小化, 因为此时变速器转矩为 0, 车辆自由滑行。图 7.28 中, 挂入空挡时, 发动机没有转矩控制, 转速保持不变。由于变速器传递转矩, 其轮速明显存在波动。静态转速值越高, 波动幅值越大。这表明, 为实现变速器不传递转矩并避免其波动, 应实施发动机转矩控制。

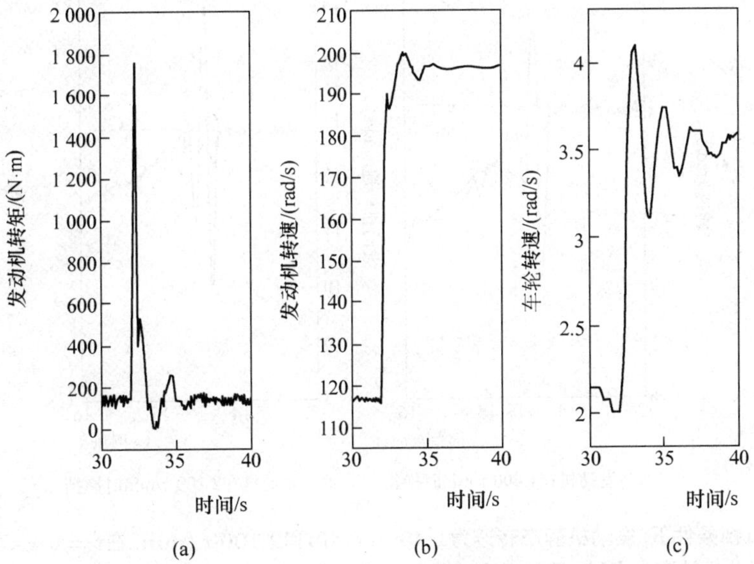

图7.27　在$t = 32$ s时加速踏板阶跃输入工况下的转速响应结果。RQV速度控制器将发动机转速控制在2 000 r/min下，发动机转速没有波动。但传动系谐振导致轮速波动，引起车辆行驶发抖。

图 7.29 中，发动机转矩在 12 s 时降到 46 N·m，变速器转速如图所示。这之前的静态转速为 2 200 r/min，对应发动机转矩约 225 N·m。在 12.4 s 开始挂入空挡时，变速器转速波动较小；在 13.3 s 和 14.8 s 挂入空挡时，波动幅度较大；在 13.8 s 时挂挡，没有转速波动。这表明，在 12.4 s 和 13.8 s 挂空挡时，传动系共振对变速器转速几乎没有影响；而在 13.3 s 和 14.8 s 挂空挡时，该影响十分显著。若静态转速增加或车辆处于加速过程，变速器转速波动幅度将更大。

解决上述问题的办法之一是根据图 7.26 按照斜坡信号 (而非阶跃信号) 形式控制发动机转矩。然而，由于斜坡控制方式要等待变速器转矩波动的衰减时间，过于保守，不适于缩短换挡时间。

图 7.29 是变速器转矩非零时进行换挡的结果，这种换挡方式会导致如下问题：

① 对驾驶员造成干扰，包括噪声和车速波动方面。

② 变速器磨损加剧。

③ 造成转速同步时间延长，这是由于作为控制目标的“变速器转速”存在波动。由于发动机较难跟踪这种转速波动，必须等待其充分衰减后方可挂入新挡。

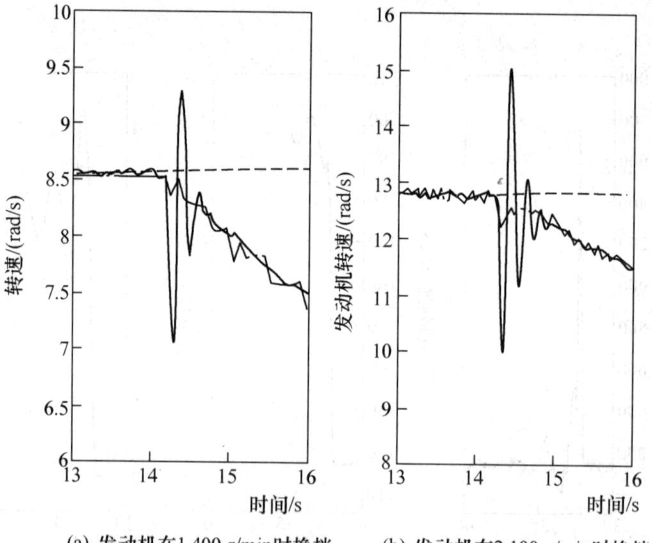

(a) 发动机在1 400 r/min时换挡 (b) 发动机在2 100 r/min时换挡

图7.28 平路面、1挡条件下, 发动机静态转速为1 400 r/min和2 100 r/min, 在$t = 14$ s时开始挂空挡。变速器转速为实线, 发动机转速为虚线 (已除以变速器传动比), 车轮转速为点画线 (已乘以主减速比)。一段时间延迟后, 空挡挂入, 传动系转速出现波动。换挡转速越高, 变速器转速波动越大。

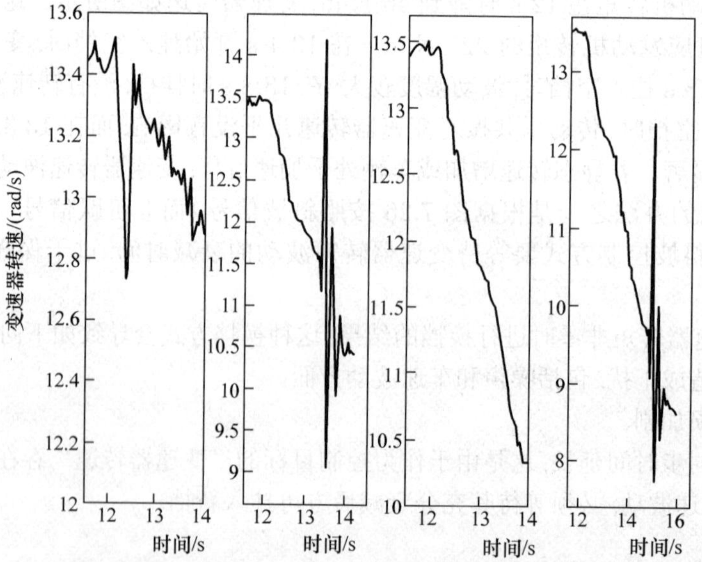

(a) 在12.4 s换挡 (b) 在13.3 s换挡 (c) 在13.8 s换挡 (d) 在14.8 s换挡

图7.29 1挡条件下, 发动机静态转速为2 200 r/min的转速响应结果。在$t = 12.0$ s时, 发动机转矩降到46 N · m, 以实线变速器传递零转矩。图中给出了相同发动机转矩情形下, 挂入空挡的时间分别为12.4 s、13.3 s、13.8 s和14.8 s时的变速器转速变化情况。转速波动幅度的差异说明了发动机转矩降低后, 变速器中传递转矩的波动情况。注意各子图对应的纵轴刻度并不同。

7.3.3 传动系控制目标

根据上述测试中所发现的问题, 明确了传动系控制的目标, 即减少轮速波动对车辆性能的不利影响。这是传动系控制策略设计的基础, 下文将对这些策略进行实地测试。

1. 转速控制

转速控制是在传统 RQV 速度控制基础上的扩展, 它采用发动机控制来衰减传动系共振。类似于传统控制, 该策略的目标是要将转速保持在期望值上, 不管上坡还是下坡行驶, 速度延迟都要相同。发动机转矩要尽最大可能地用于衰减传动系共振。控制器反应时间应越短越好, 且不会激发传动系高阶共振模态。

2. 换挡控制

换挡控制是指不采用离合器, 将传动系转矩控制到适于挂入空挡的水平。在转矩控制过程中, 为缩短该阶段时间, 应衰减所激发的传动系共振。挂入空挡时的转矩值应保证不会引起传动系共振。这样, 可以减少对驾驶员的干扰, 缩短转速同步过程的时间。采用此法时, 应减少传动系初始共振以及转矩波动 (由挂车和不平路面造成) 对换挡品质的不利影响。

为采用现有方法求解, 需对上述控制问题加以整理。设计算法时, 应考虑柴油机的限制条件 (如执行器限制), 使其具有鲁棒性。这些条件包括:

① 发动机转矩不平稳, 因为气缸燃烧作功会引起转矩波动。

② 发动机输出转矩确切值未知, 仅有的数据是测功机试验获得的静态转矩 Map 图。

③ 发动机动态特征也包括摩擦损失, 而这需要估计。其影响因素很多, 要找到一个简单但足够精确的摩擦损失模型。

④ 发动机输出转矩依工作模式不同而受限制。最大转矩是转速的函数, 其值受低增压压力的限制。

以上所设计的控制策略应可用于直列泵或单体泵发动机上, 所需数据信号可来自于标准的传动系传感器。

7.3.4 传动系控制结构说明

本节需要说明的是传动系控制结构方面的一个问题。由于在传动系中装有至少两个转速传感器 (有时更多), 进行传动系控制设计就面临选择哪个传感器信号作为反馈的问题。若传动系是刚性的, 各传感器信号大小之间成传动比关系, 信号选择无关紧要。但由于各部件存在扭转弹性, 不同的传感器信号选择方案意味着不同的控制问题。用控制理论术语来说, 这种现象相当于: 不同系统间极点相同, 但零点的个数和数值均不同。本研究不是为了搞清楚应在哪处设置传感器, 而是为了搞清楚在未来传动系管理系统中应提高哪个传感器的精度和性能, 这在后文的设计过程中也将加以研究。

7.3.5 系统状态空间表述

传动系开环输入为$u = T_{\mathrm{e}} - T_{\mathrm{fric,e}}$, 即发动机有效转矩。 7.1 节模型中, 状态变量可包括转矩、扭转角以及转速。此处, 选择每个弹性部件的扭转角以及各个转动惯量的转速作为状态变量。系统状态空间表示如下:

$$\underline{\dot{x}} = \underline{A}\,\underline{x} + \underline{B}u + \underline{H}l \tag{7.78}$$

其中,$\underline{A}$、$\underline{B}$、$\underline{H}$、$\underline{x}$以及l将根据 7.1 节不同模型分别定义如下。

1. 线性驱动轴模型的状态空间描述

线性驱动轴模型的状态空间可描述为

$$\begin{aligned} x_1 &= \alpha_{\mathrm{CS}}/i_{\mathrm{t}}i_{\mathrm{f}} - \alpha_{\mathrm{w}} \\ x_2 &= \dot{\alpha}_{\mathrm{CS}} \\ x_3 &= \dot{\alpha}_{\mathrm{w}} \\ l &= r_{\mathrm{stat}}m_{\mathrm{G}}\left(c_{\mathrm{r1}} + g\sin\left(\chi_{\mathrm{road}}\right)\right) \end{aligned} \tag{7.79}$$

$$A = \begin{pmatrix} 0 & 1/i & -1 \\ -k/iJ_1 & -\left(d_1 + d/i^2\right)/J_1 & d/iJ_1 \\ k/J_2 & d/iJ_2 & -\left(d + d_2\right)/J_2 \end{pmatrix} \tag{7.80}$$

$$\underline{B} = \begin{pmatrix} 0 \\ 1/J_1 \\ 0 \end{pmatrix},\ \underline{H} = \begin{pmatrix} 0 \\ 0 \\ -1/J_2 \end{pmatrix} \tag{7.81}$$

式中:

$$\begin{aligned} i &= i_{\mathrm{t}}i_{\mathrm{f}} \\ J_1 &= J_{\mathrm{e}} + J_{\mathrm{t}}/i_{\mathrm{t}}^2 + J_{\mathrm{f}}/i_{\mathrm{t}}^2 i_{\mathrm{f}}^2 \\ J_2 &= J_{\mathrm{W}} + m_{\mathrm{G}}r_{\mathrm{stat}}^2 \\ d_1 &= d_{\mathrm{t}}/i_{\mathrm{t}}^2 + d_{\mathrm{f}}/i_{\mathrm{t}}^2 i_{\mathrm{f}}^2 \\ d_2 &= d_{\mathrm{w}} + m_{\mathrm{G}}c_{\mathrm{r2}}r_{\mathrm{stat}}^2 \end{aligned} \tag{7.82}$$

2. 线性离合器–驱动轴模型的状态空间描述

线性离合器–驱动轴模型的状态空间可描述为

$$\begin{aligned} x_1 &= \alpha_{\mathrm{CS}} - \alpha_{\mathrm{t}}i_{\mathrm{t}} \\ x_2 &= \alpha_{\mathrm{t}}/i_{\mathrm{f}} - \alpha_{\mathrm{w}} \\ x_3 &= \dot{\alpha}_{\mathrm{CS}} \\ x_4 &= \dot{\alpha}_{\mathrm{t}} \\ x_5 &= \dot{\alpha}_{\mathrm{w}} \end{aligned} \tag{7.83}$$

其$\underline{A}$矩阵为

$$\begin{pmatrix} 0 & 0 & 1 & -i_t & 0 \\ 0 & 0 & 0 & 1/i_f & -1 \\ -k_c/J_1 & 0 & -d_c/J_1 & d_c i_t/J_1 & 0 \\ k_c i_t/J_2 & -k_d/i_f J_2 & d_c i_t/J_2 & -\left(d_c t_t^2 + d_2 + d_d/i_f^2\right)/J_2 & d_d/i_f J_2 \\ 0 & k_d/J_3 & 0 & d_d/i_f J_3 & -(d_3+d_d)/J_3 \end{pmatrix} \tag{7.84}$$

$$\underline{B} = \begin{pmatrix} 0 \\ 0 \\ 1/J_1 \\ 0 \\ 0 \end{pmatrix}, \ \underline{H} = \begin{pmatrix} 0 \\ 0 \\ 0 \\ 0 \\ -1/J_2 \end{pmatrix} \tag{7.85}$$

式中:

$$\begin{aligned} J_1 &= J_e \\ J_2 &= J_t + J_f/i_f^2 \\ J_3 &= J_W + m_G r_{stat}^2 \\ d_2 &= d_t + d_f/i_f^2 \\ d_3 &= d_w + c_{r2} r_{stat} \end{aligned} \tag{7.86}$$

根据 7.1 节, 上述模型配合使用式 (7.61) 的传感器滤波器后, 可使输出结果 (y_m, y_t, y_w) 更接近实际。

3. 系统干扰

假设路面的影响可用变化缓慢的负荷l以及附加干扰v表示。另一个干扰信号n作用于系统输入处, 例如发动机点火造成的转矩波动。则系统状态空间方程变为

$$\dot{\underline{x}} = \underline{A}\,\underline{x} + \underline{B}u + \underline{B}n + \underline{H}l + \underline{H}v \tag{7.87}$$

式中, 根据不同模型, 采用式 (7.79)~式 (7.82) 或式 (7.83)~式 (7.86) 作为$\underline{x}$、$\underline{A}$、$\underline{B}$、$\underline{H}$以及l的定义。

4. 测量变量

控制综合时首先关心的是可以测量哪些物理变量。在车辆传动系控制问题中, 输出信号一般来自各转速传感器。转矩传感器价格昂贵, 较少用于量产车上。

系统输出定义如下:

$$y = \underline{C}x + e \tag{7.88}$$

其中,e是测量干扰。

本研究中只考虑转速传感器, 因此系统输出即为部分状态变量。特别的, 对应于**驱动轴模型**, 定义如下C矩阵:

$$\underline{C}_{\mathrm{m}} = \begin{pmatrix} 0 & 1 & 0 \end{pmatrix} \tag{7.89}$$

$$\underline{C}_{\mathrm{w}} = \begin{pmatrix} 0 & 0 & 1 \end{pmatrix} \tag{7.90}$$

7.3.6　控制器表述

系统性能输出z可用涉及控制目标的各状态量表示, 用$\underline{M}$*和D矩阵表示为

$$z = \underline{M}x + Du \tag{7.91}$$

图 7.30 是整理得到的控制问题示意图。未知控制器F_r和F_y的设计要使性能输出 [式 (7.91)] 满足特定要求 (后文给出其定义)。

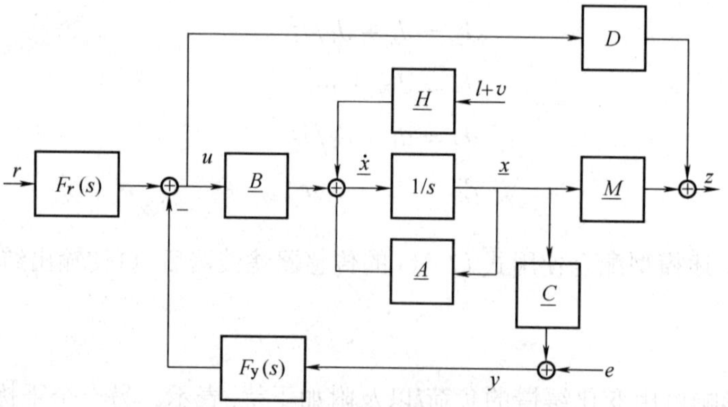

图7.30　被控对象和控制器F_r、F_y

系统测量输出

若采用状态反馈控制, 则控制信号是状态测量值 (若全部可测) 或由 Kalman 滤波器获得的状态估计量的线性函数。此处, 控制信号定义为

$$u = l_0 r - \underline{K}_{\mathrm{c}}\hat{\underline{x}} \tag{7.92}$$

式中: r——指令信号;

l_0——增益;

$\underline{K}_{\mathrm{c}}$——状态反馈矩阵。

描述 Kalman 滤波器的方程为

*译者注: 原文误为M。

$$\dot{\underline{\hat{x}}}=\underline{A}\,\hat{x}+\underline{B}u+\underline{K}_{\mathrm{f}}\left(y-\underline{C}\,\hat{x}\right)\tag{7.93}$$

其中,$\underline{K}_{\mathrm{f}}$是 Kalman 增益。则可求得图 7.30 中的$F_y(s)$与$F_r(s)$如下:

$$\begin{aligned}F_y\left(s\right)&=\underline{K}_{\mathrm{c}}\left(s\underline{I}-\underline{A}+\underline{B}\,\underline{K}_{\mathrm{c}}+\underline{K}_{\mathrm{f}}\underline{C}\right)^{-1}\underline{K}_{\mathrm{f}}\\F_r\left(s\right)&=l_0\left[1-\underline{K}_{\mathrm{c}}\left(s\underline{I}-\underline{A}+\underline{B}\,\underline{K}_{\mathrm{c}}+\underline{K}_{\mathrm{f}}\underline{C}\right)^{-1}\underline{B}\right]\end{aligned}\tag{7.94}$$

由r、v、e到控制输入u的闭环传递函数为

$$G_{ru}=\left[\underline{I}-\underline{K}_{\mathrm{c}}\left(s\underline{I}-\underline{A}+\underline{B}\,\underline{K}_{\mathrm{c}}\right)^{-1}\underline{B}\right]l_0\tag{7.95}$$

$$\begin{aligned}G_{vu}=&\underline{K}_{\mathrm{c}}\left(s\underline{I}-\underline{A}+\underline{K}_{\mathrm{f}}\underline{C}\right)^{-1}N-\underline{K}_{\mathrm{c}}\left(s\underline{I}-\underline{A}+\underline{B}\,\underline{K}_{\mathrm{c}}\right)^{-1}N\\&-\underline{K}_{\mathrm{c}}\left(s\underline{I}-\underline{A}+\underline{B}\,\underline{K}_{\mathrm{c}}\right)^{-1}\underline{B}\,\underline{K}_{\mathrm{c}}\left(s\underline{I}-\underline{A}+\underline{K}_{\mathrm{f}}\underline{C}\right)^{-1}N\end{aligned}\tag{7.96}$$

$$G_{eu}=\underline{K}_{\mathrm{c}}\left[\left(s\underline{I}-\underline{A}+\underline{B}\,\underline{K}_{\mathrm{c}}\right)^{-1}\underline{B}\,\underline{K}_{\mathrm{c}}-I\right]\left(s\underline{I}-\underline{A}+\underline{K}_{\mathrm{f}}\underline{C}\right)^{-1}\underline{K}_{\mathrm{f}}\tag{7.97}$$

由r、v、e到性能输出z的闭环传递函数为

$$G_{rz}=\left[\underline{M}\left(s\underline{I}-\underline{A}\right)^{-1}\underline{B}+D\right]G_{ru}\tag{7.98}$$

$$\begin{aligned}G_{vz}=&\underline{M}\left(s\underline{I}-\underline{A}+\underline{B}\,\underline{K}_{\mathrm{c}}\right)^{-1}\underline{B}\,\underline{K}_{\mathrm{c}}\left(s\underline{I}-\underline{A}+\underline{K}_{\mathrm{f}}\underline{C}\right)^{-1}N\\&+\underline{M}\left(s\underline{I}-\underline{A}+\underline{B}\,\underline{K}_{\mathrm{c}}\right)^{-1}N+DG_{vu}\end{aligned}\tag{7.99}$$

$$G_{ez}=\left[\underline{M}\left(s\underline{I}-\underline{A}\right)^{-1}\underline{B}+D\right]G_{vu}\tag{7.100}$$

下列两个回路增益 (loop gain, 或称返回比 return ratio) 可分别描述控制对象输出和输入的闭环性能:

$$GF_y=\underline{C}\left(s\underline{I}-\underline{A}\right)^{-1}\underline{B}F_y\tag{7.101}$$

$$F_yG=F_y\underline{C}\left(s\underline{I}-\underline{A}\right)^{-1}\underline{B}\tag{7.102}$$

当只用到一个传感器信号时,这两个增益为数值相等的标量。

7.3.7 反馈特性

对于传动系转速控制问题,可选择轮速作为系统性能输出:

$$z=\dot{\alpha}_{\mathrm{w}}=\underline{C}_{\mathrm{w}}x\tag{7.103}$$

反馈状态选用$\dot{\alpha}_{\mathrm{CS}}$还是$\dot{\alpha}_{\mathrm{w}}$,可得两种不同的闭环控制问题。图 7.31 给出了采用比例控制 (P-controller) 时的根轨迹 (两个挡位下),图 a、图 c 和图 b、图 d 分别对应$\dot{\alpha}_{\mathrm{CS}}$和$\dot{\alpha}_{\mathrm{w}}$反馈,由图可知,从控制输入到发动机转速的开环传递函数G_{um}有 3 个极点和 2 个零点。G_{uw}则有 1 个零

点和相同的极点。因此,G_{um}的相对阶[60]为 1, 而G_{uw}相对阶为 2。这意味着, 当采用$\dot{\alpha}_{\mathrm{w}}$反馈时, 增益增加时, 两个极点将趋于无穷大, 使系统不稳定。而当采用$\dot{\alpha}_{\mathrm{CS}}$反馈时, 相对阶为 1, 任何增益下系统都是稳定的。需要注意的是, 由于$\dot{\alpha}_{\mathrm{w}}$同时也是性能输出, 因此希望将其作为反馈。

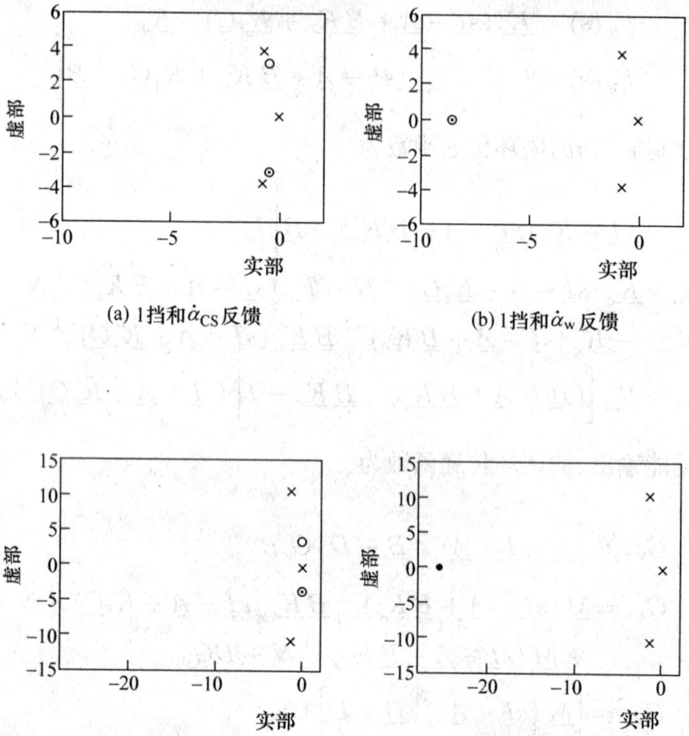

(a) 1挡和$\dot{\alpha}_{\mathrm{CS}}$反馈　(b) 1挡和$\dot{\alpha}_{\mathrm{w}}$反馈

(c) 8挡和$\dot{\alpha}_{\mathrm{CS}}$反馈　(d) 8挡和$\dot{\alpha}_{\mathrm{w}}$反馈

图7.31　采用比例控制(P-controller)时的根轨迹, 上图为1挡结果, 下图为8挡结果, 左图和右图分别对应$\dot{\alpha}_{\mathrm{CS}}$和$\dot{\alpha}_{\mathrm{w}}$反馈。"×"表示开环极点,"o"表示开环零点。当采用$\dot{\alpha}_{\mathrm{w}}$反馈时, 增益增加时, 系统将趋于不稳定。而当采用$\dot{\alpha}_{\mathrm{CS}}$反馈时, 任何增益下系统都是稳定的。

在采用比例控制时的系统阶跃响应中, 也可发现上述结论。图 7.32 中, 针对两种反馈量选择, 当增益增加时出现共振问题。当采用发动机转速传感器反馈时, 增益增加时$\dot{\alpha}_{\mathrm{CS}}$得到衰减, 但驱动轴共振使轮速出现波动。而采用$\dot{\alpha}_{\mathrm{w}}$反馈时, 较难提高带宽, 因为极点向虚轴靠近, 系统出现共振。

图 7.31 和图 7.32 的结果只与相对阶有关, 而与参数无关。然而, 该结果也与反馈结构有关, 因此后文将对其进行更详细的讨论。

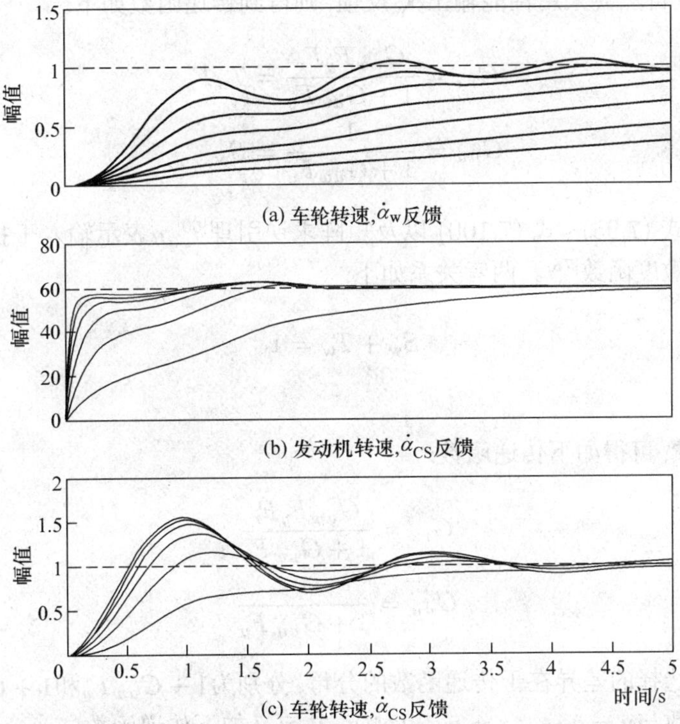

图7.32 1挡条件下, 采用比例控制时, 不同增益对应的驱动轴模型阶跃响应。采用$\dot{\alpha}_{\mathrm{w}}$反馈时, 增益增加时导致系统不稳定。当采用$\dot{\alpha}_{\mathrm{CS}}$反馈时, 增益增加时发动机转速波动得到衰减, 但轮速出现波动。

7.3.8 基于LQG/LTR方法的传动系控制

如前所述, 设计时传感器信号选择方案的不同意味着控制问题内在特性的不同。本节将讨论其对控制器设计的影响, 算法采用基于回路传输恢复 (loop transfer recovery, LTR) 的线性二次高斯 (linear quadratic Gauss, LQG), 简称为 LQG/LTR 法[78]。

重要说明:LQG/LTR 法是采用观测器来获得状态反馈控制器结构参数的一种方法。读者即使未接触过该方法, 阅读下文时只要具备控制理论的基本知识, 并且知道 LQG/LTR 法可用于计算式 (7.92) 和式 (7.93) 中的l_0、$\underline{K}_{\mathrm{c}}$和$\underline{K}_{\mathrm{f}}$即可。

本文采用 LQG/LTR 法, 是因为该法便于设计一个与对象同阶的控制器和观测器, 它也便于鲁棒控制器的设计。

1. 传递函数

对$\dot{\alpha}_{\mathrm{CS}}$反馈和$\dot{\alpha}_{\mathrm{w}}$反馈进行对比时, 得到开环传递函数$G_{um}$和$G_{uw}$。如前所述, 它们有相同数目的极点, 但是零点数不同。选用不同的反馈变量时, 闭环控制问题不同。

(1) $\dot{\alpha}_{\mathrm{w}}$反馈

选择反馈量时, 自然会采用性能输出$\dot{\alpha}_{\mathrm{w}}$反馈, 则得到传递函数如下:

$$G_{rz} = \frac{G_{uw}F_yF_r}{1+G_{uw}F_y} = T_{\mathrm{w}}F_r \tag{7.104}$$

$$G_{nu} = \frac{1}{1+G_{uw}F_y} = S_{\mathrm{w}} \tag{7.105}$$

推导时采用了式 (7.95)~式 (7.100) 以及矩阵求逆引理[60],n表示输入干扰。S_{w}和T_{w}分别是灵敏度函数和补灵敏度函数[78]。两者关系如下:

$$S_{\mathrm{w}} + T_{\mathrm{w}} = 1 \tag{7.106}$$

(2) $\dot{\alpha}_{\mathrm{CS}}$反馈

若选择$\dot{\alpha}_{\mathrm{CS}}$反馈, 可得如下传递函数:

$$G_{rz} = \frac{G_{uw}F_yF_r}{1+G_{uw}F_y} \tag{7.107}$$

$$G_{nu} = \frac{1}{1+G_{um}F_y} \tag{7.108}$$

上述两种反馈变量选择的差异在于传递函数的分母, 分别为$1+G_{uw}F_y$和$1+G_{um}F_y$。

希望灵敏度函数与$y=\dot{\alpha}_{\mathrm{CS}}$、$z=\dot{\alpha}_{\mathrm{w}}$相对应, 故定义如下传递函数:

$$S_{\mathrm{m}} = \frac{1}{1+G_{um}F_y}, T_{\mathrm{m}} = \frac{G_{um}F_y}{1+G_{um}F_y} \tag{7.109}$$

上式对应于选择$\dot{\alpha}_{\mathrm{CS}}$反馈时的系统, 即$y=z=\dot{\alpha}_{\mathrm{CS}}$。根据式 (7.107), 可以定义如下矩阵:

$$\overline{T}_{\mathrm{m}} = \frac{G_{uw}F_y}{1+G_{um}F_y} = T_{\mathrm{m}}\frac{G_{uw}}{G_{um}} \tag{7.110}$$

则S_{m}和$\overline{T}_{\mathrm{m}}$便对应于采用$\dot{\alpha}_{\mathrm{CS}}$反馈时的控制问题。

综合式 (7.109) 和式 (7.110), 由式 (7.106) 可得

$$S_{\mathrm{m}} + \overline{T}_{\mathrm{m}}\frac{G_{um}}{G_{uw}} = 1 \tag{7.111}$$

若上式中S_{m}在某些频率下为零,$\overline{T}_{\mathrm{m}} = G_{uw}/G_{um}$, 而非等于 1。

(3) 性能限制

式 (7.106) 和式 (7.111) 是控制器设计的基本关系式, 下面将分析G_{uw}/G_{um}的影响。

定义 7.1: $\overline{T}_{\mathrm{m}}$为修正补灵敏度,$G_{\mathrm{w/m}} = G_{uw}/G_{um}$为动态输出比。

(4) 简单质量–弹簧模型的设计实例

下面将对如下 4 种情形应用 LQG/LTR 法, 分别是 2 种反馈信号选择 ($\dot{\alpha}_{\mathrm{CS}}$和$\dot{\alpha}_{\mathrm{w}}$) 和 2 个传动系模型 (结构相同但参数不同) 的组合。此处未采用预滤波, 即$F_r=1$。

本节所讨论的一般性被控对象中，包括n个转动惯量，其中采用$(k-1)$个扭转弹性单元连接，变速比为1，无外加负荷，无阻尼衰减。系统有$(2n-1)$个极点，选择不同反馈信号时极点位置相同。零点数目与信号反馈选择有关，当采用$\dot{\alpha}_{\mathrm{w}}$反馈时，系统没有零点；当采用$\dot{\alpha}_{\mathrm{CS}}$反馈时，系统存在$(2n-2$个) 零点。两种反馈量选择所对应的传递函数$G_{um}$和$G_{uw}$具有相同的分母，但是相对阶分别为1和$(2n-1)$。

(5) 不同传感器信号选择的结构特性

式 (7.94) 中的控制器相对阶为1，因此$G_{uw}F_y$的相对阶为$2n$。设计时，应让GF_y相对阶为1，从而具有无穷大的增益裕量和较高的相位裕量。

为此，采用$G_{um}F_y$时需将1个极点移到无穷大，而采用$G_{uw}F_y$时需将$(2n-1)$个极点移到无穷大，从而保证系统在高频时的回路增益与1阶系统类似。

当回路增益与1阶系统类似时，其闭环传递函数也类似于1阶系统。但这与期望闭环系统下降率 (roll-off rate，对应于幅频特性图中高频段渐近线斜率) 较大的设计目标相冲突。因此，采用$\dot{\alpha}_{\mathrm{w}}$反馈时要对如上多个目标进行权衡。而当采用$\dot{\alpha}_{\mathrm{CS}}$反馈时，由于相对阶为1，无需类似权衡。

(6) $G_{\mathrm{w/m}}$的结构

前文简例中已经说明相对阶和零点的重要性，其实也可用动态输出比来表示。

若转换比例为1，则低频时动态输出比等于1，即

$$\left|G_{\mathrm{w/m}}(0)\right| = 1$$

$G_{\mathrm{w/m}}$相对阶为$(2n-2)$，高频增益下降率达$20(2n-2)$ dB/decade。因此，闭环传递函数$\overline{T}_{\mathrm{m}}$高频增益下降率为$q_{\mathrm{m}}+20(2n-2)$ dB/decade，其中q_{m}为$G_{um}F_y$的下降率。采用$\dot{\alpha}_{\mathrm{w}}$反馈时，$T_{\mathrm{w}}$和$G_{uw}F_y$的下降率相等。

(7) $G_{\mathrm{w/m}}$的参数特性

典型的$G_{\mathrm{w/m}}$的参数特性如下例所示。

Example 7.1 对应于式 (7.79)~式 (7.82) 中的模型，采用如下两种参数值：

a. $J_1 = 0.097\,4, J_2 = 0.028\,0, k = 2.80, c = 0, d_1 = 0.024\,4, d_2 = 0.566, l = 0$。

b. $J_1 = 0.097\,4, J_2 = 0.220, k = 5.50, c = 0, d_1 = 1.70, d_2 = 0.660, l = 0$。

其中变量符号含义见 7.3.5 节。$G_{\mathrm{w/m}}$的形态如图 7.33 所示。本节后续部分将针对如上两个系统模型设计控制器。

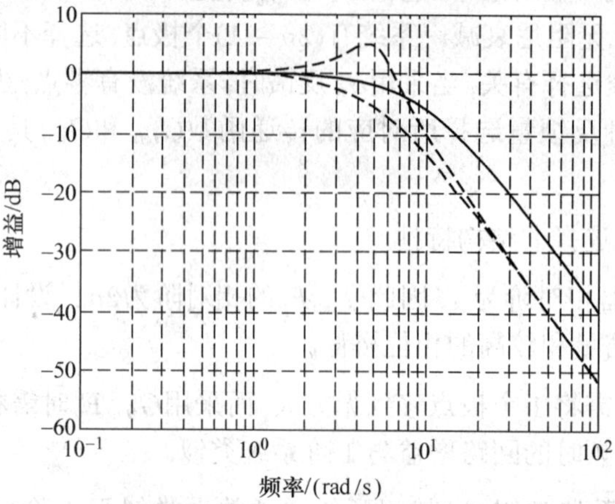

图7.33 示例7.1a(实线) 和7.1b(虚线) 对应的动态输出比$G_{\mathrm{w/m}}$

2. LQG 设计

根据文献[78], 为抑制v的阶跃干扰, 可在增广模型中包含积分环节。增广系统的状态空间表示为:$\underline{A}_{\mathrm{a}}, \underline{B}_{\mathrm{a}}, \underline{M}_{\mathrm{a}}, \underline{C}_{\mathrm{wa}}, \underline{C}_{\mathrm{ma}}$。 Kalman 滤波器增益$\underline{K}_{\mathrm{f}}$可由如下 Riccati 方程求得:

$$\underline{P}_{\mathrm{f}}\underline{A}^{\mathrm{T}} + \underline{A}\,\underline{P}_{\mathrm{f}} - \underline{P}_{\mathrm{f}}\underline{C}^{\mathrm{T}}\underline{V}^{-1}\underline{C}\,\underline{P}_{\mathrm{f}} + \underline{B}W\underline{B}^{\mathrm{T}} = 0 \tag{7.112}$$

协方差矩阵W和$\underline{V}$分别对应于干扰v和e, 设计时要调整W和$\underline{V}$, 直至如下回路增益与闭环传递函数S、T满足性能要求。

$$\underline{C}\left(s\underline{I} - \underline{A}\right)^{-1}\underline{K}_{\mathrm{f}},\ \underline{K}_{\mathrm{f}} = \underline{P}_{\mathrm{f}}\underline{C}^{\mathrm{T}}\underline{V}^{-1} \tag{7.113}$$

Nyquist 轨迹在 $(-1,j0)$ 点的单位圆外, 因此增益裕度无穷大, 相位裕度至少 60°。而且, 相对阶为 1, $|S| \leqslant 1$。

① $\dot{\alpha}_{\mathrm{w}}$反馈设计 调整$W$(从而$F_y(s)$相应调整), 使得$S_{\mathrm{w}}$、$T_{\mathrm{w}}$满足性能要求, 获得期望的带宽。示例 7.1(Example7.1) 中的传动系模型设计结果如图 7.34 所示, 注意到T_{w}下降率为20 dB/decade。

② $\dot{\alpha}_{\mathrm{CS}}$反馈设计 调整$W$(从而$F_y(s)$相应调整), 使得$S_{\mathrm{m}}$和$T_{\mathrm{m}}$满足性能要求, 从而$\dot{\alpha}_{\mathrm{CS}}$也满足性能要求。根据中频范围内$G_{\mathrm{w/m}}$曲线的形态不同, 要适当修正$W$使得$\overline{T}_{\mathrm{m}}$达到期望的带宽。若$G_{\mathrm{w/m}}$存在共振峰, 要调整$\overline{T}_{\mathrm{m}}$的带宽以抑制峰值。图 7.34 是模型示例 7.1b(采用$\dot{\alpha}_{\mathrm{CS}}$反馈) 的结果, 为抑制$G_{\mathrm{w/m}}$的峰值, 其带宽要更低, 注意到$S_{\mathrm{w}}$和$S_{\mathrm{m}}$存在差异。

由上可知, 动态输出比参数在 LQG 设计步骤中非常重要。

3. 回路传输恢复 LTR

下一步设计内容是选择$\underline{K}_{\mathrm{c}}$, 恢复先前得到的回路增益期望值。当联合采用状态反馈和 Kalman 滤波器时, 回路增益为$GF_y = \underline{C}\left(s\underline{I} - \underline{A}\right)^{-1}\underline{B}\,\underline{K}_{\mathrm{c}}\left(s\underline{I} - \underline{A} + \underline{B}\,\underline{K}_{\mathrm{c}} + \underline{K}_{\mathrm{f}}\underline{C}\right)^{-1}\underline{K}_{\mathrm{f}}$。简单

LTR 设计时, 可选择$\underline{K}_c = \rho C$, 并不断增加ρ值。当ρ增加时, $(2n-1)$个极点将移向开环系统零点, 而剩余极点将趋于无穷大 (参见 7.3.5 节)。求解如下 Riccati 方程:

$$\underline{A}^{\mathrm{T}}\underline{P}_c + \underline{P}_c\underline{A} - \underline{P}_c\underline{B}R^{-1}\underline{B}^{\mathrm{T}}\underline{P}_c + \underline{C}^{\mathrm{T}}Q\underline{C} = 0 \tag{7.114}$$

其中,$Q=\rho$, $R=1$, $\underline{K}_c = \sqrt{\rho}C$根据限制条件选定。为保证稳定性, 该$\underline{K}_c$值用于恢复。

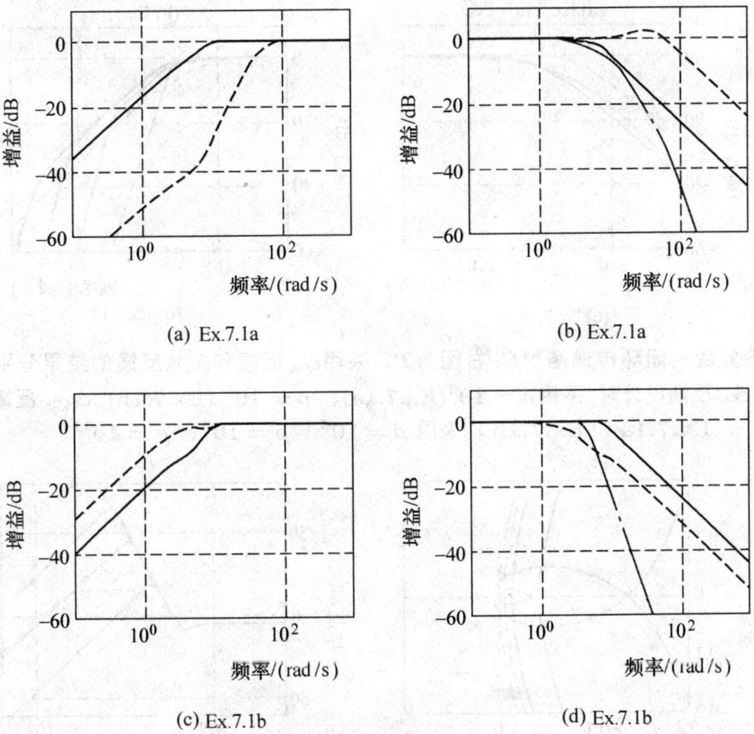

图7.34 左图为闭环传递函数S, 右图为闭环传递函数T。采用$\dot{\alpha}_w$反馈和$\dot{\alpha}_{CS}$反馈的结果分别以实线和虚线表示,$\overline{T}_m$为点画线。$\dot{\alpha}_w$反馈设计时, 采用$W=5\cdot10^4$(Ex.7.1a)、$W=50$(Ex.7.1b); $\dot{\alpha}_{CS}$反馈设计时, 采用$W=15$(Ex.7.1a)、$W=5\cdot10^2$(Ex.7.1b)。

针对示例 7.1(Ex.7.1), 恢复的闭环传递函数如图 7.35 所示,Nyquist 轨迹以及控制信号传递函数 (即$G_{ru}=F_y/(1+G_{uw}F_y)$) 如图 7.36 所示:

① $\dot{\alpha}_w$反馈时的恢复结果　ρ值的适当选取要考虑多方面权衡。ρ较小时, 测量噪声抑制效果好, 控制信号幅值小。为了增加系统稳定裕度, 应选择较大的ρ值, 但这会增加控制输入信号, 在很宽的频率范围内 T_w的下降率为 20 dB/decade。

② $\dot{\alpha}_{CS}$反馈时的恢复结果　无需折中选取ρ值, 恢复结果可以保证合理的稳定裕度、控制信号以及下降率。

因此, 在 LTR 步骤中, 结构特性 (即相对阶) 至关重要。

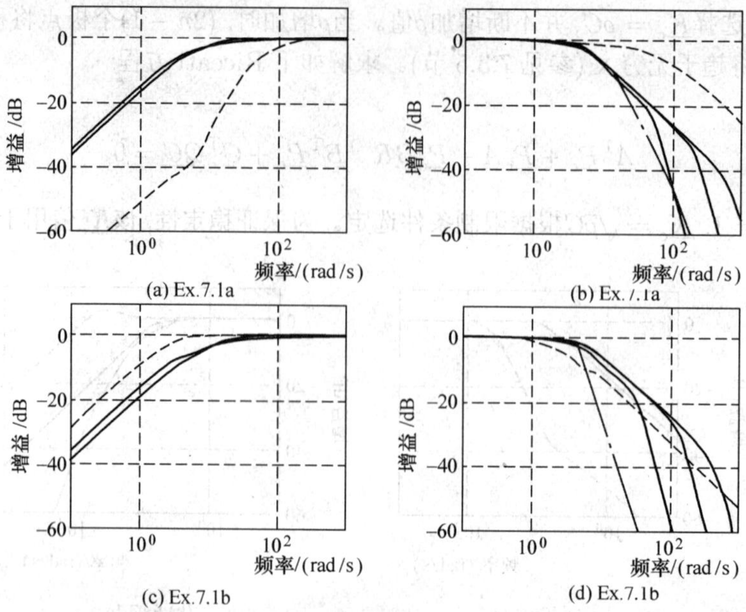

图7.35 左图为恢复后的闭环传递函数S, 右图为T。采用$\dot{\alpha}_{\mathrm{w}}$反馈和$\dot{\alpha}_{\mathrm{CS}}$反馈的结果分别以实线和虚线表示,$\overline{T}_{\mathrm{m}}$为点画线。$\dot{\alpha}_{\mathrm{w}}$反馈设计时, 采用$\rho = 10^6$(Ex.7.1a)、 $\rho = 10^5$ (Ex.7.1b); $\dot{\alpha}_{\mathrm{CS}}$ 反馈设计时, 针对 Ex.7.1a 和 Ex.7.1b 均采用 $\rho = 10^4$、 $\rho = 10^8$、 $\rho = 10^{11}$。

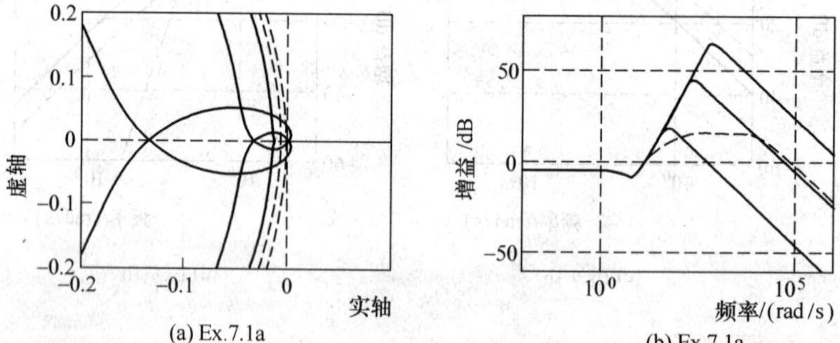

图7.36 图a与图c为回路增益Nyquist轨迹，图中还标有原点为(−1,j0)点的单位圆，右图 b 与图 d 为控制信号传递函数$G_{ru} = F_y/(1 + G_{uw}F_y)$。采用$\dot{\alpha}_{\mathrm{w}}$反馈和$\dot{\alpha}_{\mathrm{CS}}$反馈的结果分别以实线和虚线表示。$\dot{\alpha}_{\mathrm{CS}}$反馈设计时，针对Ex.7.1a和Ex.7.1b分别采用$\rho = 10^6$和$\rho = 10^5$；$\dot{\alpha}_{\mathrm{w}}$反馈设计时，针对Ex.7.1a和Ex.7.1b均采用$\rho = 10^4$、$\rho = 10^8$、$\rho = 10^{11}$。

7.4 传动系速度控制

7.3 节已经提到过传统柴油机速度控制 (RQV) 的背景及其所存在的问题。作为 RQV 速度控制的扩展, 此处讨论的传动系速度控制将采用发动机控制来主动衰减共振。

主动衰减的原理是: 根据反馈控制律算出喷油量, 使发动机惯性力矩与转速波动方向相反, 从而达到期望转速。喷油量是 7.1 节中的**驱动轴模型**系统状态量 (即发动机转速、车轮转速以及驱动轴扭转角) 的函数。这些变量的估计采用以发动机转速或轮速为输入的 Kalman 滤波器来实现。设计反馈控制律时, 需要找出控制目标, 并以数学形式表示。

RQV 速度控制使车辆具有特殊的驾驶特性, 例如上坡或下坡时。当采用主动衰减法的 RQV 控制时, 也要保留这一驾驶特性。传统的 RQV 控制将在 7.4.1 节中继续讨论。其后, 保留 RQV 特性的速度控制问题在 7.4.2 节中加以表述, 并在后续内容中作以研究。在所用的系统模型方面,**驱动轴模型**与更复杂的**非线性离合器–驱动轴模型**将进行仿真对比。本节也对一些重要的 (但是实际试验中较难产生的) 系统干扰进行仿真。最后, 给出一些实车测试的结果。

7.4.1 RQV 控制

RQV 控制是 7.3 节所述的传统柴油机调速方法。它实际上是一个比例控制器, 以加速踏板输入为参考值, 使用发动机转速传感器信号, 如式 (7.115) 所示。由于未采用负荷信号, 当负荷非零时 (例如上坡或下坡), 就存在静态误差。

$$u = u_0 + K_{\mathrm{p}}\left(ri - \dot{\alpha}_{\mathrm{CS}}\right) \tag{7.115}$$

式中: i——传动系速比,$i = i_{\mathrm{t}} i_{\mathrm{f}}$;

K_{p}——控制器增益;

r——参考速度;

u_0——速度的函数, 但跟负荷无关 (因为负荷未知)。

为提高带宽而增加控制增益, 会导致车辆行驶发抖问题, 如下例所示。

Example 7.2 考虑 7.1 节中的卡车模型, 初始速度为2 rad/s(3.6 km/h), 挡位为 1 挡, 传动系负荷力矩为3 000 N · m(路面坡度约 2%), 期望车速$r = 2.3$ rad/s。将式 (7.115) 中的 RQV 控制律用于**驱动轴模型** (共有三种不同的控制增益K_{p}), 其结果如图 7.37 所示。选择u_0时, 保证三种增益所对应的转速静态值相等, 否则三者对应的静态误差将跟各自增益有关。

当增加控制增益时, 上升时间缩短, 而轮速**超调量**增加。因此需要在考虑超调量和上升时间两方面上折中选择增益。由图可知, 发动机转速得到充分衰减, 但由于传动系弹性, 增益值越大, 由此导致的轮速波动幅度越大。

采用 RQV 控制时, 从传动系负荷v和测量噪声e到性能输出的传递函数见图 7.38, 从中也可得出上述结论。当控制增益增加时, 传递函数中的共振峰值越大。

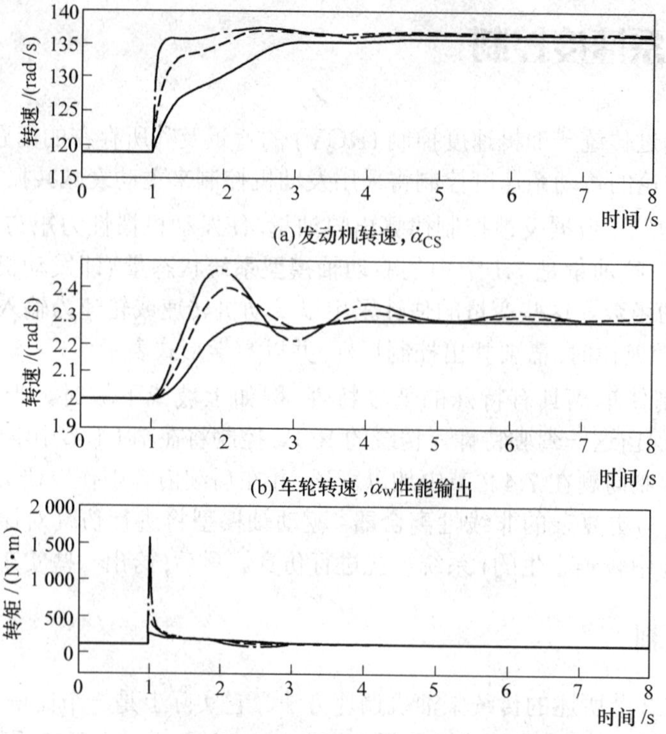

(a) 发动机转速，$\dot{\alpha}_{CS}$

(b) 车轮转速，$\dot{\alpha}_{W}$性能输出

(c) 控制信号，u

图7.37　1挡条件下，在$t=1$ s时输入加速踏板阶跃信号，采用RQV控制[式(7.115)]时的驱动轴模型的响应。控制增益$K_p=8$、$K_p=25$、$K_p=85$对应结果分别用实线、虚线和点画线表示。增益增加时发动机转速波动得到衰减，但轮速出现波动。

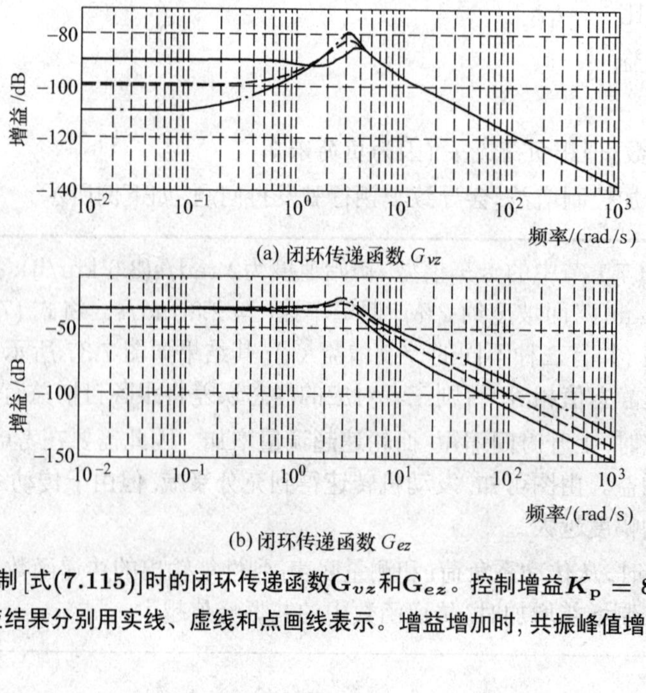

(a) 闭环传递函数 G_{vz}

(b) 闭环传递函数 G_{ez}

图7.38　采用RQV控制[式(7.115)]时的闭环传递函数G_{vz}和G_{ez}。控制增益$K_p=8$、$K_p=25$、$K_p=85$对应结果分别用实线、虚线和点画线表示。增益增加时，共振峰值增加。

7.4.2 问题表述

在 7.3 节中, 已对传动系速度控制的目标作了简述。此处以数学形式加以表达, 基于此, 利用现有技术和软件可求解得到传动系控制律。

如 7.3.4 节所述, 轮速 (而非发动机转速) 决定着车辆的行驶特性, 因此速度控制器的性能输出是轮速, 即$z = \dot{\alpha}_{\mathrm{w}}$。针对两种传动系模型 (即**驱动轴模型**、**离合器–驱动轴模型**), 图 7.39 给出了从控制信号u、负荷l到轮速z的传递函数。由图可知,**离合器–驱动轴模型**中增加了一个源于离合器的共振峰, 并且高频**下降率**更陡。注意, 两个模型中, 从负荷到性能输出的传递函数完全相等。本节将讨论**驱动轴模型**的控制器设计, 而忽略高频下离合器的影响。

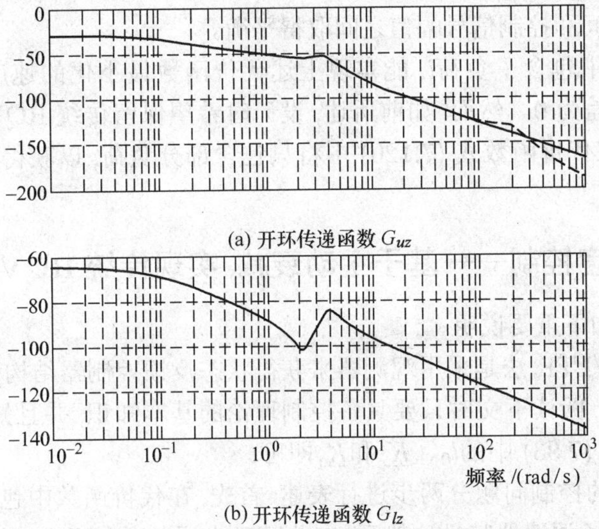

图7.39　从控制信号u、负荷l到轮速z的传递函数。驱动轴模型和离合器–驱动轴模型分别用实线和虚线表示。通过引入离合器模型, 增加了一个共振峰, 且高频下降率更陡。

利用发动机转矩来控制传动系时, 一种可能的方案是通过控制使得如下代价函数最小化。

$$\lim_{\mathrm{T}\to\infty}\int_0^{\mathrm{T}}(z-r)^2\mathrm{d}t \tag{7.116}$$

式中:r是来自驾驶员的参考速度。若控制输入不受限制, 由于控制对象为线性, 上式中的代价函数可以任意小。但实际中柴油机转矩受到限制, 可在式 (7.116) 中加上控制输入的惩罚项。

当控制输入为其静态值u_0时, 系统正处于静态点$z = r$。u_0是参考速度和负荷的函数。对于给定轮速$\dot{\alpha}_{\mathrm{w}}$以及负荷, 传动系静态条件如下:

$$x_0\left(\dot{\alpha}_{\mathrm{w}}, l\right) = \begin{pmatrix} d_2/k & 1/k \\ i & 0 \\ 1 & 0 \end{pmatrix}\begin{pmatrix} \dot{\alpha}_{\mathrm{w}} \\ l \end{pmatrix} = \delta_x\dot{\alpha}_{\mathrm{w}} + \delta_{\mathrm{l}}l \tag{7.117}$$

$$u_0\left(\dot{\alpha}_{\mathrm{w}}, l\right) = \left(\left(d_1 i^2 + d_2\right)/i \ \ 1/i\right)\begin{pmatrix} \dot{\alpha}_{\mathrm{w}} \\ l \end{pmatrix} = \lambda_x\dot{\alpha}_{\mathrm{w}} + \lambda_{\mathrm{l}}l \tag{7.118}$$

静态条件下的状态值与输入值实际上可由下式求得:

$$\underline{A}\,\underline{x}+\underline{B}u+\underline{H}l=0 \tag{7.119}$$

式中:$\underline{A}$、$\underline{B}$以及$\underline{H}$如式 (7.79)~式 (7.82) 所示。

为在代价函数中加上控制信号与其静态值$u_0(r,l)$的偏差, 采用式 (7.117) 和式 (7.118), 可得修改过的代价函数如下:

$$\lim_{\mathrm{T}\to\infty}\int_0^{\mathrm{T}}(z-r)^2+\eta(u-u_0(r,l))^2\mathrm{d}t \tag{7.120}$$

式中:η用来在上升时间和控制信号幅值之间取得平衡。

由于式 (7.120) 中包含了负荷l, 能实现上述代价函数最小化的速度控制器将会对负荷进行补偿, 使得静态误差为 0。然而, 如前所述, 设计时希望保留传统 RQV 调速器的静态误差特性。在 7.4.3 节中, 在代价函数式 (7.120) 中将只包含部分负荷, 以获得传统 RQV 调速器的静态误差。

7.4.3 传动系速度控制——基于主动衰减, 实现传统 RQV 特性

首先, 重复一下如下重要说明。

重要说明: LQG/LTR 法是采用观测器来获得状态反馈控制器结构参数的一种方法。读者即使未接触过该方法, 阅读下文时只要具备控制理论的基本知识, 并且知道 LQG/LTR 法可用于计算式 (7.92) 和式 (7.93) 中的l_0、$\underline{K}_{\mathrm{c}}$和$\underline{K}_{\mathrm{f}}$即可。

基于式 (7.120) 的控制问题分两步进行表述: 首先, 在代价函数中包含全部负荷值l(这样控制器不具有传统 RQV 调速器特性); 然后, 在此基础上添加传统 RQV 调速器特性。控制问题采用 LQG 方法求解, 这需要将传动系模型线性化, 将式 (7.120) 写成线性变量形式。通过求解 Riccati 方程, 得到使式 (7.120) 最小化的状态反馈矩阵。该反馈控制律是η的函数, 而选择η时既要保证高带宽, 又要限制控制输入的幅值。

由于包含常数项l, 式 (7.78) 中的模型

$$\dot{\underline{x}}=\underline{A}\,\underline{x}+\underline{B}u+\underline{H}l \tag{7.121}$$

属于仿射型系统。将其在静态点(x_0,u_0)附近线性化, 线性化后的模型为

$$\Delta\dot{\underline{x}}=\underline{A}\Delta\underline{x}+\underline{B}\Delta u \tag{7.122}$$

式中:

$$\begin{aligned}\Delta\underline{x}&=\underline{x}-\underline{x}_0\\ \Delta u&=u-u_0\\ \underline{x}_0&=\underline{x}_0(x_{30},l)\\ u_0&=u_0(x_{30},l)\end{aligned} \tag{7.123}$$

静态点(x_0, u_0)如式 (7.117) 和式 (7.118) 所示, 其中x_{30}为x_3的初值。注意, 对于任意静态点, 上述线性模型都是相同的。

代价函数写成Δx和Δu的形式为

$$\lim_{\mathrm{T}\to\infty}\int_0^{\mathrm{T}} [\underline{M}(\underline{x}_0+\Delta\underline{x})-r]^2+\eta(u_0+\Delta u-u_0(r,l))^2\mathrm{d}t \tag{7.124}$$

$$=\lim_{\mathrm{T}\to\infty}\int_0^{\mathrm{T}} (\underline{M}\Delta\underline{x}+r_1)^2+\eta(\Delta u+r_2)^2\mathrm{d}t \tag{7.125}$$

其中

$$\begin{aligned} r_1 &= \underline{M}\,\underline{x}_0 - r \\ r_2 &= u_0 - u_0(r,l) \end{aligned} \tag{7.126}$$

为实现式 (7.124) 最小化, 要采用 Riccati 方程求解, 则r_1和r_2要用状态变量来表示。这可通过将r_1和r_2模型与控制对象模型(A, B)联合起来, 形成增广模型。由于r_1和r_2模型不可控, 为便于求解 Riccati 方程, 它必须稳定[78]。若采用$\dot{r}_1=\dot{r}_2=0$, 其极点正好落在虚轴上。为此, 采用下式模型来代替:

$$\dot{r}_1 = -\sigma r_1 \tag{7.127}$$

$$\dot{r}_2 = -\sigma r_2 \tag{7.128}$$

式中: 当σ小时表示r是一个变化缓慢的常数。

增广模型如下:

$$\underline{A}_{\mathrm{r}} = \begin{pmatrix} & & & 0 & 0 \\ & \underline{A} & & 0 & 0 \\ & & & 0 & 0 \\ 0 & 0 & 0 & -\sigma & 0 \\ 0 & 0 & 0 & 0 & -\sigma \end{pmatrix} \tag{7.129}$$

$$\underline{B}_{\mathrm{r}} = \begin{pmatrix} \underline{B} \\ 0 \\ 0 \end{pmatrix}, \quad \underline{x}_{\mathrm{r}} = (\Delta\underline{x}^{\mathrm{T}} r_1 r_2)^{\mathrm{T}} \tag{7.130}$$

则式 (7.124) 中的代价函数可以写为

$$\lim_{T\to\infty}\int_0^{\mathrm{T}} x_{\mathrm{r}}^{\mathrm{T}}\underline{Q}x_{\mathrm{r}} + R\Delta u^2 + 2x_{\mathrm{r}}^{\mathrm{T}}\underline{N}\Delta u\mathrm{d}t \tag{7.131}$$

其中

$$\begin{aligned} \underline{Q} &= (\ \underline{M}\ 1\ 0\ )^{\mathrm{T}}(\ \underline{M}\ 1\ 0\ ) + \eta(\ 0\ 0\ 0\ 0\ 1\ )^{\mathrm{T}}(\ 0\ 0\ 0\ 0\ 1\ ) \\ \underline{N} &= \eta(\ 0\ 0\ 0\ 0\ 1\ )^{\mathrm{T}} \\ R &= \eta \end{aligned} \tag{7.132}$$

为使式 (7.124) 中的代价函数最小化, 采用如下的反馈控制律:

$$\Delta u = -\underline{K}_{\mathrm{c}}\underline{x}_{\mathrm{r}} \tag{7.133}$$

其中,

$$\underline{K}_{\mathrm{c}} = \underline{Q}^{-1}(\underline{B}_{\mathrm{r}}^{\mathrm{T}}\underline{P}_{\mathrm{c}} + \underline{N}^{\mathrm{T}}) \tag{7.134}$$

$\underline{P}_{\mathrm{c}}$是如下 Riccati 方程的可稳解。

$$\underline{A}_{\mathrm{r}}^{\mathrm{T}}\underline{P}_{\mathrm{c}} + \underline{P}_{\mathrm{c}}\underline{A}_{\mathrm{r}} + R - (\underline{P}_{\mathrm{c}}\underline{B}_{\mathrm{r}} + \underline{N})\underline{Q}^{-1}(\underline{P}_{\mathrm{c}}\underline{B}_{\mathrm{r}} + \underline{N})^{\mathrm{T}} = 0 \tag{7.135}$$

式 (7.133) 中的控制律可写为

$$\Delta u = -\underline{K}_{\mathrm{c}}\underline{x}_{\mathrm{r}} = -(\ K_{\mathrm{c1}}\ \ K_{\mathrm{c2}}\ \ K_{\mathrm{c3}}\ )\Delta\underline{x} - K_{\mathrm{c4}}r_1 - K_{\mathrm{c5}}r_2 \tag{7.136}$$

综合式 (7.123) 和式 (7.126), 速度控制器的控制输入为

$$u = K_0 x_{30} + K_{\mathrm{l}}l + K_{\mathrm{r}}r - (\ K_{\mathrm{c1}}\ \ K_{\mathrm{c2}}\ \ K_{\mathrm{c3}}\ )\underline{x} \tag{7.137}$$

其中,

$$\begin{aligned} K_0 &= (\ K_{\mathrm{c1}}\ \ K_{\mathrm{c2}}\ \ K_{\mathrm{c3}}\ )\delta_x - K_{\mathrm{c4}}M\delta_x + \lambda_x - K_{\mathrm{c5}}\lambda_x \\ K_{\mathrm{r}} &= K_{\mathrm{c4}} + K_{\mathrm{c5}}\lambda_x \\ K_{\mathrm{l}} &= (\ K_{\mathrm{c1}}\ \ K_{\mathrm{c2}}\ \ K_{\mathrm{c3}}\ )\delta_{\mathrm{l}} - K_{\mathrm{c4}}M\delta_{\mathrm{l}} + \lambda_{\mathrm{l}} \end{aligned} \tag{7.138}$$

$\delta_x, \delta_{\mathrm{l}}, \lambda_x, \lambda_{\mathrm{l}}$详见式 (7.117) 和式 (7.118)。

当将上述控制器用于示例 7.2(Example 7.2) 时, 控制输入为

$$u = 0.230x_{30} + 4\ 470r + 0.125l - (\ 7\ 620\ \ 0.034\ 7\ \ 2.36\ )\underline{x} \tag{7.139}$$

式中:$\eta = 5 \times 10^{-8}$,$\sigma = 0.000\ 1$。采用该控制律可保证幅值裕度为无穷大, 相位裕度至少为 60°[78]。

图 7.40 给出了采用该控制器 [式 (7.139)] 时的阶跃输入仿真结果。由图可知, 上升时间比 RQV 控制器要短, 超调量也更小。通过发动机驱动转矩的控制, 轮速的波动得到主动的衰减。这意味着, 发动机惯性作用在转速波动的相反方向上。这种控制使发动机转速出现波动, 但更重要的轮速则更加平稳。

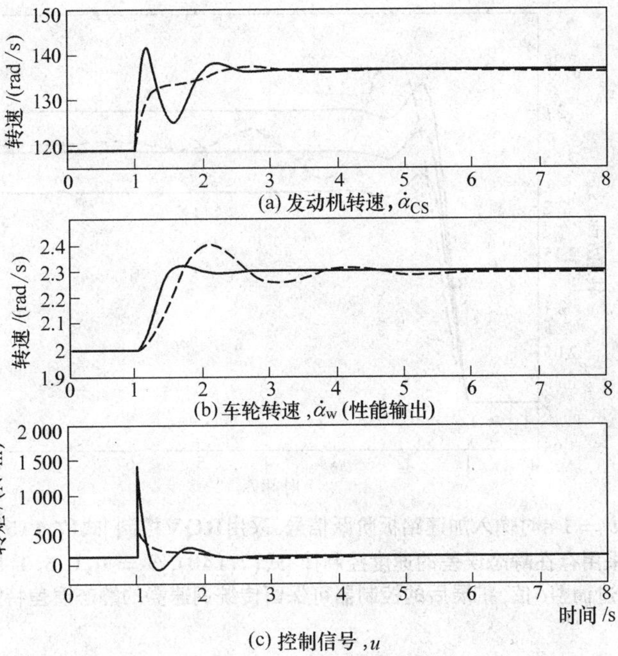

图7.40　1挡条件下, 在$t=1$ s时输入加速踏板阶跃信号, 采用速度控制律 [式(7.139)] 时的驱动轴模型的响应用实线表示, 采用RQV控制 [式(7.115),$K_p=25$] 的结果用虚线表示。采用主动衰减后, 发动机转速出现波动, 但轮速波动得到衰减。

增加 RQV 调速器特性

传统 RQV 调速器不会考虑负荷, 当负荷非零时会出现静态误差。然而, 式 (7.137) 中的速度控制律是负荷的函数, 将估计并补偿掉静态误差。从驾驶员的角度来说, 一般期望存在静态误差。只有在使用巡航控制时, 该误差才应为零。

为此, 修改上述控制律, 使存在负荷时的静态误差非零。这可用βl来替代式 (7.137) 中的l, 其中$0\leqslant\beta\leqslant1$。$\beta$为 0 表示负荷得不到补偿,$\beta$为 1 是负荷完全被补偿, 且静态误差为 0。修正后的控制律如下:

$$u=K_0x_{30}+K_l\beta l+K_rr-(\ K_{c1}\ \ K_{c2}\ \ K_{c3}\ )\underline{x} \tag{7.140}$$

针对示例 7.2, 图 7.41*给出了传统 RQV 调速器 (存在静态误差, 参考速度为$r=2.3$ rad/s) 和依上述步骤设计的负荷补偿速度控制器 [式 (7.140),$\beta=0,0.5,1$] 的结果对比。通过调整β值, 扩展后的控制器可保留传统调速器的静态误差特性。

*译者注: 原书误为 7.47, 应为 7.41。

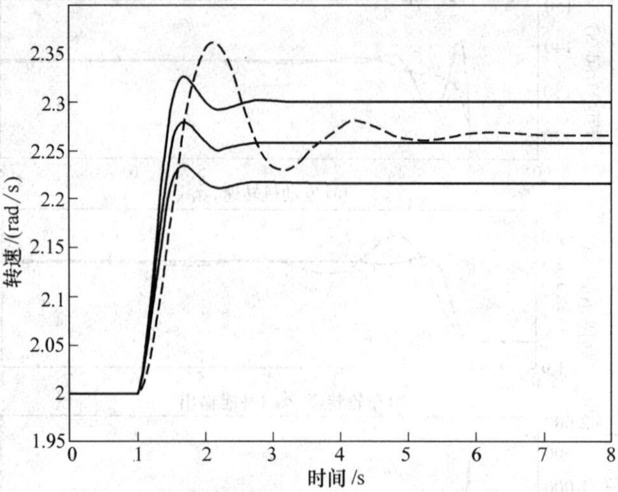

图7.41 1挡条件下, 在$t=1$ s时输入加速踏板阶跃信号, 采用RQV控制 [式(7.115), $K_{\mathrm{p}}=25$]时的驱动轴模型的响应用虚线表示。采用存在静态误差的速度控制律 [式(7.140), $\beta=0, 0.5, 1$] 时的结果用实线表示。通过调整β值, 扩展后的控制器可保留传统调速器的静态误差特性。

7.4.4 传感器信号选择的影响

前文所述的速度控制器使用全状态反馈, 即 $(x_1=\alpha_{\mathrm{CS}}/i_{\mathrm{t}}i_{\mathrm{f}}-\alpha_{\mathrm{w}}, x_2=\dot{\alpha}_{\mathrm{CS}}, x_3=\dot{\alpha}_{\mathrm{w}})$。轴的扭转角 (例如$x_1$) 一般无法通过传感器测量获得, 因此需要对未知状态进行观测。本研究中, 观测器的输入信号可以选用发动机转速或者车轮转速。不同的传感器信号选择对应于不同的控制问题, 本小节将特别讨论传感器信号选择对干扰抑制的影响。

采用回路传输恢复 (LTR) 来计算观测器增益[78]。则式 (7.137) 中的控制律变为

$$u=K_0x_{30}+K_{\mathrm{r}}r+K_{\mathrm{l}}l-\begin{pmatrix}K_{\mathrm{c1}} & K_{\mathrm{c2}} & K_{\mathrm{c3}}\end{pmatrix}\underline{\hat{x}} \tag{7.141}$$

其中的K_0、K_{r}、K_{l}由式 (7.138) 给出。参数估计$\underline{\hat{x}}$由 Kalman 滤波器给出

$$\Delta\dot{\underline{\hat{x}}}=\underline{A}\Delta\underline{\hat{x}}+\underline{B}\Delta u+\underline{K}_{\mathrm{f}}(\Delta y-C\Delta\underline{\hat{x}}) \tag{7.142}$$

$$\underline{K}_{\mathrm{f}}=\underline{P}_{\mathrm{f}}\underline{C}^{\mathrm{T}}\underline{V}^{-1} \tag{7.143}$$

式中:P_{f}可通过求解如下 Riccati 方程获得:

$$\underline{P}_{\mathrm{f}}\underline{A}^{\mathrm{T}}+\underline{A}\,\underline{P}_{\mathrm{f}}-\underline{P}_{\mathrm{f}}\underline{C}^{\mathrm{T}}\underline{V}^{-1}\underline{C}\,\underline{P}_{\mathrm{f}}+W=0 \tag{7.144}$$

协方差矩阵W和$\underline{V}$分别对应于干扰v和e。输出矩阵$\underline{C}$可采用式 (7.89) 中的$\underline{C}_{\mathrm{m}}$(测量发动机转速), 也可采用式 (7.90) 中的$\underline{C}_{\mathrm{w}}$(测量车轮转速)。

为恢复先前全状态反馈控制器的特性 (包括幅值裕度和相位裕度), 选择如下数值[78]

$$\begin{aligned} V&=1\\ W&=\rho BB^{\mathrm{T}}\\ \underline{C}&=\underline{C}_{\mathrm{m}} \quad 或 \quad \underline{C}_{\mathrm{w}}\\ \rho&=\rho_{\mathrm{m}} \quad 或 \quad \rho_{\mathrm{w}} \end{aligned} \tag{7.145}$$

再由式 (7.143) 和式 (7.144) 可求得$\underline{K}_{\mathrm{f}}$。

如前所述, 设计全状态反馈 LQG 控制器时, 相位裕度φ至少 60°, 幅值裕度a为无穷大。这也可通过在观测器设计中沿无穷大方向增加ρ来实现。对于示例 7.2(Example 7.2), 以至少 60° 相位裕度为目标, 采用下列数据:

$$\begin{aligned}\rho_{\mathrm{m}} &= 5\times 10^5 \Rightarrow \varphi_{\mathrm{m}} = 60.5^\circ, a_{\mathrm{m}} = \infty \\ \rho_{\mathrm{w}} &= 10^{14} \Rightarrow \varphi_{\mathrm{w}} = 59.9^\circ, a_{\mathrm{w}} = 35.0\end{aligned} \tag{7.146}$$

正如 7.3.4 节中所述, 两种传感器信号选择方案存在结构上的差异, 因此ρ_{m}和ρ_{w}不同。

从参考值到性能输出$z = \dot{\alpha}_{\mathrm{w}}$、到控制信号$u$的传递函数中, 观测器动力学已被抵消, 因此不会受传感器信号选择所影响。但是, 观测器动力学仍然体现在从干扰v和e到z和u的传递函数中。

1. 负荷干扰的影响

负荷干扰v对性能输出和控制信号的影响如图 7.42 所示。当采用发动机转速传感器反馈时, 传递函数G_{vz}存在的共振峰在采用轮速传感器时并未出现。根据矩阵求逆引理[60], 式 (7.99) 中的G_{vz}可重写为

$$(G_{vz})_{\mathrm{cl}} = \frac{G_{vz} + F_y(G_{uy}G_{vz} - G_{uz}G_{vy})}{1 + G_{uy}F_y} \tag{7.147}$$

式中: cl——闭环;

下标y——系统输出, 即$\dot{\alpha}_{\mathrm{w}}$或者$\dot{\alpha}_{\mathrm{CS}}$。

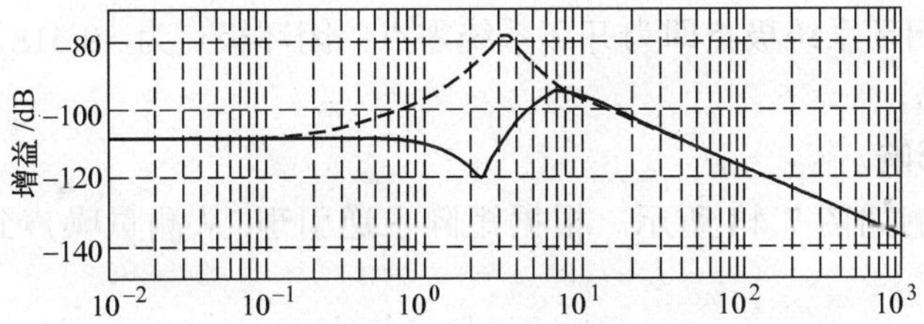

(a) 闭环传递函数 G_{vz}

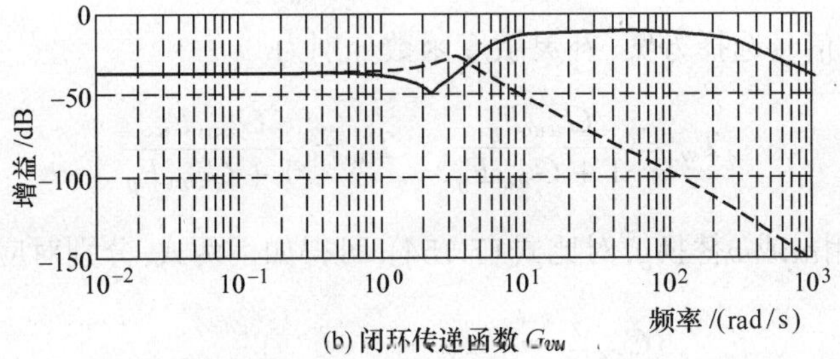

(b) 闭环传递函数 G_{vu}

图7.42 从负荷干扰v到控制信号u、轮速z的传递函数。采用$\dot{\alpha}_{\mathrm{w}}$反馈的结果以实线表示, 采用$\dot{\alpha}_{\mathrm{CS}}$反馈的结果以虚线表示。采用$\dot{\alpha}_{\mathrm{CS}}$反馈时, 由于开环零点, 出现了一个共振峰。

由式 (7.94), 控制器F_y为

$$F_y(s) = \underline{K}_{\mathrm{c}}(s\underline{I} - \underline{A} + \underline{B}\,\underline{K}_{\mathrm{c}} + \underline{K}_{\mathrm{f}}\underline{C})^{-1}\underline{K}_{\mathrm{f}} \tag{7.148}$$

根据传感器信号选择，其中C可为C_m或C_w。对于速度控制器 ($z=\dot{\alpha}_\mathrm{w}$)，选择轮速传感器信号时，式 (7.147) 即为

$$(G_{vz})_\mathrm{cl}=\frac{G_{vw}}{1+G_{uw}F_y} \tag{7.149}$$

将式 (7.147) 中下标y改为w，可推导得到上式。类似地，选择发动机转速传感器时有

$$(G_{vz})_\mathrm{cl}=\frac{G_{vw}+F_y(G_{um}G_{vw}-G_{uw}G_{vm})}{1+G_{um}F_y} \tag{7.150}$$

由上可见，选择轮速传感器时，控制器刚好被抵消，而选择发动机转速传感器时，控制器则未被抵消。

LQG 设计时的最优回路增益为

$$\underline{K}_\mathrm{c}(s\underline{I}-\underline{A})^{-1}\underline{B} \tag{7.151}$$

因此，$\underline{A}$的极点得到保留，但为保证幅值和相位裕度满足要求，需配置新的零点以使式 (7.151) 的相对阶为 1。在 LTR 步骤中，回路增益为

$$F_yG_{uy}=\underline{K}_\mathrm{c}(s\underline{I}-\underline{A}-\underline{B}\,\underline{K}_\mathrm{c}-\underline{K}_\mathrm{f}\underline{C})^{-1}\underline{K}_\mathrm{f}\underline{C}(s\underline{I}-\underline{A})^{-1}\underline{B} \tag{7.152}$$

当式 (7.145) 中的ρ趋向无穷大时，式 (7.151) 等于式 (7.152)。这意味着，开环系统$\underline{C}(s\underline{I}-\underline{A})^{-1}\underline{B}$的零点被控制器抵消掉了。因此，开环零点即控制器$F_y$的极点。这意味着，当采用发动机转速传感器信号反馈时，闭环系统极点即为开环系统零点。闭环极点为$-0.518\ 7\pm3.075\ 3j$，其导致了图 7.42 中的共振峰。

2. 测量噪声的影响

测量噪声e的影响如图 7.43 所示。根据矩阵求逆引理，从测量噪声到输出的传递函数式 (7.100) 可写为

$$(G_{ez})_\mathrm{cl}=-\frac{G_{uz}F_y}{1+G_{uy}F_y} \tag{7.153}$$

针对两种传感器信号选择方案，补灵敏度函数分别为

$$T_\mathrm{w}=\frac{G_{uw}F_y}{1+G_{uw}F_y},\quad T_\mathrm{m}=\frac{G_{um}F_y}{1+G_{um}F_y} \tag{7.154}$$

在式 (7.153) 中用m或w替换y，对比式 (7.154)，可得如下两式，分别对应于$\dot{\alpha}_\mathrm{w}$反馈与$\dot{\alpha}_\mathrm{CS}$反馈。

$$(G_{ez})_\mathrm{cl}=-T_\mathrm{w} \tag{7.155}$$

$$(G_{ez})_\mathrm{cl}=-T_\mathrm{m}\frac{G_{uw}}{G_{um}}=T_\mathrm{m}G_\mathrm{w/m} \tag{7.156}$$

其中动态输出比见定义 7.1。对于**驱动轴模型**，动态输出比为

$$G_\mathrm{w/m}=\frac{ds+k}{i[J_2s^2+(d+d_2)s+k]} \tag{7.157}$$

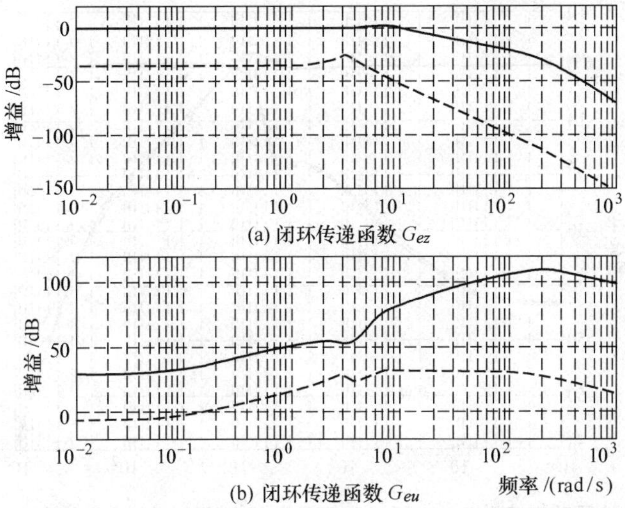

(a) 闭环传递函数 G_{ez}

(b) 闭环传递函数 G_{eu}

图7.43 从测量噪声e到性能输出z、控制信号u的传递函数。采用$\dot{\alpha}_{\mathrm{w}}$反馈的结果以实线表示，采用$\dot{\alpha}_{\mathrm{CS}}$反馈的结果以虚线表示。两种反馈方案的差异可用动态输出比描述。当挡位越低，效果越明显。

推导时采用了 7.3.4 节中的状态空间描述。特别的，低频时有$G_{\mathrm{w/m}}(0) = 1/i = 1/(i_{\mathrm{t}}i_{\mathrm{f}})$。图 7.44 给出了三个挡位下的动态输出比。

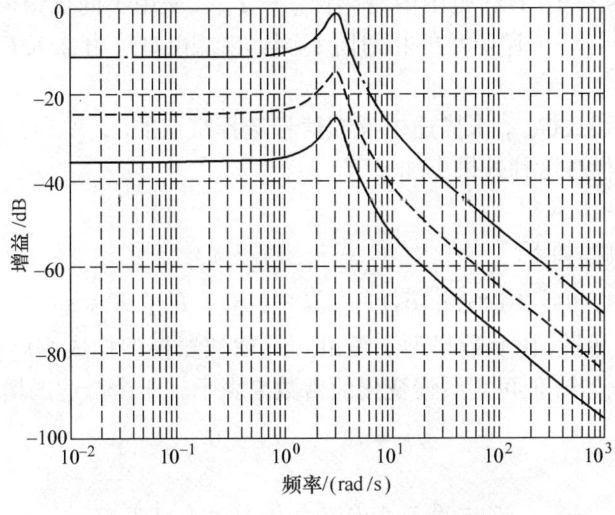

图7.44 1挡、7挡和14挡下的动态输出比$G_{\mathrm{w/m}}$，分别用实线、虚线和点画线表示。

当式 (7.145) 中的ρ趋向无穷大时，式 (7.151) 等于式 (7.152)，即有$T_{\mathrm{w}} = T_{\mathrm{m}}$。则由式 (7.155) 和式 (7.156) 可得

$$(G_{ez})_{\mathrm{cl,m}} = (G_{ez})_{\mathrm{cl,w}} G_{\mathrm{w/m}} \tag{7.158}$$

式中cl, m和cl, w表示闭环，分别对应于采用$\dot{\alpha}_{\mathrm{CS}}$反馈和$\dot{\alpha}_{\mathrm{w}}$反馈情形。

使$T_{\mathrm{w}} = T_{\mathrm{m}}$成立的频率范围跟式 (7.145) 中$\rho$的大小有关。针对两种反馈信号选择，图 7.45 给出了灵敏度 (如下式) 和补灵敏度 [式 (7.154)] 函数。

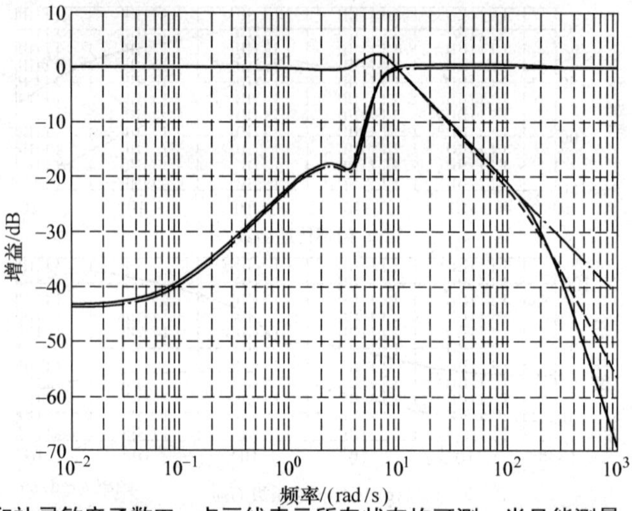

图7.45 灵敏度函数S和补灵敏度函数T。点画线表示所有状态均可测。当只能测量一个转速时，采用$\dot{\alpha}_{\mathrm{w}}$反馈的结果以实线表示，采用$\dot{\alpha}_{\mathrm{CS}}$反馈的结果以虚线表示。

$$S_{\mathrm{w}}=\frac{1}{1+G_{uw}F_y},\quad S_{\mathrm{m}}=\frac{1}{1+G_{um}F_y} \tag{7.159}$$

由图可见，在100 rad/s($\approx$ 16 Hz) 范围内，都有$T_{\mathrm{w}}=T_{\mathrm{m}}$。采用不同反馈信号时，高频下降率不同，这是由于它们各自开环传递函数的相对阶不同。G_{uw}相对阶为 2，而G_{um}相对阶为 1，故T_{w}的下降率要大于T_{m}。

因此，可用动态输出比$G_{\mathrm{w/m}}$来描述由反馈信号选择决定的G_{ez}差异。在低频段的差别跟传动系变速比有关，低挡位时这种效果更加显著。

3. 负荷估计

负荷未知时的控制律如下：

$$u=K_0x_{30}+K_{\mathrm{r}}r+K_{\mathrm{l}}\hat{l}-(\,K_{\mathrm{c1}}\ \ K_{\mathrm{c2}}\ \ K_{\mathrm{c3}}\,)\underline{\hat{x}} \tag{7.160}$$

其中，$\hat{l}$是负荷估计值。为此，由负荷模型和 Kalman 滤波器模型构成增广模型。由于负荷是坡度的函数，其精确建模较难，但可用缓慢变化的常数来表示。一个合适的增广模型如下：

$$x_4=\hat{l},\qquad \dot{x}_4=0 \tag{7.161}$$

因此

$$\underline{\dot{\hat{x}}}=\underline{A}_{\mathrm{l}}\underline{\hat{x}}_{\mathrm{l}}+\underline{B}_{\mathrm{l}}u+\underline{K}_{\mathrm{f}}(y-\underline{C}_{\mathrm{l}}\underline{\hat{x}}_{\mathrm{l}}) \tag{7.162}$$

其中

$$\underline{\hat{x}}_{\mathrm{l}}=(\,\underline{\hat{x}}\ \ \hat{l}\,)^{\mathrm{T}}, \tag{7.163}$$

$$\underline{A}_{\mathrm{l}}=\begin{pmatrix} & & & 0\\ & \underline{A} & & 0\\ & & & \dfrac{-1}{J_2}\\ 0 & 0 & 0 & 0\end{pmatrix}, \tag{7.164}$$

$$\underline{B}_{\rm l}=\begin{pmatrix}\underline{B}\\0\end{pmatrix},\quad \underline{C}_{\rm l}=(\,\underline{C}\ \ 0\,) \tag{7.165}$$

控制律变为

$$u=K_0x_{30}+K_{\rm r}r-(\,K_{\rm c1}\ \ K_{\rm c2}\ \ K_{\rm c3}\ \ -K_{\rm l}\,)\underline{\hat{x}}_{\rm l} \tag{7.166}$$

7.4.5 速度控制器仿真

为说明控制器可用于实际条件下, 可将其放在比设计时所用模型更详细、更复杂的车辆模型环境中仿真。更重要的是, 仿真测试时可引入实际条件中较难产生的干扰输入, 例如来自挂车的脉冲干扰。

基于传动系简化模型设计的控制律, 现放在更复杂的非线性模型中 (见 7.1 节) 进行仿真验证。同时, 该仿真也用来研究 7.4.4 节中所讨论的传感器信号选择的影响效果。仿真条件详见图 7.46, 采用**非线性离合器–驱动轴模型** [式 (7.73)~式 (7.75)] 作为车辆传动系模型, 在负荷和速度已知的平衡点处, 通过模型方程可求得其稳态值。

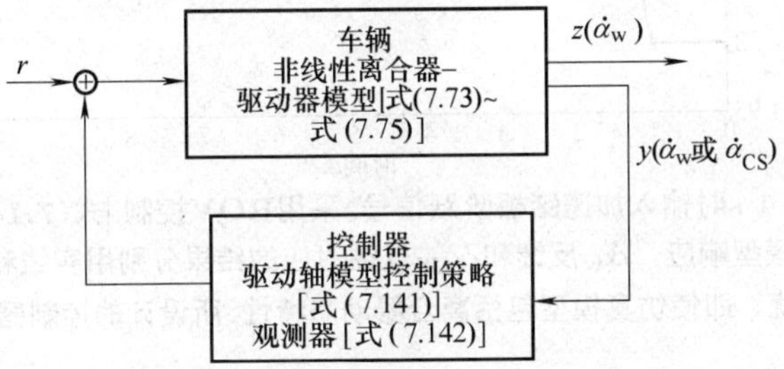

图7.46 仿真设置时, 为证明其可行性, 基于驱动轴模型设计的控制器将采用非线性离合器–驱动轴模型来仿真。

控制器基于前文推导的**驱动轴模型**设计。观测器 [式 (7.142)] 的输入选择轮速或发动机转速, 由$\beta=0$时的控制律 [式 (7.141)] 求得控制信号。

此处仍采用示例 7.2(Example 7.2) 进行仿真 (即速度阶跃响应), 其中考虑负荷的干扰。仿真的静态点如下:

$$\dot{\alpha}_{\rm w}=2,\quad l=3\ 000\Rightarrow x_0=(\,0.048\ 2\ \ 119\ \ 2.00\,)^{\rm T},\quad u_0=109 \tag{7.167}$$

上式推导采用了式 (7.117) 和式 (7.118), 期望的目标速度值$\dot{\alpha}_{\rm w}=2.3$ rad/s。稳态时离合器传递的转矩值$u_0=109$ N·m, 这表明离合器扭转角在非线性的高刚度区域 ($\alpha_{\rm o1}\leqslant\alpha_{\rm c}\leqslant\alpha_{\rm c2}$), 如图 7.18 所示。然而, 当离合器转矩较小时 ($\alpha_{\rm c}\leqslant\alpha_{\rm c1}$), 其非线性会导致极限环振动[8]。例如, 当卡车下坡行驶时, 传动系负荷与其摩擦力矩差不多大, 离合器转矩值就较小, 这就可能出现传动系极限环振动。但此处不讨论该现象。在$t=6$ s 时, 模拟负荷的方波脉冲干扰信号 (脉宽为 0.1 s, 纵坐标为 1 200 N·m), 该值将叠加到式 (7.87) 中的负荷上。

进行非线性模型仿真时, 适当调整微分方程 [式 (7.73)~式 (7.75)], 使对应各系统状态方程的系数差不多大。采用 Runge Kutta 法[118]小步长计算, 以体现模型的非线性效果。

仿真结果如图 7.47~图 7.49 所示, 将其同图 7.40(相同的控制律用在**驱动轴模型**中) 进行对比。由图可见, 控制器并没有因为设计时的模型简化而受严重影响, 在更详细的非线性模型中仍具有较好的性能。如图 7.49 所示, 离合器扭转角根本没有进入非线性低刚度区域$\alpha_c \leqslant \alpha_{c1}$, 故可忽略其非线性。当采用轮速信号反馈时, 可更好地抑制脉冲负荷干扰, 这证实了 7.4.4 节所讨论的结果。

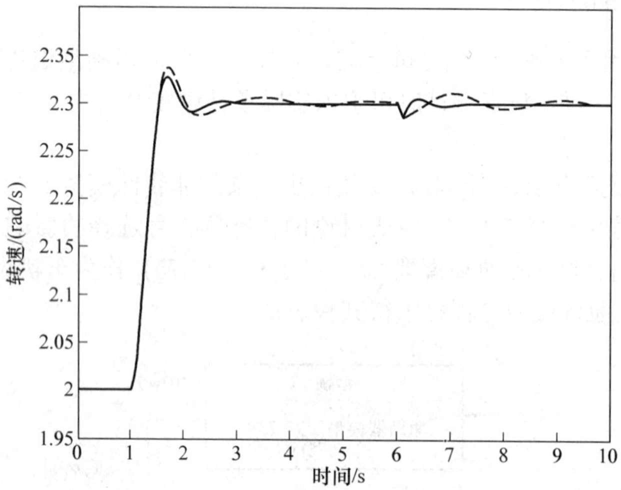

图7.47 1挡条件下, 在$t = 1$ s时输入加速踏板阶跃信号, 采用RQV控制 [式(7.141)], 基于驱动轴模型设计) 时的非线性离合器–驱动轴模型响应。$\dot{\alpha}_W$反馈和$\dot{\alpha}_{CS}$反馈对应的结果分别用实线和虚线表示。在$t = 6$ s时, 负荷出现一个脉冲干扰。即使仿真模型包括离合器动态特性, 所设计的控制器仍具有较好的性能。

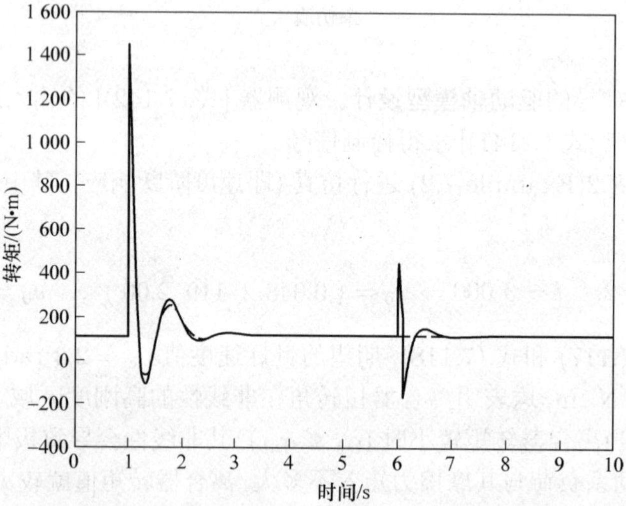

图7.48 对应于图7.47的控制信号。在$t = 1$ s时输入加速踏板阶跃信号, 两种传感器信号反馈方案差别不大。然而, 不同于发动机转速信号反馈情形, 当采用轮速信号反馈时,$t = 6$ s时的脉冲负荷干扰产生一个控制信号, 以抑制干扰的影响。

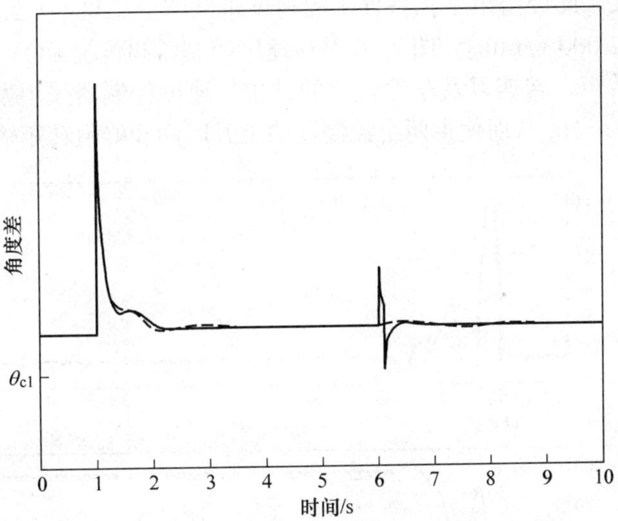

图7.49 对应于图7.47的离合器角度差。由于离合器根本没有进入非线性低刚度区域$\alpha_c \leqslant \alpha_{c1}$，故可忽略其非线性。

7.4.6 速度控制器测试

下面通过测试来说明该方法可实际应用于重型卡车。此外, 7.3 节中对柴油机所作简化 (转矩平稳性以及动态响应方面) 的合理性也将通过实车测试来体现。

应用前文控制器和观测器时, 先要对其离散化。依据测试信号获得的实际限制条件, 调整其控制参数。采用发动机转速阶跃测试, 将控制器与传统 RQV 调速器结果进行对比。

每一步长采用的控制算法如下所示。

Model 7.6 控制算法

① 读取发动机转速$\dot{\alpha}_{CS}$及其温度ϑ_e。

② 计算发动机摩擦力矩$T_{fric,e}(\dot{\alpha}_{CS}, \vartheta_e)$。根据转速及温度, 从 Map 图中通过插值求得摩擦力矩值 (如 7.1.4 节所述)。

③ 读取发动机转矩T_e以及作为观测器输入的变量 (发动机转速$\dot{\alpha}_{CS}$或者轮速$\dot{\alpha}_w$)。

④ 计算控制信号$u_k = (T_e - T_{fric,e}(\dot{\alpha}_{CS}, \vartheta_e))$, 更新观测器方程。

⑤ 读取速度参考值r_k, 用控制律算出新的控制输入信号u_{k+1}。

⑥ 新的控制信号加上发动机摩擦力矩后即为需求的发动机转矩, 将其发送到发动机控制单元。

上述算法的重复频率跟观测器输入变量的采样频率相同, 当采用发动机转速信号反馈时, 该频率为 50 Hz。测量变量详见表 7.1。下文将根据传感器特性所决定的实际限制条件, 对该控制算法进行参数调整。

测试路面接近于水平, 每次测试只朝同一个方向行驶, 确保多次测试间不存在坡度差异。由于主要针对低挡条件测试, 车速较低, 空气阻力影响较小。每次测试时, 由计算机计算速度参考值, 保证测试条件一致。此处给出 1 挡条件下的速度阶跃响应结果 (从 2.1 rad/s 到 3.6 rad/s, 即约 1 200 r/min 到 2 000 r/min)。图 7.50 对该速度控制器和传统 RQV 调速器结果进行了对比, 其中包括发动机转矩、转速以及车轮转速的结果。速度控制器采用发动机转速反馈,RQV 控制器的增益选为$K_{\mathrm{p}} = 50$, 从而使得两个控制器的上升时间和峰值转矩输出几乎相等。

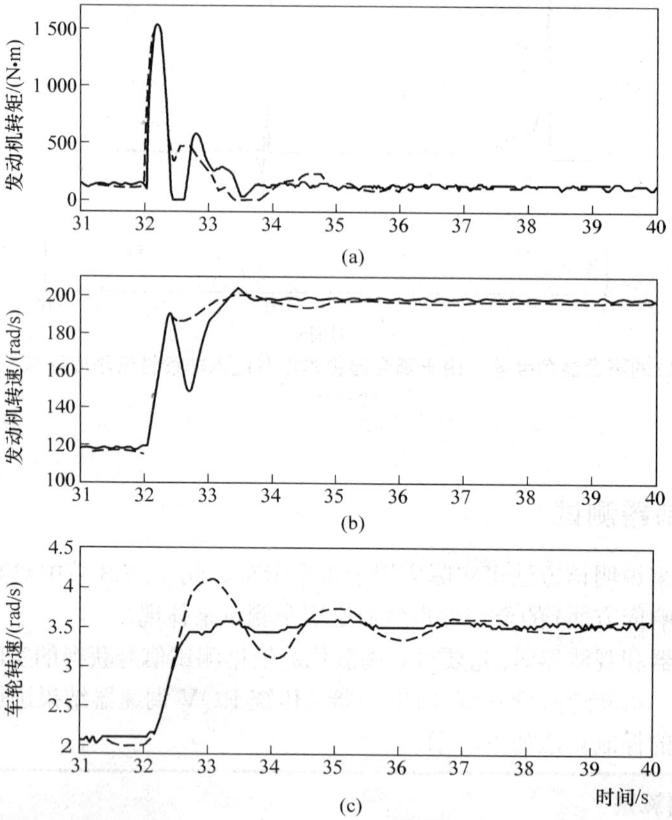

图7.50 在$t = 32$ s时输入加速踏板阶跃信号, 传统RQV控制时 ($K_{\mathrm{p}} = 50$) 的结果用虚线表示, 采用主动衰减和发动机转速反馈时的结果用实线表示。在$t = 32.5$ s后, 两种控制方案的结果出现不同。采用速度控制器时, 发动机转矩方向与转速波动的方向相反, 从而大幅减小波动。

采用 RQV 控制时, 发动机转速达到期望值, 但是与仿真结果一样, 轮速会出现波动。基于主动衰减的速度控制器可大幅衰减掉车轮转速波动, 这意味着: 通过控制发动机转矩, 使发动机转矩方向与转速波动的方向相反, 虽然这会导致发动机转速出现波动, 如图 7.50 所示。因此, 这表明: 简化的模型结构 (即**驱动轴模型**) 已足够用于控制设计, 即使存在与速度相关的非线性限制 (最大转矩限制) 时, 所设计的控制器仍具有鲁棒性。此外, 这也说明关于发动机转矩和喷油量之间的静态传递函数假设是合理的。

7.4.7 总结

RQV 控制是柴油机上采用的传统调速方式, 当车辆上坡或下坡行驶时, 由于其特殊的驾驶特性, 会存在与负荷相关的速度静态误差。由于车轮转速波动得不到主动衰减, 导致车辆行驶发抖。当控制增益增加时, 车轮转速波动加剧, 而发动机转速则可得到足够衰减。

所设计的速度控制是柴油机传统调速方法的功能扩展, 在其基础上通过发动机控制来衰减车轮转速的波动。推导控制器算法时采用考虑驱动轴弹性的简化线性传动系模型, 重型卡车实车测试结果表明, 该控制器可大幅降低车轮转速波动。

单体泵柴油机的上升时间较短, 因此可以快速控制传动系的一阶共振模态。这表明: 用于控制器设计的发动机转矩静态 Map 图 (表示喷油量和转矩的关系) 和发动机摩擦力矩模型 (随转速、温度的变化关系) 具有足够的精度。

设计控制器时, 本节采用了 LQG/LTR 法。研究表明, 开环极点可用控制器来抵消。由于采用发动机转速信号反馈时, 开环传递函数具有共振零点对, 这点尤其关键。结果显示, 该零点对变为从负荷干扰到车轮转速间传递函数的极点。因此, 采用发动机转速反馈时, 负荷干扰得不到充分抑制 (见图 7.42)。而当采用车轮转速反馈控制时, 没有抵消共振开环极点, 负荷干扰得到更好的抑制。研究表明, 在测量干扰的抑制方面, 采用发动机转速反馈控制好于车轮转速反馈控制, 挡位越低, 这个效果越显著。

综上所述, 使用速度控制器可在减少行驶发抖的同时改善行驶响应, 并提高车辆的动力性和驱动能力。

7.5 传动系换挡控制

如 7.3 节所述, 采用发动机控制可实现快速换挡, 且不存在离合器逐渐过渡到零转矩状态的滑磨过程。这其实是通过控制传动系内部转矩来实现的。本节将基于变速器内部传递转矩模型, 推导出控制策略。控制目标也可以采用其他内部转矩 (如驱动轴转矩), 但本章仅在最后小节对其讨论。为换入空挡, 换挡时变速器内部转矩应为零。下面先详细研究其动态特性, 然后设计变速器转矩控制器, 将内部转矩估计值控制到零值 (由发动机控制来消除传动系共振)。接着, 对每一挡位上特定的动态特性进行描述并加以补偿。

7.5.1 节先建立变速器模型, 其传递的转矩是**驱动轴模型**中的系统状态变量和控制信号的函数。针对 7.3 节给出的控制目标, 7.5.2 节给出换挡控制目标的数学表述, 在 7.5.3 节中讨论目标函数 (代价函数) 最小化。反馈控制中传感器信号选择的影响、控制器仿真和实车测试结果将在随后讨论。

7.5.1 传动系内部转矩

传动系内部转矩的定义可有多种。为实现“不采用离合器而换入空挡”, 很自然会将“变速器内部传递的转矩最小化”作为控制目标。下面将推导该转矩 (下文称为“变速器转矩”) 的表达式, 将其表示为状态变量和控制信号的函数。

1. 变速器转矩

换挡控制器的性能输出z是变速器内部齿轮间传递的转矩。图 7.51 给出了一个简化的变速器模型。输入轴和输出轴各连接一个阻尼单元, 其阻尼系数分别为d_{t1}和d_{t2}。输入轴末端上的齿轮与输出轴齿轮相啮合, 如 7.1 节所述, 两者间的传动比为$i_{\rm t}$。

根据牛顿第二运动定律, 变速器模型可用如下两式表示:

$$J_{\rm t1}\ddot{\alpha}_{\rm c} = T_{\rm t} - d_{\rm t1}\dot{\alpha}_{\rm c} - z \tag{7.168}$$

$$J_{\rm t2}\ddot{\alpha}_{\rm t} = i_{\rm t}z - d_{\rm t2}\dot{\alpha}_{\rm t} - T_{\rm p} \tag{7.169}$$

针对 7.1 节推导的三个传动系模型, 下面将分别给出变速器转矩的表达式。推导过程中, 对描述变速器部件的未知参数将采用一定的假设。

(1) **驱动轴模型**中的变速器转矩

驱动轴模型方程如式 (7.43) 和式 (7.44) 所示。在其基础上, 结合图 7.51 所示的模型, 可得变速器转矩的表达式。根据式 (7.1) 中的发动机转动方程

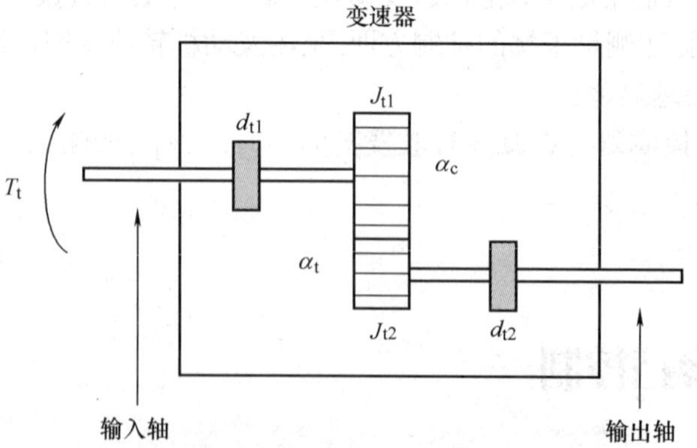

图7.51 包括两个齿轮的变速器简化模型, 其传动比为$i_{\rm t}$。两个齿轮分别与输入轴、输出轴相连, 两者传递的转矩即为变速器内部转矩z。

$$J_{\rm e}\ddot{\alpha}_{\rm CS} = T_{\rm e} - T_{\rm fric,e} - T_{\rm c} \tag{7.170}$$

结合式 (7.30)

$$T_{\rm c} = T_{\rm t}, \quad \alpha_{\rm CS} = \alpha_{\rm c} \tag{7.171}$$

式 (7.168) 可写成发动机曲轴转速的形式:

$$(J_{\rm e} + J_{\rm t1})\ddot{\alpha}_{\rm CS} = T_{\rm e} - T_{\rm fric,e} - d_{\rm t1}\dot{\alpha}_{\rm CS} - z \tag{7.172}$$

为采用系统状态变量来表示性能输出, 要把$\dot{\alpha}_{\rm CS}$(它不是状态变量) 替换掉。根据式 (7.43)(描述**驱动轴模型**的方程之一), 即

$$\begin{aligned}(J_{\rm e} + J_{\rm t}/i_{\rm t}^2 + J_{\rm f}/i_{\rm t}^2 i_{\rm f}^2)\ddot{\alpha}_{\rm CS} =& T_{\rm e} - T_{\rm fric,e} - (d_{\rm t}/i_{\rm t}^2 + d_{\rm f}/i_{\rm t}^2 i_{\rm f}^2)\dot{\alpha}_{\rm CS} \\ &- k(\alpha_{\rm CS}/i_{\rm t}i_{\rm f} - \alpha_{\rm w})/i_{\rm t}i_{\rm f} \\ &- d(\dot{\alpha}_{\rm CS}/i_{\rm t}i_{\rm f} - \dot{\alpha}_{\rm w})/i_{\rm t}i_{\rm f}\end{aligned} \tag{7.173}$$

联合$u = T_{\rm e} - T_{\rm fric,e}$可得

$$\begin{aligned}u - d_{\rm t1}\dot{\alpha}_{\rm CS} - z =& \frac{J_{\rm e} + J_{\rm t1}}{J_{\rm e} + J_{\rm t}/i_{\rm t}^2 + J_{\rm f}/i_{\rm t}^2 i_{\rm f}^2}[u - (d_{\rm t}/i_{\rm t}^2 + d_{\rm f}/i_{\rm t}^2 i_{\rm f}^2)\dot{\alpha}_{\rm CS} \\ &- k(\alpha_{\rm CS}/i_{\rm t}i_{\rm f} - \alpha_{\rm w})/i_{\rm t}i_{\rm f} - d(\dot{\alpha}_{\rm CS}/i_{\rm t}i_{\rm f} - \dot{\alpha}_{\rm w})/i_{\rm t}i_{\rm f}]\end{aligned} \tag{7.174}$$

根据式 (7.79)~式 (7.82) 中的系统状态方程描述, 整理上式可得如下模型。

Model 7.7 驱动轴模型中的变速器转矩

$$z = \underline{M}\,\underline{x} + Du \tag{7.175}$$

$$\underline{M}^{\mathrm{T}} = \begin{pmatrix} \dfrac{(J_{\mathrm{e}} + J_{\mathrm{t1}})k}{J_1 i} \\ \dfrac{J_{\mathrm{e}} + J_{\mathrm{t1}}}{J_1}(d_1 + d/i^2) - d_{\mathrm{t1}} \\ -\dfrac{(J_{\mathrm{e}} + J_{\mathrm{t1}})d}{J_1 i} \end{pmatrix}$$

$$D = 1 - \frac{J_{\mathrm{e}} + J_{\mathrm{t1}}}{J_1}$$

性能输出z(即变速器转矩) 写为**驱动轴模型**状态变量和控制输入信号的函数, 其中部分变量符号含义同式 (7.82)。

式 (7.175) 中的未知参数包括$J_{\mathrm{e}} + J_{\mathrm{t1}}$和$d_{\mathrm{t1}}$项, 其他参数的估计见 7.1 节。估计这些未知参数时, 可根据空挡条件将**驱动轴模型**解耦为两个模型。由此可得包含发动机、离合器以及变速器输入轴在内的模型, 其性能输出为$z = 0$。通过空挡测试, 可估计出未知参数的值, 这在 7.2 节中有详细讨论。

在 7.1 节中推导**驱动轴模型**时, 没有包含性能输出z。根据式 (7.168)、式 (7.169)、式 (7.171), 消去z可得变速器方程为

$$(J_{\mathrm{t1}} i_{\mathrm{t}}^2 + J_{\mathrm{t2}})\ddot{\alpha}_{\mathrm{CS}} = i_{\mathrm{t}}^2 T_{\mathrm{c}} - i_{\mathrm{t}} T_{\mathrm{p}} - (d_{\mathrm{t1}} i_{\mathrm{t}}^2 + d_{\mathrm{t2}})\dot{\alpha}_{\mathrm{CS}} \tag{7.176}$$

将其与 7.1 节中的式 (7.33) 对比

$$J_{\mathrm{t}}\ddot{\alpha}_{\mathrm{CS}} = i_{\mathrm{t}}^2 T_{\mathrm{c}} - d_{\mathrm{t}}\dot{\alpha}_{\mathrm{CS}} - i_{\mathrm{t}} T_{\mathrm{p}} \tag{7.177}$$

即得如下方程

$$J_{\mathrm{t}} = i_{\mathrm{t}}^2 J_{\mathrm{t1}} + J_{\mathrm{t2}} \tag{7.178}$$

$$d_{\mathrm{t}} = i_{\mathrm{t}}^2 d_{\mathrm{t1}} + d_{\mathrm{t2}} \tag{7.179}$$

为进一步研究变速器转矩的控制和估计, 下面给定这些未知参数。假设换挡时变速器存在如下关系式:

$$\begin{aligned} J_{\mathrm{t1}} &= J_{\mathrm{t2}} \\ d_{\mathrm{t1}} &= d_{\mathrm{t2}} \end{aligned} \tag{7.180}$$

在 7.5.6 节中将详细讨论这些参数。利用上式, 可将式 (7.178) 和式 (7.179) 写成

$$J_{\mathrm{t1}} = \frac{J_{\mathrm{t}}}{1 + i_{\mathrm{t}}^2} \tag{7.181}$$

$$d_{\mathrm{t1}} = \frac{d_{\mathrm{t}}}{1 + i_{\mathrm{t}}^2} \tag{7.182}$$

在 7.1 节中已对如下参数项进行了估计:

$$J_1 = J_e + J_t/i_t^2 + J_f/i_t^2 i_f^2 \tag{7.183}$$

$$d_1 = d_t/i_t^2 + d_f/i_t^2 i_f^2 \tag{7.184}$$

式中, 变量符号可参见式 (7.82) 中的状态空间描述。由式 (7.181) 和式 (7.183), 可将$J_e + J_{t1}$项表示如下:

$$\begin{aligned} J_e + J_{t1} &= J_e + \frac{J_t}{1+i_t^2} = J_e + \frac{i_t^2}{1+i_t^2}(J_1 - J_e - J_f/i_t^2 i_f^2) \\ &= J_e\frac{1}{1+i_t^2} + J_1\frac{i_t^2}{1+i_t^2} - J_f\frac{1}{i_f^2(1+i_t^2)} \end{aligned} \tag{7.185}$$

由式 (7.182) 和式 (7.184), 可将d_{t1}项表示如下:

$$d_{t1} = \frac{d_t}{1+i_t^2} = \frac{i_t^2}{1+i_t^2}(d_1 - d_f/i_t^2 i_f^2) \tag{7.186}$$

低挡时i_t较大, 又由于J_1、d_1各比J_f、d_f大得多, 近似有

$$J_e + J_{t1} \approx J_1\frac{i_t^2}{1+i_t^2} \tag{7.187}$$

$$d_{t1} \approx d_1\frac{i_t^2}{1+i_t^2} \tag{7.188}$$

(2) **离合器–驱动轴模型**中的变速器转矩

推导离合器–驱动轴模型中的性能输出时, 将式 (7.168) 中的T_t用式 (7.62) 代替, 则有

$$T_c = T_t = k_c(\alpha_{CS} - \alpha_t i_t) + d_c(\dot{\alpha}_{CS} - \dot{\alpha}_t i_t) \tag{7.189}$$

则性能输出即为

$$z = k_c(\alpha_{CS} - \alpha_t i_t) + d_c(\dot{\alpha}_{CS} - \dot{\alpha}_t i_t) - d_{t1} i_t \dot{\alpha}_t - J_{t1} i_t \ddot{\alpha}_t \tag{7.190}$$

根据式 (7.68) 写成状态变量如下式, 整理后可得模型 7.8。

$$\begin{aligned} (J_t + J_f/i_f^2)\ddot{\alpha}_t =& i_t[k_c(\alpha_{CS} - \alpha_t i_t) + d_c(\dot{\alpha}_{CS} - \dot{\alpha}_t i_t)] \\ & - (d_t + d_f/i_f^2)\dot{\alpha}_t - \frac{1}{i_f}[k_d(\alpha_t/i_f - \alpha_w) + d_d(\dot{\alpha}_t/i_f - \dot{\alpha}_w)] \end{aligned} \tag{7.191}$$

Model 7.8 离合器–驱动轴模型中的变速器转矩

$$z = \underline{M}\,\underline{x} \tag{7.192}$$

$$\underline{M}^{\mathrm{T}} = \begin{pmatrix} k_c(1 - \dfrac{J_{t1} i_t^2}{J_2}) \\ \dfrac{J_{t1} i_t k_d}{J_2 i_f} \\ d_c(1 - \dfrac{J_{t1} i_t^2}{J_2}) \\ \dfrac{J_{t1} i_t^2}{J_2}(i_t^2 d_c + d_2 + d_d/i_f^2) - d_c i_t - d_{t1} i_t \\ -\dfrac{J_{t1} i_t d_d}{J_2 i_f} \end{pmatrix}$$

其中, 状态变量以及各变量符号与式 (7.83)~式 (7.86) 相同。

在 7.1 节中, 已估计得到如下参数项:

$$J_2 = J_t + J_f/i_f^2 \tag{7.193}$$

$$d_2 = d_t + d_f/i_f^2 \tag{7.194}$$

根据式 (7.181)、式 (7.182)、式 (7.193) 和式 (7.194),J_{t1}和d_{t1}可写为如下形式:

$$J_{t1} = \frac{i_t^2}{1+i_t^2}(J_2 - J_f/i_f^2) \tag{7.195}$$

$$d_{t1} = \frac{i_t^2}{1+i_t^2}(d_2 - d_f/i_f^2) \tag{7.196}$$

由于J_1、d_1各比J_f、d_f大得多, 近似有

$$J_{t1} \approx \frac{i_t^2}{1+i_t^2}J_2 \tag{7.197}$$

$$d_{t1} \approx \frac{i_t^2}{1+i_t^2}d_2 \tag{7.198}$$

(3) **非线性离合器–驱动轴模型**中的变速器转矩

类似于**离合器–驱动轴模型**中性能输出的推导过程, 将式 (7.189) 用下式代替:

$$T_c = T_t = T_{k_c}(\alpha_{CS} - \alpha_t i_t) + d_c(\dot{\alpha}_{CS} - \dot{\alpha}_t i_t) \tag{7.199}$$

其中,T_{k_c}是非线性离合器所传递的转矩, 即式 (7.72) 所描述的。则性能输出可表示如下:

Model 7.9 非线性离合器–驱动轴模型中的变速器转矩

$$z = \begin{pmatrix} T_{k_c} & \dot{\alpha}_t/i_f - \dot{\alpha}_w & \dot{\alpha}_{CS} & \dot{\alpha}_t & \dot{\alpha}_w \end{pmatrix} \begin{pmatrix} 1 - \dfrac{J_{t1}i_t^2}{J_2} \\ \dfrac{J_{t1}i_t k_d}{J_2 i_f} \\ d_c(1 - \dfrac{J_{t1}i_t^2}{J_2}) \\ \dfrac{J_{t1}i_t^2}{J_2}(i_t^2 d_c + d_2 + d_d/i_f^2) - d_c i_t - d_{t1} i_t \\ -\dfrac{J_{t1}i_t d_d}{J_2 i_f} \end{pmatrix} \tag{7.200}$$

上式中未估计的参数, 可采用类似于**离合器–驱动轴模型**中性能输出估计方法得到。

2. 模型对比

图 7.52 给出了 144 L 卡车在 1 挡测试时的变速器转矩结果, 其中加速踏板输入为阶跃信号。计算变速器转矩时,**驱动轴模型**采用式 (7.175),**离合器–驱动轴模型**采用式 (7.192)。性能输出的频域结果如图 7.53 所示。由图可知, 两个模型结果在低频段有差异, 这主要是因为较难估计出 7.1 节中的阻尼系数。高频段的差异则主要是由于模型中离合器特性的差异, 在**离合器–驱动轴模型**中存在第二个共振峰。此外,**离合器–驱动轴模型**的下降率比**驱动轴模型大**。

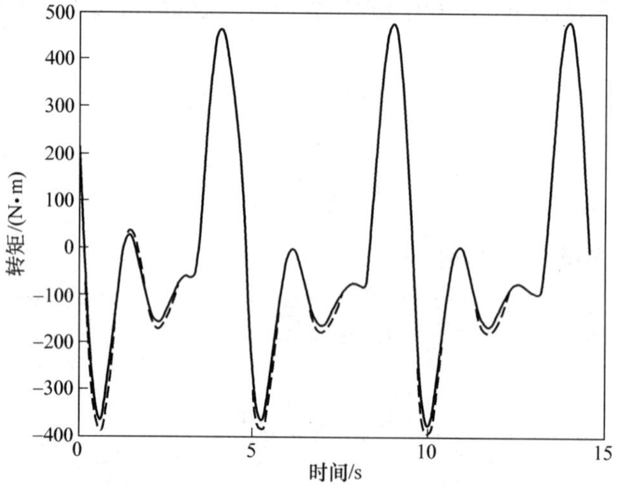

图7.52　144 L卡车加速踏板阶跃输入工况中根据式(7.175)和式(7.192)估计的变速器转矩z。实线对应于驱动轴模型, 虚线对应于离合器–驱动轴模型。

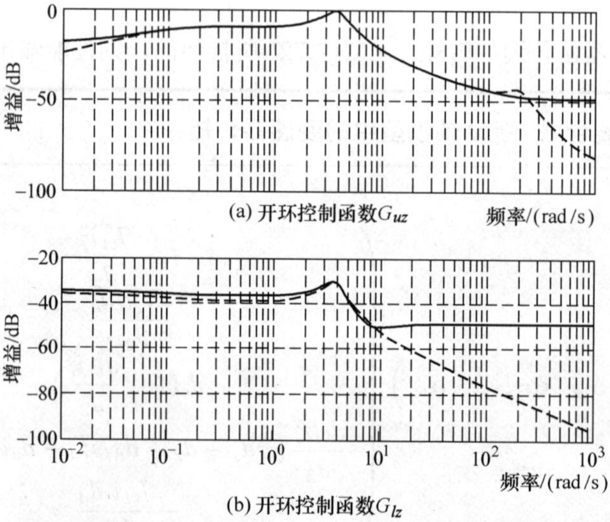

图7.53　控制信号u、负荷l到变速器转矩z的传递函数。实线对应于驱动轴模型, 虚线对应于离合器–驱动轴模型。在离合器–驱动轴模型中, 因为考虑了离合器特性模型, 增加了第二个共振峰。

7.5.2 变速器转矩控制准则

1. 问题表述

控制器要将变速器转矩减到零, 而由发动机控制来衰减传动系共振, 从而实现换挡时的转矩控制阶段 (见 7.3 节) 时间最小化。挂入空挡时, 转矩值不得引起传动系抖动, 对驾驶员的干扰最小, 而且转速同步时间也要实现最小化。此外, 还要降低传动系初始共振以及转矩脉冲干扰 (来自挂车或路面不平度) 对换挡品质的影响。

2. 控制准则

基于**驱动轴模型**, 设计一个状态反馈控制器。根据变速器转矩最小化得出控制准则, 然后通过软件求解控制律实现该目标。

如上换挡问题可描述为: 采用一个可实现的柴油机控制信号u, 使变速器转矩z最小化。因此, 控制准则将包含两项: 第一项z^2用来表示变速器零转矩偏差, 第二项表示控制信号的偏移量 (与$z=0$时的控制输入相比)。

$$\lim_{T\to\infty}\int_0^T z^2+\eta(u-u_{\text{shift}})^2\text{d}t \tag{7.201}$$

通过上式最小化, 控制器将采用发动机控制来衰减传动系共振 (因为z^2最小化), 达到$z=0$。同时, 控制信号相对于u_{shift}的偏移量也得到限制。通过两项准则的折中考虑, 选定参数η。

下面将讨论式 (7.201) 中每项准则的影响, 探讨如何通过两者权衡选定η, 获得一个可行解。

3. 无约束条件下的传动系共振主动衰减

式 (7.201) 的第一项准则为最小化z^2。根据式 (7.175),**驱动轴模型**的性能输出$z=\underline{M}\,\underline{x}+Du$。由于$z$中含控制信号, 且$D$是标量, 采用如下控制律可使$z^2$最小化 ($z=0$)。

$$u=-D^{-1}\underline{M}\,\underline{x} \tag{7.202}$$

上式控制律称为无约束条件下的共振主动衰减, 下例将给出具体说明。

Example 7.3 考虑 7.1 节中的 144 L 卡车, 在 1 挡下以 3 rad/s 的轮速 (车速为 5.4 km/h) 行驶, 负荷力矩为 3 000 N· m(≈ 2%坡度)。在$t=1$ s时进行换挡, 控制器采用式 (7.202) 控制律, 该工况下的变速器转矩、控制信号、发动机转速以及轮速如图 7.54 所示。当$z=0$时, 同时实现了无约束条件下的传动系共振主动衰减。轮速线性下降, 而发动机转速出现振动。

式 (7.202) 所示的无约束传动系共振主动衰减可以实现控制目标, 但发动机无法产生这个过大的控制信号。由图可见, 即使$z=0$可满足, 但轮速下降了, 并没有达到静态点。若该过程持续时间太长, 会延长危险的车辆自由滑行过程。

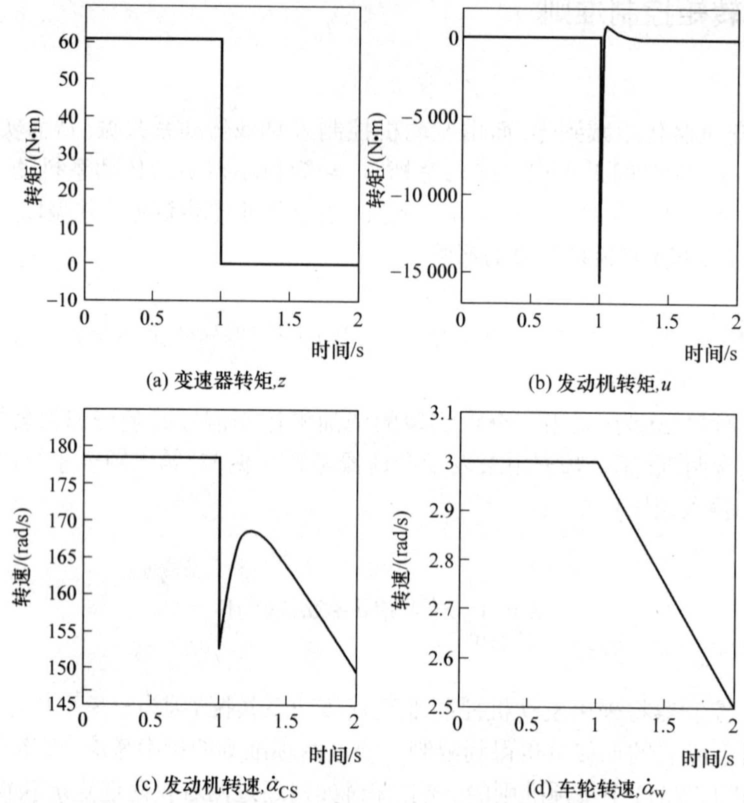

图7.54 驱动轴模型中, 无约束条件下的共振主动衰减。在$t=1$ s时进行换挡, 基于式(7.202)控制律, 控制器计算发动机转矩, 实现变速器转矩为零。传动系共振可得到主动衰减, 但是控制信号太大而无法实现。轮速出现线性下降。

4. 换挡条件

式 (7.201) 的第二项准则为最小化$(u-u_{\rm shift})^2$, 对应控制律为

$$u=u_{\rm shift} \tag{7.203}$$

其中$u_{\rm shift}$为不进行传动系共振主动衰减时, 要实现变速器零转矩所需的控制输入 (发动机转矩)。由刚性传动系模型, 根据$z=0$可求得$u_{\rm shift}$。

根据式 (7.43) 和式 (7.44) 中的**驱动轴模型**, 消去由驱动轴传递的转矩 [即$k\,(\alpha_{\rm CS}/i-\alpha_{\rm w})+c\,(\dot{\alpha}_{\rm CS}/i-\dot{\alpha}_{\rm w})$]。根据刚性假设,$\dot{\alpha}_{\rm CS}=\dot{\alpha}_{\rm w}i$, 可得刚性传动系微分方程为

$$(J_1i+J_2/i)\ddot{\alpha}_{\rm w}=u-(d_1i+d_2/i)\dot{\alpha}_{\rm w}-l/i \tag{7.204}$$

其中变量符号含义见 7.3.4 节。

式 (7.172) 用轮速形式表示为

$$z=u-d_{\rm t1}i\dot{\alpha}_{\rm w}-(J_{\rm e}+J_{\rm t1})i\ddot{\alpha}_{\rm w} \tag{7.205}$$

综合式 (7.204) 和式 (7.205), 刚性传动系的性能输出为

$$z=\left[1-\frac{(J_{\mathrm{e}}+J_{\mathrm{t1}})i^2}{J_1i^2+J_2}\right]u-\left[d_{\mathrm{t1}}i-\frac{(J_{\mathrm{e}}+J_{\mathrm{t1}})i}{J_1i^2+J_2}(d_1i^2+d_2)\right]\dot{\alpha}_{\mathrm{w}}+\frac{(J_{\mathrm{e}}+J_{\mathrm{t1}})i}{J_1i^2+J_2}l \tag{7.206}$$

上式中, 令$z=0$, 即可求得变速器转矩为零时的控制输入。即有

$$\begin{aligned}u_{\mathrm{shift}}(\dot{\alpha}_{\mathrm{w}},l)&=\mu_x\dot{\alpha}_{\mathrm{w}}+\mu_l l\\ \mu_x&=\left[d_{\mathrm{t1}}i-\frac{(J_{\mathrm{e}}+J_{\mathrm{t1}})i}{J_1i^2+J_2}(d_1i^2+d_2)\right]\left[1-\frac{(J_{\mathrm{e}}+J_{\mathrm{t1}})i^2}{J_1i^2+J_2}\right]^{-1}\\ \mu_l&=-\frac{(J_{\mathrm{e}}+J_{\mathrm{t1}})i}{J_1i^2+J_2}\left[1-\frac{(J_{\mathrm{e}}+J_{\mathrm{t1}})i^2}{J_1i^2+J_2}\right]^{-1}\end{aligned} \tag{7.207}$$

上式控制律的目标是使变速器传递零转矩, 故将其称为换挡条件 (gear-shift condition)。下面将用例子说明该控制律的控制性能。

Example 7.4 考虑 144 L 卡车行驶在与 Example 7.3 相同的条件下。由式 (7.117) 和式 (7.118), 求得静态点如下:

$$x_{30}=3, l=3\ 000\Rightarrow x_0=(\ 0.051\ 1\ \ 178\ \ 3.00\ ), u_0=138 \tag{7.208}$$

在$t=1$ s时进行换挡, 控制器采用式 (7.207) 控制律, 该工况下的变速器转矩、控制信号、发动机转速以及轮速如图 7.55 所示。当$z=0$时, 控制信号幅值合理, 但传动系共振未得到衰减。因此, 达到变速器零转矩时所用时间没有最优化。当换挡时传动系存在振动或受到干扰时, 控制性能更差。

5. 综合控制准则

将式 (7.207) 代入式 (7.201), 可得变速器转矩控制器的综合控制准则为

$$\begin{aligned}&\lim_{T\to\infty}\int_0^T z^2+\eta(u-u_{\mathrm{shift}}(\dot{\alpha}_{\mathrm{w}},l))^2\mathrm{d}t\\ =&\lim_{T\to\infty}\int_0^T(\underline{M}\,\underline{x}+Du)^2+\eta(u-\mu_x\dot{\alpha}_{\mathrm{w}}-\mu_l l)^2\mathrm{d}t\end{aligned} \tag{7.209}$$

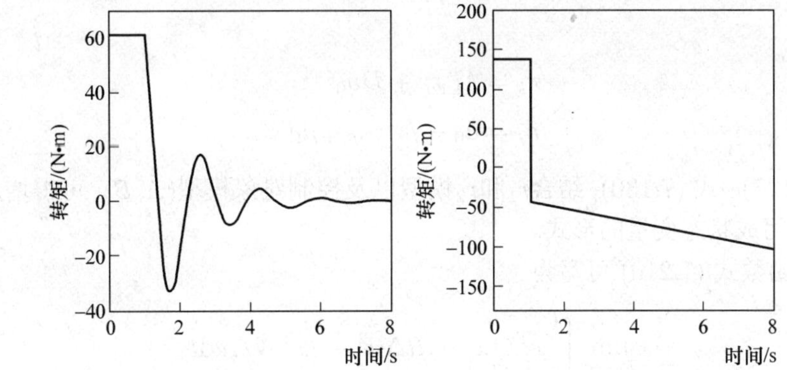

(a) 变速器转矩 z (b) 发动机转矩 u

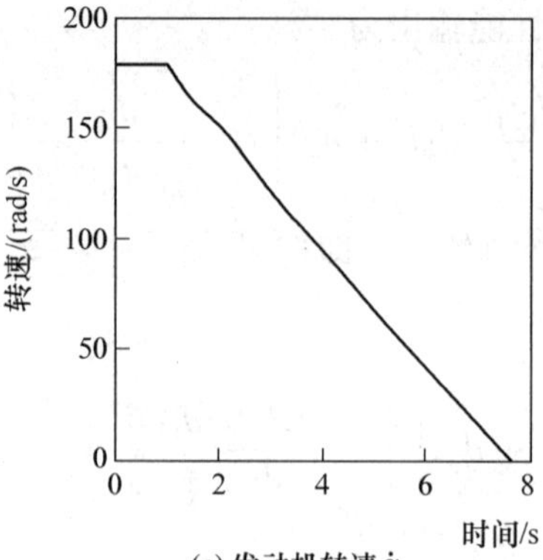

(c) 发动机转速 $\dot{\alpha}_{\text{CS}}$

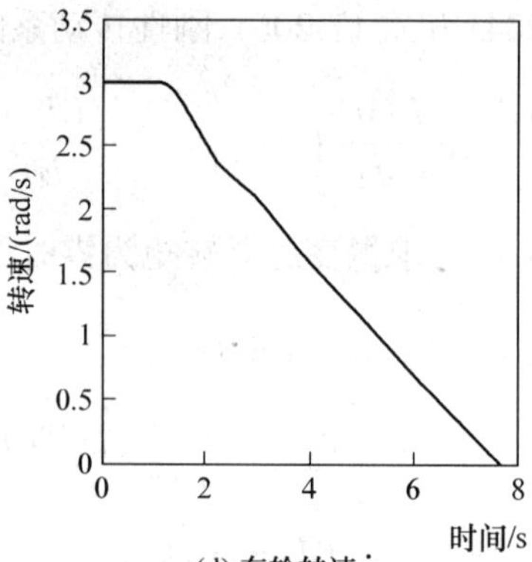

(d) 车轮转速 $\dot{\alpha}_{\text{w}}$

图7.55 根据换挡条件式(7.207)控制的驱动轴模型结果。在$t = 1$ s时进行换挡, 控制信号与转速有关, 其幅值合理, 且可使变速器转矩趋于零。变速器转矩波动没有得到衰减, 会延长达到变速器零转矩时所用的时间。

若传动系为刚性, 代价函数式 (7.209) 中的两项等价。此外, 当代价函数为零时,$z = 0$和$u = u_{\text{shift}}$成立, 由于车速下降, 系统状态并不是静态点。

7.5.3 变速器转矩控制器设计

基于 LQG 法以及现有软件, 本节将依据式 (7.209) 来设计换挡控制器。首先, 通过传动系模型线性化, 将式 (7.209) 写成线性状态变量的形式。由 Riccati 方程求得使式 (7.209) 最小化的状态反馈矩阵。所推导的反馈控制律包含η, 选择该值时要保证足够高带宽, 且控制信号合理。

7.4.3 节中的式 (7.122) 和式 (7.123) 给出了线性化的传动系模型。根据式 (7.123) 将代价函数写成$\Delta \underline{x}$和Δu的形式如下:

$$\begin{aligned}&\lim_{T\to\infty}\int_0^T(\underline{M}\Delta\underline{x}+D\Delta u+\underline{M}\,\underline{x}_0+Du_0)^2\\&\qquad\qquad+\eta(\Delta u-\mu_x\Delta x_3+u_0-\mu_x x_{30}-\mu_l l)^2\mathrm{d}t\\&=\lim_{x\to\infty}\int_0^T(\underline{M}\Delta\underline{x}+D\Delta u+r_1)^2+\eta(\Delta u-\mu_x\Delta x_3+r_2)\mathrm{d}t\end{aligned}\tag{7.210}$$

其中

$$\begin{aligned}r_1&=\underline{M}\,\underline{x}_0+Du_0\\r_2&=u_0-\mu_x x_{30}-\mu_l l\end{aligned}\tag{7.211}$$

根据式 (7.127)~式 (7.130), 结合r_1和r_2模型以及控制对象模型(A, B), 可得增广系统模型。由此可将r_1和r_2写成状态变量的形式。

因此, 代价函数式 (7.210) 可写为

$$\lim_{T\to\infty}\int_0^T\underline{x}_r^{\mathrm{T}}\underline{Q}\,\underline{x}_r+R\Delta u^2+2\underline{x}_r^{\mathrm{T}}N\Delta u\mathrm{d}t\tag{7.212}$$

其中

$$\begin{aligned}\underline{Q} &= (\ \underline{M}\ \ 1\ \ 0\ )^{\mathrm{T}}(\ \underline{M}\ \ 1\ \ 0\ ) + \eta(\ 0\ \ 0\ \ -\mu_x\ \ 0\ \ 1\ )^{\mathrm{T}}(\ 0\ \ 0\ \ -\mu_x\ \ 0\ \ 1\ ) \\ \underline{N} &= (\ \underline{M}\ \ 1\ \ 0\ )^{\mathrm{T}}D + \eta(\ 0\ \ 0\ \ -\mu_x\ \ 0\ \ 1\ )^{\mathrm{T}} \\ R &= D^2 + \eta\end{aligned} \tag{7.213}$$

为使代价函数式 (7.212) 最小化, 状态反馈控制增益为

$$\underline{K}_{\mathrm{c}} = \underline{Q}^{-1}(\underline{B}_{\mathrm{r}}^{\mathrm{T}}P_{\mathrm{c}} + \underline{N}^{\mathrm{T}}) \tag{7.214}$$

其中$\underline{P}_{\mathrm{c}}$是 Riccati 方程式 (7.135) 的可稳解。因此, 控制律为

$$\Delta u = -\underline{K}_{\mathrm{c}}\underline{x}_{\mathrm{r}} = -(\ K_{\mathrm{c1}}\ \ K_{\mathrm{c2}}\ \ K_{\mathrm{c3}}\ )\Delta\underline{x} - K_{\mathrm{c4}}r_1 - K_{\mathrm{c5}}r_2 \tag{7.215}$$

根据式 (7.211) 可得

$$u = K_0x_{30} + K_{\mathrm{l}}l - (\ K_{\mathrm{c1}}\ \ K_{\mathrm{c2}}\ \ K_{\mathrm{c3}}\ )\underline{x} \tag{7.216}$$

其中

$$\begin{aligned}K_0 &= (\ \lambda_x\ \ \delta_x\ \ \mu_x\ )\underline{\Gamma} \\ K_l &= (\ \lambda_{\mathrm{l}}\ \ \delta_{\mathrm{l}}\ \ \mu_{\mathrm{l}}\ )\underline{\Gamma}\end{aligned} \tag{7.217}$$

λ、δ、μ详见式 (7.117)、式 (7.118)、式 (7.207), 而$\underline{\Gamma}$为

$$\underline{\Gamma} = \begin{pmatrix} 1 - K_{\mathrm{c4}}D - K_{\mathrm{c5}} \\ (\ K_{\mathrm{c1}}\ \ K_{\mathrm{c2}}\ \ K_{\mathrm{c3}}\ ) - K_{\mathrm{c4}}M \\ K_{\mathrm{c5}} \end{pmatrix} \tag{7.218}$$

采用式 (7.216) 中的变速器转矩控制器, 可实现式 (7.209) 中的换挡准则, 即采用合理的控制信号实现传动系共振的主动衰减。通过调整参数η, 在无约束传动系主动衰减 [式 (7.202)] 和换挡条件 [式 (7.207)] 之间取得平衡。控制器参数及η的调整将在下例中讨论。

Example 7.5 考虑 144 L 卡车行驶在与 Example 7.3 相同的条件下。式 (7.216) 中的变速器转矩控制器即为

$$u = 2.37 \times 10^{-4}x_{30} - 0.032\,7l - (\ 4.212\,3\ \ 0.020\,7\ \ -1.252\,1\ )\underline{x} \tag{7.219}$$

其中$\eta = 0.03$, $\sigma = 0.000\,1$。采用该控制器时, 可保证相位裕度至少 60°, 幅值裕度无穷大[78]。在$t = 1$ s时进行换挡, 控制器采用式 (7.219) 控制律, 该工况下的变速器转矩、控制信号、发动机转速以及轮速如图 7.56 所示。

由图可知, 当$z = 0$时, 控制信号幅值合理。由于采用发动机控制, 发动机惯性力矩作用方向与转速波动方向相反, 因此传动系共振得到衰减。由于传动系共振得到衰减, 而且挂空挡时的转矩不会导致变速器转速波动, 转矩控制时间和转速同步时间得到了最小化。

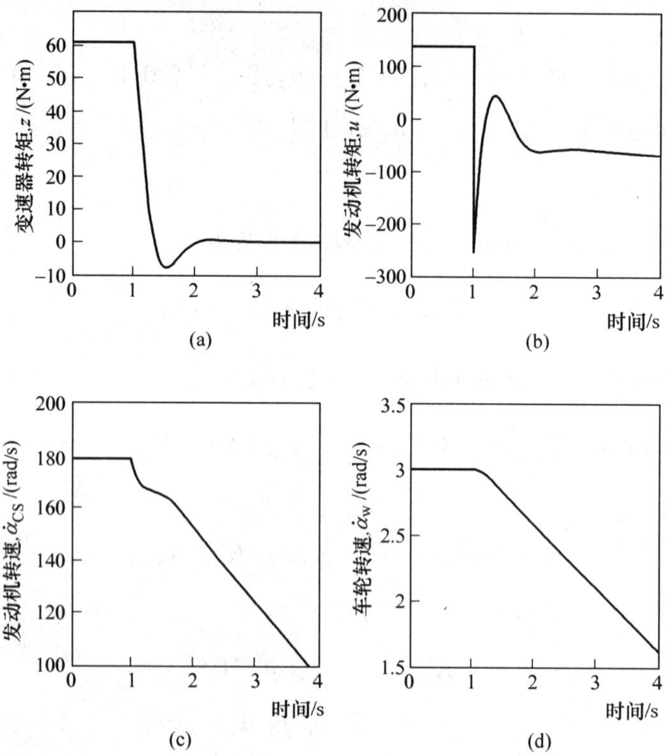

图7.56　根据式(7.209)控制律控制的驱动轴模型结果。在$t=1$ s时进行换挡, 实现变速器转矩为零的控制信号幅值合理, 同时传动系共振得到衰减。

7.5.4　传感器信号选择的影响

前文讨论的变速器转矩控制器采用全状态反馈控制, 即$x_1=\alpha_{CS}/i_t i_f-\alpha_w, x_2=\dot{\alpha}_{CS}, x_3=\dot{\alpha}_w$。轴的扭转角 (例如$x_1$) 一般不采用传感器来测量, 因此需要对未知状态进行观测。本研究中, 观测器的输入信号可以选用发动机转速或者车轮转速。不同的传感器信号选择对应于不同的控制问题, 此处特别讨论一下传感器信号选择对干扰抑制的影响。

采用回路传输恢复 (LTR) 来计算观测器增益[78], 而未知负荷的估计详见 7.4.4 节。

式 (7.216) 中的控制律变为

$$u=K_0x_{30}+K_l l-(\ K_{c1}\ \ K_{c2}\ \ K_{c3}\ )\underline{\hat{x}} \tag{7.220}$$

其中K_0和K_l见式 (7.217)。由 Kalman 滤波器得到状态估计值$\underline{\hat{x}}$

$$\Delta\dot{\underline{\hat{x}}}=\underline{A}\Delta\underline{\hat{x}}+\underline{B}\Delta u+\underline{K}_f(\Delta y-\underline{C}\Delta\underline{\hat{x}}) \tag{7.221}$$

$$\underline{K}_f=\underline{P}_f\underline{C}^T\underline{V}^{-1} \tag{7.222}$$

式中, $\underline{P}_f$可通过求解如下 Riccati 方程 [式 (7.144)] 获得。

如前所述, 采用基于全状态反馈的 LQG 控制器时, 相位裕度φ至少 60°, 幅值裕度a无穷大。这可通过增加ρ来实现, 例如对于 Example 7.5, 可采用如下参数来保证相位裕度要求:

$$\rho_{\mathrm{m}} = 10^4 \Rightarrow \varphi_{\mathrm{m}} = 77.3°, a_{\mathrm{m}} = 2.82 \tag{7.223}$$

$$\rho_{\mathrm{w}} = 10^{11} \Rightarrow \varphi_{\mathrm{w}} = 74.3°, a_{\mathrm{w}} = 2.84 \tag{7.224}$$

1. 负荷干扰的影响

图 7.57 给出了负荷干扰对性能输出和控制信号的影响。7.4.4 节表明, 当速度控制器采用发动机转速反馈时, 共振开环零点成为闭环系统极点。对比而言, 除性能输出式 (7.175) 中的D矩阵不同之外, 变速器转矩控制器的情形也类似。因此, 传递函数DG_{vu}也要加到式 (7.147) 上。根据式 (7.96) 以及矩阵求逆引理, 可得闭环传递函数G_{vu}为

$$(G_{vu})_{\mathrm{cl}} = -\frac{F_y G_{vy}}{1 + F_y G_{uy}} \tag{7.225}$$

式中, 传递函数G_{vu}的分子中含有控制器F_y项。从v到z的闭环传递函数的极点为开环零点。当采用发动机转速 ($\dot{\alpha}_{\mathrm{CS}}$) 反馈控制时, 传递函数$G_{vz}$和$G_{vu}$存在共振峰。

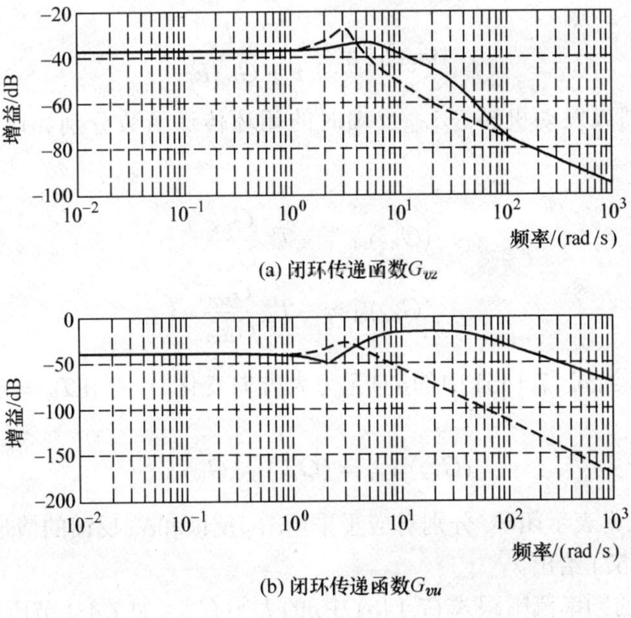

图7.57 从负荷干扰v到控制信号u、轮速z的传递函数。采用$\dot{\alpha}_{\mathrm{w}}$反馈的结果以实线表示, 采用$\dot{\alpha}_{\mathrm{CS}}$反馈的结果以虚线表示。采用$\dot{\alpha}_{\mathrm{CS}}$反馈时, 由于开环零点, 出现了一个共振峰。

2. 测量干扰的影响

测量干扰e的影响见图 7.58。根据式 (7.153), 从e到z的闭环传递函数为

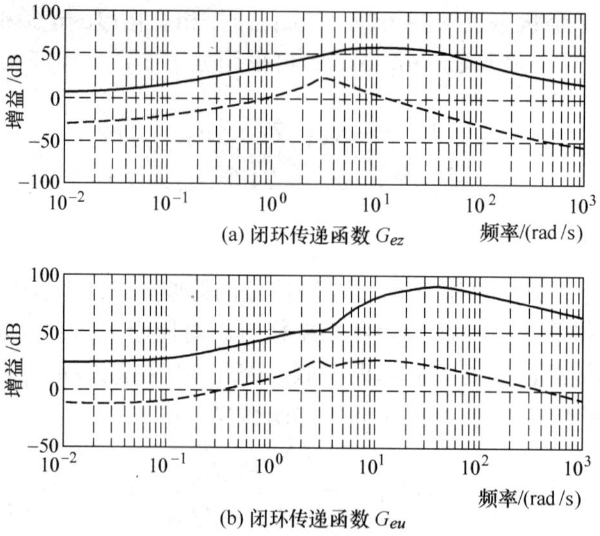

图7.58 从测量噪声e到性能输出z、控制信号u的传递函数。采用$\dot{\alpha}_{\mathrm{w}}$反馈的结果以实线表示，采用$\dot{\alpha}_{\mathrm{CS}}$反馈的结果以虚线表示。两种反馈方案的差异可用动态输出比来描述。挡位越低，效果越明显。

$$(G_{ez})_{\mathrm{cl}} = -\frac{G_{uz}F_y}{1+G_{uy}F_y} \tag{7.226}$$

采用轮速$\dot{\alpha}_{\mathrm{w}}$反馈或发动机转速$\dot{\alpha}_{\mathrm{CS}}$反馈时的闭环传递函数分别如以下两式所示，式中$T_{\mathrm{w}}$和$T_{\mathrm{m}}$见式 (7.154)。

$$(G_{ez})_{\mathrm{cl}} = -T_{\mathrm{w}}\frac{G_{uz}}{G_{uw}} \tag{7.227}$$

$$(G_{ez})_{\mathrm{cl}} = -T_{\mathrm{m}}\frac{G_{uz}}{G_{um}} \tag{7.228}$$

如 7.4.4 节所述，当式 (7.145) 中的ρ向无穷大方向变化时，存在$T_{\mathrm{w}} = T_{\mathrm{m}}$。由式 (7.227) 和式 (7.228) 可得

$$(G_{ez})_{\mathrm{cl,m}} = (G_{ez})_{\mathrm{cl,w}}G_{\mathrm{w/m}} \tag{7.229}$$

式中，下角 cl,m 和 cl,w 表示闭环，分别对应于采用$\dot{\alpha}_{\mathrm{CS}}$反馈和$\dot{\alpha}_{\mathrm{w}}$反馈的情形。动态输出比$G_{\mathrm{w/m}}$见定义 7.1，由式 (7.157) 给出。

使$T_{\mathrm{w}} = T_{\mathrm{m}}$成立的频率范围跟式 (7.145) 中$\rho$的大小有关，如 7.4.4 节所述。针对两种反馈信号选择方案，图 7.59 给出了灵敏度 [式 (7.159)] 和补灵敏度函数T_{w}和T_{m}，见式 (7.154)。

由图可见，在10 rad/s(≈ 1.6 Hz) 范围内，都有$T_{\mathrm{w}} = T_{\mathrm{m}}$。采用不同反馈信号时，高频下降率不同，这是由于它们各自开环传递函数的相对阶不同。G_{uw}相对阶为 2，而G_{um}相对阶仅为 1，因此T_{w}的下降率要大于T_{m}。

因此，可用动态输出比$G_{\mathrm{w/m}}$来描述由反馈信号选择决定的G_{ez}差异。在低频段的差别跟传动系变速比有关，低挡位时这种效果更加显著。

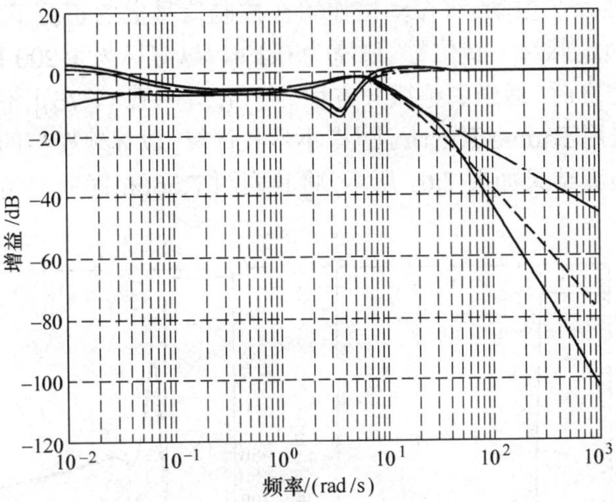

图7.59 灵敏度函数$\boldsymbol{S}$和补灵敏度函数$\boldsymbol{T}$。点画线表示所有状态均可测。当只能测量一个转速时，采用$\dot{\alpha}_{\mathrm{w}}$反馈的结果以实线表示，采用$\dot{\alpha}_{\mathrm{CS}}$反馈的结果以虚线表示。

7.5.5 换挡控制器仿真

类似于 7.4.5 节中的速度控制器讨论部分，为说明控制器可用于实际，将其放在比设计所用模型更复杂的车辆模型环境中仿真。测试时也引入实际条件中较难产生的干扰输入。此处将如上设计的控制律放在**非线性离合器–驱动轴模型** (图 7.60) 中进行仿真验证。同时，该仿真也用来研究 7.5.4 节中所讨论的不同传感器信号选择的影响效果。

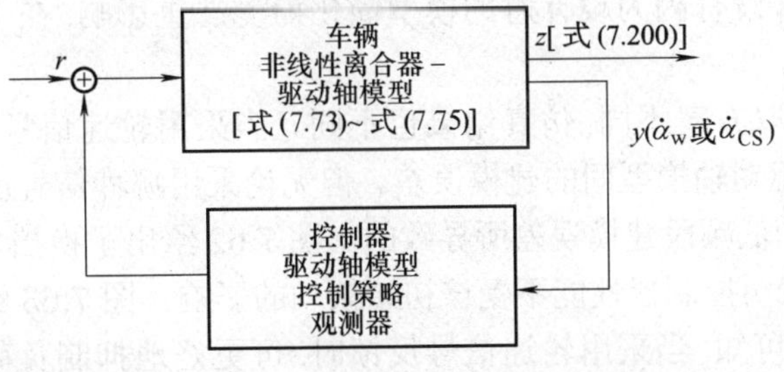

图7.60 仿真设置时，为证明其可行性，基于驱动轴模型设计的控制器采用非线性离合器–驱动轴模型来仿真。

非线性离合器–驱动轴模型见式 (7.73)~式 (7.75)。在平衡点处，负荷和速度已知，通过模型方程可求得其稳态值。根据参数关系式 (7.180)，变速器转矩计算如式 (7.200) 所示。

变速器转矩控制器基于前文推导的**驱动轴模型**设计。选择轮速或发动机转速作为观测器 [式 (7.221)] 的输入，由控制律 [式 (7.220)] 求得控制信号。

此处采用示例 7.5 中的工况进行仿真，行驶车速为 5.4 km/h(对应轮速为 3 rad/s)，负荷力矩为$l=3\,000$ N· m。当$t=2$ s 时，给出换挡指令。第一次仿真中没有考虑负荷；第二次仿真中，换挡之前传动系就已经存在振动，该振动由作用在控制信号上的正弦干扰引起；在第三次换挡仿真中，$t=3$ s 时出现负荷脉冲干扰信号 (脉宽为 0.1 s、纵坐标为 1 200 N· m 的方波)。

进行非线性模型仿真时，适当调整微分方程 [式 (7.74)~式 (7.76)]，使对应于各系统状态的方程系数差不多大。采用 Runge Kutta 法[118]小步长计算，以体现模型的非线性效果。

无干扰条件下的仿真结果如图 7.61 所示，将其同图 7.56(相同的控制律用在**驱动轴模型**中) 进行对比。

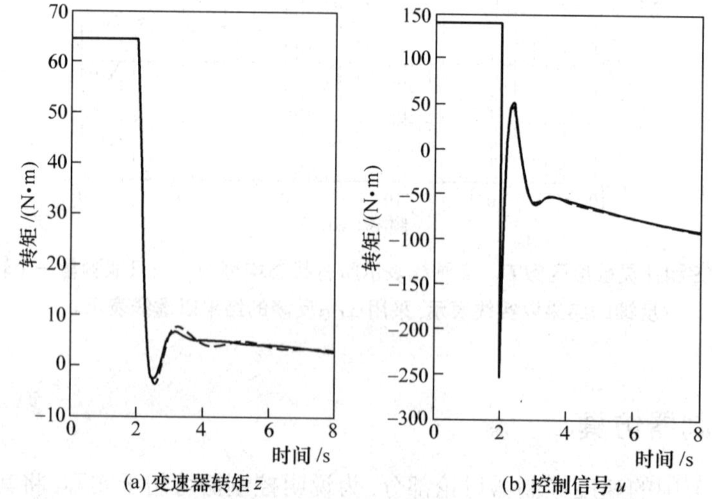

图7.61 观测器和控制器均基于驱动轴模型设计，仿真采用非线性离合器–驱动轴模型时的结果。(在 $t=1$ s 时开始换挡)。$\dot{\alpha}_{\rm w}$反馈和$\dot{\alpha}_{\rm CS}$反馈对应的结果分别用实线和虚线表示。即使仿真模型包括离合器动态特性，所设计的控制器仍具有较好的性能。

由图可见，控制器并没有因为设计时的模型简化而受严重影响，在考虑更详细的非线性模型中仍具有较好的性能。

根据反馈信号的选取方案不同，仿真结果也不同。当采用轮速信号反馈时，可更好地处理**驱动轴模型**和**离合器–驱动轴模型**间的建模误差。但无论采用哪种信号反馈，都无法实现$z=0$，这是由 7.5.1 节中讨论的低频段建模误差所导致的。图 7.62 给出了换挡前就存在传动系振动条件下的仿真结果，该图表明控制器性能不受该初始振动的影响。图 7.63 给出了存在负荷干扰条件下的仿真结果。由图可知，当采用轮速信号反馈时，可更好地抑制负荷干扰，这证实了 7.5.4 节所讨论的结果。

7.5.6 换挡控制器测试

下面简要地给出一些测试结果，以表明控制器的实际应用效果。传动系内部转矩控制的目标是要将驱动轴扭转角减小到零，因为根据 7.1 节，驱动轴是传动系弹性的主要部件。若忽略变速器的动态特性，当该扭转角小时，可以认为变速器转矩也很小。

应用前文设计的控制器和观测器之前，先要对其离散化。根据由测试信号获得的实际限制条件，调整其控制参数。采用发动机转速阶跃测试，将控制器与传统 RQV 调速器结果进行对比。

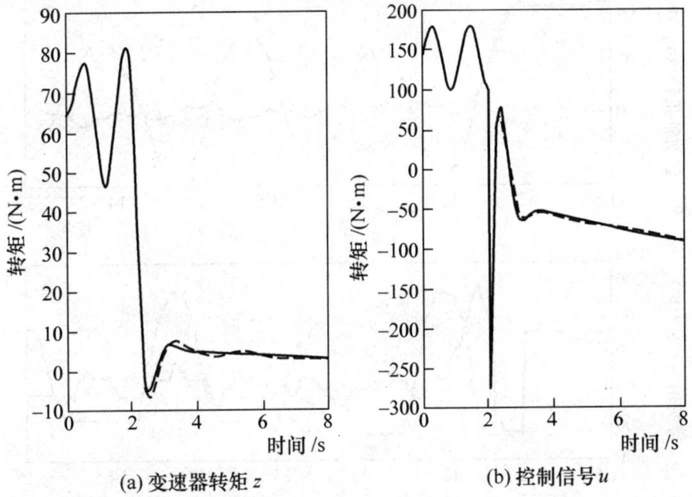

图7.62 仿真工况与图7.61相同, 但变速器转矩控制开始时已存在传动系振动。$\dot{\alpha}_{\mathrm{w}}$反馈和$\dot{\alpha}_{\mathrm{CS}}$反馈对应的结果分别用实线和虚线表示。即使存在初始传动系振动, 所设计的控制器仍具有较好的性能。

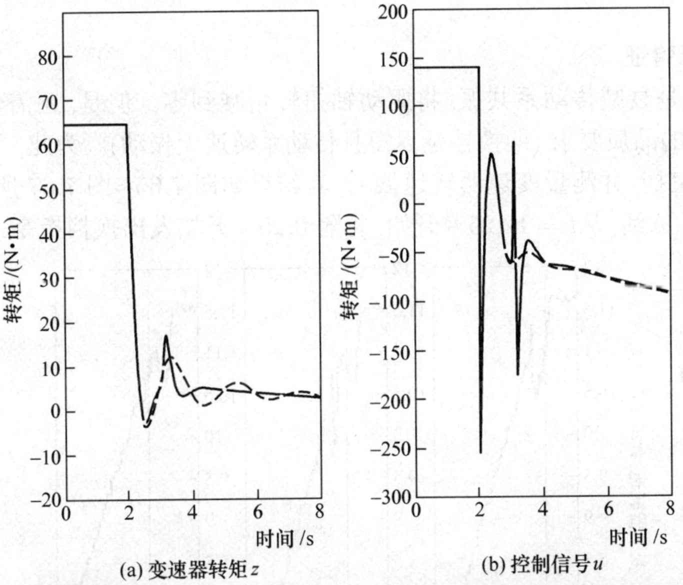

图7.63 仿真工况与图7.61相同, 但$t = 3$ s时出现负荷干扰。$\dot{\alpha}_{\mathrm{w}}$反馈和$\dot{\alpha}_{\mathrm{CS}}$反馈对应的结果分别用实线和虚线表示。当采用轮速信号反馈时, 负荷干扰可得到更好抑制。

1. 传动系共振主动衰减测试结果

为便于对比, 图 7.64 以虚线给出了 PI(比例–积分) 控制器的测试结果曲线, 实线为带传动系共振主动衰减功能的控制器结果。 PI 控制器的比例部分会提高控制器的响应速度, 但不足以衰减传动系的共振。

因此, 在实车测试中可实现共振的主动衰减, 其中采用虚拟传感器求得驱动轴扭转角。这进一步验证了 7.1 节中**驱动轴模型**结构和参数的有效性。

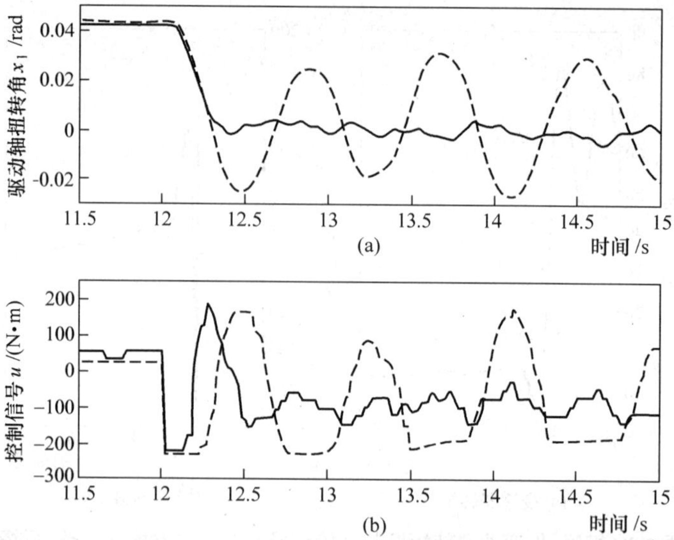

图7.64 测试从$t = 12.0$ s开始, 换挡控制器目标为"使驱动轴扭转角减小到零", 结果包括控制信号和驱动轴扭转角。换挡前, 发动机静态转速为1 900 r/min, 变速器在 1 挡。虚线为以$x_1 = 0$为目标的 PI 控制器结果, 但传动系共振未得衰减, 实线为传动系共振主动衰减控制的结果。

2. 控制器目标验证

控制器的目标是衰减传动系共振, 将驱动轴扭转角减到零。但是, 还需要证实这一目标是否足以达到挂空挡的品质要求 (即换挡延迟短且传动系转速无振动)。为此, 采用图 7.64 结果对应的控制器, 挂入空挡, 并测量变速器转速振动, 其结果如图 7.65~图 7.67 所示。图中, 控制器在$t = 12.0$ s 时开始激活, 从$t = 12.25$ s 开始, 每隔 0.25 s 开始发出换挡指令。

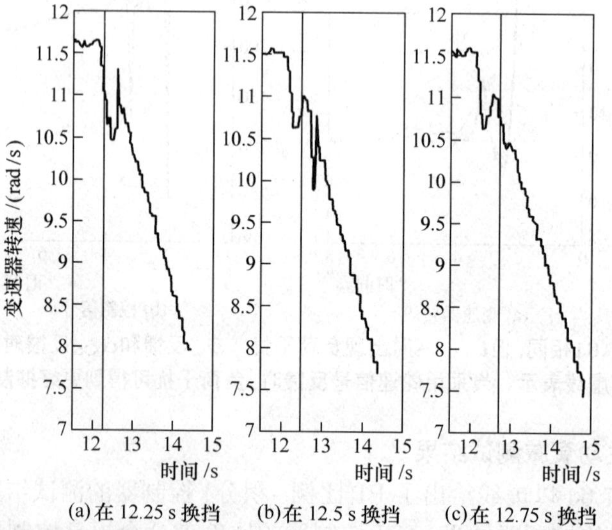

图7.65 实车测试中的变速器转速, 换挡控制器在$t = 12.0$ s时开始激活, 目标均为使驱动轴扭转角为零。之后, 每隔0.25 s开始发出换挡指令 (以竖线表示)。一段延迟时间后换入空挡, 变速器转速波动值符号不同, 但幅度在1 rad/s内, 符合要求。

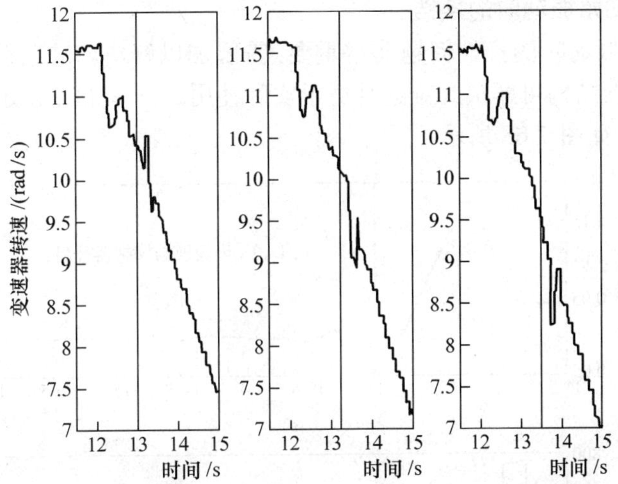

(a) 在 13.0 s 换挡 (b) 在 13.25 s 换挡 (c) 在 13.5 s 换挡

图7.66 类似于图7.65中的实车测试, 但换挡指令在13.0 s、13.25 s、13.5 s时给出。换挡后, 变速器转速波动值符号不同, 但幅度在1 rad/s内, 符合要求。

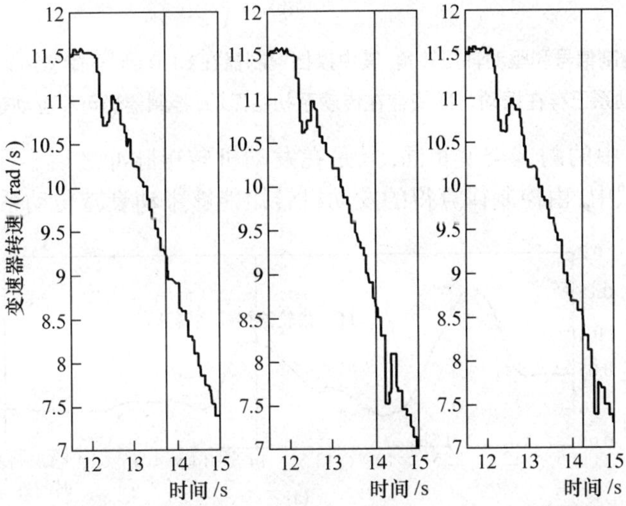

(a) 在 13.75 s 换挡 (b) 在 14.0 s 换挡 (c) 在 14.25 s 换挡

图7.67 类似于图7.65中的实车测试, 但换挡指令在13.75 s、14.0 s、14.25 s时给出。换挡后, 变速器转速波动值符号不同, 但幅度在1 rad/s内, 符合要求。

由图可见, 将驱动轴扭转角减小到零, 就足以实现换挡延迟短的目标。变速器转速波动幅度在 1 rad/s 范围内, 不足以对驾驶员产生干扰。此外, 由于该转速波动很小, 转速同步阶段 (即控制发动机转速, 使之与传动轴转速匹配) 可迅速完成。

图 7.65 还表明, 即使在控制器激活后 0.25 s 就给予换挡指令, 仍可获得良好的换挡品质。这些结果是在传动系共振问题最严重的 1 挡下得到的, 当挡位越高时, 换空挡所需时间就越短。

3. 传动系存在初始振动时的换挡

传动系存在初始振动时的换挡问题非常重要，需要加以解决。这已在 7.5.5 节中的仿真作了讨论。为表明控制器结构可解决此难题且适于实际使用，在$t = 11.7$ s 处通过发动机转矩脉冲激励产生传动系共振，如图 7.68 所示。

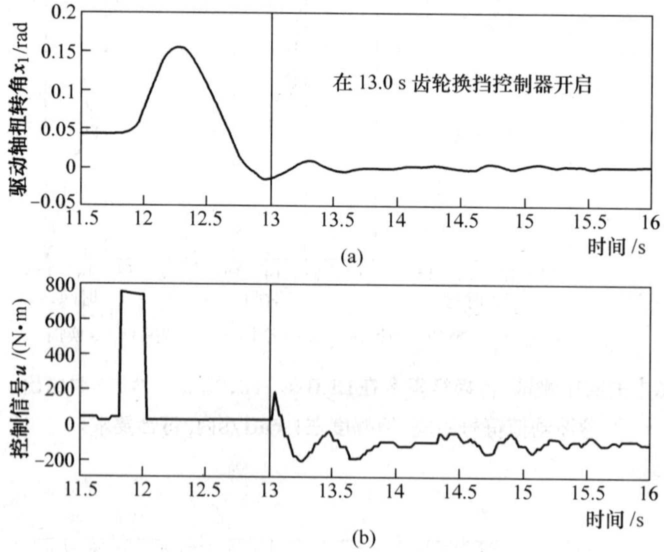

图7.68 实车测试中的控制信号和驱动轴扭转角，其中换挡控制器在13.0 s时开始激活。换挡前，由于11.7 s处出现的发动机转矩脉冲，传动系已存在振动。即使存在传动系初始振动，控制器仍可将驱动轴扭转角控制到零。

图 7.68~图 7.70 中的测试类型相同，只是在发动机转矩脉冲之后不同的时刻开启控制器。结果表明，在三次测试中，由控制律算得的发动机转矩能够主动衰减传动系初始振动，使$x_1 = 0$。

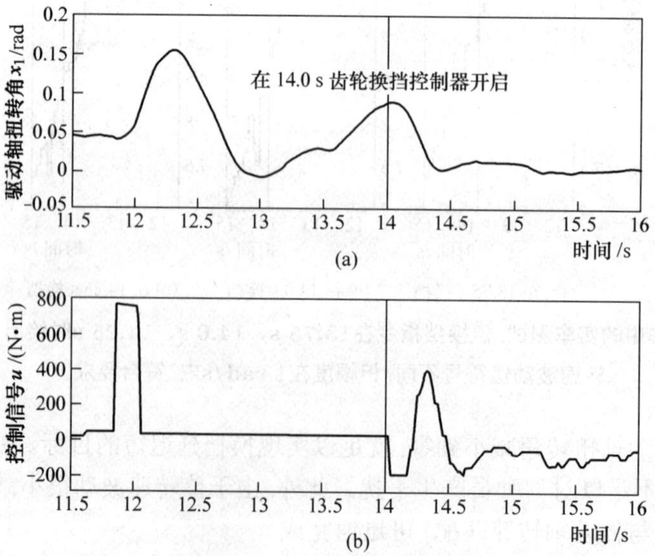

图7.69 实车测试中的控制信号和驱动轴扭转角，其中换挡控制器14.0 s时开始激活。即使存在传动系初始振动，控制器仍可将驱动轴扭转角控制到零。

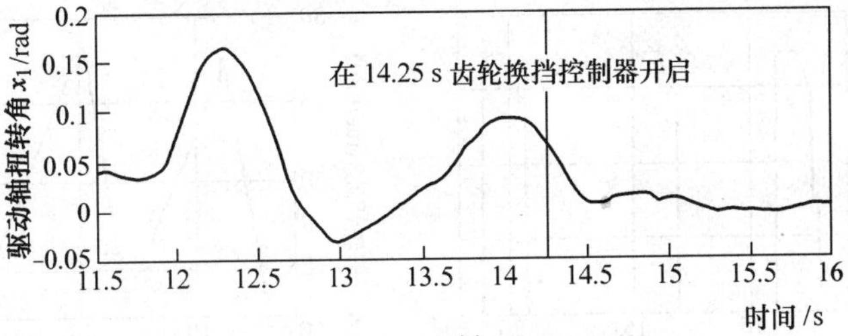

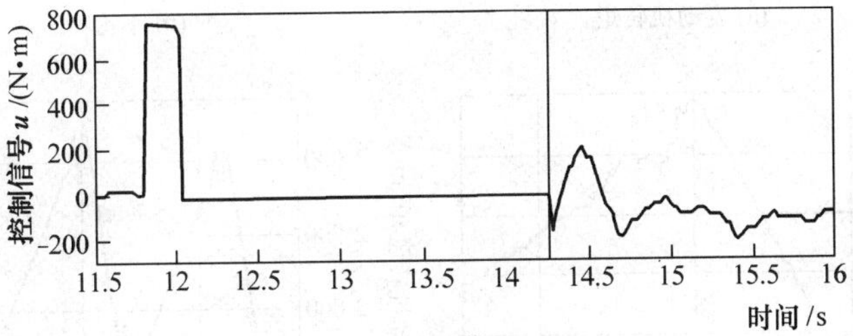

图7.70 实车测试中的控制信号和驱动轴扭转角，其中换挡控制器在14.25 s时开始激活。即使存在传动系初始振动，控制器仍可将驱动轴扭转角控制到零。

传动系动力学对换挡性能有影响，这可用图 7.68~图 7.70 中的控制信号差异来说明。若不采用反馈控制器，开环系统无法处理传动系的初始振动，从而导致换挡时间变长。

7.6 乘用车动力传动系防冲击控制

近年来，在匹配使用柴油机的乘用车中，柴油机输出转矩也在迅速增加。因此，类似于卡车，乘用车也存在传动系驱动能力和舒适性问题。此外，发动机高输出转矩还会导致传动系扭转角方面的问题。由于主减速比较大，该扭转角主要体现在驱动轴上，它会造成动力传动系共振和车辆行驶冲击 (jerking)。图 7.71 给出了猛踩油门导致发动机转矩急速增加 (tip in) 和猛抬油门 (tip out) 工况下的测试结果，可明显看到发动机和车轮转速存在波动。发动机的转速波动一部分可被悬置系统吸收，但轮速波动则会影响车辆行驶性能，从而会被驾驶员直接感觉到。

为避免速度波动，改善乘用车舒适性，需要采用如 7.4 节中的传动系振动衰减控制，这通常也称为防冲击控制 (anti-jerking control, AJC)。传统上的解决办法是对动力传动系结构设计进行优化，但是改善效果有限[39]。另一种办法是限制转矩变化梯度 (即转矩的变化速率)，但这不利于提高传动系响应速度。

为进一步说明 7.4 节中基于模型的设计方法，本节将介绍减小乘用车传动系振动的防冲击控制。注意，乘用车的车辆参数跟卡车大有不同，但也更有利于观察系统的时间延迟。

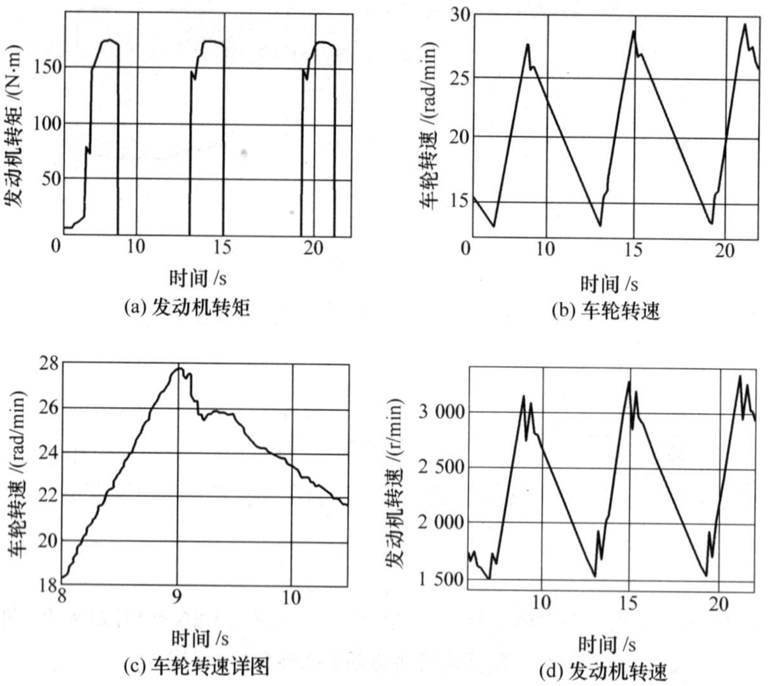

图7.71 Tip in 和 tip out 工况下的发动机转矩、转速和车轮转速

7.1 节中已经介绍了动力传动系的结构及其建模基本公式, 也给出了一个状态空间模型。为考虑不同发动机工况点下的非线性, 由测量数据得到多组参数。在该系统模型中, 将时间延迟环节放在输出处, 因此也可得到时间延迟之前的输出信号。这个预测性的模型输出作为控制器输入, 而控制器设计将采用根轨迹方法。考虑鲁棒性, 将采用状态估计反馈控制。最后, 将讨论该控制器的测试结果。根据动力传动系设计方案 (前驱或后驱)、发动机转矩以及整车质量的不同, 所发生的传动系振动类型也会存在不同。下面列出了一些传动系振动类型及其原因:

① 由于传动轴、驱动轴的扭转角, 车辆行驶会受到冲击 (jerking), 并可能发生俯仰振动。频率在 2~5 Hz 范围内, 它跟车辆的悬架、减振器以及整车质量有关[122]。车身俯仰振动频率在 1~2.5 Hz 内[29,37]。

② 15~200 Hz 范围内的振动跟发动机的移动及发动机悬置特性有关[114]。

③ 由变速器箱体引起的振动频率在 50~80 Hz 范围内[7]。当发动机高负荷时, 由于变速器齿轮间隙引起的高频振动频率在 300~6 000 Hz 范围内, 相比于其他振动, 乘客可以感觉到这种高频振动[114]。

④ 发动机燃烧过程和发动机转速也会引起振动, 它与发动机形式、气缸数和转速有关。表 7.2 给出了不同发动机的类型及其特征频率[73]。

其他动力传动系振动的来源主要还包括连接部件和齿轮。防冲击控制的目标是减小瞬态过程中的传动系扭转角。

表 7.2 不同发动机类型及其特征频率

类　型	特征频率倍频数	类　型	特征频率倍频数
4 缸, R4, 4 冲程	2, 4, 6, 8, 10	6 缸, V90, 4 冲程	1.5, 3, 4.5, 7.5, 9
6 缸, R4, 4 冲程	3, 6, 9	12 缸, V60, 4 冲程	6, 12
6 缸, V60, 4 冲程	1.5, 4.5, 6, 7.5		

7.6.1 乘用车动力传动系模型

采用所谓的灰箱法 (gray box) 建立动力传动系模型。理论模型将以三阶线性状态空间形式给出, 其参数通过测量数据得到。模型输入为由发动机控制单元算得的需求转矩, 输出为发动机转速和轮速间的差值 (已考虑传动比关系)。

1. 理论模型

车辆动力传动系结构如图 7.1 所示。由于驱动轴传递的转矩最大, 可假设动力传动系振动由驱动轴扭转角导致, 该假设的合理性已被测试结果所验证[96]。为衰减传动系冲击, 建模时可采用由角阻尼环节相连的两质量模型 (two-mass-model)。

建模详细推导见 7.1 节, 变量符号含义如图 7.72 所示。假设发动机中所有旋转的、摆动的质量可由一个单点质量和一个转动惯量J_e来表示, 驱动转矩T_e中已包含内部摩擦力矩。忽略离合器转动惯量, 且假设离合器不存在摩擦损失。类似于发动机, 变速器也由一个转动惯量J_t和角阻尼系数d_t来描述。假设传动轴为刚性, 主减速器由一个转动惯量J_f和角阻尼系数d_f来描述, 驱动轴简化成一个刚度k和阻尼d, 车轮也得到简化。忽略空气阻力和滚动阻力, 并假设路面水平。综合这些假设, 可得类似于式 (7.43) 和式 (7.44) 的微分方程如下:

$$\begin{aligned}\left(J_\mathrm{e}+\frac{J_\mathrm{t}}{i_\mathrm{t}^2}+\frac{J_\mathrm{f}}{i_\mathrm{t}^2 i_\mathrm{f}^2}\right)\ddot{\alpha}_\mathrm{CS} =&T_\mathrm{e}-\left(\frac{d_\mathrm{t}}{i_\mathrm{t}^2}+\frac{d_\mathrm{f}}{i_\mathrm{t}^2 i_\mathrm{f}^2}\right)\dot{\alpha}_\mathrm{CS}\\ &-k\frac{\dfrac{\alpha_\mathrm{CS}}{i_\mathrm{t}i_\mathrm{f}}-\alpha_\mathrm{w}}{i_\mathrm{t}i_\mathrm{f}}-d\frac{\dfrac{\dot{\alpha}_\mathrm{CS}}{i_\mathrm{t}i_\mathrm{f}}-\dot{\alpha}_\mathrm{w}}{i_\mathrm{t}i_\mathrm{f}}\end{aligned} \tag{7.230}$$

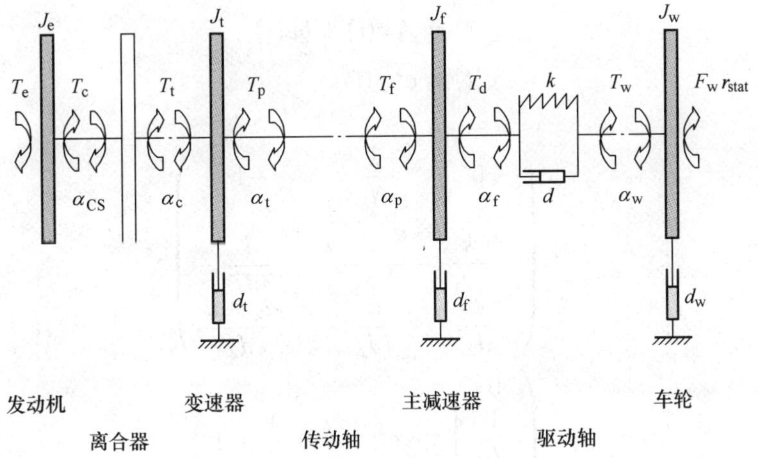

图7.72 简化的动力传动系结构

$$(J_\mathrm{w}+m_\mathrm{G}r_\mathrm{stat}^2)\ddot{\alpha}_\mathrm{w}=k\left(\frac{\alpha_\mathrm{CS}}{i_\mathrm{t}i_\mathrm{f}}-\alpha_\mathrm{w}\right)+ d(\frac{\dot{\alpha}_\mathrm{CS}}{i_\mathrm{t}i_\mathrm{f}}-\dot{\alpha}_\mathrm{w})-d_\mathrm{w}\dot{\alpha}_\mathrm{w} \tag{7.231}$$

式中: α_w——车轮滚动角度;

$\dot{\alpha}_\mathrm{w}$——车轮转速,$v_\mathrm{R}/r_\mathrm{stat}$。

类似于式(7.46),有

$$i=i_\mathrm{t}i_\mathrm{f},\quad J_1=J_\mathrm{e}+\frac{J_\mathrm{t}}{i_\mathrm{t}^2}+\frac{J_\mathrm{f}}{i_\mathrm{t}^2i_\mathrm{f}^2} \tag{7.232}$$

$$J_2=J_\mathrm{w}+m_\mathrm{G}r_\mathrm{stat}^2,\quad d_1=\frac{d_\mathrm{t}}{i_\mathrm{t}^2}+\frac{d_\mathrm{f}}{i_\mathrm{t}^2i_\mathrm{f}^2},\quad d_2=d_\mathrm{w} \tag{7.233}$$

综合上式即得如下两质量模型。相比于前述模型,它主要包括带阻尼减振的转动惯量J_1(而非发动机惯量)、广义的变速器(同时考虑变速器和主减速器)、弹性驱动轴以及带阻尼的转动惯量J_2(而非车轮)。

$$J_1\ddot{\alpha}_\mathrm{CS}=T_\mathrm{e}-d_1\dot{\alpha}_\mathrm{CS}-k\frac{\frac{\alpha_\mathrm{CS}}{i}-\alpha_\mathrm{w}}{i}- d\frac{\frac{\dot{\alpha}_\mathrm{CS}}{i}-\dot{\alpha}_\mathrm{w}}{i} \tag{7.234}$$

$$J_2\ddot{\alpha}_\mathrm{w}=k\left(\frac{\alpha_\mathrm{CS}}{i}-\alpha_\mathrm{w}\right)+d\left(\frac{\dot{\alpha}_\mathrm{CS}}{i}-\dot{\alpha}_\mathrm{w}\right)-d_2\dot{\alpha}_\mathrm{w}$$

选择系统状态和输出变量分别如下:

$$x_1=\frac{\alpha_\mathrm{CS}}{i}-\alpha_\mathrm{w},x_2=\dot{\alpha}_\mathrm{CS},x_3=\dot{\alpha}_\mathrm{w} \tag{7.235}$$

$$y=\frac{\dot{\alpha}_\mathrm{CS}}{i}-\dot{\alpha}_\mathrm{w} \tag{7.236}$$

其中, 输出y为发动机和车轮转速的差值, 下文简称速度差。

综上所述, 类似于式(7.80)和式(7.81), 可得系统状态空间模型如下:

$$\dot{\underline{x}}(t)=\underline{A}\,\underline{x}(t)+\underline{b}u(t) \tag{7.237}$$

$$y(t)=\underline{c}^\mathrm{T}\underline{x}(t) \tag{7.238}$$

系统矩阵为

$$\underline{A}=\begin{pmatrix}0 & \frac{1}{i} & -1\\ -\frac{k}{iJ_1} & -\frac{d_1+\frac{d}{i^2}}{J_1} & \frac{d}{iJ_1}\\ \frac{c}{J_2} & \frac{d}{iJ_2} & -\frac{d_2+d}{J_2}\end{pmatrix}, \tag{7.239}$$

$$\underline{b}=\begin{pmatrix}0\\ \frac{1}{J_1}\\ 0\end{pmatrix},\quad c^\mathrm{T}=\begin{pmatrix}0 & \frac{1}{i} & -1\end{pmatrix} \tag{7.240}$$

式中:J_1——发动机、变速器、主减速器转换到曲轴的转动惯量之和;

J_2——车轮和整车转换到驱动轴的转动惯量之和;

d——驱动轴阻尼系数;

d_1——变速器和主减速器转换到曲轴的阻尼系数;

d_2——车轮阻尼系数;

k——驱动轴刚度系数;

i——发动机和车轮间的传动比。

2. 参数估计

传动比i一般已知或者可通过等速测试结果计算得到,而其余6个参数可由测试数据估计得到。为获得足够的数据,测试采用不同发动机转速下的tip in和tip out工况,采集的数据包括发动机转矩、发动机转速以及轮速。为保证状态变量具有实际物理意义,在估计器代价函数中将包含仿真值与测试值偏差的平方和,这些偏差包括发动机转速偏差$x_2 - \hat{x}_2$、轮速偏差$x_3 - \hat{x}_3$、传动系速度偏差$x_2/i - x_3$。选择各偏差对应的加权系数w_j,使得各变量均具有足够的精度。因此,代价函数C形式如下:

$$C = \sum_j \left\{ w_1(x_{2,j} - \hat{x}_{2,j})^2 + w_2(x_{3,j} - \hat{x}_{3,j})^2 + w_3\left[\left(\frac{x_{2,j}}{i} - x_{3,j}\right) - \left(\frac{\hat{x}_{2,j}}{i} - \hat{x}_{3,j}\right)\right]^2 \right\} \tag{7.241}$$

系统第一个状态变量为传动系扭转角,但它无法通过常用车辆传感器直接测得。因此可将其忽略,但不影响模型整体精度。为保证辨识结果的准确性,基于各部件实际来选定估计初始值是非常重要的。转动惯量的估计值可由动力传动系设计数据获得。若缺乏更详细的数据,可随意选定刚度和阻尼的初值。由于非线性特性,某些参数跟发动机转速关系较大。根据不同转速下的参数值列出查询表格,就可以获得一个时变模型。图7.73给出了某前驱型乘用车的模型仿真和实测数据的比较结果。

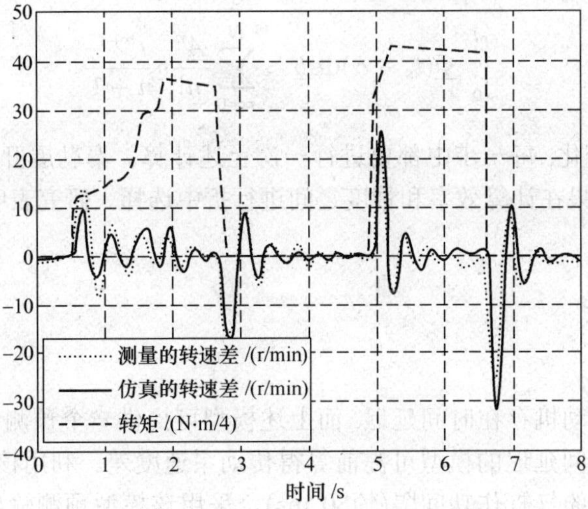

图7.73 实测和仿真得到的转速差

由于发动机的燃烧过程, 系统存在时间延迟。需求转矩要经过至少一个气缸作功间隔(cylinder segment)后才产生, 该延迟量也取决于发动机转速。最小的时间延迟量可根据下式估计:

$$\tau_{\mathrm{d,e}} = \frac{2}{CYLn} \tag{7.242}$$

式中: CYL——气缸数;

n——发动机转速,r/min。

辨识时, 将该延迟加在模型输出值后面, 而与模型中的动力学特性无关。若采用延迟之前的输出信号, 则该模型具有预测性, 可预先知道动力传动系是否会产生振动。在7.6.2节中, 将利用该原理来设计一个类似于史密斯预估器(Smith predictor)[119]结构的控制器。

3. 模型离散化

发动机控制单元采用角度同步模式计算。对于4 缸发动机, 每隔180°曲轴转角(即每一个气缸作功间隔)计算一次喷油量。由于气缸作功间隔与转速有关, 发动机控制单元的采样时间和动力传动系每隔约5~50 ms变化一次。因此, 模型离散化时, 采样时间要可变, 模型参数要可变。

在$t = t_0 + t_{\mathrm{s}}$时刻, 状态空间方程可写为

$$\underline{x}(t_0 + t_{\mathrm{s}}) = \underline{\Phi}(t_{\mathrm{s}})\underline{x}(t_0) + \int_0^{t_{\mathrm{s}}} \underline{\Phi}(t_{\mathrm{s}} - \alpha)\mathrm{d}\alpha \underline{b} u_0 \tag{7.243}$$

式中: t_{s}——可变采样时间;

$\underline{\Phi}(t_{\mathrm{s}})$——转移矩阵(transition Matrix),

$\underline{\Phi}(t_{\mathrm{s}}) = e^{\underline{A}t_{\mathrm{s}}}$,可由截尾泰勒多项式近似如下:

$$\underline{\Phi}(t_{\mathrm{s}}) = e^{\underline{A}t_{\mathrm{s}}} = \sum_{n=0}^{\infty} \frac{1}{n!}(\underline{A}t_{\mathrm{s}})^n \approx \sum_{n=0}^{N} \frac{\underline{A}^n}{n!} t_{\mathrm{s}}^n \tag{7.244}$$

式(7.244)中的积分可相应近似如下:

$$\int_0^{t_{\mathrm{s}}} \underline{\Phi}(t_{\mathrm{s}} - \alpha)\mathrm{d}\alpha \underline{b} \approx \sum_{n=0}^{N} \frac{\underline{A}^n}{n!} \underline{b} \frac{t_{\mathrm{s}}^{n+1}}{n+1} \tag{7.245}$$

由于t_{s}、$\underline{A}$以及$\underline{b}$存在变化, 每一步中都要进行一次上述计算。泰勒展开式中的N会影响近似精度, 因此要根据仿真结果在计算效率和精度之间进行折中选择。研究表明, 当$N = 8$时精度已满足要求。

7.6.2 控制器设计

1. Smith预估器

如前所述, 实际发动机存在时间延迟, 而上述模型可提供一个预测性的输出。当给予一个转矩阶跃命令后, 无时间延迟的模型可提前算得传动系速度差。利用该离散化模型, 可预测到在低转速时4缸发动机的气缸作功间隔(约50 ms)。采用该模型预测输出作为传动系防冲击控制器的输入, 可在产生冲击之前就将其避免, 从而衰减传动系振动。文献[119]给出了这种被称

为Smith预估器的控制原理, 其结构如图7.74所示。由于控制输入变量为需求发动机转矩T_{req}, 而被控变量为传动系速度差Δn, 控制器放在系统反馈回路上。这也是该结构与经典Smith预估器的不同之处。

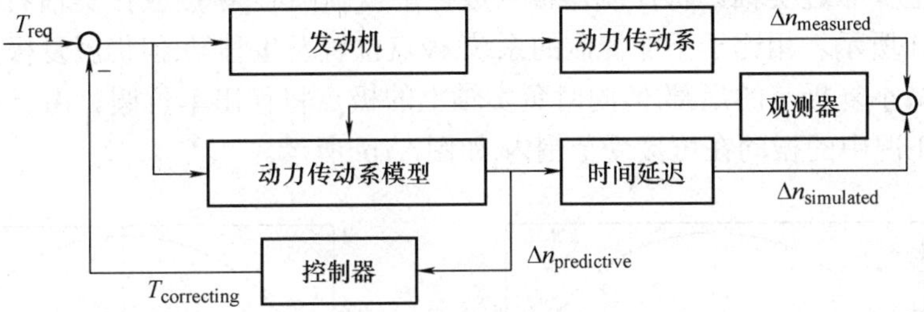

图7.74 控制系统结构

2. 状态观测器

经典Smith预估器的一大缺点是其开环结构, 模型输出用在反馈回路上。这就可能导致与速度差测量值产生漂移误差。为此, 引入状态观测器, 使模型输出和实测值的差值通过观测器反馈到模型中, 如图7.74所示。这样就可以补偿掉系统干扰(颠簸路面等)和模型误差的影响。

观测器的设计基于极点配置法。观测器连续状态方程写为

$$\dot{\hat{\underline{x}}} = \underline{A}\,\hat{\underline{x}} + \underline{b}u + \underline{L}(y - \hat{y}) \tag{7.246}$$

式中: y——测得输出;

$\hat{y}$——模型计算输出。

误差动态特性为

$$\dot{\tilde{\underline{x}}} = (\underline{A} \quad \underline{L}\,\underline{c}^{\mathrm{T}})\tilde{\underline{x}} \tag{7.247}$$

观测器动态应比系统动态更快, 从而迅速补偿掉上式误差。这可以通过将矩阵$\underline{A} - \underline{L}\,\underline{c}^{\mathrm{T}}$的极点配置到被控系统极点的左侧来实现。在离散系统中, 相比被控系统极点,观测器极点要更接近于单位圆中心。

设计不同发动机转速下的观测器(离线进行), 然后将各增益存成查询表, 然后用于在线控制。

模型预测输出值将延迟一个步长再作为观测器输入, 这样可以比较当前时刻下的模型仿真值和测量值(后者不具预测性)。

3. 基于根轨迹法的控制器设计

基于上述观测器, 就可进一步设计状态调节器, 通过极点配置来调节各状态变量。若通过各变量的实际物理意义来理解, 极点配置就相当于: 根据传动系防冲击控制系统(AJC)的期望特性, 确定发动机转速和轮速的变化斜率。因此, 这种方法具有合理性。根据极点位置的确定, 可得到不同的系统特性(例如舒适型或者运动型)。

这里采用另外一种降阶控制器,这样既可深刻理解控制问题,又便于控制参数调整。如图7.74所示,控制器位于系统反馈回路上。设计时采用根轨迹和极点配置相结合的方法。根轨迹图上描绘了闭环系统极点随增益变化的轨迹曲线,从中可了解系统的稳定性和动态特性[25]。

下面针对上述离散模型来解释根轨迹法。在不加控制时,发动机转速低、需求转矩大时的系统根轨迹曲线如图7.75a所示,其中方块符号表示极点。复共轭极点会导致动力传动系的振动。根据系统期望特性要求,阶跃输入工况中响应应得到足够的阻尼衰减。因此,所有极点都应移到实轴上,或至少靠近实轴。将控制器极点放在单位圆圆心,零点放在实轴右侧$z = 0.25$处,其根轨迹如图7.75b所示。相比于不加控制的系统,极点位置发生移动,但仍属复极点。进一步增加增益值,可继续减小复极点的虚部,但同时负实轴上的极点将移出单位圆。由于极点和实轴夹角很小,阶跃输入工况中的振动在可接受范围内,如图7.75c所示。

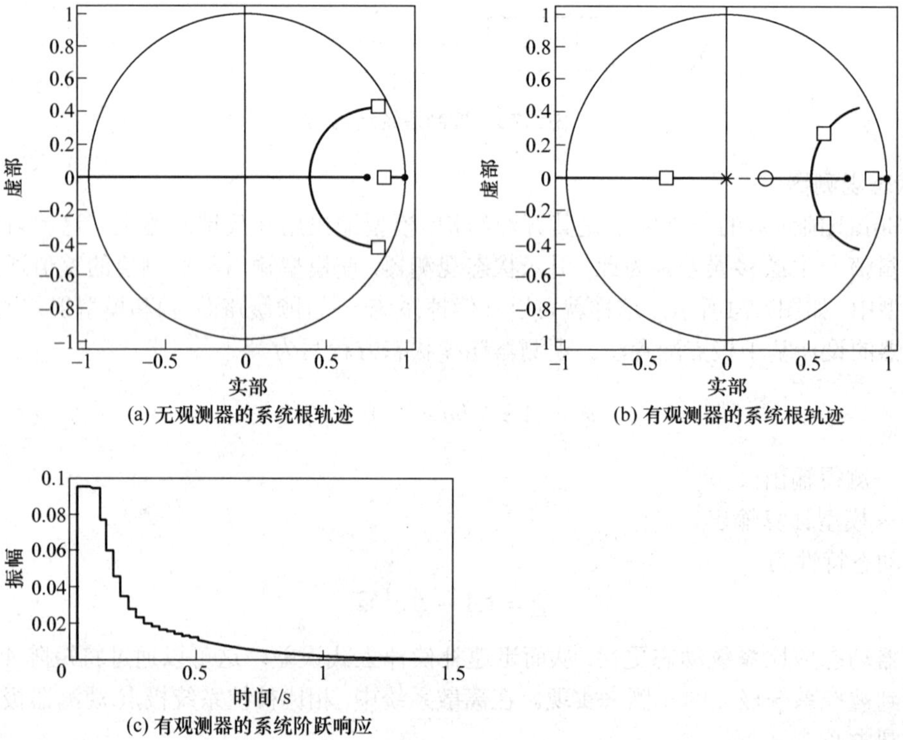

(a) 无观测器的系统根轨迹

(b) 有观测器的系统根轨迹

(c) 有观测器的系统阶跃响应

图7.75 基于根轨迹法的控制器设计

经验证明,通过修改模型参数,在发动机转速较高和tip out工况下,所设计的控制器也可获得较好的控制效果。由于发动机转速较低、需求转矩较大时最易发生传动系冲击,此时的控制性能最关键。

考虑实际应用,期望设计一个与经典控制器类似的控制器。若控制器参数易于理解,针对某车进行参数调整也就更容易。

采用根轨迹法设计采用两个参数,即增益K和零点位置$z_{\rm zero}$。此参数可与PD(比例-微分)控制器的增益$K_{\rm PD}$和预调时间$T_{\rm v}$相关联。对于上述控制器,有$K_{\rm PD} = 6, T_{\rm v} = 0.01$。

所设计的控制器传递函数为

$$G_{\rm R}(z) = K\frac{z - z_{\rm zero}}{z} \tag{7.248}$$

式中: $z_{\rm zero}$——插入的零点;

K——控制增益。

当增益K_R、预调时间T_v和采样时间T_s已知时,离散PD控制器的传递函数为

$$G_{PD} = K_R \frac{(1 + \frac{T_v}{T_s})z - \frac{T_v}{T_s}}{z} \tag{7.249}$$

对比PD控制器和根轨迹法设计的控制器,对应可得

$$K_R = K(1 - z_{zero}) \tag{7.250}$$

$$T_v = \frac{-K z_{zero} T_s}{K(1 - z_{zero})} \tag{7.251}$$

7.6.3 系统性能

图7.73给出了前驱乘用车不加防冲击控制时的系统响应(tip in和tip out工况)。图7.76同时给出了驾驶员需求转矩、测得的车轮和发动机转速差、发动机转速以及纵向加速度加以控制后的结果,其中包括修正后的转矩值。

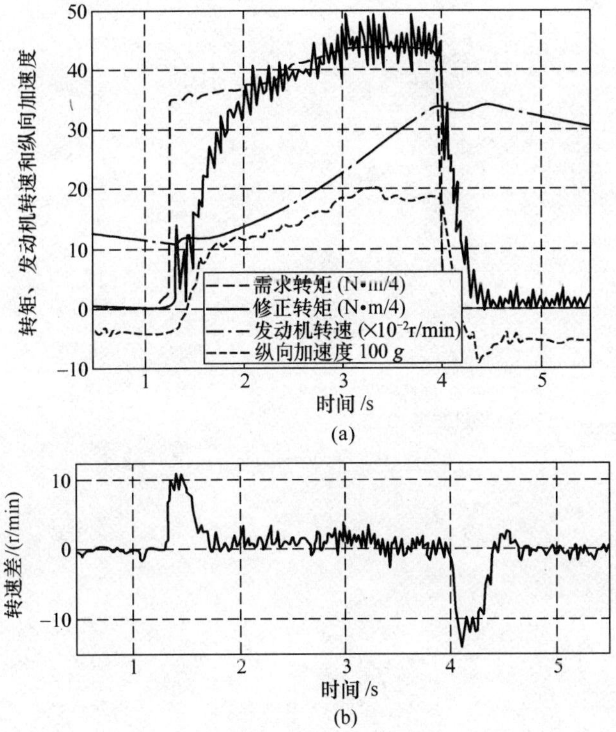

图7.76 加以控制时的动力传动系性能

由图7.73知,不加控制时,传动系速度差存在典型的振动。在猛加速(tip in)工况存在超调,在猛抬油门时(tip out)存在负调(undershoot)和传动系振动。驾驶员将会直接感觉到剧烈的超调量和加速度的大幅波动。

图7.76给出了控制器在最关键的发动机低转速工况下的控制结果,修正转矩是加以控制的转矩值。加速度的超调量会导致传动系扭转。在保证一定的转矩响应速度基础上,tip in和tip out工况中产生的振动可得到衰减。

在发动机转速较高时,系统性能类似,但是振动情况要好于低转速条件,这意味着高速时更易实现传动系振动的控制。

第 8 章 车辆建模

8.1 引言

近年来，汽车工业中的科技竞争变得异常激烈。对于独立汽车制造商而言，尽快将新型产品设计引入市场就显得十分重要。未来一款新车的推出，从概念设计到投产甚至要在短短的 18 个月内完成。

如今，一辆汽车中已包含了大量的电子电气系统，其中相当一部分用于改善驾驶舒适性，例如电动车窗和空调系统等。此外，还有与安全相关的系统，例如动力学控制系统和防抱死制动系统。

随着汽车电控设备系统的数目与研发工作量逐渐增加，唯一的解决办法便是在新车设计开发中广泛采用计算机仿真。当在现有系统中添加一个新设计部件时，基于计算机模型，可在设计阶段尽早发现该部件对整车动力学特性的影响。图 8.1 给出了一个计算模型的示意图。采用这种办法时，在完成原型制作之前的产品定义阶段 (definition phase)，就可以分析新部件的性能效果。

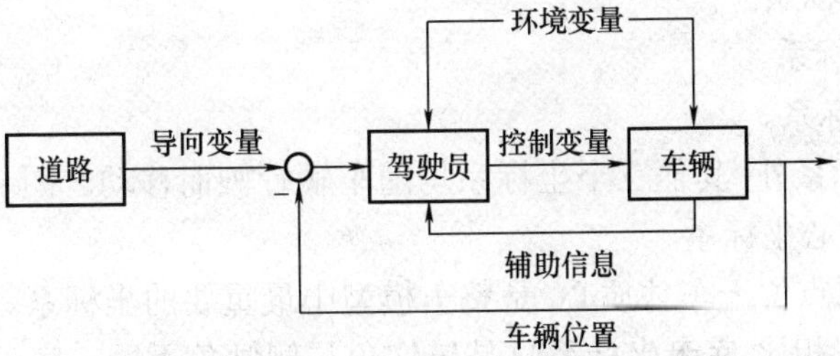

图 8.1 "车辆 – 驾驶员 – 道路"控制环路

一般的，建模工作的重点在于尽可能真实地重现各独立部件的特性。例如，采用有限元方法来精确地描述轮胎动力学。这类方法能够精确地描述部件的特性，但是模型仿真的计算量大、耗时长。由于不同车辆在结构与运动学上存在巨大的差异，将这种具有特定性的模型运用在另一不同车型时，需要先进行具体性的修改。

不同于上种方法, 本章所采用的建模方法旨在:

① 降低模型复杂度, 但能足够用于车辆动力学研究。

② 可使用一般编程语言在 PC 上实现, 模型可广泛运用, 而不局限于一些特定的设计部门。

③ 重点放在待研究的子模型上, 但要考虑多个子模型间的交互或耦合。

④ 精度只要足够即可, 以减少比较耗时的实车测试。

为实现这些目标, 建模时将整个车辆系统分解为多个独立部分。分解时必须保证不同子模型之间的交互变量选择恰当, 并具有实际意义。为此, 本文选择力矩、力、角速度或线速度作为子模型间的交互变量。

8.2 坐标系

为进行车辆动力学理论分析, 或设计观测器以及控制器算法, 都必须列出车辆运动方程, 并用数学方程的形式表示各个子系统间的相互作用。建立车辆模型主要有两种方法。若以建模尽可能准确为目标, 可采用基于拉格朗日法或欧拉法的理论建模方法。这样建立的模型十分精确, 但由于计算时采用广义坐标系, 独立方程与实际物理量之间没有对应关系。许多文献所采用的另一种建模方法, 试图尽量简化, 保证计算时间足够短。为描述车辆, 可以采用经典的**单轨模型**, 其最早见于 1940 年的文献。在非极限工况下, 该模型可保证良好的精度。在车辆简化建模时, 通常对操纵动力学与垂向动力学分别进行研究, 忽略两者间的相互作用。对比如上两种建模方法, 本章的建模方法则“取中间而行之”, 兼具两者优势而去其局限。建模时, 将垂向动力学与操纵动力学一起考虑, 并考虑所有关键的非线性特性。相比于拉格朗日法或欧拉法, 该模型的运算仅限于 4 个坐标系。

对应于 4 个独立坐标系, 采用如下下标以示区别:

① “G”车体质心坐标系。

② “Un”底盘坐标系。

③ “W”车轮坐标系。

④ “In”惯性坐标系。

除固定的惯性坐标系外, 其他三个坐标系均随车辆行驶而移动。图 8.2 标出了车辆的 6 个运动自由度以及车体质心坐标系。

车体质心坐标系原点位于车体质心, 是整车模型中最重要的坐标系。车体的所有运动均参照该坐标系确定。与其相比,**底盘坐标系**只是俯仰角与侧倾角不同。底盘坐标系的原点是后轴在地面上垂直投影的中点。

最后是**车轮坐标系**, 严格来讲, 每个车轮都有一个坐标系。本书中, 后轮坐标系方向与底盘坐标系相同, 前轮坐标系与底盘坐标系的不同只在于前轮转向角 (车辆纵轴与车轮平面的夹角)。

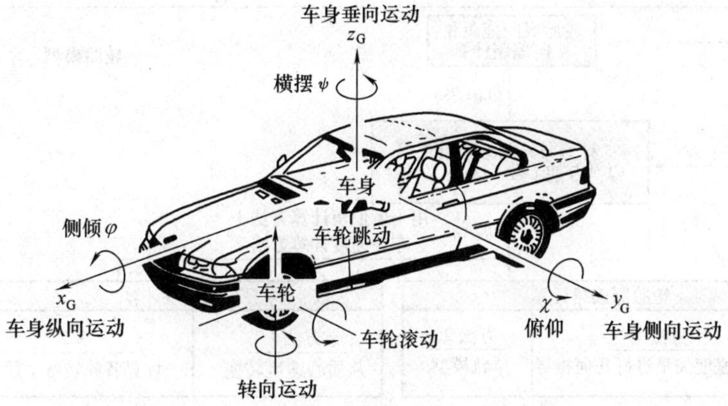

图 8.2 车辆的质心坐标系和运动自由度

根据经验法则, 对**坐标系旋转角度**进行定义: 伸出右手, 拇指朝向旋转轴的方向, 其余四指所握方向便是一个正的旋转角方向。

表 8.1 总结了各坐标系中的重要变量, 在本章后续部分将对其作更详细讨论。

表 8.1 坐标系变量

x_G, y_G, z_G	质心坐标系坐标轴
x_{Un}, y_{Un}, z_{Un}	底盘坐标系坐标轴
x_W, y_W, z_W	车轮坐标系坐标轴①
x_{In}, y_{In}, z_{In}	惯性坐标系坐标轴
ψ	横摆角 (绕 z_G 轴)
χ	俯仰角 (绕 y_G 轴)
φ	侧倾角 (绕 x_G 轴)
α	轮胎侧偏角, x_W 与轮胎接地点速度 v_W 的夹角
δ_W	车轮转向角②, x_G 与 x_W 之间的夹角
β	车身质心侧偏角, x_G 与质心速度 v_G 的夹角

① 下标 F 和 R 分别表示前轴和后轴, R 和 L 分别表示右轮和左轮, 例如: x_{WFR} 表示右前轮 x 轴方向。

② 注意不要将其与方向盘转角 δ_S 混淆。

8.3 轮胎模型

车辆仿真建模最关键之处在于精确描述轮胎水平方向的受力情况。轮胎模型*的目标就是推导出这些受力。计算轮胎力时, 需知车轮滑移率、轮胎侧偏角、附着系数等变量, 作为轮胎力公式的输入量。求解车轮滑移率时, 需先确定每个车轮的速度。求解轮胎侧偏角时, 应考虑主销后倾的影响, 并计算出每个车轮的转弯曲率半径。图 8.3 给出了轮胎模型的计算步骤†。

*译者注: 原文中为“Wheel model”, 根据上下文以及中文术语习惯, 译者将其译为“轮胎模型”。

†译者注: 原图中, 夹角“v_{ij} ”应为“ϑ_{ij}”。

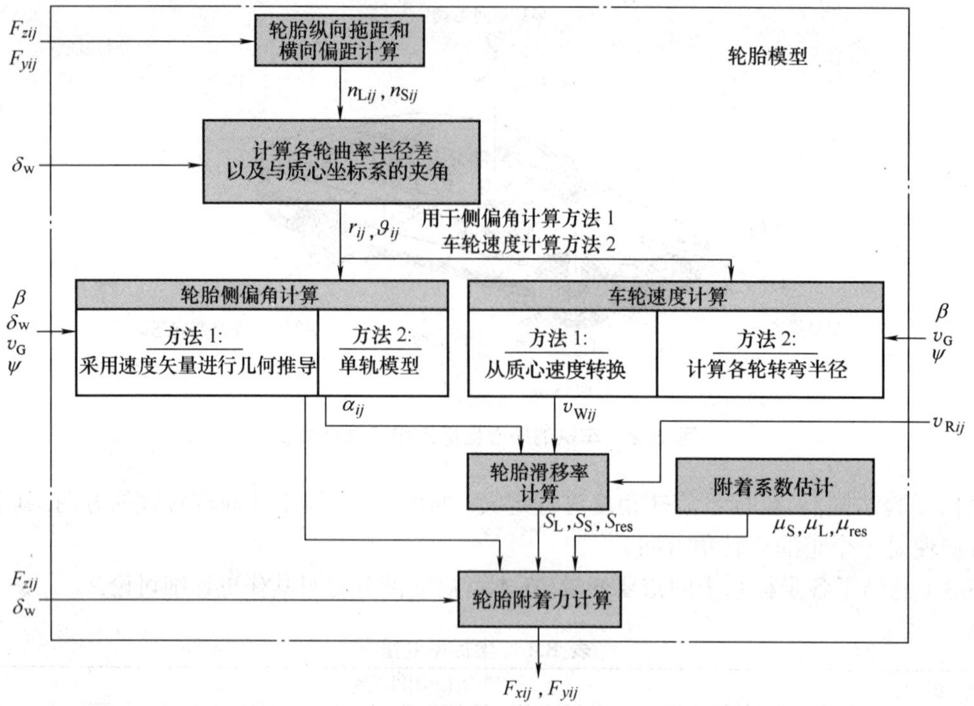

图 8.3 轮胎模型

8.3.1 轮胎接地点速度

本节讨论车轮相对于固定参考点的速度, 即**轮胎接地点速度** v_W(或称**车轮速度**)。此处不考虑车轮的滚动, 这有别于后文中车轮等效滚动速度 v_R 的推导过程。

轮胎接地点速度的推导主要有两种方法。方法一是将车体速度先转换到双轨模型 (而非单轨模型), 然后求得 4 个车轮速度。在双轨模型中, 由横摆角速度引起的车轮速度分量不再与车辆纵轴垂直, 而其计算也复杂得多。第二种方法则将车辆看成以角速度 $\dot{\psi}$ 和 $\dot{\beta}$ 绕着瞬心转动, 然后计算各个车轮的转弯曲率半径。由于轮胎接地点速度与瞬心 – 接地点连线相互垂直, 因此可以实现上述计算。这两种方法本质上等效, 要根据复杂程度与简化条件来选用。两种方法都需要知道质心到轮胎接地点的间距, 而其与车轮动态主销后倾有关。主销后倾是指转向主销轴线相对垂直轴有个向前 (负主销后倾) 或向后 (正主销后倾) 的倾斜角。轮胎力作用点并非正好位于轮胎印迹中心上, 而是由于主销后倾偏向后侧。车轮主销后倾表征了轮胎接地区域中压强分布的偏移量。正的主销后倾可提高方向稳定性, 且有助于车轮转向回正。

方法 1: 从车体质心速度转换

轮胎接地点的速度可由质心速度转换而得。如图 8.5 所示, 计算时需要知道的参数包括车体质心速度的方向和幅值、横摆角速度、轮胎侧偏角、车轮转向角以及各轮胎接地点到质心的距离 r_{ij}。r_{ij} 与主销后倾有关, 因此计算时需知轮胎纵向拖距 n_L 和横向偏距 n_S。这可用下式近似获得:

$$n_{\mathrm{L}}=\frac{1}{2}\left(l_0+l_1\frac{F_z}{F_{z0}}\right);\qquad n_{\mathrm{S}}=3n_{\mathrm{L}}\tan\alpha+\frac{F_y}{c_{\mathrm{press}}} \tag{8.1}$$

n_{L} 为“动态纵向拖距”，采用 n_{S} 则可考虑轮胎接地面压力分布对侧向力的影响。F_z 和 F_y 分别是轮胎接地点上的垂直和侧向作用力。上式各参数如表 8.2 所示。

表 8.2　轮胎纵向拖距和横向偏距参数

F_{z0}	5 000 N	轮胎接地面垂直作用力标称值
c_{press}	230 000 N/m	轮胎接地面压力分布修正系数
l_0	−0.03 m	主销后倾参数
l_1	0.12 m	主销后倾参数

图 8.4 给出了轮胎接地面的俯视图，其中标明了轮胎接地点。接地中心向外侧偏离，在纵向力作用下形成一个回正力矩。加速时自回正效果加强，制动时自回正效果减弱。通常假设主销后倾为恒定值，且一般只考虑车轮平面内的拖距分量 [84]，但若采用上述公式则可算得向量形式 (即包含方向信息) 的动态拖距和偏距值。附着力 F_{L} 和 F_{S} 分别作用于车轮速度 v_{W} 及其垂直方向上，F_{WL} 和 F_{WS} 可以用式 (8.25) 和式 (8.26) 转换到车轮坐标系中。

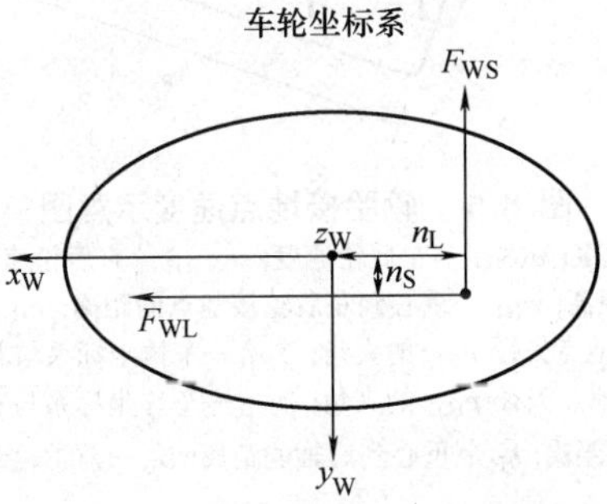

图 8.4　轮胎接地面示意图

$\boldsymbol{F}_{\mathrm{WL}}$—$x_{\mathrm{W}}$ 方向的附着力；$\boldsymbol{F}_{\mathrm{WS}}$—垂直于 x_{W} 方向的附着力；$\boldsymbol{n}_{\mathrm{LFL}}$—左前轮纵向拖距；$\boldsymbol{n}_{\mathrm{SFL}}$—左前轮横向偏距；$\boldsymbol{n}_{\mathrm{LFR}}$—右前轮纵向拖距；$\boldsymbol{n}_{\mathrm{SFR}}$—右前轮横向偏距；$\boldsymbol{n}_{\mathrm{LRL}}$—左后轮纵向拖距；$\boldsymbol{n}_{\mathrm{SRL}}$—左后轮横向偏距；$\boldsymbol{n}_{\mathrm{LRR}}$—右后轮纵向拖距；$\boldsymbol{n}_{\mathrm{SRR}}$—右后轮横向偏距；

在底盘坐标系下进行轮胎接地点速度的推导。假设车辆速度是其平动和转动分量之和。平动速度的幅值为 v_{G}，方向与车辆纵轴成 β 角，同时车辆还以横摆角速度 $\dot{\psi}$ 绕着质点旋转，如图 8.5 所示。

因此，轮胎接地点速度由质心速度与横摆运动引起的分量 (其大小为 $|r_{ij}\dot{\psi}|$，方向如图 8.5* 所示) 叠加而得，其中距离 r_{ij}、角度 ϑ_{ij} 与参数 n_{L} 和 n_{S} 有关。

如图 8.6 所示，距离 r_{ij} 及角度 ϑ_{ij} 计算公式如下：

---

*译者注：原图中 $x_{\mathrm{I}n}$ 误为 $x_{\mathrm{l}n}$。

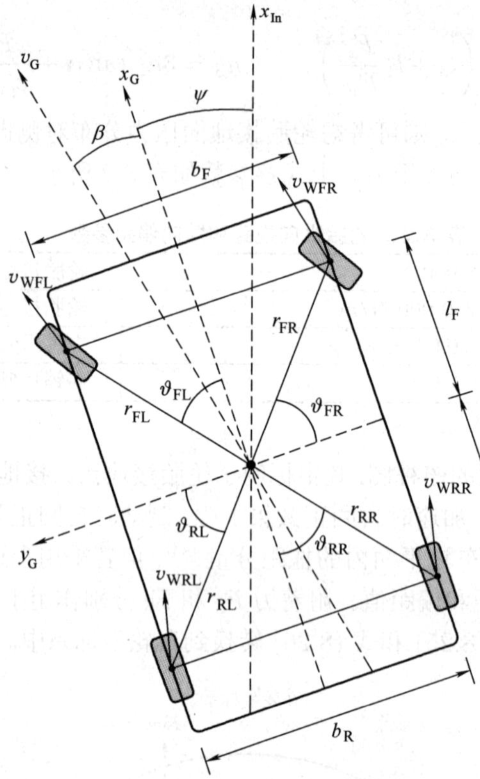

图 8.5 轮胎接地点速度示意图

v_{WFL}—左前轮速度; v_{WFR}—右前轮速度; v_{WRL}—左后轮速度; v_{WRR}—右后轮速度; $\boldsymbol{r}_{FL}$—重心到左前轮接地点的距离; $\boldsymbol{r}_{FR}$—重心到右前轮接地点的距离; $\boldsymbol{r}_{RL}$—重心到左后轮接地点的距离; $\boldsymbol{r}_{RR}$—重心到右后轮接地点的距离; ϑ_{FL}—车体坐标系与左前轮接地点矢径 $\boldsymbol{r}_{FL}$ 的夹角; ϑ_{FR}—车体坐标系与右前轮接地点矢径 $\boldsymbol{r}_{FR}$ 的夹角; ϑ_{RL}—车体坐标系与左后轮接地点矢径 $\boldsymbol{r}_{RL}$ 的夹角; ϑ_{RR}—车体坐标系与右后轮接地点矢径 $\boldsymbol{r}_{RR}$ 的夹角; $\boldsymbol{l}_F$—重心到前轴的距离; $\boldsymbol{l}_R$—重心到后轴的距离; $\boldsymbol{b}_F$—前轴轮距; $\boldsymbol{b}_R$—后轴轮距

$$
\begin{aligned}
r_{FL} &= \left[(l_F - n_{LFL}\cos\ \delta_W + n_{SFL}\sin\ \delta_W)^2 + \left(\frac{b_F}{2} - n_{SFL}\cos\ \delta_W - n_{LFL}\sin\ \delta_W\right)^2\right]^{1/2} \\
r_{FR} &= \left[(l_F - n_{LFR}\cos\ \delta_W + n_{SFR}\sin\ \delta_W)^2 + \left(\frac{b_F}{2} + n_{SFR}\cos\ \delta_W + n_{LFR}\sin\ \delta_W\right)^2\right]^{1/2} \\
r_{RL} &= \left[(l_R + n_{LRL})^2 + \left(\frac{b_R}{2} - n_{SRL}\right)^2\right]^{1/2} \\
r_{RR} &= \left((l_R + n_{LRR})^2 + \left(\frac{b_R}{2} + n_{SRR}\right)^2\right]^{1/2}
\end{aligned}
\tag{8.2}
$$

$$\vartheta_{\mathrm{FL}} = \arctan\left(\frac{\frac{b_{\mathrm{F}}}{2} - n_{\mathrm{SFL}}\cos\delta_{\mathrm{W}} - n_{\mathrm{LFL}}\sin\delta_{\mathrm{W}}}{l_{\mathrm{F}} - n_{\mathrm{LFL}}\cos\delta_{\mathrm{W}} + n_{\mathrm{SFL}}\sin\delta_{\mathrm{W}}}\right)$$

$$\vartheta_{\mathrm{FR}} = \arctan\left(\frac{l_{\mathrm{F}} - n_{\mathrm{LFR}}\cos\delta_{\mathrm{W}} + n_{\mathrm{SFR}}\sin\delta_{\mathrm{W}}}{\frac{b_{\mathrm{F}}}{2} + n_{\mathrm{SFR}}\cos\delta_{\mathrm{W}} + n_{\mathrm{LFR}}\sin\delta_{\mathrm{W}}}\right) \tag{8.3}$$

$$\vartheta_{\mathrm{RL}} = \arctan\left(\frac{l_{\mathrm{R}} + n_{\mathrm{LRL}}}{\frac{b_{\mathrm{R}}}{2} - n_{\mathrm{SRL}}}\right)$$

$$\vartheta_{\mathrm{RR}} = \arctan\left(\frac{\frac{b_{\mathrm{R}}}{2} + n_{\mathrm{SRR}}}{l_{\mathrm{R}} + n_{\mathrm{LRR}}}\right)$$

其中, $n_{\mathrm{L}ij}$ 以 $-x_{\mathrm{w}}$ 方向为正, $n_{\mathrm{S}ij}$ 以 $-y_{\mathrm{w}}$ 方向为正, 两者均可能为负值。尽管车辆航向角以 $\dot{\psi}+\dot{\beta}$ 的角速度变化, 整车仅以 $\dot{\psi}$ 的角速度绕垂直轴线旋转, 如图 8.5 所示。

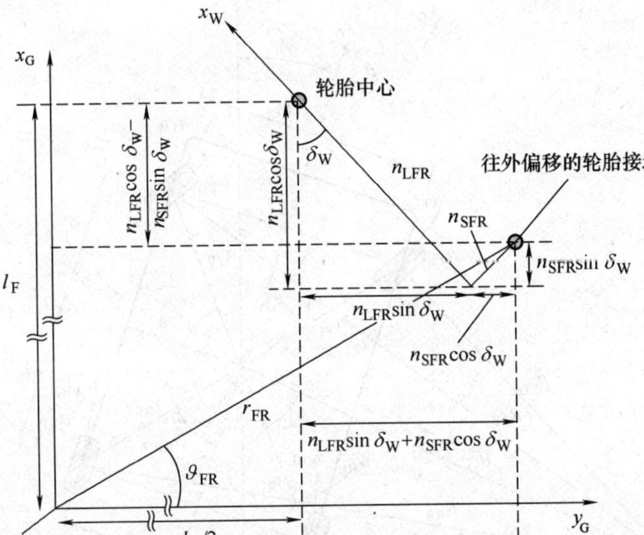

图 8.6 r_{FR}的几何计算

轮胎接地点速度包括两分量, 分别是质心速度分量和绕车辆垂直轴线旋转的速度分量。将其分解为纵向和侧向分量, 则可得下式, 其中 $\vec{e}_x$、$\vec{e}_y$ 分别是质心坐标系中的纵向和侧向单位向量。

$$\begin{aligned}
\underline{v}_{\mathrm{WFL}} &= \left(v_G\cos\ \beta - \dot{\psi}r_{\mathrm{FL}}\sin\ \vartheta_{\mathrm{FL}}\right)\vec{e}_x + \left(v_G\sin\ \beta + \dot{\psi}r_{\mathrm{FL}}\cos\ \vartheta_{\mathrm{FL}}\right)\vec{e}_y \\
\underline{v}_{\mathrm{WFR}} &= \left(v_G\cos\ \beta + \dot{\psi}r_{\mathrm{FR}}\cos\ \vartheta_{\mathrm{FR}}\right)\vec{e}_x + \left(v_G\sin\ \beta + \dot{\psi}r_{\mathrm{FR}}\sin\ \vartheta_{\mathrm{FR}}\right)\vec{e}_y \\
\underline{v}_{\mathrm{WRL}} &= \left(v_G\cos\ \beta - \dot{\psi}r_{\mathrm{RL}}\cos\ \vartheta_{\mathrm{RL}}\right)\vec{e}_x + \left(v_G\sin\ \beta - \dot{\psi}r_{\mathrm{RL}}\sin\ \vartheta_{\mathrm{RL}}\right)\vec{e}_y \\
\underline{v}_{\mathrm{WRR}} &= \left(v_G\cos\ \beta + \dot{\psi}r_{\mathrm{RR}}\sin\ \vartheta_{\mathrm{RR}}\right)\vec{e}_x + \left(v_G\sin\ \beta - \dot{\psi}r_{\mathrm{RR}}\cos\ \vartheta_{\mathrm{RR}}\right)\vec{e}_y
\end{aligned} \tag{8.4}$$

8.3.2 节中, 将基于式 (8.4), 采用速度平衡法来计算轮胎侧偏角。实际上, 由于 n_{L} 与 n_{S} 随时间变化,ϑ_{ij} 与 r_{ij} 也随时间变化。作为一种近似方法, 它可以求得接地点的速度大小及方向, 速度的幅值即为 $\vec{e}_x$ 和 $\vec{e}_y$ 分量的平方和方根 (square root of sum of squares)。

轮胎接地点速度近似

不考虑主销后倾的动态变化, 并忽略垂直于车轮平面的横向偏距分量。这在实际中是合理的, 因为相对于 l_{F}、l_{R}、$b_{\mathrm{F}}/2$ 以及 $b_{\mathrm{R}}/2$, 主销后倾效果非常小。事先计算出 ϑ_{ij} 与 r_{ij}, 则根据式 (8.4) 仅需几步即可完成计算。进一步利用一阶泰勒近似, 且假设质心侧偏角 β 在 10° 以内, 则计算误差小于 0.5%。将下式近似条件代入式 (8.4), 即得轮胎接地点速度。

$$\begin{aligned}\sin\,\beta &= \beta \\ \cos\,\beta &= 1\end{aligned} \tag{8.5}$$

方法 2: 通过计算各轮的转弯曲率半径

从车辆转弯时的俯视图可知, 每个车轮都有各自的行驶轨迹。质心速度方向以及轮胎接地点速度方向均与相应点到运动瞬心 (instantaneous center of motion, ICM) 的连线垂直, 如图 8.7 所示。

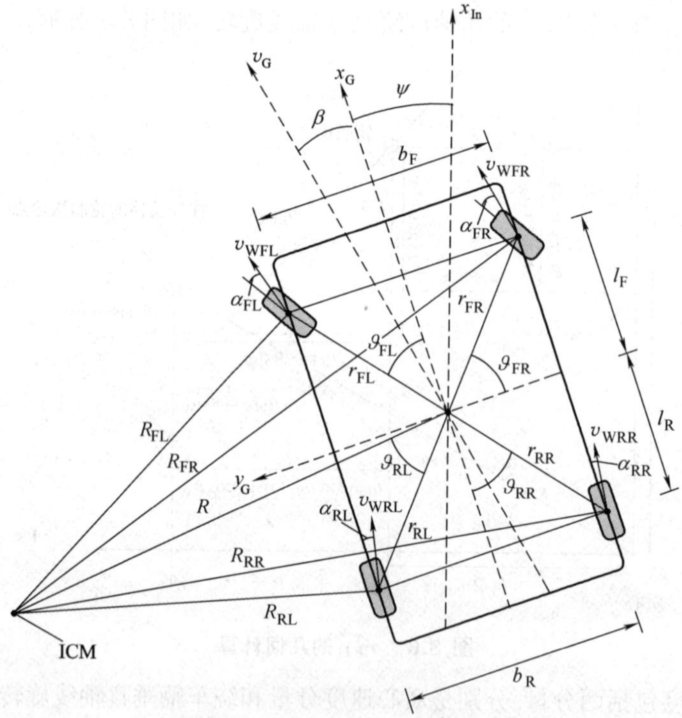

图 8.7 转弯时的各轮曲率半径

可以精确计算各轮的转弯半径 R_{ij}, 但必须知道质心到 ICM 点的距离。假设质心与 ICM 的间距比 r_{ij} 要大得多, 可以假设各轮曲率半径差 ΔR_{ij} 互为平行关系, 如图 8.8 所示。

基于各轮曲率半径差, 可在不知道质心转弯半径确切值时, 便计算出各轮胎接地点速度 $v_{\mathrm{W}ij}$。

ΔR_{F} 和 ΔR_{R} 计算如下:

$$\Delta R_{\mathrm{F}}=l_{\mathrm{F}}\tan\ \beta;\qquad \Delta R_{\mathrm{R}}=l_{\mathrm{R}}\tan\ \beta$$

根据图 8.8, 不考虑主销后倾效果, 可得

$$\begin{aligned}\Delta R_{\mathrm{FL}}&=\left(\frac{b_{\mathrm{F}}}{2}-\Delta R_{\mathrm{F}}\right)\cos\ \beta=\frac{b_{\mathrm{F}}}{2}\cos\ \beta-l_{\mathrm{F}}\sin\ \beta\\ \Delta R_{\mathrm{FR}}&=\frac{b_{\mathrm{F}}}{2}\cos\ \beta+l_{\mathrm{F}}\sin\ \beta\\ \Delta R_{\mathrm{RL}}&=\frac{b_{\mathrm{R}}}{2}\cos\ \beta+l_{\mathrm{R}}\sin\ \beta\\ \Delta R_{\mathrm{RR}}&=\frac{b_{\mathrm{R}}}{2}\cos\ \beta-l_{\mathrm{R}}\sin\ \beta\end{aligned}\tag{8.6}$$

则轮胎接地点速度 $v_{\mathrm{W}ij}$ 可由质心速度 v_{G} 与以半径 ΔR_{ij} 绕垂直轴旋转的速度分量叠加而得, 即

$$v_{\mathrm{W}ij}=v_{\mathrm{G}}\mp\dot{\psi}\Delta R_{ij}\tag{8.7}$$

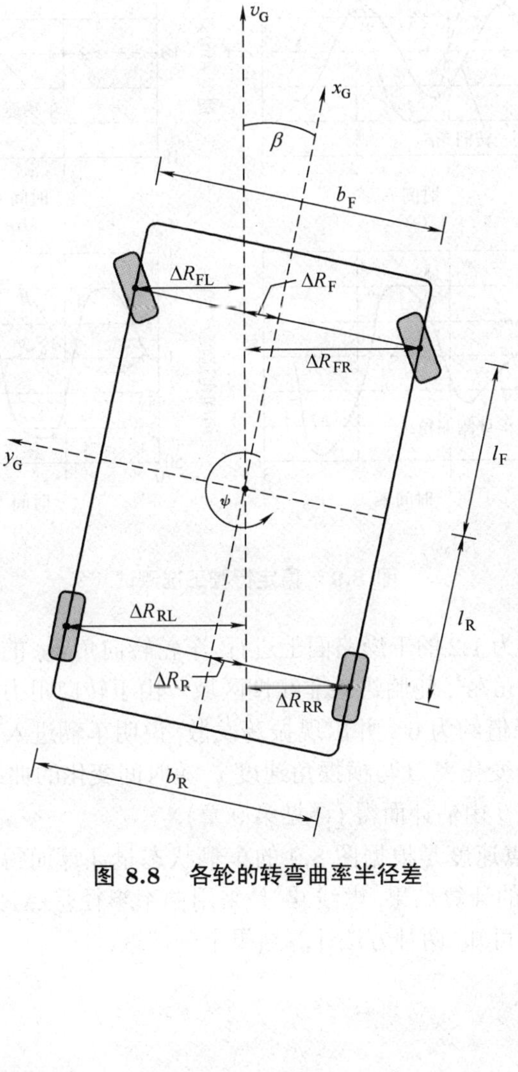

图 8.8 各轮的转弯曲率半径差

将式 (8.5) 代入, 可得接地点速度大小如下式, 注意其中未包含速度的方向信息。

$$
\begin{aligned}
v_{\mathrm{WFL}} &= v_{\mathrm{G}} - \dot{\psi}\left(\frac{b_{\mathrm{F}}}{2} - l_{\mathrm{F}}\beta\right) \\
v_{\mathrm{WFR}} &= v_{\mathrm{G}} + \dot{\psi}\left(\frac{b_{\mathrm{F}}}{2} + l_{\mathrm{F}}\beta\right) \\
v_{\mathrm{WRL}} &= v_{\mathrm{G}} - \dot{\psi}\left(\frac{b_{\mathrm{R}}}{2} + l_{\mathrm{R}}\beta\right) \\
v_{\mathrm{WRR}} &= v_{\mathrm{G}} + \dot{\psi}\left(\frac{b_{\mathrm{R}}}{2} - l_{\mathrm{R}}\beta\right)
\end{aligned} \tag{8.8}
$$

两种轮胎接地点速度计算方法比较

方法的选用要考虑计算效率以及与车辆稳定性相关的计算精度要求。为此, 进行如图 8.9 所示的极限工况测试, 图中给出了车轮转向角 δ_{W} 以及 a_y、v_{G}、β、$\dot{\psi}$ 等值。

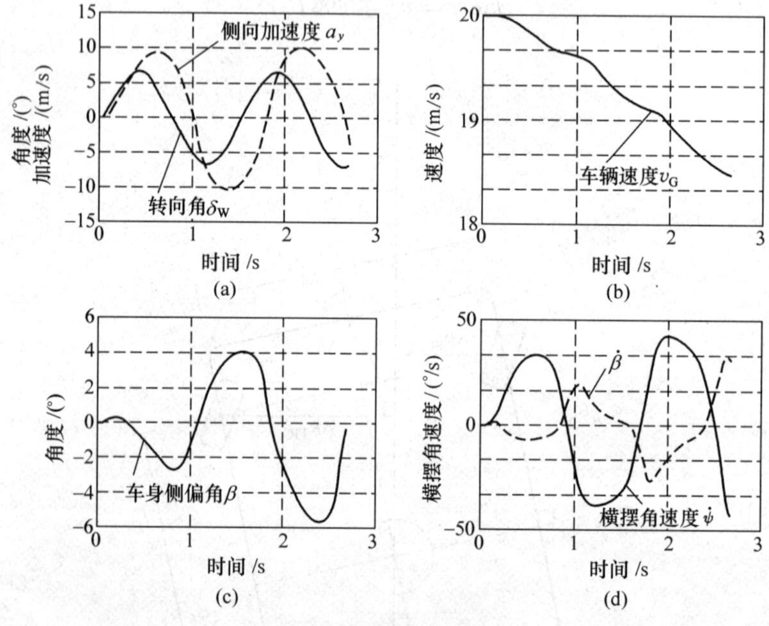

图 8.9 稳定行驶工况测试

测试在峰值附着系数为 1.2 的干燥路面上进行, 车轮转向角 δ_{W} 的幅值为 7°, 频率为 0.7 Hz。当侧向加速度 a_y 达到 10 m/s^2, 轮胎进入非线性区域。由于转向阻力的存在, 车辆速度 v_{G} 逐渐下降。车身质心侧偏角峰值约为 6°, 并出现振荡发散, 说明车辆进入了不稳定行驶工况。图中同时也给出了质心侧偏角变化率 $\dot{\beta}$ 与横摆角速度 $\dot{\psi}$ 随时间变化的曲线。a_y、δ_{W} 和 $\dot{\psi}$ 由实验车测试而得, 而 v_{G}、β、$\dot{\beta}$ 由估计而得 (详见第 9 章)。

图 8.10 所示的接地点速度是根据图 8.9 的车辆状态量计算而得。实线 ① 是采用式 (8.4) 及式 (8.5) 假设的方法 1 的计算结果, 虚线 ② 是采用曲率半径差 ΔR_{ij} 和转弯半径平行假设的方法 2 的计算结果。由图可知, 两种方法计算结果十分接近。

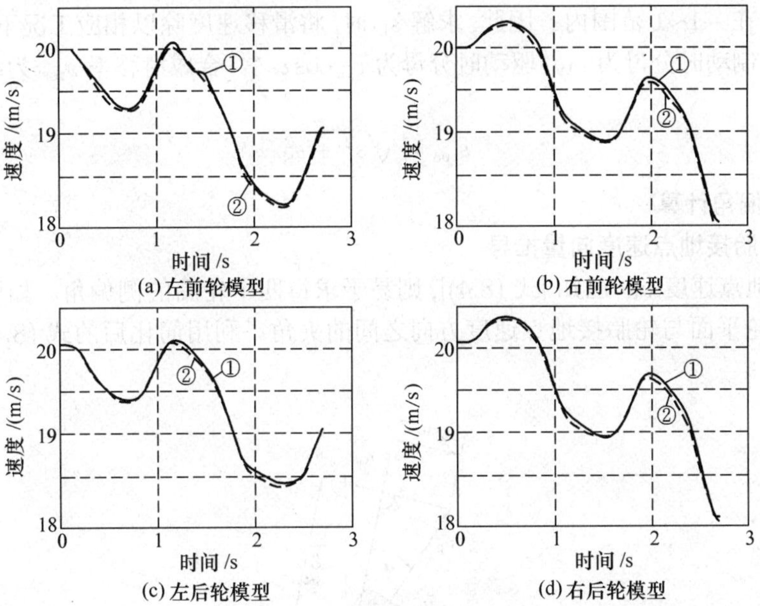

图 8.10　两种轮胎接地点速度计算方法的比较

如果仅需接地点速度大小, 应优先选择较简单的方法 2。当需分别计算四个轮胎侧偏角时, 必须采用方法 1。

8.3.2 车轮滑移率和轮胎侧偏角

车轮滑移率必须计算精确, 因为在附着特性曲线上, 附着系数对滑移率的梯度非常大, 每千分之一的滑移率误差意味着相当大的轮胎力误差。在零滑移率处, 该梯度的典型值为 30, 这表示每千分之一的滑移率变化量将导致 3% 的附着系数变化, 即 3% 的轮胎附着力变化。

计算纵向滑移率 s_L 及侧向滑移率 s_S 时, 要知道侧偏角 α 的值。由于滑移率是向量, 需将滑移速度分解到相应的两个方向上。本节还将对两种侧偏角计算方法进行比较。

1. 车轮滑移率计算

若轮胎未出现侧偏, 车轮滑移量只是等效转速* $v_{Rij}=\omega_{ij}r_{stat}$ 与质心速度 v_G 的差值。对于纵向与侧向联合滑移工况, 不同文献采用了各种不同的滑移率定义。Burckhardt 将轮胎滑移量及轮胎力定义为车轮运动方向 [14], Reimpell 则将车轮纵向滑移定义为车轮平面方向[101]。

此处选用 Burckhardt 的定义方法。纵向滑移率 s_L 沿着接地点速度 v_{Wij} 方向, 侧向滑移率 s_S 的方向与 s_L 垂直, 定义如式 (8.9) 所示。将车轮等效转速 v_{Rij} 投影到 v_W 方向, 其投影大小为 $v_{Rij}\cos\alpha$。

	制动 $v_R\cos\alpha\leqslant v_W$	驱动 $v_R\cos\alpha>v_W$
纵向滑移率	$s_L=\frac{v_R\cos\alpha-v_W}{v_W}$	$s_L=\frac{v_R\cos\alpha-v_W}{v_R\cos\alpha}$
侧向滑移率	$s_S=\frac{v_R\sin\alpha}{v_W}$	$s_S=\tan\alpha$

(8.9)

*译者注: 原书误为 $v_{Rij}=\dot{\omega}_{ij}r_{stat}$。

纵向滑移率 s_L 在 $-1 \sim 1$ 范围内。因此, 求解 s_L 时, 将滑移速度除以相应工况下 $v_R \cos\alpha$ 与 v_W 中的较大值, 即制动时分母为 v_W, 驱动时分母为 $v_R \cos\alpha$ *。合成滑移率 s_{res} 为纵向与侧向滑移率的矢量和, 即

$$s_{res} = \sqrt{s_L^2 + s_S^2} \tag{8.10}$$

2. 轮胎侧偏角计算

方法 1: 利用轮胎接地点速度向量推导

若轮胎接地点速度 v_W 已知 [式 (8.4)], 则易于求得四个轮胎的侧偏角。如图 8.11 所示, 轮胎侧偏角是车轮平面与轮胎接地点速度方向之间的夹角。利用简化后的式 (8.4), 如图 8.12 所示, 可得

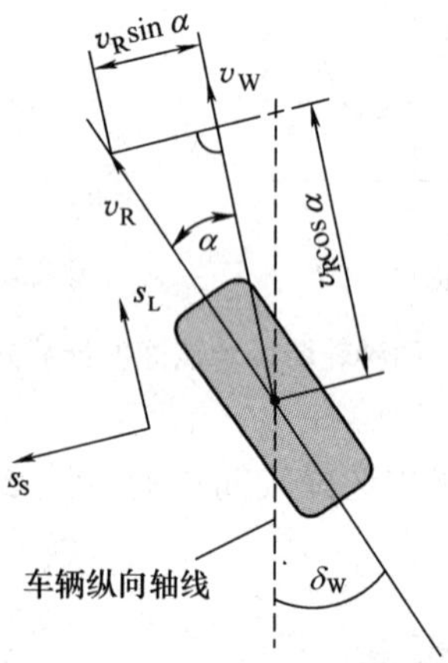

图 8.11 车轮滑移率计算

v_R—车轮等效转速; v_W—轮胎接地点速度

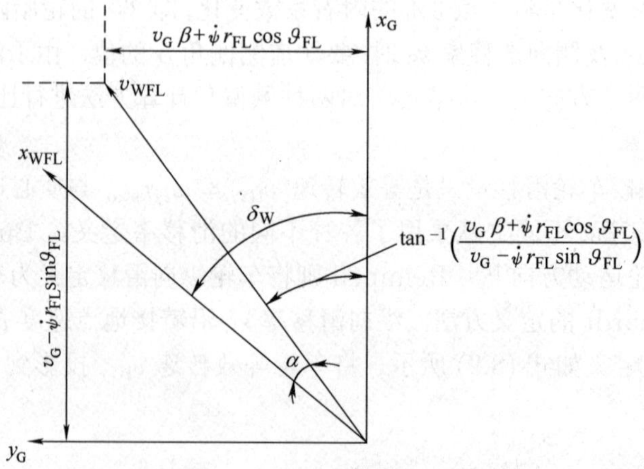

图 8.12 左前轮侧偏角计算

*译者注: 原文误为 v_R。

$$\begin{aligned}
\alpha_{\mathrm{FL}} &= \delta_{\mathrm{W}} - \arctan\left(\frac{v_{\mathrm{G}}\beta + \dot{\psi} r_{\mathrm{FL}} \cos\vartheta_{\mathrm{FL}}}{v_{\mathrm{G}} - \dot{\psi} r_{\mathrm{FL}} \sin\vartheta_{\mathrm{FL}}}\right) \\
\alpha_{\mathrm{FR}} &= \delta_{\mathrm{W}} - \arctan\left(\frac{v_{\mathrm{G}}\beta + \dot{\psi} r_{\mathrm{FR}} \sin\vartheta_{\mathrm{FR}}}{v_{\mathrm{G}} + \dot{\psi} r_{\mathrm{FR}} \cos\vartheta_{\mathrm{FR}}}\right) \\
\alpha_{\mathrm{RL}} &= -\arctan\left(\frac{v_{\mathrm{G}}\beta - \dot{\psi} r_{\mathrm{RL}} \sin\vartheta_{\mathrm{RL}}}{v_{\mathrm{G}} - \dot{\psi} r_{\mathrm{RL}} \cos\vartheta_{\mathrm{RL}}}\right) \\
\alpha_{\mathrm{RR}} &= -\arctan\left(\frac{v_{\mathrm{G}}\beta - \dot{\psi} r_{\mathrm{RR}} \cos\vartheta_{\mathrm{RR}}}{v_{\mathrm{G}} + \dot{\psi} r_{\mathrm{RR}} \sin\vartheta_{\mathrm{RR}}}\right)
\end{aligned} \tag{8.11}$$

方法 2: 由单轨模型推导

在单轨模型中, 前轴与后轴车轮分别简化为一个前轮和一个后轮, 如图 8.13 所示。因此, 只能简单计算出前轴和后轴两个侧偏角, 分别作为前两轮与后两轮的侧偏角。

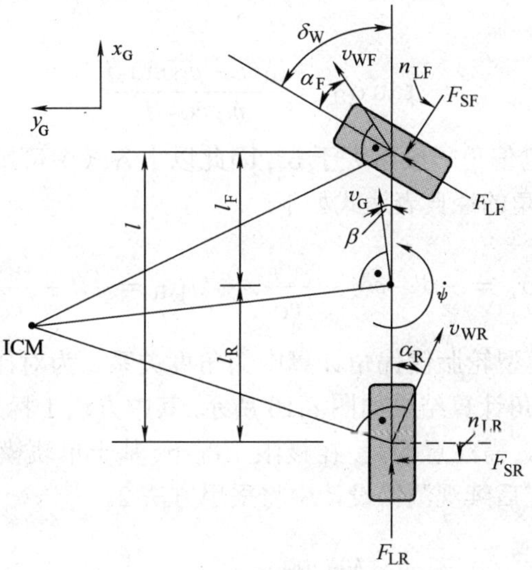

图 8.13 单轨模型中的变量

F_{LF}—前轮纵向力; F_{LR}—后轮纵向力; F_{SF}—前轮侧向力; F_{SR}—后轮侧向力; $\dot{\psi}$—横摆角速度; δ_{W}—车轮转角; α_{F}—前轮侧偏角; α_{R}—后轮侧偏角; β—车身质心侧偏角; l—轴距;l_{F}—质心到前轴距离; l_{R}—质心到后轴距离; n_{LF}—前轴纵向拖距; n_{LR}—后轴纵向拖距; ICM—运动瞬心; v_{WF}—前轮速度方向; v_{WR}—后轮速度方向; v_{G}—质心速度方向

运动瞬心 ICM 点是质心速度、前后轮速度垂线的交点。已知质心侧偏角 β, 即可求得轮胎侧偏角 α。前、后轮胎侧偏角的定义如图 8.14 所示。根据 Mitschke[84] 所述, 在车辆纵向和侧向列出速度平衡方程, 即可算得侧偏角 α_{F} 与 α_{R}。

由于车体与车轮在轮胎接地点处的速度相等, 如图 8.13 与图 8.14 所示。对于前轮, 在侧向有

$$v_{\mathrm{WF}} \sin\ (\delta_{\mathrm{W}} - \alpha_{\mathrm{F}}) = l_{\mathrm{F}}\dot{\psi} + v_{\mathrm{G}} \sin\ \beta \tag{8.12}$$

上式左侧为车轮上该点的速度, 右侧为车体上该点的速度。类似的, 在纵向有

$$v_{\mathrm{WF}} \cos\ (\delta_{\mathrm{W}} - \alpha_{\mathrm{F}}) = v_{\mathrm{G}} \cos\ \beta \tag{8.13}$$

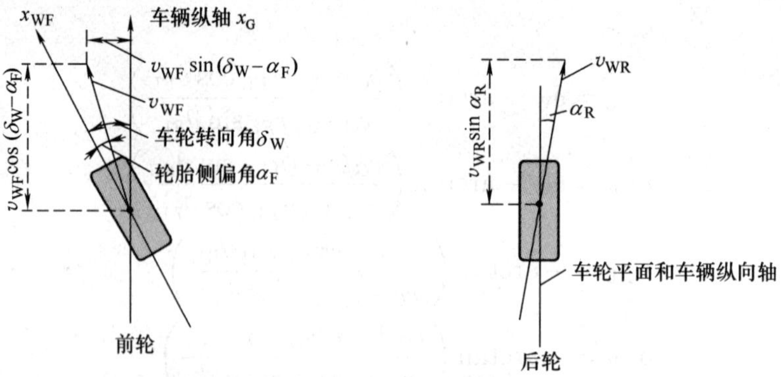

图 8.14 单轨模型中轮胎侧偏角 α 的定义

两式相除, 可得前轴侧偏角为

$$\tan\,(\delta_W - \alpha_F) = \frac{l_F\dot{\psi} + v_G\sin\beta}{v_G\cos\beta} \tag{8.14}$$

同理, 对后轴有

$$\tan\alpha_R = \frac{l_R\dot{\psi} - v_G\sin\beta}{v_G\cos\beta} \tag{8.15}$$

在稳定工况下, 轮胎侧偏角一般不大于 5°, 因此以上各式中可用 $\sin\beta\approx\beta$ 和 $\cos\beta\approx 1$ 简化。由此可得前后轮侧偏角的经典表达式如下:

$$\alpha_F = -\beta + \delta_W - \frac{l_F\dot{\psi}}{v_G};\qquad \alpha_R = -\beta + \frac{l_R\dot{\psi}}{v_G} \tag{8.16}$$

图 8.15 给出了单轨模型轮胎侧偏角计算中的角度关系。为对比两个方法, 再次进行图 8.9 中的极限工况测试。侧偏角计算结果如图 8.16 所示, 其中方法 1 标记为实线 ①, 方法 2 标记为虚线 ②, 两者几乎无差别。需注意的是, 在极限工况下, 基于单轨模型方法的公式虽极其简单, 但计算结果很好。因此, 在后续观测器设计中将采用方法 2。

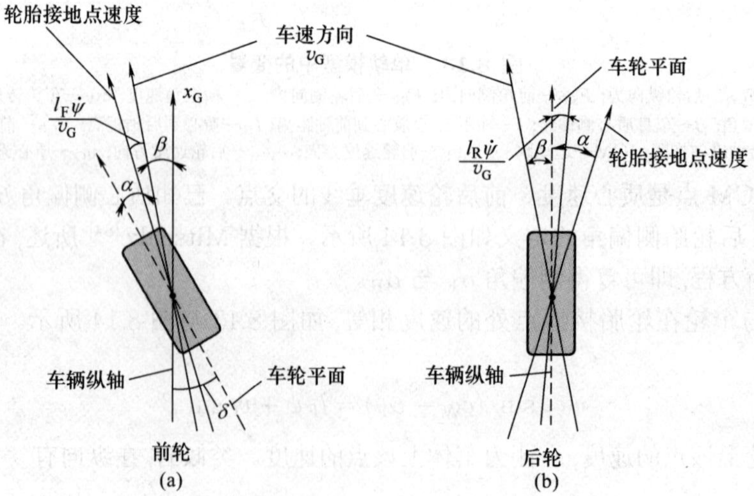

图 8.15 单轨模型中轮胎侧偏角的简化计算

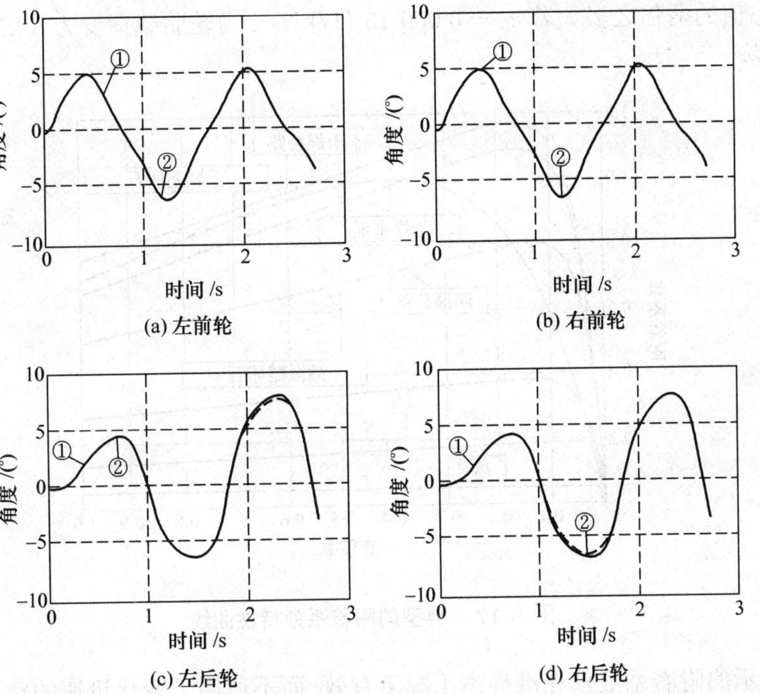

图 8.16 两种轮胎侧偏角计算方法的结果比较

8.3.3 附着系数计算

轮胎附着特性可用参数化公式来近似描述, 如图 8.17 所示。附着系数定义为车轮平面内的附着力 F_{fric} 与轮胎接地垂向力 F_z 的比值:

$$\mu = \frac{F_{\text{fric}}}{F_z} \tag{8.17}$$

计算附着力时可用 Burckhardt 方法 [14]:

$$\mu\left(s_{\text{res}}\right) = c_1\left(1 - \mathrm{e}^{-c_2 s_{\text{res}}}\right) - c_3 s_{\text{res}} \tag{8.18}$$

式 (8.18) 中的 Burckhardt 模型可用一组修正因子来扩展, 例如用 c_4 来考虑高速行驶条件, 用 c_5 考虑更高的车轮载荷。如式 (8.19) 所示, 两部分修正项峰值均为 1, 即两者一般都会导致附着系数减小。胎压不合适也会导致附着系数下降, 但在 0.3 bar 变化范围内, 可以不考虑其影响。

$$\mu_{\text{res}}\left(s_{\text{res}}\right) = \left[c_1\left(1 - \mathrm{e}^{-c_2 s_{\text{res}}}\right) - c_3 s_{\text{res}}\right] \mathrm{e}^{-c_4 s_{\text{res}} v_{\text{G}}}\left(1 - c_5 F_z^2\right) \tag{8.19}$$

不同路面条件下的参数 c_1、 c_2、 c_3 如表 8.3 所示。 c_4 一般在 0.002 ∽ 0.004 s/m 范围内, 这表明: 当滑移率为 10%、车速为 20 m/s 时, 由车速引起的附着系数变化幅度几乎达到 8%。若作初步估计, 假设静态条件下轮胎接地载荷 $F_z = 4\ 500$ N, 而在急转弯条件下, 接地载荷可能降为零, 或增至静态值的两倍之多。若 $c_5 = 0.000\ 15\ (1/\text{kN})^2$, 当轮胎载荷变为 8 kN 时, 附着系数下降幅度达 9.6%。

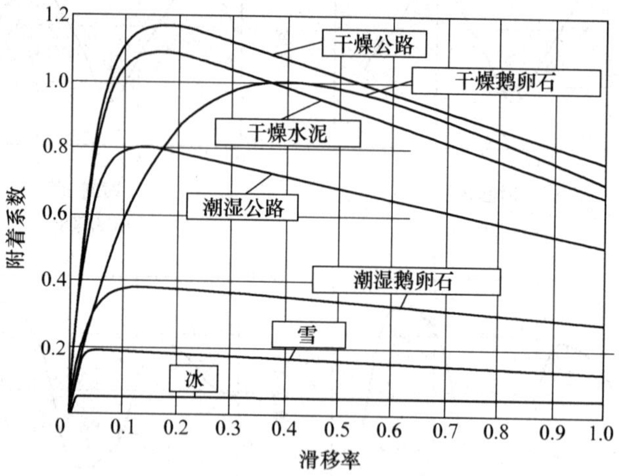

图 8.17 典型的附着系数特性曲线

图 8.17 所示的附着系数仅在准静态工况下有效, 而不适用于变化迅速的动态过渡工况。对于轮胎侧偏角变化迅速的情形, 文献 [1] 分析了侧偏力随时间的变化情况。

合成滑移率 s_{res} 与合成附着系数 μ_{res} 的方向相同, 由此可得纵向与侧向的附着力系数分别为

$$\mu_{\text{L}} = \mu_{\text{res}} \frac{s_{\text{L}}}{s_{\text{res}}}; \qquad \mu_{\text{S}} = \mu_{\text{res}} \frac{s_{\text{S}}}{s_{\text{res}}} \tag{8.20}$$

假设轮胎的附着特性与滑移方向无关, 则式 (8.20) 所表示的特性可用 Kamm 圆来描述。图 8.18 表示了附着系数在纵向与侧向上的分配。根据轮胎与路面间的接触、车速和车轮载荷, 可以确定合成附着系数的峰值 $\mu_{\text{res,max}}$, 然后将其分解为纵向与侧向的附着系数。附着系数分量的符号确定了相关附着力的方向和符号。

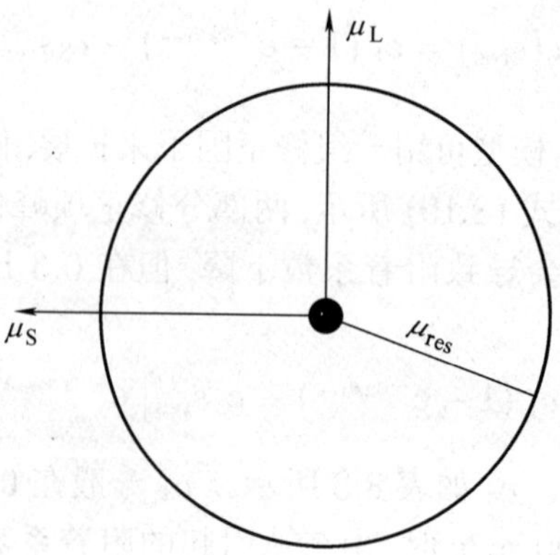

图 8.18 Kamm 圆

考虑胎面轮廓实际情况，附着特性也与滑移方向相关。最大侧向附着系数比最大纵向附着系数要小，因此，Kamm 圆就变成椭圆。在公式中，可用一个修正系数 k_S 来考虑其对侧向附着系数的影响。

$$\mu_L = \mu_{res}\frac{s_L}{s_{res}}; \qquad \mu_S = k_S\mu_{res}\frac{s_S}{s_{res}} \tag{8.21}$$

当 $k_S = 1$ 时，式 (8.21) 等价于式 (8.20)。对于一般的扁平轮胎，该修正系数在 0.9~0.95 之间。在制动工况与驱动工况下，修正系数可能各不相同，但此处忽略其影响。Kamm 圆也描述了路面能传递给轮胎的最大附着力。若轮胎纵向力与侧向力的向量和大小在 Kamm 圆范围内，表明该轮胎合力能由路面产生 [84]：

$$\sqrt{F_{WLij}^2 + F_{WSij}^2} \leqslant \mu_{res}F_{zij} \tag{8.22}$$

F_{Lij} 的计算见 8.3.4 节，侧向力的近似估计见 9.5.2 节。轮胎垂直载荷由式 (9.51)~ 式 (9.54) 确定。当式 (8.22) 中的轮胎侧向力与纵向力之和超出 Kamm 圆范围时，在 8.3.4 节中将引入修正因子 $k_{red,ij}$，以保证合力在合理范围内。

不同路面下的附着特性参数

表 8.3 列出了不同路面下的附着特性参数 [14]。除湿鹅卵石路面外，Burckhardt 轮胎模型特性与测试数据的十分吻合 [84]。在湿鹅卵石路面的测试曲线中，初始斜率更大，但附着系数达到约 0.4 之后，开始以较小的斜率变化到最大值，在后半部分区域的拟合精度较好。

表 8.3 轮胎模型参数

路面	c_1	c_2	c_3
干沥青	1.280 1	23.99	0.52
湿沥青	0.857	33.822	0.347
干燥水泥	1.197 3	25.168	0.537 3
干燥鹅卵石	1.371 3	6.456 5	0.669 1
湿鹅卵石	0.440 4	33.708 0	0.120 4
雪	0.194 6	94.129	0.064 6
冰	0.05	306.39	0

8.3.4 附着力计算

轮胎接地点速度 v_W 方向及其垂直方向上的附着系数由式 (8.10)、式 (8.19) 和式 (8.21) 计算，由式 (8.17) 可继续算出轮胎附着力，即如图 8.19 所示的 F_{WL} 与 F_{WS}。

沿着 v_W 方向：

$$F_{WL} = \mu_L F_z = \mu_{res}\frac{s_L}{s_{res}}F_z \tag{8.23}$$

沿与 v_W 垂直的方向：

$$F_{WS} = \mu_S F_z = k_S\mu_{res}\frac{s_S}{s_{res}}F_z \tag{8.24}$$

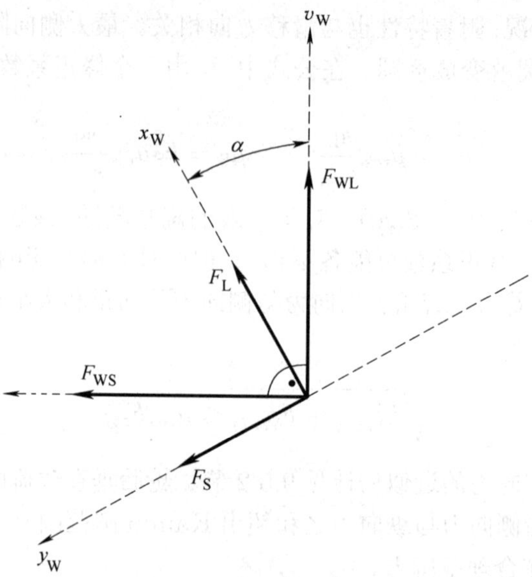

图 8.19 轮胎附着力的方向

将两者转换到车轮坐标系 x_W-y_W 下, 沿 x_W 方向有

$$F_L = F_{WL}\cos\alpha + F_{WS}\sin\alpha \tag{8.25}$$

沿 y_W 方向有

$$F_S = F_{WS}\cos\alpha - F_{WL}\sin\alpha \tag{8.26}$$

将式 (8.23) 代入式 (8.25), 式 (8.24) 代入式 (8.26), 可得

$$\begin{aligned} F_L &= \mu_{res}\frac{s_L}{s_{res}}F_z\cos\alpha + k_S\mu_{res}\frac{s_S}{s_{res}}F_z\sin\alpha \\ &= \left(\mu_{res}\frac{s_L}{s_{res}}\cos\alpha + k_S\mu_{res}\frac{s_S}{s_{res}}\sin\alpha\right)F_z \end{aligned} \tag{8.27}$$

$$\begin{aligned} F_S &= k_S\mu_{res}\frac{s_S}{s_{res}}F_z\cos\alpha - \mu_{res}\frac{s_L}{s_{res}}F_z\sin\alpha \\ &= \left(k_S\mu_{res}\frac{s_S}{s_{res}}\cos\alpha - \mu_{res}\frac{s_L}{s_{res}}\sin\alpha\right)F_z \end{aligned} \tag{8.28}$$

极限工况下, 由此算得的附着力可能太大, 为此引入修正因子 k_{red} 来限制式 (8.22) 中的轮胎纵向力与侧向力。

$$k_{red,ij} = \frac{\mu_{res,ij}F_{zij}}{\sqrt{F_{WLij}^2 + F_{WSij}^2}} \tag{8.29}$$

修正因子 k_{red} 可保证轮胎侧向力与纵向力的合力落在 Kamm 圆范围内。为此, 在车辆模型每一步计算过程中都必须采用 k_{red}。

纵向力 F_L 与侧向力 F_S 可从车轮坐标系转换到底盘坐标系中。对于后轴车轮,由于车轮平面与车辆纵轴平行,无需坐标系转换,即

$$\begin{aligned} F_{x\mathrm{RL}} &= F_{\mathrm{LRL}}; \qquad F_{y\mathrm{RL}} = F_{\mathrm{SRL}} \\ F_{x\mathrm{RR}} &= F_{\mathrm{LRR}}; \qquad F_{y\mathrm{RR}} = F_{\mathrm{SRR}} \end{aligned} \tag{8.30}$$

而前轴车轮只需按车轮转向角 δ_W 转换如下:

$$\begin{aligned} F_{x\mathrm{FL}} &= F_{\mathrm{LFL}} \cos\delta_{\mathrm{WL}} - F_{\mathrm{SFL}} \sin\delta_{\mathrm{WL}} \\ F_{y\mathrm{FL}} &= F_{\mathrm{SFL}} \cos\delta_{\mathrm{WL}} + F_{\mathrm{LFL}} \sin\delta_{\mathrm{WL}} \\ F_{x\mathrm{FR}} &= F_{\mathrm{LFR}} \cos\delta_{\mathrm{WR}} - F_{\mathrm{SFR}} \sin\delta_{\mathrm{WR}} \\ F_{y\mathrm{FR}} &= F_{\mathrm{SFR}} \cos\delta_{\mathrm{WR}} + F_{\mathrm{LFR}} \sin\delta_{\mathrm{WR}} \end{aligned} \tag{8.31}$$

8.3.5 轮胎特性

前面章节推导了轮胎附着力、滑移率以及侧偏角,本节讨论轮胎侧偏的影响效果。轮胎侧偏角可通过车辆状态变量推导而得。为控制轮胎侧偏角,需控制绕车辆垂直轴线的旋转运动。

以下三图描述了干沥青路面下,轮胎侧偏角对附着特性的影响。一般的,描述轮胎特性时将侧偏角作为参数之一。但这不表示制动或转弯工况下,其侧偏角保持恒定。

图 8.20 给出了纵向附着系数与侧向附着系数的关系。当侧偏角为零时,对应的变化曲线正好与横轴重合。当有 2° 侧偏角时,最大侧向附着系数已达 $\mu_S = 0.7$。这是由于 $\alpha = 2°$ 时,相应侧向滑移率为 $s_S = 3.5\%$,在干路面上便可达该附着系数。根据这些数据,也可绘出类似图 8.18 所示的 Kamm 圆。该组曲线的变化趋势易于理解:侧偏角 α 越大,纵向力 F_L 越小。当 α 达到 16° 时,最大纵向附着系数几乎达不到 1。图 8.21 和图 8.22 更详细地描述了侧偏角的影响。

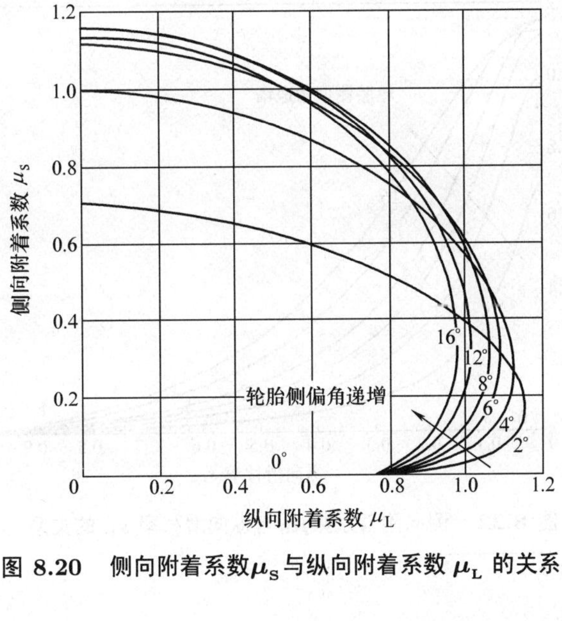

图 8.20 侧向附着系数 μ_S 与纵向附着系数 μ_L 的关系

图 8.21 表示了纵向附着系数 μ_L 与纵向滑移率 s_L 的关系。由图 8.21 可知, 转弯制动时, 制动力将由于侧偏角而下降。在车辆全力制动时进行转向, 将会产生轮胎侧偏角和侧向力。这将减小纵向制动力, 延长制动距离。根据车辆类型不同, 最大车轮转向角大约为 $\delta_W = 30°$。在稳定行驶工况下, 轮胎侧偏角不会超过 16°, 因为车身质心侧偏角 β 只在一个很小范围内。由图可见, 随着轮胎侧偏角 α 增加, 纵向附着系数峰值对应的 s_L 也增加。

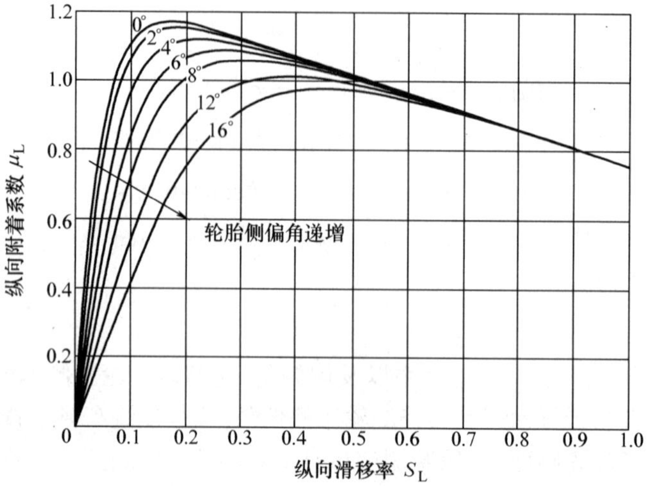

图 8.21　纵向附着系数μ_L与纵向滑移率 s_L 的关系

图 8.22 表示了侧向附着系数 μ_S 与纵向滑移率 s_L 的关系。在转弯不制动工况下, 侧向附着系数 μ_S 可利用全部的附着潜力, 因此在 $s_L = 0$ 时各曲线均处于最大值。当 $\alpha = 8°$ 时, 侧向附着系数 μ_S 达到最大值。若纵向滑移率 s_L 增加*, 侧向力迅速下降。此时, 只能通过继续增加侧偏角来一定程度上地弥补其影响。

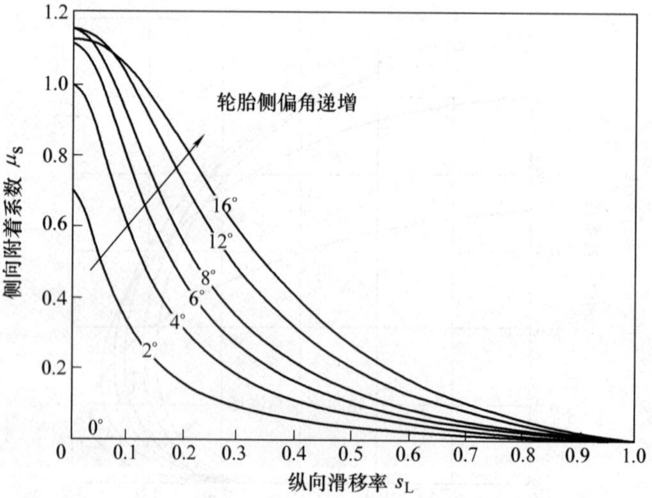

图 8.22　侧向附着系数μ_S与纵向滑移率 s_L 的关系

*译者注: 原文为 μ_L, 译者修正为 s_L。

车轮外倾角对轮胎侧偏角的影响

前文假设车轮平面与路面垂直，而实际中车轮平面与垂直轴线间存在一个外倾角 γ。该外倾角的方向在文献 [84] 中是这样定义的：当车轮向转弯中心倾斜时,γ 为负。类似于骑自行车时车轮向转弯内侧倾斜，轮胎侧偏角会因此变小。近似地,$s_S = \tan\alpha \approx \alpha$ 。当 γ 为负值时，$\mu_S(\alpha)$ 曲线将往上平移。基于文献 [101] 和 [84] 所给出的曲线，可用线性近似方法来计算存在车轮外倾角时的轮胎力。考虑 $\mu_S(\alpha)$ 曲线近似往上平移，外倾角可看成侧偏角 α 的一个偏移量。因此，负外倾角 γ 表示由此引起的侧偏角偏移量为负。近似地有

$$\alpha' = \alpha + k_{camb}\gamma \tag{8.32}$$

其中，$k_{camb} = 0.1$，当外倾角为 $10°$ 时，这相当于 $1°$ 的侧偏角偏移量。

精确计算车轮外倾角时要考虑车轴和悬架的几何变化特性。一般空载条件下，由底盘和悬架设定 $\gamma = 0.5°$，此后，悬架位移量 Δz_W 每变化 1 cm，外倾角变化量为 $0.3°$，转弯工况下，这可保证后轮的稳定转向。车轮最大外倾角约达 $\gamma = 3°$。

8.3.6 轮胎半径定义

计算车轮滚动角速度 ω 时，要对每轮列出力矩平衡方程。设 T_{drive} 为来自传动系的驱动转矩，阻力矩包括制动力矩 T_{Br} 和轮胎附着力力矩 $r_{stat}F_L$。记 J_w 为车轮滚动转动惯量，则有

$$J_w\dot{\omega} = T_{drive} - T_{Br} - r_{stat}F_L \tag{8.33}$$

轮胎静态半径

轮胎静态半径 r_{stat} 与其静态载荷 F_z、垂直刚度 k_T 有关，如图 8.23 所示。

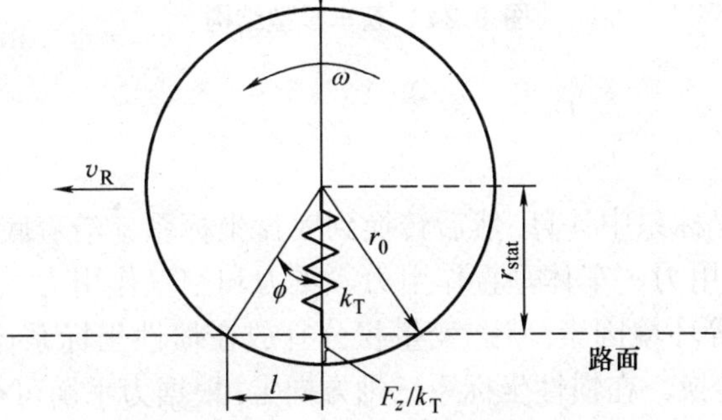

图 8.23 轮胎静态半径

l— 1/2 接触长度; ϕ— 1/2 接触角; r_0—自由半径

$$r_{stat} = r_0 - \frac{F_z}{k_T} \tag{8.34}$$

若先测得轮胎接地长度 $2l$，也可用下式算得轮胎静态半径:

$$r_{stat} = \sqrt{r_0^2 - l^2} \tag{8.35}$$

8.4 整车模型

整车具有 6 个自由度 (即 x_{G}, y_{G}, z_{G}, φ, χ, ψ), 所受外力来自路面、重力和空气动力学作用力。由此得到的整车模型结构如图 8.24 所示。整车模型分为转动计算和平动计算两个子模块, 转动模块计算横摆角速度 $\dot{\psi}$、侧倾角速度 $\dot{\varphi}$、俯仰角速度 $\dot{\chi}$ 及它们的积分, 平动模块计算沿着 3 个坐标轴方向的位移、速度和加速度。模型中考虑了空气动力学作用力的纵向和侧向分量, 以及重力在 x、y、z 三个方向的分量。最后, 将车轮与车体简化为一个垂向的**弹簧 – 减振器**系统模型, 在悬架建模中采用了线性和非线性方法, 并对两种方法进行了对比。

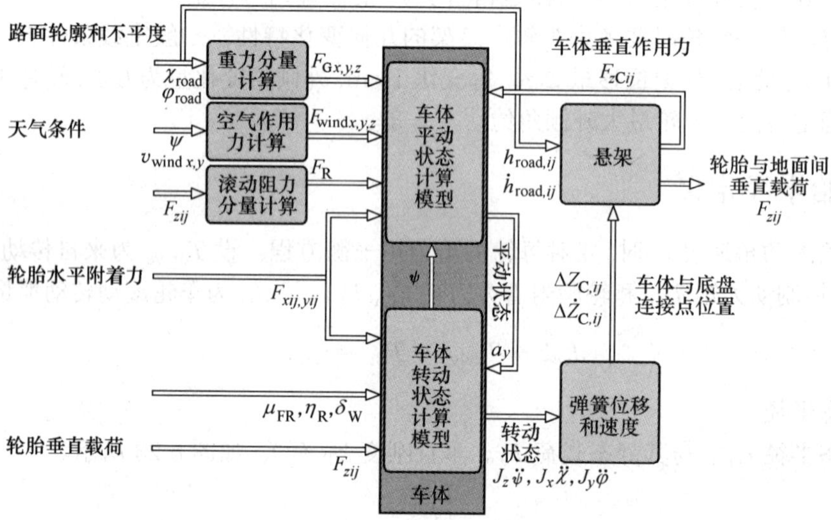

图 8.24 整车模型结构

8.4.1 平动计算

平动变量先在固定坐标系中计算, 然后转换到底盘坐标系。沿着底盘坐标系三个坐标轴方向, 计算得到轮胎水平作用力、车体垂直作用力、重力和空气作用力。由于与平动相关的所有作用力源于路面与空气等环境因素, 状态变量积分宜放在惯性坐标系计算, 否则作用力必须在两个加速运动坐标系间转换。在惯性坐标系三轴方向上, 根据力平衡可得

$$
m_{\mathrm{G}}\begin{pmatrix}\ddot{x}_{\mathrm{In}}\\ \ddot{y}_{\mathrm{In}}\\ \ddot{z}_{\mathrm{In}}\end{pmatrix}=\underline{T}_{\mathrm{UIn}}\underbrace{\begin{pmatrix}F_{x\mathrm{FL}}+F_{x\mathrm{FR}}+F_{x\mathrm{RL}}+F_{x\mathrm{RR}}+F_{\mathrm{wind}x}+F_{\mathrm{G}x}+F_{\mathrm{R}}\\ F_{y\mathrm{FL}}+F_{y\mathrm{FR}}+F_{y\mathrm{RL}}+F_{y\mathrm{RR}}+F_{\mathrm{wind}y}+F_{\mathrm{G}y}\\ F_{z\mathrm{CFL}}+F_{z\mathrm{CFR}}+F_{z\mathrm{CRL}}+F_{z\mathrm{CRR}}+F_{\mathrm{wind}z}+F_{\mathrm{G}z}\end{pmatrix}}_{\text{在底盘坐标系中的力}} \tag{8.36}
$$

其中,F_{xij}、 F_{yij} 是轮胎附着力,$F_{z\mathrm{C}ij}$ 是车体垂直作用力,F_{wind} 是空气动力学作用力,F_{G} 为重力,F_{R} 为滚动阻力。 F_{xij} 与 F_{yij} 根据 8.3.4 节的轮胎附着特性计算, 车体垂直作用力根据 9.5.1 节近似计算。本节将给出空气动力学作用力、重力以及滚动阻力的推导。 $\underline{T}_{\mathrm{UIn}}$ 是将一个矢量

从底盘坐标系转换到固定惯性坐标系的旋转变换矩阵。

1. 不同坐标系之间的坐标变换

首先考虑从车体质心坐标系到惯性坐标系的转换, 图 8.25 表示了质心坐标系绕垂直轴线旋转一个横摆角 ψ 的变换。

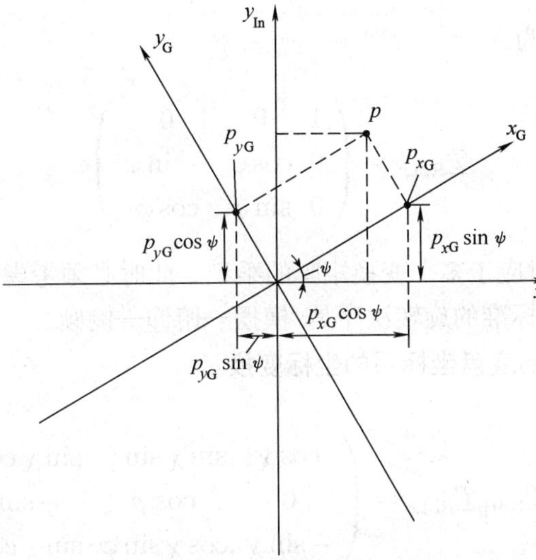

图 8.25 质心坐标系相对惯性坐标系的转动

设点 p 在质心坐标系中的坐标值为 $(p_{x\text{G}}, p_{y\text{G}})$, 在该旋转中 z 坐标不受影响。如图 8.25 所示, 根据该点坐标在惯性坐标系中的投影可得

$$p = (p_{x\text{G}}\cos\ \psi - p_{y\text{G}}\sin\ \psi)\,\vec{x}_{\text{In}} + (p_{x\text{G}}\sin\ \psi + p_{y\text{G}}\cos\ \psi)\,\vec{y}_{\text{In}} + (p_{z\text{G}})\,\vec{z}_{\text{In}} \tag{8.37}$$

写成矩阵形式即为

$$\begin{pmatrix} x_{\text{In}} \\ y_{\text{In}} \\ z_{\text{In}} \end{pmatrix} = \underline{T}_{\text{Rot}z} \begin{pmatrix} x_{\text{G}} \\ y_{\text{G}} \\ z_{\text{G}} \end{pmatrix} \tag{8.38}$$

式中, $\underline{T}_{\text{Rot}z}$ 是坐标变换 (此处为绕 z 轴旋转) 的变换矩阵:

$$\underline{T}_{\text{Rot}z} = \begin{pmatrix} \cos\psi & -\sin\psi & 0 \\ \sin\psi & \cos\psi & 0 \\ 0 & 0 & 1 \end{pmatrix} \tag{8.39}$$

其逆变换 (即从固定坐标系到车体质心坐标系) 对应的矩阵即为 $\underline{T}_{\text{Rot}z}$ 的逆。由于 $\underline{T}_{\text{Rot}z}$ 矩阵结构特殊, 有

$$\underline{T}_{\text{Rot}z}^{-1} = \underline{T}_{\text{Rot}z}^{\text{T}} = \underline{T}_{\text{Rot}z}(-\psi) \tag{8.40}$$

上述公式表示绕 z 轴旋转横摆角 ψ 的变换, 类似可求得俯仰角与侧倾角对应的变换矩阵分别如下。

俯仰角旋转变换矩阵为

$$\underline{T}_{\mathrm{Rot}y}=\begin{pmatrix}\cos\chi & 0 & \sin\chi\\ 0 & 1 & 0\\ -\sin\chi & 0 & \cos\chi\end{pmatrix} \tag{8.41}$$

侧倾角旋转变换矩阵为

$$\underline{T}_{\mathrm{Rot}x}=\begin{pmatrix}1 & 0 & 0\\ 0 & \cos\varphi & -\sin\varphi\\ 0 & \sin\varphi & \cos\varphi\end{pmatrix} \tag{8.42}$$

绕多个坐标轴的旋转对应于多个变换矩阵的乘积。此时必须考虑矩阵计算时相乘的先后顺序对结果的影响。本文中, 标准的旋转次序是: 横摆—俯仰—侧倾。

2. 从车体质心坐标系到底盘坐标系的坐标变换

$$\underline{T}_{\mathrm{GU}}=\underline{T}_{\mathrm{Rot}y}\underline{T}_{\mathrm{Rot}x}=\begin{pmatrix}\cos\chi & \sin\chi\sin\varphi & \sin\chi\cos\varphi\\ 0 & \cos\varphi & -\sin\varphi\\ -\sin\chi & \cos\chi\sin\varphi & \sin\chi\cos\varphi\end{pmatrix} \tag{8.43}$$

其逆变换可用于从底盘到车体坐标系的变换, 即

$$\underline{T}_{\mathrm{UG}}=\underline{T}_{\mathrm{GU}}^{-1}=\underline{T}_{\mathrm{Rot}x}^{-1}\underline{T}_{\mathrm{Rot}y}^{-1}=\underline{T}_{\mathrm{Rot}x}^{\mathrm{T}}\underline{T}_{\mathrm{Rot}y}^{\mathrm{T}}=\underline{T}_{\mathrm{GU}}^{\mathrm{T}} \tag{8.44}$$

则先后绕三轴进行旋转变换, 即有

$$\begin{aligned}\underline{T}_{\mathrm{GIn}}&=\underline{T}_{\mathrm{Rot}zyx}=\underline{T}_{\mathrm{Rot}z}\underline{T}_{\mathrm{Rot}y}\underline{T}_{\mathrm{Rot}x}\\&=\begin{pmatrix}\cos\psi\cos\chi & -\sin\psi\cos\varphi-\cos\psi\sin\chi\sin\varphi & \sin\psi\sin\varphi+\cos\psi\sin\chi\cos\varphi\\ \sin\psi\cos\chi & \cos\psi\cos\varphi+\sin\psi\sin\chi\sin\varphi & -\cos\psi\sin\varphi-\sin\psi\sin\chi\cos\varphi\\ \sin\chi & \cos\chi\sin\varphi & \cos\chi\cos\varphi\end{pmatrix}\\ \underline{T}_{\mathrm{InG}}&=\underline{T}_{\mathrm{Rot}xyz}\\&=\underline{T}_{\mathrm{Rot}zyx}^{-1}=\underline{T}_{\mathrm{Rot}zyx}^{\mathrm{T}}=\underline{T}_{\mathrm{Rot}zyx}\big|_{\psi=-\psi,\chi=-\chi,\varphi=-\varphi}\end{aligned} \tag{8.45}$$

式 (8.45) 可用于从质心坐标系到固定坐标系的旋转变换。若路面存在坡度角 φ, 可按下式修改 $T_{\mathrm{Rot}zyx}$:

$$\underline{T}_{\mathrm{GIn}}=\underline{T}_{\mathrm{Rot}zyx}\big|_{\psi=\psi,\chi=\chi-\chi_{\mathrm{road}},\varphi=\varphi-\varphi_{\mathrm{road}}} \tag{8.46}$$

类似地, 从底盘到惯性坐标系的变换矩阵为

$$\underline{T}_{\mathrm{UIn}}=\underline{T}_{\mathrm{Rot}zyx}\big|_{\psi=\psi,\chi=-\chi_{\mathrm{road}},\varphi=-\varphi_{\mathrm{road}}} \tag{8.47}$$

3. 空气动力学作用力计算

计算空气动力学作用力时, 先将风速转换到底盘坐标系中, 减去车速, 然后可求得空气动力学作用力在纵向与侧向的分力。计算时忽略了空气动力学升力分量。

$$\begin{pmatrix} F_{\text{wind}x} \\ F_{\text{wind}y} \\ F_{\text{wind}z} \end{pmatrix} = \begin{pmatrix} -c_{\text{air}x} A_{\text{L}} \dfrac{\rho}{2} \left(v_{\text{G}x} - v_{\text{wind}x} \cos\psi - v_{\text{wind}y} \sin\psi \right)^2 \\ -c_{\text{air}y} A_{\text{S}} \dfrac{\rho}{2} \left(v_{\text{G}y} - v_{\text{wind}}^* \right)^2 \cdot \operatorname{sign}\left(-v_{\text{wind}}^* \right) \\ 0 \end{pmatrix} \tag{8.48}$$

其中, v_{wind}^* 简化为

$$v_{\text{wind}}^* = -v_{\text{wind}x} \sin\psi + v_{\text{wind}y} \cos\psi$$

$c_{\text{air}x,\ y}$ 为空气动力学阻力系数, A_{L}、 A_{S} 是车辆纵向和侧向迎风面积, $v_{\text{wind}x}$、 $v_{\text{wind}y}$ 是风速。

4. 重力分量计算

由于路面的纵向和横向坡度, 底盘坐标系与惯性坐标系相差 χ_{road} 和 φ_{road} 两个角度。正的路面纵向坡度角 χ_{road} 表示上坡, 正的路面横向坡度角 φ_{road} 表示右侧路面高于左侧。将重力变换到底盘坐标系只需采用前文所述的旋转变换矩阵, 其中横摆角 $\psi = 0$, 即

$$\begin{pmatrix} F_{\text{G}x} \\ F_{\text{G}y} \\ F_{\text{G}z} \end{pmatrix} = \begin{pmatrix} \cos\chi_{\text{road}} & \sin\chi_{\text{road}} \sin\varphi_{\text{road}} & \sin\chi_{\text{road}} \cos\varphi_{\text{road}} \\ 0 & \cos\varphi_{\text{road}} & -\sin\varphi_{\text{road}} \\ -\sin\chi_{\text{road}} & \cos\chi_{\text{road}} \sin\varphi_{\text{road}} & \cos\chi_{\text{road}} \cos\varphi_{\text{road}} \end{pmatrix} \begin{pmatrix} 0 \\ 0 \\ mg \end{pmatrix} \tag{8.49}$$

5. 滚动阻力计算

轮胎滚动阻力 F_{R} 可根据文献 [84] 计算:

$$F_{\text{R}} = -f_{\text{R}0} F_z - f_{\text{R}1} F_z \frac{v}{30} - f_{\text{R}2} F_z \frac{v^4}{30^4} \tag{8.50}$$

此处忽略了胎压对滚动阻力的影响。

6. 车体质心侧偏角计算

为计算车体质心侧偏角, 需知车体质心在惯性坐标系中的纵向速度 $v_{\text{G}x}$ 与侧向速度 $v_{\text{G}y}$, 且需减去车体的横摆角 ψ(图 8.7)。

$$\beta = \arctan\left(\frac{v_{\text{G}y}}{v_{\text{G}x}} \right) - \psi \tag{8.51}$$

在 9.6.2 节中设计了一个非线性的车体质心侧偏角观测器。

8.4.2 转动计算

假设车辆侧倾轴线与俯仰轴线正好落在地面上, 则转动状态变量可直接在底盘坐标系中计算。由此可得力矩方程如下:

① 绕车辆垂直轴线的力矩平衡方程*(横摆角速度)

$$
\begin{aligned}
J_z\ddot{\psi} = & (F_{y\mathrm{FR}} + F_{y\mathrm{FL}})\,(l_\mathrm{F} - n_\mathrm{LF}\cos\delta_\mathrm{W}) - \\
& (F_{y\mathrm{RR}} + F_{y\mathrm{RL}})\,(l_\mathrm{R} + n_\mathrm{LR}\cos\delta_\mathrm{W}) + \\
& (F_{x\mathrm{RR}} - F_{x\mathrm{RL}})\,\frac{b_\mathrm{R}}{2} + F_{x\mathrm{FR}}\left(\frac{b_\mathrm{F}}{2} + n_\mathrm{LFR}\sin\delta_\mathrm{W}\right) - \\
& F_{x\mathrm{FL}}\left(\frac{b_\mathrm{F}}{2} - n_\mathrm{LFL}\sin\delta_\mathrm{W}\right)
\end{aligned}
\tag{8.52}
$$

忽略悬架动力学,在如下公式中,将车体垂向作用力 $F_{z\mathrm{C}ij}$ 近似为轮胎垂直作用力 F_{zij}。相对于不平路面上的车轮垂向运动,车体侧倾与俯仰运动变化缓慢,因此这种简化具有合理性。

② 绕车辆纵轴线的力矩平衡方程 (对应于侧倾角速度) 可表示为

$$
J_x\ddot{\varphi} = (F_{z\mathrm{FL}} - F_{z\mathrm{FR}})\,\frac{b_\mathrm{F}}{2} + (F_{z\mathrm{RL}} - F_{z\mathrm{RR}})\,\frac{b_\mathrm{R}}{2} - m_\mathrm{G} a_y h_\mathrm{G}
\tag{8.53}
$$

③ 绕车辆横轴线的力矩平衡方程 (对应于俯仰角速度) 可表示为

$$
J_y\ddot{\chi} = -\,(F_{z\mathrm{FL}} + F_{z\mathrm{FR}})\,l_\mathrm{F} + (F_{z\mathrm{RL}} + F_{z\mathrm{RR}})\,l_\mathrm{R} + m_\mathrm{G} a_x h_\mathrm{G}
\tag{8.54}
$$

以上几式中, 由轮胎纵向拖距引起的距离为

$$
n_\mathrm{LF} = \frac{n_\mathrm{LFL} + n_\mathrm{LFR}}{2}; \qquad n_\mathrm{LR} = \frac{n_\mathrm{LRL} + n_\mathrm{LRR}}{2}
\tag{8.55}
$$

8.4.3 悬架

1/4 车辆悬架模型如图 8.26 所示。然而实际中, 当车辆载荷条件变化时, 每个车轮所分配到的载荷量 m_q 并非为恒定值。轮胎垂直反力 F_z 的计算可由 9.5.1 节确定。车轮质量为 m_W,其与路面间通过车轮等效弹簧 k_W 与等效阻尼 d_W 相连, 与车体间通过悬架的**弹簧 – 减振器**系统 (k_U, d_U) 相连。计算时, 假设四个车轮悬架作用力均沿垂直方向。

作用到车轮上的力有:

---

*译者注: 原文中, 式 (8.52) 误为:

$$
\begin{aligned}
J_Z\ddot{\psi} = & (F_{y\mathrm{FR}} + F_{y\mathrm{FL}})\,(l_\mathrm{F} - n_\mathrm{LF}\cos\delta_\mathrm{W}) \\
= & -(F_{y\mathrm{RR}} + F_{y\mathrm{RL}})\,(l_\mathrm{R} + n_\mathrm{LR}\cos\delta_\mathrm{W}) + \\
& (F_{x\mathrm{RR}} - F_{x\mathrm{RL}})\,\frac{b_\mathrm{R}}{2} + F_{x\mathrm{FR}}\left(\frac{b_\mathrm{F}}{2} + n_\mathrm{LFR}\sin\delta_\mathrm{W}\right) - \\
& F_{x\mathrm{FL}}\left(\frac{b_\mathrm{F}}{2} - n_\mathrm{LFL}\sin\delta_\mathrm{W}\right)
\end{aligned}
$$

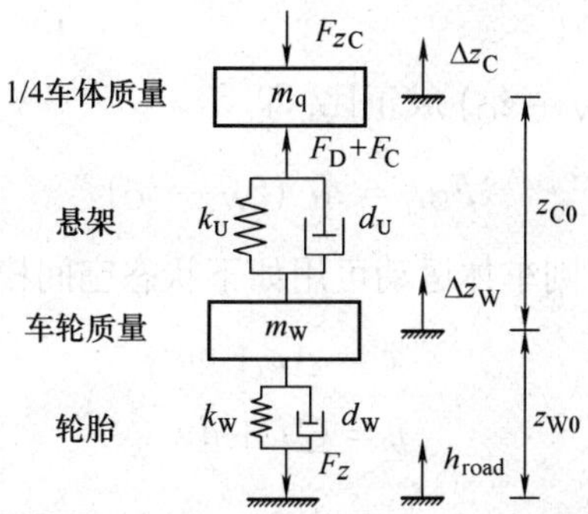

图 8.26　1/4 车辆模型中的作用力与位移

$\boldsymbol{m}_{\text{q}}$— 1/4 车体质量; $\boldsymbol{m}_{\text{W}}$—车轮质量; $\boldsymbol{k}_{\text{U}}, \boldsymbol{k}_{\text{W}}$—弹簧刚度; $\boldsymbol{d}_{\text{U}}, \boldsymbol{d}_{\text{W}}$—阻尼系数; $\boldsymbol{z}_{\text{C}}$—底盘与车体连接点的高度; $\boldsymbol{z}_{\text{C0}}$—弹簧静态位移; $\boldsymbol{z}_{\text{W0}}$—轮胎接地点高度; $\boldsymbol{h}_{\text{road}}$—路面高度; $\boldsymbol{F}_z$—车轮地面附着力; $\boldsymbol{F}_{z\text{C}}$—车体垂直作用力; $\boldsymbol{F}_{\text{C}}$—弹簧力; $\boldsymbol{F}_{\text{D}}$—阻尼力

① 车轮地面附着作用力

$$\begin{aligned} F_{zij} &= \Delta F_{zij} + F_{z\text{C}ij0} \\ &= k_{\text{W}}\left(h_{\text{road}} - \Delta z_{\text{W}ij} - z_{\text{W}ij0}\right) + d_{\text{W}}\left(\dot{h}_{\text{road}} - \dot{z}_{\text{W}ij}\right) \end{aligned} \tag{8.56}$$

② 悬架弹簧作用力

$$F_{\text{C}ij} = k_{\text{U}}\left(\Delta z_{\text{W}ij} + z_{\text{W}ij0} - \Delta z_{\text{C}ij} - z_{\text{C}ij0}\right) \tag{8.57}$$

③ 悬架阻尼作用力

$$F_{\text{D}ij} \tag{8.58}$$

对于同轴上的左、右车轮, 两侧参数 k_{W}、 k_{U}、 d_{U}、 d_{W} 分别相等, 其中令阻尼系数 $d_{\text{W}} = 0$。在平路面上, 参考路面坡度 $h_{\text{road},0} = 0$。选择弹簧静态位移 $z_{\text{W}ij0}$ 和 $z_{\text{C}ij0}$ 时, 在车辆水平静止、空载条件下的车体垂直作用力静态值刚好被平衡。

$$F_{z\text{C}ij0} = -k_{\text{W}} z_{\text{W}ij0} \overset{!}{=} -k_{\text{U}}\left(z_{\text{W}ij0} - z_{\text{C}ij0}\right) \tag{8.59}$$

对 1/4 车体和车轮, 力平衡方程为如下两式:

$$\begin{aligned} m_{\text{q}}\ddot{z}_{\text{C}ij} &= k_{\text{U}}\left(\Delta z_{\text{W}ij} - \Delta z_{\text{C}ij} + z_{\text{W}ij0} - z_{\text{C}ij0}\right) + F_{z\text{C}ij0} + F_{\text{D}ij} \\ &= k_{\text{U}}\left(\Delta z_{\text{W}ij} - \Delta z_{\text{C}ij}\right) + F_{\text{D}ij} \end{aligned} \tag{8.60}$$

$$\begin{aligned} m_{\text{W}}\ddot{z}_{\text{W}ij} =& k_{\text{W}}\left(h_{\text{road}} - \Delta z_{\text{W}ij} - z_{\text{W}ij0}\right) + d_{\text{W}}\left(\dot{h}_{\text{road}} - \dot{z}_{\text{W}ij}\right) - \\ & k_{\text{U}}\left(\Delta z_{\text{W}ij} + z_{\text{W}ij0} - \Delta z_{\text{C}ij} - z_{\text{C}ij0}\right) - F_{\text{D}ij} \\ =& k_{\text{W}}\left(h_{\text{road}} - \Delta z_{\text{W}ij}\right) + d_{\text{W}}\left(\dot{h}_{\text{road}} - \dot{z}_{\text{W}ij}\right) - \\ & k_{\text{U}}\left(\Delta z_{\text{W}ij} - \Delta z_{\text{C}ij}\right) + F_{\text{D}ij} \end{aligned} \tag{8.61}$$

1. 线性悬架模型

悬架阻尼力与相对速度 $(\dot{z}_{\mathrm{W}}-\dot{z}_{\mathrm{C}})$ 成正比, 即

$$F_{\mathrm{D}ij}=d_{\mathrm{U}}\left(\dot{z}_{\mathrm{W}}-\dot{z}_{\mathrm{C}}\right) \tag{8.62}$$

此处忽略了轮胎等效阻尼 d_{W}。则车体运动可用如下状态空间模型来的描述*:

$$\underline{\dot{x}}=\underline{A}x+\underline{b}u$$

$$\underline{y}=\underline{C}x+\underline{d}u$$

状态向量为

$$\underline{\dot{x}}=\left(\Delta z_{\mathrm{W}},\dot{z}_{\mathrm{W}},\Delta z_{\mathrm{C}},\dot{z}_{\mathrm{C}}\right)^{\mathrm{T}} \tag{8.63}$$

输入变量为

$$u\left(t\right)=h_{\mathrm{road}}\left(t\right) \tag{8.64}$$

输出变量为

$$\underline{y}=\left[\ddot{z}_{\mathrm{W}},\ddot{z}_{\mathrm{C}},\left(\Delta z_{\mathrm{C}}-\Delta z_{\mathrm{W}}\right)\right]^{\mathrm{T}} \tag{8.65}$$

路面轮廓不平度 h_{road} 可用随机分布高斯噪声来近似, 假设其协方差为

$$c_{\mathrm{hh}}=2\pi A v_{x,G} \tag{8.66}$$

其中, 幅值因子 A 与路面不平度有关, $v_{\mathrm{G}x}$ 为车辆纵向速度 [42]。

为便于动力学分析, 上述线性模型可用于定义垂直加速度 $\ddot{z}_{\mathrm{C}}$ 和路面输入 h_{road} 之间的传递函数, 即

$$\begin{aligned}G\left(s\right)&=\frac{s^{2}z_{\mathrm{C}}\left(s\right)}{h_{\mathrm{road}}\left(s\right)}\\&=\frac{k_{\mathrm{W}}d_{\mathrm{U}}s^{3}+k_{\mathrm{W}}k_{\mathrm{U}}s^{2}}{m_{\mathrm{W}}m_{\mathrm{q}}s^{4}+d_{\mathrm{U}}\left[m_{\mathrm{W}}+m_{\mathrm{q}}\left(k_{\mathrm{W}}+k_{\mathrm{U}}\right)\right]s^{2}+d_{\mathrm{U}}k_{\mathrm{W}}s+k_{\mathrm{W}}k_{\mathrm{U}}}\end{aligned} \tag{8.67}$$

2. 线性悬架模型中参数变动的影响

通过一个仿真示例, 来说明弹簧刚度 k_{U}、阻尼系数 d_{U} 和 1/4 车体质量 m_{q} 等参数变动的影响。为此, 将如下参数代入式 (8.67) 中:

$$\begin{aligned}&m_{\mathrm{q}}=350\ \mathrm{kg},m_{\mathrm{W}}=31\ \mathrm{kg},k_{\mathrm{U}}=20\ 900\ \mathrm{N/m},\\&k_{\mathrm{W}}=10\ 800\ \mathrm{N/m},d_{\mathrm{U}}=1\ 140\ \mathrm{N\cdot s/m}\end{aligned}$$

仿真要说明参数变化对 $G(s)$ 幅值和相位的影响。参数变动范围如下: $m_{\mathrm{q}}=200\sim400$ kg, $d_{\mathrm{U}}=500\sim2\ 000\ \mathrm{N\cdot s/m}$, $k_{\mathrm{U}}=10\ 000\sim30\ 000\ \mathrm{N/m}$。

图 8.27 表明, m_{q} 变化只对共振频率下的 $G(s)$ 有影响, 弹簧刚度 k_{U} 对频率在 1 Hz 以下的 $G(s)$ 幅值有较大影响, 共振频率也有微小变化。阻尼值 d_{U} 的变化对 6 Hz 以下的 $G(s)$ 也有类似影响, 但相对 m_{q} 与 k_{U} 而言, 其对共振频率处的幅值影响要大得多。这表明减振器特性对驾驶舒适性影响显著。

*译者注: 原文误为:

$$\underline{\dot{x}}=\underline{A}x+\underline{b}u$$
$$\underline{\dot{y}}=\underline{C}x+\underline{d}u$$

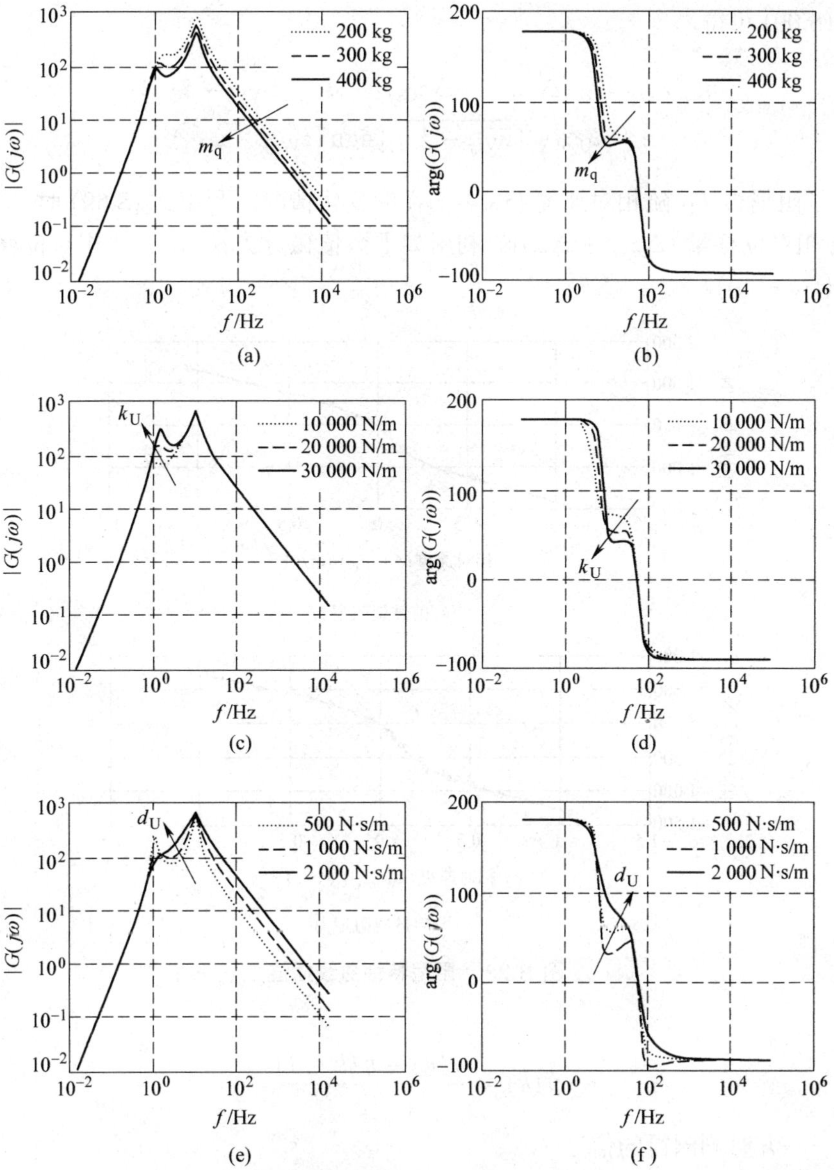

图 8.27 参数变化对$G(s)$幅频响应的影响

3. 非线性悬架模型

实际悬架具有非线性阻尼特性, 车轮上跳 (减振器压缩行程) 时比下跳 (拉伸行程) 时产生的阻尼力 F_D 更小。当车轮驶过一个路面凸包时, 这种非线性可使车体受到的冲击更小, 而车轮下跳时仍可有效地衰减其垂直振动。减振器阻尼力的近似计算公式为

$$F_{\mathrm{D}ij} \approx d_{\mathrm{U,l}}\left(\dot{z}_{\mathrm{W}ij} - \dot{z}_{\mathrm{C}ij}\right) + d_{\mathrm{U,nl}}\sqrt{\left|\dot{z}_{\mathrm{W}ij} - \dot{z}_{\mathrm{C}ij}\right|}\operatorname{sign}\left(\dot{z}_{\mathrm{W}ij} - \dot{z}_{\mathrm{C}ij}\right) \tag{8.68}$$

将其代入式 (8.60) 可得

$$
\begin{aligned}
m_{\mathrm{q}}\ddot{z}_{\mathrm{C}ij} =& k_{\mathrm{U}}\left(\Delta z_{\mathrm{W}ij}-\Delta z_{\mathrm{C}ij}\right)+d_{\mathrm{U,l}}\left(\dot{z}_{\mathrm{W}ij}-\dot{z}_{\mathrm{C}ij}\right)+ \\
& d_{\mathrm{U,nl}}\sqrt{\left|\dot{z}_{\mathrm{W}ij}-\dot{z}_{\mathrm{C}ij}\right|}\operatorname{sign}\left(\dot{z}_{\mathrm{W}ij}-\dot{z}_{\mathrm{C}ij}\right)
\end{aligned}
\tag{8.69}
$$

图 8.28 给出了阻尼力 F_{D} 随相对速度 $(\dot{z}_{\mathrm{W}}-\dot{z}_{\mathrm{C}})$ 的变化情况。利用式 (8.69) 时, 需先测得垂直加速度 $\ddot{z}_{\mathrm{C}}$ 与相对位移量 $(\Delta z_{\mathrm{W}}-\Delta z_{\mathrm{C}})$。利用如下数值微分方法, 由悬架相对位移可确定两端的相对速度 $(\dot{z}_{\mathrm{W}}-\dot{z}_{\mathrm{C}})$。

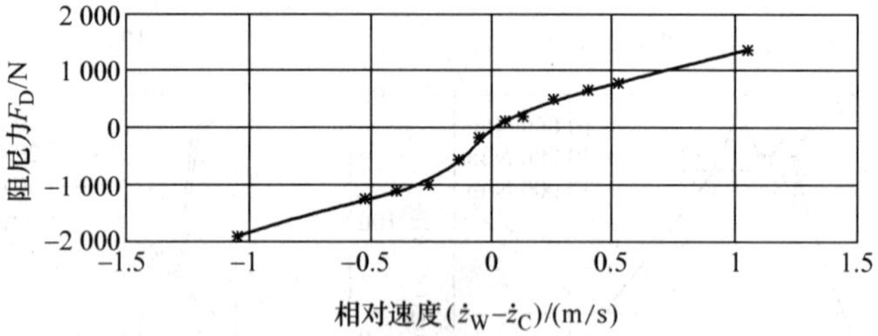

(a) 前悬架阻尼力

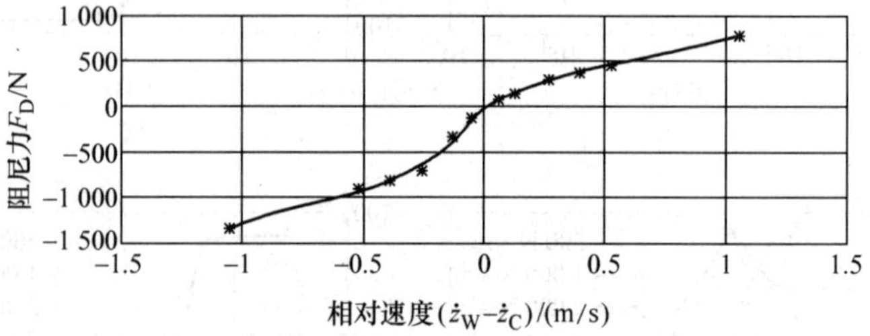

(b) 后悬架阻尼力

图 8.28 阻尼特性曲线插值

$$
\dot{y}(k)\approx\frac{y(k)-y(k-1)}{T_{\mathrm{s}}}
\tag{8.70}
$$

式中: $y(k)$—— k 时刻测得的信号;

T_{s}——系统采样时间。

这是一种数值微分的经典方法, 适于线性或非线性估计。当测量时无干扰、无噪声, 估计效果很好。当存在测量噪声时, 由于附加了高频噪声信号, 该法需进一步改进 [79]。

4. 仿真结果

为对线性与非线性悬架模型进行对比, 进行干路面条件下的方向盘角阶跃输入仿真。结果如图 8.29 所示, 上图给出了仿真工况中的车轮转向角、车速与侧向加速度。当侧向加速度达 $1g$ 时, 车辆进入不稳定区域。从下图中可明显看出非线性阻尼特性的优势。采用线性模型时, 侧倾角存在振荡, 这与实际行驶中的情况不符。采用更接近实际的非线性模型, 瞬态响应衰减程度更符合实际。

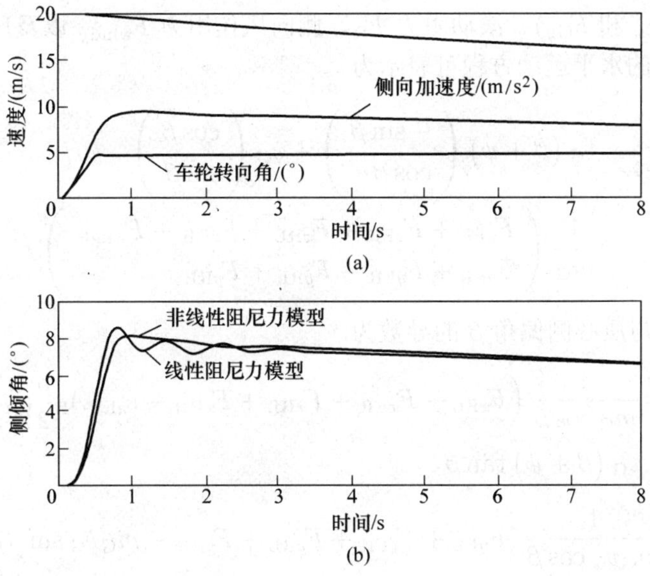

图 8.29 基于线性与非线性悬架模型的车身侧倾角

8.4.4 简化的双轨模型

简化模型中只包括车辆动力学控制与 ABS 控制研究中的关键状态变量, 这包括车速 v_{G}、质心侧偏角 β 与横摆角速度 $\dot{\psi}$。根据式 (8.36), 忽略 z 轴分量, 只考虑 x 与 y 轴分量。这样, F_{xij} 与 F_{yij} 在底盘坐标系中与质心坐标系中相等。由图 8.7, v_{G} 可按下式变换到固定惯性坐标系中:

$$\begin{pmatrix} \dot{x}_{\mathrm{In}} \\ \dot{y}_{\mathrm{In}} \end{pmatrix} = v_{\mathrm{G}} \begin{pmatrix} \cos(\beta+\psi) \\ \sin(\beta+\psi) \end{pmatrix} \tag{8.71}$$

将上式微分, 式 (8.36) 中的加速度即为

$$\begin{pmatrix} \ddot{x}_{\mathrm{In}} \\ \ddot{y}_{\mathrm{In}} \end{pmatrix} = v_{\mathrm{G}} \left(\dot{\beta}+\dot{\psi}\right) \begin{pmatrix} -\sin(\beta+\psi) \\ \cos(\beta+\psi) \end{pmatrix} + \dot{v}_{\mathrm{G}} \begin{pmatrix} \cos(\beta+\psi) \\ \sin(\beta+\psi) \end{pmatrix} \tag{8.72}$$

将其从惯性坐标系转换到底盘坐标系, 而后者在 x、 y 方向与质心坐标系相同。因此, 式 (8.40) 的变换矩阵 $\underline{T}_{\mathrm{Rot}z}^{-1}$ 变为 2 阶, 乘以上式即得

$$\begin{aligned} \begin{pmatrix} \ddot{x}_{\mathrm{G}} \\ \ddot{y}_{\mathrm{G}} \end{pmatrix} &= \begin{pmatrix} \cos\psi & \sin\psi \\ -\sin\psi & \cos\psi \end{pmatrix} \begin{pmatrix} \ddot{x}_{\mathrm{In}} \\ \ddot{y}_{\mathrm{In}} \end{pmatrix} \\ &= v_{\mathrm{G}} \left(\dot{\beta}+\dot{\psi}\right) \begin{pmatrix} -\sin\beta \\ \cos\beta \end{pmatrix} + \dot{v}_{\mathrm{G}} \begin{pmatrix} \cos\beta \\ \sin\beta \end{pmatrix} \end{aligned} \tag{8.73}$$

若忽略重力分量 (F_{Gx} 和 F_{Gy})、滚动阻力 F_R、侧向风作用力 F_{windy} 以及风速 v_{wind}, 在质心坐标系中, 式 (8.36) 中的水平运动方程可表示为

$$
\begin{aligned}
& v_G\left(\dot{\beta}+\dot{\psi}\right)\begin{pmatrix}-\sin\beta\\ \cos\beta\end{pmatrix}+\dot{v}_G\begin{pmatrix}\cos\beta\\ \sin\beta\end{pmatrix}\\
=&\frac{1}{m_G}\begin{pmatrix}F_{xFL}+F_{xFR}+F_{xRL}+F_{xRR}+F_{windx}\\ F_{yFL}+F_{yFR}+F_{yRL}+F_{yRR}\end{pmatrix}
\end{aligned}
\tag{8.74}
$$

由此可求得车速 v_G 与质心侧偏角 β 的导数为

$$
\begin{aligned}
\dot{v}_G=&\frac{1}{m_G\cos\beta}\left(F_{xFL}+F_{xFR}+F_{xRL}+F_{xRR}-c_{airx}A_L\frac{\rho}{2}v_G^2\right)+\\
&v_G\left(\dot{\beta}+\dot{\psi}\right)\tan\beta
\end{aligned}
\tag{8.75}
$$

$$
\dot{\beta}=\frac{1}{m_Gv_G\cos\beta}\left(F_{yFL}+F_{yFR}+F_{yRL}+F_{yRR}-m_G\dot{v}_G\sin\beta\right)-\dot{\psi}
\tag{8.76}
$$

最后求得

(I):

$$
\begin{aligned}
\dot{v}_G=&\frac{\cos\beta}{m_G}\left(F_{xFL}+F_{xFR}+F_{xRL}+F_{xRR}-c_{airx}A_L\frac{\rho}{2}v_G^2\right)+\\
&\frac{1}{m_G}\left(F_{yFL}+F_{yFR}+F_{yRL}+F_{yRR}\right)\sin\beta
\end{aligned}
\tag{8.77}
$$

(II):

$$
\begin{aligned}
\dot{\beta}=&\frac{\cos\beta}{m_Gv_G}\left(F_{yFL}+F_{yFR}+F_{yRL}+F_{yRR}\right)-\\
&\frac{\sin\beta}{m_Gv_G}\left(F_{xFL}+F_{xFR}+F_{xRL}+F_{xRR}-c_{airx}A_L\frac{\rho}{2}v_G^2\right)-\dot{\psi}
\end{aligned}
\tag{8.78}
$$

横摆运动方程如下:

(III):

$$
\begin{aligned}
J_z\ddot{\psi}=&\left(F_{yFR}+F_{yFL}\right)\left(l_F-n_{LF}\cos\delta_W\right)-\\
&\left(F_{yRR}+F_{yRL}\right)\left(l_R-n_{LR}\cos\delta_W\right)+\left(F_{xRR}-F_{xRL}\right)\frac{b_R}{2}+\\
&F_{xFR}\left(\frac{b_F}{2}+n_{LFR}\sin\delta_W\right)-F_{xFL}\left(\frac{b_F}{2}-n_{LFL}\sin\delta_W\right)
\end{aligned}
\tag{8.79}
$$

方程 (I)、(II)、(III) 描述了非线性双轨车辆模型, 其中轮胎附着力根据式 (8.30) 和式 (8.31) 计算。

$$
\begin{aligned}
F_{xFL}&=F_{LFL}\cos\delta_{WL}-F_{SFL}\sin\delta_{WL}\\
F_{yFL}&=F_{SFL}\cos\delta_{WL}+F_{LFL}\sin\delta_{WL}\\
F_{xFR}&=F_{LFR}\cos\delta_{WR}-F_{SFR}\sin\delta_{WR}\\
F_{yFR}&=F_{SFR}\cos\delta_{WR}+F_{LFR}\sin\delta_{WR}\\
F_{xRL}&=F_{LRL},F_{yRL}=F_{SRL}\\
F_{xRR}&=F_{LRR},F_{yRR}=F_{SRR}
\end{aligned}
\tag{8.80}
$$

轮胎侧向力 F_S 与轮胎侧偏角 α 之间存在如下近似线性关系:

$$
\begin{aligned}
F_{SFL} &= c_{FL}\alpha_{FL} = c_{FL}\left(\delta_{WL} - \beta - \frac{l_F\dot{\psi}}{v_G}\right)\\
F_{SFR} &= c_{FR}\alpha_{FR} = c_{FR}\left(\delta_{WR} - \beta - \frac{l_F\dot{\psi}}{v_G}\right)\\
F_{SRL} &= c_{RL}\alpha_{RL} = c_{RL}\left(-\beta + \frac{l_R\dot{\psi}}{v_G}\right)\\
F_{SRR} &= c_{RR}\alpha_{RR} = c_{RR}\left(-\beta + \frac{l_R\dot{\psi}}{v_G}\right)
\end{aligned}
\tag{8.81}
$$

上式中, c_{ij} 是轮胎侧偏刚度, 其调整规律如 9.5.2 节所述。

将上述轮胎附着力代入模型方程中, 并假设左、右车轮转向角相等, 即 $\delta_{WL} \approx \delta_{WR} \approx \delta_W$。

实际的控制量包括方向盘转向和合适的制动压力。因此, 车轮转向角和轮胎纵向力 F_{Lij} 可作为车辆动力学控制研究中的控制输入。简化后的双轨模型如下:

(I):

$$
\begin{aligned}
f_1 =& \dot{v}_G\\
=& \frac{1}{m_G}\Bigg[(F_{LFL} + F_{LFR})\cos(\delta_W - \beta) +\\
& \left(F_{LRL} + F_{LRR} - c_{air}A_L\frac{\rho}{2}v_G^2\right)\cos\beta -\\
& (c_{FL} + c_{FR})\left(\delta_W - \beta - \frac{l_F\dot{\psi}}{v_G}\right)\sin(\delta_W - \beta) +\\
& (c_{RL} + c_{RR})\left(-\beta + \frac{l_R\dot{\psi}}{v_G}\right)\sin\beta\Bigg]
\end{aligned}
\tag{8.82}
$$

(II):

$$
\begin{aligned}
f_2 =& \dot{\beta}\\
=& \frac{1}{m_G v_G}\Bigg[(c_{FL} + c_{FR})\left(\delta_W - \beta - \frac{l_F\dot{\psi}}{v_G}\right)\cos(\delta_W - \beta) +\\
& (F_{LFL} + F_{LFR})\sin(\delta_W - \beta) -\\
& \left(F_{LRL} + F_{LRR} - c_{air}A_L\frac{\rho}{2}v_G^2\right)\sin\beta +\\
& (c_{RL} + c_{RR})\left(-\beta + \frac{l_R\dot{\psi}}{v_G}\right)\cos\beta\Bigg] - \dot{\psi}
\end{aligned}
\tag{8.83}
$$

$$
\begin{aligned}
\text{(III)}: \quad f_3 =& \ddot{\psi} \\
=& \frac{1}{J_z}\Bigg[(l_\mathrm{F} - n_\mathrm{LF}\cos\delta_\mathrm{W})\,(F_\mathrm{LFL} + F_\mathrm{LFR})\sin\delta_\mathrm{W} + \\
& (l_\mathrm{F} - n_\mathrm{LF}\cos\delta_\mathrm{W})\,(c_\mathrm{FL} + c_\mathrm{FR})\left(\delta_\mathrm{W} - \beta - \frac{l_\mathrm{F}\dot{\psi}}{v_\mathrm{G}}\right)\cos\delta_\mathrm{W} + \\
& \frac{b_\mathrm{F}}{2}\,(F_\mathrm{LFR} - F_\mathrm{LFL})\cos\delta_\mathrm{W} - \\
& \frac{b_\mathrm{F}}{2}\,(c_\mathrm{FR} - c_\mathrm{FL})\left(\delta_\mathrm{W} - \beta - \frac{l_\mathrm{F}\dot{\psi}}{v_\mathrm{G}}\right)\sin\delta_\mathrm{W} - \\
& (l_\mathrm{R} + n_\mathrm{LR})\,(c_\mathrm{RL} + c_\mathrm{RR})\left(-\beta + \frac{l_\mathrm{R}\dot{\psi}}{v_\mathrm{G}}\right) + \\
& \frac{b_\mathrm{R}}{2}\,(F_\mathrm{LRR} - F_\mathrm{LRL})\Bigg]
\end{aligned}
\tag{8.84}
$$

写成状态空间形式如下:

$$
\begin{aligned}
\dot{\underline{x}} &= \underline{A}(\underline{x},\underline{u})\underline{x} + \underline{B}(\underline{x},\underline{u})\underline{u} \\
\underline{y} &= \underline{C}(\underline{x},\underline{u})\underline{x}
\end{aligned}
$$

其中状态向量为

$$
\underline{x} = \left(v_\mathrm{G},\ \beta,\ \dot{\psi} \right)^\mathrm{T} \tag{8.85}
$$

控制输入为

$$
\underline{u} = \left(F_\mathrm{LFL},\ F_\mathrm{LFR},\ F_\mathrm{LRL},\ F_\mathrm{LRR},\ \delta_\mathrm{W} \right)^\mathrm{T} \tag{8.86}
$$

可测向量为

$$
\underline{y} = \left(v_\mathrm{G},\ \dot{\psi} \right)^\mathrm{T} \tag{8.87}
$$

可将模型方程重新写为

$$
\dot{\underline{x}} = \begin{pmatrix} \dot{v}_\mathrm{G} \\ \dot{\beta} \\ \ddot{\psi} \end{pmatrix} = \underline{f}(\underline{x},\underline{u}) = \begin{pmatrix} f_1(\underline{x},\underline{u}) \\ f_2(\underline{x},\underline{u}) \\ f_3(\underline{x},\underline{u}) \end{pmatrix} \tag{8.88}
$$

$$
\underline{y} = \underline{C}(\underline{x},\underline{u})\,\underline{x} = \begin{pmatrix} 1 & 0 & 0 \\ 0 & 0 & 1 \end{pmatrix} \underline{x} \tag{8.89}
$$

该非线性模型可在实际工况点附近进行线性化, 即

$$
\underline{f}(\underline{x},\underline{u}) \approx \underline{f}(\underline{x}_0,\underline{u}_0) + \underbrace{\left.\frac{\partial \underline{f}(\underline{x},\underline{u})}{\partial \underline{x}}\right|_{\substack{\underline{x}=x_0 \\ \underline{u}=u_0}}}_{\text{Jacobian}} (\underline{x}-\underline{x}_0) + \underbrace{\left.\frac{\partial \underline{f}(\underline{x},\underline{u})}{\partial \underline{u}}\right|_{\substack{\underline{x}=x_0 \\ \underline{u}=u_0}}}_{\text{Jacobian}} (\underline{u}-\underline{u}_0) \tag{8.90}
$$

其中, 两个雅各比 (Jacobian) 矩阵详见附录 A.1。

8.4.5 车辆稳定性分析

对于非线性系统, 目前尚没有现成的稳定性分析判据。因此, 将上述非线性模型进一步简化为一个 2 阶线性单轨模型。

1. 简化的线性单轨模型

若不区分同轴上的左右两个轮胎, 则有

$$
\begin{aligned}
F_{\mathrm{LF}} &= \frac{1}{2}\left(F_{\mathrm{LFL}}+F_{\mathrm{LFR}}\right); \qquad F_{\mathrm{LR}} = \frac{1}{2}\left(F_{\mathrm{LRL}}+F_{\mathrm{LRR}}\right) \\
F_{\mathrm{SF}} &= \frac{1}{2}\left(F_{\mathrm{SFL}}+F_{\mathrm{SFR}}\right); \qquad F_{\mathrm{SR}} = \frac{1}{2}\left(F_{\mathrm{SRL}}+F_{\mathrm{SRR}}\right)
\end{aligned} \tag{8.91}
$$

$$
c_{\mathrm{F}} = \frac{1}{2}\left(c_{\mathrm{FL}}+c_{\mathrm{FR}}\right); \qquad c_{\mathrm{R}} = \frac{1}{2}\left(c_{\mathrm{RL}}+c_{\mathrm{RR}}\right) \tag{8.92}
$$

当质心侧偏角很小时, 模型中的三角函数可用 $\sin\beta \approx 0$、 $\cos\beta \approx 1$ 来近似。此外, 假设在较短时间段内 v_{G} 保持恒定, 即 $\dot{v}_{\mathrm{G}} = 0$; 并且忽略风阻项 $F_{\mathrm{wind}x}$ 以及多处 $F\sin\delta_{\mathrm{W}}$ 项。因此, 式 (8.74) 中的平动方程可简化如下:

$$
\begin{aligned}
m_{\mathrm{G}} v_{\mathrm{G}}\left(\dot{\beta}+\dot{\psi}\right) &= F_{\mathrm{SF}}+F_{\mathrm{SR}} \\
&= c_{\mathrm{F}}\left(\delta_{\mathrm{W}}-\beta-\frac{l_{\mathrm{F}}\dot{\psi}}{v_{\mathrm{G}}}\right)+c_{\mathrm{R}}\left(-\beta+\frac{l_{\mathrm{R}}\dot{\psi}}{v_{\mathrm{G}}}\right)
\end{aligned} \tag{8.93}
$$

横摆运动方程为

$$
\begin{aligned}
J_z\ddot{\psi} &= F_{\mathrm{SF}} l_{\mathrm{F}} - \underbrace{F_{\mathrm{SF}} n_{\mathrm{LF}}}_{\approx 0} - F_{\mathrm{SR}} l_{\mathrm{R}} - \underbrace{F_{\mathrm{SR}} n_{\mathrm{LR}}}_{\approx 0} + \\
&\quad \underbrace{\left(F_{\mathrm{LRR}}-F_{\mathrm{LRL}}\right)\frac{b_{\mathrm{R}}}{2}+\left(F_{\mathrm{LFR}}-F_{\mathrm{LFL}}\right)\frac{b_{\mathrm{F}}}{2}}_{\approx 0} \\
&= c_{\mathrm{F}} l_{\mathrm{F}}\left(\delta_{\mathrm{W}}-\beta-\frac{l_{\mathrm{F}}\dot{\psi}}{v_{\mathrm{G}}}\right)-c_{\mathrm{R}} l_{\mathrm{R}}\left(-\beta+\frac{l_{\mathrm{R}}\dot{\psi}}{v_{\mathrm{G}}}\right)
\end{aligned} \tag{8.94}
$$

简化后的系统方程如下所示, 其中, 状态变量为质心侧偏角 β 与横摆角速度 $\dot{\psi}$, 可测变量为横摆角速度 $\dot{\psi}$, v_{G} 视为系统参数。由于控制输入中仅保留车轮转向角 δ_{W}, 该模型不适合直接用于车辆动力学控制研究。

$$
\begin{pmatrix} \dot{\beta} \\ \ddot{\psi} \end{pmatrix} = \begin{pmatrix} -\dfrac{c_{\mathrm{F}}+c_{\mathrm{R}}}{m_{\mathrm{G}} v_{\mathrm{G}}} & \dfrac{c_{\mathrm{R}} l_{\mathrm{R}}-c_{\mathrm{F}} l_{\mathrm{F}}}{m_{\mathrm{G}} v_{\mathrm{G}}^2}-1 \\ \dfrac{c_{\mathrm{R}} l_{\mathrm{R}}-c_{\mathrm{F}} l_{\mathrm{F}}}{J_z} & -\dfrac{c_{\mathrm{R}} l_{\mathrm{R}}^2+c_{\mathrm{F}} l_{\mathrm{F}}^2}{J_z v_{\mathrm{G}}} \end{pmatrix} \begin{pmatrix} \beta \\ \dot{\psi} \end{pmatrix} + \begin{pmatrix} \dfrac{c_{\mathrm{F}}}{m_{\mathrm{G}} v_{\mathrm{G}}} \\ \dfrac{c_{\mathrm{F}} l_{\mathrm{F}}}{J_z} \end{pmatrix} \delta_{\mathrm{W}}
$$

$$
\dot{\psi} = \begin{pmatrix} 0 & 1 \end{pmatrix} \begin{pmatrix} \beta \\ \dot{\psi} \end{pmatrix}
$$

根据文献 [84], 该模型仅适用于侧向加速度在 $0.4g$ 以内的工况, 通过采用 9.5.2 节中的方法对侧偏刚度 c_{F} 和 c_{R} 进行调整, 模型的适用范围可加以拓展。在静平衡条件下, $\ddot{\psi}=0$、 $\ddot{\beta}=0$、 $\ddot{v}_{\mathrm{G}}=0$, 车辆作匀速圆周运动。

2. 测试工况中的系统特征值位置变化

横摆角速度 $\dot{\psi}$ 和车轮转向角 δ_{W} 间的传递函数为

$$\dot{\psi}=\frac{1}{l}\frac{v_{\mathrm{G}}}{1+v_{\mathrm{G}}^{2}/v_{\mathrm{char}}^{2}}\delta_{\mathrm{W}} \tag{8.95}$$

式中, 特征车速由下式确定:

$$v_{\mathrm{char}}^{2}=\frac{c_{\mathrm{F}}c_{\mathrm{R}}l^{2}}{m_{\mathrm{G}}\left(c_{\mathrm{R}}l_{\mathrm{R}}-c_{\mathrm{F}}l_{\mathrm{F}}\right)} \tag{8.96}$$

其中, 轴距* $l=l_{\mathrm{F}}+l_{\mathrm{R}}$。对于量产汽车, 特征车速一般在 68 ~ 112 km/h 范围内, 特征车速较小表明车辆具有不足转向特性。线性单轨模型的系统特征方程为

$$\begin{aligned}s^{2}+&\frac{\left(J_{z}+m_{\mathrm{G}}l_{\mathrm{F}}^{2}\right)c_{\mathrm{F}}+\left(J_{z}+m_{\mathrm{G}}l_{\mathrm{R}}^{2}\right)c_{\mathrm{R}}}{J_{z}m_{\mathrm{G}}v_{\mathrm{G}}}s+\\&\frac{c_{\mathrm{F}}c_{\mathrm{R}}l^{2}+m_{\mathrm{G}}v_{\mathrm{G}}^{2}\left(c_{\mathrm{R}}l_{\mathrm{R}}-c_{\mathrm{F}}l_{\mathrm{F}}\right)}{J_{z}m_{\mathrm{G}}v_{\mathrm{G}}^{2}}=0\end{aligned} \tag{8.97}$$

根据一致稳定性条件, 要求上式中所有系数均为正值。s 项对应的系数满足条件, 只要下式满足, 则最后一项一定为正值。

$$c_{\mathrm{R}}l_{\mathrm{R}}>c_{\mathrm{F}}l_{\mathrm{F}} \tag{8.98}$$

对于量产汽车而言, 上式条件一般都可满足。

图 8.30 和图 8.31 给出了系统特征值实部随时间变化的情况, 两图分别对应于紧急避撞工况和转弯 ABS 制动工况。在紧急避撞工况中, 两个特征值均稳定, 且与不稳定限值有足够的距离。当两个特征值实部曲线重合, 表明系统存在一对共轭特征值。

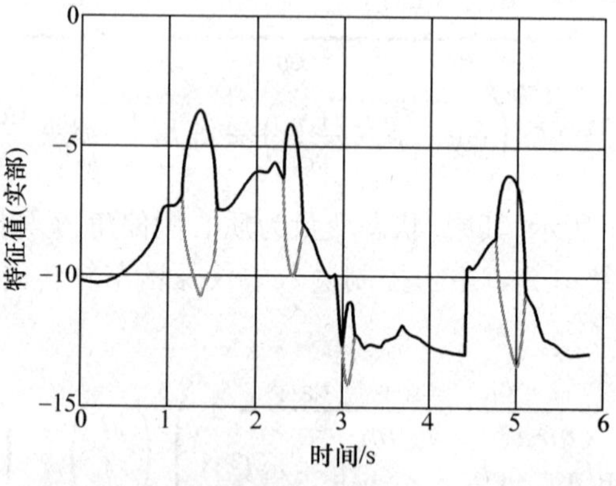

图 8.30 紧急避撞工况下的系统特征值实部

如图 8.31 所示, 在转弯 ABS 制动工况中, 必须考虑系统稳定性。当车辆在峰值附着系数较低的弯道上进行 ABS 制动时, 车辆的转向响应特性变差。

*译者注: 原文为 vehicle length, 应为轴距。

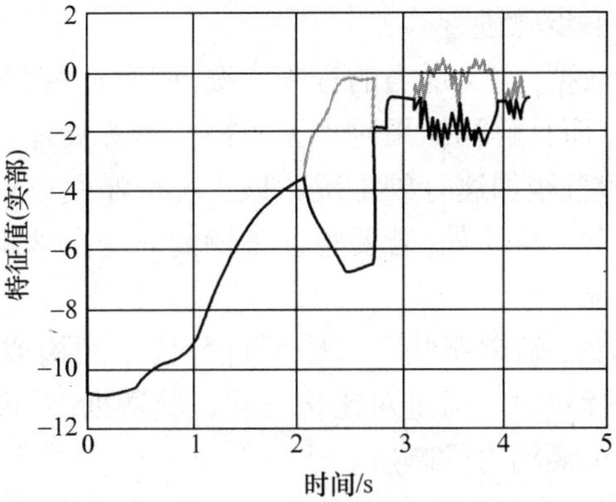

图 8.31 转弯 ABS 制动工况下的系统特征值实部

8.5 车辆模型验证

建模完成后, 必须用尽可能多的实测数据来进行验证, 这个过程称为**有效性验证**。验证时所需要的信息包括关于车辆系统的先期知识、实测数据以及模型使用者的经验 [76,55]。

最常用的模型验证办法是对实测输入数据下的模型输出与真实输出进行比较。此时, 输入数据必须不同于模型训练 (training, 即针对系统输入、输出数据对模型参数的反复调整过程) 时所用的数据。

建模过程中通常会采用许多简化, 因此, 模型输出一般都会与实测输出存在偏差。在建模时, 要考虑如下问题: 在不会造成所建模型与实际系统相去甚远的条件下, 允许在何处进行简化?

8.5.1 验证步骤

验证时需要考虑如下问题 [76]:

① 模型输出与实测数据间的拟合精度是否足够?

② 所建模型是否满足使用需求?

可测得的实际数据越多, 上述问题可回答得越清晰明确。一般的, 若通过适当的数据吻合度验证后, 模型可满足使用需求时, 即称该模型得到了有效性验证。在验证之前, 必须清楚地知道模型使用目的, 哪些输出必须精确建模, 哪些地方可允许一定的建模误差。

模型验证要完成如下几项内容:

① 若建模过程中所用的简化程度过大或不适当, 需要找出此类简化并加以纠正。

② 模型使用时若发现错误, 需要将其找出来并采取相应补救措施。

③ 应检查模型中的系统参数, 必要时作相应调整。

若模型成功通过验证, 就可保证一定的可信度。

车辆模型的验证可按如下步骤进行:

根据所需验证的动力学数据, 定义适当的行驶工况, 同时记录相应数据。所选工况应能重现关键特征条件下的车辆响应, 而且解释结果时也无需诸多运算处理。例如, 若要验证车辆纵向动力学响应, 可采用直线制动和直线加速行驶工况。该工况可激发车辆的俯仰振动, 但一般不会同时引起耦合的侧倾与横摆运动。再比如, 若要验证车辆侧向动力学响应, 可采用方向盘角阶跃输入工况和方向盘正弦输入工况

为检验模型是否足够精确, 确定哪些环节需要进行模型结构或参数的调整, 需将记录的实测数据与模型的相应输出进行对比。通过对比仿真和试验数据, 对模型进行多次调整, 最终获得的模型便可足够精确地重现车辆动力学响应。

验证模型时, 采用实验车辆进行实地行驶测试, 并记录如下数据。

模型输入变量:

δ_S——方向盘转角;

ω_{ij}——车轮转速。

模型输出变量:

a_x——质心在 x 方向的加速度;

a_y——质心在 y 方向的加速度;

v_G——质心的速度;

$\dot{\psi}$——横摆角速度;

$\dot{\chi}$——俯仰角速度;

$\dot{\varphi}$——侧倾角速度。

进行整车模型验证时, 由真实驾驶员提供方向盘转角和期望的纵向加速度。因此, 此处不采用驾驶员模型以及发动机 / 传动系 / 制动系模型。驾驶员模型的输出 (即 δ_S 与 ω_{ij}) 采用实测数据替代, 并作为待验证模型的输入。同时, 道路模型也用实际路面数据替代。

根据输入的 δ_S 和 ω_{ij}, 待验证模型计算得到如上所列的数据 (即 a_x、 a_y、 v_G、 $\dot{\psi}$、 $\dot{\chi}$ 和 $\dot{\varphi}$), 将这些模型输出与实际可测输出进行直接对比。

8.5.2 验证结果

从各种验证工况中选用上述提到的 3 种工况作为例子进行说明。

图 8.32 给出了直线制动与加速工况下模型验证的结果, 可用于分析纵向动力学响应方面的模型准确性。由图可见, 模型输出数据与实测数据吻合度很好。即使在侧向动力学方面, 侧倾运动响应的结果也只有很小的误差。在 1.8 ~ 2 s 时间段内前轮出现短暂抱死, 导致少量干扰, 但未严重影响仿真结果。

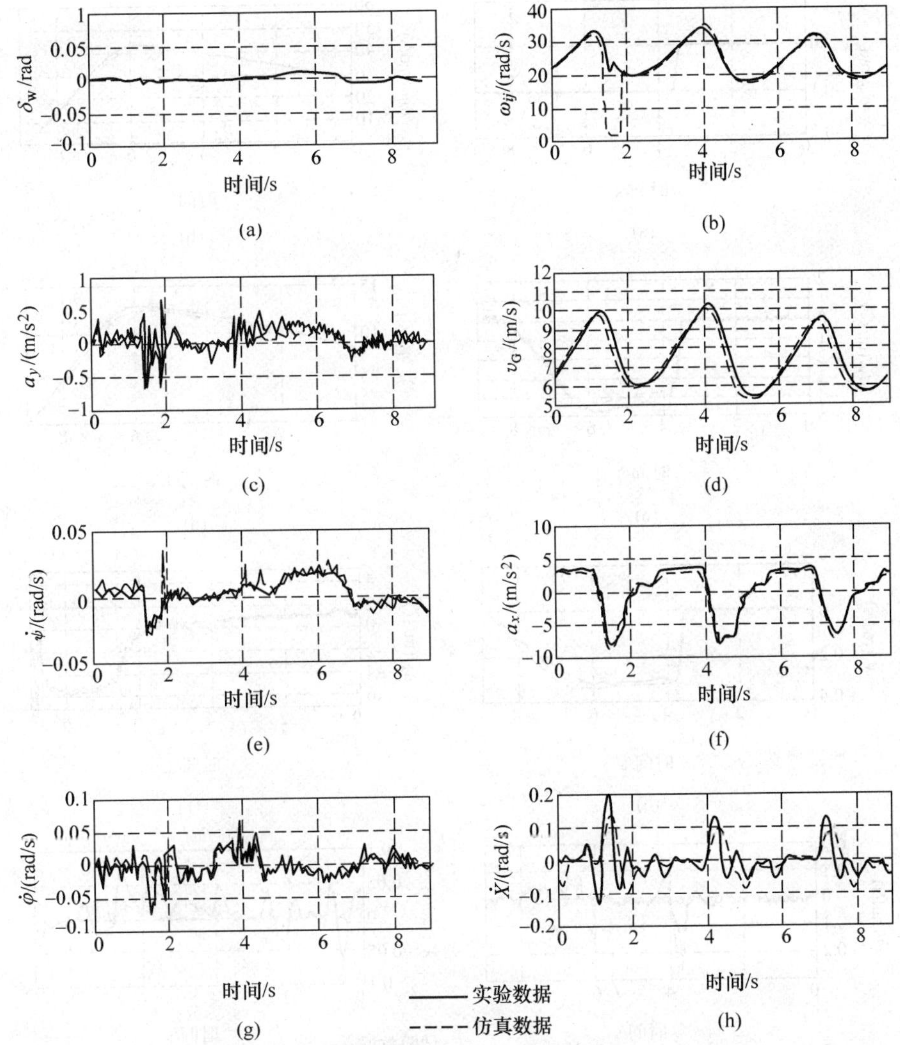

图 8.32　直线制动与加速工况下模型验证的结果

类似的, 在方向盘角阶跃输入工况下, 验证结果也较好, 如图 8.33 所示。在 50 km/h 的车速下, 方向盘转角达 100°, 对应车轮转向角达 0.1 rad。由图可知, 计算结果与实测结果较吻合。其中, 侧倾角速度也吻合较好。对于俯仰角速度, 实测数据呈现动态变化, 但仿真数据几乎恒为零。这是因为, 实际系统中总是存在动力学耦合, 所测数据正是来自于耦合量, 而这在所建模型中并未考虑。

最后考虑方向盘正弦输入工况, 如图 8.34 所示。结果与方向盘角阶跃输入类似: 仿真数据与实测数据吻合较好。其中, 横摆角速度几乎完全相同, 而侧倾角速度计算峰值比实测值要大得多。这表明建模时绕侧倾轴线的转动惯量值 J_x 设定得过小。

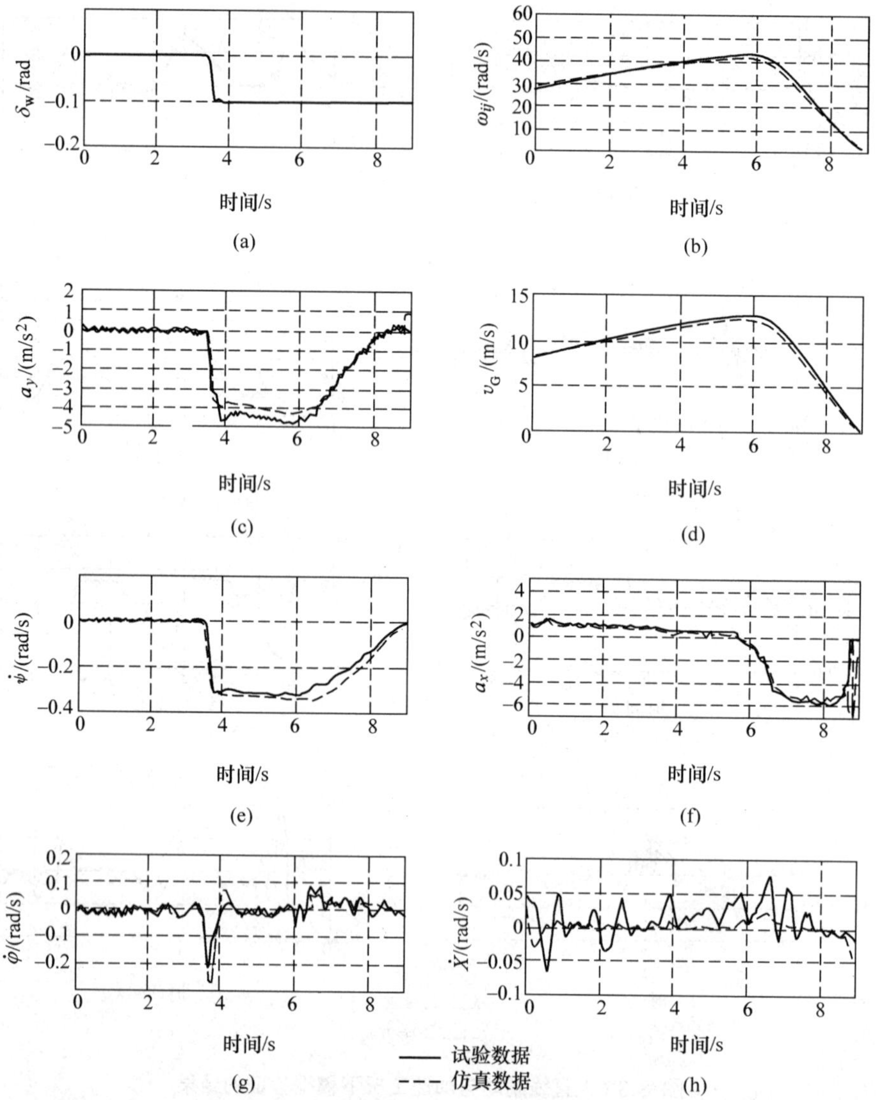

图 8.33　方向盘角阶跃输入工况下模型验证的结果

总的来说, 可以认为**在足够的激励输入下, 所建模型可较好地重现车辆纵向与侧向动力学特性**。模型存在的问题包括直线加 / 减速工况下的侧倾角速度、方向盘角阶跃或正弦输入工况下的俯仰角速度等方面, 因为这些动力学响应在所选工况中受到的激励输入不足。对于许多车辆动力学控制问题中必须考虑的横摆角速度, 在如上所有工况中, 建模精度都非常高。

至此, 验证结果表明: 所建仿真模型适用于给定方向盘转角与车轮转速输入条件下的相关动力学变量计算。此外, 它也适用于质心侧偏角 β 和轮胎力的计算。由于测量数据与仿真结果十分吻合, 也可假设不可测变量的计算结果也很好。因此, 在 9.4.2 节中, 模型中计算的轮胎力将用于估计车辆转动惯量。

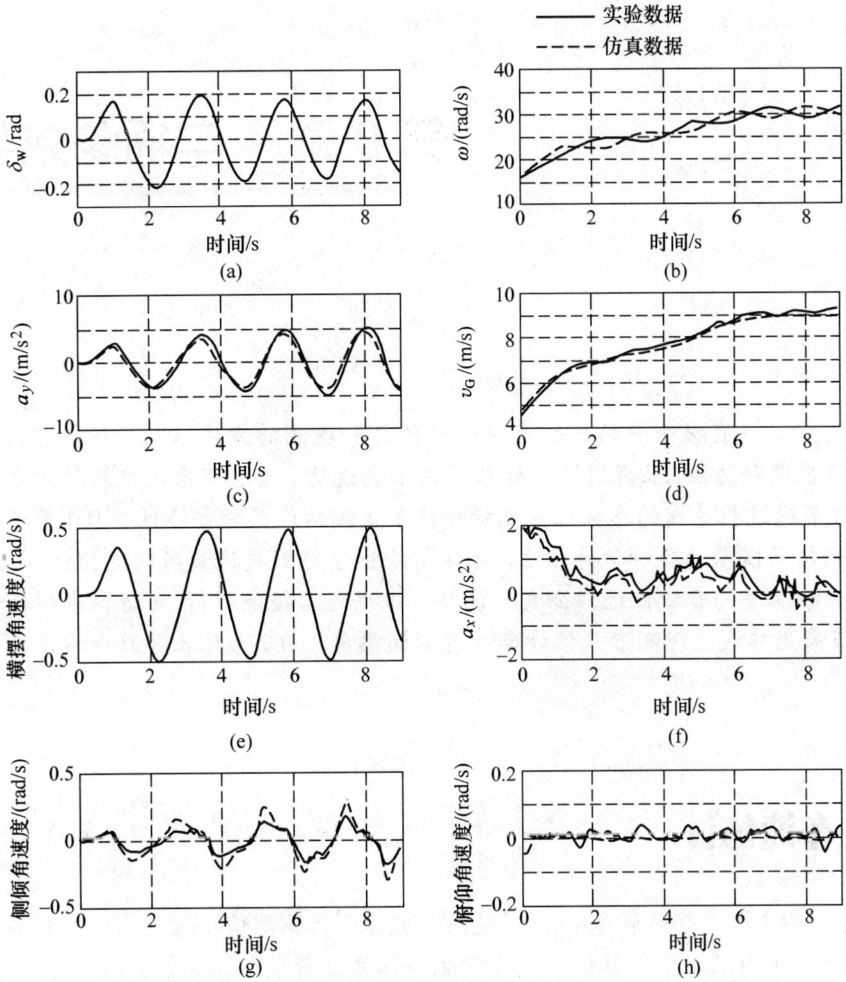

图 8.34 方向盘正弦输入工况下模型验证的结果

第 9 章　车辆参数与状态

本章讨论对不可直接测量的车辆变量进行估计和观测的方法。9.1 节采用 Kalman 滤波器和模糊估计器两种方法, 求得惯性坐标系下的车辆速度。9.2 节采用这两种方法来估计横摆角速度。9.3 节通过推导出的车辆位置坐标评价了模糊估计器的鲁棒性。9.4 节研究了轮胎附着系数和车辆转动惯量的各种估计方法。9.5 节给出了轮胎接地载荷的近似计算公式, 而轮胎侧偏刚度用一个简单的非线性近似公式来调整。根据轮胎接地载荷, 可近似求得侧倾和俯仰角速度。9.6 节采用非线性观测器来估计车身质心侧偏角。9.7 节给出了路面坡度角的两种估计方法。

9.1 车速估计

车速 v_G 一般由四个等效轮速 $v_{\mathrm{R}ij}$ 以及纵向加速度传感器信息融合而得。对纵向加速度进行积分可作为车速的第 5 个估计值。作为轮胎滑移率计算的基础 (见 8.3.2 节), 车速估计应非常精确。一些电控系统只选用四个等效轮速的最大值作为车速估计值, 当四个车轮同时抱死时, 该方法便极不准确。

本节讨论车速的另外两种估计方法, 即 Kalman 滤波法和模糊估计器法。

9.1.1 传感器信息预处理

任何传感器都会存在误差, 需对误差进行修正。如图 9.1 所示, 信号先经过一个低通滤波器。在正常行驶条件下, 纵向加速度 a_x 的漂移误差可用车轮转速信号来补偿。车轮转速差主要出现在车辆的转弯行驶工况中。因此, 通过将轮速转换到质心处, 修正后的轮速可作为车速估计值。在急转弯工况下, 车身质心侧偏角 β 必须已知, 而在其他条件下只需横摆角速度 $\dot{\psi}$。轮胎接地点速度 $v_{\mathrm{W}ij}$ 可由测得的等效轮速 $v_{\mathrm{R}ij}$ 近似获得。根据式 (8.8) 中的转换, 可考虑轮胎接地点速度与质心速度的不同方向。因此, 轮速的修正可通过将其从接地点转换到质心来实现。

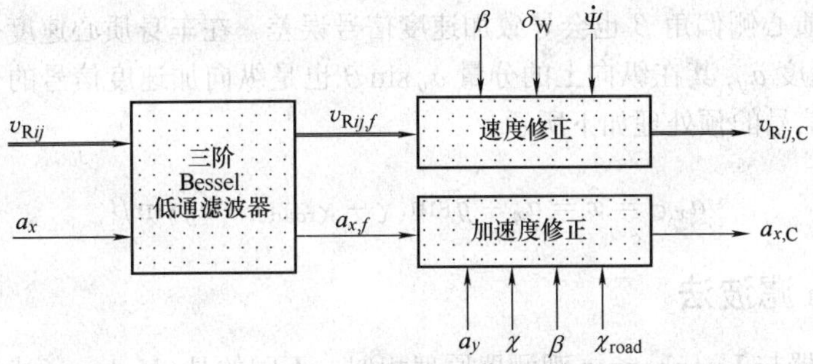

图 9.1 传感器信号预处理

$$
\begin{aligned}
v_{\mathrm{RFL,C}} &= \left[v_{\mathrm{RFL}} + \dot{\psi}\left(\frac{b_{\mathrm{F}}}{2} - l_{\mathrm{F}}\beta\right)\right]\cos(\delta_{\mathrm{W}} - \beta) \\
v_{\mathrm{RFR,C}} &= \left[v_{\mathrm{RFR}} - \dot{\psi}\left(\frac{b_{\mathrm{F}}}{2} + l_{\mathrm{F}}\beta\right)\right]\cos(\delta_{\mathrm{W}} - \beta) \\
v_{\mathrm{RRL,C}} &= \left[v_{\mathrm{RRL}} + \dot{\psi}\left(\frac{b_{\mathrm{R}}}{2} + l_{\mathrm{R}}\beta\right)\right]\cos\beta \\
v_{\mathrm{RRR,C}} &= \left[v_{\mathrm{RRR}} - \dot{\psi}\left(\frac{b_{\mathrm{R}}}{2} - l_{\mathrm{R}}\beta\right)\right]\cos\beta
\end{aligned}
\tag{9.1}
$$

图 9.2 给出了绕桩工况下, 转换前与转换后的各轮转速。转换后的四个等效轮速 $v_{\mathrm{R}ij,\mathrm{C}}$ 都可以作为质心速度的有效估计值 $\hat{v}_{\mathrm{G}}$。为保证足够的精度, 要求车轮转弯半径大致相等。为此, 在小转向角、低加速工况下, 各轮转弯半径要乘以相应的比例系数。

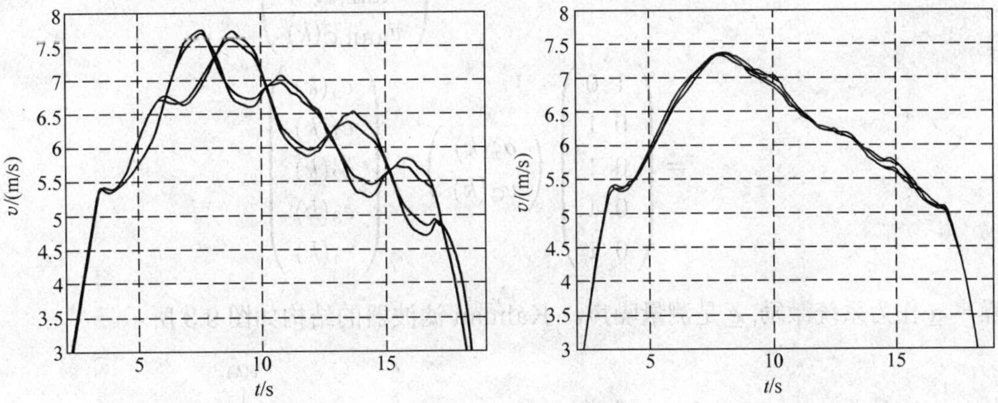

(a) 未转换到质心的车轮速度

(b) 转换到质心的车轮速度

图 9.2 绕桩行驶工况中的轮速

由于固定在车身上, 加速度传感器信号会因为系统误差而夹杂有噪声信号。该传感器沿着车辆纵轴布置, 正好是纵向加速度的作用方向。由于出现的角度偏移很小, 角度余弦值可近似为 1。当车辆斜坡行驶时, 传感器布置方向与车身方向一致。但由于传感器方向与惯性坐标系之间存在夹角, 信号中包含重力加速度分量, 必须用 $(\chi - \chi_{\mathrm{road}})$ 来修正。此处, 忽略由俯仰角变化引起的误差。此外, 质心侧偏角 β 也会导致加速度信号误差。在车身质心速度垂直方向上的向心力对应有侧向加速度 a_y, 其在纵向上的分量 $a_y \sin\beta$ 也是纵向加速度信号的一个误差源。综合起来, 纵向加速度信号的预处理如下所示:

$$a_{x,\mathrm{C}} = \hat{\ddot{x}} = a_x - g\sin(\chi - \chi_{\mathrm{road}}) + a_y \sin\beta \tag{9.2}$$

9.1.2 Kalman 滤波法

Kalman 滤波器与 Luenberger 观测器原理相似。不同的是, Kalman 滤波器可用于随机过程或时变过程。应用时, 系统输入与测量噪声都必须是白色信号。在噪声过程随机特性已知的场合中, Kalman 滤波器具有优势。

若用 Kalman 滤波器来进行数据融合, 需将系统模型整理成离散状态空间形式 (见 6.8.4 节)。

$$\begin{aligned}\underline{x}(k+1) &= \underline{A}(k)\underline{x}(k) + \underline{B}(k)\underline{u}(k)\\ &= \begin{pmatrix} 1 & 0 \\ T_\mathrm{s} & 1 \end{pmatrix}\begin{pmatrix} a_x(k) \\ v_\mathrm{G}(k) \end{pmatrix} + \begin{pmatrix} 1 & 0 \\ 0 & 1 \end{pmatrix}\begin{pmatrix} u_1(k) \\ u_2(k) \end{pmatrix}\end{aligned} \tag{9.3}$$

系统状态变量为纵向加速度 a_x 和车速 v_G, 测量向量为

$$\begin{aligned}\underline{y}(k) = \underline{C}(k)\underline{x}(k) + \underline{e}(k) &= \begin{pmatrix} a_{x,\mathrm{C}}(k) \\ v_{\mathrm{RFL,C}}(k) \\ v_{\mathrm{RFR,C}}(k) \\ v_{\mathrm{RRL,C}}(k) \\ v_{\mathrm{RRR,C}}(k) \end{pmatrix}\\ &= \begin{pmatrix} 1 & 0 \\ 0 & 1 \\ 0 & 1 \\ 0 & 1 \\ 0 & 1 \end{pmatrix}\begin{pmatrix} a_x(k) \\ v_\mathrm{G}(k) \end{pmatrix} + \begin{pmatrix} e_\mathrm{a}(k) \\ e_1(k) \\ e_2(k) \\ e_3(k) \\ e_4(k) \end{pmatrix}\end{aligned} \tag{9.4}$$

输入噪声 $\underline{u}$ 作为系统激励, $\underline{e}$ 是测量噪声。Kalman 滤波器的结构如图 9.3 所示。

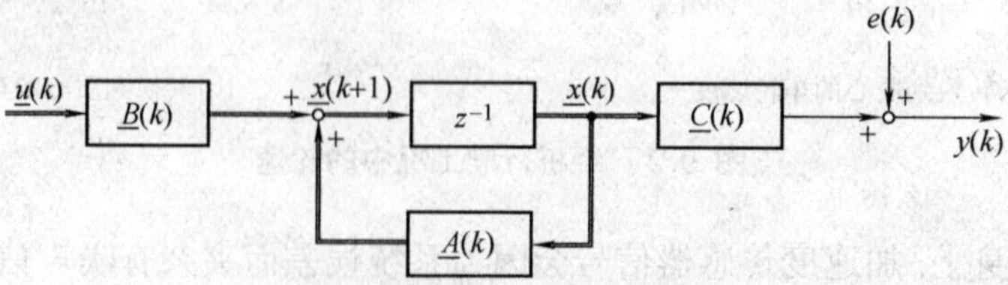

图 9.3 基于 Kalman 滤波器的车速估计

使用 Kalman 滤波器时, 假设测量噪声是白色信号。轮胎接地点速度 $v_{\mathrm{W}ij}$ 由等效轮速 $v_{\mathrm{R}ij}$ 来近似, 但由于这些信号带有与轮胎滑移率相关的系统漂移误差 (8.3.2 节), 这与测量噪声为白色信号的假设相矛盾。通过 9.1.1 节的预处理, 对加速度信号修正后, 可认为其测量误差是恒功率白噪声信号。

为在有系统误差的条件下使用 Kalman 滤波器, 定义如下四个不同的协方差矩阵。设计时, 根据不同的行驶工况选用适当的矩阵。

① **大加速度** 从动轮轮速噪声协方差小, 而驱动轮轮速和加速度噪声协方差大。

② **小加速度** 所有轮速噪声协方差小, 而加速度噪声协方差大。

③ **小减速度** 所有轮速以及加速度噪声协方差小。

④ **大减速度** 所有轮速噪声协方差大, 加速度噪声协方差小。

采用该法时, Kalman 滤波器获得的结果很好, 但增益矩阵的计算量很大。为此, 下面采用模糊估计器来代替 Kalman 滤波器, 也对行驶工况进行分类, 然后适当确定传感器信号的加权因子。对车辆特性的推理性经验可在模糊估计器中的规则库中考虑。

9.1.3 模糊逻辑简介

模糊系统由三部分构成*, 如图 9.4 所示。

图 9.4 模糊子系统运算步骤

明确、连续的数值输入首先转换为隶属度在 0 和 1 之间的语言变量, 这个转换过程称为模糊化。然后, 根据模糊规则对语言输入进行推理决策, 生成模糊输出。最后, 经过反模糊化过程将其转换为明确、连续的数值输出。

本书选择 MIN−MAX 推理法: 逻辑与运算 (AND) 用极小运算 (MIN) 来实现, 而逻辑或运算 (OR) 用极大运算 (MAX) 来实现。反模糊化采用重心 (Centroid) 法来实现:

$$y_{\mathrm{Def}}=\frac{\displaystyle\int_{-\infty}^{+\infty} y\mu_{\mathrm{res}}(y)\mathrm{d}y}{\displaystyle\int_{-\infty}^{+\infty}\mu_{\mathrm{res}}(y)\mathrm{d}y} \tag{9.5}$$

模糊规则库中, 推理前件用逻辑与运算 (AND) 合成。下面将用一个例子来解释模糊系统的处理过程。

示例

规则库包括如下两条规则:

IF T=low AND P=large THEN y=middle

IF T=middle AND P=large THEN y=small

两个明确输入值 T_0 和 P_0 先被模糊化, 然后确定前件适合度 $w_1(T=...)$ 与 $w_2(P=...)$, 由此可确定每条规则的结论程度值 μ_{B1} 和 μ_{B2}, 即确定结论的隶属度函数。若存在多个规则, 最

*此处只对模糊逻辑简要介绍, 详细论述可见文献 [132]。

终的结论隶属度函数是所有规则输出之和。最后, 采用式 (9.5) 中的重心法来确定明确输出值。整个推理过程如图 9.5 所示。

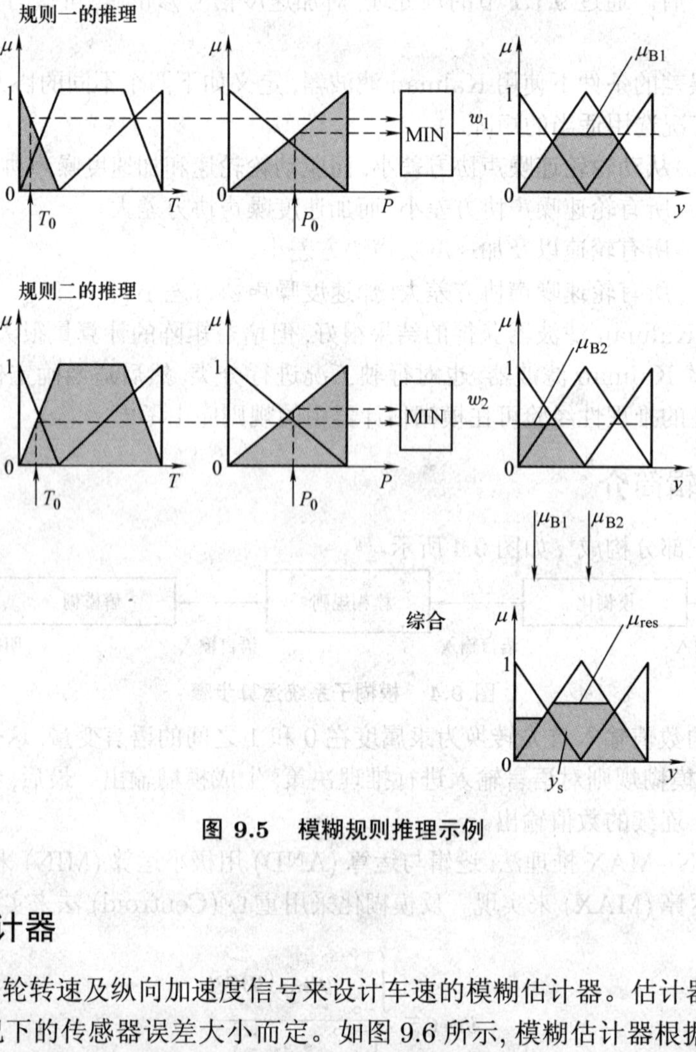

图 9.5 模糊规则推理示例

9.1.4 模糊估计器

本节将基于四轮转速及纵向加速度信号来设计车速的模糊估计器。估计器的推理规则要根据不同的行驶工况下的传感器误差大小而定。如图 9.6 所示, 模糊估计器根据传感器误差来产生相应的加权系数。其中, 对应四轮转速信号的加权系数为 $k_1 \sim k_4$, 对应加速度信号的加权系数为 k_5。最后, 根据下式确定质心速度的估计值:

$$\hat{v}_{\mathrm{G}}(k)=\frac{\sum\limits_{i=1}^{4} k_i v_{\mathrm{R}i,\mathrm{C}}(k)+k_5\left[\hat{v}_{\mathrm{G}}(k-1)+T_{\mathrm{s}} a_{x,\mathrm{C}}(k)\right]}{\sum\limits_{i=1}^{5} k_i} \tag{9.6}$$

式 (9.6) 是各传感器信号的加权平均值计算公式, 模糊估计器的目标就是要确定合适的加权系数值。

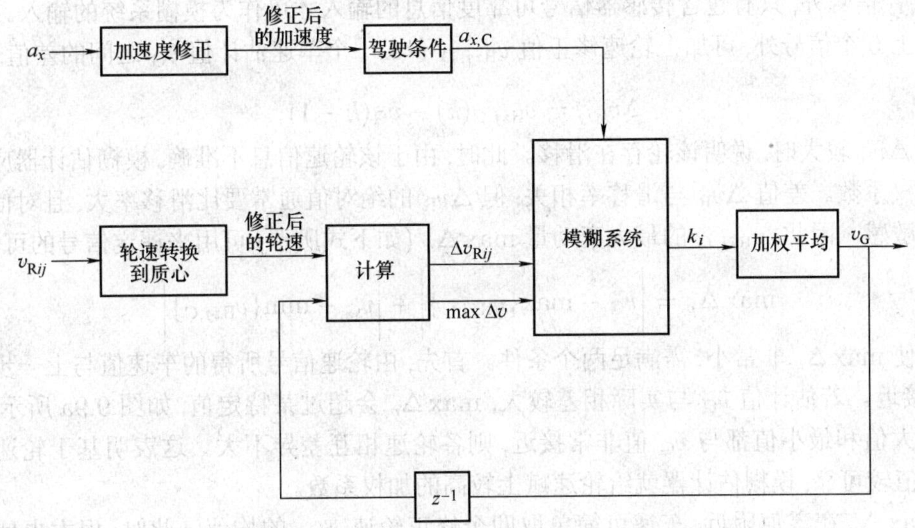

图 9.6 带有数据预处理的模糊估计器结构

1. 子模型

为减少模糊估计器中同时激活的规则数目, 将系统分为 5 个子模型, 如图 9.7 所示。修正的纵向加速度值 $a_{x,\mathrm{C}}$ 用来确定当前属于何种工况, 这些工况包括“急加速”、“加速”、“自由滑行”、“制动”以及“急制动”。5 个子模型的输入信号相同, 每个子模型中都包含各种对应工况下的模糊规则, 下面进行详细论述。

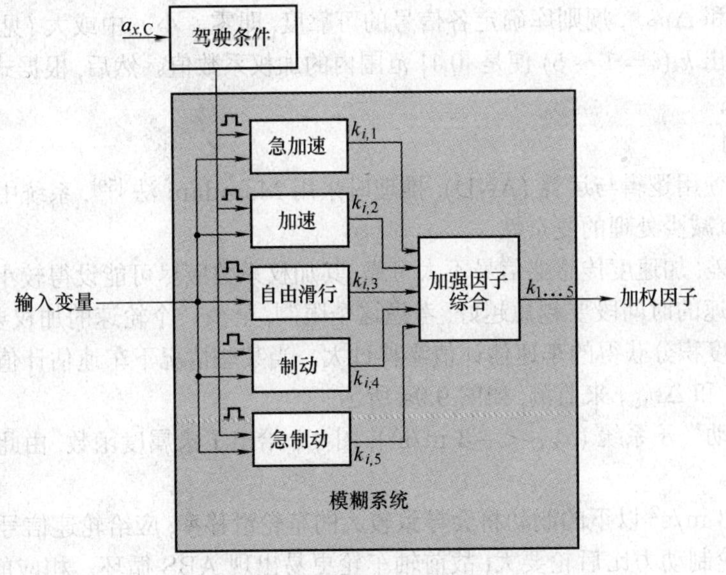

图 9.7 模糊估计器组成

2. 输入信号

除 $a_{x,\mathrm{C}}$ 信号外, 只有包含传感器信号可靠度信息的输入才可作为模糊系统的输入。

除以上 5 个信号外, 可加上轮速修正值 $v_{\mathrm{R}ij,\mathrm{C}}$ 和上一个车速估计值 $\hat{v}_{\mathrm{G}}$ 之间的差值:

$$\Delta v_{\mathrm{R}ij} = v_{\mathrm{R}ij,\mathrm{C}}(k) - \hat{v}_{\mathrm{G}}(k-1) \tag{9.7}$$

某轮 Δv_{R} 较大时, 说明该轮存在滑移。此时, 由于该轮速信息不准确, 模糊估计器应减少相对应的加权系数。差值 Δv_{R} 与滑移率相关, 但 Δv_{R} 的绝对值通常要比滑移率大, 且对信号噪声和误差不敏感。因此, $v_{\mathrm{R}ij,\mathrm{C}}$ 的最大变动量 $\max\Delta_v$ (如下式所示) 可用来评定信号的可信度。

$$\max\Delta_v = \left|\hat{v}_{\mathrm{G}} - \max_{ij}\{v_{\mathrm{R}ij,\mathrm{C}}\}\right| + \left|\hat{v}_{\mathrm{G}} - \min_{ij}\{v_{\mathrm{R}ij,\mathrm{C}}\}\right| \tag{9.8}$$

若要使 $\max\Delta_v$ 非常小, 需满足两个条件。首先, 由轮速信号所得的车速值与上一步长估计值 $\hat{v}_{\mathrm{G}}$ 很接近。若估计值 $\hat{v}_{\mathrm{G}}$ 与实际相差较大, $\max\Delta_v$ 会超过某特定值, 如图 9.9a 所示。其次, 若轮速最大值和最小值都与 $\hat{v}_{\mathrm{G}}$ 值非常接近, 则各轮速相互差异不大。这表明基于轮速得到的车速估计值较可靠, 模糊估计器就给轮速赋上较高的加权系数。

当 $\max\Delta_v$ 在零值附近, 车速可简单取四个修正轮速 $v_{\mathrm{R}ij}$ 的均值。此时, 根本未使用模糊估计器。

当 $\max\Delta_v$ “小” 时 (见图 9.8 左下角), 就不能忽略轮速信号偏差。此时, 模糊估计器为每个轮速信号和加速度信号分别赋不同的加权系数。

当 $\max\Delta_v$ “大” 时, 表明存在较大的传感器误差或干扰, 如图 9.9b 所示, 例如车轮打滑或 ABS 制动时。此时, 模糊估计器会减小相应转速信号的加权系数。

3. 输出信号

模糊估计器根据轮速信号和加速度信号的精度来确定相应的加权系数。根据输入信号 $a_{x,\mathrm{C}}$、 $\max\Delta_v$ 和 $\Delta v_{\mathrm{R}ij}$, 规则库确定各信号的可靠度, 即零、小、中或大 (见图 9.8 右栏)。解模糊后的数值输出 $k_i(i=1\sim5)$ 便是 [0,1] 范围内的加权系数值。然后, 根据式 (9.6), 可得质心速度的估计值 $\hat{v}_{\mathrm{G}}$。

4. 模糊规则

所有规则仅使用逻辑与运算 (AND), 推理时采用 Mamdani 法 [59], 系统中所有隶属度函数均为梯形类型, 以减少处理的复杂性。

由于漂移误差, 加速度传感器信号不太可靠, 其加权系数应尽可能设得较小。采用加速度信号积分来估计车速的时间段要越短越好, 考虑这个限制, 至少一个轮速的加权要设为“高”。这可避免仅用加速度积分获得的车速估计值漂移过大。当某些情况下车速估计值仍然存在较大漂移, 可用 $\max\Delta_v$ 和 $\Delta v_{\mathrm{R}ij}$ 来监测, 如图 9.9a 所示。

对于“急制动”子系统 ($a_{x,\mathrm{C}} < -3\ \mathrm{m/s^2}$), 图 9.8 给出了隶属度函数, 由此可以大致了解推理规则库的结构。

减速度在 $-3\ \mathrm{m/s^2}$ 以下的制动将会导致较大的车轮滑移率, 应给轮速信号赋予较小的加权系数。通常, 前轮制动力比后轮要大, 故前轴车轮更易出现 ABS 循环。相应的, 只有在后轮信号有错误时, 才使用前轮轮速信号。此时, 加速度信号估计的车速才是最好的估计值, 故最大的加权系数要赋予加速度积分。

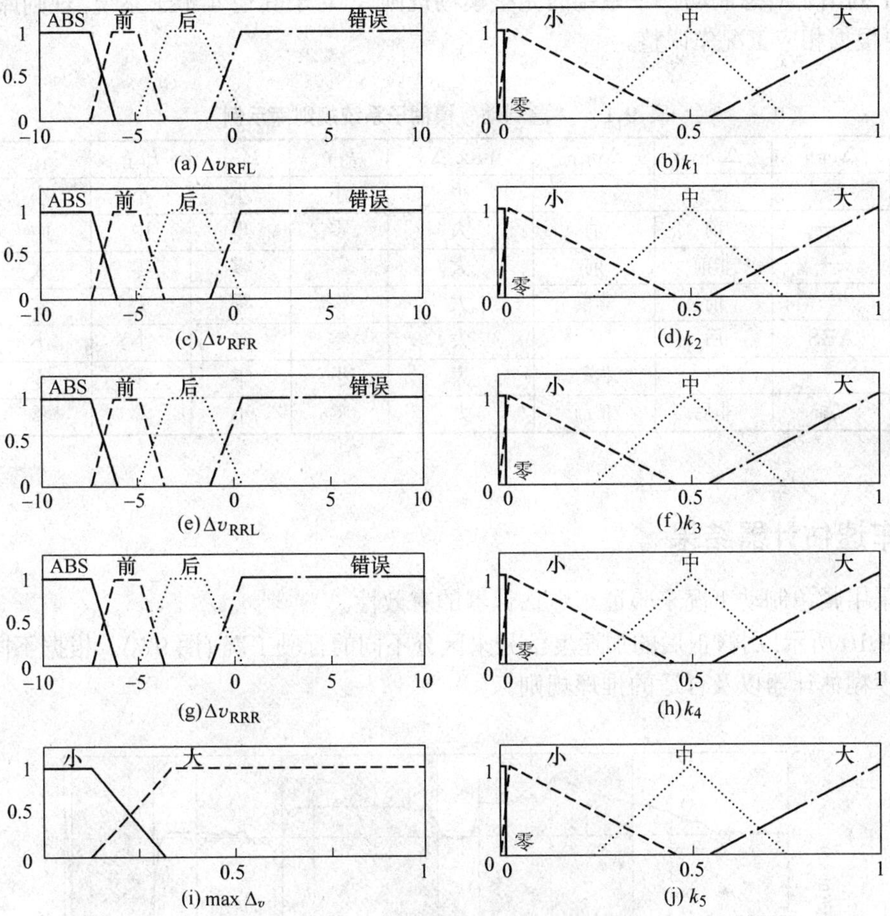

图 9.8 “急制动”子系统的隶属度函数

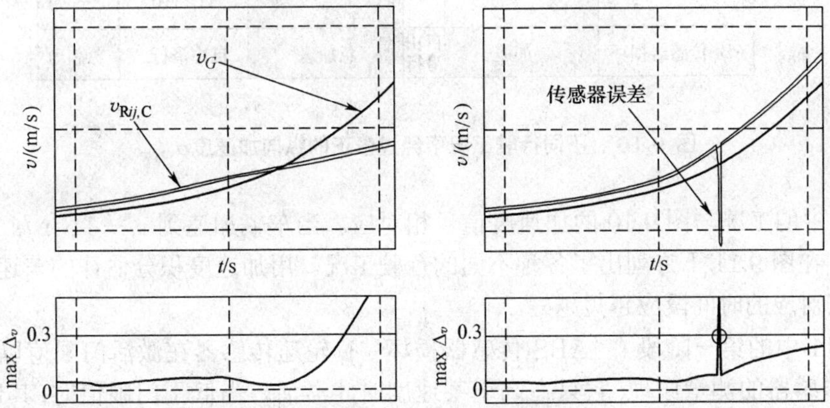

图 9.9 基于 max Δ_v 的误差检测

表 9.1 列出了“急制动”子系统的完整模糊规则*。对于其他 4 个子系统, 规则库中的规则类似, 但要根据相应工况作调整。

表 9.1 “急制动”模糊子系统规则库示例

Δv_{FL}	Δv_{FR}	Δv_{RL}	Δv_{RR}	max Δ_v	k_{FL}	k_{FR}	k_{RL}	k_{RR}	$k_{v(a)}$
—	—	—	—	小	小	小	小	小	大
—	—	前	前	大	零	零	中	中	大
—	—	非前	前	大	零	零	零	大	大
—	—	前	非前	大	零	零	大	零	大
ABS	ABS	后	后	大	零	零	小	小	大
后	—	非后	非前	大	小	零	零	零	大
—	后	非后	非前	大	零	小	零	零	大

9.1.5 车速估计器结果

下面采用紧急制动工况来验证车速估计器的有效性。

如图 9.10 所示, 用修正后的加速度信号来区分不同的行驶工况 (图 9.7)。根据不同工况, 选择特定的模糊估计器以及合适的推理规则。

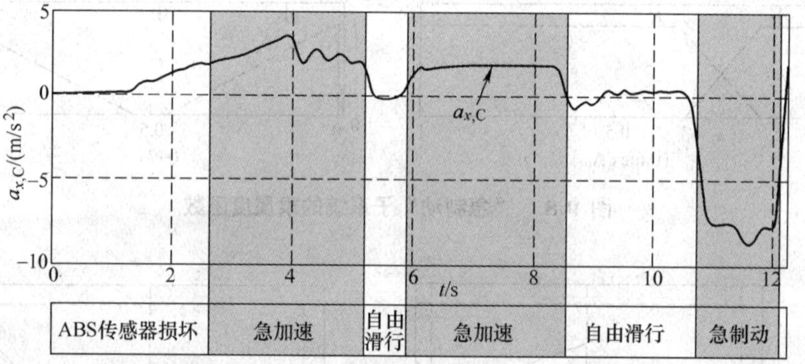

图 9.10 不同行驶工况下经过修正的纵向加速度 $a_{x,C}$

图 9.11 中的工况与图 9.10 的加速度信号相对应。当车辆加速到 $v = 11$ m/s, 开始紧急制动直至停车, 在图 9.11 下方列出了各种不同的行驶工况。用加速度积分估计的车速值会出现较大偏差, 故其对应的时间段应越短越好。

在图 9.11 中的第一阶段 (“ABS 传感器损坏”), 轮速传感器在激活门限值以下。根据感应式 ABS 传感器的测量原理, 它只在高于某速度时才激活。当低于门限值时, 其信号不可靠, 此时应只采用加速度积分作为车速估计值。图 9.11 也给出了各轮的等效轮速差 Δv_{Rij}, 在第二阶段 (“急加速”), 由于车轮驱动打滑, 所有轮速修正值 $v_{Rij,C}$ 都在车速估计值 $\hat{v}_G$ 之上。在

*译者注: 原表中 kFL、kFR、kRL、kRR 分别改为 k_{FL}、k_{FR}、k_{RL}、k_{RR}。

t=5.2 s 至 t=5.6 s 时间段内, 车辆处于“自由滑行”条件, 此时车轮没有滑移率, 且轮速差值接近零值。在最后一个阶段 (“急制动”) 中, 由于较大的制动滑移率, 轮速差值 $\Delta v_{\mathrm{R}ij}$ 降到很小的负值。ABS 循环使前轮轮速下降, 故将前轮轮速 $v_{\mathrm{RFL,C}}$ 和 $v_{\mathrm{RFR,C}}$ 作为“ABS”或“有错”情形来处理, 将相应信号的加权置为零。在测试工况末尾段, 轮速又落入 ABS 传感器门限值以下, 车速又重新采用 $a_{x,\mathrm{C}}$ 的积分来估计。

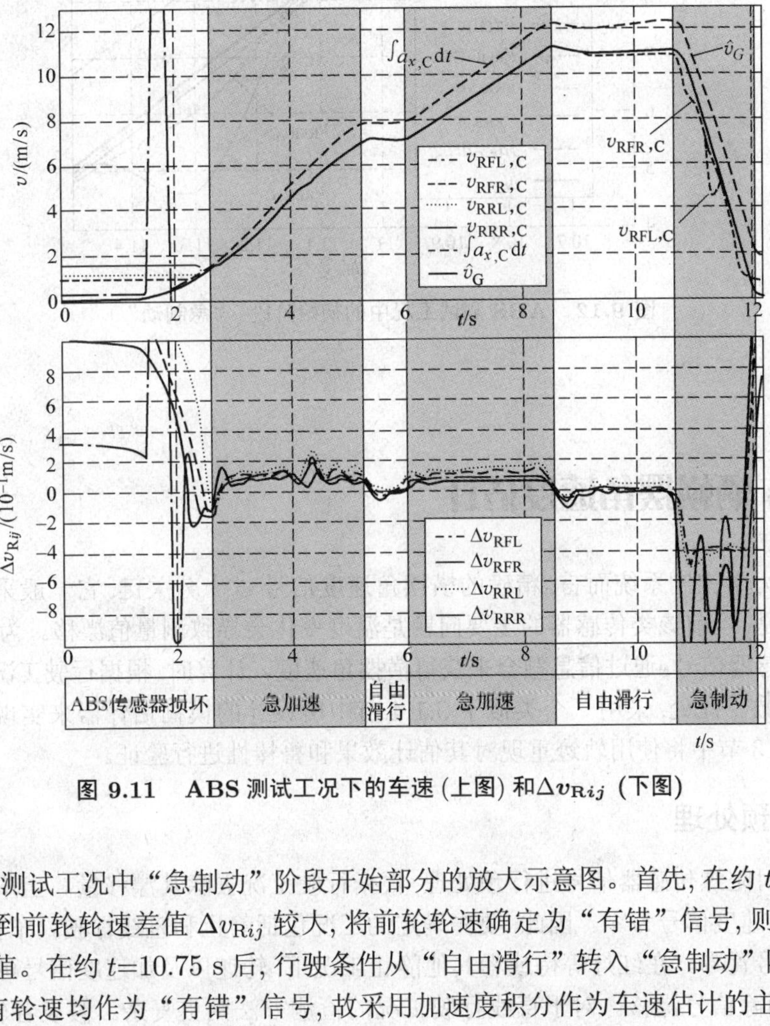

图 9.11 ABS 测试工况下的车速 (上图) 和 $\Delta v_{\mathrm{R}ij}$ (下图)

图 9.12 是测试工况中“急制动”阶段开始部分的放大示意图。首先, 在约 t=10.6 s 处, 模糊估计器检测到前轮轮速差值 $\Delta v_{\mathrm{R}ij}$ 较大, 将前轮轮速确定为“有错”信号, 则后轮轮速近似作为车速估计值。在约 t=10.75 s 后, 行驶条件从“自由滑行”转入“急制动”阶段。此时, 由于滑移率, 所有轮速均作为“有错”信号, 故采用加速度积分作为车速估计的主要信号。如图 9.12 所示, 车速估计值几乎总比最高轮速稍高些。在设计车速估计器时, ABS 控制循环对轮速的影响得到了妥善解决。

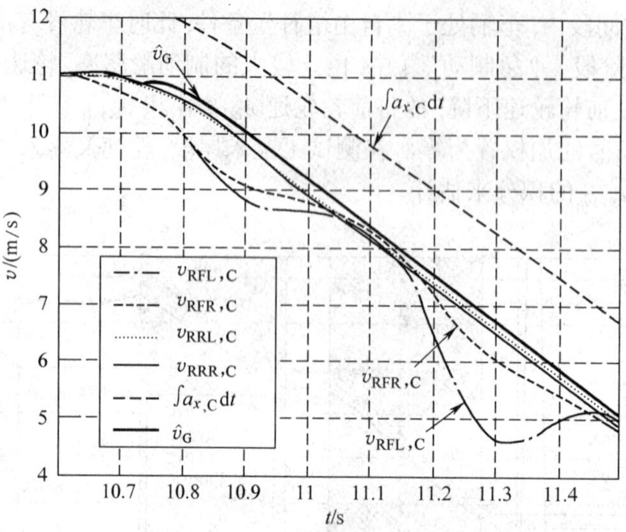

图 9.12 ABS 测试工况中的初始阶段（“急制动”）

9.2 车辆横摆角速度估计

对车辆动力学控制系统而言, 精确的横摆角速度信号 $\dot{\psi}$ 十分关键, 它一般采用陀螺传感器直接测量。但是, 当前该类传感器的主要问题是温度变化会导致测量值漂移。为提高信号精度, 可结合其他传感器信号, 通过信息融合来获得横摆角速度。计算时, 根据行驶工况来选定各信号对应的加权系数。此处, 采用一个类似于 9.1.4 节中所设计的模糊估计器来实现。模糊估计器设计好后, 在 9.3 节中将使用轨迹重现对其估计效果和鲁棒性进行验证。

9.2.1 数据预处理

计算前先对陀螺传感器信号进行预处理, 根据行驶工况去除其漂移量。当车辆静止或直线行驶时, 横摆角速度信号为零。因此, 要先确定的工况包括静止和直线行驶。车辆起步时, 先将横摆角速度信号置零。在红灯等待或者其他静止工况下, 轮速以及加速度信号可用来检测“静止”工况, 以消除信号漂移。对于直线行驶工况的检测方法则更复杂。假设各轮滑移率 $s_{\mathrm{res},ij}$ 以及轮胎半径相等, 可用各轮转速 $\omega_{\mathrm{R}ij}$ 来检测车辆是否在直线行驶。理想条件下, 各轮转速应该相等, 但由于噪声、胎径偏差、胎压不同等影响, 直线行驶时的轮速也会各不相同。因此, 可以采用各轮轮速最大偏差 $\max\Delta_\omega$ 来检测直线行驶工况:

$$\max\Delta_\omega = \max_{ij}\{\omega_{ij}\} - \min_{ij}\{\omega_{ij}\} \tag{9.9}$$

若 $\max\Delta_\omega$ 在特定门限值 ε 以下, 说明车辆直线行驶, 由陀螺传感器获得的横摆角速度信号可置零:

$$\max\Delta_\omega < \varepsilon \Rightarrow \dot{\psi}_S \overset{!}{=} 0 \qquad (9.10)$$

上述用于检测车辆静止或直线行驶工况的方法 [式 (9.9) 和式 (9.10)] 已经对陀螺传感器信号进行了改进, 但是只有将陀螺传感器信号与基于轮速估计而得的横摆角速度信号进行融合, 才会获得足够精确的横摆角速度信号, 这将在下文中详细阐述。

9.2.2 采用轮速计算横摆角速度

转弯行驶时, 内、外侧车轮转速不相等, 外轮驶过距离要比内轮长。使用简单的三角函数近似, 可用内外轮转速差来计算前后轴的横摆角速度。

$$\dot{\psi}_F = \frac{(\omega_{FR} - \omega_{FL})r_{stat,F}}{b_F \cos\delta_W} \qquad (9.11)$$

$$\dot{\psi}_R = \frac{(\omega_{RR} - \omega_{RL})r_{stat,R}}{b_R} \qquad (9.12)$$

对应于 $\dot{\psi}_F$、$\dot{\psi}_R$ 以及来自陀螺传感器的横摆角速度信号 $\dot{\psi}_S$, 模糊系统需得出对应于三个信号的加权系数 h_i (i=1,2,3)。

9.2.3 输入

估计器输入必须考虑实际行驶工况。由模糊规则推理获得相应于各传感器测量误差的加权系数。

1. 车轮转向角δ_w

车轮转向角可表示转弯半径的大小, 它会影响前轴横摆角速度 $\dot{\psi}_F$ 的计算。因此, 转向角增大将使 $\dot{\psi}_F$ 值变大 [115]。此外, 当小半径转弯时, 由后轴轮速算得的 $\dot{\psi}_R$ 所对应的加权系数要更小。δ_w 的隶属度函数见图 9.13a。

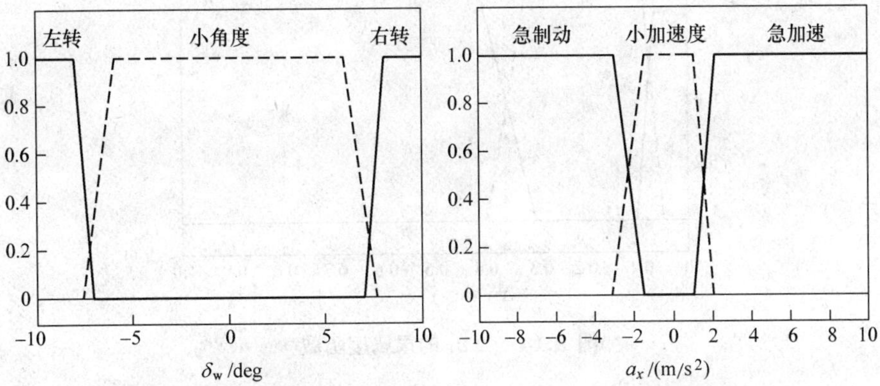

(a) δ_w 的隶属函数 (b) a_x的隶属函数

图 9.13 系统输入的隶属度函数

2. 纵向加速度 a_x

a_x 的隶属度函数如图 9.13b 所示, a_x 大表明制动或驱动滑移率 (滑转率) 很大, 此时轮速信号不准确。因此, 制动工况下, 前轴估计值 $\dot{\psi}_F$ 加权系数小, 而后轴估计值 $\dot{\psi}_F$ 估计值可取中等大小的值。这也是制动力分配的结果, 通常前轴制动力更大, 因此制动滑移率也更大。

3. 侧向加速度 a_y

同 δ_w 一样, a_y 也可用来表征转弯的程度。当 a_y 非常大时, 垂直载荷向外侧车轮转移, 使内轮滑移率变大。因此, 内轮转速加权系数应较小。 a_y 的隶属度函数与 a_x 隶属度几乎一样。

4. 前轴和后轴的左右轮转速差—— Δv_F、 Δv_R

Δv_F 和 Δv_R 可表征前轴和后轴左右轮转速差值。对于前轴有:

$$\Delta v_F = |v_G - v_{RFR,C}| + |v_{RFR,C} - v_{RFL,C}| \tag{9.13}$$

对于后轴, 相应的有:

$$\Delta v_R = \underbrace{|v_G - v_{RRR,C}|}_{\text{条件 1}} + \underbrace{|v_{RRR,C} - v_{RRL,C}|}_{\text{条件 2}} \tag{9.14}$$

式 (9.14) 中的 Δv_R 较小时, 要满足两个条件: 其一, $v_{RRR,C}$ 与车速接近 ("条件 1"); 其二, $v_{RRL,C}$ 与 $v_{RRR,C}$ 几乎相等 ("条件 2")。若两侧 ABS 传感器均失效, $v_{RRL,C}$ 与 $v_{RRR,C}$ 相等。若没有"条件 1", ABS 传感器失效时其轮速加权系数高, 由此得到的估计值完全错误。基于"条件 1", $v_{RRR,C}$ 与 v_G 差值较大时, 该传感器的加权系数基本为零。因此,"条件 1"保证了模糊估计器的稳定性。这表示, 当 Δv_R 小时, 根据后轴轮速计算得到的横摆角速度值就很可靠, 而相应的加权系数就大。

图 9.14 给出了 Δv_F 的隶属度函数, Δv_R 的隶属度函数与其类似。

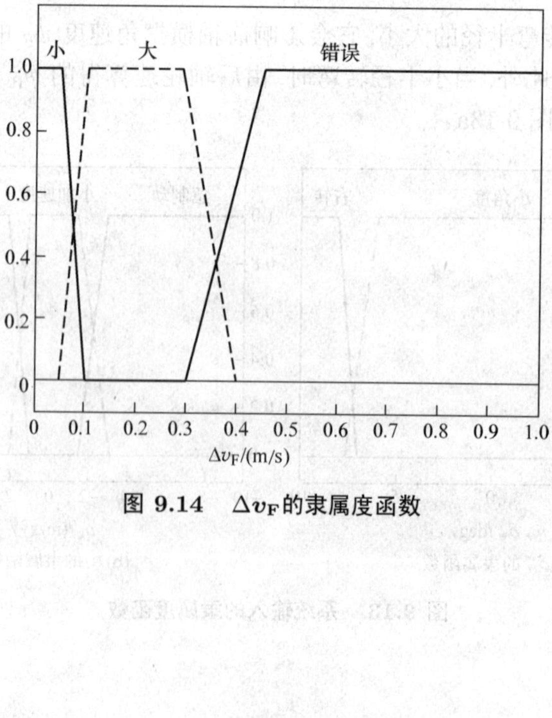

图 9.14　Δv_F的隶属度函数

9.2.4 输出

模糊估计器输出三个加权系数, 即陀螺传感器信号对应的 h_1、前轴横摆角速度对应的 h_2、后轴横摆角速度对应的 h_3。所有系数均在 0 和 1 之间, 如图 9.15 所示。若某信号完全不可靠, 其系数为 "0"。可靠度增加, 相应加权系数增加。隶属度函数分为 "小" (small)、"平均" (average)、"大" (large)。根据各自可靠度, 最后用加权系数来计算各信号的加权平均值。

$$\dot{\psi}_{\mathrm{Fuz}} = \frac{h_1\dot{\psi}_{\mathrm{S}} + h_2\dot{\psi}_{\mathrm{F}} + h_3\dot{\psi}_{\mathrm{R}}}{\sum\limits_{i=1}^{3} h_i} \tag{9.15}$$

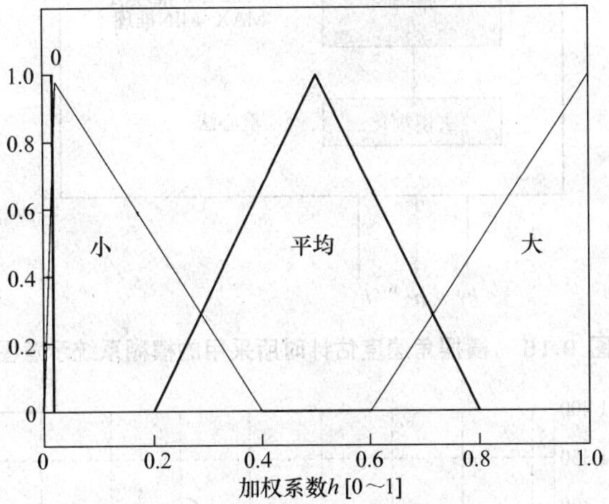

图 9.15 输出的隶属度函数 h_1~ h_3

9.2.5 模糊系统

图 9.16 是所设计的模糊系统示意图, 输入量见 9.2.3 节, 另外还加上 "enable ABS" (ABS 激活) 这个状态标记。该标记可表征 ABS 传感器信号是否可用于计算横摆角速度。由于当前感应式 ABS 轮速传感器的工作原理, 在特定门限值以下的轮速信号并不可靠。此时, 仅采用横摆角速度传感器信号 $\dot{\psi}_{\mathrm{S}}$ 作为估计值 $\dot{\psi}_{\mathrm{Fuz}}$。

该模糊系统采用 Mamdani 推理法, 这意味着推理结论的逻辑值总是小于前提条件的逻辑值。多个语言变量间仅用逻辑与算子 (AND) 相连。解模糊化过程选用标准的重心法, 使输出更为平滑。

9.2.6 测试验证: 交通环岛行驶工况

测试在公路上进行。车辆先停在路旁, 而后行驶约 80 m 的距离, 开始进入交通环岛行驶, 绕环岛行驶三圈后, 最后沿与进入方向相反的方向驶出。

图 9.17 给出了测试结果, 测试中横摆角转过了 1 260°, 水平线 $\psi = 1\ 260°$ 表示其终值。为验证横摆角速度估计器的有效性, 对来自传感器的横摆角速度信号与模糊估计器结果进行积分,

对积分所得的横摆角进行对比。正如所预计的那样，基于模糊估计器的 ψ_{Fuz} 与真实横摆角最接近。在本测试中，基于陀螺传感器信息的 ψ_S 与基于后轴轮速的 ψ_R 偏大得较多，而基于前轴轮速的 ψ_F 则太小。

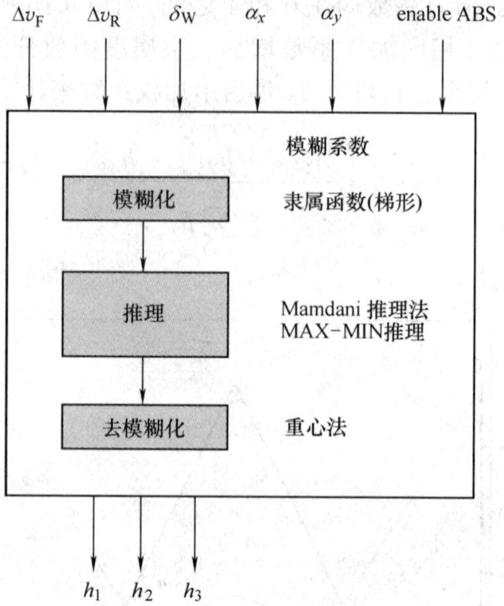

图 9.16　横摆角速度估计时所采用的模糊系统示意图

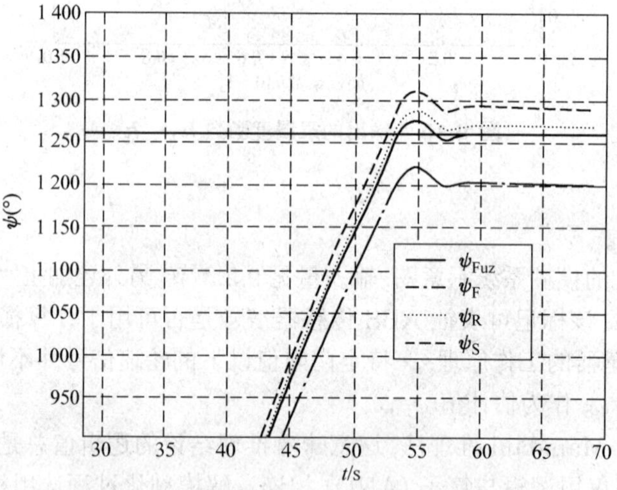

图 9.17　交通环岛行驶中的横摆角计算值

9.3 行驶轨迹再现

车辆行驶轨迹再现可用来验证车速与横摆角速度模糊估计器的效果。本节将推导车辆位置坐标，然后评价模糊估计器的鲁棒性。在某些条件下，若没有卫星定位系统，就十分需要精确的

车辆位置信息 (例如在车辆导航系统中)。

9.3.1 车辆位置坐标

车辆位置可采用递推方法计算。基于原先位置和车辆航向角, 可求得行驶距离增量 $\Delta s(n)$ 和横摆角增量 $\Delta\psi(n)$, 由此可算得新的车辆位置坐标。图 9.18 是车辆作圆周运动时,在时刻 $t=nT_{\mathrm{s}}$ 和 $t=(n+1)T_{\mathrm{s}}$ 间的示意图。基于初始位置 $\underline{x}(n)=\begin{pmatrix} x(n) & y(n)\end{pmatrix}^{\mathrm{T}}$, 可算得 $(n+1)T_{\mathrm{s}}$ 时刻的位置。采用三角函数近似处理, 车辆位置坐标计算公式如下:

$$x(n+1)=x(n)+\Delta s(n)\cos\left(\psi(n)+\frac{\Delta\psi(n)}{2}\right) \tag{9.16}$$

$$y(n+1)=y(n)+\Delta s(n)\sin\left(\psi(n)+\frac{\Delta\psi(n)}{2}\right) \tag{9.17}$$

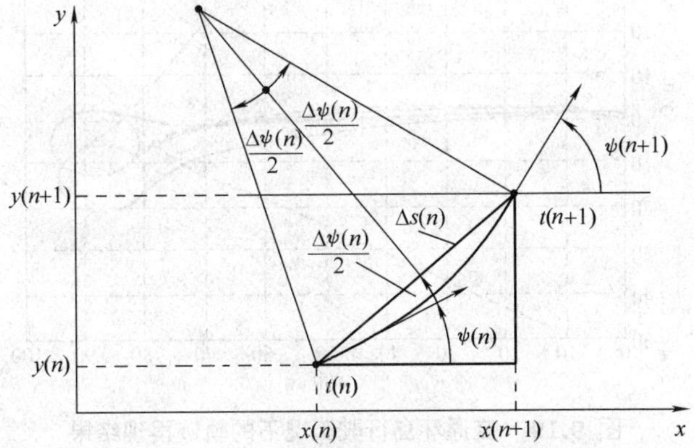

图 9.18 基于三角函数近似的车辆轨迹求解

其中, Δs 和 $\Delta\psi$ 两个变量可由质心速度 v_{G} 和横摆角速度 $\dot{\psi}$ 求得:

$$\Delta s(n)=v_{\mathrm{G}}(n-1)T_{\mathrm{s}} \tag{9.18}$$

$$\Delta\psi(n)=\dot{\psi}(n-1)T_{\mathrm{s}} \tag{9.19}$$

为求得绝对行驶距离 $s(n)$ 和绝对横摆角 $\psi(n)$, 可采用:

$$s(n)=s(n-1)+\Delta s(n) \tag{9.20}$$

$$\psi(n)=\psi(n-1)+\Delta\psi(n) \tag{9.21}$$

式 (9.20) 和式 (9.21) 描述了一个时域离散的积分过程。这意味着, 增量 Δs 和 $\Delta\psi$ 的计算误差会随时间逐渐累积。因此, 轨迹再现时, 精确确定 Δs 和 $\Delta\psi$ 至关重要。根据式 (9.18) 和式 (9.19), 可知 v_{G} 和 $\dot{\psi}$ 的精确确定也同样重要。正因为此, 可用轨迹再现来验证 9.1 节和 9.2 节所设计的模糊估计器。

9.3.2 轨迹再现结果

在交通环岛测试工况中, 计算得到车辆轨迹 (见 9.2.6 节), 如图 9.19 所示*。由图 9.17 知, 实测横摆角与估计值差异都较小。然而, 由图 9.19 可见, 在该环岛工况中, 即使车辆横摆角估计值与实测值偏差很小, 轨迹再现的结果也十分差。若仅选择上述某个横摆角实测值 (ψ_{F}、ψ_{R} 或 ψ_{S}) 用于轨迹再现, 结果都不够准确。基于横摆角信号 ψ_{S}(来自陀螺传感器) 时, 所再现的轨迹只在测试的最终阶段存在较大误差。基于 ψ_{F} 和 ψ_{R} 获得的轨迹, 则与实际车辆轨迹有很大的偏差。在测试工况的全过程中, 只有基于模糊估计器 (ψ_{Fuz}), 重现的行驶轨迹回到初始出发位置, 因此可以精确描述车辆的运动。

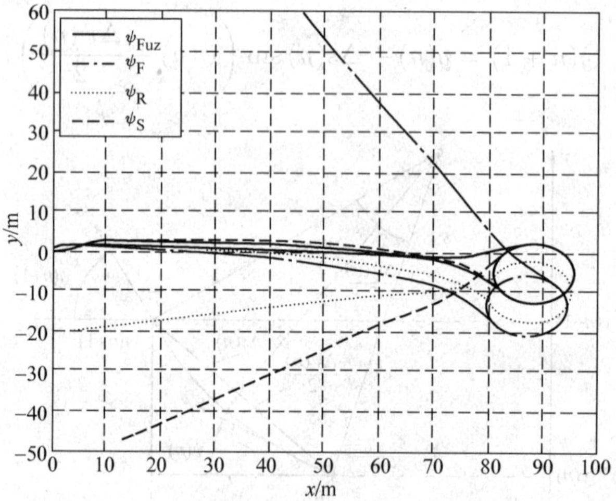

图 9.19 交通环岛行驶工况下的轨迹再现结果

9.3.3 鲁棒性分析

在实际测量中, 传感器误差不可避免。例如, 在测试工况中, 蓄电池电量较低可能会导致 ABS 传感器失效, 转速信号值会大幅下降。下面通过故意引入传感器故障, 来测试模糊系统的鲁棒性。图 9.20~ 图 9.23 给出了该测试工况下的结果。

在图 9.21 中, 每隔 10 s 就故意在左前轮轮速信号中插入一个突降。这会导致基于前轮轮速的横摆角速度估计值 $\dot{\psi}_{\mathrm{F}}$ 失效。由图 9.21 可知, 在测试工况的开始和结束阶段, 轮速出现低于 1 m/s 的情况。

图 9.22 给出了模糊系统的输入值。在交通环岛行驶阶段 (17 s 和 53 s 之间), 大转向角导致较大的侧向加速度。 $\Delta v_{\mathrm{F,err}}$ 信号一直比较接近零值, 而由于传感器信号值下降, 图中可找到每隔 10 s 出现的峰值。

*译者注: 原图将 ψ 误为 $\underline{x}$。

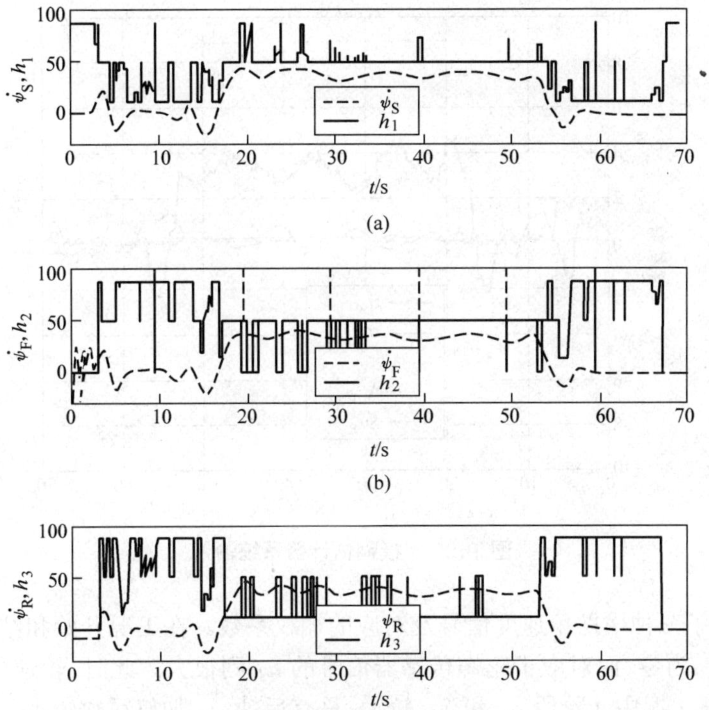

图 9.20　横摆角速度信号及其对应的加权系数 ($\dot{\psi}_F$ 信号错误)

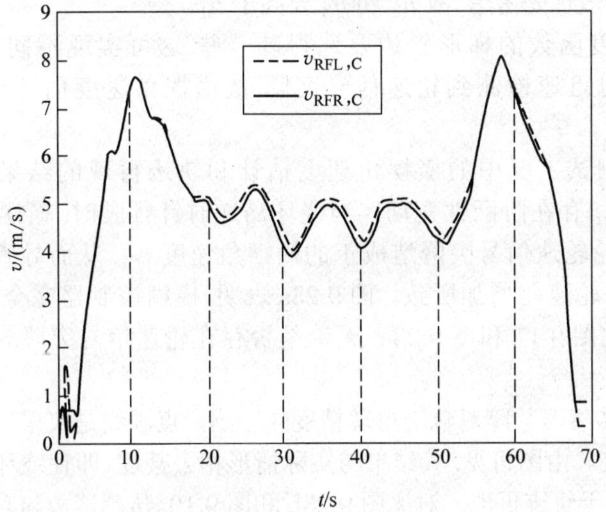

图 9.21　故意添加的 ABS 传感器信号故障误差 (左前轮)

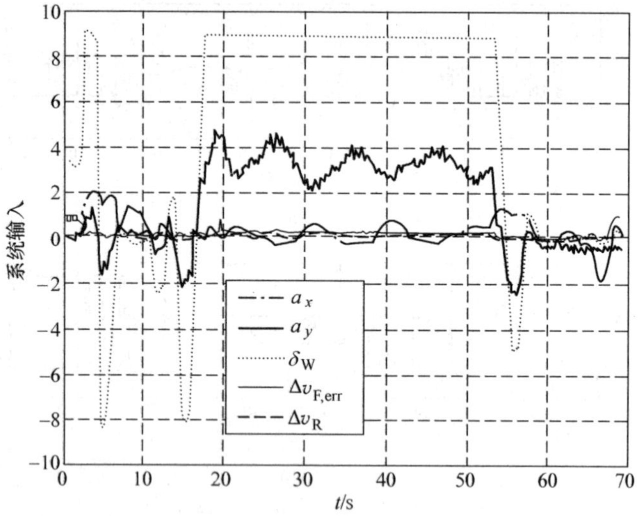

图 9.22　模糊估计器系统输入

图 9.20 给出了三种横摆角速度信号及对应的加权系数。在工况开始和结束阶段, 对应于轮速信号的 h_2 和 h_3 为零, 而对应于陀螺传感器信号的 h_1 则很大。此时, 轮速传感器尚未达到激活门限值。在测试工况中间阶段,a_y 和 δ_W 较大, 只有后轴 $\dot{\psi}_R$ 加权系数较小, 而另外两个估计量 ($\dot{\psi}_S$ 和 $\dot{\psi}_F$) 被定为"中等可靠"。在 t=9 s, 19 s,⋯处出现左前轮轮速信号值突降, 此时对应的 h_2 加权值变为零, 而 h_1 加权值变大。如图 9.20b 所示, 传感器故障造成估计值 $\dot{\psi}_F$ 出现尖峰 (虚线)。转弯工况下, 后轴估计值 $\dot{\psi}_R$ 权值一般要小些, 故传感器信号值下降不会影响 h_3。在绕环岛行驶之前和之后 (即 $3\text{ s} < t < 17\text{ s}$ 与 $53\text{ s} < t < 68\text{ s}$), 车辆直线行驶。此时, 相比于陀螺传感器信号, 转速信号一般优先考虑, 故 h_2 和 h_3 要高于 h_1。

如上所述,隶属度函数的梯形斜边要选得陡一些,这可实现不同行驶工况间的迅速切换。由图 9.20 可见,可迅速检测到轮速信号突降,故横摆角速度估计也可迅速恢复到可靠水平。

图 9.23 给出了测试工况中的横摆角速度估计和轨迹再现的结果*。在图 9.23a 中, 可看到横摆角估计 $\psi_{F,err}$ 存在阶跃性变动。当绕环岛逆时针行驶时, 横摆角为正。在 $t \approx 49$ s 和 $t \approx 59$ s 处, 左前轮轮速信号突降造成正的横摆角速度 $\dot{\psi}_F$, 从而导致 ψ_F 的突然变化。根据式 (9.11), 这是由于轮速差增加所致。图 9.23a 表明, 模糊控制器完全忽略了错误的横摆角速度估计值 $\dot{\psi}_F$。对比图 9.17 和图 9.23a, 无论是否存在轮速信号突降, ψ_{Fuz} 的估计结果几乎一样。

图 9.23b 说明了传感器故障对轨迹再现精度的影响。点画线是仅采用前轴横摆角速度估计值 $\dot{\psi}_F$ 再现的车辆轨迹。由图可见, 其结果与实际情形相去甚远, 即使绕环岛行驶三圈的轨迹也未重合, 故肯定无法用于轨迹再现。对比图 9.23b 和图 9.19, 传感器故障对模糊系统的轨迹再现结果根本没有影响。

*译者注: 原图 9.23(b) 中, 将 ψ 误为 $\underline{x}$。

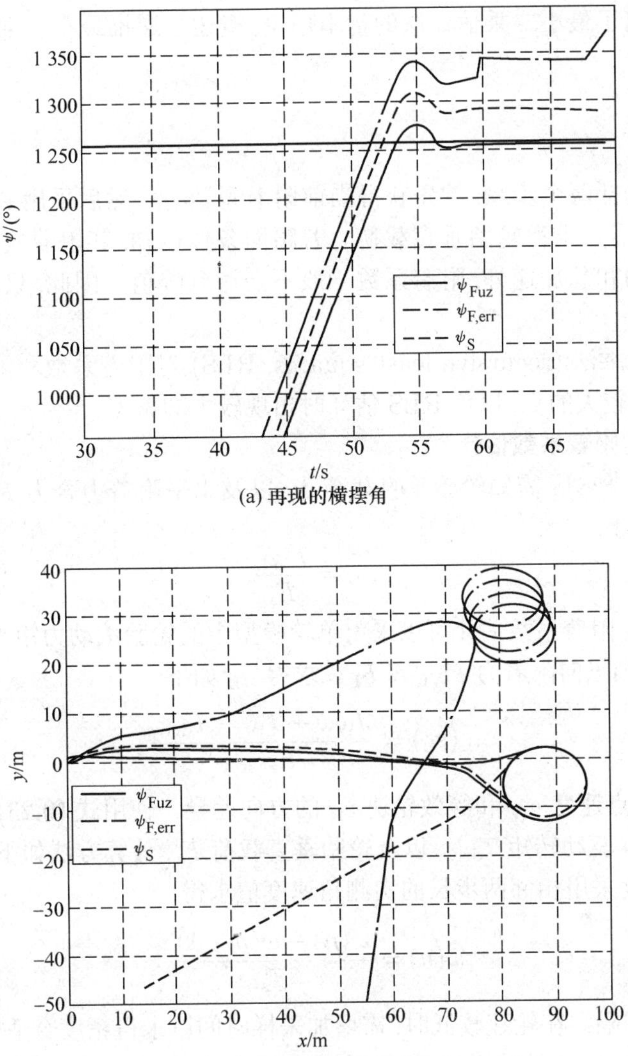

(a) 再现的横摆角

(b) 再现轨迹

图 9.23 横摆角和轨迹再现结果

9.4 车辆参数辨识

采用理论建模方法 (如第 8 章) 建立的所谓“参数化模型”, 能表达系统物理量和参数之间的联系。静态参数可由测量获得, 而另一些参数会随时间变化。因此, 为改进模型精度, 要对其定期估计并更新。推导这些参数时, 要基于实测输入、输出信号, 并使用合适的参数估计方法。根据模型结构、经验知识、对干扰的了解、计算耗时 (在线 / 离线) 以及估计精度要求, 要选用合适的估计方法 [13]。由于计算量相对较小且实时性较好, 此处详细论述最小二乘法。

此处要估计的量包括附着系数、转动惯量、路面坡度以及减振器参数。

附录 A.5 中给出了最小二乘估计法的基本理论, 概述了递推最小二乘算法以及协方差离散平方根滤波方法。

9.4.1 附着特性

附着特性辨识包括两个步骤: 首先获得当前附着系数 μ_{L}, 然后采用 $(\mu_{\mathrm{res}}, s_{\mathrm{res}})$ 来估计完整的附着特性。为此, 需先求得轮胎垂直载荷。若路面条件已知, 其附着极限采用最大附着系数来表征。除紧急制动和急加速外, 附着系数一般不会达到峰值。因此, 只需确定当前有效附着系数。

采用递推最小二乘法 (recursive least squares, RLS) 对附着系数和附着特性进行估计, 数据处理时要剔除误差较大的点, 以免 RLS 估计时出现较大的偏差。

1. 制动时的当前附着系数估计

为估计附着系数 [66,30], 需知轮胎垂直载荷 F_z 以及水平附着力合力 $F_{\mathrm{fric}} = \sqrt{F_{\mathrm{WL}}^2 + F_{\mathrm{WS}}^2}$。纵向附着系数定义如下:

$$\mu_{\mathrm{L}} = \frac{F_{\mathrm{WL}}}{F_z} \tag{9.22}$$

车辆直线行驶时, 附着系数估计可以采用单轮模型中的轮胎滚动力矩平衡方程。此时, 假设轮胎侧偏角 α 为零, 则纵向附着力 $F_{\mathrm{WL}} \approx F_{\mathrm{L}}$。求得 μ_{L} 如下:

$$\mu_{\mathrm{L}}(s_{\mathrm{L}}) = \frac{J_{\mathrm{W}}\dot{\omega} + T_{\mathrm{Br}} - T_{\mathrm{drive}}}{F_z r_{\mathrm{stat}}} \tag{9.23}$$

此处忽略了轮胎接地点速度 v_{W} 和等效轮速 v_{R} 的方向差异。使用式 (9.23) 时, 需知车轮角加速度 $\dot{\omega}$、制动力矩 T_{Br}、驱动转矩 T_{drive} 以及轮胎垂直载荷 F_z, 计算方法如下:

① 车轮角加速度采用相邻两步长的实测角速度值求得,

$$\dot{\omega}(n) = \frac{\omega(n) - \omega(n-1)}{T_{\mathrm{s}}} \tag{9.24}$$

其中 T_{s} 为采样时间间隔。在轮速较低时, 需增加采样时间以求得精度合适的角加速度值。

② 轮胎接地载荷 F_z 的计算详见 9.5.1 节。

③ 驱动转矩 T_{drive} 可由发动机转矩信号 T_{e} 获得, 目前的发动机管理系统一般可提供 T_{e} 信号。此处忽略了传动系动力学效应。

④ 制动力矩 T_{Br} 可从实测制动压力求得。对于电制动器,T_{Br} 可由电动机电流求得, 但当前量产车中还未采用该技术。

基于式 (9.23), 可以估计驱动转矩和制动力矩对附着特性的影响。在干路面上, 制动力矩的影响系数在 10 以上。在冰路面上, 小制动力矩会导致很大的角加速度, 其影响系数也差不多在同一个级别。

采用递推最小二乘法来估计附着系数时, 只有外加力矩 (制动或驱动) 足够大, 估计效果才会好。由于在估计过程中附着系数可能随时间变化, 可采用遗忘因子 (forgetting factor) λ_{RLS} 和附加项 α_{RLS}, 详见附录 A.5.2 节。

规范化的模型方程为

$$y(n) = u(n)a(n) \tag{9.25}$$

对比式 (9.25) 和式 (9.23), 可得

$$y(n)=\frac{J_\mathrm{W}\dot{\omega}+T_\mathrm{Br}-T_\mathrm{drive}}{F_z r_\mathrm{stat}},\quad u(n)=1,\quad a(n)=\mu(n) \tag{9.26}$$

参数估计值 $\hat{a}$ 可根据文献 [55] 求得

$$\hat{a}(n)=\hat{a}(n-1)+k(n)\left[y(n)-u(n)\hat{a}(n-1)\right] \tag{9.27}$$

$$k(n)=\left[\lambda_\mathrm{RLS}+u_n p(n-1)u(n)\right]^{-1}p(n-1)u(n) \tag{9.28}$$

$$p(n)=\frac{1}{\lambda_\mathrm{RLS}}\left[1-k(n)u(n)\right]p(n-1)+\alpha_\mathrm{RLS} \tag{9.29}$$

此处, 选择 λ_RLS 和 α_RLS 如下:

$$\lambda_\mathrm{RLS}=0.9;\quad \alpha_\mathrm{RLS}=1\,000[y(n)-u(n)\hat{a}(n)]^2$$

作为示例, 制动力矩 $T_\mathrm{BrF,R}$ 可根据制动器效能因数 k_BrF 和 k_BrR 以及实测制动压力 $p_\mathrm{BrF,R}$ 求得 [式 (10.1)]

$$\begin{aligned}T_\mathrm{BrF}&=r_\mathrm{stat}k_\mathrm{BrF}p_\mathrm{BrF}\\T_\mathrm{BrR}&=r_\mathrm{stat}k_\mathrm{BrR}p_\mathrm{BrR}\end{aligned} \tag{9.30}$$

式中: $k_\mathrm{Br}/A_\mathrm{Br}$ 的范围在 0.3~0.4 之间。图 9.24 给出了某测试工况下的附着系数估计结果。左前轮路面为湿草地, 右前轮路面为干沥青。在约 200 ms 处, 防抱死制动系统开始减小制动力矩, 左轮出现典型的 ABS 制动控制循环, 而右轮仅出现非常小的滑移率。

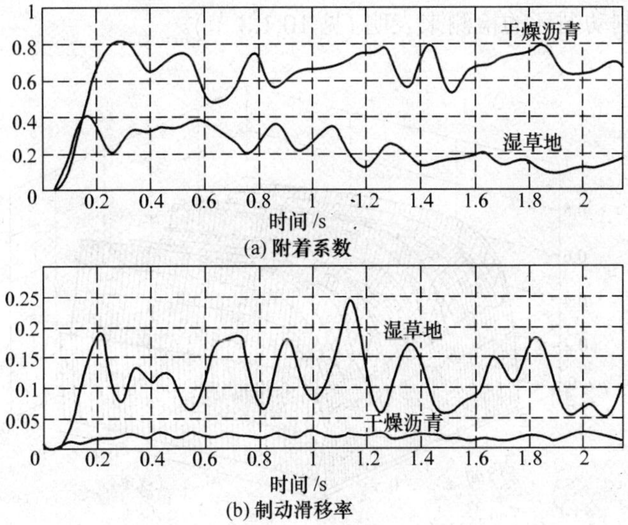

图 9.24 制动工况下的附着系数和制动滑移率估计结果

2. 附着系数 – 滑移率曲线估计

上述方法只能估计到某一时刻下的附着系数, 但一般还希望获得完整的附着系数 – 滑移率变化特性。制动时, 滑移率和附着系数随着 ABS 控制循环不断变化。估计器动力学效应会使估计值存在时间延迟。假设路面条件恒定不变, 由附着特性估计值可求得瞬时 μ 值, 且不存在时间延迟。其中, 峰值附着系数对应的点最为重要。

附着系数 – 滑移率曲线可基于之前估计到的 $(\mu_{\text{res}},\ s_{\text{res}})$ 来获得。参数估计仍采用 RLS 算法, 整理得到的一个线性估计问题如下 [64]:

$$\mu_{\text{res}}(s_{\text{res}}) = \frac{\mu'(0)s_{\text{res}}}{1 + c_1 s_{\text{res}} + c_2 s_{\text{res}}^2} \tag{9.31}$$

估计时, 计算模型采用上式, 而不用式 (8.19) 中的 Burckhardt 模型。其中, 假设所有路面条件下的初始斜率 $\mu'(0)$ 在 30 左右。该值先确定后, 待估计参数的数目为 2。

将上式转换为适于估计的线性模型形式如下:

$$y(n) = \mu'(0)s_{\text{res}}(n) - \mu_{\text{res}}(n) = \begin{pmatrix}\mu_{\text{res}}(n)s_{\text{res}}(n) & \mu_{\text{res}}(0)s_{\text{res}}^2(n)\end{pmatrix}\begin{pmatrix} c_1 \\ c_2 \end{pmatrix} \tag{9.32}$$

参数 c_1 和 c_2 可用递推最小二乘法来推导, 参见式 (A.86)~ 式 (A.88)。

以图 9.24 为例, 估计参数 c_1 和 c_2, 结果如图 9.25 和 9.26 所示。两轮的初始曲线段都是湿沥青路面附着系数曲线。图 9.25 是前轮附着特性曲线估计结果, 由图可见, 制动工况下的估计值比较可靠。图 9.26 是左前轮附着特性曲线估计结果。在约 200 ms 后, 估计到一个较低附着系数峰值, 正对应于湿草地路面。为实现这种估计结果, 要满足两个条件: 激励力矩 T_{Br} 要足够大, 且附着系数达到峰值附近。否则, 就无法获得完整的附着特性曲线。峰值附着系数是否真的达到, 可以用 ABS 制动循环的检测来表明 (见 10.1.3 节)。

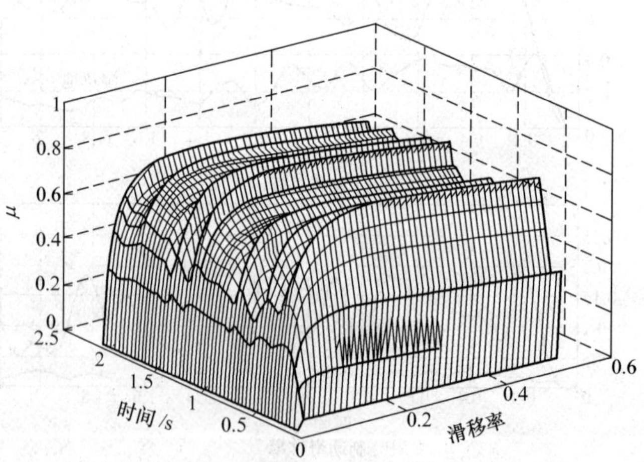

图 9.25　右前轮附着特性估计结果 (干沥青路面)

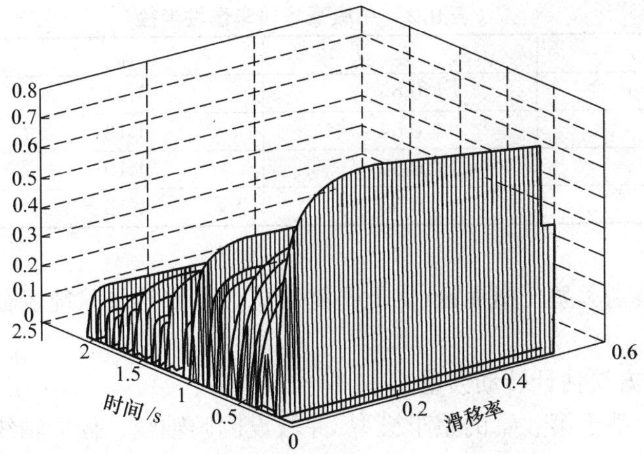

图 9.26 左前轮附着特性估计结果 (湿草地)

9.4.2 转动惯量

车辆平动计算时, 采用质心处的单点质量假设, 可以获得较好的计算结果。车辆转动计算则与相应轴线上的质量分配密切相关。

车辆的转动惯量包括:

J_x——绕侧倾轴线 (纵轴) 的转动惯量;

J_y——绕俯仰轴线 (横轴) 的转动惯量;

J_z——绕横摆轴线 (垂直轴) 的转动惯量。

本书中, 假设只有车身存在侧倾与俯仰运动, 而"非簧载质量" (包括车桥和轮胎等部件) 则没有侧倾与俯仰。此外, 整车还存在绕垂直轴的横摆运动。

1. 转动惯量的推导过程

这些转动惯量值的精确推导过程十分复杂, 当前既没有简便的测量方法, 也没有通用的计算方法 [100]。因此, 转动惯量就成为参数辨识的内容之一。

方法 1: 转动惯量的近似计算

文献 [100] 给出了一种采用所谓的惯性半径 (radii of gyration)$i_{x,y,z}$ 的近似计算方法。针对特定车辆类型和载荷条件, 将 $i_{x,y,z}$ 统计成如表 9.2(针对中级豪华轿车) 所示, 则转动惯量可计算如下。其中,J_x 和 J_y 对应于车身, 而 J_z 对应于整车。

$$
\begin{aligned}
J_x &= (m_{\mathrm{G}} - m_{\mathrm{Un}})i_x^2 \\
J_y &= (m_{\mathrm{G}} - m_{\mathrm{Un}})i_y^2 \\
J_x &= m_{\mathrm{G}} i_z^2
\end{aligned}
\tag{9.33}
$$

式中: m_{G}——整车质量;

m_{Un}——包括车轮和车桥在内的非簧载质量。

在测试车辆中, 前后轴的非簧载质量分别为 80 kg 和 130 kg。

表 9.2　中级豪华轿车惯性半径

m

载荷条件	i_x	i_y	i_z
空载	0.65	1.21	1.20
2 人	0.64	1.13	1.15
4 人	0.60	1.10	1.14
4 人 + 行李	0.56	1.13	1.18

这种方法对同级别车型一概而论, 因此不够准确。计算结果只能表征不同载荷条件下的转动惯量变化。

方法 2: 基于 RLS 方法估计转动惯量

该法推导公式均基于第 8 章的整车模型, 并假设侧倾轴线、俯仰轴线与地面同高。车体侧倾和俯仰运动方程中, 要考虑实际轮胎纵向力和侧向力的影响。

车体侧倾运动示意图如图 9.27 所示, 由此可列出运动方程如下:

$$
\begin{aligned}
J_x\ddot{\varphi} =&(F_{z\mathrm{FL}}-F_{z\mathrm{FR}})\frac{b_\mathrm{F}}{2}+(F_{z\mathrm{RL}}-F_{z\mathrm{RR}})\frac{b_\mathrm{R}}{2}+\\
&(F_{y\mathrm{FL}}+F_{y\mathrm{FR}}+F_{y\mathrm{RL}}+F_{y\mathrm{RR}})(h_\mathrm{G}-h')+m_\mathrm{G}a_yh'
\end{aligned}
\tag{9.34}
$$

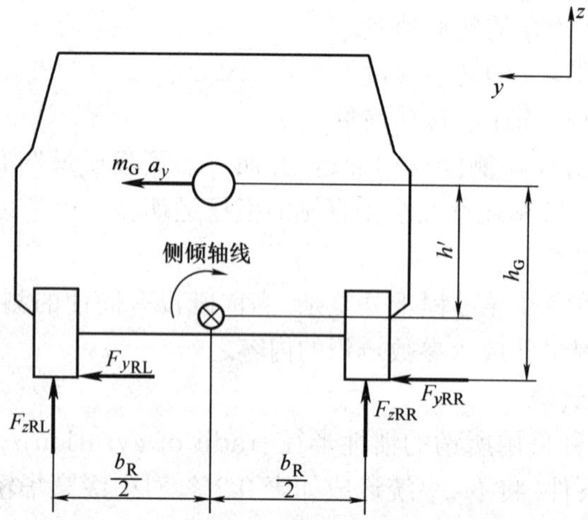

图 9.27　绕侧倾轴线的力矩平衡示意图

类似的, 根据图 9.28 中的俯仰示意图, 考虑实际轮胎纵向力, 可列出的运动方程如下:

$$
\begin{aligned}
J_y\ddot{\chi} =&-(F_{z\mathrm{FL}}+F_{z\mathrm{FR}})l_\mathrm{F}+(F_{z\mathrm{RL}}+F_{z\mathrm{RR}})l_R+\\
&(F_{x\mathrm{FL}}+F_{x\mathrm{FR}}+F_{x\mathrm{RL}}+F_{x\mathrm{RR}})(h_\mathrm{G}-h')-m_\mathrm{G}a_xh'
\end{aligned}
\tag{9.35}
$$

如前所述, 只要质心位于横摆轴线上, 质心的高度对横摆运动力矩平衡方程没有影响。因此, 可直接采用式 (8.52) 所示的横摆运动方程。

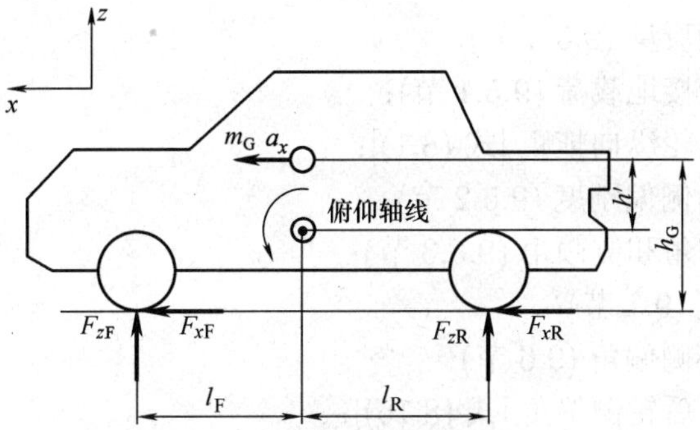

图 9.28 绕俯仰轴线的力矩平衡示意图

$$\begin{aligned}J_z\ddot{\psi} =&(F_{y\mathrm{FR}} + F_{y\mathrm{FL}})(l_\mathrm{F} - n_\mathrm{LF}\cos\delta_\mathrm{W})-\\&(F_{y\mathrm{RR}} + F_{y\mathrm{RL}})(l_\mathrm{R} + n_\mathrm{R}\cos\delta_\mathrm{W})-\\&F_{x\mathrm{FL}}\left(\frac{b_\mathrm{F}}{2} - n_\mathrm{LFL}\sin\delta_\mathrm{W}\right)+\\&F_{x\mathrm{FR}}\left(\frac{b_\mathrm{F}}{2} + n_\mathrm{LFR}\sin\delta_\mathrm{W}\right)+\\&(F_{x\mathrm{RR}} - F_{x\mathrm{RL}})\frac{b_\mathrm{R}}{2}\end{aligned} \tag{9.36}$$

式 (9.34)～ 式 (9.36) 是转动惯量估计器设计的基础。将其写成左侧为可测项 $y(k)$、右侧为参数项 $\underline{\Theta}(k)$ 的形式如下:

$$y(k) = \Psi^\mathrm{T}(k)\underline{\Theta}(k) \tag{9.37}$$

假设已知且恒定的参数如下:

l_F——质心到前轴距离;
l_R——质心到后轴距离;
b_F——前轮距;
b_R——后轮距;
h_G——质心离地高度;
$h_\mathrm{G} - h'$——侧倾轴线和俯仰轴线的离地高度。

可测变量如下;

ω_{ij}——车轮转速;
a_x, a_y——纵向加速度和侧向加速度;
δ_W——车轮转角;
$\dot{\psi}$——横摆角速度;
Δz_{cij}——车体和底盘连接点的相对位移。

所计算或所估计的参数和变量如下:

m_{G}——车辆质量 (9.5.4 节);
F_{zij}——轮胎接地载荷 (9.5.1 节);
$n_{\mathrm{LF}}, n_{\mathrm{LR}}$——前后轮纵向拖距 [式 (8.1)];
c_{ij}——轮胎侧偏刚度 (9.5.2 节);
χ, φ——俯仰角和侧倾角 (9.5.3 节);
v_{G}——车速 (9.1 节);
β——质心侧偏角 (9.6 节);
$\alpha_{\mathrm{F}}, \alpha_{\mathrm{R}}$——前、后轮侧偏角 [式 (8.16)];
$v_{\mathrm{R}ij}$——等效轮速 (8.3.6 节);
$v_{\mathrm{W}ij}$——轮胎接地点速度 [式 (8.8)];
$s_{\mathrm{L}ij}, s_{\mathrm{S}ij}$——纵向和侧向滑移率 [式 (8.9)];
μ_{res}——附着系数 (9.4.1 节);
F_{xij}, F_{yij}——轮胎纵向力和侧向力 (8.3.4 节);

根据角速度, 角加速度由数值微分求得。除 8.3.4 节中 F_{xij}、 F_{yij} 的计算方法外, 轮胎力的纵向合力和侧向合力也可分别根据纵向和侧向加速度来计算。由上可得三个估计器方程分别如下:

$$\underbrace{(F_{z\mathrm{FL}} - F_{z\mathrm{FR}})\frac{b_{\mathrm{F}}}{2} + (F_{z\mathrm{RL}} - F_{z\mathrm{RR}})\frac{b_{\mathrm{R}}}{2} + \left(\sum_{i=\mathrm{FL}}^{\mathrm{RR}} F_{yi}\right)(h_{\mathrm{G}} - h')}_{y(k)} = \underbrace{(\ddot{\varphi} - a_y)}_{\underline{\Psi}^{\mathrm{T}}(k)} \underbrace{\begin{pmatrix} J_x \\ m_G h' \end{pmatrix}}_{\Theta(k)} - \tag{9.38}$$

$$\underbrace{(F_{z\mathrm{FL}} + F_{z\mathrm{FR}})l_{\mathrm{F}} + (F_{z\mathrm{RL}} + F_{z\mathrm{RR}})l_{\mathrm{R}} + \left(\sum_{i=\mathrm{FL}}^{\mathrm{RR}} F_{xi}\right)(h_{\mathrm{G}} - h')}_{y(k)} = \underbrace{(\ddot{\chi} - a_x)}_{\underline{\Psi}^{\mathrm{T}}(k)} \underbrace{\begin{pmatrix} J_y \\ m_{\mathrm{G}} h' \end{pmatrix}}_{\underline{\Theta}(k)} \tag{9.39}$$

$$\underbrace{\begin{aligned}&(F_{y\mathrm{FR}} + F_{y\mathrm{FL}})(l_{\mathrm{F}} - n_{\mathrm{LF}}\cos\delta_{\mathrm{W}}) - (F_{y\mathrm{RR}} + F_{y\mathrm{RL}})(l_{\mathrm{R}} + n_{\mathrm{LR}}\cos\delta_{\mathrm{W}}) + \\ &F_{x\mathrm{FR}}\left(\frac{b_{\mathrm{F}}}{2} + n_{\mathrm{LFR}}\sin\delta_{\mathrm{W}}\right) - F_{x\mathrm{FL}}\left(\frac{b_{\mathrm{F}}}{2} - n_{\mathrm{LFL}}\sin\delta_{\mathrm{W}}\right)\end{aligned}}_{y(k)} = \underbrace{\left(\ddot{\psi} - \frac{F_{x\mathrm{RR}} - F_{x\mathrm{RL}}}{2}\right)}_{\underline{\Psi}^{\mathrm{T}}(k)} \underbrace{\begin{pmatrix} J_z \\ b_{\mathrm{R}} \end{pmatrix}}_{\underline{\Theta}(k)} \tag{9.40}$$

式 (9.40) 为横摆转动惯量估计式, 但其中也估计后轴轮距 b_R。由于 b_R 已知, 通过比较 b_R 的估计值与实测值, 可表征转动惯量估计效果的好坏。

2. 转动惯量估计结果

系统辨识时, 只有激励输入足够大时, 方有可能获得满意的辨识结果 [76]。因此, 需要针对三个转动惯量的辨识来选择合适的行驶工况。比较载客 2 人和载客 5 人这两种不同载荷条件下的估计结果, 可观察估计器是否能检测到转动惯量的变化。估计结果如图 9.29 和图 9.30 所示, 每图都包括两个工况的结果, 且标上了相应的参考值。

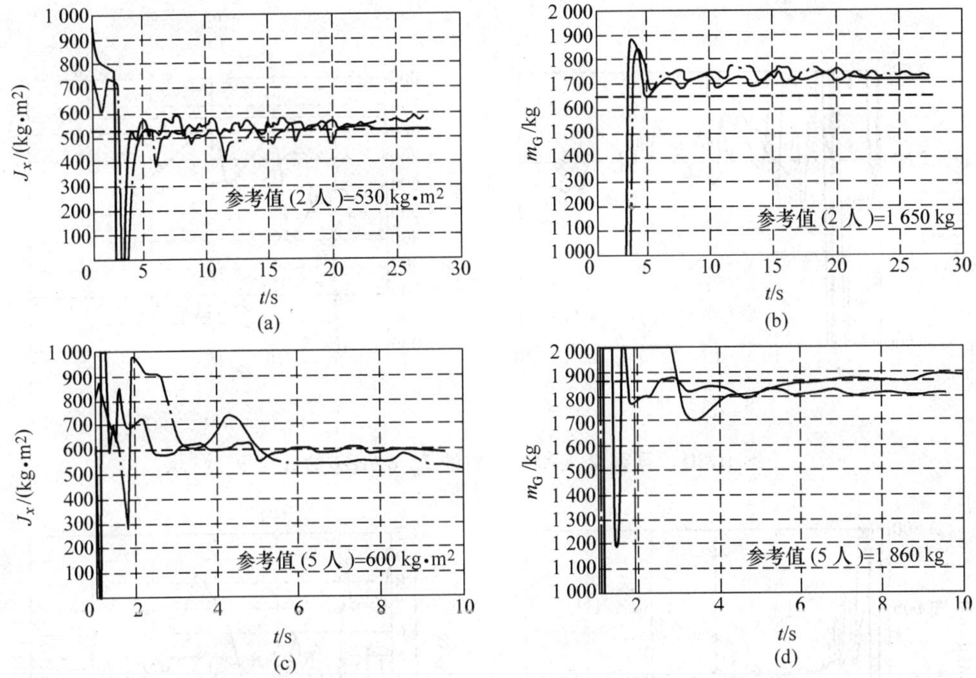

图 9.29 载客 2 人和 5 人时的 J_x 与 m_G 估计结果

如式 (9.38) 和式 (9.39) 所示, 待估计项包括 $m_G h'$ 项、 J_x 与 J_y。若 h' 已知且恒定, 可求得 m_G 估计值。

由图可知, 虽然 J_x 逐渐趋近于参考值, J_y 则在参考值上下出现十分大的波动 (图 9.30), 这表明所选工况可用于精确估计 J_x。但是, 车辆质量 m_G 估计值和 J_y 估计值也都在期望范围内。尽管如此, 本方法并不容易实现对载荷条件的检测 (例如本例中载客 2 人与 5 人的区别并不明显)。载客人数变化时,J_y 估计值仅从原先 2 300 $\mathrm{kg \cdot m^2}$ 变为 2 500 $\mathrm{kg \cdot m^2}$, 变化幅度只在 10% 以内。这是因为, 相对于侧倾和横摆运动, 俯仰激励输入较小, 其对应的 RLS 估计器所受激励不足, 从而估计结果出现了不必要的瞬态波动。

图 9.31 给出了转动惯量 J_z 的估计结果。根据式 (9.40), 待辨识参数包括后轮距 b_R 和转动惯量 J_z, 其中 b_R 的参考值为 1.4 m。本质上, 其估计结果与 J_x、 J_y 的估计结果相类似, 估计值与参考值的大小也差不多。

对 J_x、 J_y、 J_z 的估计结果可总结如下:

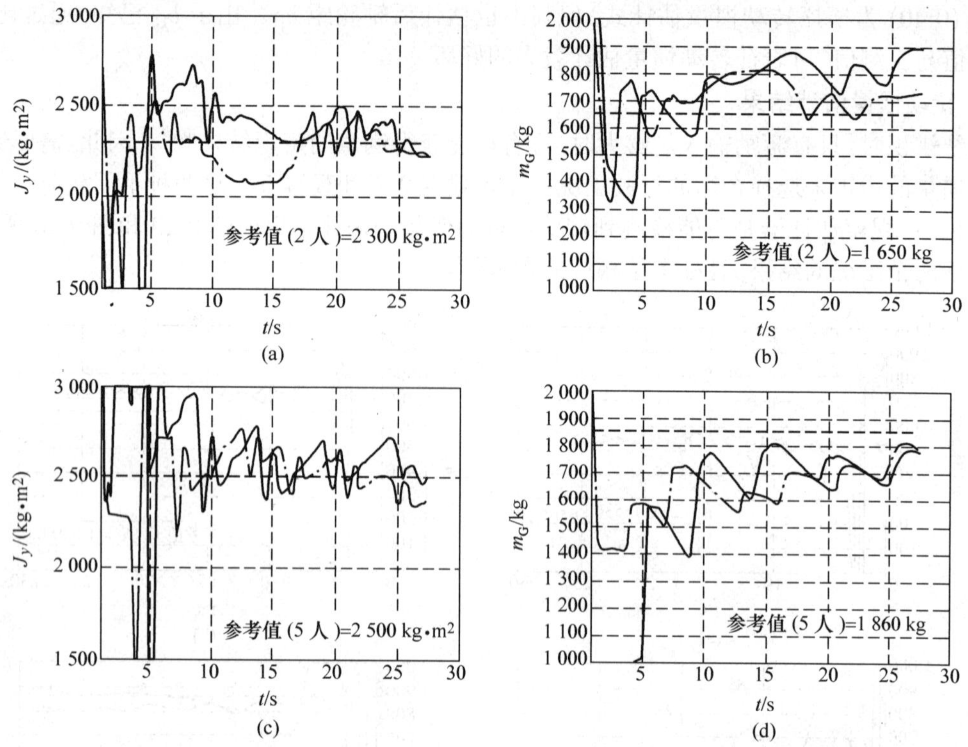

图 9.30　载客 2 人和 5 人时的 J_y 与 m_G 估计结果

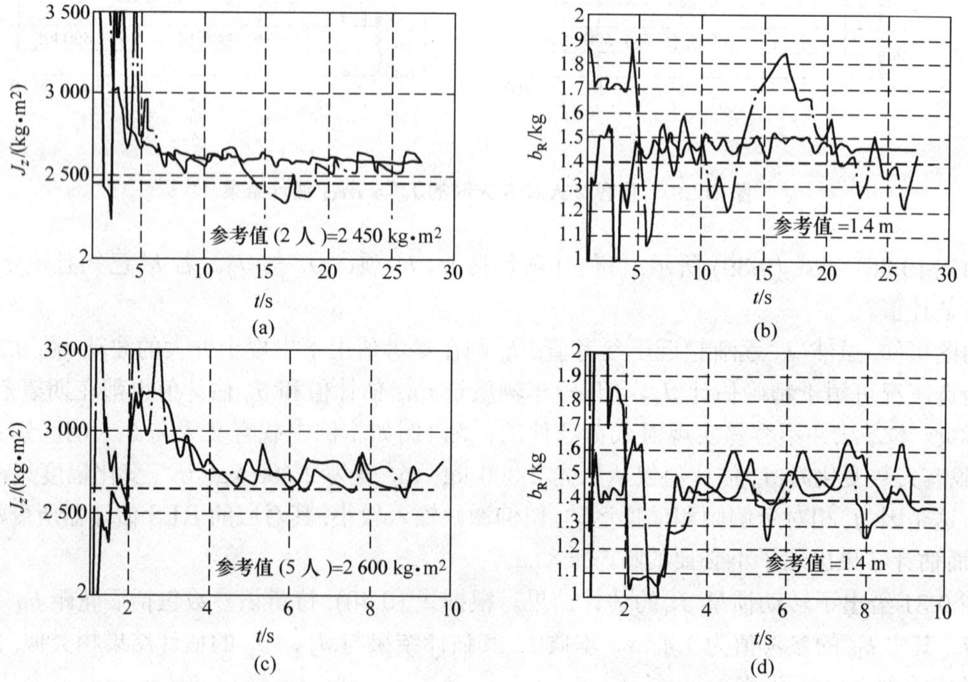

图 9.31　载客 2 人和 5 人时的 J_z 与 b_R 估计结果

① 估计时所需的轮胎力可由轮胎接地载荷和轮胎模型求得。

② 转动惯量与载荷条件相关, 其变化量在 10% 以内, 这使得根据转动惯量变化来精确检测载荷条件变得十分困难。另一方面, 这说明在不同载荷条件下, 在保证合理精度的前提下, 可使用同一转动惯量值。

③ 车辆质量 m_{G} 可由 $m_{\mathrm{G}}h'$ 项估计而得, 此处假设 h' 已知且恒定。由于未考虑载荷变化对 h' 的影响, m_{G} 估计值会变得不准确。但是, 若测试前先单独测得 m_{G}, 可反推得到 h' 值。

9.4.3 减振器特性

由于减振器特性对整车性能的重要影响, 近几年, 悬架系统设计得到了重视 [37]。此外, 以减小轮胎动态接地载荷为目标的主动或半主动悬架控制算法, 也引起了研究者的兴趣 [16,64,14]。但是, 许多研究均只在实验室条件进行, 此时减振器特性均作为已知条件。

减振器特性的可靠估计是新型悬架控制器设计的基础。本节将基于 8.4.3 节的非线性悬架模型来估计参数 $d_{\mathrm{U,l}}$ 和 $d_{\mathrm{U,nl}}$。

整理式 (8.69) 可得

$$(\Delta z_{\mathrm{W}ij} - \Delta z_{\mathrm{C}ij}) = -\frac{d_{\mathrm{U,l}}}{k_{\mathrm{U}}}(\dot{z}_{\mathrm{W}ij} - \dot{z}_{\mathrm{C}ij}) - \frac{d_{\mathrm{U,nl}}}{k_{\mathrm{U}}}\sqrt{|\dot{z}_{\mathrm{W}ij} - \dot{z}_{\mathrm{C}ij}|}\,\mathrm{sign}(\dot{z}_{\mathrm{W}ij} - \dot{z}_{\mathrm{C}ij}) + \frac{m_{\mathrm{q}}}{k_{\mathrm{U}}}\ddot{z}_{\mathrm{C}ij} \quad (9.41)$$

设可测变量为 $y(t) = \Delta z_{\mathrm{W}ij}(t) - \Delta z_{\mathrm{C}ij}(t)$, 写成线性 RLS 估计问题的一般形式为

$$y(k) = a_1\dot{y}(k) + a_2\sqrt{|\dot{y}(k)|}\,\mathrm{sign}(\dot{y}(k)) + b_0u(k) = \underline{\varPsi}^{\mathrm{T}}(k)\underline{\varTheta} \quad (9.42)$$

观测向量为

$$\underline{\varPsi}(k) = \begin{pmatrix} -\dot{y}(k) & \sqrt{|\dot{y}(k)|}\,\mathrm{sign}(\dot{y}(k)) & u(k) \end{pmatrix}^{\mathrm{T}} \quad (9.43)$$

待估计向量为

$$\underline{\varTheta} = \begin{pmatrix} a_1 & a_2 & b_0 \end{pmatrix}^{\mathrm{T}} = \begin{pmatrix} -\frac{d_{\mathrm{U,l}}}{k_{\mathrm{U}}} & \frac{d_{\mathrm{U,nl}}}{k_{\mathrm{U}}} & \frac{m_{\mathrm{q}}}{k_{\mathrm{U}}} \end{pmatrix}^{\mathrm{T}} \quad (9.44)$$

图 9.32 给出了减振器特性的估计结果。在车轮上跳时 ($\dot{z}_{\mathrm{C}} - \dot{z}_{\mathrm{W}} < 0$), 阻尼力估计值偏高; 而车轮下跳时 ($\dot{z}_{\mathrm{C}} - \dot{z}_{\mathrm{W}} > 0$), 估计值非常准确。文献 [79] 给出了改善数值微分的其他方法。

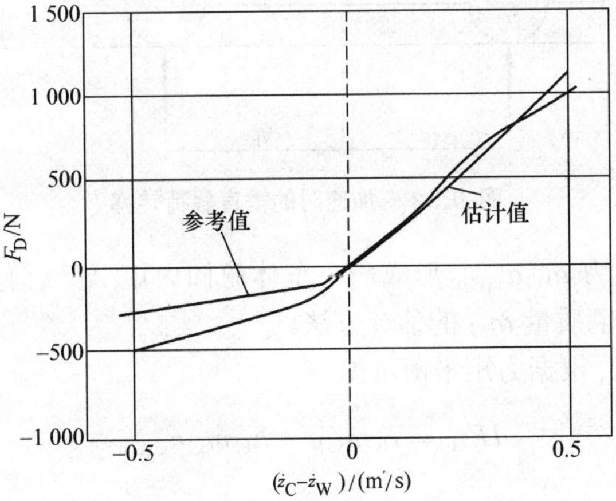

图 9.32 阻尼力 F_{D} 与相对速度 $\dot{z}_{\mathrm{C}}$-$\dot{z}_{\mathrm{W}}$ 的关系

9.5 车辆参数近似估计

由于直接测试非常困难, 轮胎作用力的估计是车辆参数辨识的重要内容之一。纵向力 F_x 和侧向力 F_y 可以用纵向附着系数 μ_{L}、侧向附着系数 μ_{S} 以及轮胎接地载荷 F_{zij} 计算得到 (见 8.3.4 节)。

9.6 节设计的质心侧偏角观测器直接或间接地将轮胎作用力作为输入, 该观测器也估计一些可测的变量。若这些可测变量的估计效果很好, 则可认为用于观测器设计的轮胎作用力也足够精确。在 9.6 节中, 非线性双轨模型中的 v_{G}、β 以及 $\dot{\psi}$ 作为待观测变量, 其中 v_{G} 和 $\dot{\psi}$ 同时也是可测变量, 故可将其观测值与测量值进行对比, 评价观测器效果。

9.5.1 轮胎接地载荷计算

本节引入两个新的加速度信号 $a_{x,\mathrm{Ch}}$ 和 $a_{y,\mathrm{Ch}}$, 用于表示车体的惯性加速度。若车辆加速, 其纵向加速度向量方向朝正前方; 此时, 车体将向后加速, 轮胎垂直载荷将向后转移。因此,$a_{x,\mathrm{Ch}}$ 和 $a_{y,\mathrm{Ch}}$ 的方向与相应的车辆纵向、侧向加速度相反。

$$a_{x,\mathrm{Ch}} = -a_x \tag{9.45}$$

$$a_{y,\mathrm{Ch}} = -a_y \tag{9.46}$$

若忽略侧倾与俯仰运动间的耦合 [21], 可以分别求得纵向和侧向惯性加速度对各轮处的车体垂直作用力 $F_{z\mathrm{C}ij}$ 的影响。忽略悬架动力学特性, 轮胎接地载荷 F_z 与车体垂直作用力 $F_{z\mathrm{C}}$ 相等, 则加速时前、后轮胎接地载荷求解如图 9.33 所示。

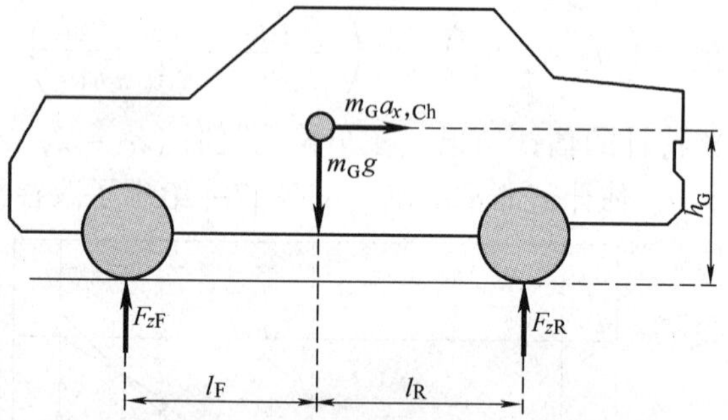

图 9.33　加速时的垂直载荷转移

加速时, 质心处惯性力 $m_{\mathrm{G}}a_{x,\mathrm{Ch}}$ 形成一个车体俯仰力矩, 导致前轮载荷减小, 后轮载荷增加。9.5.4 节中将讨论车辆质量 m_G 的估计方法。

以后轴接地点为中心, 根据力矩平衡可得

$$lF_{z\mathrm{F}} = l_{\mathrm{R}}m_{\mathrm{G}}g - h_{\mathrm{G}}m_{\mathrm{G}}a_{x,\mathrm{Ch}} \tag{9.47}$$

则有

$$F_{z\mathrm{F}} = m_{\mathrm{G}}\left(\frac{l_{\mathrm{R}}}{l}g - \frac{h_{\mathrm{G}}}{l}a_{x,\mathrm{Ch}}\right) \tag{9.48}$$

如图 9.34 所示, 转弯时将会产生侧倾力矩, 该力矩在前、后轴上的分配比例跟前、后载荷分配有关。

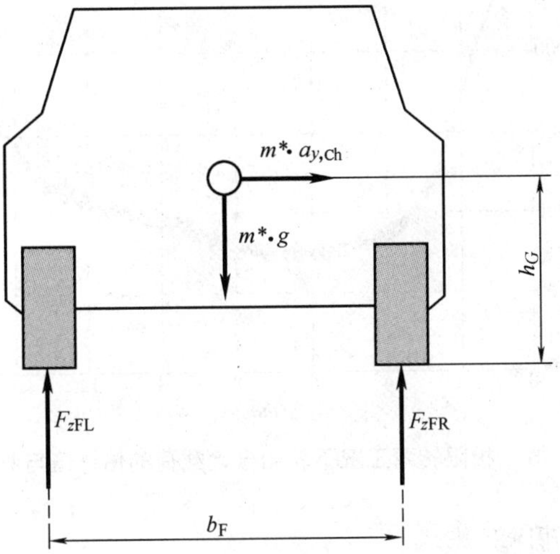

图 9.34 转弯时的垂直载荷转移

假设前后轴不存在耦合, 则前轴等效质量 m^* 为

$$m^* = \frac{F_{z\mathrm{F}}}{g} \tag{9.49}$$

根据力矩平衡可得

$$F_{z\mathrm{FR}} b_\mathrm{F} = F_{z\mathrm{F}} \frac{b_\mathrm{F}}{2} + m^* a_{y,\mathrm{Ch}} h_\mathrm{G} \tag{9.50}$$

将式 (9.49) 中的等效质量、式 (9.48) 中的 $F_{z\mathrm{F}}$ 代入上式, 求得右前轮轮胎接地载荷 $F_{z\mathrm{FR}}$ [式 (9.52)]。类似的, 也可求得其他三轮接地载荷。

$$F_{z\mathrm{FL}} = m_\mathrm{G} \left(\frac{l_\mathrm{R}}{l} g - \frac{h_\mathrm{G}}{l} a_{x,\mathrm{Ch}} \right) \left(\frac{1}{2} - \frac{h_\mathrm{G} a_{y,\mathrm{Ch}}}{b_\mathrm{F} g} \right) \tag{9.51}$$

$$F_{z\mathrm{FR}} = m_\mathrm{G} \left(\frac{l_\mathrm{R}}{l} g - \frac{h_\mathrm{G}}{l} a_{x,\mathrm{Ch}} \right) \left(\frac{1}{2} + \frac{h_\mathrm{G} a_{y,\mathrm{Ch}}}{b_\mathrm{F} g} \right) \tag{9.52}$$

$$F_{z\mathrm{RL}} = m_\mathrm{G} \left(\frac{l_\mathrm{F}}{l} g + \frac{h_\mathrm{G}}{l} a_{x,\mathrm{Ch}} \right) \left(\frac{1}{2} - \frac{h_\mathrm{G} a_{y,\mathrm{Ch}}}{b_\mathrm{R} g} \right) \tag{9.53}$$

$$F_{z\mathrm{RR}} = m_\mathrm{G} \left(\frac{l_\mathrm{F}}{l} g + \frac{h_\mathrm{G}}{l} a_{x,\mathrm{Ch}} \right) \left(\frac{1}{2} + \frac{h_\mathrm{G} a_{y,\mathrm{Ch}}}{b_\mathrm{R} g} \right) \tag{9.54}$$

图 9.35 给出了某急转弯工况下轮胎接地载荷测量值与近似估计值的结果对比。由图可见, 上述方法十分简单, 但计算也较准确。

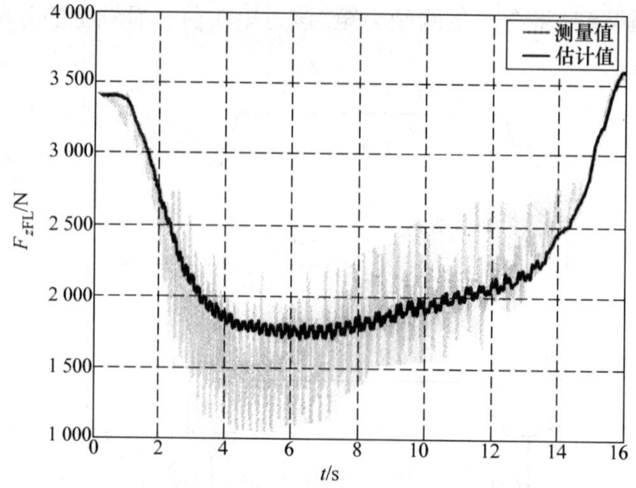

图 9.35 极限转弯工况下轮胎接地载荷的估计值与测量值

9.5.2 轮胎侧偏刚度调整

8.4.4 节中, 假设轮胎侧偏力 F_{Sij} 与侧偏角 α_{ij} 间为线性关系。如式 (8.81) 所示, 轮胎侧偏特性如同一个弹簧模型, 弹簧位移量相当于轮胎侧偏角, 弹簧刚度就相当于轮胎侧偏刚度 c_{ij}。

$$F_{Sij} = c_{ij}\alpha_{ij} \tag{9.55}$$

然而, 当侧向加速度大于 4 m/s^2 时, 轮胎侧偏角较大, 式 (8.81) 中的线性假设就不再精确。此时, 胡克定律 (Hooke's law) 不再成立, 而轮胎侧偏刚度开始随时间变化。

$$F_{Sij}(t) = c_{ij}(t)\,\alpha_{ij}(t) \tag{9.56}$$

测量得到的轮胎侧偏力特性如图 9.36 中的实线所示, 侧偏力与垂直载荷 F_z 有关。初始侧偏刚度即为直线斜率。由图可知, 线性假设仅在小侧偏角范围有足够精度, 对于更大的侧偏角, 线性侧偏刚度假设不再适用。为改善式 (9.55) 的精度, 可相应调整式中的侧偏刚度 c_{ij}。现采用如下方法来近似求取非线性侧偏力 $F_{Sij}(\alpha_{ij}, F_{zij})$:

$$F_{Sij} = k_{\mathrm{red},ij}\left(k_1 - \frac{F_{zij}}{k_2}\right)F_{zij}\arctan\left(k_3\alpha_{ij}\right) \tag{9.57}$$

式中: 修正系数 $k_{\mathrm{red},ij}$[式 (8.29)*] 可考虑更实际的附着系数值。

式 (9.57) 可考虑变化的 F_{zij}(见 9.5.1 节) 对轮胎侧偏力的影响, 其中轮胎侧偏角用式 (8.16) 计算。对照图 9.36 中的虚线, 当 k_1=1、 k_2=14 000 以及 k_3=0.36 时, 该法计算结果如图 9.36 中的虚线所示。对于不同轮胎, 应使用不同的 k_1、 k_2、 k_3 参数 [48]。根据式 (9.57) 中的 F_{Sij}, 可重新计算每一步长中的轮胎侧偏刚度。

$$c_{ij}(t_k) = \frac{F_{Sij}(t_k)}{\alpha_{ij}(t_k)} \tag{9.58}$$

*译者注: 原版将“式 8.29”误为“式 8.31”。

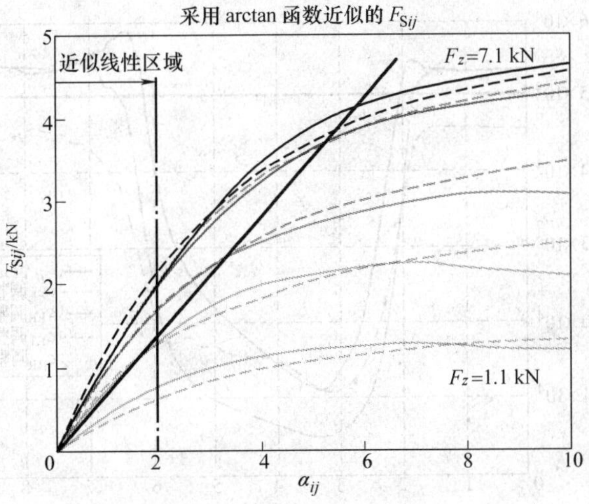

图 9.36　轮胎侧偏力特性曲线

侧偏刚度的调整过程如图 9.37 所示, 需验证其有效性。质心侧偏角 β 是车辆侧向动力学中的关键变量, 因此 β 的观测精度 (见 9.6 节) 可用于检验轮胎侧偏刚度调整方法的有效性。

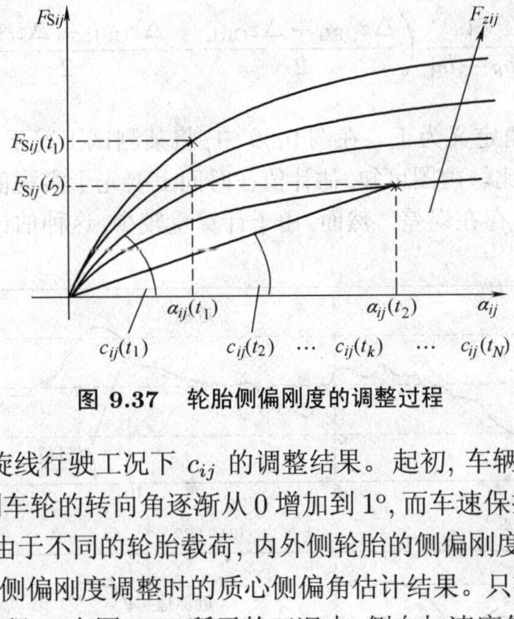

图 9.37　轮胎侧偏刚度的调整过程

图 9.38 给出了某回旋线行驶工况下 c_{ij} 的调整结果。起初, 车辆以 50 m/s 车速直行。从 t=0 s 开始, 驾驶员施加到车轮的转向角逐渐从 0 增加到 1°, 而车速保持不变。之后, 车辆开始静态圆周运动。由图可见, 由于不同的轮胎载荷, 内外侧轮胎的侧偏刚度间存在较大偏差。 图 9.43 对比了采用和不采用侧偏刚度调整时的质心侧偏角估计结果。只有采用侧偏刚度调整时, 才能精确描述 β 值的瞬态过程。 在图 9.38 所示的工况中, 侧向加速度值在 5~9 m/s^2 范围内。

9.5.3　俯仰角与侧倾角估计

χ 和 φ 角可以用各车轮对应的底盘 – 车体连接点的相对位移 Δz_{C} 来计算。在该简化算法中, 忽略了路面不平度的影响。

$$\hat{\chi} = \frac{1}{l}\left(\frac{\Delta z_{\mathrm{CRL}} + \Delta z_{\mathrm{CRR}}}{2} - \frac{\Delta z_{\mathrm{CFL}} + \Delta z_{\mathrm{CFR}}}{2}\right) \tag{9.59}$$

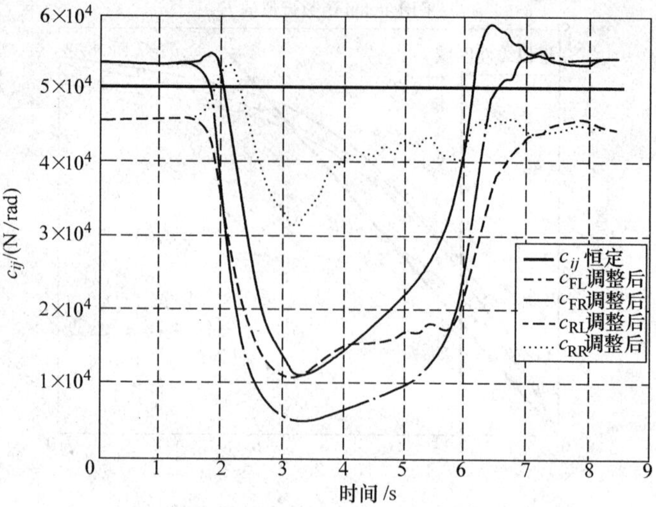

图 9.38 回旋线行驶工况中的侧偏刚度变化情况

当车体前低后高时，俯仰角定义为正。

$$\hat{\varphi} = \frac{1}{b_{\mathrm{F}} + b_{\mathrm{R}}} \left(\frac{\Delta z_{\mathrm{CFL}} + \Delta z_{\mathrm{CRL}}}{2} - \frac{\Delta z_{\mathrm{CFR}} + \Delta z_{\mathrm{CRR}}}{2} \right) \tag{9.60}$$

当车体左高右低时，侧倾角定义为正。在图 9.39 中，将某测试工况下的俯仰角、侧倾角测量值与其相应估计值进行了对比。由图可知，估计值在时间上要先于实测值，而且幅值也不准确。这主要是因为输入信号 Δz_{C} 存在误差。然而，由于计算量较少，这种估计算法的结果仍可接受。

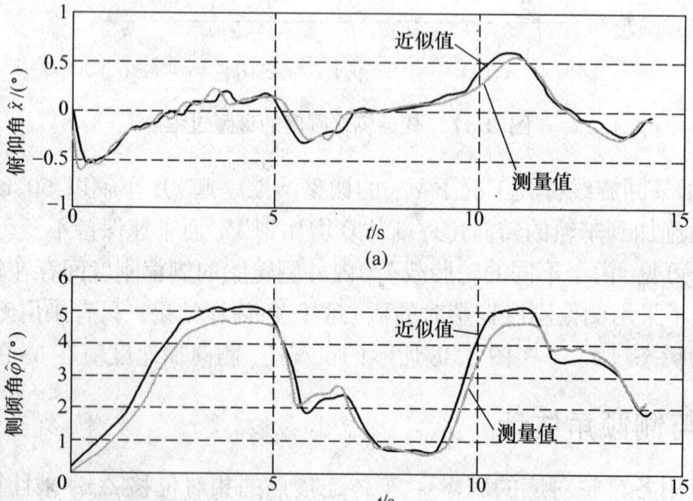

图 9.39 俯仰角和侧倾角的估计值与测量值比较

9.5.4 车辆质量的估计

在行驶过程中 m_{G} 变化较小, 因此无需持续估计, 而只针对不同行驶条件进行估计。估计时, 可用力平衡的方法。下面将分析 m_{G} 的估计误差, 并选择在合适的测试工况。

采用力平衡法时, 应考虑包括空调、收音机等在内的所有功率负载对最大驱动力矩的影响。为此, 只在发动机输出高转矩时的行驶工况下进行估计。此时, 由辅助设备占用的发动机输出只占一小部分。根据力平衡, 可得:

$$F_{\mathrm{Acc}} = f_{\mathrm{mass}} m_{\mathrm{G}} \dot{v}_{\mathrm{G}} = F_{\mathrm{drive}} - F_{\mathrm{wind}x} - F_{\mathrm{R}} - F_{\mathrm{G}} \tag{9.61}$$

式中: 滚动阻力根据式 (8.50) 计算, 而风阻近似如下*

$$F_{\mathrm{wind}x} = c_{\mathrm{air}} A_{\mathrm{L}} \frac{\rho_0}{2} v_{\mathrm{G}}^2 \tag{9.62}$$

重力阻力分量 F_{G} 计算如下:

$$F_{\mathrm{G}} = m_{\mathrm{G}} g \sin \chi_{\mathrm{road}} \tag{9.63}$$

将发动机输出转矩转化为驱动力时, 要考虑变速器和主减速器速比以及轮胎静态滚动半径。

$$F_{\mathrm{drive}} = \frac{T_{\mathrm{e}}}{r_{\mathrm{stat}}} i_{\mathrm{gear}} i_{\mathrm{diff}} \tag{9.64}$$

此处忽略了传动系的动态效应。加速力 F_{acc} 并不是 m_{G} 与加速度 $\dot{v}_{\mathrm{G}}$ 的简单乘积, 还要增加 f_{mass} 来考虑旋转质量的加速效应。根据文献 [84], 可得

$$f_{\mathrm{mass}} = 1 + \frac{4J_{\mathrm{w}} + i_{\mathrm{diff}}^2 \left(J_{\mathrm{DT}} + i_{\mathrm{gear}}^2 J_{\mathrm{crank}}\right)}{m_{\mathrm{G}} r_{\mathrm{stat}}^2} = 1 + \frac{f_{\mathrm{comp}}}{m_{\mathrm{G}}} \tag{9.65}$$

综上所述, 车辆质量 m_{G} 估计方程如下:

$$m_{\mathrm{G}} = \frac{F_{\mathrm{drive}} - F_{\mathrm{wind}} x\left(v_{\mathrm{G}}\right) - F_{\mathrm{R}}\left(v_{\mathrm{G}}\right) - f_{\mathrm{comp}} \dot{v}_{\mathrm{G}}}{f_{\mathrm{mass}} \dot{v}_{\mathrm{G}} + g \chi_{\mathrm{road}}} \tag{9.66}$$

上式输入值包括车速 v_{G}、路面坡度角 χ_{road}、传动系传动比 i_{gear} 和 i_{diff} 以及发动机转矩 T_{e}。若 T_{e} 可知, 当车辆直行时, 进行 m_{G} 估计。对某些车辆, 自动变速器的液力变矩器会引起额外的能量损耗。为消除变矩器的影响, 只有在其旁通离合器关闭时才进行 m_{G} 估计。此外, 行驶中节气门角度要缓慢变化, 以避免工况动态变化对发动机 Map 图的影响。现代发动机管理系统一般可提供一个近似的 T_{e} 信号。

图 9.40 给出了某公路行驶工况中的 m_{G} 估计结果。估计值 (虚线) 在约 1 min 后趋近于实测值。在测试初期, 估计值仍有较大偏差。该初始偏差是由于加速和制动时的加速度传感器系统误差引起。从 $t \approx 50$ s 之后, 车速仅小幅度变动, 此阶段中估计误差较小。在本例中, 估计值为 1 400 kg(实际值为 1 420 kg, 相对误差在 2%以下)。

---

*译者注: 原书中, 式 (9.62) 误为: $F_{\mathrm{wind}x} = c_{\mathrm{air}} A_{\mathrm{L}} \frac{\rho_0}{2} v_{\mathrm{G}}$。

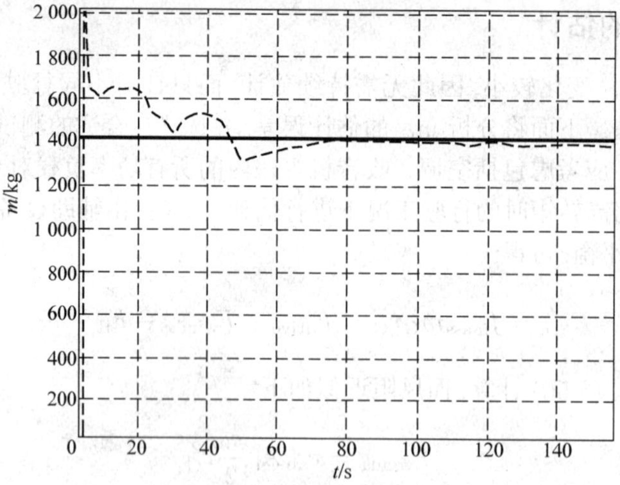

图 9.40 车辆质量估计结果

9.6 质心侧偏角观测器

9.6.1 非线性观测器基本理论

一般的,只有在状态变量无法使用价格合理的传感器测量时,才使用观测器。由于 8.4.4 节的车辆模型是非线性的,无法采用 Luenberger 观测器。为此, Zeitz[131] 先将系统线性化,然后设计一个 Luenberger 观测器。 Zeitz 设计的非线性观测器结构如图 9.41 所示。非线性系统可写成如下形式:

$$
\begin{aligned}
\dot{\underline{x}} &= \underline{f}\,(\underline{x}, \underline{u}) \\
\underline{y} &= \underline{c}\,(\underline{x})
\end{aligned}
\tag{9.67}
$$

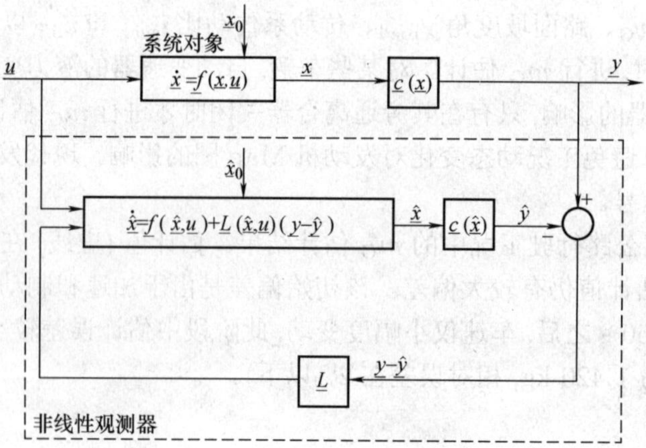

图 9.41 非线性观测器结构

类似于线性系统, 其状态观测模型为

$$\begin{aligned}\dot{\hat{\underline{x}}} &= \underline{f}\left(\hat{\underline{x}}, \underline{u}\right) + \underline{L}\left(\hat{\underline{x}}, \underline{u}\right)\left(\underline{y} - \hat{\underline{y}}\right) \\ \hat{\underline{y}} &= \underline{c}\left(\hat{\underline{x}}\right)\end{aligned} \tag{9.68}$$

首先, 需确定观测器增益矩阵 $\underline{L}$, 使得当 $t \to \infty$ 时估计误差 $\tilde{\underline{x}}\,(t)$ 收敛到 0。

$$\lim_{t\to\infty} \tilde{\underline{x}}\,(t) = \lim_{t\to\infty} \left(\underline{x}\,(t) - \hat{\underline{x}}\,(t)\right) = 0 \tag{9.69}$$

由此, 可得误差微分如下:

$$\dot{\tilde{\underline{x}}}\,(t) = \dot{\underline{x}}\,(t) - \dot{\hat{\underline{x}}}\,(t) = \underline{f}\left(\underline{x}, \underline{u}\right) - \underline{f}\left(\hat{\underline{x}}, \underline{u}\right) - \underline{L}\left(\hat{\underline{x}}, \underline{u}\right)\underbrace{\left(\underline{c}\left(\underline{x}\right) - \underline{c}\left(\hat{\underline{x}}\right)\right)}_{\underline{y}-\hat{\underline{y}}} \tag{9.70}$$

该方程的解可用来判定式 (9.69) 的条件是否满足。根据 Taylor 级数展开, 在实际估计状态 $\hat{\underline{x}}$ 附近展开 $\underline{f}(\underline{x}, \underline{u})$ 和 $\underline{c}(\underline{x})$ 项。

$$\underline{f}\left(\underline{x}, \underline{u}\right) \approx \underline{f}\left(\hat{\underline{x}}, \underline{u}\right) + \frac{\partial \underline{f}}{\partial \underline{x}}\left(\hat{\underline{x}}, \underline{u}\right)\left(\underline{x} - \hat{\underline{x}}\right) \tag{9.71}$$

$$\underline{c}\left(\underline{x}\right) \approx \underline{c}\left(\hat{\underline{x}}\right) + \frac{\partial \underline{c}}{\partial \underline{x}}\left(\hat{\underline{x}}\right)\left(\underline{x} - \hat{\underline{x}}\right) \tag{9.72}$$

其中, 雅可比矩阵 $\dfrac{\partial \underline{f}}{\partial \underline{x}}$ 如下式所示。对于简化的非线性双轨模型 (8.4.4 节), 式中雅可比矩阵的详细表述在附录 A.1 中给出。

$$\frac{\partial \underline{f}}{\partial \underline{x}} = \begin{pmatrix} \dfrac{\partial f_1}{\partial x_1} & \dfrac{\partial f_1}{\partial x_2} & \cdots & \dfrac{\partial f_1}{\partial x_n} \\ \vdots & \vdots & & \vdots \\ \dfrac{\partial f_n}{\partial x_1} & \dfrac{\partial f_n}{\partial x_2} & \cdots & \dfrac{\partial f_n}{\partial x_n} \end{pmatrix} \tag{9.73}$$

采用上述线性化方法, 只要适当选择增益矩阵 $\underline{L}$, 可获得关于误差量 $\tilde{\underline{x}}(t) \to 0$ 的线性微分方程。

将式 (9.71) 和式 (9.72) 代入式 (9.70) 中, 即得到

$$\begin{aligned}\dot{\tilde{\underline{x}}}\,(t) =& \dot{\underline{x}}\,(t) - \dot{\hat{\underline{x}}}\,(t) \\ =& \underline{f}\left(\underline{x}, \underline{u}\right) - \underline{f}\left(\hat{\underline{x}}, \underline{u}\right) - \underline{L}\left(\hat{\underline{x}}, \underline{u}\right)\left(\underline{c}\left(\underline{x}\right) - \underline{c}\left(\hat{\underline{x}}\right)\right) \\ =& \underline{f}\left(\hat{\underline{x}}, \underline{u}\right) + \frac{\partial \underline{f}}{\partial \underline{x}}\left(\hat{\underline{x}}, \underline{u}\right)\left(\underline{x} - \hat{\underline{x}}\right) - \underline{f}\left(\hat{\underline{x}}, \underline{u}\right) - \\ & \underline{L}\left(\hat{\underline{x}}, \underline{u}\right)\left(\underline{c}\left(\hat{\underline{x}}\right) + \frac{\partial \underline{c}}{\partial \underline{x}}\left(\hat{\underline{x}}\right)\left(\underline{x} - \hat{\underline{x}}\right) - \underline{c}\left(\hat{\underline{x}}\right)\right) \\ =& \frac{\partial \underline{f}}{\partial \underline{x}}\left(\hat{\underline{x}}, \underline{u}\right)\tilde{\underline{x}} - \underline{L}\left(\hat{\underline{x}}, \underline{u}\right)\frac{\partial \underline{c}}{\partial \underline{x}}\left(\hat{\underline{x}}\right)\tilde{\underline{x}} \\ =& \underbrace{\left(\frac{\partial \underline{f}}{\partial \underline{x}}\left(\hat{\underline{x}}, \underline{u}\right) - \underline{L}\left(\hat{\underline{x}}, \underline{u}\right)\frac{\partial \underline{c}}{\partial \underline{x}}\left(\hat{\underline{x}}\right)\right)\tilde{\underline{x}}}_{\underline{F}\left(\hat{\underline{x}}, \underline{u}\right)}\end{aligned} \tag{9.74}$$

为使上式的解 $\underline{\tilde{x}}(t)$ 在 $t\to\infty$ 时趋近于零 (不论何种初始条件), 需先确定增益矩阵 $\underline{L}$, 并使观测器动态矩阵 $\underline{F}(\underline{\hat{x}},\ \underline{u})$ 恒定且其特征值位于 j 轴左侧 (即实部小于 0)。选择 $\underline{L}$ 矩阵时, 可基于极点配置法, 令 $\underline{F}(\underline{\hat{x}},\ \underline{u})$ 等于某个预定义的常数矩阵 $\underline{G}$。

$$\underline{F}\left(\underline{\hat{x}},\underline{u}\right)=\frac{\partial \underline{f}}{\partial \underline{x}}\left(\underline{\hat{x}},\underline{u}\right)-\underline{L}\left(\underline{\hat{x}},\underline{u}\right)\frac{\partial \underline{c}}{\partial \underline{x}}\left(\underline{\hat{x}}\right)\stackrel{!}{=}\underline{G} \tag{9.75}$$

则可求得 $\underline{L}(\underline{\hat{x}},\ \underline{u})$ 如下:

$$\underline{L}\left(\underline{\hat{x}},\underline{u}\right)=\left(\frac{\partial \underline{f}}{\partial \underline{x}}\left(\underline{\hat{x}},\underline{u}\right)-\underline{G}\right)\left(\frac{\partial \underline{c}}{\partial \underline{x}}\left(\underline{\hat{x}}\right)\right)^{+} \tag{9.76}$$

矩阵 $\dfrac{\partial \underline{c}}{\partial \underline{\hat{x}}}(\underline{\hat{x}})$ 一般不是方阵, 因此可采用 Moore–Penrose 伪逆。

$$\left(\frac{\partial \underline{c}}{\partial \underline{x}}\left(\underline{\hat{x}}\right)\right)^{+}=\left(\frac{\partial \underline{c}}{\partial \underline{x}}\left(\underline{\hat{x}}\right)\right)^{\mathrm{T}}\left(\left(\frac{\partial \underline{c}}{\partial \underline{x}}\left(\underline{\hat{x}}\right)\right)\left(\frac{\partial \underline{c}}{\partial \underline{x}}\left(\underline{\hat{x}}\right)\right)^{\mathrm{T}}\right)^{-1} \tag{9.77}$$

9.6.2 观测器设计

基于 8.4.4 节中的双轨模型, 设计质心侧偏角 β 的非线性观测器。可观测性证明过程较复杂, 详见附录 A.2。

先将式 (8.82)~ 式 (8.84) 中的非线性状态空间描述写成式 (9.67) 形式, 将 F_{LFL}、F_{LFR}、F_{LRL}、F_{LRR} 以及 δ_{W} 作为观测器输入 $\underline{u}$。这里, 轮胎纵向力直接作为输入, 而侧偏力信息则隐含在侧偏刚度 c_{F} 和 c_{R} 中, 如式 (8.81) 所示。

$$\underline{\dot{x}}=\underline{f}\left(\underline{x},\underline{u}\right)\Leftrightarrow\begin{pmatrix}\dot{v}_{\mathrm{G}}\\ \dot{\beta}\\ \ddot{\psi}\end{pmatrix}=\begin{pmatrix}\underline{f}_1\left(v_{\mathrm{G}},\beta,\dot{\psi},F_{\mathrm{LFL}},F_{\mathrm{LFR}},F_{\mathrm{LRL}},F_{\mathrm{LRR}},\delta_{\mathrm{W}}\right)\\ \underline{f}_2\left(v_{\mathrm{G}},\beta,\dot{\psi},F_{\mathrm{LFL}},F_{\mathrm{LFR}},F_{\mathrm{LRL}},F_{\mathrm{LRR}},\delta_{\mathrm{W}}\right)\\ \underline{f}_3\left(v_{\mathrm{G}},\beta,\dot{\psi},F_{\mathrm{LFL}},F_{\mathrm{LFR}},F_{\mathrm{LRL}},F_{\mathrm{LRR}},\delta_{\mathrm{W}}\right)\end{pmatrix} \tag{9.78}$$

系统状态、输入及测量向量分别定义如下:

$$\underline{x}=\begin{pmatrix}v_{\mathrm{G}}\\ \beta\\ \dot{\psi}\end{pmatrix}$$

$$\underline{u}=\left(F_{\mathrm{LFL}},F_{\mathrm{LFR}},F_{\mathrm{LRL}},F_{\mathrm{LRR}},\delta_{\mathrm{W}}\right)^{\mathrm{T}}$$

$$\underline{y}=\begin{pmatrix}v_{\mathrm{G}}\\ \dot{\psi}\end{pmatrix}$$

驾驶员控制输入向量 $\underline{u}$ 中的 δ_{W}, 从而控制车辆质心侧偏角 β。在危急工况下, 由车辆动力学控制系统来辅助驾驶员, 该系统采用轮胎纵向力 $F_{\mathrm{L}ij}$ 作为额外的输入变量。

设计时, 需先适当确定式 (9.75) 中的增益矩阵 $\underline{L}(\underline{\hat{x}},\ \underline{u})$。确定观测器动态矩阵 $\underline{F}$ 的特征值时, 最简单的方法是选用对角形式的 $\underline{G}$, 则 $\underline{F}$ 的特征值即为 $\underline{G}$ 阵的对角元素。

$$\underline{G}=\begin{pmatrix}\lambda_1 & 0 & 0\\ 0 & \lambda_2 & 0\\ 0 & 0 & \lambda_3\end{pmatrix} \tag{9.79}$$

式中的三个特征值必须适当选择。

由 $\underline{y} = \underline{c}(\underline{x}) = \begin{pmatrix} v_{\mathrm{G}} \\ \dot{\psi} \end{pmatrix}$, 可知 $\underline{c}$ 是一个 2×3 常数矩阵。根据式 (9.77), 其伪逆如下*:

$$\left(\frac{\mathrm{d}\underline{c}}{\mathrm{d}\underline{x}}(\hat{\underline{x}})\right)^{+} = \begin{pmatrix} 1 & 0 & 0 \\ 0 & 0 & 1 \end{pmatrix}^{+} \tag{9.80}$$

将 $\dfrac{\partial f}{\partial \underline{x}}$、$\underline{G}$ 以及上述伪逆代入式 (9.76), 则观测器增益矩阵 $\underline{L}(\hat{\underline{x}}, \underline{u})$ 可表示为雅可比矩阵和期望特征值的函数如下:

$$\underline{L}(\hat{\underline{x}}, \underline{u}, \lambda_1, \lambda_3) = \begin{pmatrix} \dfrac{\partial f_1}{\partial x_1} - \lambda_1 & \dfrac{\partial f_1}{\partial x_3} \\ \dfrac{\partial f_2}{\partial x_1} & \dfrac{\partial f_2}{\partial x_3} \\ \dfrac{\partial f_3}{\partial x_1} & \dfrac{\partial f_3}{\partial x_3} - \lambda_3 \end{pmatrix} \tag{9.81}$$

注意, 上式只含有 2 个特征值 λ_1 和 λ_3, 因此 $\underline{F}$ 的特征值只有 2 个可以按期望值配置。如 图 9.42 所示, 另外一个特征值 λ_2 随时间变化, 且 λ_2 一直处于稳定区域。

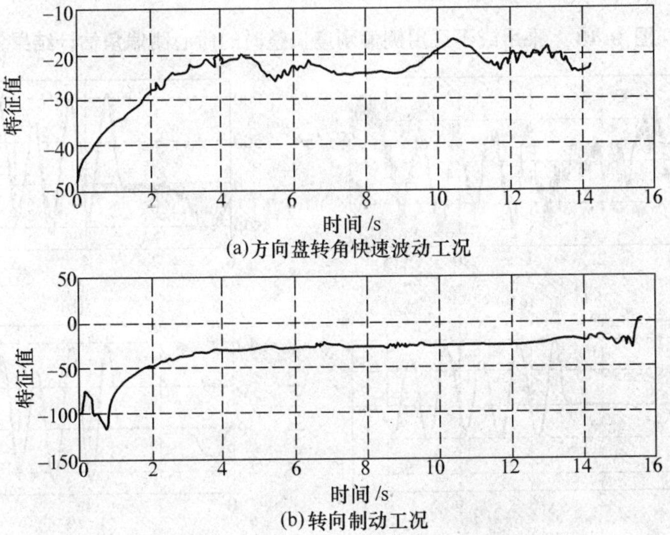

图 9.42 测试中特征值λ_2位置的变化

9.6.3 质心侧偏角观测器验证

下面采用多次测试对估计效果进行验证。图 9.43 是某高速回旋线行驶工况中的 β 估计结果。只有采用 9.5.2 节中的侧偏刚度调整时, 基于非线性车辆模型的 β 估计值 (虚线) 才非常精确, 与测量值非常接近。否则, 若不调整侧偏刚度, 模型存在误差, 而且观测器输出的 β 估计值

*译者注: 原文错为 $\left(\frac{dc}{d\underline{x}}(\hat{\underline{x}})\right)^{+} = \begin{pmatrix} 1 & 0 & 0 \\ 0 & 0 & 1 \end{pmatrix}$。

(细实线) 也不准确。图 9.44 是正弦转向输入测试的结果，图中曲线包括模型观测值 (虚线) 和测量参考值。在左上角，轮胎垂直载荷 $F_{z\mathrm{FL}}$(虚线) 根据 9.5.1 节的式 (9.51)~ 式 (9.54) 计算。右上角的侧偏力 $F_{\mathrm{S}ij}$ 根据式 (9.57) 计算，其与测量参考值吻合得很好。如图 9.44 所示，横摆角速度 $\dot{\psi}$ 的计算值与参考值相等，这表明横摆角速度观测器根据陀螺传感器测量参考值来调整 $\dot{\psi}$。由图可见，车速 v_G 的计算值与测量值几乎相等。对于质心侧偏角 β，其估计值 (虚线) 也非常准确。

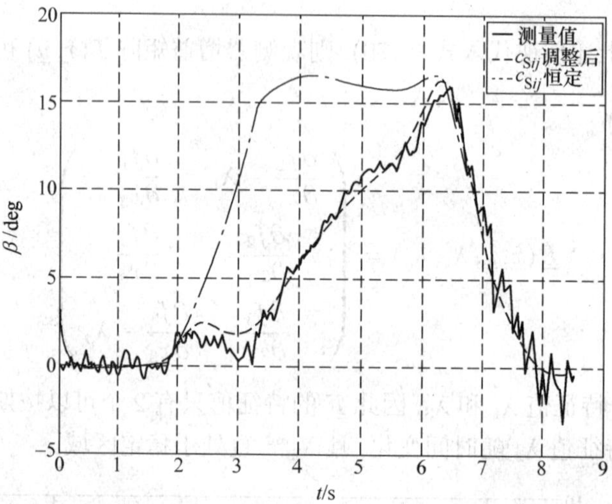

图 9.43 采用或不采用侧偏刚度调整时的质心侧偏角估计结果

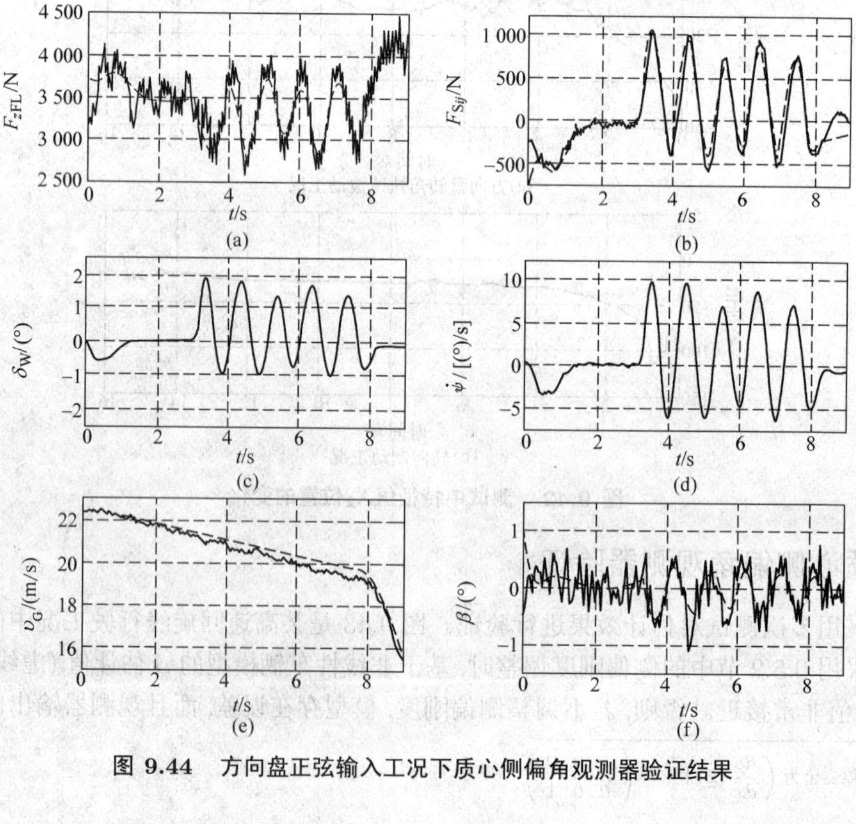

图 9.44 方向盘正弦输入工况下质心侧偏角观测器验证结果

图 9.45 是回旋线行驶工况下的结果。轮胎垂直载荷计算值比较准确，但侧偏力出现较大偏差。很明显，这是因为实际中轮胎无法产生那么大的幅值。δ_W 非常大，这引起几乎 70(°)/s 的大横摆角速度。v_G 的计算值与测量值有较大偏差。这是因为观测器设计采用的纵向力模型不再适用，从而引起较大的 v_G 偏差。在 9.6.2 节中，状态空间观测器根据系统测量值调整模型值，但若模型计算值 v_G 不准确，β 观测结果就出现错误。因此，当横摆角速度大于某门限值时，车速将不再作为 9.6.2 节中的系统输出，而直接由模型计算而得。此时，观测器切换到另一种结构，只将横摆角速度作为测量变量。因此，图 9.45 中，β 观测器不根据测量值 v_G 来调整车速计算值。当仅采用一个输出变量时，质心侧偏角观测值与测量值十分接近。即使质心侧偏角达到 15°时，估计值仍十分准确，而此时已属极限工况。因此，测试表明，在车辆稳定极限范围内，所设计的观测器可以很好地估计质心侧偏角。

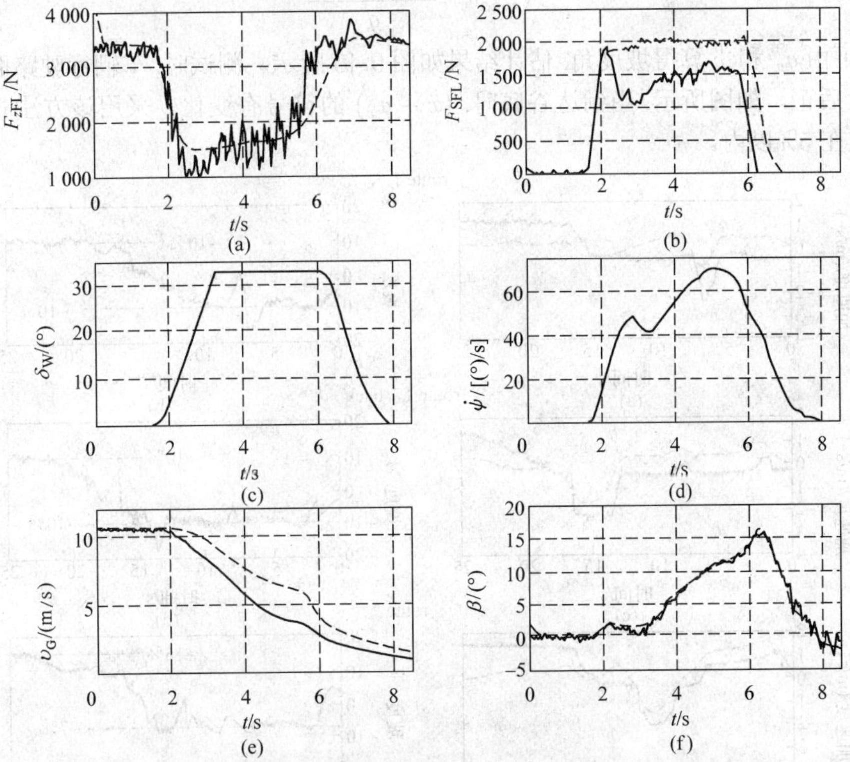

图 9.45 回旋线测试工况下的质心侧偏角观测器验证结果

9.7 路面坡度估计

实际路面坡度角 χ_{road} 对模型精度有重要影响，它也是变速器控制所需的参数。此处给出了两种估计方法并讨论其估计精度。

9.7.1 方法 1: 基于纵向加速度和轮速

该方法 [21] 的基本原理是: 路面坡度会对纵向加速度产生一个偏移误差量, 该值与重力加速度和坡度都有关。

$$a_x = \ddot{x} - g\sin\chi_{\text{road}} \tag{9.82}$$

上坡时, 坡度角为正, 由此引起纵向加速度测量值分量为 $g\sin\chi_{\text{road}}$, 方向与 $\ddot{x}$ 相反。$\ddot{x}$ 可用车轮角加速度计算如下:

$$\ddot{x} = r_{\text{stat}}\dot{\omega} \tag{9.83}$$

由于驱动轮过度滑转会引起计算误差, 此处只选用从动轮轮速。

基于小角度假设 $\sin\chi \approx \chi$, 由式 (9.82) 可求得

$$\chi_{\text{road}} = \frac{r_{\text{stat}}\dot{\omega} - a_x}{g} \tag{9.84}$$

根据此式, 可由 a_x 和 $\dot{\omega}$ 算得坡度角, 估计结果如图 9.46 所示。测试时, 车辆行驶路面为凹形, 即坡度角先负后正。如图所示, 当到达谷底时, $(\ddot{x} - a_x)$ 的符号有变化。采用该方法时, 路面坡度估算的误差在 5%以内。

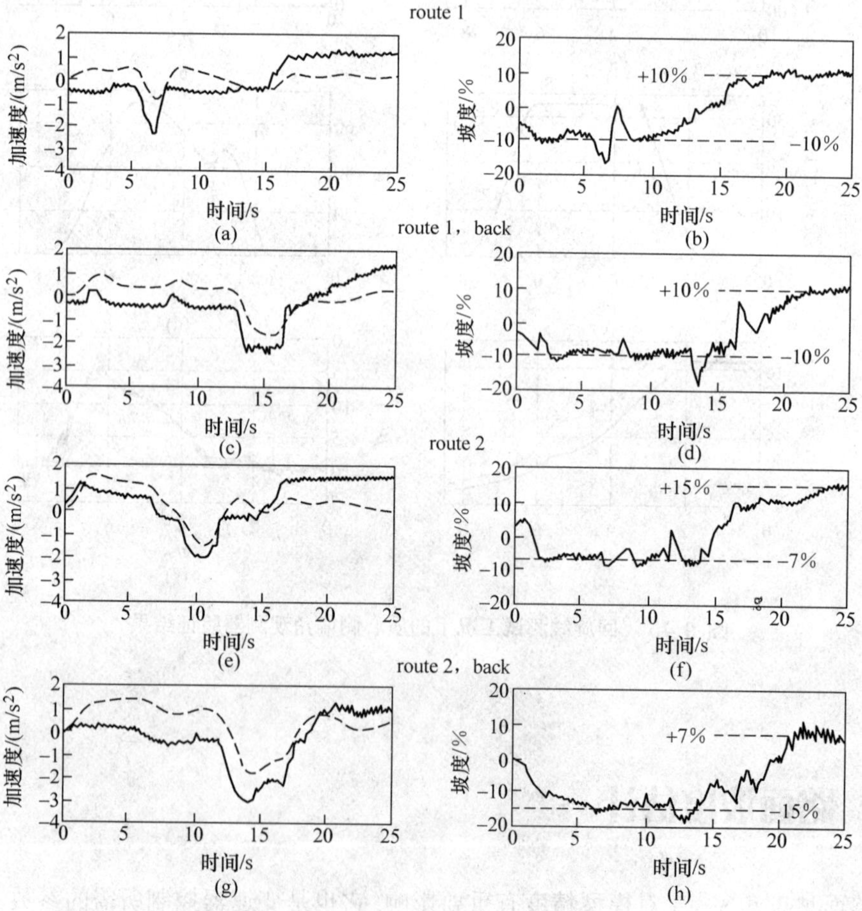

图 9.46 加速度信号 (图 a、c、e、g) 和路面坡度估计结果 (图 b、d、f、h)

9.7.2 方法 2: 基于模型的路面坡度角观测

本节设计一个线性 Luenberger 观测器。不同于方法 1, 此处采用 v_G 及其时间微分, 而非 a_x 信号。

1. 力平衡方程

此处忽略侧向动力学对路面坡度估计的影响, 假设质心侧偏角为零 (该条件在直线行驶时满足)。根据图 9.47, 列出如下非线性的力平衡方程*:

$$\underbrace{m\dot{v}_G}_{F_A} = F_x - \underbrace{mg\sin\chi_{road}}_{F_H} - \underbrace{\frac{1}{2}c_{air}A_L\rho_a v_G^2}_{F_{wind}} \tag{9.85}$$

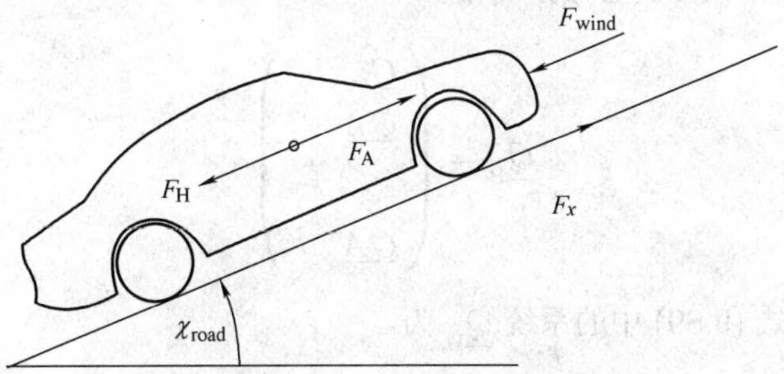

图 9.47　车辆上坡时纵向受力情况

2. 式 (9.85) 的线性化

为降低复杂性, 此处采用线性观测器 [47], 故需对上式进行线性化。假设:

① 公路坡度角在 ±12° 以内 [41], 则有 sin $\chi_{road} \approx \chi_{road}$。

② F_x 和 F_{wind} 合并为 $F_{res} = F_x - F_{wind}$。这可较好地处理作为输入的非线性项 F_{wind}, 由此所得的状态空间模型便是线性的。

由此, 式 (9.85) 可简化为

$$m\dot{v}_G = F_{res} - mg\chi_{road} \tag{9.86}$$

其中, F_x 可由特定传感器获得, 也可由发动机转矩确定;v_G 由轮速信号获得。

3. 线性状态空间方程

将式 (9.86) 写成状态空间形式, 状态量 $\underline{x}$ 包括 v_G 和 χ_{road}, 输入 $\underline{u}$ 为合力 F_{res}。

$$\underline{x} = \begin{pmatrix} v_G \\ \chi_{road} \end{pmatrix}, \underline{u} = \begin{pmatrix} F_{res} \\ 0 \end{pmatrix} \tag{9.87}$$

---

*译者注: 原文误为 $\underbrace{m\dot{v}_G}_{F_A} = F_x - \underbrace{mg\sin\chi_{road}}_{F_H} - \underbrace{c_{air}v_G^2}_{F_{wind}}$

$$\underbrace{\begin{pmatrix} \dot{v}_{\mathrm{G}} \\ \dot{\chi}_{\mathrm{road}} \end{pmatrix}}_{\underline{\dot{x}}} = \underbrace{\begin{pmatrix} 0 & -g \\ 0 & 0 \end{pmatrix}}_{\underline{A}} \underbrace{\begin{pmatrix} v_{\mathrm{G}} \\ \chi_{\mathrm{road}} \end{pmatrix}}_{\underline{x}} + \underbrace{\begin{pmatrix} \frac{1}{m} & 0 \\ 0 & 0 \end{pmatrix}}_{\underline{B}} \underbrace{\begin{pmatrix} F_{\mathrm{res}} \\ 0 \end{pmatrix}}_{\underline{u}} \tag{9.88}$$

$$\underbrace{\hat{v}_{\mathrm{G}}}_{y} = \underbrace{\begin{pmatrix} 1 \\ 0 \end{pmatrix}^{T}}_{\underline{C}} \underbrace{\begin{pmatrix} v_{\mathrm{G}} \\ \chi_{\mathrm{road}} \end{pmatrix}}_{\underline{x}} \tag{9.89}$$

4. 系统能观性分析

观测器根据极点配置法来设计, 但这要求系统具有能观性 [25]。能观性矩阵 $\underline{Q}_{\mathrm{B}}$ 如式 (9.90) 所示 (其中 n 表示系统阶次), 其必须是满秩。

$$\underline{Q}_{\mathrm{B}} = \begin{pmatrix} \underline{C} \\ \underline{CA} \\ \vdots \\ \underline{CA}^{n-1} \end{pmatrix} \tag{9.90}$$

对于式 (9.88) 和式 (9.89) 中的系统,$\underline{Q}_{\mathrm{B}}$ 为

$$\underline{Q}_{\mathrm{B}} = \begin{pmatrix} \underline{C} \\ \underline{CA} \end{pmatrix} = \begin{pmatrix} 1 & 0 \\ 0 & -g \end{pmatrix} \tag{9.91}$$

当 $\underline{Q}_{\mathrm{B}}$ 为方阵时, 其秩可由 $\underline{Q}_{\mathrm{B}}$ 行列式值来确定。

$$\det(\underline{Q}_{\mathrm{B}}) \overset{!}{\neq} 0 \tag{9.92}$$

$$\det\left(\underline{Q}_{\mathrm{B}}\right) = \det\begin{pmatrix} 1 & 0 \\ 0 & -g \end{pmatrix} = -g \neq 0 \tag{9.93}$$

由式 (9.93) 可得,$\underline{Q}_{\mathrm{B}}$ 行列式值为重力加速度 g, 故 $\underline{Q}_{\mathrm{B}}$ 矩阵各行线性独立, 式 (9.88) 所示的线性坡度模型具有能观性, 因此可用极点配置法来设计观测器。

5. 观测器设计

系统阶数为 2, $\underline{L}$ 矩阵有 l_1 和 l_2 两个元素, 计算时需适当配置系统极点。闭环系统的特征多项式为

$$\begin{aligned} \det(s\underline{I} - \underline{A} + \underline{LC}) &= \det\left[\begin{pmatrix} s & 0 \\ 0 & s \end{pmatrix} - \begin{pmatrix} 0 & -g \\ 0 & 0 \end{pmatrix} + \begin{pmatrix} l_1 & 0 \\ l_2 & 0 \end{pmatrix}\right] \\ &= \det\begin{pmatrix} s+l_1 & g \\ l_2 & s \end{pmatrix} \\ &= s^2 + sl_1 - gl_2 \end{aligned} \tag{9.94}$$

记 λ_1 和 λ_2 为特征值, 则特征多项式 (9.94) 又可以表示为

$$s^2 + sl_1 - gl_2 \overset{!}{=} (s-\lambda_1)(s-\lambda_2) = s^2 - s(\lambda_1+\lambda_2) + \lambda_1\lambda_2 \tag{9.95}$$

对比相应系数, 求得 $\underline{L}$ 矩阵的两个元素分别如下:

$$l_1 = -\lambda_1 - \lambda_2, \quad l_2 = \frac{-\lambda_1\lambda_2}{g} \tag{9.96}$$

所设计的观测器结构如图 9.48 所示, 进行模型仿真, 以确定 λ_1 和 λ_2 的值。选择特征值的策略如下:

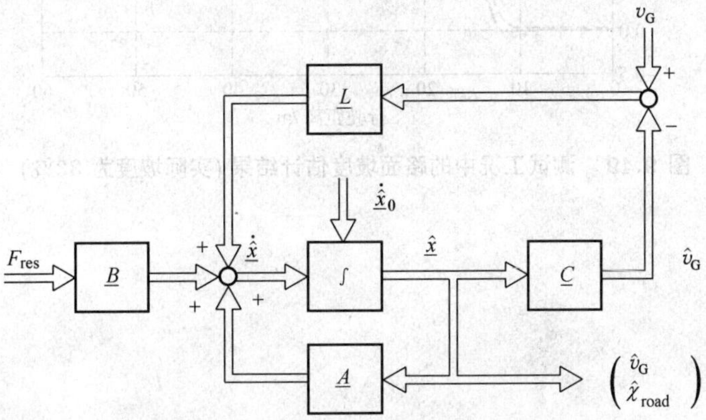

图 9.48 所设计的 Luenberger 观测器结构

① 特征值必须为负, 否则系统不稳定。

② 若特征值离 s 平面的虚轴太远, 系统对噪声的敏感度增加。

③ 若特征值太靠近虚轴, 系统响应太慢。这样, 坡度估计值无法及时跟踪当前行驶状态(如上坡和下坡)。

考虑这些限制, 通过仿真, 选择特征值如下:

$$\begin{aligned} \lambda_1 &= -2 \\ \lambda_2 &= -3 \end{aligned} \tag{9.97}$$

基于路面坡度估计值算得的路面轮廓高度如图 9.49 所示。测试工况在某已知坡度的路面上进行。从平路面开始, 车辆在 t=2.5 s 后开始爬坡 (坡度为 33%, $\chi_{road} \approx 18°$), 行驶约 10 s 后, 再到达平路面, 最后又下坡行驶。上坡时坡度估计值约为 30%, 与实际值之间仍存在误差, 这是由于该坡度角下线性假设已不成立。车辆上坡后突然驶到平路面, 这个瞬态过程中的俯仰角导致约 10%的路面高度估计误差。总地来说, 即使在大坡度路面上, 该线性观测器仍可获得满意的估计结果。虽然方法 2 需要纵向力 F_x, 但由于其观测器结构对轮速和加速度信号不敏感, 该方法仍好于方法 1。

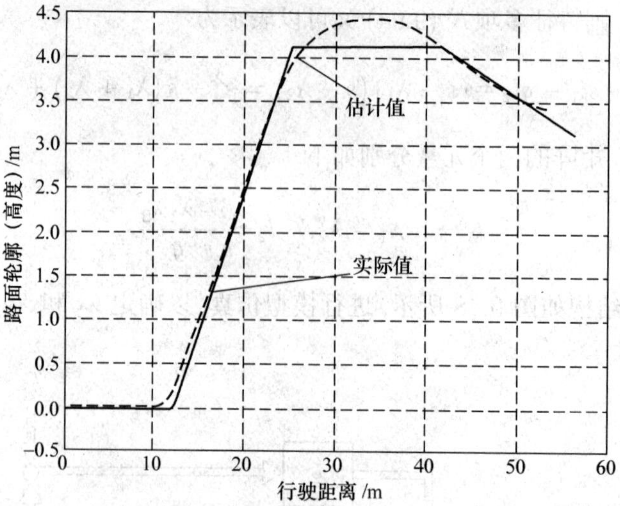

图 9.49 测试工况中的路面坡度估计结果 (实际坡度为 33%)

第 10 章　车辆控制系统

10.1 ABS 控制系统

ABS 控制系统的目标是在制动时保证转向能力，同时最大程度地缩短制动距离。由图 8.17 可知，只有车轮滑移率保持在其峰值 μ_{L} 时，制动距离最短。此处，忽略轮胎侧偏角，假设 $\cos\alpha \approx 1$。

10.1.1　轮胎接地点力矩平衡

通过列出车轮力矩平衡方程，可更好地理解如何将附着系数保持在峰值附近，并且不需要复杂的估计算法。车轮受力情况如图 10.1 所示。

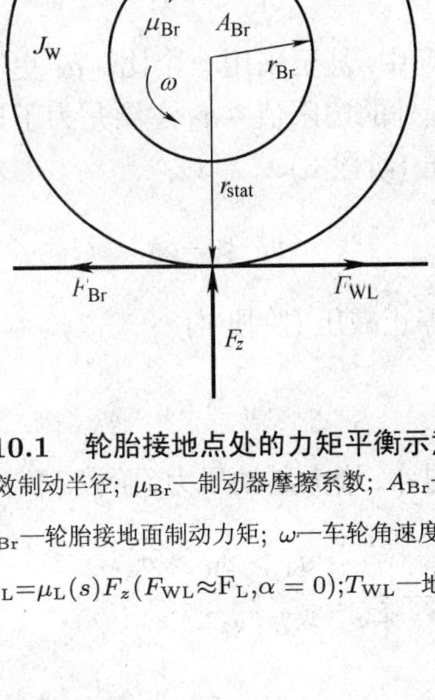

图 10.1　轮胎接地点处的力矩平衡示意图

F^*_{Br}—制动盘上的制动力；r_{Br}—有效制动半径；μ_{Br}—制动器摩擦系数；A_{Br}—制动器有效面积；p_{Br}—制动压力；F_{Br}—轮胎接地面制动力，$F_{\mathrm{Br}}=F^*_{\mathrm{Br}}\frac{r_{\mathrm{Br}}}{r_{\mathrm{stat}}}$；$T_{\mathrm{Br}}$—轮胎接地面制动力矩；$\omega$—车轮角速度；$J_{\mathrm{W}}$—车轮转动惯量；$F_z$—车轮受到的地面反作用力；$F_{\mathrm{WL}}$—附着力，$F_{\mathrm{WL}}=\mu_{\mathrm{L}}(s)F_z(F_{\mathrm{WL}}\approx \mathrm{F_L},\alpha=0)$；$T_{\mathrm{WL}}$—地面附着力矩，$T_{\mathrm{WL}}=r_{\mathrm{stat}}F_{\mathrm{WL}}$

对于液压制动系统, 作用到车轮上的制动力矩 T_{Br} 与制动压力 p_{Br} 有关。

$$T_{\mathrm{Br}} = F_{\mathrm{Br}} r_{\mathrm{stat}} = r_{\mathrm{Br}} \mu_{\mathrm{Br}} A_{\mathrm{Br}} p_{\mathrm{Br}} = r_{\mathrm{stat}} k_{\mathrm{Br}} p_{\mathrm{Br}} \tag{10.1}$$

若制动时不考虑驱动转矩, 则力矩平衡方程如下 [式 (9.23)]:

$$J_{\mathrm{W}} \dot{\omega} = r_{\mathrm{stat}} \mu_{\mathrm{L}}(s_{\mathrm{L}}) F_z - r_{\mathrm{stat}} k_{\mathrm{Br}} p_{\mathrm{Br}} \tag{10.2}$$

对应的系统方框图如图 10.2 所示。

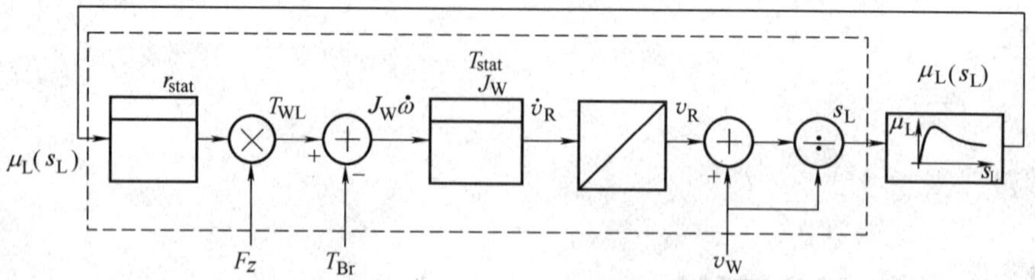

图 10.2 力矩平衡方程对应的方框图

当施加 p_{Br} 时, 制动力矩 T_{Br} 增加, 地面附着力矩 T_{WL} 与制动力矩 T_{Br} 差值为负, 车轮减速。等效轮速 v_{R}(如图 10.2 中积分器后的信号) 开始下降, s_{L} 增大。起初阶段, 附着系数 $\mu_{\mathrm{L}}(s_{\mathrm{L}})$ 也增加, 逐渐增加地面附着力矩 T_{WL}, 以减小力矩差。

达到峰值后, 附着系数曲线斜率变为负值。此时, 由于系统**不稳定**, 若不加以控制, 将导致车轮角减速度剧增, 直至车轮抱死。

10.1.2 ABS 控制循环

ABS 控制循环如图 10.3 所示 [6]。首先, 驾驶员开始增加制动力矩 (阶段 1)。根据测得的等效轮速 $v_{\mathrm{R}ij}$, 对其微分得到车轮等效角加速度 $\dot{v}_{\mathrm{R}ij}$。当 $\dot{v}_{\mathrm{R}}$ 低于门限值 $-a_1$*, 表明已达到峰值附着系数。

$$\dot{v}_{\mathrm{R}} < -a_1 \tag{10.3}$$

在 ABS 激活后的第 1 个循环中, 甚至采用一个比 $-a_1$ 更小的门限值 $-a_2$。在 $-a_1$ 和 $-a_2$ 之间, 实施保压 (阶段 2)。引入额外的门限值 $-a_2$ 主要是为了抑制噪声的影响。

当满足下列条件时, 实施减压 (阶段 3)。

$$\dot{v}_{\mathrm{R}} < -a_2 \tag{10.4}$$

轮速回升, 当 $\dot{v}_{\mathrm{R}}$ 重新达到 $-a_1$, 停止减压 (阶段 4)。

$$\dot{v}_{\mathrm{R}} > a_4 \tag{10.5}$$

当 $\dot{v}_{\mathrm{R}}$ 超过 a_4 时, 为防止滑移率过小, 增大制动压力 (阶段 5)。当 $\dot{v}_{\mathrm{R}}$ 满足下式时,

$$a_4 > \dot{v}_{\mathrm{R}} > a_3 \tag{10.6}$$

*译者注: 本节原文将 "$-a_1$" 误为 "a_1", "$-a_2$" 误为 "a_2"。

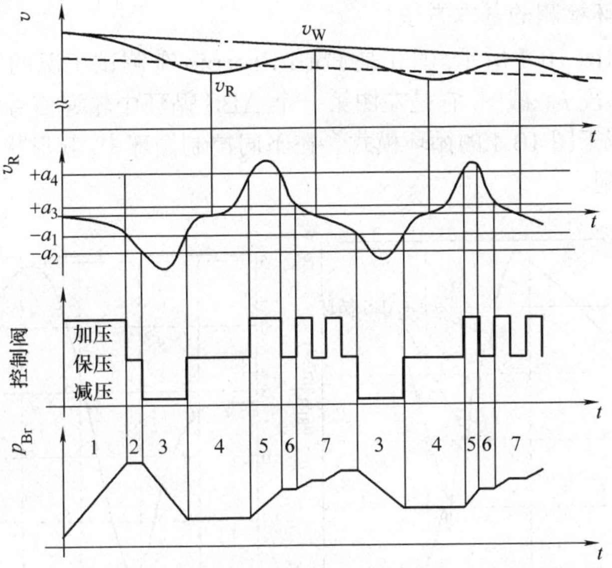

图 10.3 ABS 系统的控制循环 (液压制动器)

实施保压 (阶段 6)。当满足下式时,

$$\dot{v}_R < a_3 \tag{10.7}$$

实施缓慢增压 (阶段 7)。当 $\dot{v}_R$ 满足下式时,

$$\dot{v}_R < -a_1 \tag{10.8}$$

又重新开始第二个 ABS 循环。此时, $\dot{v}_R$ 未达门限值 $-a_2$ 时就开始减压 (第二个阶段 3)。通过这样的控制循环来控制轮速, 附着系数可保持在峰值附近, 从而实现制动距离最小化。

当车轮转动惯量 J_W 很大, 或 $\mu_L(s_L)$ 很小, 或制动压力增加缓慢 (如冰路面驾驶时的谨慎制动操作) 时, 车轮在 $\dot{v}_R$ 未达门限值 $-a_1$ 时已经抱死。这种情况将严重影响**车辆转向能力**。为此, 除上述循环外, 当轮速低于某值时 (下式), 就实施减压。

$$v_R < (1 - s_{L,max})v_W \tag{10.9}$$

在任何条件下, 滑移率都不能超过最大值 $s_{L,max}$, 即使不能达到 $\mu_L(s_L)$ 的峰值。

车辆前轴两轮一般独立控制, 而后轴两轮同时控制, 后轴制动压力比前轮更小, 以保证行驶稳定性。

10.1.3 ABS 循环检测

只有最大附着系数得到利用 (例如制动时), 9.4.1 节中的附着系数估计方法才具有合理性。为估计路面类型 (干路面、冰或雪路面等), 必须检测“最大制动力利用”状态。对于装备 ABS 的车辆, 紧急制动将激活 ABS 循环, 一旦开始 ABS 循环, 就会达到最大附着系数。另一方面, 关于“ABS 是否正常工作”的信息可以用来评估某交通事故是否与 ABS 失效有关。针对以上两个问题, 下面将采用三步算法来检测 ABS 循环信号。

1. ABS 控制循环检测的基本方法

ABS 循环模式如图 10.4 所示，图 a 是 Ford Scorpio 车测试工况的轮速信号，图中标明了 ABS 循环。图 b 是某段 $\dot{v}_{\mathrm{R}}$ 截图，它是左图第一个 ABS 循环中轮速信号的微分。检测 ABS 循环时，必须检测到类似于图 10.4 的循环模式。在不同控制循环中，其形状几乎没有变化，但其初值和持续时间会有不同。

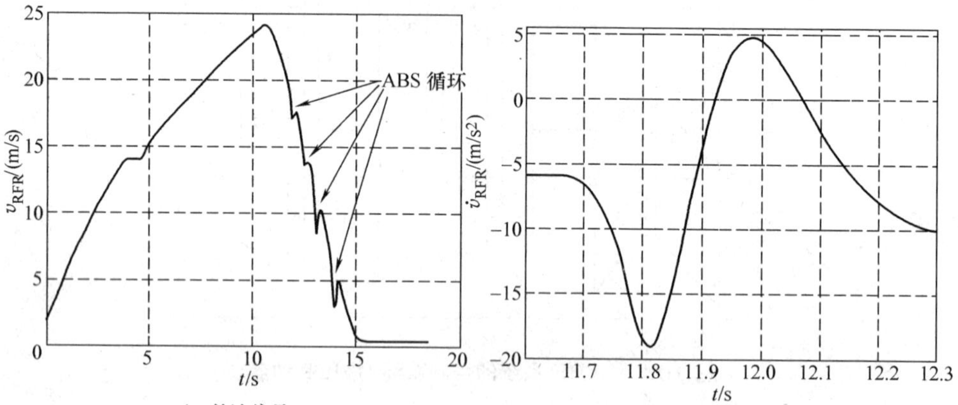

(a) 轮速信号　　(b) 一个 ABS 循环中的车轮加速度

图 10.4　ABS 循环模式

2. 预测

预测时采用轮速测量信号。检测时，采用前两个步长的轮速测量值进行线性插值 [式 (10.10)]，求出当前轮速，如图 10.5 所示。v_{R} 表示测量值，$v_{\mathrm{R,est}}$ 表示估计值。

$$v_{\mathrm{R,est}}(n) = 2v_{\mathrm{R}}(n-1) - v_{\mathrm{R}}(n-2) \tag{10.10}$$

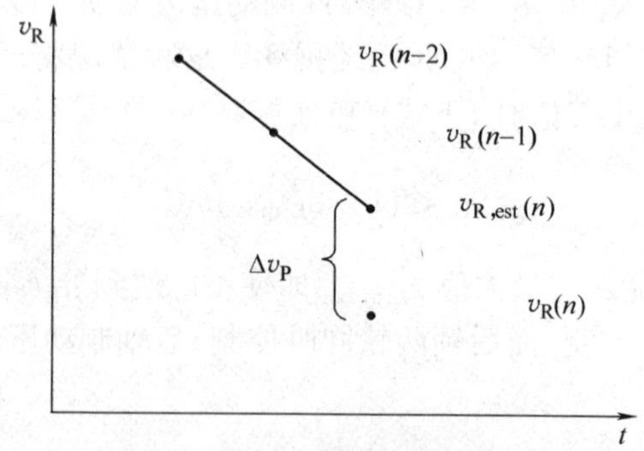

图 10.5　轮速信号插值

对比 $v_{\mathrm{R,est}}(n)$ 与 $v_{\mathrm{R}}(n)$，正常情况下差值 Δv_{P} 几乎为 0。当实施 ABS 循环时，Δv_{P} 增大。在 ABS 循环开始和结束过程中，Δv_{P} 会超过某特定限值。对于 Opel Vita 车型，该限值如式 (10.11) 所示。该预测方法可以很精确地检测到 ABS 循环。

$$\Delta v_{\mathrm{P}} = v_{\mathrm{R}} - v_{\mathrm{R,est}} \geqslant 0.08 \tag{10.11}$$

由于 ABS 循环检测系统的输入信号不是零均值信号, 采用“三态相关”代替传统相关。式 (10.12)是三态相关的计算公式。它与极性相关的差别在于增加了一个状态“0” [72], 即 +1、0、 −1。

$$\hat{r}_{xy}(k) = \frac{1}{N}\sum_{n=0}^{N-1-k} T(x(n))T(y(n+k)) \tag{10.12}$$

上式中, $y(n+k)$ 为图 10.6 所示的测试信号, 而 $x(n)$ 是图 10.4b 中的 $\dot{v}_{\mathrm{RFR}}$*。

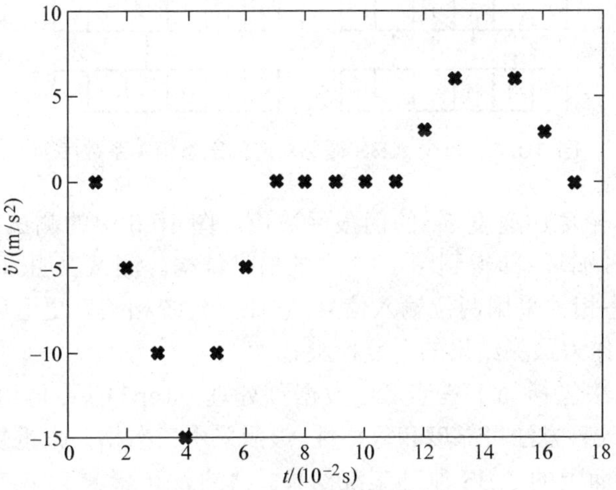

图 10.6 三态相关的测试信号

3. 三态相关

根据门限值, $T(x)$ 函数将输入信号转化为 0 和 ±1 值, 如式 (10.13) 所示。各门限值一般与车辆配置的 ABS 系统有关。

$$T(x) = \begin{cases} 1 & , \quad x \geqslant 2 \\ 0 & , \quad -10 < x < 2 \\ -1 & , \quad -10 \geqslant x \end{cases} \tag{10.13}$$

根据上式中的门限函数 $T(x)$, 计算 ABS 循环模式的三态相关值, 如图 10.7 所示。测试信号 $y(n)$ 的门限函数值结构如下: |−1|−1|··· |−1|0|0|···|0|1|1 |··· |1|

*译者注: 原文为 $\dot{v}$。

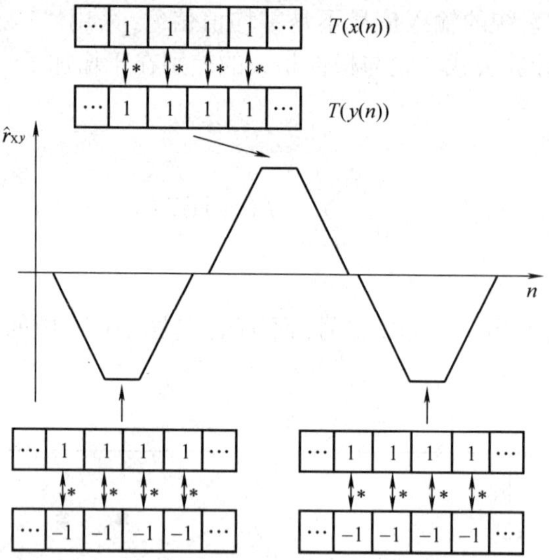

图 10.7　单个 ABS 循环对应的三态相关系数序列

类似的, 可求得车轮角加速度 $\dot{v}_{\mathrm{R}}$ 的门限函数值。图 10.6 中的测试信号与 $\dot{v}_{\mathrm{R}}$ 测试值相对比, 若匹配结果为 ABS 循环, 即得到图 10.7 中的信号结构。测试表明, 该方法具有满意的鲁棒性和可靠度。由于三态相关采用两位输入信号, 它比“传统相关”更适用于微控制器上。由于较高的可靠度, 该法可作为预测结果的重复检验。

ABS 循环检测算法包括如下三步骤: 数据预处理 (step1) 后, 再用预测方法检测并标记 ABS 循环 (step2); 为改善方法可靠度和鲁棒性, 最后采用三态相关来重复检验 (step3)。

图 10.8 是低 μ 路面上的 ABS 制动工况结果。本方法可检测到车速大于 2 m/s 时的所有 ABS 循环。该法在不同路面条件下也有效, 但针对不同车型要适当调整预测方法中的门限值。例如, 对于 Ford Scorpio 车型, 式 (10.11) 中的门限值为 0.013。

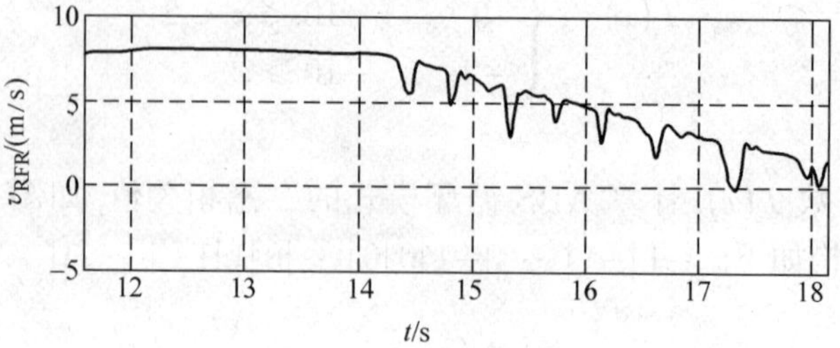

图 10.8　低 μ 路面制动工况下 ABS 循环的检测 (Opel Vita 车型)

10.2 横摆动力学控制

此处, 基于 8.4.4 节中的非线性双轨模型来设计控制器。该模型的线性化形式 [式 (8.90)] 如下:

$$\underline{f}(\underline{x},\underline{u}) \approx \underline{f}(\underline{x}_0,\underline{u}_0) + \underbrace{\left.\frac{\partial \underline{f}(\underline{x},\underline{u})}{\partial \underline{x}}\right|_{\substack{\underline{x}=\underline{x}_0\\ \underline{u}=\underline{u}_0}}}_{\text{Jacobian}} (\underline{x}-\underline{x}_0) + \underbrace{\left.\frac{\partial \underline{f}(\underline{x},\underline{u})}{\partial \underline{u}}\right|_{\substack{\underline{x}=\underline{x}_0\\ \underline{u}=\underline{u}_0}}}_{\text{Jacobian}} (\underline{u}-\underline{u}_0) \tag{10.14}$$

系统状态变量包括横摆角速度 $\dot{\psi}$(见 9.2 节)、车速*v_{G}(见 9.1 节) 以及质心侧偏角 β(见 9.6 节)。控制输入为

$$\underline{u} = \begin{pmatrix} F_{\mathrm{LFL}} & F_{\mathrm{LFR}} & F_{\mathrm{LRL}} & F_{\mathrm{LRR}} & \delta_{\mathrm{W}} \end{pmatrix}^{\mathrm{T}} \tag{10.15}$$

注意, 当仅采用制动执行器时, 只能产生轮胎制动力 F_{LFL}、F_{LFR}、F_{LRL} 和 F_{LRR}。当各轮独立驱动时 (例如采用电动机), 也可以产生各轮驱动力。车轮转向角受驾驶员方向盘输入的影响。当 β 增大时, 驾驶员通过适当转向来修正 β 值。若极限工况下驾驶员无法有效地修正 β 角, 可通过短暂的车轮独立制动, 采用轮胎力 $F_{\mathrm{L}ij}$ 来减小 β 角。图 10.9 是采用制动力来纠正车辆行驶轨迹方向误差的示意图。

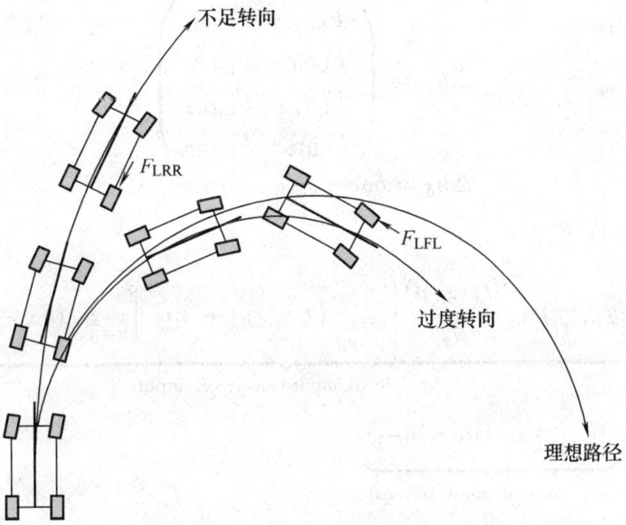

图 10.9 不足转向与过度转向

当车辆不足转向时, 额外制动力加到右后轮, 形成一个纠正转向不足的横摆力矩。当 β 幅值降到门限值以内, 驾驶员可重新通过转向来控制 β 角。当过度转向时, 情况类似。

*译者注: 原文误为 wheel speed。

10.2.1 简单控制律设计

转向角 δ_{W} 来自驾驶员输入, 控制器计算制动力 $F_{\mathrm{L}ij}$ 输入, 将两者的控制作用分开表示, 可得雅可比矩阵为

$$\left.\frac{\partial \underline{f}(\underline{x},\underline{u})}{\partial \underline{x}}\right|_{\substack{\underline{x}=\underline{x}_0\\ \underline{u}=\underline{u}_0}} \Delta \underline{u}$$

$$=\left.\underbrace{\left(\begin{array}{cccc|c} \dfrac{\partial f_1}{\partial F_{\mathrm{LFL}}} & \dfrac{\partial f_1}{\partial F_{\mathrm{LFR}}} & \dfrac{\partial f_1}{\partial F_{\mathrm{LRL}}} & \dfrac{\partial f_1}{\partial F_{\mathrm{LRR}}} & \dfrac{\partial f_1}{\partial \delta_{\mathrm{W}}} \\ \dfrac{\partial f_2}{\partial F_{\mathrm{LFL}}} & \dfrac{\partial f_2}{\partial F_{\mathrm{LFR}}} & \dfrac{\partial f_2}{\partial F_{\mathrm{LRL}}} & \dfrac{\partial f_2}{\partial F_{\mathrm{LRR}}} & \dfrac{\partial f_2}{\partial \delta_{\mathrm{W}}} \\ \dfrac{\partial f_3}{\partial F_{\mathrm{LFL}}} & \dfrac{\partial f_3}{\partial F_{\mathrm{LFR}}} & \dfrac{\partial f_3}{\partial F_{\mathrm{LRL}}} & \dfrac{\partial f_3}{\partial F_{\mathrm{LRR}}} & \dfrac{\partial f_3}{\partial \delta_{\mathrm{W}}} \end{array}\right)}_{\underline{M}_{\mathrm{F}}\ \ \ \ \ \ \ \ \ \ \underline{m}_{\delta}}\right|_{\substack{\underline{x}=\underline{x}_0\\ \underline{u}=\underline{u}_0}} \left(\begin{array}{c} \Delta \underline{u}_{\mathrm{F}} \\ \hline \Delta u_{\delta} \end{array}\right) \tag{10.16}$$

$$=\underline{M}_{\mathrm{F}}\Big|_{\substack{\underline{x}=\underline{x}_0\\ \underline{u}=\underline{u}_0}} (\underline{u}_{\mathrm{F}}-\underline{u}_{\mathrm{F0}})+\underline{m}_{\delta}\Big|_{\substack{\underline{x}=\underline{x}_0\\ \underline{u}=\underline{u}_0}} (\delta_{\mathrm{W}}-\delta_{\mathrm{W0}}) \tag{10.17}$$

其中,

$$\Delta \underline{u}_{\mathrm{F}}=(u_{\mathrm{F}}-u_{\mathrm{F0}})$$

$$\Delta \underline{u}_{\mathrm{F}}=\begin{pmatrix} F_{\mathrm{LFL}}-F_{\mathrm{LFL0}} \\ F_{\mathrm{LFR}}-F_{\mathrm{LFR0}} \\ F_{\mathrm{LRL}}-F_{\mathrm{LRL0}} \\ F_{\mathrm{LRR}}-F_{\mathrm{LRR0}} \end{pmatrix}$$

$$\Delta u_{\delta}=\delta_{\mathrm{W}}-\delta_{\mathrm{W0}}$$

将其代入式 (10.14), 则得

$$\begin{aligned} &\underbrace{\dot{\underline{x}}=\underline{f}(\underline{x}_0,\underline{u}_0)+\left.\frac{\partial \underline{f}(\underline{x},\underline{u})}{\partial \underline{x}}\right|_{\substack{\underline{x}=\underline{x}_0\\ \underline{u}=\underline{u}_0}}(\underline{x}-\underline{x}_0)+\ \underline{m}_{\delta}\Big|_{\substack{\underline{x}=\underline{x}_0\\ \underline{u}=\underline{u}_0}}(\delta_{\mathrm{W}}-\delta_{\mathrm{W0}})}_{\text{Vehicle dynamics + driver input}} \\ &\quad \underbrace{+\,\underline{M}_{\mathrm{F}}\Big|_{\substack{\underline{x}=\underline{x}_0\\ \underline{u}=\underline{u}_0}}(\underline{u}_{\mathrm{F}}-\underline{u}_{\mathrm{F0}})}_{\text{Yaw control input (forces)}} \end{aligned} \tag{10.18}$$

设计控制器时, 为便于控制参数的物理解释, 可采用极点配置法。一般的, 输出向量 $\underline{y}$ 要进行反馈。但输出向量 $\underline{y}$ 并不包含需控制的主要变量 β。为此, 状态向量 $\underline{x}$ 由 9.1 节、9.2 节、9.6 节的观测器中获得, 控制系统采用状态向量 $\underline{x}$ 的反馈。

推导控制律时, 针对状态量相对工况点 $\underline{x}_0$ 的偏移量 $\Delta\underline{x}$ 来设计, 其中 $\Delta\underline{x}=\underline{x}-\underline{x}_0$。在一般非极限工况下,$\Delta\underline{x}$ 等于零, 这表明针对 $\Delta\underline{x}$ 来设计的方法具有合理性。在极限工况下,$\Delta\underline{x}$ 超过预设门限值, 状态向量时实际值与期望值存在偏差, 从而需要进行控制。

控制律如下:

$$\Delta \underline{u}_{\mathrm{F}} = -\underline{K}_{\mathrm{C}} \Delta \underline{x} \tag{10.19}$$

其中, $\underline{K}_{\mathrm{C}}$ 是反馈矩阵, 将其代入线性状态空间描述方程式 (10.18), 可得

$$\begin{aligned} \Delta \dot{\underline{x}} &= \left.\frac{\partial \underline{f}}{\partial \underline{x}}\right|_{\substack{\underline{x}=\underline{x}_0 \\ \underline{u}=\underline{u}_0}} \Delta \underline{x} - \underline{M}_{\mathrm{F}} \Big|_{\substack{\underline{x}=\underline{x}_0 \\ \underline{u}=\underline{u}_0}} \underline{K}_{\mathrm{C}} \Delta \underline{x} + \underline{m}_{\delta} \Big|_{\substack{\underline{x}=\underline{x}_0 \\ \underline{u}=\underline{u}_0}} \Delta \delta_{\mathrm{W}}, \\ \Delta \dot{\underline{x}} &= \left(\left.\frac{\partial \underline{f}}{\partial \underline{x}}\right|_{\substack{\underline{x}=\underline{x}_0 \\ \underline{u}=\underline{u}_0}} - \underline{M}_{\mathrm{F}} \Big|_{\substack{\underline{x}=\underline{x}_0 \\ \underline{u}=\underline{u}_0}} \underline{K}_{\mathrm{C}} \right) \Delta \underline{x} + \underline{m}_{\delta} \Big|_{\substack{\underline{x}=\underline{x}_0 \\ \underline{u}=\underline{u}_0}} \Delta \delta_{\mathrm{W}} \end{aligned} \tag{10.20}$$

上式括号内为闭环系统矩阵, 驾驶员输入的车轮转角可作为叠加干扰。系统的动态特性可用极点配置来设定。定义矩阵 $\underline{G}$, 它具有期望的系统特性 (即极点位置)。

$$\left.\frac{\partial \underline{f}}{\partial \underline{x}}\right|_{\substack{\underline{x}=\underline{x}_0 \\ \underline{u}=\underline{u}_0}} - \underline{M}_{\mathrm{F}} \underline{K}_{\mathrm{C}} \stackrel{!}{=} \underline{G} \tag{10.21}$$

由上式求得 $\underline{K}_{\mathrm{C}}$ 如下:

$$\underline{K}_{\mathrm{C}} = [\underline{M}_{\mathrm{F}}]^{+} \left(\left.\frac{\partial \underline{f}}{\partial \underline{x}}\right|_{\substack{\underline{x}=\underline{x}_0 \\ \underline{u}=\underline{u}_0}} - \underline{G} \right) \tag{10.22}$$

式中: $[\underline{M}_{\mathrm{F}}]^{+}$ 是矩阵 $\underline{M}_{\mathrm{F}}$ 的 Moore–Penrose 伪逆。

注意, 上述反馈矩阵 $\underline{K}_{\mathrm{C}}$ 是针对工况点 x_0、 u_0 来求的, 对于新的工况点需重新计算 $\underline{K}_{\mathrm{C}}$。重新进行的计算步骤包括:

① 侧偏刚度计算 (9.5.2 节)。

② 车速估计 (9.1 节) 以及横摆角速度估计 (9.2 节)。

③ 质心侧偏角观测 (9.6 节)。

10.2.2 参考值推导

侧向加速度 a_y 受侧向附着系数 μ_{S} 的限制。理论上, 最大 a_y 可达 $9.81\mu_{\mathrm{S}}$ m/s^2。例如 $\mu_{\mathrm{S}}=1$ 时, 若质心侧偏角为 0, a_y 可达 9.81 m/s^2; 当 β 幅值大于 0 时, 最大 a_y 设为 8 m/s^2。对于附着系数低于 1 的情形, a_y 最大值取为

$$a_{y\max} = 8\mu_{\mathrm{S}}\ \mathrm{m/s^2} \tag{10.23}$$

质心侧偏角 β 也是有限制的, $\beta_{\max}$ 随 v_G 变化, 如图 10.10 所示。

$$\beta_{\max} = 10^{\circ} - 7^{\circ} \frac{v_G^2}{(40\ \mathrm{m/s})^2} \tag{10.24}$$

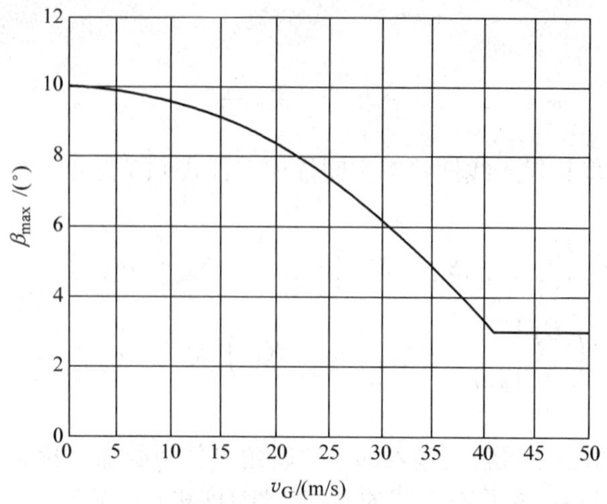

图 10.10 质心侧偏角最大容许限制与车速间的关系

故 β 的参考值如下:

$$\beta_{\text{ref}} = \begin{cases} \beta & , \ |\beta| \leqslant |\beta_{\max}| \\ \pm\beta_{\max} & , \ \text{其他} \end{cases} \tag{10.25}$$

注意, β 在最大容许极限内时, 有 $\beta_{\text{ref}} - \beta = \Delta x_2 = 0$。

当车辆**过度转向**时, 控制器也要限制 $\dot{\psi}$ 值。若 $\dot{\beta}$ 近似为 0, 则由式 (8.76) 可得

$$\dot{\psi} \approx \frac{1}{v_{\text{G}} \cos\beta} \left(\underbrace{\frac{F_{y\text{FL}}+F_{y\text{FR}}+F_{y\text{RL}}+F_{y\text{RR}}}{m_{\text{G}}}}_{a_y} - \dot{v}_{\text{G}} \sin\beta \right) \tag{10.26}$$

$$\dot{\psi}_{\max} \approx \frac{1}{v_{\text{G}} \cos\beta} \left(a_{y\max} - \dot{v}_{\text{G}} \sin\beta_{\text{ref}} \right) \tag{10.27}$$

因此, 过度转向时的横摆角速度参考值为

$$\dot{\psi}_{\text{ref}} = \begin{cases} \dot{\psi} & , \ |\dot{\psi}| \leqslant |\dot{\psi}_{\max}| \\ \pm\dot{\psi}_{\max} & , \ \text{其他} \end{cases} \tag{10.28}$$

当 $\dot{\psi}$ 在最大限值范围时, 有 $\dot{\psi}_{\text{ref}} - \dot{\psi} = \Delta x_3 = 0$。

当车辆**不足转向**时, β 与 $\dot{\psi}$ 在最大容许限值范围内。驾驶员通过加大转向角来控制车辆方向。若轮胎侧偏角 α 和侧向滑移率 s_{S} 过大, 侧向附着系数超过极限, 车辆就无法按预定轨迹行驶。为避免这种情况, 转弯时车辆的横摆角速度应比实际值大。

后轮侧偏角 α_{R} 可用来确定前轮侧偏角 α_{F} 是否达到某极限值, 此处设定 $|\alpha_{\text{F}}/\alpha_{\text{R}}|=1.5$。因此, 转向不足时的参考横摆角速度为

$$\dot{\psi}_{\text{ref}} = \begin{cases} \pm\dot{\psi}_{\max} & , \ |\alpha_{\text{F}}/\alpha_{\text{R}}| \geqslant 1.5 \\ \dot{\psi} & , \ \text{其他} \end{cases} \tag{10.29}$$

在**非极限工况**下, 参考值与实际值的差值为零, 即

$$\begin{aligned}\Delta x_1 &= v_{\mathrm{Gref}} - v_G = 0\\ \Delta x_2 &= \beta_{\mathrm{ref}} - \beta = 0\\ \Delta x_3 &= \dot{\psi}_{\mathrm{ref}} - \dot{\psi} = 0\end{aligned} \tag{10.30}$$

此时, 控制输入为零, 只有当 $|\beta| > |\beta_{\max}|$、 $|\dot{\psi}| > |\dot{\psi}_{\max}|$ 或 $|\alpha_{\mathrm{F}}/\alpha_{\mathrm{R}}| > 1.5$ 时, 才开始有控制输入。

下面来考虑 v_{G} 的参考值。获得最高车速限值的一种先进方法是, 通过高速公路路况的图像处理求得。若车速超过限制, 由上述控制律施加相应的制动力。

电制动系统可直接产生制动力 F_{Br}, 而液压制动系统具有非线性特性。采用液压制动时 F_{Br} 必须先转换成液压制动阀的驱动信号。若忽略 $\dot{\omega}$, 式 (10.2) 变为

$$F_{\mathrm{WL}} = \mu_{\mathrm{L}} F_z = k_{\mathrm{Br}} p_{\mathrm{Br}} \tag{10.31}$$

制动液压的控制可由图 10.11 所示的控制回路来实现。

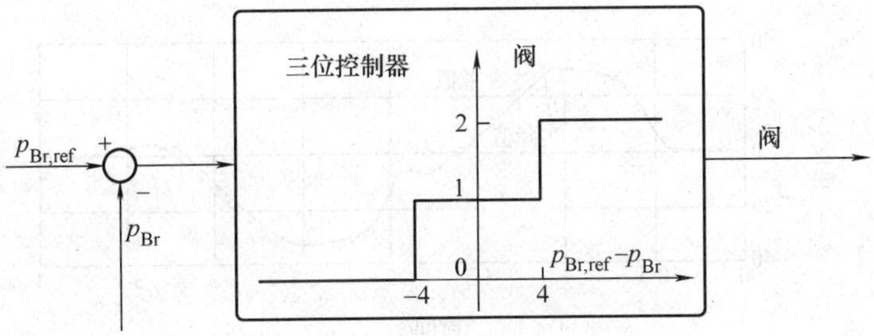

图 10.11 制动压力控制回路

仿真实例中, 采用高速紧急避撞工况。图 10.12 是未加以控制的车辆响应结果*, 在第一次方向盘转向操作中, 车辆就开始失去转向能力。

图 10.13 是加以控制时的车辆响应结果。质心侧偏角 β 不是总在参考值范围内, 但系统状态保证稳定, 且车辆具有转向能力。横摆角的控制偏差要比质心侧偏角偏差更小。

图 10.14 给出了等效轮速和制动压力曲线†。由于不是制动工况, 不存在制动减压过程, 而且每次只控制单个车轮。在第一次方向盘转向过程中, 右前轮制动压力增加; 第二次方向盘转向时, 左前轮制动压力升高。在第二个控制循环中, 图中所示的制动压力波动表明 ABS 系统激活, 以保证车轮滑移率没有超过附着系数曲线峰值对应的滑移率。

---

*译者注: 原图中缺少纵轴变量单位, 译者修正。

†译者注: 原文将轮速单位误为“m/s”。

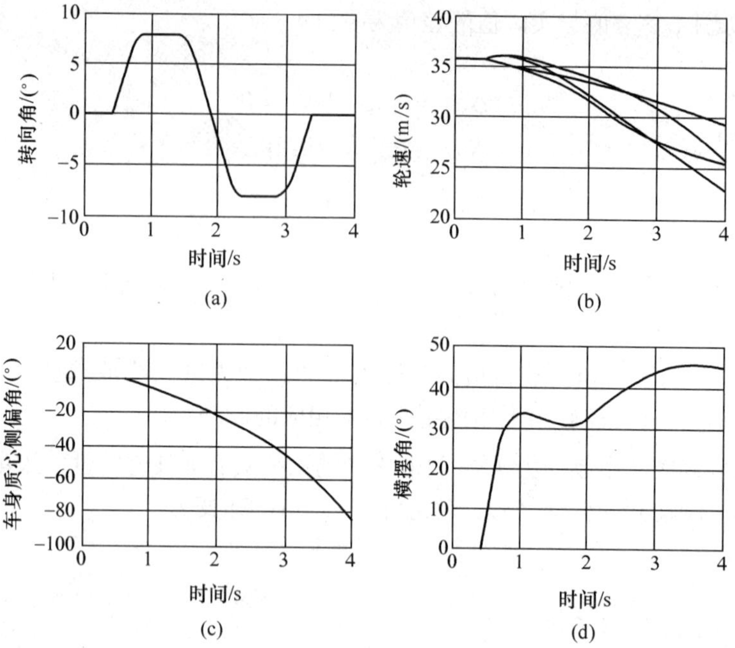

图 10.12　紧急避撞工况下不加控制时的车辆响应

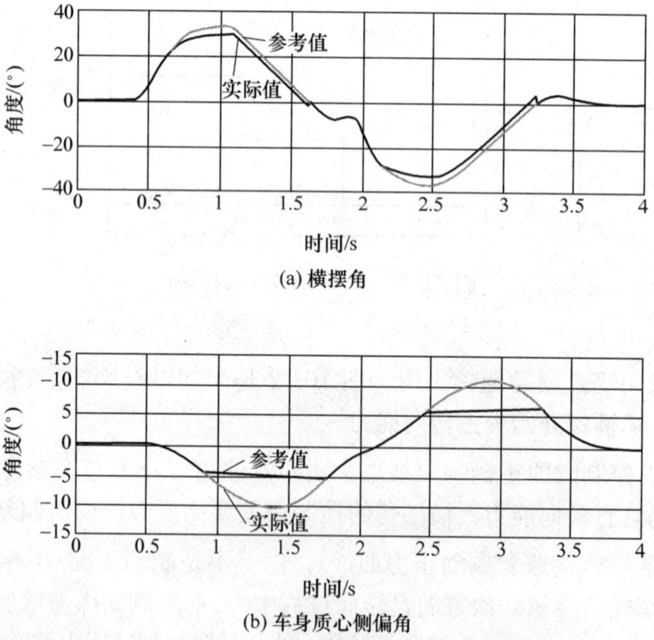

图 10.13　紧急避撞工况下加以控制时的车辆响应

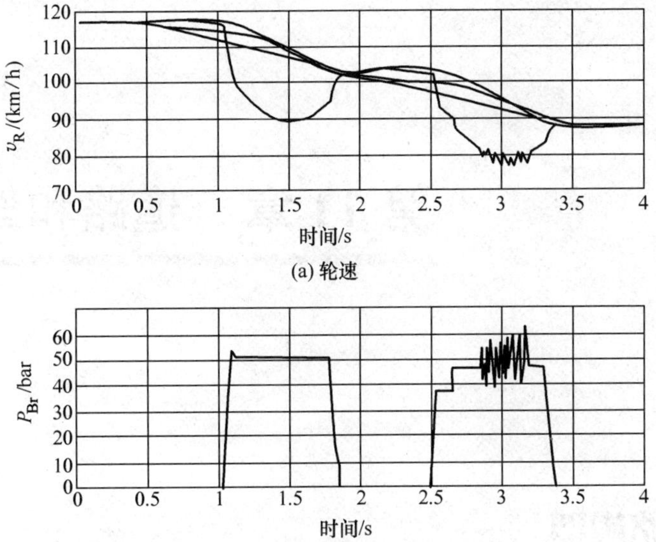

(a) 轮速

(b) 制动压力

图 10.14　等效轮速与制动压力

第 11 章　道路和驾驶员模型

11.1 道路模型

11.1.1 道路模型的要求

1. 道路建模

道路建模是驾驶员 – 车辆模型仿真的基本条件。为保证仿真的逼真程度，必须先定义路径，然后以合适的方式连接到驾驶员 – 车辆模型中。

路面的模拟自然是越详细越好，对风和天气等环境因素的考虑应尽可能真实。除实际路径坐标外，还应包括不同纵向 / 侧向坡度条件、不同附着条件。然而，最重要的是所建路径应该是可供车辆行驶的。因此，路径建模时要满足如下标准[62]：

① 路径连续　任何车辆都不能从一点瞬间地移动到另一点，因此连续性是路径的基本条件。路径必须连续完整且没有间断，以保证车辆可从起点开到终点。

② 曲率连续　车轮等效转速 v_{R} 与车辆转弯行驶时的转动速度 ω_{C} 之间存在如下关系：

$$\omega_{\mathrm{C}} = \frac{v_{\mathrm{R}}}{\rho} \tag{11.1}$$

式中：ρ——路径曲率半径。

由此可知，路径阶梯形变化时，曲率半径 ρ 为零，将会导致车辆转动速度 ω_{C} 无穷大，这在实际行驶条件下是不可能发生的。

③ 路径可微　若路径不存在阶梯形，则其可微性十分关键，因为车辆不能沿着 Z 字形行驶。急转弯路线中某点曲率会趋于无限大，这在实际行驶中也不可能出现。

2. 关键数据

道路模型必须提供的关键数据包括：

① x 轴、y 轴方向的坐标。

② 曲率半径 ρ。

③ 理想横摆角 ψ_{road} 和横摆角速度 $\dot{\psi}_{\text{road}}$。

④ 用于车辆导向 (guidance) 的推荐行驶车速 v_{ref}。

⑤ 纵向和侧向的路面坡度, 即 χ_{road} 和 φ_{road}。

⑥ 路面附着系数 $\mu(s)$。

⑦ 风速 v_{wind}。

仿真时, 根据预先定义的路径, 计算出上述数据并提供给驾驶员模型, 其中部分数据也提供给车辆模型。驾驶员通过感官获得路面信息, 经判断后, 将其用于计算操纵车辆时的导向参数和系统测量值。基于上述信息, 由车辆模型计算出行驶状态的动态变化。

11.1.2 路径定义

对于路径 (即道路平面线) 的定义, 可将其分割为独立路径单元来理解。任何路径都可由如下三种路径单元组成: 直线、回旋线以及圆弧线。根据不同要求, 可通过多个单元的串接得到一条完整的路径。除每个路径单元的起点、终点位置外, 还可定义空气作用力和推荐车速等参数。但是, 需要保证可满足前文提到的实际条件, 例如某个单元的终点要跟下个单元的起点相对应。为求简化, 假设在每个路径单元中, 推荐车速、路面坡度以及路面附着等参数均为恒定值。这种简化并不会影响路线设计的精度, 若要描述更详细的路面参数变化, 还可将其分割成更小段的单元。

图 11.1 给出了由 5 个单元构成的路径示例。直线单元与固定坐标系成 ψ_{road} 角度, 圆弧段半径为 ρ, 对应曲率为 $\kappa = 1/\rho$。

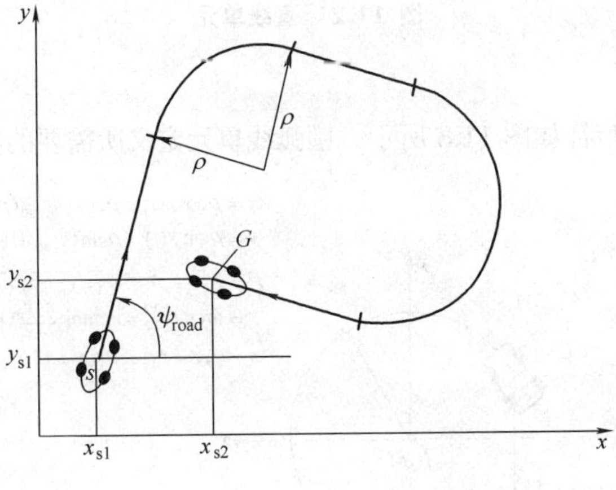

图 11.1 路径的分段定义

ρ —曲率半径; ψ_{road}—期望横摆角

下面将更详细地讨论不同路径单元及其定义所需的参数。

1. 直线单元

直线单元 (图 11.2) 是路径中最简单的部分, 它可描述为曲率为 0, 曲率半径为无穷大。直线单元定义所需要的参数如表 11.1 所示。

表 11.1 直线单元参数表

直线单元参数	
s_0	初始位移, m
s_{end}	最终位移, m
v_{ref}	当前单元推荐车速, m/s
ψ_0	初始横摆角, (°)
ψ_{end}	最终横摆角, (°)

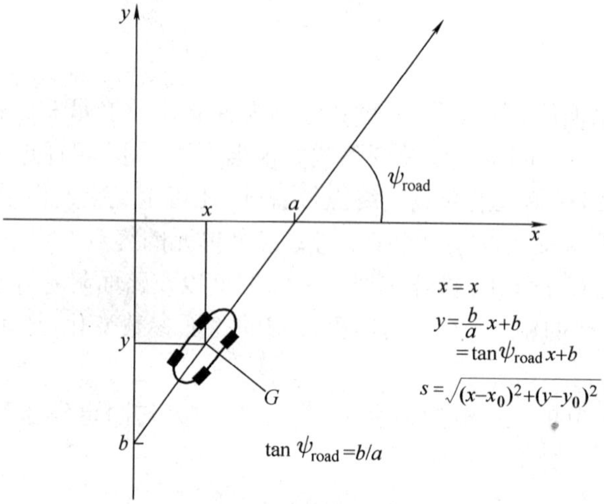

图 11.2 直线单元

2. 圆弧线单元

半径 ρ 恒定, 其数学特征如图 11.3 所示。圆弧线单元定义所需要的参数如表 11.2 所示。

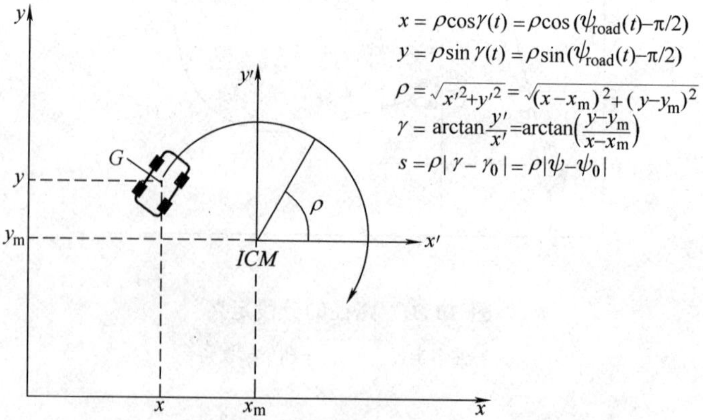

图 11.3 圆弧线单元

表 11.2 圆弧线单元参数表

圆弧线单元参数	
a/c	方向 (逆时针 / 顺时针)
s_0	初始位移, m
s_{end}	最终位移, m
v_{ref}	当前单元推荐车速, m/s
ψ_0	初始横摆角, 度
ψ_{end}	最终横摆角, 度
ρ	曲率半径, m

3. 回旋螺线单元 (图 11.4)

目前公路的曲线路径一般包括进口曲线段、恒半径圆弧段和出口曲线段。直线段和圆弧段之间的过渡可用回旋线来实现, 以满足曲率连续可变的条件。回旋线的半径随着曲线长度 s 增加而成比例减小。

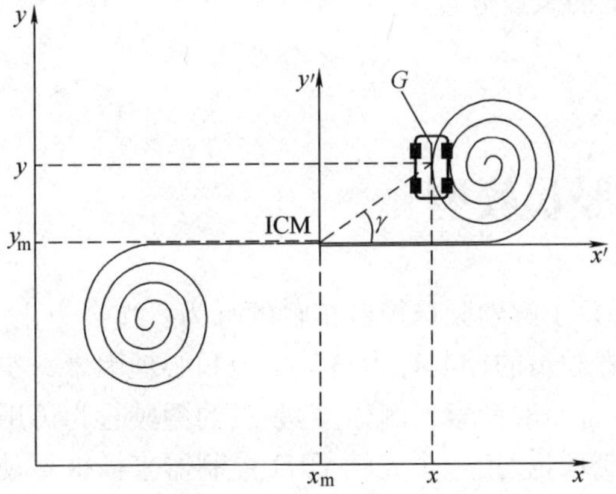

图 11.4 回旋螺线单元

若定义如下变量:

a_{N}——车辆质心轨迹的法向加速度;

T——螺旋系数;

v_{ref}——车速;

$\rho(s)$——曲线半径。

则有

$$\rho(s) = \frac{v_{\text{ref}}^2}{\pi s} T^2 \tag{11.2}$$

法向加速度 a_{N} 随 s 增大而增加

$$a_{\text{N}}(s) = \frac{v_{\text{ref}}^2}{\rho(s)} = \frac{\pi s}{T^2} \tag{11.3}$$

根据螺旋系数 T, 可确定从某渐近点到中心点 $(x_{\text{m}}, y_{\text{m}})$ 的距离如下所示:

$$x(s)=x_{\mathrm{m}}+\int_0^s\cos\left(\frac{\pi s^2}{2T^2v_{\mathrm{ref}}^2}\right)\mathrm{d}s;y(s)=y_{\mathrm{m}}+\int_0^s\sin\left(\frac{\pi s^2}{2T^2v_{\mathrm{ref}}^2}\right)\mathrm{d}s \tag{11.4}$$

回旋螺线存在的问题是: 计算某点笛卡儿坐标时, 式 (11.4) 中的积分没有解析解。因此, 只能通过数值方法推导半径 $\rho(s)$, 故较难验证 11.1.1 节中各项条件是否满足。

11.1.3 路面附着和风力条件

前文已说明了路面模型中附着条件与空气作用力的重要性, 因此, 除路径之外还需要定义其他参数。

将路面类型和天气条件分开定义是不必要的, 因为对于车辆模型 (尤其轮胎模型) 而言, 与其相关的附着系数 μ_{res} 反映的是这两种条件的综合效果。此外, 另一个更重要的环境因素是空气作用力。仿真时, 空气作用力一般根据先前定义的风速来求得。因此, 在每一路线单元中, 都要分别定义 (x,y,z) 方向上的风速分量。

11.2 PID 驾驶员模型

为了进行闭环仿真, 需要了解驾驶员控制车辆的行为。迄今为止, 对驾驶员行为的描述尚未足够精确。这主要是因为驾驶员的控制行为与其生理和心理因素、实际驾驶状况都有关。即便如此, 研究人员已作了许多有益的探索。例如, 驾驶员的驾驶行为可用经典控制理论或模糊理论来建模。本节采用经典控制理论, 用一个连续 PID 控制器来模拟驾驶员。该控制器可以减小车辆侧向偏差, 但与实际驾驶员行为仍有差距。对于一般的车辆闭环仿真, 该模型已可满足使用要求。

该 PID 控制器由两个几乎独立的纵向和侧向子控制器构成。只有在转弯极限工况下, 两个控制器间才存在耦合, 此时纵向控制器必须适当地减小油门开度。图 11.5 给出了纵向控制器的结构。根据对发动机特性的了解, 驾驶员可确定期望的纵向加速度 $a_{x,\mathrm{des}}$ 或者相应的油门开度 $\alpha_{\mathrm{t,des}}$。

采用比例控制, 可以补偿实际加速度与期望值间的误差 (例如在上坡行驶时)。若油门全开时发动机转矩仍太小, 则控制变速器下降一个挡位, 从而提高输出转矩。若期望加速度为零, 即使当前加速度为负值, 纵向控制器给出的加速信号都为零。因此, 转弯时, 控制器给定油门开度为零。对于转弯极限行驶工况, 由于转弯阻力造成的制动加速度可能非常大, 设定油门开度为零十分重要。风险校正器 (图 11.5) 模拟驾驶员行为, 保证快速过弯时不再加速。当驱动潜力已占用 60%~90% 时, 风险校正器开始起效, 按比例减小驱动转矩。采用该法时, 对车速的约束不是驾驶员模型的任务, 而是道路模型的任务 (因为车速与道路特征有关)。模型中纵向驾驶控制器的任务只是保持预先定义的加速度和车速。

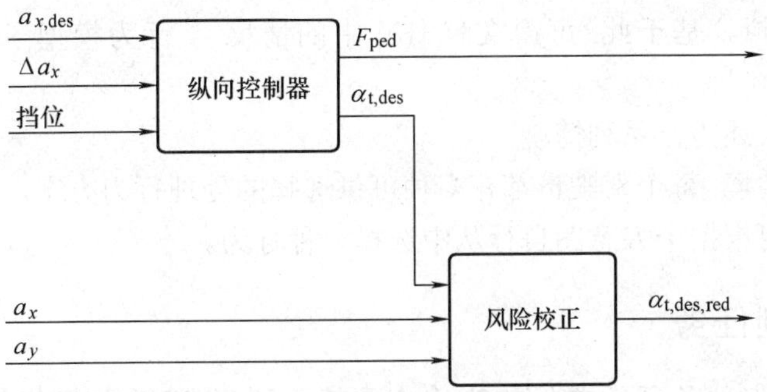

图 11.5 纵向控制器的结构

侧向控制器更为复杂, 它包括三部分, 如图 11.6 所示。控制器输入为三个预处理后的变量。假设车身侧偏角 β 和轮胎侧偏角 α 均为零, 可采用阿克曼 (Ackermann) 转向来近似获得车轮转角 (参见文献 [84])。

$$\delta_{\mathrm{A}} \approx \frac{l}{\rho}\left(1+\frac{v_{\mathrm{G}}^2}{v_{\mathrm{char}}^2}\right) \approx \frac{l_{\mathrm{R}}+l_{\mathrm{F}}}{\rho} \tag{11.5}$$

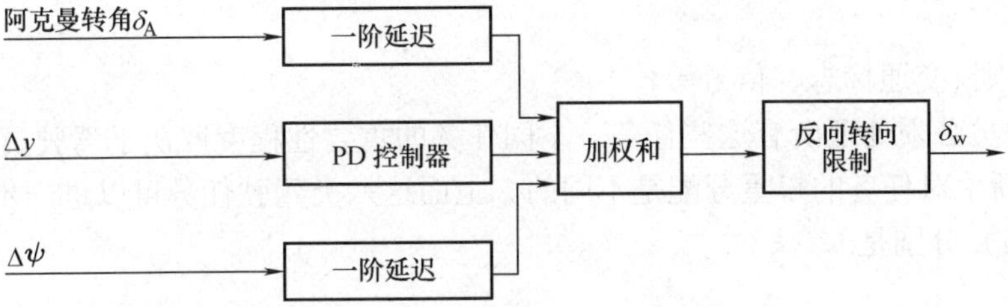

图 11.6 侧向控制器的结构

在图 11.6 中, 一阶延迟环节的时间常数为 30 ms, 可表示驾驶员转向行为中的延迟特性。由于路径曲率半径 $\rho(s)$ 变化缓慢, 可采用少量时间延迟。另一个输入为方向误差 $\Delta\psi = \psi + \beta - \psi_{\mathrm{road}}$, 其为车辆速度与路径方向的夹角, 同样采用一阶延迟环节。这可模拟驾驶员在识别并预防车辆发生“漂移” (drift) 方面的经验。此外, 由 PD 控制器来减小车辆侧向误差, 其传递函数为

$$G_{\Delta y}(s) = \frac{0.3\ s+1}{0.15\ s+1} \tag{11.6}$$

对上述三个控制器的输出进行加权求和, 求得的转向角还要满足方向盘反向转向限制 (counter-steering constraint), 即驾驶员不能在左转弯时向右打方向盘。即使在极限工况下, 上述 PID 控制器也可保证车辆的正常行驶。

11.3 混合驾驶员模型

本节将给出一个更真实的混合驾驶员模型, 以描述人类驾驶员 (human driver) 的完整认知过程。从行为心理学的角度来说, 驾驶员行为可用情境 – 认知 – 行为 (situation-cognitionaction) 反应链来模拟。基于此, 可得文献 [15] 中的情境 – 行为模型, 该模型采用的假设如下:

① 道路驾驶可表述为一系列情境。

② 对任一给定情境, 每个驾驶员都有多种可供选择的处理行为方案。

③ 每个驾驶员可根据个人意图自行从中选择一种行为。

11.3.1 车辆控制任务

驾驶员的车辆控制任务可分成大约 65 个主要任务和 1 799 个初级任务, 这些任务是驾驶中必须实现的。在文献 [108] 和 [109] 中, 这些功能被分成以下六个不同的任务组:

① 策略任务 (路线选择、出发时间确定)。

② 导航任务 (在驾驶过程中遵循选定路线)。

③ 与道路有关的任务 (在交通流、道路中选择适当的位置)。

④ 速度控制 (根据驾驶情境选择车速)。

⑤ 交通相关任务 (与其他的道路使用者间的交互, 保证不阻塞交通, 并避免与其他道路使用者相撞)。

⑥ 遵守规则 (交通标志、信号等)。

通常, 驾驶员必须处理所有这些任务。不同任务的重要性程度取决于驾驶员的类型。例如, 熟练驾驶员与新手对任务的权重分配是不同的。上面这六类驾驶任务可以进一步归纳为三种主要活动 (图 11.7), 分别是:

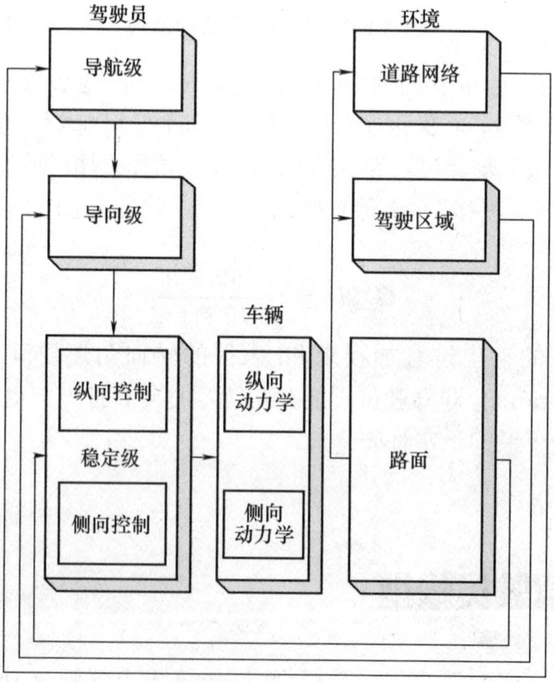

图 11.7 车辆驾驶任务的三个层级

① 导航级 (navigation level)——宏观行为 (寻找路线)。

② 导向级 (guidance level)——驾驶情境相关行为 (避免碰撞)。

③ 稳定级 (stabilization level)——微观行为 (操纵车辆)。

在导航级中, 主要涉及从 A 处到 B 处的一系列备选道路中选择最佳路线。这通常在驾驶行程开始之前就完成了。根据两地距离远近, 导航级任务计划可能会持续进行。对于经常行驶的路线 (如每天去上班的路线), 只要选择一次, 以后只要记住选定路线即可。

在导向级中, 驾驶员要确保当前驾驶与路面、交通状况相适应。该级任务只针对未来 5～10 s 时间内的驾驶行为进行计划。为此, 驾驶员要观察交通状况、道路路面以及可能的交通信号, 同时还必须控制三个车辆运动变量 (位置、速度和方向)。该级任务还要计算出期望车速, 并将其传递给稳定级任务来实施。

稳定级位于最低层次, 但同时优先级最高。该级任务是将其他级别任务指定的期望变量转换为合适的控制值。同样的, 稳定级必须对干扰 (如侧风或坡度变化) 进行补偿。该级任务中的时间常量由车辆动力学给出。

在车辆行驶过程中, 这三个级别任务同时进行, 因此可能会发生冲突。如果交通状况要求驾驶员将注意力集中在稳定级任务, 可能就不去处理导向级任务 (例如, 未注意到道路标志)。除上述基本任务之外, 如今驾驶员还要应付许多次要任务 (如操作空调开关、音响系统和使用电话等)。考虑人的信息获取, 这种注意力分配尤为重要。这里, 只考虑导向级和稳定级任务。至于导航级任务, 在驾驶行程开始之前就已经在道路模型中完成了。导向级和稳定级这两个较低级别的任务可以用 "驾驶员 – 车辆 – 环境" 系统来描述, 如图 11.8 所示。类似前文, 这里仍将纵向和侧向控制任务分开讨论。图中的导向级负责计算期望变量值, 稳定级则实施油门开度、制动力和方向盘转角的操纵。注意, 用于侧向控制的期望变量并没有在导向级中计算, 因为期望的侧向偏差为零, 而瞬时侧向偏差可根据当前行驶状态算得。对于纵向控制, 则有所不同: 纵向控制的目标是将车速尽可能保持在参考值。然而, 该参考值受道路和驾驶员特性的影响较大。纵向控制器所需的导向级数据变化较频繁, 因此需要先在导向级中计算。

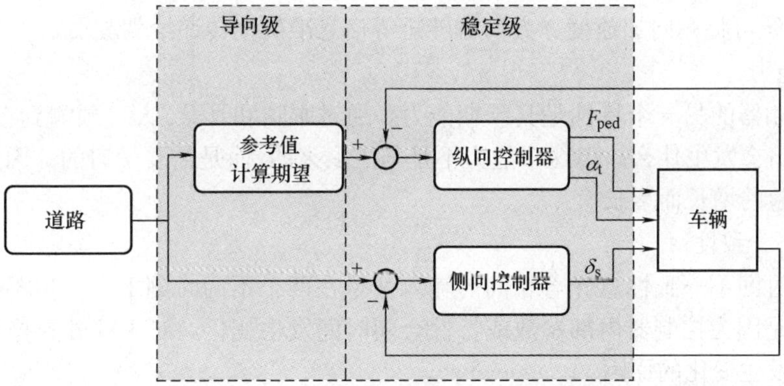

图 11.8 "驾驶员 – 车辆 – 环境" 系统

11.3.2　作为控制器的驾驶人特性

1. 驾驶人控制器的特性

不同于工程技术上的控制器, 驾驶人控制器 (human controller, 又称为人类控制器) 不能通过简单数学表达式来确定其特性。文献 [126] 描述了一个优秀的、安全的驾驶员应具备的特性: 优秀的驾驶员应该能完全地控制车辆设备, 非常遵守规则, 不冒不必要的风险, 对短期内交通状况有很好的预期能力, 会考虑别人的错误, 能控制自己的脾气。

当然, 上述特性并没有给出科学、准确的驾驶人控制器定义, 但这些特性表明控制行为还取决于心理因素。驾驶人具有人所共同的特性。这些生理和心理因素都作为个人因素的一部分, 从而影响了驾驶人控制器的特性。驾驶人控制器的一般特点包括如下几个方面:

(1) 行为模式

文献 [38] 研究了驾驶人的转向行为, 认为该行为中存在两种不断切换的状态。第一种状态就是所谓的*误差校正模式* (error correction mode), 在该模式下, 驾驶人行为就像经典控制器一样试图不间断地控制侧向误差。如果侧向误差被降低到某门限值以下, 切换为*误差忽略模式* (error ignoring mode), 在该模式下驾驶员可容忍一定程度的侧向误差并保持一定的方向盘转角。只有当侧向误差超过一定门限值, 才会重新回到误差校正模式。这个门限值大小取决于驾驶员, 不同人的门限值变化很大。从误差忽略模式到误差校正模式的转换可用事件 (event) 来模拟。将不同的事件等级加入优先排队系统, 可模拟人在认知资源有限的条件下如何处理各种事件。

(2) 非线性

驾驶人控制器的非线性主要是由于车辆所具有的各种非线性特性。例如, 车辆的加速过程与油门踏板位置间具有高度非线性关系。为补偿这种非线性特性, 驾驶员要适应该特性, 必须使其执行动作同样具有非线性。

(3) 适应能力

人拥有非常强大的控制特性, 他们可以适应各种车辆特性和路况。这种适应能力的前提是, 道路 – 车辆系统可将侧向加速度、方向盘转矩等信息准确地传递给驾驶员。

(4) 预期能力

驾驶人控制器的另一个特性是其预期能力。通过眼睛和耳朵, 人可预测到在未来一段时间和空间范围内将会发生什么。但这个能力不是与生俱来的, 而是需要学习的。因此, 预期能力程度随驾驶员经验的增长而增长。

(5) 时间不一致性

控制器的时间不一致性意味着相同的输入变量在两个不同时刻下会产生不同的输出结果。这种结果变化是因为控制器内部参数或特性会随时间发生变化。对于驾驶人控制器, 其个人因素正是其特性发生变化的原因。

2. 驾驶任务与人类认知层级之间的映射

为模拟人类的大脑, 必须将驾驶任务的三个层级与人类认知能力的三个层级相对应。为此, Rasmussen[99] 将人的行为分为如下三个层级:

① 基于技能的行为。

② 基于规则的行为。

③ 基于知识的行为。

这三个层级的示意图如图 11.9 所示。

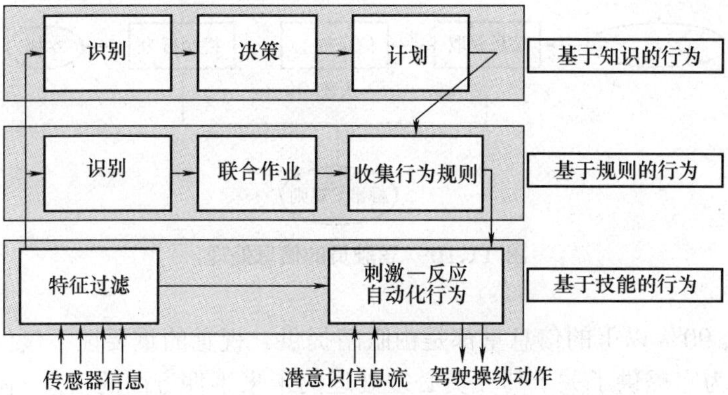

图 11.9 人的三种行为类别 (由 Rasmussen 提出)

在技能层级, 执行的主要是自动化的和常规的任务。执行该级行为时, 要先将从环境采样的信号与已有模式进行比较。对技能级行为影响最大的因素是信息筛拣 (information reduction), 其次是事件特征化 (characterization) 和觉察 (discovery) 过程。在学习过程中, 这种刺激—反应机制首先得到训练, 以后就会无意识地自动运行。在 11.3.5 节中, 将采用排队论来模拟该机制。该级行为的例子包括在直线行驶时保持路线、车速保持或超车时的规范化动作。

基于规则的行为发生在已知情境中。当给定情境在以前已经发生过, 就可依据先前学习的规则来处理。只有在选择性的信息筛拣加工之后, 输入信息才能被理解, 以表征不同的环境状态。由于"基于规则来处理"的特征, 该级行为的建模自然可采用模糊逻辑, 因此这些状态与行为之间的联系可以用 IF–THEN 规则来实现。

基于知识的行为发生在未知情境中。根据对已有规则的适应性改变和组合, 可得到合适的规则。

无意识的执行动作发生在技能层级, 以使更高层级集中于其他事件。因此, 只有有限的加工资源可供较高层级使用。高级行为运行更慢, 但具有可灵活改变的优势。相比之下, 较低级行为具备较快的运行速度, 但不容易改变。随着驾驶员驾驶经验的增加, 更多的有意识行为会变成无意识行为。

11.3.3 信息处理

前面部分讨论了在驾驶员 – 车辆 – 环境系统中人必须执行的任务, 本节将更详细地讨论人的信息加工步骤。如图 11.10 所示, 这可以分为三个连续的步骤: 信息获取—信息加工—控制行为 (information acquisition— information processing— control action)。

1. 人类的信息获取

驾驶员首先通过眼睛获得当前行驶状态和前方路面的信息。最重要的感知类型包括视觉 (即通过眼睛获得的信息) 和前庭 (通过平衡感来感觉到直线和旋转运动)。信息主要由眼睛提

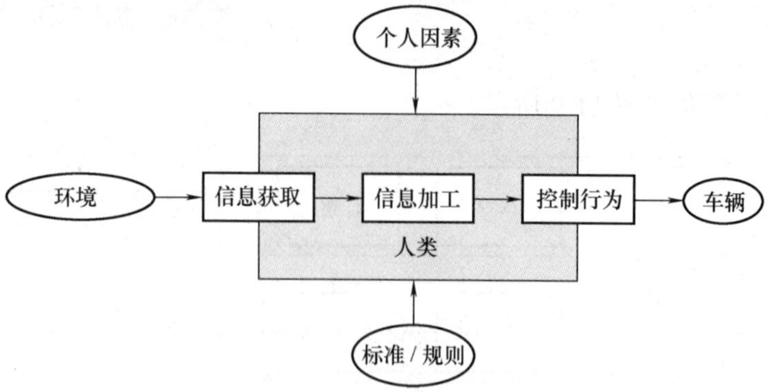

图 11.10 驾驶员的信息处理

供, 根据文献报道, 90% 以上的信息量都是由眼睛提供。视觉的重要性不仅仅是因为它提供了大量的信息, 还因为它提供了关于驾驶员必须处理的未来事件方面的信息 (在时间和空间维度方面)。相比之下, 其他的感觉器官仅仅提供了当前行驶状态的信息。

2. 信息加工和控制行为

在信息获取之后, 要进行数据筛拣, 因为不是所有获得的数据都会被处理。这种筛拣过程一部分发生在感觉器官, 一部分发生在大脑。每个感觉器官都有一种将物理刺激储存一段时间的机制。因此, 物理刺激即使已经停止, 其信息仍得到保留。例如, 当注意力指向某个物体时, 由于感觉器官的短期记忆功能, 此时它还可以进一步加工从其他物理刺激中获得的信息。通过对感觉器官获得的信息进行选择、评估并组合成一幅有意义的情况全景图, 驾驶员可理解整个情境, 从而作出适当的反应。

信息加工的不同阶段如图 11.11 所示 [127]。每个加工步骤采用适当的方式对输入信号进行重新修整。每个转换过程都需要一定的时间, 并耗去有限信息加工资源中的一部分。因此, 信息加工的速度和数据量是有限的。根据已有信息, 驾驶员可有多个备用方案, 其数目取决于驾驶员经验的丰富程度。根据当前决策判断, 驾驶员每次只能采用一种其认为合适的方案来执行。然后, 为实现所选方案, 驾驶员执行所需的控制量变化, 如油门踏板、制动踏板和方向盘转角等。接着, 驾驶员再次感知到车辆和环境的响应, 这就完成了一个循环。

3. 知觉

知觉加工是将许多不同的物理刺激与知觉类别进行匹配的过程。例如, 字母 A 的不同写法——A、a、ɑ、**a**, 都是属于同一种知觉类别。通过将许多物理刺激进行归类, 可减少数据量, 但是也可能会丢失重要数据。由于这个原因, 原始的物理刺激被另外保存在更高的加工级中。

4. 决策过程

决策过程根据实时要求来完成。一方面, 决策是非常迅速、具有反射性的过程。例如, 驾驶员遇到交通灯从绿灯转为黄灯时就有两种选择。他可在交通灯前制动停车, 也可加速行驶以在交通灯变成红灯之前通过。但是选择必须瞬间完成, 因此, 这种条件下要求作出反射性的决策。相比之下, 例如超车计划等决策过程却相对较长。在该情形下, 作出反应之前, 首先要确定所获信息是否要在记忆中存储。信息如果得到存储, 就会进入工作记忆。接着, 下一步要确定是否只

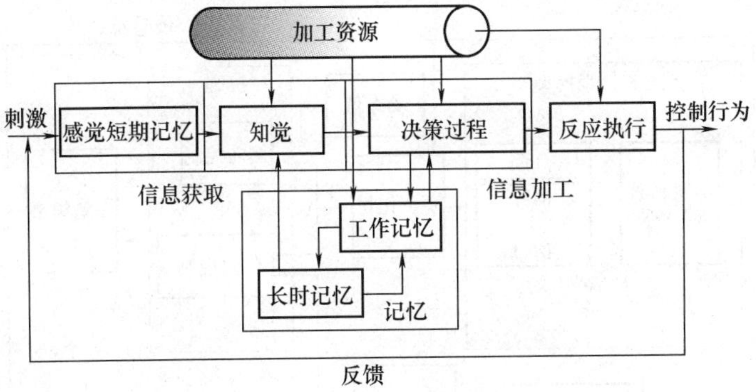

图 11.11 人类信息加工模型

将该信息作为短时记忆。若当前情境包含的信息非常重要，需将其存储到长时记忆中作为“习得训练成果”。在较长的决策阶段之后，根据刚存储的信息，以及从长时记忆中提取出的各种可选行为方案，驾驶员最终作出适合当前情境的行为反应。

5. 反应执行

一旦决策过程确定所需反应后，反应将被转化为对应于方向盘、油门和制动踏板的控制输出。

6. 加工资源

除感觉短时记忆外，其他信息加工过程要有效地发挥作用，都需要信息加工资源，如图 11.11 所示。如果某个加工级需要更多资源量，就不得不从其他加工模块中获得，从而降低其他模块的绩效。有时，这甚至可能导致某些模块的任务无法完成或者出错。

通过不断学习和重复练习，任务执行所需的加工资源可以减少。因此，在相同的情境下，一个有经验的驾驶员所需的加工资源比一个初学驾驶者所需的加工资源要少得多。

11.3.4 驾驶员全模型

采用合适的建模方法，现可将作为控制器的驾驶人特性转换为驾驶员模型。若采用适当的功能模块来替代上述认知加工过程的相应模块，得到的驾驶员模型如图 11.12 所示。

该驾驶员模型的前提假设是，只有当所有相关行驶信息均可获得时，驾驶员控制品质才能达到高水平。控制品质取决于驾驶员的经验和个体因素。虽然侧向和纵向控制器一直可获得当前的导向变量 (guidance variables, 即参考值)，但状态变量 (即实际值) 是从记忆中获得的 (在图 11.12 中用“更新记忆”模块来表示)。记忆值的更新取决于获取的信息。因此，控制器使用的有可能是过期值，而非当前值。在驾驶员加工资源严重超负荷的情况下 (如在驾驶的同时接听电话)，控制的品质和性能将显著下降。

11.3.5 人类信息获取模型

人类的信息获取是一个非常复杂的任务，因此在模拟信息加工过程时有必要采取一些简化。一般主要采用如下两种简化:

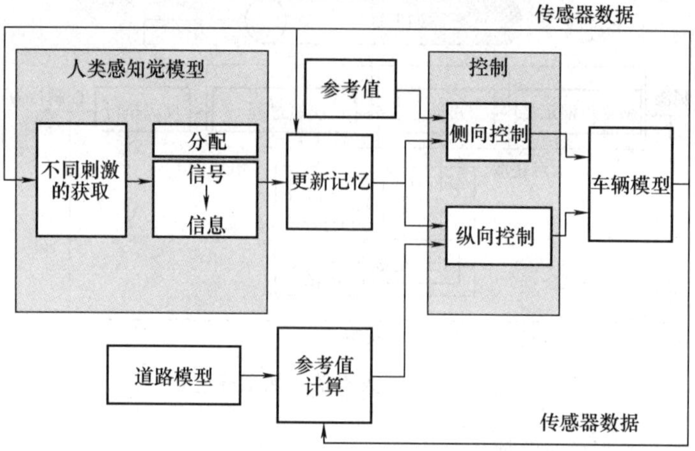

图 11.12 从人类认知加工模型转换而得的驾驶员全模型

① 只考虑两个知觉通道, 即视觉和内耳前庭。

② 不考虑其他的道路交通使用者。

1. 排队理论

排队理论可用于有限资源条件下的信息获取过程建模。在人类的信息获取过程中, 信息输入和信息加工的能力是有限的。排队系统主要由队列和服务机构两部分组成, 如图 11.13 所示。

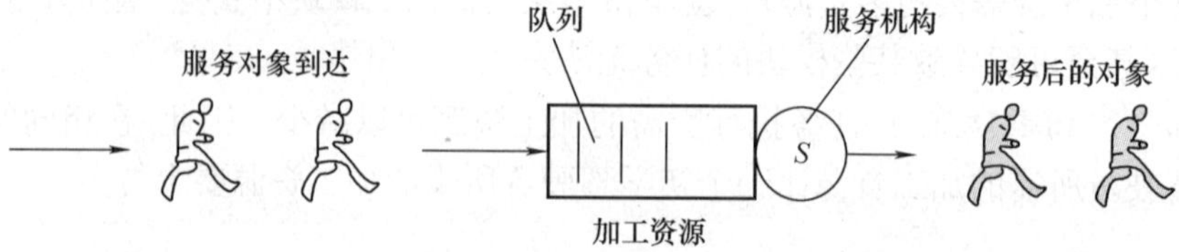

图 11.13 排队系统

首先, 服务对象进入队列。作为服务对象的临时存储 (等待), 队列要确定进入服务机构的下一个对象。获得服务的顺序要取决于优先级或到达的先后顺序。被选中的服务对象进入服务机构, 并持续一定的时间 (服务时间 τ_S), 该时间在大多数情况下属于随机分布。两个服务对象到达的间隔时间 τ_A 同样可视为随机变量。排队理论的目的是, 根据到达时间间隔和服务时间的分布情况, 来解析性地描述等待时间 τ_W。另外, 根据到达时间间隔和服务时间, 可计算出在队列中有多少待服务对象。如果该数目随时间增加, 系统将变得不稳定, 即资源超负荷[65]。

2. 服务顺序

如前所述, 排队政策是为了确定哪个待服务对象首先得到服务。一般使用的规则是“先到先服务”, 即先进入队列的服务对象先得到服务。然而, 还有如下几种服务顺序:

① 有优先权服务　针对每个服务对象, 都预设一个优先级。在这种情况下, 加工的顺序不是取决于哪个服务对象先进入队列, 而是根据优先级——优先级高的服务对象总是先得到服务。

② 容量有限队列 容量有限队列是在加工之前只能储存有限个服务对象的队列。如果服务对象数量达到最大值, 新的服务对象将无法再进入队列。与这种基于数量限制的队列一样, 还有基于时间限制的队列。在基于时间限制的队列中, 服务对象在队列中的时间达到特定时间后, 无论其是否已被加工, 都会被移出队列。

③ 抢占式 (pre-emptive)/ 非抢占式 (non-pre-emptive) 若队列中服务对象的优先级高于当前正在加工的服务对象, 就会有两种可能。第一种, 低优先级的服务对象可立刻从服务机构上移除, 转而处理高优先级的服务对象。只有高优先级的对象都得到服务了, 才能继续处理低优先级的服务对象。这种系统称作"抢占式"。若是另一种情况, 即高优先级的服务对象必须等到低优先级的服务对象完成后才能加工, 这种系统称为"非抢占式"。

人类信息获取可使用两种不同的队列进行建模, 如图 11.14 所示。队列一 (视知觉) 用来模拟视觉信息的获取。在道路上和汽车中的每一个视点 (view point) 都作为信息源节点 (source node)。当驾驶员考虑某个视点时, 相应的一个源节点便成为一个服务对象或事件。因此, 一个服务对象代表一个视觉事件 (viewing event)。视点可分为两组: 在道路上的视点和在汽车内的视点。其中, 位于汽车内的视点被认为是干扰, 因为它们提供的信息与驾驶无关。每个事件分别给定一个数值和一个优先级, 数值代表哪个信息源节点, 而优先级水平代表相应信息源节点的重要性。此外, 还有记录每个事件出现的时间。除决定观察某视点的时间外, 还要决定观察时段的长度。因此, 每个事件都分配一个服务时间, 表示驾驶员观察相应视点的时间, 以获得所有必要信息。这些时间参数分配好之后, 服务对象就进入了视觉信息获取的优先排队系统中。当服务机构处理某个对象的要求时, 就意味着驾驶员在已分配的服务时间内观察相应的视点。一旦采用这种方式对服务对象进行了加工, 该服务对象就会进入"目的节点 (destination node)", 然后在该节点中删除对象。系统在"抢占式"模式下运行。如前所述, 所有的感觉器官都有一个短时记忆容量。在排队系统中, 通过将服务对象在队列中的等待时间设为有限, 可模拟这种短时记忆特性。如果服务对象在这段有限等待时间中没有得到服务, 就会被移出队列并删除。根据上述设置, 仍会出现某时刻在队列和服务机构中均没有服务对象的情况, 这对应于驾驶员闭上眼睛的情形。为防止这种事情的发生, 还需要增加一类源节点, 即"提前点 (lead point)"。若如果没有其他服务对象在队列中, 至少还有一个属于提前点类的事件。

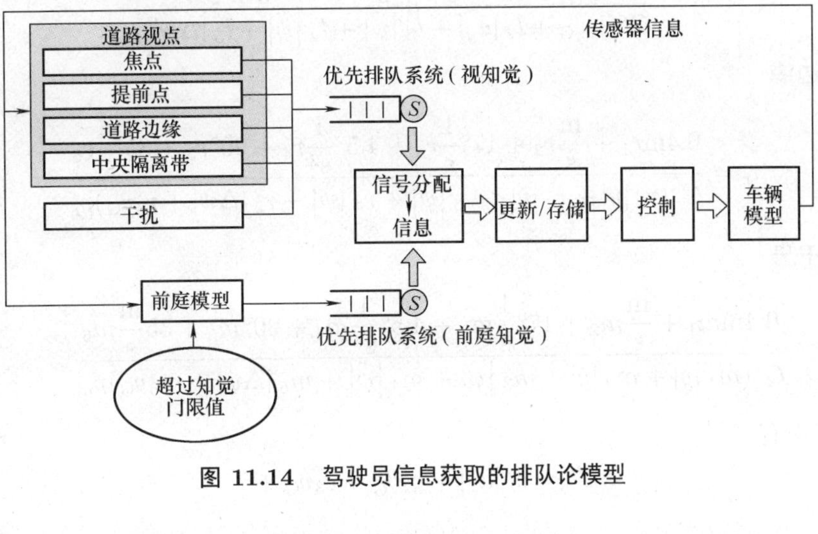

图 11.14 驾驶员信息获取的排队论模型

将信号**分配**到各信息类的过程在“信号分配→信息”模块中完成。由于一个视点包含许多信息, 这种分配是必须的。分配后, 信息在记忆中得到更新。根据服务对象事件 (即知觉事件) 的到达率 (arrival rate), 控制器就可以使用该信息的当前值。

在该模型中, 与视知觉同时 (但独立) 进行的还有通过前庭知觉的信息获取过程。当状态量超过相应的知觉门限值时, 就在源节点中建立服务对象。然后, 对象进入队列二, 接受服务, 并像视知觉一样进行信号分配和更新过程。

11.3.6 事件到达时间间隔和服务时间

本节将给出 **事件到达时间间隔**的定义, 即创建服务对象的时间间隔。视点将主要分为两类, 车外视点和车内视点 (干扰)。驾驶员观察视点的频率f_{view}在每秒 2~6 个视点左右, 可用下式表示:

$$f_{\text{view}}(v_{\text{G}},a_x)=\frac{1}{3}\frac{\text{s}}{\text{m}}\left|a_x\right|-0.001\ 401\frac{\text{s}}{\text{m}^2}v_{\text{G}}^2-0.093\ 84\frac{1}{\text{m}}v_{\text{G}}+7\frac{1}{\text{s}} \tag{11.7}$$

路面视点对应的总体观察频率可以分为如下几类:

① 视觉焦点 (约位于 3 s 后的行驶距离处)。

② 提前点 (驾驶员视野最远点)。

③ 道路边缘。

④ 道路中央 (即中央保留区域)。

各视点的时间间隔如下所示:

① 视觉焦点

$$\tau_{\text{f}}=\frac{35\dfrac{\text{m}}{\text{s}}f_1+6\dfrac{\text{m}}{\text{s}^2}f_2+17^\circ\dfrac{1}{\text{s}}f_3+4.5^\circ\dfrac{1}{\text{s}^2}f_4+90^\circ f_5}{C^*(f_1v_{\text{G}}+f_2\left|a_y\right|+f_3\left|\dot{\psi}\right|+f_4\left|\ddot{\psi}\right|+f_5\left|\Delta\psi\right|)p_{\text{f}}} \tag{11.8}$$

② 提前点

$$\tau_{\text{l}}=\frac{35\dfrac{\text{m}}{\text{s}}l_1+6\dfrac{\text{m}}{\text{s}^2}l_2+17^\circ\dfrac{1}{\text{s}}l_3+4.5^\circ\dfrac{1}{\text{s}^2}l_4+90^\circ l_5}{C^*(l_1v_{\text{G}}+l_2\left|a_y\right|+l_3\left|\dot{\psi}\right|+l_4\left|\ddot{\psi}\right|+l_5\left|\Delta\psi\right|)p_{\text{l}}} \tag{11.9}$$

③ 道路边缘

$$\tau_{\text{r}}=\frac{0.4\text{m}r_1+\dfrac{\text{m}}{\text{s}}r_2+17^\circ\dfrac{1}{\text{s}}r_3+4.5^\circ\dfrac{1}{\text{s}^2}r_4+90^\circ r_5+35\dfrac{\text{m}}{\text{s}}r_6}{C^*(r_1\left|y\right|+r_2\left|\dot{y}\right|+r_3\left|\dot{\psi}\right|+r_4\left|\ddot{\psi}\right|+r_5\left|\Delta\psi\right|+r_6v_{\text{G}})p_{\text{r}}} \tag{11.10}$$

④ 道路中央

$$\tau_{\text{c}}=\frac{0.4\text{m}m_1+\dfrac{\text{m}}{\text{s}}m_2+17^\circ\dfrac{1}{\text{s}}m_3+4.5^\circ\dfrac{1}{\text{s}^2}m_4+90^\circ m_5+35\dfrac{\text{m}}{\text{s}}m_6}{C^*(m_1\left|y\right|+m_2\left|\dot{y}\right|+m_3\left|\dot{\psi}\right|+m_4\left|\ddot{\psi}\right|+m_5\left|\Delta\psi\right|+m_6v_{\text{G}})p_{\text{m}}} \tag{11.11}$$

上述四式中有

$$C^*=c_1\left|a_x\right|+c_2v_{\text{G}}^2+c_3v_{\text{G}}+7$$

其中,$f_1\cdots f_5$、$l_1\cdots l_5$、$r_1\cdots r_6$、$m_1\cdots m_6$、$c_1\cdots c_3$、p_{f}、p_{l}、p_{r}以及p_{m}为加权系数,其数值详见附录 A.4。

采用式 (11.8)~式 (11.11) 可计算得到车外视点的事件到达时间间隔。

文献 [129] 给出了车内干扰的事件到达时间间隔,其中也给出了车内视点观察频率的均值和标准偏差。可假设观察频率属于随时间的正态分布。但是,转速表的事件到达间隔是个例外,一般主要在加速工况下使用。

$$\tau_{\mathrm{tacho}}=\frac{3\dfrac{\mathrm{m}}{\mathrm{s}}}{|a_x|} \tag{11.12}$$

一些常见车内干扰的事件到达时间间隔值如附录 A.4 所示。

(1) 服务时间的确定

服务时间是驾驶员观察某点所花的时间量。

道路视点的服务时间在 0.25~1.8 s 之间[51],此处选用中间区域段 0.5~1 s。但是,观察时间长短与车速有关,随着车速增加,观察时间延长。对于提前点、道路边缘以及道路中央,其服务时间与车速成正比关系。

$$\tau_{\mathrm{S}}=\frac{1}{70}\frac{\mathrm{s}^2}{\mathrm{m}}v_{\mathrm{G}}+\frac{1}{2}\mathrm{s} \tag{11.13}$$

视觉焦点的观察时间一般在 1.2~1.9 s 之间[128]。

车内干扰的服务时间详见文献 [129],其中部分数据可见附录 A.4。

(2) 视点优先级

服务的顺序与服务对象的优先级有关。根据相应视点的重要性,每个事件都赋予一个优先级。优先级越高,表明视点越重要。一些常见的视点优先级详见附录 A.4。

(3) 仿真结果

根据上述参数设置,进行典型道路驾驶的仿真。对于车内视点的事件到达时间间隔和服务时间,将其仿真值与文献 [129] 中给出的测量值进行对比。干扰的事件到达时间间隔和服务时间结果分别如图 11.15 和图 11.16 所示*。由图可知,无论是事件到达时间间隔还是服务时间,根据排队论模型计算的均值与实际测量值都吻合得较好。

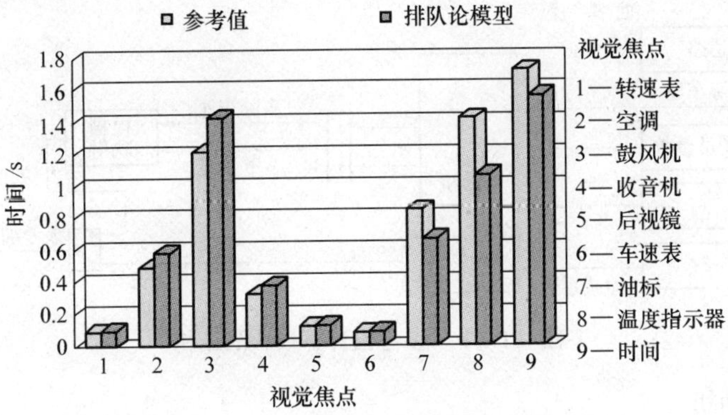

图 11.15 干扰的平均事件到达时间间隔

*译者注:原图 11.15 和图 11.16 中,“6 - tachometer”为“6 车速表”之意。

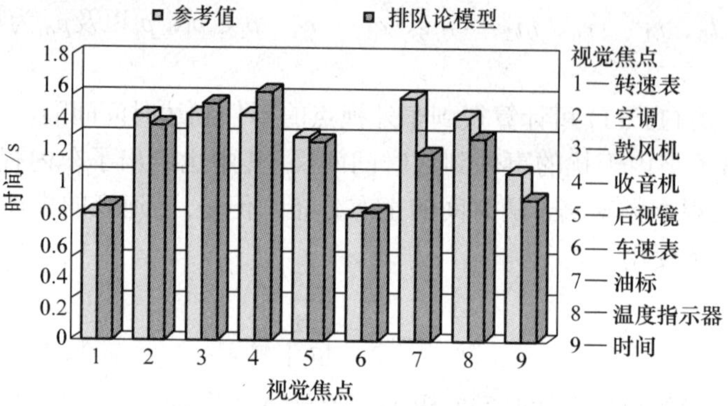

图 11.16 干扰的平均服务时间

11.3.7 参考值计算

纵向控制器需要一个参考值 (期望车速), 然后将其与实际值 (实际车速值) 进行对比。参考值与道路、驾驶员情况都有关, 其计算过程由驾驶员模型中的“参考值计算”模块完成。下面将考虑一个纯粹的加速度控制器, 即控制目标只考虑参考加速度, 而不是参考车速。首先, 根据前方路面确定车速的大致范围。在行驶过程中该范围不断变化, 因此只计算当前和短期内的车速。然后, 根据驾驶员类别, 调整车速值。

针对 11.1.2 节中定义的各种路径单元, 推导各自的参考车速。在该建模过程中, 自动机 (automata) 方法尤其适合。

1. 参考值计算模块的结构

参考值计算模块的结构如图 11.17 所示。该功能模块的核心部分采用 Mealy 自动机来建模。“道路”模块给出当前和短期内路径的曲率半径和车速值。为根据驾驶员类型来匹配参考车速, 自动机还需要驾驶员的相关参数。此外还需要最大允许速度, 这可根据轮胎与道路间的附着特性获得。与路径相对应的天气条件对最大允许车速也有较大的影响, 这由“天气”模块来考虑。根据上述输入, 自动机计算得到状态量和输出量, 即v_{ref}、$a_{y,\mathrm{ref}}$和$a_{x,\mathrm{ref}}$。然后, 要将车速实际值和参考值转换为参考加速度, 并传递给纵向控制器。

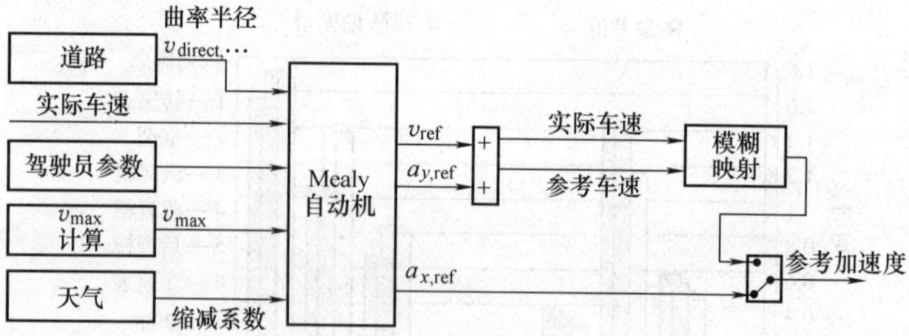

图 11.17 参考值计算模块的结构

2. Mealy 自动机

物理上可实现的自动机都会以特殊的方式对环境输入作出响应。对应于每个输入, 自动机会从当前状态转换为一个新的状态 (外部事件引起的状态转换)。根据自动机当前状态以及当前输入,计算得到输出。自动机有许多种类,此处采用 Mealy 自动机。针对参考值计算模块,图 11.18 给出了其有限 Mealy 自动机的状态及其转换示意图。

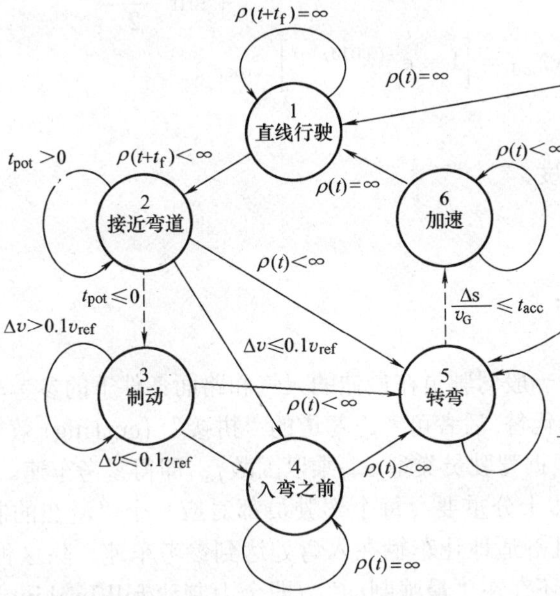

图 11.18 有限自动机状态示意图

此处,采用以下两个时间量来描述各个状态:当前仿真时间t以及所谓的驾驶员预瞄时间t_{f}(foresight time,或称前视时间)。预瞄时间是一个驾驶参数,与驾驶员类型有关。有限自动机工作状态描述如下:

(1) 状态 0——初始化

当初次调用自动机时,其处于状态 0。在行驶过程中,自动机不会再回到状态 0。

(2) 状态 1——直线路段

该状态表示在可预见的时间段内沿着直线段行驶,即曲率半径$\rho(t+t_{\mathrm{f}})=\infty$。在该阶段中,参考车速为一般驾驶员车速值$v$乘以因数$f_{\mathrm{act}}$(该因数表示驾驶员类型),即

$$v_{\mathrm{ref}}=vf_{\mathrm{act}} \tag{11.14}$$

当车辆驶近弯道,即$\rho(t+t_{\mathrm{f}})<\infty$时,自动机切换为状态 2。

(3) 状态 2——接近弯道

该阶段中,车辆依旧在直线路段行驶,但驾驶员已看到前方弯道路面。一般的,弯道车速不会与直线段车速一样,因此驾驶员在入弯前必须制动减速。制动的强度和持续时间必须确定。在制动开始前驾驶员保持当前车速。弯道车速的计算采用如下几式[75]:

$$v_{\mathrm{ref}}=\left[202.33-104.70\cosh\left(\frac{\chi^*_{\mathrm{road}}+1}{10}\right)\right]$$
$$\tanh\left[\frac{\rho^*}{64.0+(0.6\rho)^{0.99}}\right]\frac{\mathrm{m}}{\mathrm{s}}+6.375\tanh\left[1.10(B_{\mathrm{F}}-7.70m)\right]\frac{1}{\mathrm{s}} \tag{11.15}$$

$$\rho^* = \rho + (1.75 - 0.4B_{\mathrm{F}})\frac{\sin\dfrac{\psi_{\mathrm{road}}}{2}}{1+\sin\dfrac{\psi_{\mathrm{road}}}{2}} \tag{11.16}$$

$$\chi_{\mathrm{road}}^* = \left[1 - e^{-(0.014\rho^*)^3}\right]\chi_{\mathrm{road}} \tag{11.17}$$

式中: χ_{road} ——纵向坡度;

χ_{road}^*——等效纵向坡度;

ρ——曲率半径;

B_{F}——路面宽度;

ψ_{road} ——道路横摆角;

ρ^*——等效半径。

弯道车速计算值v_{ref}表示一般驾驶员在最佳的天气和路面条件下的参考车速。计算时, 实际弯道曲率半径ρ由等效半径ρ^*代替, 后者可考虑弯道的“拼接” (cutting) 效果。此处仿真中, 假设纵向路面坡度一直为 0。根据驾驶员类型,v_{ref}乘以因数f_{act}即得参考车速。在计算制动开始时间时, 驾驶员的个体因素仍然十分重要。每个驾驶员都对应一个“潜在的制动加速度”$a_{x\mathrm{pot}}$, 使用该加速度时, 其可顺利且舒适地让车辆在入弯处达到参考车速。除这种非紧急工况 (即驾驶员有充裕的制动时间) 外, 还存在“最强制动” (即全力制动,full braking) 工况, 此时对应的加速度为$a_{x\mathrm{max}}$。这两种制动时间可以分别计算如下:

$$t_{\mathrm{pot}} = \frac{\Delta s}{v_{\mathrm{G}}} + \frac{\Delta v}{a_{x\mathrm{pot}}} - \frac{1}{2}\left(\frac{\Delta v^2}{v_{\mathrm{G}}a_{x\mathrm{pot}}}\right) \tag{11.18}$$

$$t_{\mathrm{max}} = \frac{\Delta s}{v_{\mathrm{G}}} + \frac{\Delta v}{a_{x\mathrm{max}}} - \frac{1}{2}\left(\frac{\Delta v^2}{v_{\mathrm{G}}a_{x\mathrm{max}}}\right) \tag{11.19}$$

其中, Δv为参考车速的当前值和未来值之差, Δs为当前位置与弯道间的距离。一般的, t_{pot}比t_{max}要大。当t_{pot}和t_{max}均达到 0 时, 必须开始制动。若当t_{pot}达到 0 即开始制动, 表明驾驶员可采用期望制动力实现减速, 此时不会导致制动不舒适。否则, 就必须采用更大的制动力。一些驾驶员希望在入弯之前就获得期望的弯道车速, 而另外一些驾驶员则乐于进入弯道后再达到车速期望值。为考虑这种驾驶员差异, 再定义一个时间量t_{antic}, 表示驾驶员希望车辆在入弯前多长时间达到弯道车速。注意, t_{antic}可为负值。一旦制动开始, 自动机切换到状态 3。

(4) 状态 3——制动

在制动阶段, 状态输出是一个参考减速度。首先, 驾驶员要决定是采用全力制动还是轻微制动。轻微制动时, 参考减速度为

$$a_{x,\mathrm{ref}} = -\frac{v_{\mathrm{G}}\Delta v - \dfrac{1}{2}\Delta v^2}{\Delta s_1} \tag{11.20}$$

式中: $\Delta s_1 = \Delta s - v_{\mathrm{ref}}t_{\mathrm{antic}}$, 为当前时刻与驾驶员预期达到弯道车速时的位置间距。

当满足下式时, 将停止制动。

$$\Delta v \leqslant \frac{1}{10}v_{\mathrm{ref}} \tag{11.21}$$

若在入弯前Δv在上式门限值以下, 自动机切换到状态 4, 否则切换到状态 5。

(5) 状态 4——入弯之前

在此状态中, 车辆立刻就要入弯, 几乎已达到弯道参考车速。可算得为达到参考车速需要进行多大程度的轻微制动。一旦车辆入弯, 切换到状态 5。

(6) 状态 5——转弯行驶 (圆弧或回旋线路段)

在此状态中, 驾驶员根据其对当前路径曲率半径、天气以及路面条件的理解, 确定转弯行驶的参考车速。基于车辆侧向加速度, 驾驶员确定该参考车速是否合适、是否需要修正。参考车速的修正量跟侧向加速度有关, 由于不同驾驶员可忍受的侧向加速度阈值$a_{y\text{pot}}$不同, 此处也用驾驶员因数来考虑。因此有

$$v_{\text{ref}} = \sqrt{|a_{y\text{pot}}\rho|} \tag{11.22}$$

式中: ρ——弯道曲率半径;

$a_{y\text{pot}}$——与驾驶员相关的侧向加速度阈值。

(7) 状态 6——加速行驶

有些驾驶员在出弯之前就开始加速。故可采用一个与驾驶员有关的时间量t_{acc}, 表示在出弯前多久开始加速。若剩余弯道长度满足$\Delta s \leqslant v_{\text{G}}t_{\text{acc}}$, 则切换为状态 6。参考加速度计算如下:

$$a_{\text{ref}} = \min\begin{cases}(v_{\text{ref}} - v_{\text{G}})/t_{\text{acc}} \\ a_{\max}\end{cases} \tag{11.23}$$

11.3.8 纵向和侧向控制

控制器是驾驶员全模型的最后一个模块。基于当前实际行驶状态 (通过信息获取和选择得到)、未来路径信息以及各参考值, 控制器模块需计算出合适的控制变量。控制变量包括油门踏板位置、制动踏板力以及方向盘转角。

如图 11.19 所示, 控制器包含两个相连的模块。模块 1 负责控制纵向动力学, 计算油门和制动踏板输入。模块 2 计算合适的方向盘转角, 以控制车辆侧向动力学。车速v_{G}增加会导致侧向加速度a_y增加, 因此上述两个控制模块相互耦合。侧向加速度计算如下:

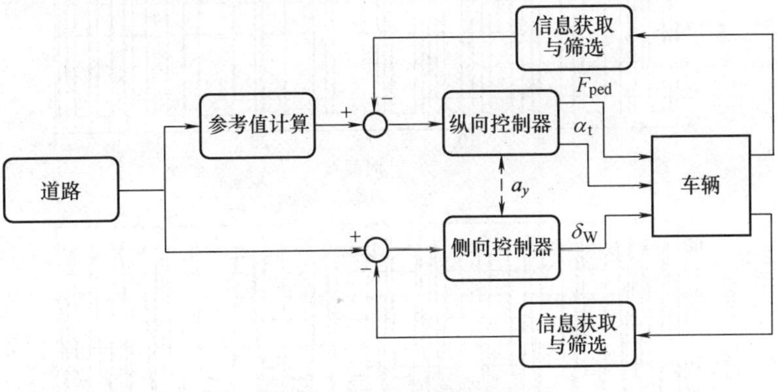

图 11.19 控制器结构

$$a_y = v_{\text{G}}^2\left[\frac{\delta_{\text{W}}}{l(1+Kv_{\text{G}}^2)} - \frac{1}{\rho}\right] \tag{11.24}$$

式中: v_{G}——车速;

δ_{W}——车轮转向角;

l——轴距,$l = l_{\mathrm{F}} + l_{\mathrm{R}}$;

K——稳定性因数, $(\mathrm{h/km})^2$;

ρ——曲率半径。

为针对 8.2 节中的车辆模型设计纵向和侧向控制器, 必须辨识得到简化线性的纵向、侧向闭环系统的参数。纵向动力学的辨识分驱动和制动两部分进行, 两部分系统对应的输入信号分别为节气门角度 α_{t} 和制动踏板力 F_{ped}, 输入信号为纵向加速度 a_x(图 11.20)。

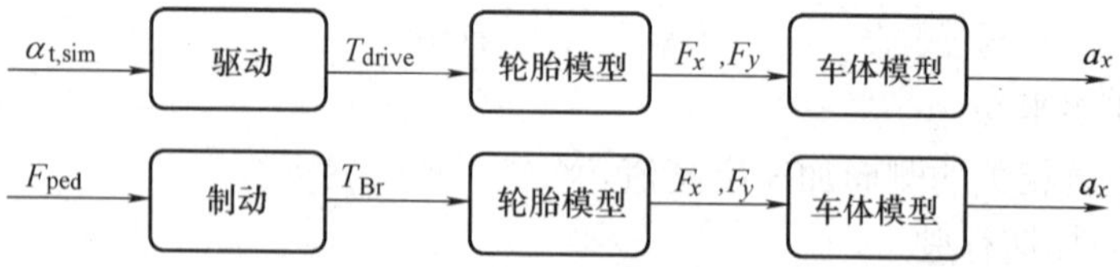

图 11.20 驱动与制动

1. 驱动系统的辨识与验证

先对图 11.20 中的驱动系统进行辨识, 输入为节气门角度, 输出为驱动转矩 T_{drive}。两者关系可采用 ARMA 模型 (autoregressive integrated moving average model, 自回归滑动平均模型) 来建模。在干燥直线道路上进行实车测试, 初始车速为 24 m/s, 变速器传动比为 $i_{\mathrm{gear}} = 1.41$。测试信号节气门角度最小值为 $\alpha_{\mathrm{t,sim,1}} = 1°$, 最大值为 $\alpha_{\mathrm{t,sim,2}} = 10°$, 如图 11.21 所示。一般驾驶员加速频率在 0 ~ 2 Hz 范围内, 因此此处考虑的系统带宽为 5 Hz, 建立时间 (settling time, 又称为稳定时间) 在 0.3 s 左右。采样频率可确定为 100 Hz。图 11.21 给出了节气门角度以及驱动转矩随时间的变化情况, 两者将分别作为辨识模型的输入和输出。

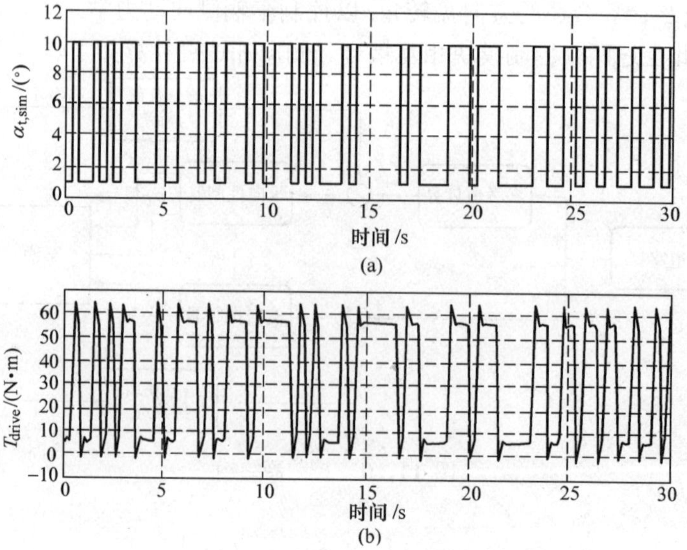

图 11.21 驱动系统辨识时的输入与输出

驱动系统的传递函数可近似为

$$G_{\mathrm{D}}(z^{-1})=\frac{0.112\,295+0.112\,314z^{-1}}{1-1.771\,3z^{-1}+0.810\,704z^{-2}} \tag{11.25}$$

图 11.22 中, 实际系统输出与辨识得到的 2 阶线性 ARMA 模型结果几乎完全一样, 因此辨识模型可以很好地重现系统特性*。

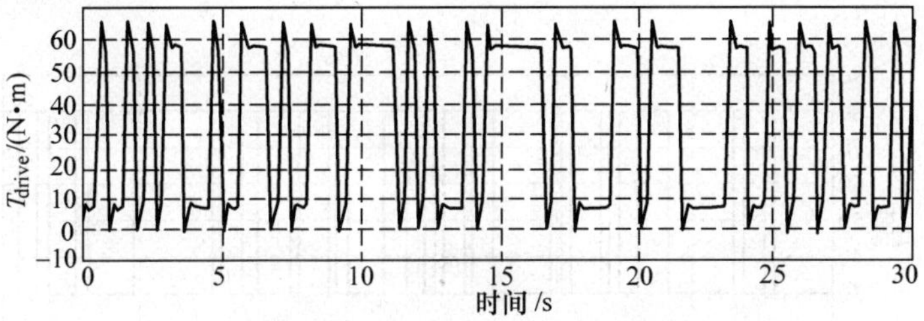

图 11.22 二阶驱动模型辨识的时域验证结果

图 11.23 †给出了 2 阶驱动系统辨识模型在频域上的验证结果。由图可知, 在幅值和频率方面, 辨识模型和实际系统都吻合得较好。

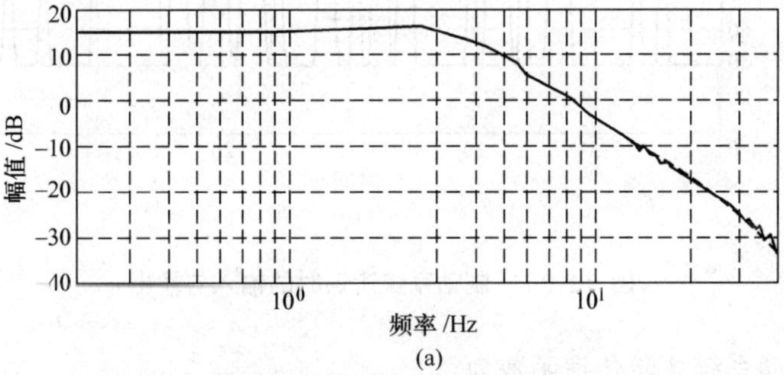

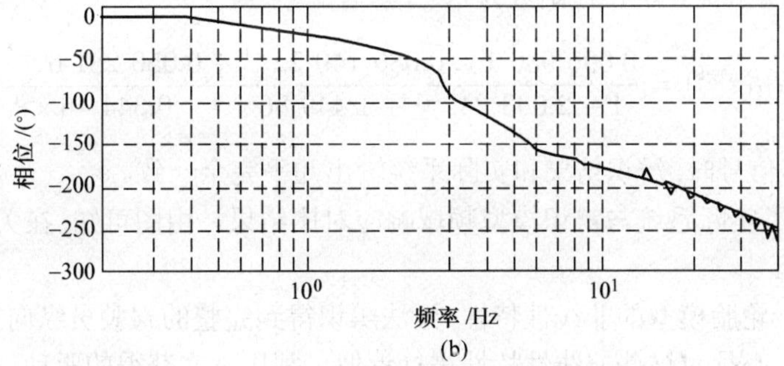

图 11.23 二阶驱动模型辨识的频域验证结果

2. 制动系统辨识和验证

对于制动系统, 仍只针对其关键部分进行辨识, 输入为制动踏板力 F_{ped}, 输出为制动力矩 T_{Br}。实车测试条件如下: 干燥、直线道路, 初始速度为 35 m/s。相比于驱动系统辨识时, 初始

*译者注: 原书中, 图 11.22 题注误为“频域验证结果”。

†译者注: 原书误为图 11.22。

速度有所提高, 这是为了避免速度降低到 5 m/s 以下。在辨识驾驶员模型中的制动控制模块时, 采用 3 阶线性 ARMA 模型。

图 11.24*给出了辨识时采用的输入和输出信号。PRBS(pseudo random bit sequence, 伪随机比特序列) 测试信号的上下界分别为: $F_{\text{ped},1} = 30$ N, $F_{\text{ped},2} = 80$ N。由于制动系统与驱动系统带宽差不多, 输入信号的脉宽与之前的选择一样。采样时间的选择与驱动系统一样, 仍定为 10 ms。

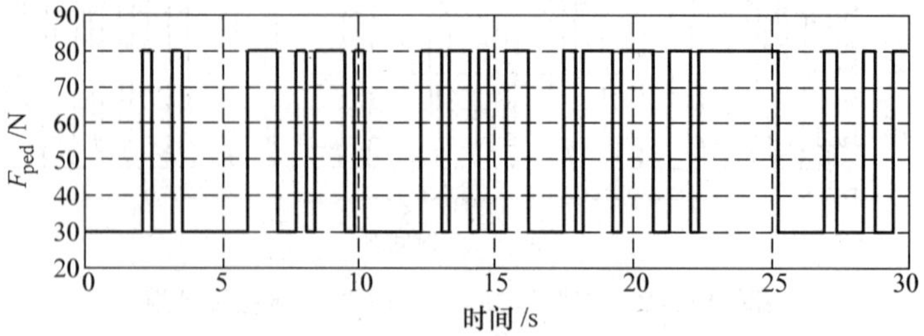

(a)

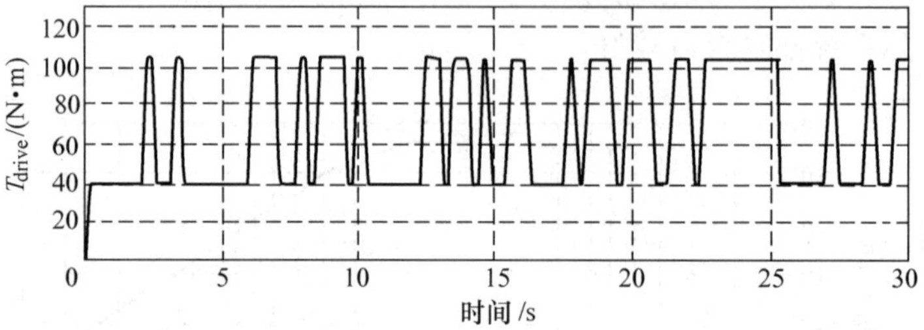

(b)

图 11.24 制动系统辨识时的输入与输出

辨识获得的制动系统 3 阶传递函数为

$$G_{\mathrm{B}}(z^{-1}) = \frac{0.090\,936\,1 - 0.086\,140\,2z^{-1} + 0.050\,281\,6z^{-2}}{1 - 2.063\,24z^{-1} + 1.449\,86z^{-2} - 0.344\,46z^{-3}} \tag{11.26}$$

在输入 PRBS 信号时, 辨识结果和实际系统输出几乎完全一致。

图 11.25 给出了实际系统与辨识模型频域响应对比结果。由图可知, 在关键频率范围内, 辨识模型的精度很高。

如前所述, 由于轮胎模型的非线性特性, 无法辨识得到完整的驾驶员纵向控制模块。为设计整个系统的控制器, 必须对这些非线性特性进行近似。利用上文获得的驱动、制动模型, 可设计以驱动、制动转矩作为输出的驾驶员纵向控制器。但是纵向控制器的任务是控制纵向加速度。因此需要确定一种非线性映射, 基于此, 可根据给定的加速度找出驱动、制动力矩。车辆的静态加速特性与当前车速密切相关, 因此对于同一期望加速度, 不同车速下所需求的驱动转矩也不同。图 11.26 给出了驱动转矩与加速度、车速间的关系。基于这种映射关系, 根据给定的期望加速度可以查得驱动控制模块中的期望驱动转矩。

*译者注: 原书误为图 11.23。

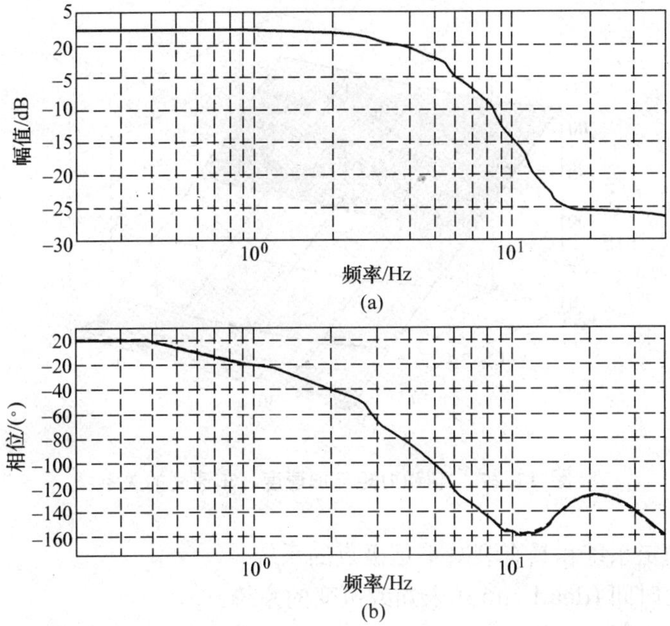

图 11.25 实际制动系统 (实线) 与辨识模型 (虚线) 的频域响应

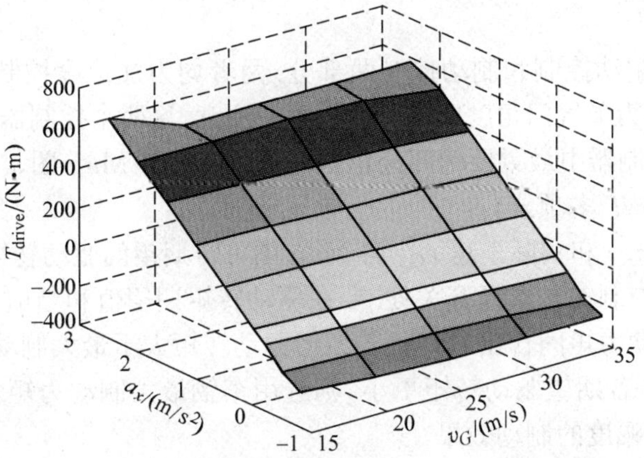

图 11.26 发动机驱动转矩与加速度、车速间的关系

车速对制动情形的影响也与驱动情形类似。制动特性由轮胎和路面间的附着系数决定。为产生特定的时间延迟, 根据不同车速要施加不同的制动力矩。如图 11.27 所示, 制动力矩是关于加速度和车速的函数。

存储值的更新受到信息加工资源的限制。当系统超负荷工作时, 队列等待时间增加, 会相应降低存储值更新速度。这就要求增加控制器的采样时间长度。

因此, 更好的解决办法是设计一种适用范围广泛的控制器。为此, 控制算法要满足如下要求:

① 适用于非最小相位系统。

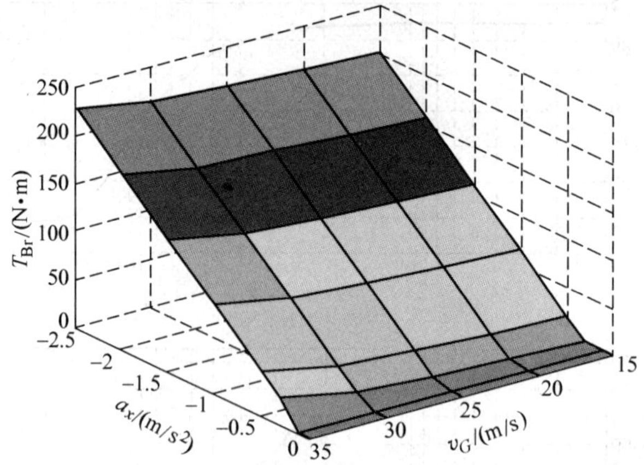

图 11.27 制动力矩与加速度、车速间的关系

② 适用于不稳定系统和具有衰减不足极点的系统。

③ 适用于死区时间 (dead time) 未知或可变的系统。

④ 适用于阶数未知的系统。

为满足上述要求, 控制算法可采用广义预测控制 (general predictive controller, GPC)[19], 其简介可见附录 A.3。

3. 驱动控制器

纵向控制器包括驱动控制和制动控制两部分, 两者均为加速度控制器, 即输入为加速度期望值和实际值, 而输出为节气门角度或制动踏板力。注意, 这两个控制器永远不会同时启用。如图 11.28 所示, 驱动控制器中最重要的部分包括与车速相关的 Map 图、控制输入选择开关以及 GPC 控制器 (R、S、T 多项式)。

根据期望加速度 a_{ref} 和实际车速 v_G, 由 Map 图可得期望的驱动转矩 T_{ref}。该值作为 GPC 控制器的设定点。在控制输入选择开关处, 要在驱动转矩期望值和当前变速器传动比下发动机可产生的车辆最大制动力矩间作出选择。若期望驱动转矩大于最大制动力矩, 则将该期望值传给控制器 (图 11.28)。若期望驱动转矩更小, 则选用车辆最大制动力矩。该法的优点在于通过发动机制动, 可产生小幅度的制动效果。

以控制驱动转矩为目标的 GPC 控制器采用常规的 RST 结构, 控制器输出为节气门角度 $\alpha_{t,sim}$。注意到 α_t 的有效范围为 0° ~ 90°。

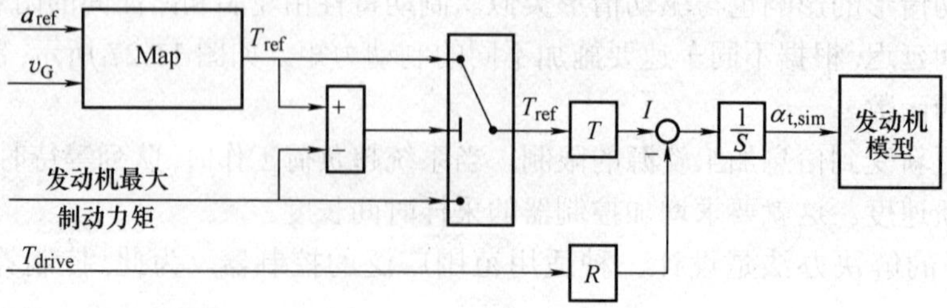

图 11.28 驱动控制方框图

基于上述辨识结果, 驱动系统的传递函数为

$$G_{\mathrm{D}}(z^{-1})=\frac{B(z^{-1})}{A(z^{-1})}=\frac{0.112\ 295+0.112\ 314z^{-1}}{1-1.771\ 3z^{-1}+0.810\ 704z^{-2}} \tag{11.27}$$

根据该传递函数, 考虑调整规则, 控制参数选为

$N_1=1$

$N_2=40$

$N_{\mathrm{u}}=3$

$\lambda_{\mathrm{u}}=10$

T 多项式滤波器的极点在 0.5~0.6 之间, 因此辨识模型的极点可得到更好的衰减。因此, 控制器对应的 R、S 和 T 多项式分别为

$$R_{\mathrm{D}}\left(z^{-1}\right)=1.141\ 53-1.904\ 49z^{-1}+0.811\ 293z^{-2} \tag{11.28}$$

$$S_{\mathrm{D}}(z^{-1})=1-0.503\ 17z^{-1}+0.140\ 577z^{-2} \tag{11.29}$$

$$T_{\mathrm{D}}\left(z^{-1}\right)=0.048\ 335\ 8 \tag{11.30}$$

4. 制动控制器

制动控制的结构与驱动控制相同, 如图 11.29 所示。

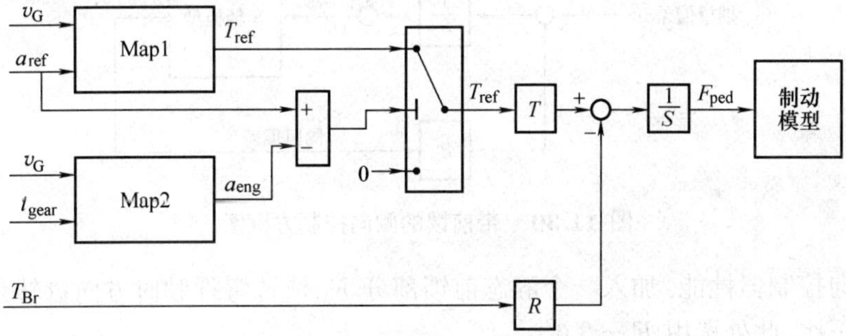

图 11.29 制动控制简化方框图

图中, 最上方的 Map1 模块根据车速 v_{G} 和预定义的期望加速度值 a_{ref} 得到期望的制动力矩, 此时为负值。"Map2" 模块要求出发动机制动时的负加速度 a_{eng}, 该值与车速 v_{G} 和变速器传动比 i_{gear} 均有关。在开关模块中, 需要对 a_{ref} 和 a_{eng} 进行对比。若发动机制动足以实现期望加速度, 则控制值选择为 $T_{\mathrm{ref}}=0$, 不激活制动控制模块。当期望加速度超过 a_{eng}, 必须采用制动器制动, 因此图中 "Map1" 模块算得的期望制动力矩将传给制动器。

制动控制系统的传递函数为

$$G_{\mathrm{B}}(z^{-1})=\frac{A(z^{-1})}{B(z^{-1})}=\frac{0.090\ 936\ 1-0.086\ 140\ 2z^{-1}+0.050\ 281\ 6z^{-2}}{1-2.063\ 24z^{-1}+1.449\ 86z^{-2}-0.344\ 46z^{-3}} \tag{11.31}$$

控制器调整参数选择如下:

$N_1=1$

$N_2=40$

$N_u = 3$

$\lambda_u = 10$

因此, 制动控制器 R、 S、 T 多项式分别为

$$R_B(z^{-1}) = 6.519\ 05 - 13.180\ 9z^{-1} + 9.120\ 6z^{-2} - 2.139\ 62z^{-3} \tag{11.32}$$

$$S_B(z^{-1}) = 1 - 0.239\ 487z^{-1} + 0.312\ 326z^{-2} \tag{11.33}$$

$$T_B(z^{-1}) = 0.319\ 119 \tag{11.34}$$

5. 侧向控制器

侧向控制器的目标是减小车辆相对于理想路线的侧向偏差。控制输入为方向盘转角 δ_S(对应的车轮转向角为 δ_W)。前轴中点的侧向偏差将用于 GPC 控制器中。该控制器没用到车身质心侧偏角, 因此也无法对其加以控制。控制器结构如图 11.30 所示。注意, 此处仅采用 R 和 S 多项式。

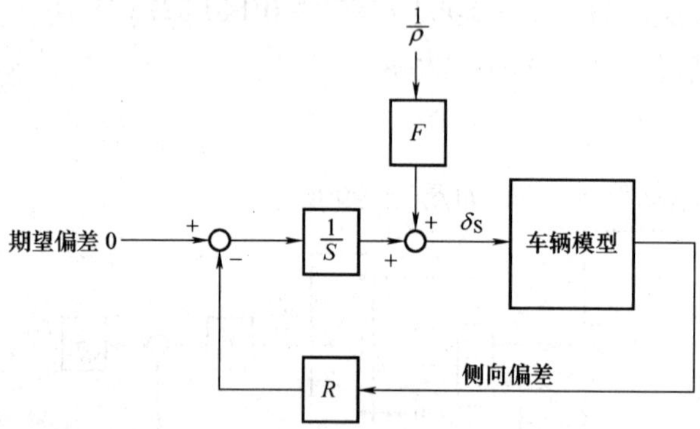

图 11.30 带前馈的侧向控制方框图

为改善侧向控制器性能, 加入一个静态前馈部分 F, 使转弯行驶时方向盘转角 δ_S 与曲率半径 ρ 的倒数成正比, 此处选用 $F = 3.6$。

通过侧向控制系统的辨识, 可得如下 5 阶 ARMA 模型的传递函数为 [79]

$$G_L(z^{-1}) = \frac{-0.003\ 391\ 7 + 0.007\ 591\ 4z^{-1} - 0.003\ 730\ 4z^{-2}}{1 - 4.784\ 7z^{-1} + 9.172\ 7z^{-2} - 8.807\ 7z^{-3} + 4.236\ 0z^{-4} - 0.816\ 29z^{-5}} \tag{11.35}$$

控制器调整参数选择如下:

$N_1 = 1$

$N_2 = 60$

$N_u = 3$

$\lambda_u = 50$

S 多项式滤波器的极点为 0.5、 0.6、 0.7、 0.8、 0.9 和 0.95。因此, 侧向控制器对应的多项式如下:

$$\begin{aligned} R_L(z^{-1}) = & -0.737\ 212 + 2.421\ 44z^{-1} - 1 - 646\ 76z^{-2} - 2.654\ 18z^{-3} + 4.175\ 51z^{-4} \\ & -0.785\ 85z^{-5} - 1.668\ 39z^{-6} + 1.091\ 09z^{-7} - 0.195\ 652z^{-8} \end{aligned} \tag{11.36}$$

$$S_L(z^{-1}) = 1 - 4.429\,49z^{-1} + 8.364\,77z^{-2} - 8.730\,42z^{-3} + 5.433\,16z^{-4} - 2.011\,27z^{-5} + 0.409\,556z^{-6} - 0.035\,392\,8z^{-7} \quad (11.37)$$

6. 仿真结果

为证明纵向、侧向控制器的鲁棒性和控制性能, 针对多种行驶工况进行仿真。弯道曲率半径在 $\rho = 275 \sim 400$ m 范围内, 路面条件从干燥变为潮湿。这些路径将作为仿真时的参考路径。

图 11.31 给出了纵向控制器中的节气门角度和制动踏板力。由图可知, 小幅度的制动减速度可由发动机制动来实现, 而无需采用制动器制动 (即此时节气门角度和制动踏板力均为零)。

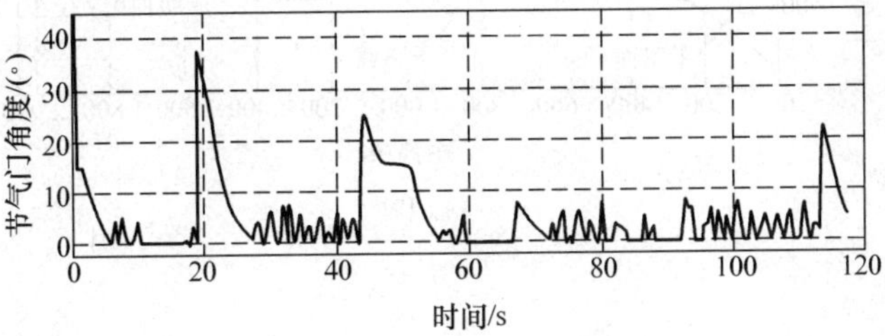

(a)

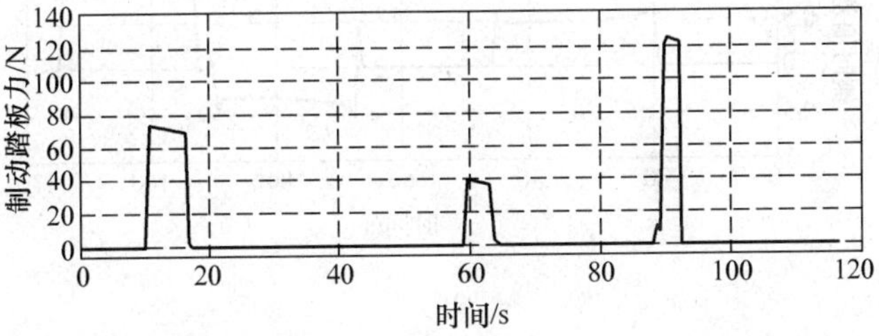

(b)

图 11.31 纵向控制仿真结果

侧向控制器结果以及车辆行驶轨迹如图 11.32 所示。由图可知, 由于侧向偏差很小, 车辆实际轨迹与期望轨迹几乎完全一样。

根据天气条件和路径曲率, 在每一时刻下计算出图 11.33 中的参考车速。根据行驶状态 (入弯或者出弯), 确定一个合适的车速范围, 模拟一般驾驶员加速度操纵的特性。

图 11.33a、 b、 c 分别是驱动转矩、制动力矩以及加速度, 均包括其参考值和实际值。由图可见, 实际值对期望值的跟踪效果很好, 即使在大加速度或大减速度工况下。即使车速变动范围达 30 km/h, 对控制器性能也未产生负面影响。在瞬态阶段之后, 期望值跟踪效果也很好。

图 11.34b 给出了车辆的侧向偏差。尽管车速、曲率半径和路面附着条件存在较大的变化, 但仿真过程中的最大侧向偏差仅约 1.2 cm 左右。由于其不存在波动, 故无需加以矫正。

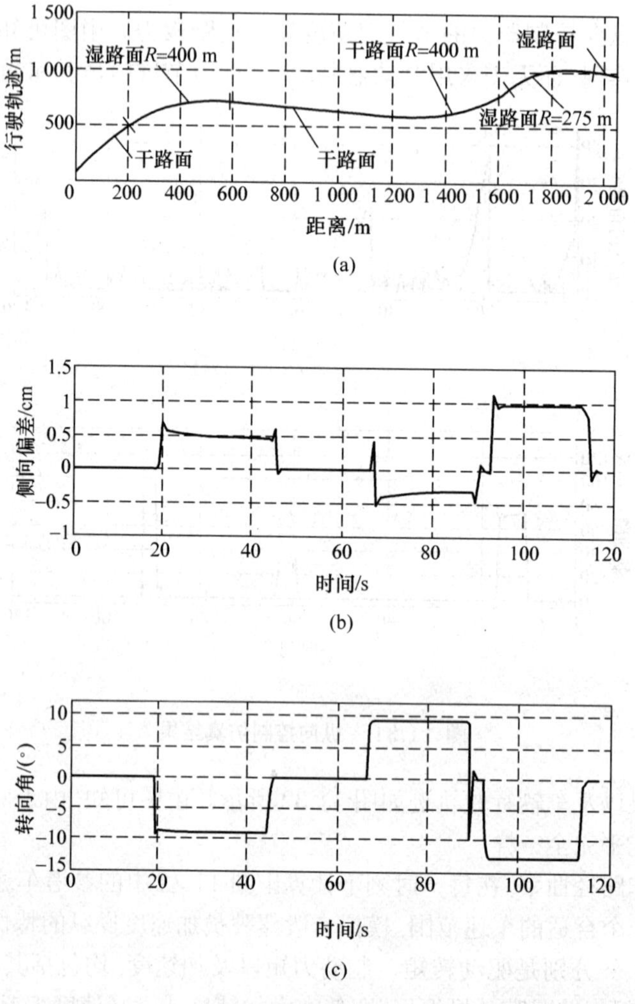

图 11.32 侧向控制仿真结果

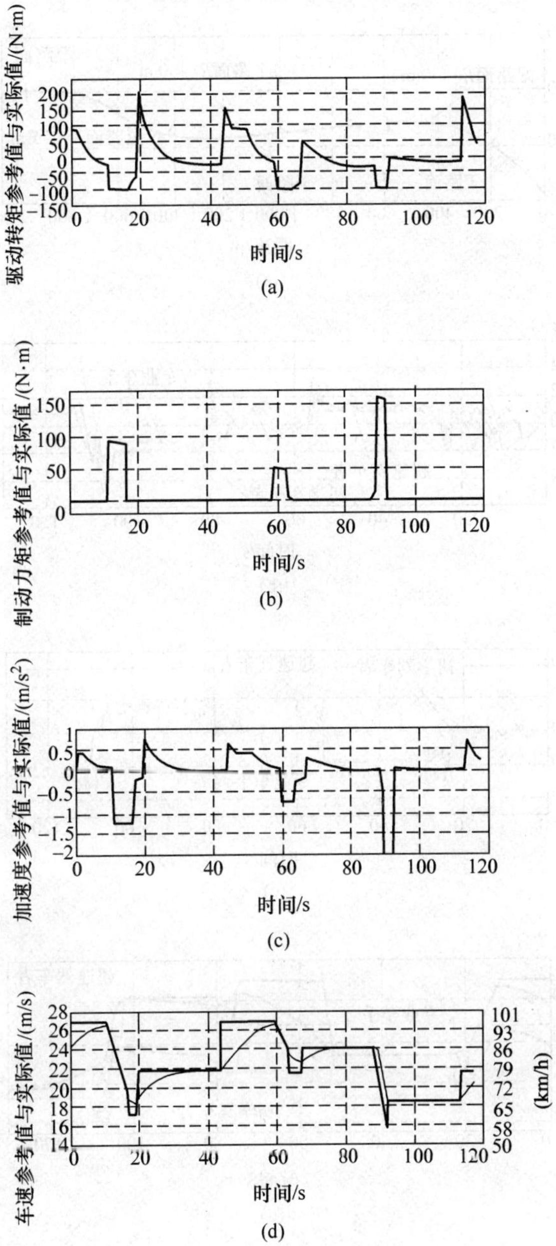

图 11.33 纵向控制仿真结果

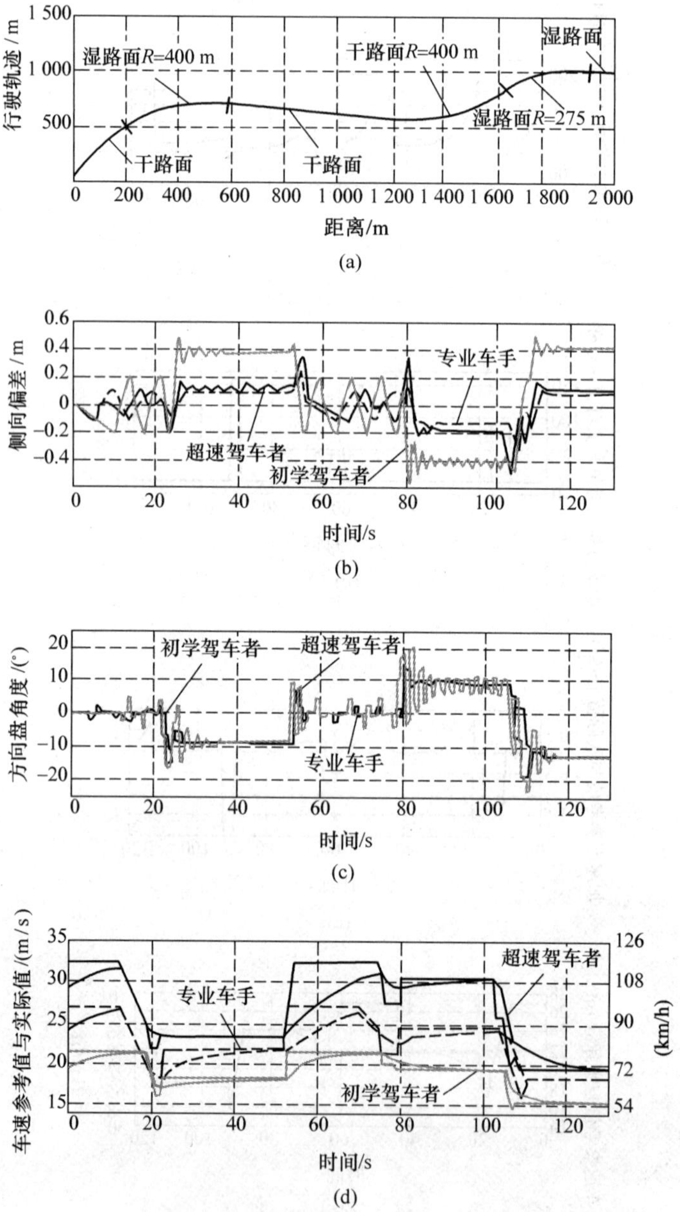

图 11.34　不同类型驾驶员的侧向控制

A 附录

A.1 雅可比矩阵 / 非线性双轨模型

8.4.4 节中, 对于简化的非线性 3 阶双轨模型, 其雅可比矩阵各元素为

$$\begin{aligned}\frac{\partial \dot{v}_{\mathrm{G}}}{\partial v_{\mathrm{G}}} =& \frac{1}{m_{\mathrm{G}}}\left[-c_{\mathrm{aer}}A_{\mathrm{L}}\rho v_{\mathrm{G}}\cos\beta - \frac{l_{\mathrm{F}}\dot{\psi}}{v_{\mathrm{G}}^{2}}(c_{\mathrm{FL}}+c_{\mathrm{FR}})\sin\left(\delta_{\mathrm{W}}-\beta\right)-\right.\\ &\left.(c_{\mathrm{RL}}+c_{\mathrm{RR}})\frac{l_{\mathrm{R}}\dot{\psi}}{v_{\mathrm{G}}^{2}}\sin\beta\right]\end{aligned} \tag{A.1}$$

$$\begin{aligned}\frac{\partial \dot{v}_{\mathrm{G}}}{\partial \beta} =& \frac{1}{m_{\mathrm{G}}}\left[(F_{\mathrm{LFL}}+F_{\mathrm{LFR}}+c_{\mathrm{FL}}+c_{\mathrm{FR}})\sin\left(\delta_{\mathrm{W}}-\beta\right)-\right.\\ &\left(c_{\mathrm{RL}}+c_{\mathrm{RR}}+F_{\mathrm{LRL}}+F_{\mathrm{LRR}}-c_{\mathrm{aer}}A_{\mathrm{L}}\frac{\rho}{2}v_{\mathrm{G}}^{2}\right)\sin\beta+\\ &(c_{\mathrm{FL}}+c_{\mathrm{FR}})\left(\delta_{\mathrm{W}}-\beta-\frac{l_{\mathrm{F}}\dot{\psi}}{v_{\mathrm{G}}}\right)\cos(\delta_{\mathrm{W}}-\beta)+\\ &\left.(c_{\mathrm{RL}}+c_{\mathrm{RR}})\left(-\beta+\frac{l_{\mathrm{R}}\dot{\psi}}{v_{\mathrm{G}}}\right)\cos\beta\right]\end{aligned} \tag{A.2}$$

$$\begin{aligned}\frac{\partial \dot{v}_{\mathrm{G}}}{\partial \dot{\psi}} =& \frac{1}{m_{\mathrm{G}}v_{\mathrm{G}}}[l_{\mathrm{F}}\sin\left(\delta_{\mathrm{W}}-\beta\right)(c_{\mathrm{FL}}+c_{\mathrm{FR}})+\\ &l_{\mathrm{R}}\sin\beta(c_{\mathrm{RL}}+c_{\mathrm{RR}})]\end{aligned} \tag{A.3}$$

$$\begin{aligned}\frac{\partial \dot{\beta}}{\partial v_{\mathrm{G}}} =& -\frac{1}{m_{\mathrm{G}}v_{\mathrm{G}}^{2}}\left[(c_{\mathrm{FL}}+c_{\mathrm{FR}})\left(\delta_{\mathrm{W}}-\beta-2\frac{l_{\mathrm{F}}\dot{\psi}}{v_{\mathrm{G}}}\right)\cos(\delta_{\mathrm{W}}-\beta)+\right.\\ &(F_{\mathrm{LFL}}+F_{\mathrm{LFR}})\sin\left(\delta_{\mathrm{W}}-\beta\right)-\left(F_{\mathrm{LRL}}+F_{\mathrm{LRR}}+c_{\mathrm{aer}}A_{\mathrm{L}}\frac{\rho}{2}v_{\mathrm{G}}^{2}\right)\sin\beta+\\ &\left.(c_{\mathrm{RL}}+c_{\mathrm{RR}})\left(-\beta+2\frac{l_{\mathrm{R}}\dot{\psi}}{v_{\mathrm{G}}}\right)\cos\beta\right]\end{aligned} \tag{A.4}$$

$$\frac{\partial\dot\beta}{\partial\beta}=\frac{1}{m_\mathrm{G}v_\mathrm{G}}\left[(c_\mathrm{FL}+c_\mathrm{FR})\left(\delta_\mathrm{W}-\beta-\frac{l_\mathrm{F}\dot\psi}{v_\mathrm{G}}\right)\sin(\delta_\mathrm{W}-\beta)-\right.$$
$$(c_\mathrm{FL}+c_\mathrm{FR}+F_\mathrm{LFL}+F_\mathrm{LFR})\cos(\delta_\mathrm{W}-\beta)-(c_\mathrm{RL}+c_\mathrm{RR})\left(-\beta+\frac{l_\mathrm{R}\dot\psi}{v_\mathrm{G}}\right)\sin\beta- \tag{A.5}$$
$$\left.(c_\mathrm{RL}+c_\mathrm{RR}+F_\mathrm{LRL}+F_\mathrm{LRR}-c_\mathrm{aer}A_\mathrm{L}\frac{\rho}{2}v_\mathrm{G}^2)\cos\beta\right]$$

$$\frac{\partial\dot\beta}{\partial\dot\psi}=\frac{1}{m_\mathrm{G}v_\mathrm{G}^2}[l_\mathrm{R}(c_\mathrm{RL}+c_\mathrm{RR})\cos\beta-l_\mathrm{F}(c_\mathrm{FL}+c_\mathrm{FR})\cos(\delta_\mathrm{W}-\beta)]-1 \tag{A.6}$$

$$\frac{\partial\ddot\psi}{\partial v_\mathrm{G}}=\frac{1}{J_zv_\mathrm{G}^2}\left[l_\mathrm{F}\dot\psi(c_\mathrm{FL}+c_\mathrm{FR})(l_\mathrm{F}-n_\mathrm{LF}\cos\delta_\mathrm{W})\cos\delta_\mathrm{W}+\right.$$
$$\left.\frac{1}{2}l_\mathrm{F}\dot\psi b_\mathrm{F}(c_\mathrm{FL}-c_\mathrm{FR})\sin\delta_\mathrm{W}+l_\mathrm{R}\dot\psi(c_\mathrm{RL}+c_\mathrm{RR})(l_\mathrm{R}+n_\mathrm{LR})\right] \tag{A.7}$$

$$\frac{\partial\ddot\psi}{\partial\beta}=\frac{1}{J_z}\left[-(c_\mathrm{FL}+c_\mathrm{FR})(l_\mathrm{F}-n_\mathrm{LF}\cos\delta_\mathrm{W})\cos\delta_\mathrm{W}-\frac{b_\mathrm{F}}{2}(c_\mathrm{FL}-c_\mathrm{FR})\sin\delta_\mathrm{W}+\right.$$
$$\left.(c_\mathrm{RL}+c_\mathrm{RR})(l_\mathrm{R}+n_\mathrm{LR})\right] \tag{A.8}$$

$$\frac{\partial\ddot\psi}{\partial\dot\psi}=\frac{1}{J_zv_\mathrm{G}}\left[-l_\mathrm{F}(c_\mathrm{FL}+c_\mathrm{FR})(l_\mathrm{F}-n_\mathrm{LF}\cos\delta_\mathrm{W})\cos\delta_\mathrm{W}-\right.$$
$$\left.\frac{l_\mathrm{F}b_\mathrm{F}}{2}(c_\mathrm{FL}-c_\mathrm{FR})\sin\delta_\mathrm{W}-l_\mathrm{R}(c_\mathrm{RL}+c_\mathrm{RR})(l_\mathrm{R}+n_\mathrm{LR})\right] \tag{A.9}$$

$$\frac{\partial\dot v_\mathrm{G}}{\partial F_\mathrm{LFL}}=\frac{\cos(\delta_\mathrm{W}-\beta)}{m_\mathrm{G}} \tag{A.10}$$

$$\frac{\partial\dot v_\mathrm{G}}{\partial F_\mathrm{LFR}}=\frac{\cos(\delta_\mathrm{W}-\beta)}{m_\mathrm{G}} \tag{A.11}$$

$$\frac{\partial\dot v_\mathrm{G}}{\partial F_\mathrm{LRL}}=\frac{\cos\beta}{m_\mathrm{G}} \tag{A.12}$$

$$\frac{\partial\dot v_\mathrm{G}}{\partial F_\mathrm{LRR}}=\frac{\cos\beta}{m_\mathrm{G}} \tag{A.13}$$

$$\frac{\partial\dot v_\mathrm{G}}{\partial\delta_\mathrm{W}}=-\frac{1}{m_\mathrm{G}}\left[(F_\mathrm{LFL}+F_\mathrm{LFR}+c_\mathrm{FL}+c_\mathrm{FR})\sin(\delta_\mathrm{W}-\beta)+\right.$$
$$\left.(c_\mathrm{FL}+c_\mathrm{FR})\left(\delta_\mathrm{W}-\beta-\frac{l_\mathrm{F}\dot\psi}{v_G}\right)\cos(\delta_\mathrm{W}-\beta)\right] \tag{A.14}$$

$$\frac{\partial\dot\beta}{\partial F_\mathrm{LFL}}=\frac{\sin(\delta_\mathrm{W}-\beta)}{m_\mathrm{G}v_\mathrm{G}} \tag{A.15}$$

$$\frac{\partial\dot{\beta}}{\partial F_{\mathrm{LFR}}}=\frac{\sin\ (\delta_{\mathrm{W}}-\beta)}{m_{\mathrm{G}}v_{\mathrm{G}}} \tag{A.16}$$

$$\frac{\partial\dot{\beta}}{\partial F_{\mathrm{LRL}}}=-\frac{\sin\ \beta}{m_{\mathrm{G}}v_{\mathrm{G}}} \tag{A.17}$$

$$\frac{\partial\dot{\beta}}{\partial F_{\mathrm{LRR}}}=-\frac{\sin\ \beta}{m_{\mathrm{G}}v_{\mathrm{G}}} \tag{A.18}$$

$$\begin{aligned}\frac{\partial\dot{\beta}}{\partial\delta_{\mathrm{W}}}=&\frac{1}{m_{\mathrm{G}}v_{\mathrm{G}}}\Big[(c_{\mathrm{FL}}+c_{\mathrm{FR}}+F_{\mathrm{LFL}}+F_{\mathrm{LFR}})\cos\ (\delta_{\mathrm{W}}-\beta)-\\&(c_{\mathrm{FL}}+c_{\mathrm{FR}})\left(\delta_{\mathrm{W}}-\beta-\frac{l_{\mathrm{F}}\dot{\psi}}{v_{\mathrm{G}}}\right)\sin\ (\delta_{\mathrm{W}}-\beta)\Big]\end{aligned} \tag{A.19}$$

$$\frac{\partial\ddot{\psi}}{\partial F_{\mathrm{LFL}}}=\frac{1}{J_z}\left[(l_{\mathrm{F}}-n_{\mathrm{LF}}\cos\ \delta_{\mathrm{W}})\sin\ \delta_{\mathrm{W}}-\frac{b_{\mathrm{F}}}{2}\cos\ \delta_{\mathrm{W}}\right] \tag{A.20}$$

$$\frac{\partial\ddot{\psi}}{\partial F_{\mathrm{LFR}}}=\frac{1}{J_z}\left[(l_{\mathrm{F}}-n_{\mathrm{LF}}\cos\ \delta_{\mathrm{W}})\sin\ \delta_{\mathrm{W}}+\frac{b_{\mathrm{F}}}{2}\cos\ \delta_{\mathrm{W}}\right] \tag{A.21}$$

$$\frac{\partial\ddot{\psi}}{\partial F_{\mathrm{LRL}}}=-\frac{b_{\mathrm{R}}}{2J_z} \tag{A.22}$$

$$\frac{\partial\ddot{\psi}}{\partial F_{\mathrm{LRR}}}=\frac{b_{\mathrm{R}}}{2J_z} \tag{A.23}$$

$$\begin{aligned}\frac{\partial\ddot{\psi}}{\partial\delta_{\mathrm{W}}}=&\frac{1}{J_z}\Big\{(c_{\mathrm{FL}}+c_{\mathrm{FR}})[(l_{\mathrm{F}}-n_{\mathrm{LF}}\cos\ \delta_{\mathrm{W}})+\\&\left(\delta_{\mathrm{W}}-\beta-\frac{l_{\mathrm{F}}\dot{\psi}}{v_{\mathrm{G}}}\right)n_{\mathrm{LF}}\sin\ \delta_{\mathrm{W}}]\cos\ \delta_{\mathrm{W}}-\\&\left[(c_{\mathrm{FL}}+c_{\mathrm{FR}})\left(\delta_{\mathrm{W}}-\beta-\frac{l_{\mathrm{F}}\dot{\psi}}{v_{\mathrm{G}}}\right)(l_{\mathrm{F}}-n_{\mathrm{LF}}\cos\ \delta_{\mathrm{W}})+(F_{\mathrm{LFR}}-F_{\mathrm{LFL}})\frac{b_{\mathrm{F}}}{2}\right]\sin\ \delta_{\mathrm{W}}+\\&[(c_{\mathrm{FL}}-c_{\mathrm{FR}})\frac{b_{\mathrm{F}}}{2}+n_{\mathrm{LF}}\sin\ \delta_{\mathrm{W}}(F_{\mathrm{LFR}}+F_{\mathrm{LFL}})]\sin\ \delta_{\mathrm{W}}+\\&[(c_{\mathrm{FL}}-c_{\mathrm{FR}})\left(\delta_{\mathrm{W}}-\beta-\frac{l_{\mathrm{F}}\dot{\psi}}{v_{\mathrm{G}}}\right)\frac{b_{\mathrm{F}}}{2}+\\&(F_{\mathrm{LFR}}+F_{\mathrm{LFL}})(l_{\mathrm{F}}-n_{\mathrm{LF}}\cos\ \delta_{\mathrm{W}})]\cos\ \delta_{\mathrm{W}}-(c_{\mathrm{RL}}-c_{\mathrm{RR}})(l_{\mathrm{R}}+n_{\mathrm{LR}})\Big\}\end{aligned} \tag{A.24}$$

A.2 非线性双轨简化模型的能观性

本节将给出 8.4.4 节中双轨简化模型的能观性证明。

若已知系统输入为 $u(t)$, 测得输出为 $y(t)$, 当系统的初始状态可由其输出测量值来确定时, 称该线性系统具有能观性 [25]。

但是, 非线性系统的能观性则更复杂。对于多数非线性系统, 只能证明在实际工况点附近的能观性 (即"*局部能观性*")。

本节将分两步对局部能观性进行证明。首先, 将系统输出 $y(t)$ 写成关于时间 t 的泰勒展开式。接着, 在实际工况点附近对输出进行线性化。

A.2.1 第一步: 泰勒展开式

系统输入、状态以及输出之间的关系式如下:

$$\underline{y} = \underline{c}(\underline{x}, \underline{u}) \tag{A.25}$$

将其写成关于时间的泰勒展开式为

$$\underline{y}(t) \approx y(0) + t\dot{y}(0) + \frac{t^2}{2!}\underline{\ddot{y}}(0) + \cdots + \frac{t^{n-1}}{(n-1)!}\overset{(n-1)}{\underline{y}}(0) \tag{A.26}$$

为采用上式来描述系统输出, 需先确定导数项 $\underline{\dot{y}}, \cdots, \overset{(n-1)}{\underline{y}}$ 。根据式 (A.25), 可得

$$\begin{pmatrix} \underline{y} \\ \underline{\dot{y}} \\ \vdots \\ \overset{(n-1)}{\underline{y}} \end{pmatrix} = \begin{pmatrix} \underline{c}(\underline{x}, \underline{u}) \\ \dfrac{\mathrm{d}}{\mathrm{d}t}\underline{c}(\underline{x}, \underline{u}) \\ \vdots \\ \dfrac{\mathrm{d}^{n-1}}{\mathrm{d}t^{n-1}}\underline{c}(\underline{x}, \underline{u}) \end{pmatrix} \tag{A.27}$$

其中, 一阶导数为

$$\begin{aligned} \underline{\dot{y}} &= \frac{\partial \underline{c}}{\partial t} \\ &= \frac{\partial \underline{c}}{\partial \underline{x}}\frac{\partial \underline{x}}{\partial t} + \frac{\partial \underline{c}}{\partial \underline{u}}\frac{\partial \underline{u}}{\partial t} \\ &\overset{\underline{\dot{x}}=\underline{f}(\underline{x},\underline{u})}{=} \frac{\partial \underline{c}}{\partial \underline{x}}\underline{f}(\underline{x}, \underline{u}) + \frac{\partial \underline{c}}{\partial \underline{u}}\underline{\dot{u}} \end{aligned} \tag{A.28}$$

非线性双轨模型 (8.4.4 节) 的输出与输入间没有直接关系, 因此一阶导数只包括式 (A.28) 中第一项。

$$\underline{\dot{y}} = \frac{\partial \underline{c}}{\partial \underline{x}}\underline{f}(\underline{x}, \underline{u}) \tag{A.29}$$

式 (A.29) 中的高阶导数项非常复杂。为求简化，定义线性微分算子 L_f。对于没有直接馈入环路 (direct feedthrough) 的系统，对应于某个 c_i 的算子 L_f 为

$$L_\mathrm{f}c_i = \frac{\partial c_i}{\partial \underline{x}}\underline{f}(\underline{x},\underline{u}) \tag{A.30}$$

对向量 $\underline{c}$ 进行 L_f 运算，可得

$$L_\mathrm{f}\underline{c}(\underline{x},\underline{u}) = (L_\mathrm{f}c_1(\underline{x},\underline{u})\dots L_\mathrm{f}c_r(\underline{x},\underline{u}))^\mathrm{T} \tag{A.31}$$

其中,r 表示输出变量的个数。多次 L_f 运算时可采用递归运算

$$L_\mathrm{f}^k\underline{c}(\underline{x},\underline{u}) = L_\mathrm{f}\left(L_\mathrm{f}^{k-1}\underline{c}(\underline{x},\underline{u})\right) \tag{A.32}$$

其中，“初始条件”为

$$L_\mathrm{f}^0\underline{c}(\underline{x},\underline{u}) = \underline{c}(\underline{x},\underline{u}) \tag{A.33}$$

采用 L_f 运算，式 (A.27) 可重写为

$$\begin{pmatrix} \underline{y} \\ \dot{\underline{y}} \\ \vdots \\ \overset{(n-1)}{\underline{y}} \end{pmatrix} = \begin{pmatrix} L_\mathrm{f}^0 \\ L_\mathrm{f} \\ \vdots \\ L_\mathrm{f}^{n-1} \end{pmatrix} \underline{c}(\underline{x},\underline{u}) \tag{A.34}$$

A.2.2 第二步: 在实际工况点附近进行线性化

如上所述，为证明 8.4.4 节非线性双轨模型的局部能观性，只需考虑实际工况点邻域。在实际工况点附近，线性化式 (A.27) 中的 $(n-1)$ 阶时间导数

$$\overset{(k)}{\underline{y}} \approx \underline{c}(\underline{x}_p,\underline{u}) + \frac{\partial \underline{c}(\underline{x},\underline{u})}{\partial \underline{x}}\Big|_{x=x_\mathrm{p}}(x - x_\mathrm{p}), \quad k = 1\cdots n-1 \tag{A.35}$$

当系统状态可由测量值 $\overset{(k)}{\underline{y}}(k = 1\cdots n-1)$ 确定时，系统具能观性。这要求通过式 (A.35) 可反求得到状态值。若式 (A.36) 中的非线性能观性矩阵的秩为 n 时，即具备“能观性条件”。

$$\underline{Q}_\mathrm{NL}(\underline{x},\underline{u}) = \frac{\partial \underline{y}}{\partial \underline{x}} = \frac{\partial \underline{c}(\underline{x},\underline{u})}{\partial x} \overset{式(A.27)}{=}, \begin{pmatrix} \underline{y} \\ \dot{\underline{y}} \\ \vdots \\ \overset{(n-1)}{\underline{y}} \end{pmatrix} = \begin{pmatrix} L_\mathrm{f}^0 \\ L_\mathrm{f} \\ \vdots \\ L_\mathrm{f}^{n-1} \end{pmatrix} \frac{\partial \underline{c}(\underline{x},\underline{u})}{\partial \underline{x}} \tag{A.36}$$

$$\mathrm{rank}\left\{\underline{Q}_\mathrm{NL}(\underline{x},\underline{u})\right\} = n \tag{A.37}$$

对于式 (8.88) 和式 (8.89) 表示的系统 $(n = 3)$，采用 L_f 算子可得能观性矩阵为

$$\underline{Q}_\mathrm{NL}(\underline{x},\underline{u}) = \begin{bmatrix} L_\mathrm{f}^0 \\ L_\mathrm{f}^1 \\ L_\mathrm{f}^2 \end{bmatrix} \frac{\partial \underline{c}(\underline{x},\underline{u})}{\partial \underline{x}} \tag{A.38}$$

注意, 只需在实际工况点 $\underline{x}_\mathrm{p}$ 附近考虑, 将 L_f 算子应用于 $\dfrac{\partial \underline{c}}{\partial \underline{x}}$。

A.2.3 能观性证明

为分析能观性, 先求得 $L_\mathrm{f}^0\dfrac{\partial \underline{c}}{\partial \underline{x}}$、 $L_\mathrm{f}^1\dfrac{\partial \underline{c}}{\partial \underline{x}}$ 和 $L_\mathrm{f}^2\dfrac{\partial \underline{c}}{\partial \underline{x}}$ 的值。为求简化, 下文中以 $\underline{c}$ 表示 $\underline{c}(\underline{x},\underline{u})$。

(1) 第一步—— $L_\mathrm{f}^0\dfrac{\partial \underline{c}}{\partial \underline{x}}$

$$\underline{c}=\begin{pmatrix} x_1 \\ x_3 \end{pmatrix} \Rightarrow \frac{\partial \underline{c}}{\partial \underline{x}}=\begin{pmatrix} 1 & 0 & 0 \\ 0 & 0 & 1 \end{pmatrix} \tag{A.39}$$

则可求得矩阵 $\underline{Q}_\mathrm{NL}$ 的前两行为

$$L_\mathrm{f}^0\frac{\partial \underline{c}}{\partial \underline{x}}=\frac{\partial \underline{c}}{\partial \underline{x}}=\begin{pmatrix} 1 & 0 & 0 \\ 0 & 0 & 1 \end{pmatrix} \tag{A.40}$$

(2) 第二步—— $L_\mathrm{f}^1\dfrac{\partial \underline{c}}{\partial \underline{x}}$

$$L_\mathrm{f}^1\frac{\partial \underline{c}}{\partial \underline{x}}=L_\mathrm{f}\left(L_\mathrm{f}^0\frac{\partial \underline{c}}{\partial \underline{x}}\right)=L_\mathrm{f}\frac{\partial \underline{c}}{\partial \underline{x}} \tag{A.41}$$

对应于 $c_1(\underline{x})$ 和 $c_2(\underline{x})$, 分别有

$$\begin{aligned} L_\mathrm{f}^1\frac{\partial c_1}{\partial \underline{x}}=L_\mathrm{f}\frac{\partial c_1}{\partial \underline{x}}&=\frac{\partial}{\partial \underline{x}}\left[\frac{\partial c_1}{\partial \underline{x}}\begin{pmatrix} f_1 \\ f_2 \\ f_3 \end{pmatrix}\right] \\ &=\frac{\partial}{\partial \underline{x}}\left[\begin{pmatrix} 1 & 0 & 0 \end{pmatrix}\begin{pmatrix} f_1 \\ f_2 \\ f_3 \end{pmatrix}\right]=\frac{\partial}{\partial \underline{x}}f_1(\underline{x},\underline{u}) \\ &=\begin{pmatrix} \dfrac{\partial f_1}{\partial x_1} & \dfrac{\partial f_1}{\partial x_2} & \dfrac{\partial f_1}{\partial x_3} \end{pmatrix} \end{aligned} \tag{A.42}$$

$$\begin{aligned} L_\mathrm{f}^1\frac{\partial c_2}{\partial \underline{x}}=L_\mathrm{f}\frac{\partial c_2}{\partial \underline{x}}&=\frac{\partial}{\partial \underline{x}}\left[\frac{\partial c_2}{\partial \underline{x}}\begin{pmatrix} f_1 \\ f_2 \\ f_3 \end{pmatrix}\right] \\ &=\frac{\partial}{\partial \underline{x}}\left[\begin{pmatrix} 0 & 0 & 1 \end{pmatrix}\begin{pmatrix} f_1 \\ f_2 \\ f_3 \end{pmatrix}\right]=\frac{\partial}{\partial \underline{x}}f_3(\underline{x},\underline{u}) \\ &=\begin{pmatrix} \dfrac{\partial f_3}{\partial x_1} & \dfrac{\partial f_3}{\partial x_2} & \dfrac{\partial f_3}{\partial x_3} \end{pmatrix} \end{aligned} \tag{A.43}$$

(3) 第三步—— $L_{\mathrm{f}}^2\dfrac{\partial \underline{c}}{\partial \underline{x}}$

$$L_{\mathrm{f}}^2\frac{\partial \underline{c}}{\partial \underline{x}}=L_{\mathrm{f}}\left(L_{\mathrm{f}}\frac{\partial \underline{c}}{\partial \underline{x}}\right) \tag{A.44}$$

对应于 $c_1(\underline{x})$ 和 $c_2(\underline{x})$, 分别有

$$\begin{aligned}
&L_{\mathrm{f}}^2\frac{\partial c_1}{\partial \underline{x}}=L_{\mathrm{f}}\left(L_{\mathrm{f}}\frac{\partial c_1}{\partial \underline{x}}\right)=L_{\mathrm{f}}\left(\frac{\partial f_1}{\partial \underline{x}}\right)=\frac{\partial}{\partial \underline{x}}\left(L_{\mathrm{f}}f_1\right)\\
&=\frac{\partial}{\partial \underline{x}}\left[\frac{\partial f_1}{\partial \underline{x}}\begin{pmatrix}f_1\\f_2\\f_3\end{pmatrix}\right]=\frac{\partial}{\partial \underline{x}}\underbrace{\left(\frac{\partial f_1}{\partial x_1}f_1+\frac{\partial f_1}{\partial x_2}f_2+\frac{\partial f_1}{\partial x_3}f_3\right)}_{\underline{A}(\underline{x},\underline{u})}\\
&=\begin{pmatrix}\dfrac{\partial \underline{A}(\underline{x},\underline{u})}{\partial x_1} & \dfrac{\partial \underline{A}(\underline{x},\underline{u})}{\partial x_2} & \dfrac{\partial \underline{A}(\underline{x},\underline{u})}{\partial x_3}\end{pmatrix}
\end{aligned} \tag{A.45}$$

$$\begin{aligned}
&L_{\mathrm{f}}^2\frac{\partial c_2}{\partial \underline{x}}=L_{\mathrm{f}}\left(L_{\mathrm{f}}\frac{\partial c_2}{\partial \underline{x}}\right)=L_{\mathrm{f}}\left(\frac{\partial f_3}{\partial \underline{x}}\right)=\frac{\partial}{\partial \underline{x}}\left(L_{\mathrm{f}}f_3\right)\\
&=\frac{\partial}{\partial \underline{x}}\left[\frac{\partial f_3}{\partial \underline{x}}\begin{pmatrix}f_1\\f_2\\f_3\end{pmatrix}\right]=\frac{\partial}{\partial \underline{x}}\underbrace{\left(\frac{\partial f_3}{\partial x_1}f_1+\frac{\partial f_3}{\partial x_2}f_2+\frac{\partial f_3}{\partial x_3}f_3\right)}_{\underline{B}(\underline{x},\underline{u})}\\
&=\begin{pmatrix}\dfrac{\partial \underline{B}(\underline{x},\underline{u})}{\partial x_1} & \dfrac{\partial \underline{B}(\underline{x},\underline{u})}{\partial x_2} & \dfrac{\partial \underline{B}(\underline{x},\underline{u})}{\partial x_3}\end{pmatrix}
\end{aligned} \tag{A.46}$$

根据上述计算的 $L_{\mathrm{f}}^j\dfrac{\partial \underline{c}}{\partial \underline{x}}$ 值 $(j=0,1,2)$, 能观性矩阵 $\underline{Q}_{\mathrm{NL}}$ 为

$$\underline{Q}_{\mathrm{NL}}=\begin{pmatrix}
1 & 0 & 0\\
0 & 0 & 1\\
\dfrac{\partial f_1}{\partial x_1} & \dfrac{\partial f_1}{\partial x_2} & \dfrac{\partial f_1}{\partial x_3}\\
\dfrac{\partial f_3}{\partial x_1} & \dfrac{\partial f_3}{\partial x_2} & \dfrac{\partial f_3}{\partial x_3}\\
\dfrac{\partial \underline{A}(\underline{x},\underline{u})}{\partial x_1} & \dfrac{\partial \underline{A}(\underline{x},\underline{u})}{\partial x_2} & \dfrac{\partial \underline{A}(\underline{x},\underline{u})}{\partial x_3}\\
\dfrac{\partial \underline{B}(\underline{x},\underline{u})}{\partial x_1} & \dfrac{\partial \underline{B}(\underline{x},\underline{u})}{\partial x_2} & \dfrac{\partial \underline{B}(\underline{x},\underline{u})}{\partial x_3}
\end{pmatrix} \tag{A.47}$$

接着要确定矩阵 $\underline{Q}_{\mathrm{NL}}$ 的秩是否为 3。当至少 3 行线性无关时, 其秩为 3。此处只需证明某 3 行线性无关。显然前两行线性无关, 因此需证明, 剩下几行均不是前两行的线性组合。根据文

献 [25], 矩阵的秩不随初等变换而改变。在不改变秩的条件下, 矩阵 $\underline{Q}_{\mathrm{NL}}$ 可变换为

$$\underline{Q}_{\mathrm{NL}} = \begin{pmatrix} 1 & 0 & 0 \\ 0 & 0 & 1 \\ 0 & \dfrac{\partial f_1}{\partial x_2} & 0 \\ 0 & \dfrac{\partial f_3}{\partial x_2} & 0 \\ 0 & \dfrac{\partial \underline{A}(\underline{x},\underline{u})}{\partial x_2} & 0 \\ 0 & \dfrac{\partial \underline{B}(\underline{x},\underline{u})}{\partial x_2} & 0 \end{pmatrix} \tag{A.48}$$

现在来确认在输入相同时, 第 3~6 行的中间元素是否同时为零。首先来看第 3 行和第 4 行中间元素。根据式 (A.2) 和式 (A.8), 可得

$$\begin{aligned}\frac{\partial f_1}{\partial x_2} = \frac{\partial \dot{v}_G}{\partial \beta} = \frac{1}{m_{\mathrm{G}}} \Big[& (F_{\mathrm{LFL}} + F_{\mathrm{LFR}} + c_{\mathrm{FL}} + c_{\mathrm{FR}}) \sin\,(\delta_{\mathrm{W}} - \beta) - \\ & \left(c_{\mathrm{RL}} + c_{\mathrm{RR}} + F_{\mathrm{LRL}} + F_{\mathrm{LRR}} - c_{\mathrm{aer}} A_{\mathrm{L}} \frac{\rho}{2} v_{\mathrm{G}}^2\right) \sin\,\beta + \\ & (c_{\mathrm{FL}} + c_{\mathrm{FR}})(\delta_{\mathrm{W}} - \beta - \frac{l_{\mathrm{F}}\dot{\psi}}{v_{\mathrm{G}}}) \cos\,(\delta_{\mathrm{W}} - \beta) + \\ & (c_{\mathrm{RL}} + c_{\mathrm{RR}}) \left(-\beta + \frac{l_{\mathrm{R}}\dot{\psi}}{v_{\mathrm{G}}}\right) \cos\beta \Big] \neq 0\end{aligned} \tag{A.49}$$

$$\begin{aligned}\frac{\partial f_3}{\partial x_2} = \frac{\partial \ddot{\psi}}{\partial \beta} = \frac{1}{J_z} \Big[& -(c_{\mathrm{FL}} + c_{\mathrm{FR}})(l_{\mathrm{F}} - n_{\mathrm{LF}} \cos\ \delta_{\mathrm{W}}) \cos\ \delta_{\mathrm{W}} - \\ & (c_{\mathrm{FL}} - c_{\mathrm{FR}}) \frac{b_{\mathrm{F}}}{2} \sin\ \delta_{\mathrm{W}} + (c_{\mathrm{RL}} + c_{\mathrm{RR}})(l_{\mathrm{R}} + n_{\mathrm{LR}}) \Big] \neq 0\end{aligned} \tag{A.50}$$

由此可知, 式 (A.48) 的矩阵第 3 行和第 4 行中间元素不会同时为零。

由于满足能观性判定条件, 可知该系统 [式 (8.88) 和式 (8.89)] 具有局部能观性。

A.3 广义预测控制器设计

设计 GPC 控制器时, 定义如下代价函数:

$$J_{\mathrm{GPC}} = E\left\{ \sum_{j=N_1}^{N_2} [y(t+j) - r(t+j)]^2 + \lambda_{\mathrm{u}} \sum_{j=0}^{N_{\mathrm{u}}} [\Delta u(t+j-1)]^2 \right\} \tag{A.51}$$

式中: $y(t+j)$——未来控制值;

$r(t+j)$——参考轨迹;

$\Delta u(t+j-1)$——控制输入未来增量;

N_1——优化时域的始值;

N_2——优化时域的终值;

N_{u}——控制时域;

λ_{u}——控制输入加权系数。

代价函数的第一项是有限时域 N_1 到 N_2 内的预测控制误差的平方。第二项为前 N_{u} 项未来控制量的加权和。加权系数 λ_{u} 越大, 控制量变化越小。为减小计算量, 假设 N_{u} 步后的控制量不再变化, 即

$$\Delta u(t+i)=0, \quad i \geqslant N_{\mathrm{u}} \text{(A.52)}$$

在每个采样间隔中, 要进行的计算包括:

① 确定参考轨迹 $r(t+j)$。

② 预测输出 $y(t+j)$, 得到 (N_2-N_1) 时间内的未来控制输入误差和增量。

③ 基于采用代价函数, 使该时间内的未来控制器误差和控制输入增量最小化。

④ 在实际系统中应用优化的控制输入 $u(t+j)$(其中 $0 \leqslant j \leqslant N_{\mathrm{u}}-1$), 重复上述过程。

A.3.1 预测模型

考虑如下形式的系统模型:

$$y(t)=\frac{B(z^{-1})}{A(z^{-1})}u(t-1)+\frac{C(z^{-1})}{A(z^{-1})\Delta}\xi(t) \tag{A.53}$$

$$A\left(z^{-1}\right)\Delta y(t)=B\left(z^{-1}\right)\Delta u(t-1)+C\left(z^{-1}\right)\xi(t) \tag{A.54}$$

其中

$$\begin{aligned}
A(z^{-1}) &= 1+a_1 z^{-1}+\cdots+a_{na}z^{-na}\\
B(z^{-1}) &= b_0+b_1 z^{-1}+\cdots+b_{nb}z^{-nb}\\
C(z^{-1}) &= 1+c_1 z^{-1}+\cdots+c_{nc}z^{-nc}\\
\Delta &= 1-z^{-1}
\end{aligned}$$

变量 $\xi(t)$ 是系统干扰。为求简化,$C(z^{-1})$ 选为 1。

为实现代价函数最小化, 需预测 $j=N_1 \sim N_2$ 时的系统输出 $y(t+j)$。为此, 先考虑如下的丢番图 (Diophantine) 方程:

$$1=E_j\left(z^{-1}\right)A\left(z^{-1}\right)\Delta+z^{-j}F_j\left(z^{-1}\right) \tag{A.55}$$

其中

$$\begin{aligned}
E_j(z^{-1}) &= e_{j,0}+e_{j,1}z^{-1}+\cdots+e_{j,j}z^{-j+1}\\
F_j(z^{-1}) &= f_{j,0}+f_{j,1}z^{-1}+\cdots+f_{j,j}z^{-j+1}
\end{aligned}$$

$E_j(z^{-1})$ 和 $F_j(z^{-1})$ 可由 $A_j(z^{-1})$ 和 j 唯一确定。

在式 (A.54) 两端各乘以 $E_j(z^{-1})z^j$, 可得

$$E_j\left(z^{-1}\right)A\left(z^{-1}\right)\Delta y\left(t+j\right)=E_j\left(z^{-1}\right)B\left(z^{-1}\right)\Delta u(t+j-1)+E_j\left(z^{-1}\right)\xi\left(t+j\right) \tag{A.56}$$

将式 (A.55) 中的 $E_j(z^{-1})A(z^{-1})\Delta$ 代入上式, 可得

$$y\left(t+j\right)=F_j\left(z^{-1}\right)y\left(t\right)+E_j\left(z^{-1}\right)B\left(z^{-1}\right)\Delta u(t+j-1)+E_j\left(z^{-1}\right)\xi\left(t+j\right) \tag{A.57}$$

上式最后一项表示系统干扰, 它与 t 时刻的未来噪声 (t 时刻下未知) 有关。令其为 0, 可得如下预测值:

$$\hat{y}(t+j)=F_j\left(z^{-1}\right)y\left(t\right)+E_j\left(z^{-1}\right)B\left(z^{-1}\right)\Delta u(t+j-1) \tag{A.58}$$

这样, 根据已知的输入、输出信息以及未来的控制输入值, 可以获得未来输出的预测值 $\hat{y}(t+j)$。

A.3.2 Diophantine 方程的递推算法

由式 (A.58) 求得预测值, 要确定式中各项系数, 可以通过 Diophantine 方程的递推算法求得。式 (A.55) 中的 $E_j(z^{-1})$ 和 $F_j(z^{-1})$ 可由其前一时刻的值 $E_{j-1}(z^{-1})$ 和 $F_{j-1}(z^{-1})$ 递推求得。

$$1=E_j\left(z^{-1}\right)A\left(z^{-1}\right)\Delta+z^{-j}F_j\left(z^{-1}\right) \tag{A.59}$$

$$1=E_{j+1}\left(z^{-1}\right)A\left(z^{-1}\right)\Delta+z^{-j-1}F_{j+1}\left(z^{-1}\right) \tag{A.60}$$

以上两式相减可得

$$0=A\left(z^{-1}\right)\Delta\left[E_{j+1}\left(z^{-1}\right)-E_j\left(z^{-1}\right)\right]+z^{-j}\left[z^{-1}F_{j+1}\left(z^{-1}\right)-F_j\left(z^{-1}\right)\right] \tag{A.61}$$

将下式代入式 (A.61) 可得

$$E_{j+1}\left(z^{-1}\right)-E_j\left(z^{-1}\right)=e_{j+1,j}z^{-1}+\widetilde{E}\left(z^{-1}\right) \tag{A.62}$$

其中,$\tilde{E}(z^{-1})$ 是 $(j-1)$ 次幂项,$e_{j+1,j}$ 是 $E_{j+1}(z^{-1})$ 的第 j 个系数。代入后可得

$$0=A\left(z^{-1}\right)\Delta\widetilde{E}_{j+1}\left(z^{-1}\right)+z^{-j}\left[z^{-1}F_{j+1}\left(z^{-1}\right)-F_j\left(z^{-1}\right)+A\left(z^{-1}\right)\Delta e_{j+1,j}\right] \tag{A.63}$$

由式 (A.63) 可得

$$\begin{aligned}&\widetilde{E}_{j+1}\left(z^{-1}\right)=0\\&z^{-1}F_{j+1}\left(z^{-1}\right)=F_j\left(z^{-1}\right)-A\left(z^{-1}\right)\Delta e_{j+1,j}\end{aligned} \tag{A.64}$$

$E_{j+1}(z^{-1})$ 和 $F_{j+1}(z^{-1})$ 的系数可计算如下:

$$e_{j+1,j}=f_{j,0} \tag{A.65}$$

$$f_{j+1,j}=f_{j,j+1}-\tilde{a}_{j+1}e_{j+1,j},\quad j=0,\cdots,\text{degree of }F_j\left(z^{-1}\right) \tag{A.66}$$

其中, $\tilde{a}_{j+1}$ 是 $\tilde{A}(z^{-1})=A(z^{-1})\Delta$ 项的第 $j+1$ 个系数。 $E_{j+1}(z^{-1})$ 为

$$E_{j+1}\left(z^{-1}\right)=E_j\left(z^{-1}\right)+z^{-1}e_{j+1,j} \tag{A.67}$$

$$G_{j+1}\left(z^{-1}\right)=B\left(z^{-1}\right)E_{j+1}\left(z^{-1}\right) \tag{A.68}$$

当 $j=1$ 时, 根据式 (A.59) 可得递推过程的初值

$$1=E_1\left(z^{-1}\right)\widetilde{A}\left(z^{-1}\right)+z^{-1}F_1\left(z^{-1}\right) \tag{A.69}$$

故可取

$$\begin{aligned}E_1&=1\\F_1&=q\left[1-\widetilde{A}(z^{-1})\right]\end{aligned} \tag{A.70}$$

因此, 根据式 (A.65) 和式 (A.66), 从 $j=1$ 开始, 可递推算得式 (A.57) 的各项系数。

A.3.3 控制律

使代价函数最小化的控制增量 $\underline{\tilde{u}}$ 为

$$\underline{\widetilde{u}}=\left(\underline{G}^{\mathrm{T}}\underline{G}+\lambda_u\underline{I}\right)^{-1}\underline{G}^{\mathrm{T}}\left(\underline{r}-\underline{f}\right) \tag{A.71}$$

其中

$$\begin{aligned}\underline{\widetilde{u}}&=(\Delta u(t)\Delta u(t+1)\cdots\Delta u(t+N_u-1))^{\mathrm{T}}\\\underline{r}&=(r(t+N_1)r(t+N_1+1)\cdots r(t+N_2))^{\mathrm{T}}\\\underline{f}&=(f(t+N_1)f(t+N_1+1)\cdots f(t+N_2))^{\mathrm{T}}\end{aligned} \tag{A.72}$$

$\underline{r}$ 为参考值。

由此可得如下控制器结构 (图 11.28):

$$S\left(z^{-1}\right)\Delta u\left(t\right)=T\left(z^{-1}\right)r\left(t+N_2\right)-R\left(z^{-1}\right)y\left(t\right) \tag{A.73}$$

A.3.4 控制器参数选择

1. 优化时域的始值 N_1

一般选为 1。若已知系统纯滞后时间 (dead time) 为采样时间的 d 倍, N_1 应至少选为 d。

2. 优化时域的终值 N_2

选择 N_2 时一般要让结果尽可能跟踪控制器动作。因此, N_2 至少要比 $B(z^{-1})$ 的阶次要大。实际中, 考虑系统的上升时间 N_2, 一般要大得多。

3. 控制时域 N_{u}

对于简单系统, $N_{\mathrm{u}}=1$ 即可。但系统更复杂时 (例如不稳定系统), 选值要更大。在某个范围内, N_{u} 越大, 控制越快, 干扰的影响越小。

4. 控制输入加权系数 λ_{u}

选值一般较小, 因为 λ_{u} 越大, 系统响应越慢, 干扰影响越大。实际中, λ_{u} 一般为 0 或者很小的值。

5. T– 滤波器用于干扰的滤波

它用于改善控制器对于未建模干扰的鲁棒性。对于有阻尼衰减的稳定系统, 如下滤波器设计可满足要求:

$$T\left(z^{-1}\right)=A\left(z^{-1}\right)\left(1-\mu z^{-1}\right),0\leqslant\mu<1 \tag{A.74}$$

式中, 当 μ 较小时, 干扰抑制性能较好, 但是高频段干扰的影响更明显。当 μ 较大时, 会影响控制回路的稳定性。因此, 取其中间情形, 可选用 $\mu=0$。但是, 对于阻尼衰减性能较差的系统, 不能使用 $\mu=0$, 而要改用

$$T\left(z^{-1}\right)=\left(1-\mu z^{-1}\right)^{na},0\leqslant\mu<1 \tag{A.75}$$

其中, na 为 $A(z^{-1})$ 的阶数, μ 一般在 $0.6\sim0.9$ 范围内。

A.4 驾驶员模型参数

表A.1给出了11.3.6节中事件到达时间间隔计算所需的参数。

表A.1 事件到达时间间隔计算所需的参数

参数	值	参数	值
p_f	0.3	p_l	0.3
f_1	9 s/m	l_1	9 s/m
f_2	20 s^2/m	l_2	20 s^2/m
f_3	7 s/(°)	l_3	7 s/(°)
f_4	30 s^2/(°)	l_4	30 s^2/(°)
f_5	5 $(°)^{-1}$	l_5	5$(°)^{-1}$
p_r	0.2	p_m	0.2
r_1	40 m^{-1}	m_1	40 m^{-1}
r_2	0.1 s/m	m_2	0.1 s/m
r_3	5 s/(°)	m_3	5 s/(°)
r_4	20 s^2/(°)	m_4	20 s^2/(°)
r_5	0.1 $(°)^{-1}$	m_5	0.1 $(°)^{-1}$
r_6	2.5 s/m	m_6	2.5 s/m
c_1	1/3 s^3/m	m_3	−0.093 84 m^{-1}
c_2	0.001 401 s/m^2		

表A.2给出了不同知觉类别对应的事件到达时间间隔、服务时间(单位为s)和优先级。

表A.2 不同知觉类别对应的事件到达时间间隔、服务时间和优先级

类别	到达时间间隔	服务时间	优先级
视觉焦点	见式(11.8)	N(1.55/0.35)	9
提前点	见式(11.9)	见式(11.13)	8
道路边缘	见式(11.10)	见式(11.13)	7
道路中央区域	见式(11.11)	见式(11.13)	7
警示灯	100	N(0.83/0.3)	10
速度表	N(86/27.3)	N(0.62/0.48)	5
转速表	见式(11.12)	N(0.62/0.48)	4
后视镜	N(130/3)	N(1/0.37)	6
收音机	N(331.7/155.4)	N(1.1/0.47)	2
空调调节	N(493.8/277.3)	N(0.92/0.41)	2
油表	N(855.5/399.6)	N(1.04/0.5)	3
时钟	N(1 420/627.94)	N(0.83/0.38)	2
温度指示器	N(1 025.6/666)	N(1.1/0.52)	3
通风系统	N(86/27.3)	N(1.1/0.48)	2

A.5 基于最小二乘法的参数估计

假设系统输出为$\underline{y}(t)$,未知参数为$\Theta_1 \sim \Theta_N$。但是输出变量无法完全通过直接测量获得,其中只有测量向量$\underline{y}_\mathrm{p}(t)$可直接测量,其对应噪声干扰为$n(t)$。

为进行参数估计,假设已知系统模型结构如下:

$$\underline{y}_\mathrm{m} = F\left(\underline{\Theta}, \underline{u}\left(t\right)\right) \tag{A.76}$$

并假设系统输入已知或者可测得其确切值。

参数估计的目标是确定如下参数:

$$\underline{\Theta}^\mathrm{T} = \left(\Theta_1\ \Theta_2 \ldots \Theta_N\right) \tag{A.77}$$

以使模型输出$\underline{y}_\mathrm{m}(t)$与系统测量输出值$\underline{y}_\mathrm{p}(t)$尽可能匹配。匹配程度(或拟合精度)的定义为:在某时刻下,计算出的函数值与观测值之差的平方和最小[55]。

$$\sum_{k=1}^{M} e^2\left(k\right) = \sum_{k=1}^{M}\left[\underline{y}_\mathrm{p}\left(k\right) - \underline{y}_\mathrm{m}\left(k\right)\right]^2 \to \mathrm{MIN} \tag{A.78}$$

A.5.1 最小二乘法的参数估计方法

若假设系统模型与参数$\Theta_1 \sim \Theta_N$之间为线性关系,即

$$y_m\left(t\right) = \Theta_1 F_1\left[u\left(t\right)\right] + \Theta_2 F_2\left[u\left(t\right)\right] + \ldots + \Theta_N F_N\left[u\left(t\right)\right] \tag{A.79}$$

则上述优化问题存在唯一的代数解[55]。设系统输出维数为M,优化问题的解如下:

$$\begin{pmatrix} \hat{\Theta}_1 \\ \hat{\Theta}_2 \\ \vdots \\ \hat{\Theta}_N \end{pmatrix} = \left(\underline{\Psi}^{\mathrm{T}} \ \underline{\Psi} \right)^{-1} \underline{\Psi}^{\mathrm{T}} \begin{pmatrix} y_{\mathrm{p}}(t_1) \\ y_{\mathrm{p}}(t_2) \\ \vdots \\ y_{\mathrm{p}}(t_M) \end{pmatrix} \tag{A.80}$$

其中观测矩阵为

$$\underline{\Psi} = \begin{Bmatrix} F_1[u(t_1)] & F_2[u(t_1)] & \cdots & F_N[u(t_1)] \\ F_1[u(t_2)] & F_2[u(t_2)] & \cdots & F_N[u(t_2)] \\ \vdots & \vdots & \ddots & \vdots \\ F_1[u(t_M)] & F_2[u(t_M)] & \cdots & F_N[u(t_M)] \end{Bmatrix} \tag{A.81}$$

A.5.2 基于递推最小二乘法的参数估计

在某些条件下,需要设计一个自适应控制器,可根据当前工况调整车辆模型,这就必须对变化的模型参数进行在线估计。当采用非递推估计方法时,只有在测量之后才能获得参数估计值,而设计时所关心的是每次采样之后的动态参数。为避免存储之前所有的测量值,从而节省计算时间,在线估计时可采用递推算法。

递推最小二乘法 (recursive least squares, RLS) 中的基本公式如下[55]:

$$\underline{P}(k) = \left[\underline{\Psi}^{\mathrm{T}}(k) \cdot \underline{\Psi}(k)\right]^{-1} \tag{A.82}$$

$$\underline{\gamma}(k) = \underline{P}(k+1)\,\underline{\Psi}(k+1) = \frac{\underline{P}(k)\,\underline{\Psi}(k+1)}{\underline{\Psi}^{\mathrm{T}}(k+1)\,\underline{P}(k)\,\underline{\Psi}(k+1)+1} \tag{A.83}$$

$$\underline{\hat{\Theta}}(k+1) = \underline{\hat{\Theta}}(k) + \underline{\gamma}(k)\left[y(k+1) - \underline{\Psi}^{\mathrm{T}}(k+1)\,\underline{\hat{\Theta}}(k)\right] \tag{A.84}$$

$$\underline{P}(k+1) = \underline{P}(k) - \underline{\gamma}(k)\,\underline{\Psi}^{\mathrm{T}}(k+1)\,\underline{P}(k) \tag{A.85}$$

递推最小二乘法的原理如图 A.1 所示。

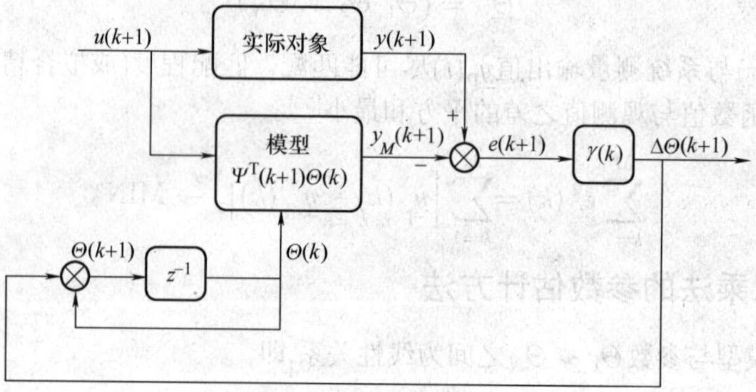

图 A.1 递推最小二乘法的原理

RLS 估计器的上述基本公式是在线参数估计的通用工具。基于此, 可以进一步设计各种相关的 RLS 估计器, 例如加权 RLS 法、广义 RLS 法、扩展 RLS 法等[55]

引入遗忘因子 λ_{RLS}, 在每次迭代中增加协方差矩阵 $\underline{P}(k)$ 的元素, 从而使新数据的权系数始终大于旧数据的权系数, 实现逐渐**遗忘**掉过去的数据。在估计时变参数, 可以弥补最小二乘法的一致性特点。λ_{RLS} 选得不能太小, 否则无法去除噪声的影响。当 $0.95 \leqslant \lambda_{\text{RLS}} \leqslant 0.995$ 时, 结果较好。采用这种 RLS 法估计时, 计算内存需求指数性减小, 下面给出相应的公式, 更详细的论述可参考文献 [61,76]。

$$\underline{\gamma}(k) = \frac{\underline{P}(k)\,\underline{\Psi}(k+1)}{\underline{\Psi}^{\mathrm{T}}(k+1)\,\underline{P}(k)\,\underline{\Psi}(k+1) + \lambda_{\text{RLS}}} \tag{A.86}$$

$$\underline{\hat{\Theta}}(k+1) = \underline{\hat{\Theta}}(k) + \underline{\gamma}(k)\left[y(k+1) - \underline{\Psi}^{\mathrm{T}}(k+1)\,\underline{\hat{\Theta}}(k)\right] \tag{A.87}$$

$$\underline{P}(k+1) = \left[I - \underline{\gamma}(k)\,\underline{\Psi}^{\mathrm{T}}(k+1)\right]\underline{P}(k)\,\frac{1}{\lambda_{\text{RLS}}} \tag{A.88}$$

A.5.3 协方差离散平方根滤波

在某些特定情形下, 由于协方差矩阵 $\underline{P}(k)$ 为病态矩阵, 上述方法会出现数值求解问题。其原因可能是采样率太高 [55](即输入信号变化相对较慢), 或者信号值相似性较大。

计算机短字节长度 ($\leqslant$ 16 bit) 导致的圆整错误可以通过适当地改善数值算法来减少, 从而使初始值的影响减到最小。

为避免病态问题可采用离散平方根滤波法。该法用两个三角矩阵 $\underline{S}$ 代替对称矩阵 $\underline{P}$。

$$\underline{P} = \underline{S}\,\underline{S}^{\mathrm{T}} \tag{A.89}$$

协方差阵中会出现原始数据的乘积, 而三角矩阵中包含的是原始数据乘积的平方根。虽然该方法叫做平方根滤波, 但使用时并不实际去求解平方根。

按照最小二乘法, 将式 (A.89) 代入, 可得

$$\underline{f}(k) = \underline{S}^{\mathrm{T}}(k)\,\underline{\Psi}^{\mathrm{T}}(k+1) \tag{A.90}$$

$$a(k) = \frac{1}{\underline{f}^{\mathrm{T}}(k)\,\underline{f}(k) + \lambda_{\text{RLS}}} \tag{A.91}$$

则式 (A.86)~ 式 (A.88) 重写为

$$\underline{\gamma}(k) = a(k)\,\underline{S}(k)\,\underline{f}(k) \tag{A.92}$$

$$\underline{\hat{\Theta}}(k+1) = \underline{\hat{\Theta}}(k) + \underline{\gamma}(k)\underbrace{\left[y(k+1) - \underline{\Psi}^{\mathrm{T}}(k+1)\,\underline{\hat{\Theta}}(k)\right]}_{e(k+1)} \tag{A.93}$$

$$\underline{S}(k+1)=\left[\underline{S}(k)-\frac{1}{1+\sqrt{\lambda_{\mathrm{RLS}}a(k)}}\underline{\gamma}(k)\,\underline{f}^{\mathrm{T}}(k)\right]\frac{1}{\sqrt{\lambda_{\mathrm{RLS}}}}\tag{A.94}$$

初始值选择为: $\underline{S}(0)=\sqrt{\lambda_{\mathrm{RLS}}}\underline{I},\underline{\hat{\Theta}}(0)=0$, 因此, 参数向量的初值选取十分方便。 λ_{RLS} 是预给定的一个遗忘因子。

在车载微电脑中实施该算法时, 该法明显优于传统的 RLS 法。

B 符号对照表

B.1 数学定义

下标:

$(.)_{\mathrm{FL}}$,$(.)_{\mathrm{FR}}$,$(.)_{\mathrm{RL}}$,$(.)_{\mathrm{RR}}$——车轮: 左前轮、右前轮、左后轮、右后轮

$(.)_{\mathrm{F}}$,$(.)_{\mathrm{R}}$——前轴和后轴

向量和矩阵的维数:

n——状态个数

m——控制输入个数

k——测量变量个数

向量:

$\underline{x} \in \Re^n$——状态向量

$\underline{\mu} \in \Re^m$——输入向量

$\underline{y} \in \Re^k$——测量向量

矩阵:

$\underline{A} \in \Re^{n,n}$——系统矩阵

$\underline{B} \in \Re^{n,m}$——输入矩阵

$\underline{C} \in \Re^{k,n}$——输出矩阵

$\underline{D} \in \Re^{k,m}$——前馈矩阵 (直接转移矩阵)

$\underline{K}_{\mathrm{C}}$——反馈矩阵 (控制律)

B.2 物理变量

符号	单位	物理变量
A		
a_{eng}	$\mathrm{m/s^2}$	发动机强制怠速时的车辆负加速度
a_{N}	$\mathrm{m/s^2}$	法向加速度
a_x	$\mathrm{m/s^2}$	质心处的纵向加速度
$a_{x\mathrm{pot}}$	$\mathrm{m/s^2}$	驾驶员的潜在制动加速度
a_y	$\mathrm{m/s^2}$	质心处的侧向加速度
$a_{y\mathrm{pot}}$	$\mathrm{m/s^2}$	驾驶员可忍受的制动加速度阈值
a_z	$\mathrm{m/s^2}$	质心处的垂向加速度
A		有效碰撞的相对数
A_{B}		炭烟生成常数
A_{Br}	$\mathrm{m^2}$	制动轮缸面积
A_{ch}	$\mathrm{m^2}$	燃烧室表面积
A_{CYL}	$\mathrm{m^2}$	缸盖表面积
A_{eff}	$\mathrm{m^2}$	气门有效流通截面积
A_{L}	$\mathrm{m^2}$	车辆最大横截面积
A_{n}	$\mathrm{m^2}$	喷嘴有效流通截面积
A_0		炭烟氧化常数
A_{p}	$\mathrm{m^2}$	活塞表面积
A_{piston}	$\mathrm{m^2}$	活塞顶部面积
$A_{\mathrm{L,S}}$	$\mathrm{m^2}$	车辆横截面积与纵截面积
B		
$b_{\mathrm{F}}, b_{\mathrm{R}}$	m	前、后轴轮距
B_{F}	m	路面宽度
C		
c	$\mathrm{J/(kg\cdot K)}$	比热容
c_{air}		空气阻力系数
$c_{\mathrm{BrF,R}}$		前后制动器效能系数
$c_{\mathrm{F,R}}$		前后轮胎侧偏刚度
c_{hh}		随机路面不平度协方差
c_{ij}		轮胎侧偏刚度

c_p	$\mathrm{m^2/(s^2 \cdot K)}$	等压比热容
c_r		转化效率
c_v	$\mathrm{m^2/(s^2 \cdot K)}$	等容比热容
$c_\mathrm{W,U}$		弹簧刚度
c_0	m/s	273 K 时的声音传播速度
$c_{1\ldots5}$		Burckhardt 轮胎模型参数
C	F	电容
c_diff		扩散系数
$\dot{CO}$	$\mathrm{s^{-1}}$	单位时间内的 CO 排放
CYL		气缸数
D		
d	m	气缸直径
d_d		驱动轴内部阻尼系数
d_dr	m	油滴直径
d_f		计算摩擦力矩时主减速器内的阻尼系数
$d_\mathrm{Fl,Fnl}$		阻尼系数
d_n	m	喷油嘴直径
d_p		传动轴阻尼系数
d_v	m	气门座圈直径
d_w		计算摩擦力矩时的轮胎阻尼系数
$d_\mathrm{W,U}$		阻尼系数
d_{32}	m	Sauter 油滴直径
DB		制动力分配系数
E		
e_r	J/kg	比外能
E	J	活化能
E_ext	J	外能
E_mass	J	发动机运动部件的动能
E_t	J	热能
E_y	J	信号 y 的能量
$E\{\}$		数学期望
F		
f_a		附加执行器故障

f_{act}		与驾驶员有关的系数
f_{mass}		考虑传动系旋转效应的质量系数
$f_{\text{m,n}}$		径向谐振 (频率模态为 m, n)
f_{p}	Hz	空气脉动频率
f_{p}		一般系统故障
f_{s}		附加传感器故障
F	N	力
F_{C}	N	弹簧力
F_{fric}	N	水平附着力
F_{D}	N	阻尼力
F_{G}	N	重力
F_{Hi}		发动机高功率时的空燃比控制输出因子
F_{L}	N	x_{W} 方向的轮胎水平力
F_{Lo}		发动机低功率时的空燃比控制输出因子
F_{ped}	N	制动踏板力
F_{R}	N	滚动阻力
F_{S}	N	y_{W} 方向的轮胎水平力
F_{wind}	N	风阻
F_{WL}	N	v_{W} 方向的轮胎水平力
F_{WS}	N	与 v_{W} 方向垂直的轮胎水平力
F_x	N	x_{Un} 方向的轮胎纵向力
F_y	N	y_{Un} 方向的轮胎侧向力
F_z	N	轮胎垂直载荷
$F_{z\text{C}}$	N	车体垂直作用力
F_{z0}	N	轮胎垂直载荷名义值
F_λ		空燃比控制器的输出因子

G

g	m/s^2	重力加速度常数
$G(s)$		传递函数

H

h		气体焓
h_{ac}		某一气体对空气的相对焓值
h_{G}	m	质心的高度
h_{in}		进气焓值
h_{out}		排气焓值

h_{road}	m	路面高度
h'	m	侧倾轴线到质心的距离
h_{v}		气门行程
$\dot{HC}$	s^{-1}	单位时间内的 HC 排放
H_{f}	J/kg	燃烧室内燃油比能
H_{low}	J	低热值
H_{r}		直径为 d_{dr} 的油滴数
I		
i	A	电流
i_{diff}		差速器传动比
i_{f}		主减速器传动比
i_{gear}		齿轮传动比
i_{s}		转向系传动比
i_{t}		变速器传动比
$i_{x,y,z}$	m	惯性半径
J		
J	$\mathrm{kg\cdot m^2}$	转动惯量
J_{crank}	$\mathrm{kg\cdot m^2}$	曲轴转动惯量
J_{DT}	$\mathrm{kg\cdot m^2}$	传动系转动惯量
J_{e}	$\mathrm{kg\cdot m^2}$	发动机转动惯量
J_{f}	$\mathrm{kg\cdot m^2}$	主减速器转动惯量
J_{t}	$\mathrm{kg\cdot m^2}$	变速器转动惯量
J_z	$\mathrm{kg\cdot m^2}$	绕垂向轴线的转动惯量
J_x	$\mathrm{kg\cdot m^2}$	绕纵向轴线的转动惯量
J_y	$\mathrm{kg\cdot m^2}$	绕横向轴线的转动惯量
J_{W}	$\mathrm{kg\cdot m^2}$	车轮转动惯量
K		
k		浓度
k_{camb}		车轮外倾角引起的侧偏角偏移系数
k_{d}		驱动轴刚度
k_i		车速模糊估计器的加权系数
k_{k}		换热系数
k_{l}		适应性系数

k_p		传动轴刚度
k_s		考虑胎面轮廓的侧向力修正系数
k_S	N/m	转向角刚度
k_Br		制动器效能因数
k_T		轮胎垂直刚度
k_U	N/m	悬架垂直刚度
K_c		放大增益控制参数
$K_\mathrm{l,e}$		放大增益
$K_\mathrm{P}, K_\mathrm{N}$		怠速控制参数
L		
l	m	轴距
l	m	连杆长度
l_F	m	质心到前轴距离
l_R	m	质心到后轴距离
L_1, L_2	H	电感
$L_\mathrm{HC}, L_\mathrm{CO}, L_{\mathrm{NO}_X}$		拉格朗日系数
L_st		化学计量比
M		
m	kg	质量
m^*	kg	虚拟质量
m_a	kg	空气质量
$\dot{m}_\mathrm{a}$	kg/s	空气质量流量
$\Delta\dot{m}_\mathrm{a}$	kg/s	空气质量流量偏差
$\dot{m}_\mathrm{a,in}$	kg	流入进气歧管的空气质量
$m_\mathrm{a,th}$	kg	理论空气量
$\dot{m}_\mathrm{ac,air}$	kg	新鲜空气充量
$\dot{m}_\mathrm{ac,air}$	kg/s	温度修正后的空气充量
m_G	kg	车辆质量
m_crack	kg	曲轴质量
$\dot{m}_\mathrm{D}$	kg/s	沉积燃油流量
$\dot{m}_\mathrm{E}$	kg/s	燃油蒸发量
m_EGR	kg	再循环废气质量
$m_\mathrm{EGR,air}$	kg	再循环空气量
$m_\mathrm{EGR,burnt}$	kg	已燃燃油量
m_f	kg	每缸燃油质量

$\dot{m}_{\mathrm{f}}$	kg/s	燃油流量
$m_{\mathrm{f,burn}}$	kg	已燃燃油质量
$m_{\mathrm{f,th}}$	kg	理论燃油质量
$\dot{m}_{\mathrm{f,in}}$	kg/s	进气歧管内燃油流量
$\dot{m}_{\mathrm{f,out}}$	kg/s	缸内燃油流量
m_{m}	kg	进气歧管内空气质量
$\dot{m}_{\mathrm{min}}$	kg/s	最小燃油流量
$\dot{m}_{\mathrm{max}}$	kg/s	最大燃油流量
m_{out}	kg	排气质量
m_{osc}	kg	往复质量
m_{piston}	kg	活塞质量
m_{rem}	kg	残余气体质量
$m_{\mathrm{rem,air}}$	kg	残余空气质量
$m_{\mathrm{rem,fuel}}$	kg	残余燃油质量
m_{rod}	kg	连杆质量
$m_{\mathrm{rod,osc}}$	kg	连杆往复质量
$m_{\mathrm{rod,rot}}$	kg	连杆旋转质量
m_{soot}	kg	炭烟质量
m_{St}	kg	轮胎静态载荷
m_{w}	kg	车轮质量
m_{W}	kg	壁面燃油质量

N

n	min^{-1}	曲轴转速
n_{comb}		燃烧循环
n_{L}	m	纵向动态拖距
n_0		进、排气门数
n_{S}	m	侧向偏距
$N_{\mathrm{d},i}$		在第 i 个燃油单元中的油滴数
N_1		GPC 中的优化时域始值
N_2		GPC 中的优化时域终值
N_{u}		GPC 控制时域
$\dot{NO_x}$	s^{-1}	单位时间内的 NO_x 排放

P

p	$\mathrm{N/m^2}$	压力, 燃烧压力

p_{Br}	$\mathrm{N/m^2}$	制动压力
p_{m}	$\mathrm{N/m^2}$	进气歧管压力
p_{o}	$\mathrm{N/m^2}$	大气压力
p_{rail}	$\mathrm{N/m^2}$	共轨压力
P_{e}	W	有效功率
P_{i}	W	指示功率
$P_{\max}$	W	最大功率
$P_{\min}$	W	最小功率
$\underline{P}(k)$		RLS 估计中的协方差矩阵

Q

q	J	热能
$q_{\mathrm{hl,r}}$	J	不完全燃烧导致的热量损失
$q_{\mathrm{hl,th}}$	J	理论热损失
Q_{comb}	J	燃烧热量
Q_{w}	J	燃烧室壁面传热量

R

r	m	曲轴半径
r_{Br}	m	制动盘有效作用半径
r_{eff}	m	轮胎有效滚动半径
r_{ij}	m	质心到轮胎接地点的距离
r_{stat}	m	轮胎静力半径
$r_T(t)$		矩形时间窗 (宽度 T)
$r_{\Delta f}(f)$		矩形频率窗 (宽度 Δf)
r_0	m	轮胎自由半径
R	$\mathrm{m^2/(s^2 \cdot K)}$	理想气体常数
R	m	轮胎到车辆转动瞬心的半径
Re		雷诺数
R_{i}	Ω	内阻
R_{p}	Ω	并联电阻

S

s	m	路径单元长度
s	m	活塞冲程
$\dot{s}$	m/s	活塞速度
s_{ch}	m	燃烧室深度

s_j	m	气缸 j 的活塞冲程
s_{L}		v_{W} 方向上的轮胎纵向滑移率
$s_{\max}$	m	最大活塞冲程
s_{res}		合成滑移率
s_{S}		与 v_{W} 垂直方向上的轮胎侧向滑移率
S		熵
T		
t	s	时间
t_{acc}	s	出弯前加速提前时间
t_{antic}	s	预期达到弯道车速的时间
t_{f}	s	预瞄时间
t_{inj}	s	喷油时间
t_{i}	s	点火时间
t_{pot}	s	入弯前的潜在制动提前时间
t_{s}	s	开始时间
t_{tacho}	s	观察转速表的平均时间间隔
T_{Br}	$\mathrm{N \cdot m}$	制动力矩
T_{burn}	s	进气门开启到排气门开启间的时间
$T_{\mathrm{c}}, T_{\mathrm{i}}$	s	时间控制器参数
T_{c}	$\mathrm{N \cdot m}$	发动机和离合器间的负荷力矩
T_{comb}	$\mathrm{N \cdot m}$	指示转矩 (燃烧扭矩)
$\overline{T}_{\mathrm{comb}}$	$\mathrm{N \cdot m}$	平均指示转矩
T_{d}	$\mathrm{N \cdot m}$	主减速器和驱动轴间的转矩
$T_{\mathrm{d,e}}$	s	发动机模型纯滞后时间
T_{drive}	$\mathrm{N \cdot m}$	驱动转矩
T_{e}	$\mathrm{N \cdot m}$	发动机转矩
T_{exh}	s	排气门与空燃比传感器间的时间延迟
T_{f}	$\mathrm{N \cdot m}$	传动轴与主减速器间的负荷力矩
T_{fric}	$\mathrm{N \cdot m}$	摩擦力矩
$T_{\mathrm{fric,e}}$	$\mathrm{N \cdot m}$	发动机内部摩擦力矩
$T_{\mathrm{fric,f}}$	$\mathrm{N \cdot m}$	主减速器内部摩擦力矩
$T_{\mathrm{fric,t}}$	$\mathrm{N \cdot m}$	变速器内部摩擦力矩
T_{J}	s	发动机转动惯量引起的时间常数
T_{kc}	$\mathrm{N \cdot m}$	离合器非线性部分传递的力矩
T_{L}	$\mathrm{N \cdot m}$	轮胎纵向摩擦力力矩 (x_{W} 方向)
T_{l}	s	适应性时间常数
$T_{\mathrm{l,e}}$	s	发动机模型延迟时间

T_{load}	N·m	负荷力矩
T^*_{load}	N·m	广义负荷力矩 (包括摩擦力矩)
T_{mass}	N·m	惯性力矩
T_{s}	s	采样时间
T_{p}	N·m	变速器输出到传动轴上的转矩
T_{self}	N·m	转向回正力矩
T_{t}	N·m	离合器和变速器间的负荷力矩
T_{th}	N·m	节流板负载力矩
T_{UIn}		从底盘坐标系到固定坐标系间的转换矩阵
T_{w}	N·m	车轮驱动转矩

U

u	J	气体内能
u	J/kg	比内能
u		控制输入
U	V	电压
U	J	总内能
U_{b}	V	电池电压
U_{λ}	V	空燃比传感器输出电压

V

v_{G}	m/s	车辆质心的速度
v_{fl}	m/s	火焰传播速度
v_{n}	m/s	喷管中油速
$v_{\mathrm{osc},j}$	m/s	第 j 缸往复质量的速度
v_{R}	m/s	等效轮速
$v_{\mathrm{rot},j}$	m/s	第 j 缸旋转质量的速度
v_{W}	m/s	轮胎接地点速度
v_{wind}	m/s	风速
V	m^3	体积
V	kg/W	油耗
$\dot{V}$	kg/(W·s)	油耗率
V_{d}	m^3	排量
V_{m}	m^3	进气歧管容积

W

w_{e}	J/m^3	有效功

w_{fr}	$\mathrm{J/m^3}$	摩擦功
w_{i}	$\mathrm{J/m^3}$	指示功
$w_{\mathrm{i,hp}}$	$\mathrm{J/m^3}$	高压循环指示功
$w_{\mathrm{i,lp}}$	$\mathrm{J/m^3}$	低压循环指示功
w_{t}	J	技术功
w_{th}	$\mathrm{J/m^3}$	理论升功率
We		韦伯数

X

x_{G}	m	质心坐标轴
x_{In}	m	惯性坐标轴
x_{Un}	m	底盘坐标轴
x_{W}	m	车轮坐标轴
x_{EGR}		EGR 率

Y

y_{G}	m	质心坐标轴
y_{In}	m	惯性坐标轴
y_{Un}	m	底盘坐标轴
y_{W}	m	车轮坐标轴

Z

z		Z 变换中的复变量
z_{G}	m	质心坐标轴
z_{In}	m	惯性坐标轴
z_{C}	m	车体和底盘连接点高度
z_{U}	m	车体垂直高度
z_{Un}	m	底盘坐标轴
z_{W}	m	轮胎接地点高度, 车轮坐标轴

希腊字母

α

α	rad	轮胎侧偏角
α_{a}	rad	固定提前角
α_{c}	rad	与变速器相连的离合器输出轴转角

α_{ch}	s^{-1}	燃烧室壁传热系数
α_{co}	s^{-1}	冷侧介质传热系数
α_{CS}	rad	曲轴转角
α_{e}	rad	有效点火提前角
α_{f}	rad	与驱动轴相连的主减速器输出轴转角
α_{i}	rad	点火角 (根据发动机 Map 图)
α_{k}	rad	爆震控制点火提前角
α_{l}	rad	自适应控制点火提前角
α_{p}	rad	与主减速器相连的传动轴输出轴转角
α_{Q}		已燃燃油百分比
α_{RLS}		RLS 估计中的有效项
α_{t}	rad	节气门开度
α_{t}	rad	与传动轴相连的变速器输出轴转角
α_{w}	rad	车轮滚动角度
$\dot{\alpha}_{\mathrm{w}}$	rad/s	轮速
β		
β	rad	车体质心侧偏角
$\beta_{\mathrm{m,n}}$		Bessel 函数
γ		
γ	rad	车轮外倾角
δ		
δ_{A}	rad	阿克曼转角
δ_{S}	rad	方向盘转角
δ_{W}	rad	车轮转向角
ε		
ε		压缩比
η		
η		热效率
η_{e}		有效热力学效率
η_{eff}		有效热力学效率
η_{th}		理论热力学效率

ϑ		
ϑ	K	缸内温度
ϑ	K	温度
ϑ_{a}	K	空气温度
ϑ_{f}	$\mathrm{kg/(m \cdot s)}$	燃油动力粘度
ϑ_{e}	K	发动机温度
ϑ_{ij}	m	质心 G 坐标系与轮胎接地点矢径的夹角
ϑ_{m}	K	进气歧管空气温度
$\vartheta_{\mathrm{oxidation}}$	K	碳烟氧化的活化温度
$\vartheta_{\mathrm{sensor}}$	K	传感器温度
$\vartheta_{\mathrm{soot,accrue}}$	K	激活温度
κ		
κ		绝热系数
κ	m	路线曲率半径
λ		
λ		空燃比
λ_{a}		充气系数
λ_{c}		燃烧室内空燃比
λ_{ch}	m/s	燃烧室壁热传导率
λ_{f}		供油系数
$\Delta\lambda_{\mathrm{g}}$		极限环振幅
λ_{RLS}		RLS 估计中的遗忘因子
λ_{u}		控制输入变化对应的加权系数
μ		
μ_{Br}		制动器摩擦系数
μ_{flow}		流量系数
μ_{inj}		喷油器特性参数
μ_{L}		v_{W} 方向上的附着系数
μ_{res}		合成附着系数
μ_{S}		v_{W} 垂直方向上的附着系数

ρ		
ρ_{a}	$\mathrm{kg/m^3}$	空气密度
ρ		初始膨胀比
ρ	rad	弯道曲率半径
ρ_{charge}	$\mathrm{kg/m^3}$	燃烧室充量密度
ρ_{f}	$\mathrm{kg/m^3}$	燃油密度
σ		
σ	rad	气门座面角
σ_{f}		燃油表面张力
τ		
τ_{a}	s	到达时间间隔
τ_{char}	s	特征混合时间
τ_{id}	s	延迟时间
τ_{s}	s	自燃时间
τ_{s}	s	服务时间
τ_{w}	s	等待时间
φ		
φ	rad	侧倾角
φ_{road}	rad	路面外倾角
χ		
χ		压力升高比
χ	rad	俯仰角
χ_{road}	rad	路面坡度角
ψ		
ψ	rad	横摆角
$\dot{\psi}_{\mathrm{F}}$	rad/s	由前轮计算的横摆角速度
$\dot{\psi}_{\mathrm{R}}$	rad/s	由后轮计算的横摆角速度
$\dot{\psi}_{\mathrm{S}}$	rad/s	传感器测量的横摆角速度
$\dot{\psi}_{\mathrm{Fuz}}$	rad/s	模糊估计器得到的横摆角速度

ω		
ω	rad/s	车轮角速度
ω_c	rad/s	弯道行驶时车辆转动速度

B.3 英文缩写

ABS	anti-lock braking system	防抱死制动系统
BDC	bottom dead center of piston movement	下止点
C	carbon	碳
CO	carbon monoxide	一氧化碳
ECE	Economic Commission for Europe, driving cycle in Europe	欧洲经济委员会驾驶循环
EGR	exhaust gas recirculation	废气再循环
FIR	finite impulse response	有限冲激响应
FTP	Federal Test Procedure, driving cycle in the USA	美国联邦测试规程驾驶循环
G	center of gravity	质心
GPC	general predictive control	广义预测控制
H	hydrogen	氢
HC	hydrocarbons	碳氢化合物
ICM	instantaneous center of motion	瞬时运动中心
LQG	linear quadratic Gaussian	线性二次高斯
LTR	loop transfer recovery	回路传输恢复
NO_x	nitrogen oxides	氮氧化物
O_2	oxygen	氧气
OBDⅡ	on-board diagnostics-Ⅱ	第Ⅱ代车载诊断系统
PI	proportional-integral controller	比例－积分控制器
PID	proportional-integral-differential controller	比例－积分－微分控制器
RQ	minimum-maximum-speed governor(mechanical)	两极式调速器 (机械式)
RQV	variable speed governor(mechanical)	全程式调速器 (机械式)
SI	spark-ignited	点燃式
TDC	top dead center of piston movement	上止点

B.4 单位

$$1 \text{ bar} = 10^5 \text{ Pa}$$
$$1 \text{ bar} = 10^5 \text{ N/m}^2$$
$$1 \text{ km/h} = 0.28 \text{ m/s}$$
$$1 \text{ m/s} = 3.6 \text{ km/h}$$

参考文献

[1] Ammon D. Radlastschwankungen, Seitenführungsvermögen und Fahrsicherheit[M]. Düsseldorf. VDI Verlag, 1993.

[2] Aquino C F. Transient a/f control characteristics of the 5 liter control fuel injection engine[J]. SAE Technical Paper, Series, 1981, 810494.

[3] Auzins J, Johansson H, Nytomt J. Ion-gap sense in misfire detection, knock and engine control[J]. SAE Technical Paper Series, 1995, 950004.

[4] Basseville M. On fault detectability and isolability[C]. European Control Conference, 1999, 567-573.

[5] Basseville M, Nikiforov I V. Detection of abrupt changes[M]. Englewood Cliffs, NJ: Prentice-Hall, 1993.

[6] Bauer H, et al. Automotive handbook[M]. Stuttgart: Robert Bosch GmbH, 1993.

[7] Best M C. Nonlinear optimal control of vehicle driveline vibrations[C]. UKACC International Conference on CONTROL'98, 1998, 658-663.

[8] Björnberg A, Pettersson M, Nielsen L. Nonlinear driveline oscillations at low clutch torques in heavy trucks[C]. Reglermötet in Luleå, Sweden, 1996.

[9] Böning. Improvement of fuel economy by systematic computer-aided-control optimization[C]. Proceedings of ISATA, Torino, 1980.

[10] Robert Bosch GmbH. Diesel fuel injection[M]. Stuttgart: Robert Bosch GmbH, 1994.

[11] Brammer K, Siffling G. Kalman-Bucy-Filter[M]. München and Wien: R. Oldenbourg Verlag, 1994.

[12] Breuer W. State-and parameter-estimation for four-wheel-drive passenger-cars[C]. European Control Conference, 1993.

[13] Bronstein N, Semendjaev K. Taschenbuch der Mathematik[M]. Frankfurt: Verlag Harri Deutsch, 1987.

[14] Burckhardt M. Fahrwerktechnik: Radschlupf-Regelsysteme[M]. Würzburg: Vogel Fachbuch, 1993.

[15] Büschges G. et al. Systemanalyse Straßenverkehrssicherheit. Bundesanstalt für Straßenwesen[M], Köln: Bereich Unfallforschung, 1972.

[16] Bußhardt J, Führer J, Isermann R. Ein elektronisches System zur parameteradaptiven Regelung und Diagnose von Kraftfahrzeugstoßdämpfern[M]. Düsseldorf: VDI Verlag, 1992.

[17] CARB. California's OBD-II regulation (section 1968. 1, title 13, California code of regulations)[S]. 1993: 220. 7-220.

[18] Cho D, Paolella P. Model-based failure detection and isolation of automotive powertrain systems[C]. Proc. of ACC, 1990: 2898-2905.

[19] Clarke D W, Mohtadi C. Generalized predictive control[J]. Automatica, 1987, 23(2): 137-148.

[20] Constien M. Bestimmung von Einspriiz- und Brennverlauf eines direkt einspritzenden Dieselmotors[D]. München: Technische Universität München, 1991.

[21] Daiß A. Beobachtung fahrdynamischer Zustände und Verbesserung einer ABS- und Fahrdynamikregelung[D]. Karlsruhe: Universität Karlsruhe, 1996.

[22] Dobner D J. A mathematical engine model for development of dynamic engine control[J]. SAE Technical Paper Series, 1980, 800054.

[23] Fehrenbach H. Model-based combustion pressure computation through crankshaft angular acceleration analysis[C]. Proceedings of 22nd International Symposium on Automotive Technology and Automation, 1990.

[24] Föllinger O. Nichtlineare Regelungen[M]. München and Wien: R. Oldenbourg Verlag, 1987.

[25] Föllinger O. Regelungstechnik[M]. 8th ed. Heidelbereg: Hüthig Verlag, 1994.

[26] Frank P M. Advances in observer-based fault diagnosis[C]. Toulouse: Proc. TOOLDIAG'93, 1993: 817-836.

[27] Frank P M. Application of fuzzy logic to process supervision and fault diagnosis[C]. Espoo: Fault Detection, Supervision and Safety for Technical Processes, 1994: 507-514.

[28] Fürhapter A, Piock W F, Fraidl G K. Homogene Selbszündung: die praktische Umsetzung am transienten Vollmotor[J]. Motortechnische Zeitschrift, 2004, 65(2): 94-101.

[29] Germann S. Modellbildung und Modellgestützte Regelung der Fahrzeuglängsdynamik[M]. Düsseldorf: VDI Verlag, 1997.

[30] Germann S, Würtenburger M, Daiß A. Monitoring of friction between tyre and road surface[C]. 3rd IEEE Conference on control Application, 1994.

[31] Gertler J. Analytical redundancy methods in fault detection and isolation; survey and synthesis[C]. Baden-Baden: IFAC Fault Detection, Supervision and Safety for Technical Processes, 1991: 9-21.

[32] Gertler J, Costin M. Model-based diagnosis of automotive engines[C]. Espoo: IFAC Fault Detection, Supervision and Safety for Technical Processes, 1994: 393-402.

[33] Gertler J, Costin M, Fang X, et al. Model based diagnosis for automotive engines-algoritm development and testing on a production vehicle[J]. IEEE Trans. on Control

Systems Technology, 1995, 3(1): 61-69.

[34] Gertler J, Costin M, Fang X, et al. Model-based on-board fault detection and diagnosis for automotive engines[J]. Control Engineering Practice, 1993, 1(1): 3-17.

[35] Gertler J, Costin M, Fang X, et al. Model-based on-board fault detection and diagnosis for automotive engines[C]. Baden-Baden: IFAC Fault Detection, Supervision and Safety for Technical Processes, 1991: 503-508.

[36] Gill P R, Murray W, Wright M H. Practical optimization[M]. London: Academic Press, 1981.

[37] Gillespie T D. Fundaments of vehicle dynamics[M]. Warrendale, PA: Society of Automotive Engineers Inc. , 1992.

[38] Godthelp H. Studies on human vehicle control[D]. Soesterberg: Institute for perception TNO, 1984.

[39] Gosdin M. Analyse und optimierung des dynamischen verhaltens eines PKW-antriebsstranges[M]. Düsseldorf: VDI Verlag, 1985.

[40] Hackbath E H, Merhof W. Verbrennungsmotoren[M]. Wiesbaden: Vieweg Verlag, 1998.

[41] Halfmann C. Adaptive semiphysikalische echtzeitsimulation der kraftfahrzeugdynamik im bewegten fahrzeug[M]. Düsseldorf: VDI Verlag, 2001.

[42] Healy A J, Nathman E, Smith C C. An analytical and experimental study of automobile dynamics with random inputs[J]. Transcription of the ASME, 1977, 99(4): 284-292.

[43] Hendricks E. Mean value modelling of spark ignition engines[J]. SAE-Technical Paper Series, 1990, 900616.

[44] Henn M. On-Board-Diagnose der Verbrennung von Ottomotoren[D]. Karlsruhe: Universität Karlsruhe, 1995.

[45] Herzog P. Möglichkeiten, Grenzen und Vorausberechnung der einspritzspezifischen Gemischbildung bei schnellaufenden Dieselmoioren mit direkter luftverteilender Kraftstoffeinspritzung[M]. Düsseldorf: VDI Verlag, 1989.

[46] Heywood J B. Internal combustion engine fundamentals[M]. New York: McGraw-Hill, 1992.

[47] Hiemer M, Barrho J. Observer design for road gradient estimation[J]. Reports in Industrial Information Technology, 2004(7): 23-30.

[48] Hiemer M,et al. Cornering stiffness adaptation for improved side slip angle observation[C]. Proceedings of the First IFAC Symposium on Advances in Automotive Control AAC04, 2004.

[49] Hiemer M, Lehr S, Kiencke U, et al. A fuzzy system to determine the vehicle yaw angle[C]. Transactions of the SAE World Congress, 2004.

[50] Hiroyuki H. Diesel engine combustion modelling[C]. Proceedings of International Symposium on Diagnostics and Modelling of Combustion in Reciprocating Engines, 1985.

[51] Höfner K L, Hoskovec J. Registrierung der Blickbewegungen beim Autofahren-bisherige Forschungen[J]. Zetischrift für Verkehrssicherheit, 1973, 19(4): 222-241.

[52] Hsu P L, Lin K L, Shen L C. Diagnosis of multiple sensor and actuator failures in automotive engines[J]. IEEE trans. on Vehicular Technology, 1995, 44(4): 779-789.

[53] Huguenin R D. Fahrverhalten im Straßenverkehr[M]. Braunschweig: Rot- Gelb- Grün-Verlag, 1988.

[54] Isermann R. Process fault detection on modeling and estimation methods- a survey[J]. Automatica, 1984, 20(4): 387-404.

[55] Isermann R. Identifikation dynamischer Systeme I und II[M] Berlin: Springer Verlag, 1991.

[56] Isermann R, Ballé P. Trends in the application of model based fault detection and diagnosis of technical processes[J]. Control Engineering Practice, 1997, 5(5): 709-719.

[57] Jurgen R. Automotive electronics handbook[M]. New York: McGraw-Hill, 1994.

[58] Justi E. Spezifische Wärme, Enthalpie, Entropie und Dissoziation technischer Gase[M]. Berlin: Springer-Verlag, 1938.

[59] Kahlerl J. Fuzzy control für Ingenieure[M]. Braunschweig/Wiesbaden: Vieweg, 1995.

[60] Kalath T. Linear systems[M]. Englewood Cliffs, NJ: Prentice Hall, 1980.

[61] Kalouptsidis N, Theodoridis S. Adaptive signal identification and signal processing alogorithms[M]. Englewood Cliffs, NJ: Prentice Hall, 1993.

[62] Kanayama Y, Kimura Y, Miyazaki F, et al. A stable tracking control for an autonomous mobile robot[C]. IEEE International conference on robotics and automation, 1982: 384-389.

[63] Kiencke U. A view of automotive control systems[J]. IEEE-Control Systems, 1988, 8(4): 11-19.

[64] Kiencke U. Realtime estimation of adhesion characteristic between tyres and road[C]. 12th IFAC World Congress of Automatic Control, 1933, 1: 15-22.

[65] Kiencke U. Ereignisdiskrete Systeme[M]. München and Wien: R. Oldenbourg Verlag, 1997.

[66] Kiencke U, Daiß A. Estimation of tyre friction for enhanced abs-systems[C]. AVEC Congress, 1994.

[67] Kiencke U, Daiß S, Litschel M. Automotive serial controller area network[J]. SAE Technical Papper Series, 1986, 860391.

[68] Kiencke U, Kronmüller H, Eger R. Meßtechnik[M]. Berlin: Springer Verlag, 2001.

[69] Kracke A. Untersuchung der Gemischbildung durch Hochdruckeinspritzung bei PKW-Dieselmotoren[M]. Düsseldorf: VDI Verlag , 1992.

[70] Krishnaswami V, Chun-Luh G, Rizzoni G. Diagnosis of exhaust emissions control systems during the E. P. A. tailpipe inspection program[C]. Espoo: IFAC Fault Detection, Supervision and Safety for Technical Processes, 1994: 381-386.

[71] Krishnawami V, Luh G C, Rizzoni G. Fault detection in IC engines using nonlinear parity equations[C]. Baltimore: Proceedings of the American Control Conference, 1994: 2001-2005.

[72] Kronmüller H. Digitale Signalverarbeiiung[M]. Berlin: Springer Verlag, 1991.

[73] Laschel A. Simulation von Antriebssystemen[M]. Berlin: Springer Verlag, 1988.

[74] Ledjeff K. Brennstoffzellen: Eniwicklung, Technologie, Anwendung[M]. Heidelberg: Müller, 1995.

[75] Leins W, Meewes V, Gerz U. Zur Beschreibung des Verkehrsablaufes auf Straßen mit und ohne Richtungstrennung[R]. Forschungsbericht des Landes NRW, 1975.

[76] Ljung L, Lennart E J. System identification, theory for the user[M]. Englewood Cliffs, NJ: Prentice Hall, 1987.

[77] Luh G C, Rizzoni G. Identification of a nonlinear mimo ic engine model during I/M240 driving cycle for on-board diagnosis[C]. Baltimore: Proceedings of the American Control Conference, 1994: 1581-1584.

[78] Maciejowski J M. Multivariable feedback design[M]. Boston: Addison-Wesley, 1989.

[79] Majjad R. Hybride Modellierung und identifikation eines Fahrer-Fahrzeug Systems[D]. Karlsruhe: Universität Karlsruhe, 1997.

[80] Mauer G F. On-line performance diagnostics for internal combustion engines[C]. San Diego: Int. Conf. on Ind. Electronics, Control, Instrumentation and Automation, 1992, 3: 1 460-1 465.

[81] Meriam J L, Kraige L G. Engineering mechanics, dynamics[M]. Hoboken, NJ: John Wiley & Sons, 1987.

[82] Merker G P, Schwarz C. Technische Verbrenn[M]. Stuttgart: Teubner Velag, 2001.

[83] Min P S, Ribbens W B. A vector space solution to incipient sensor failure detection with applications to automotive environments[J]. IEEE trans. on Vehicular Technology, 1989, 38(3): 148-158.

[84] Mitschke M, Wallentowitz H. Dynamik der Kraftfahrzeuge[M]. 4th ed. Berlin: Springer Verlag, 2004.

[85] Mo C Y, Beaumount A J, Powell N N. Active control of driveability[J]. SAE Technical Paper Series, 1996, 960046.

[86] Mollenhauer K. Handbuch Dieselmotoren[M]. Berlin: Springer Verlag, 1997.

[87] Nielsen L, Eriksson L. An ion-sense engine-fine-tuner[J]. IEEE Control Systems, 1998, 18(5): 43-52.

[88] Nordgård K, Hoonhorst H. Developments in automated clutch management systems[J]. SAE Technical Paper Series, 1995, 950896.

[89] Nwagboso C O. Automotive sensory systems[M]. London: Chapman & Hall, 1993.

[90] Nyberg M, Nielsen L. Model based diagnosis for the air intake system of the SI-engine[J]. SAE Technical Paper Series, 1997, 970209.

[91] Orehall L. Scania OptiCruise: Mechanical gearchanging with engine control[C]. Truck and Commercial Vehicle International, 1995.

[92] Paolella P, Cho D. A robust failure detection and isolation method for automotive power train sensors[C]. Baden-Baden: IFAC Fault Detection, Supervision and Safety for Technical Processes, 1991: 509-515.

[93] Patton R, Frank P, Clark R. Fault diagnosis in dynamic systems[M]. Englewood Cliffs, NJ: Prentice Hall, 1989.

[94] Patton R J. Robust model-based fault diagnosis: the state of the art[C]. Espoo: IFAC Fault Detection, Supervision and Safety for Technical Processes, 1994: 1-24.

[95] Pettersson M. Driveline modeling and principles for speed and gear-shift control[D]. Linköping: University of Linköping, 1996.

[96] Pettersson M. Driveline modeling and control[M]. Linköping, Sweden: Linköping Studies in Science and Technology, 1997.

[97] Philips GmbH, Hamburg. CAN Specification version 2.0[S]. Stuttgart: Robert Bosch GmbH, 1991.

[98] Pischinger R, Kraßnig G. Thermodynamik der Verbrennungskraftmaschine[M]. Berlin: Springer Verlag, 1989.

[99] Rasmussen L. Information processing and human-machine interaction[M]. New York: North-Holland, 1986.

[100] Reimpell J. Fahrwerktechnik, Fahrzeugmechanik[M]. Würzburg: Vogel Fachbuch, 1992.

[101] Reimpell J, Sponagel P. Fahrwerktechnik: Reifen und Räder[M]. Würzburg: Vogel Fachbuch, 1995.

[102] Reiter R. A theory of diagnosis from first principles[J]. Artificial Intelligence, 1987, 32(1): 57-95.

[103] Riekert A, Schunk T. Zur Fahrmechanik des gummibereiften Kraftfahrzeuges[J]. Ingenieur Archiv, 1940, 11: 210-224.

[104] Riggins R N, Rizzoni G. The distinction between a special class of multiplicative events and additive events: Theory and application to automotive failure diagnosis[C]. San Diego: American Control Conf. , 1990, 2 906-2 911.

[105] Rizzoni G, Azzoni P M, Minelli G. On-board diagnosis of emission control system malfunctions in electronically controlled spark ignition engines[C]. New Jersey: American Control Conference, 1993, 1 790-1 795.

[106] Rizzoni G, Hampo R. Real time detection filters for onboard diagnosis of incipient failures[J]. SAE Technical Paper Series, 1989, 890763.

[107] Rizzoni G, Min P S. Detection of sensor failures in automotive engines[J]. IEEE Trans. on Vehicular Technology, 1991, 40(2): 487-500.

[108] Rumar K. The role of perceptual and cognitive filters in observed behavior[J]. Human behavior and traffic safety, 1985: 151-170.

[109] Rumar K. In vehicle information systems[C]. Proc. 3rd AAVD congress on vehicle design and components, 1995: D33-D42.

[110] Sampath M, Sengupta R, Lafortune S, et al. Diagnosability of discrete-event systems[J]. IEEE Transactions on Automatic Control, 1995, 40(9): 1555-1575.

[111] Schernewski R. Modellbasierte Regelung ausgewählter Antriebssystemkomponenten im Kraftfahrzeug[D]. Karlsruhe: Universität Karlsruhe, 1999.

[112] Schernewski R, Kiencke U. Cylinder balancing on common rail diesel engine. Technical report[C]. Mulhouse: 12th IAR Annual Meeting, 1998.

[113] Schubiger R A, Boulouchos K, Eberle M K. Russbildung und Oxidation bei der dieselmotorischen Verbrennung[J]. MTZ, 2002: 342-352.

[114] Schumacher T, Reitz A, Biermann J W. Lasiwechselschwingungen in Kfz-Aniriebssirängen-eine Kompromissauslegung zwischen Komfort und Agilität[C]. Aachen: Institut für Kraftfahrwesen, RWTH Aachen, 2002.

[115] Schwartz E. Erkennung und Regelung querdynamisch kritischer Fahrzustände bei der Kurvenfahrt von PKW[D]. Braunschweg: Universität Braunschweg, 1990.

[116] SFB224. Abschlussbericht: Motorische Verbrennung[R]. Germany: Deutsche Forschungsgemeinschaft, 2001.

[117] Shen L C, Hsu P L. Design of the robust unknown input observer for automotive engines[C]. San Francisco: IFAC, 1996, 129-134.

[118] MathWorks Inc. Simulink user's guide[M]. Natick, Massachusetts: MathWorks Inc. , 1993.

[119] Smith O J. A controller to overcome deadtime[J]. ISA Journal, 1959, 6(2): 28-33.

[120] Suzuki K, Tozawa Y. Influence of powertrain torsional rigidity NVH of 6x4 trucks[J]. SAE Technical Paper Series, 1992, 922482.

[121] Thiemann W. Messugen und Rechnungen zur Bestimmung der Abhängigkeit des Verbrennungsablufs vom Einspritzvorgang im schnellaufenden Dieselmotor mit direkter Kraftstoffeinspitzung[M]. Düsseldorf: VDI Verlag, 1989.

[122] Torkzadeh D D. Echtzeitsimulation der Verbrennung und modellbasierte Reglersynthese am Common-Rail-Dieselmotor[D]. Karlsruhe: Universität Karlsruhe, 2003.

[123] Unger A, Smith K. Misfire detection by evaluating crankshaft speed- a means to comply with OBDII[J]. SAE Technical Paper Series, 1993, 930399.

[124] Unger A, Smith, K. The OBDII system in the Volvo 850 turbo[J]. SAE Technical Paper Series, 1993, 932665.

[125] Urlaub A. Verbrennungsmotoren Grundlagen[M]. Berlin: Springer Verlag, 1987.

[126] Utzelmann H D. Tempowahl und-motive. (Faktor Mensch im Verkehr, Heft 24)[M]. Darmstadt: Tetzlaff Verlag, 1976.

[127] Wickens C D. Engineering psychology and human performance[M]. New York: Harper Collins Publishers Inc. , 1992.

[128] Wierwille W W. Strategic use of visual resources by the driver while navigating with an in-car navigation display system[J]. SAE Technical Paper Series, 1988:2 661-2 675.

[129] Wierwille W W, Tijerina L. Darstellung des Zusammenhangs zwischen der visuellen Beanspruchung des Fahrers im Fahrzeug und dem Eintreten eines Unfalls[J]. Zeitschrift für Verkehrssicherheit, 1997, 43(2): 67-74.

[130] Woschni G. Vebrennungsmotoren. skriptum zur vorlesung, lehrstuhl und institut für verberbbungskraftmaschinen und kraftfahrzeuge[M]. München: Technische Univerität München, 1980.

[131] Zeitz M. Nichtlineare Beobachter für chemische Reaktoren[M]. Düsseldorf: VDI Verlag, 1977.

[132] Zimmermann H J. Fuzzy set theory and its applications[M]. Boston: Kluwer Academic Publishers, 1991.

郑重声明

高等教育出版社依法对本书享有专有出版权。任何未经许可的复制、销售行为均违反《中华人民共和国著作权法》，其行为人将承担相应的民事责任和行政责任，构成犯罪的，将被依法追究刑事责任。为了维护市场秩序，保护读者的合法权益，避免读者误用盗版书造成不良后果，我社将配合行政执法部门和司法机关对违法犯罪的单位和个人给予严厉打击。社会各界人士如发现上述侵权行为，希望及时举报，本社将奖励举报有功人员。

反盗版举报电话：(010) 58581897/58581896/58581879

反盗版举报传真：(010) 82086060

E - mail：dd@ hep. com. cn

通信地址：北京市西城区德外大街 4 号

高等教育出版社打击盗版办公室

邮　　编：100120

购书请拨打电话：(010)58581118

图字：01－2009－5184号

图书在版编目(CIP)数据

汽车控制系统：发动机、传动系和整车控制：第2版：翻译版／(德)金恩科(Kiencke，U.)，(瑞典)尼尔森(Nielsen，L.)著；李道飞，俞小莉译．—北京：高等教育出版社，2010．11(2016．7重印)

书名原文：Automotive Control Systems：For Engine，Driveline，and Vehicle

ISBN 978－7－04－030179－3

Ⅰ．①汽…　Ⅱ．①金…　②尼…　③李…　④俞…　Ⅲ．①汽车－控制系统－教材　Ⅳ．①U463

中国版本图书馆CIP数据核字(2010)第173579号

策划编辑	宋　晓	责任编辑	王素霞	封面设计	赵　阳	责任绘图	尹　莉
版式设计	余　杨	责任校对	杨雪莲	责任印制	刘思涵		

出版发行	高等教育出版社	咨询电话	400－810－0598
社　　址	北京市西城区德外大街4号	网　　址	http://www.hep.edu.cn
邮政编码	100120		http://www.hep.com.cn
印　　刷	山东省高唐印刷有限责任公司	网上订购	http://www.landraco.com
开　　本	787×1092　1/16		http://www.landraco.com.cn
印　　张	27.25	版　　次	2010年11月第1版
字　　数	670 000	印　　次	2016年7月第3次印刷
购书热线	010－58581118	定　　价	33.00元

本书如有缺页、倒页、脱页等质量问题，请到所购图书销售部门联系调换

物 料 号　30179－00